GIOVANNI BOTTESINI

Virtuoso del contrabbasso
e compositore

www.bottesiniurtext.com
www.stephenstreet.com

GIOVANNI BOTTESINI
**Virtuoso del contrabbasso
e compositore**

Crema 22 dicembre 1821 — Parma 7 luglio 1889

GIOVANNI BOTTESINI

Virtuoso del contrabbasso e compositore

Testi di:

Luigi Inzaghi
Fabrizio Dorsi
Sergio Martinotti
Ettore Borri

Ripubblicato da Stephen Street © 2021
www.bottesiniurtext.com
www.stephenstreet.com

in copertina:
Giovanni Bottesini, 1858, disegno.
(Civica raccolta delle Stampe A. Bertarelli, Milano).
in quarta di copertina:
Bozzetto di una scena per *Aida* (Modena, Museo Civico).

Pubblicazione © 2021
I diritti di questa pubblicazione sono stati donati al progetto Bottesini Urtext® / Stephen Street nel 2021. Per tutti i diritti richieste si prega di contattare Stephen Street:
www.bottesiniurtext.com
www.stephenstreet.com
ISBN: 978-1-8381287-1-5

Sommario

9 Prefazione

LA VITA E LE OPERE

21 La vita *di Luigi Inzaghi*

38 Il contrabbasso *di Luigi Inzaghi*

42 All'Opera del Cairo *di Luigi Inzaghi*

61 Composizioni operistiche e sacre *di Luigi Inzaghi*

92 La musica per orchestra *di Fabrizio Dorsi*

95 Bottesini e la "misura" del Quartetto *di Sergio Martinotti*

103 Liriche da camera *di Ettore Borri*

IL CARTEGGIO *a cura di Luigi Inzaghi*

114 Il carteggio con Casa Ricordi

117 Elenco delle lettere e dei documenti del Carteggio

167 CATALOGO DELLE MUSICHE *di Luigi Inzaghi*

188 Bibliografia

190 Indice dei nomi

Prefazione

A cent'anni dalla morte di Giovanni Bottesini ecco il primo libro sul musicista cremasco redatto in modo scientifico e strettamente musicologico.
Gli interventi di Sergio Martinotti, Ettore Borri e Fabrizio Dorsi sono condotti su documenti originali e rappresentano perciò saggi inediti di ineludibile oggettività storica e musicologica sull'opera del prestigioso contrabbassista cremasco, direttore d'orchestra e compositore di musica di vario genere, sia operistico-vocale che strumentale-cameristico.
Oltre al Catalogo dell'opera omnia di Bottesini con le fonti per ogni singola opera, in modo da soddisfare le esigenze di tutti coloro che volessero accostarsi direttamente alle musiche di Bottesini, si propongono alcuni capitoli riguardanti la vita, il carteggio, l'Opera del Cairo, i rapporti con Casa Ricordi, ricostruiti con documenti inediti di grande interesse non solo per la conoscenza dell'opera e dell'attività di Bottesini, ma per la storia della musica in generale.
Se infatti il carteggio ha il sapore di un romanzo giallo per le sorprese cui ci abitua Bottesini, il capitolo sull'Opera del Cairo ci fa conoscere per la prima volta il motivo per cui Emanuele Muzio non diresse l'Aida al Cairo, motivo sempre sottaciuto da tutti i biografi di Giuseppe Verdi.

Questa scoperta è stata possibile grazie alla conoscenza del carteggio proveniente dall'Archivio del Teatro dell'Opera del Cairo, andato distrutto nel 1971, ma trascritto dall'Editore di questo volume prima del fatidico incendio.
Tale carteggio non è mai stato pubblicato nella sua integrità, neppure dall'Istituto di Studi Verdiani di Parma nel volumetto intitolato Genesi dell'Aida del 1971.
Leggendo la vita di Bottesini qui pubblicata, si viene per la prima volta a conoscere la data esatta della prima rappresentazione della prima opera lirica di Bottesini, il Colón en Cuba, del 1848 e non del 1847 come sempre si è creduto.
Per scrivere questo saggio sulla vita di Bottesini ho tenuto conto delle 258 lettere qui pubblicate, fra cui 197 inedite, aiutandomi anche con articoli apparsi sulla stampa dell'epoca raccolti nelle biblioteche di tutto il mondo.
Il volume non risolverà certamente tutti i problemi riguardanti la vita e l'opera del grande contrabbassista cremasco, ma è certamente una luce, una guida per chi voglia conoscere e approfondire l'eccezionale esperienza musicale e umana del "Paganini del contrabbasso".

Luigi Inzaghi

2. *Il Duomo di Crema (secolo XIV).*

LA VITA E LE OPERE

3. Il campanile del Duomo di Crema.
4. Crema. Piazza Duomo. Torre Pretoria. Lo scoprimento del busto di G. Bottesini, 13 ottobre 1901.
5. Crema. Palazzo Barbara, in via Civerchi 3/5, dove abitava la famiglia Bottesini e dove nacque il compositore.
6. Crema. Piazza Trento e Trieste. Al centro Giovanni Bottesini (disegno di M. Ermentini per Leva Artigrafiche, Natale 1983).
7. Crema. Il Teatro Sociale in piazza Marconi visto da via Bottesini (da una foto del 1920). La costruzione era del 1785, su disegno del Piermarini.

8. *Crema. Il Teatro Sociale dopo l'incendio divampato nella notte fra il 25 e il 26 gennaio 1937.*

9. *Crema. La sala del Teatro Sociale dopo i restauri del 1929.*

10. *Milano. Il Conservatorio G. Verdi, dove Bottesini compì i suoi studi.*

11. *Milano. Il Teatro alla Scala (interno, da una stampa ottocentesca).*

12. Milano. Il Teatro alla Canobbiana (facciata).
13. Milano. Il Teatro Filodrammatici.
14. Milano. Il Teatro Lirico. La sala dei concerti.

15. Milano. Il Teatro Carcano.
16. Milano. Il Teatro Fiando.
17. Milano. Il Teatro di S. Radegonda.

18. New York. The Park Theatre (1831).

19. Vienna. Lo Stadttheater.

20. Roma. Il Teatro Costanzi (interno).

21. New York. Castle Garden.

22. New York. The Tabernacle (1836).

23. Napoli. Il Teatro San Carlo.

24. New York. Castle Garden (interno, 1836).

25. Locandina di un concerto tenuto da G. Bottesini a Parma quattro mesi prima della morte.

26. Parma. La casa di via Farini 120, dove Bottesini trascorse l'ultimo anno di vita.

27. Parma. La chiesa di S. Ulderico in Borgo Felino 2, dove si svolsero i funerali di Bottesini nel luglio 1889.

28. Giovanni Bottesini in una incisione del "Teatro Illustrato".

La vita
di *Luigi Inzaghi*

Giovanni Paolo Bottesini nasce a Crema il 22 dicembre 1821 da Pietro[1] e da Spinelli Maria Bernardina[2], come recita l'atto di battesimo conservato presso la parrocchia della Cattedrale, dal quale si nota che fu battezzato il giorno dopo la nascita e che il nome di Giovanni impostogli è lo stesso di quello del padrino, fratello di suo padre:
Anno Domini Millesimo Octingentesimo Vigesimo Primo, Die Vigesima Tertia Xbris (23 Xbris 1821).
Heri ad horam I Antemer. Ortus est Infans ex Jug. Botezini Petro, ac Spinelli Maria Bernardina, quem R.D. Petrus Zaninelli hac in Ecclia baptizavit, et Nomen ei Imposuit Ioannem Paulum. Patrinus Fuit Botezini Joannes ex hac Par.a In quorum ego Fusari Imperatore Ioannes Baptista Curatus Major.
La famiglia abita nella Contrada dei Civerchi, proprio dietro al Duomo, al numero civico 1100, come risulta da alcuni stati d'anime della parrocchia della Cattedrale. Nel 1821 al n. 333 dell'elenco si legge infatti che in Contrada dei Civerchi vive *Bottesini Pietro q.m. Cesare e di Angela Ortori nato in questa parrocchia medesima* [di anni] *28; Spinelli Maria Bernardina Giovanna di Giuseppe e di Francesca Soldati nata e sposata a S. Giacomo Maggiore* [di anni] *27; Cesare* [di anni] *5; Luigi Maria* [di anni] *4 e Giovanni* [infante]; inoltre *Colombi Catterina q.m Bernardo e q.m Giacoma Scarpa nata a S. Giacomo Magg.* [di anni] *18.* Dello stesso tenore è lo stato d'anime del 1822 in cui i genitori hanno rispettivamente 29 e 28 anni, il figlio Cesare 7, Luigi Maria 6, Giovanni infante 1. Il documento del 1824 assegna ai genitori 31 e 30 anni, al figlio Cesare 9, a Luigi Maria 8, a Giovanni 3 e a Carlotta nemmeno un anno essendo appena nata. Ciò che stupisce in questi tre stati d'anime è non tanto la presenza di una domestica, Caterina Colombi, quanto la sua età, che in tutti e tre i documenti è di 18 anni!
La famiglia di Pietro Bottesini nel giro di 15 anni, dal 1816 al 1831, aumenta di ben 10 unità, contando infatti anche gli aborti: nel 1816 nasce Cesare[3], nel 1817 i gemelli Luigi[4] e Angela Maria[5], nel 1819 un maschio[6], nel 1820 Clara Angela[7], nel 1824 Carlotta[8], nel 1825 un maschio[9], nel 1827 una femmina[10], nel 1829 un maschio[11] e infine nel 1831 Angela Maria[12] in seguito seconda moglie di Ferdinando Antonio Maria Cornacchia[13].
Questa famiglia, apparentemente di enormi dimensioni, fa sì che Pietro Bottesini cambi abitazione e si porti in quella Casa Rosaglio di Via Carrera dove "in uno spazioso salone unito all'abitazione si eseguivano concerti, si facevano le prove, vi affluivano amici e dilettanti e si concretarono tutte le manifestazioni musicali da eseguirsi in Crema"[14].

Pietro Bottesini, infatti, concertista di clarinetto e suonatore di violino è anche un buon compositore di musica[15], suona nella Cappella del Duomo e al Teatro Sociale; suo fratello Luigi, benché commerciante in stoffe, è un "valente suonatore di violino"[14] e musicisti sono anche i figli di Pietro: Luigi che suona la tromba, Cesare il violino, e Angela "esimia cantante"[14] che desta entusiasmo calcando le scene del Teatro Sociale di Crema nella Gilda del *Rigoletto* verdiano.
In questo ambiente saturo di musica non può che essere musicista anche Giovanni, il più dotato di tutti, per le sue caratteristiche fisiche e morali nobilmente romantiche.
Ci fosse stato o no sulla sua strada quel Carlo Cogliati, prete nato a Castelleone, primo violino della Cappella del Duomo di Crema e direttore d'orchestra dell'Accademia musicale[16], il nostro fanciullo sarebbe egualmente riuscito a realizzare le sue aspirazioni musicali. Se la scuola del Cogliati gli è comunque fondamentale per lo studio del violino, Giovanni è ancora più attratto dall'esempio che gli proviene dal valente Maestro, ai suoi occhi celebre come Paganini, e proprio nel momento della sua morte quando da Bergamo giunge a Crema per onorarlo il notissimo violinista Giuseppe Rovelli[17].
È abbastanza casuale dunque il fatto che una volta entrato al Conservatorio di Musica di Milano, il 1° novembre 1835, il quattordicenne Bottesini accettasse di suonare il contrabbasso e girasse le spalle al più familiare violino sul quale s'era esercitato per diversi anni, esibendosi anche in pubblico in un lontano concerto cremasco del 1828[18]. Tale casualità è determinata dal fatto che "nel 1835 il padre Pietro, sapendo che nel Conservatorio musicale di Milano erano vacanti due posti, uno di fagotto e l'altro di contrabbasso, chiese al figlio per quale dei due avesse voluto concorrere: il giovanetto optò per il contrabbasso, non già perché sentisse una speciale attrattiva per questo mastodontico istrumento, ma perché apparteneva alla famiglia degli strumenti a corda, di cui egli conosceva già abbastanza il violino. Presentatosi alla commissione esaminatrice, della quale faceva parte il noto professore di contrabbasso Luigi Rossi, gli furono presentate poche battute scritte lì per lì dal vicensore Ray.
Il Bottesini si accinse a eseguirle, ma accortosi delle stonature, disse francamente:" *Sento o Signori, di stonare, ma quando saprò dove posare le dita, allora non stonerò più!*"[19]. Accettato come allievo interno gratuito, si diploma il 10 settembre 1839 "dopo la finale grande Accademia, in cui si distinse assai per una Sinfonia di sua composizione ed una Fantasia per Contrabbasso applauditissima. Bravo in tutto e meritatamente premiato,

si diploma in Contrabbasso sotto il Sig.r M° Rossi nominato un anno circa dopo la morte dell'Hurt"[20]. Tale specie di pagella è giustamente laudativa e mette in luce quello che Bottesini sarebbe stato in seguito, un concertista di prima qualità. Gli altri due alunni entrati in Conservatorio con Bottesini il 1° novembre 1835, Lodovico Seregni come gratuito e Filippo Fasanotti come pagante pensione, ottengono invece giudizi di promozione totalmente differenti. Di Seregni Lodovico infatti, n. 507, nato a Milano il 22 marzo 1821 dal cameriere Pasquale, diplomatosi in oboe con Yvon, si legge che "dopo la finale Accademia in cui eseguì bene un pezzo per oboe", viene "premiato ma" risulta "piuttosto scadente, mediocre in tutto"[21]. Di Filippo Fasanotti, n. 509, nato a Milano il 19 febbraio 1821 dal sarto Giuseppe e da Maria Carcano, diplomatosi in pianoforte nel settembre 1841 sotto il Sig.r M° Angeleri, si legge che "dopo la finale Accademia in cui si produsse con due pezzi di composizione" venne "premiato e fù buon alunno in tutto"[22]. In Conservatorio non si sono dunque sbagliati su Bottesini, tanto che gli assegnano un premio di 300 £ sicché aggiungendovi un prestito da parte del cugino Racchetti si può comprare un contrabbasso *Testore* a tre corde, appartenuto al contrabbassista milanese Fiando e alla cui morte deposto nei magazzini del Teatro di Marionette Fiando. Il contrabbassista Arpesani che ne conosceva l'esistenza, suggerì a Bottesini di acquistarlo. Lo si trovò sepolto dalle marionette, senza corde, impolverato e pieno di ragnatele nel suo interno. "Portatoselo a casa, il Bottesini si accinse subito a pulirlo, lo montò egli stesso, e colpito dalle sue eccellenti qualità, suonò tosto tuttociò che seppe ricordare, suonò a stordirsi al segno da dimenticare il pranzo e non si allontanò dall'istrumento, che quando cadutogli per stanchezza l'arco si accorse di avere il braccio quasi paralizzato"[23]. Con questo contrabbasso a tre corde dalla resa acustica eccezionale, "segato" da un arco diritto e lungo, più simile a quello dei violoncellisti che a quello corto ed arcuato di Dragonetti, comincia subito a girare il mondo. A Vicenza, trovato "il teatro principale già ceduto ad un impresario, che, per lasciarlo suonare esigeva patti troppo onerosi, si reca col suo contrabbasso in uno dei principali caffè e suona davanti ad un pubblico per così dire improvvisato, nel quale si trovano taluni suoi amici che rimasero sorpresi a tale inaspettato procedere: il caffè venne tosto invaso da una folla immensa e Bottesini ottenne un successo clamoroso. Il giorno dopo l'impresario fu costretto a concedergli il teatro, e poiché il precedente concerto al caffè aveva destato rumore, al primo aprirsi della porta il pubblico vi si precipitò numerosissimo e tributò al Maestro una prolungata e trionfale ovazione"[24]. A Trieste, nel 1840, poco prima di esibirsi a Vienna, "la direzione del Teatro impensierita della figura esile ed anzichenò mingherlina dell'imberbe giovanetto, credette saggio prima di accordargli l'autorizzazione, di constatare essa stessa quanto egli sapesse fare sul non troppo simpatico istrumento.

Dopo poche battute della sua *Fantasia* con accompagnamento d'orchestra sulla *Sonnambula*, Luigi Ricci - il celebre compositore di *Scaramuccia* e del *Crispino e la Comare* - compreso di che si trattava, s'alza e in pretto dialetto napoletano gli grida: *Basta, basta! Scusa sai, caro Bottesini, ma cca si fa accussì*. Il nostro Concertista risponde pregando la Commissione di lasciargli terminare il pezzo, ché così si sarebbe potuto far senza ulteriori prove.

Il risultato del concerto fu addirittura un trionfo, il quale gli servì come di passaporto presso il pubblico viennese, ove suonò con non minor successo due volte al Teatro di Porta Carinzia, del quale era direttore il notissimo Mayseder"[25]. Il Concerto viennese ha uno strascico di cronaca sull'"Allgemeine Musikalische Zeitung" del luglio 1840, dove si legge che "Il Sig. Bottesini, contrabbassista di Milano, diede il meglio di sé nei limiti in cui si suol considerare l'enorme violone una figura solista"[26].

Ma chi suggellò l'importanza di questo concerto viennese fu il grande critico austriaco Eduard Hanslick che, dopo essersi letto tutto quanto avesse trovato sul contrabbasso, sulla base delle opere virtuosistiche bottesiniane "fece del virtuoso l'oggetto di uno dei suoi più famosi trattati"[27] definendo i recitals di Bottesini, nonché la sua tecnica e il suo stile, come quelli di un autentico artista.

L'acutizzarsi di una malattia al petto lo costringe a tornare in Italia e ad abbandonare la tournée. Ma dopo essersi ristabilito "entra come ultimo contrabbasso nell'Orchestra del Teatro Comunale di Brescia, della quale fa parte per due stagioni consecutive. Passa quindi a Verona e là è scritturato come primo contrabbasso al Filarmonico e nel 1841, sempre come primo contrabbasso al S. Benedetto di Venezia, ove ha la fortuna di conoscere personalmente il Maestro Verdi, il quale sta curando la produzione dei *Due Foscari* su quelle scene"[28]. Nel 1841 di ritorno da Vienna, dopo essersi presentato alla leva militare, benché alto di statura, viene esonerato dal servizio militare per "gracilità"[29]. Si può dunque affermare che Bottesini militò solamente nell'esercito di "Gesù Cristo", da quando venne cresimato nel Duomo di Crema il 18 marzo 1832[30], ma alla "gracilità" come motivazione per la sua esenzione dal servizio militare si può aggiungere anche la regola che vigeva negli Stati dell'Impero Absburgico, di esentare cioé dalla leva tutti i musicisti professionisti che ne avessero fatta la rituale domanda.

Nell'aprile del 1846 lo troviamo a Torino[31] insieme a Luigi Arditi per eseguire al Teatro Carignano un Concerto al quale partecipa anche la cantante Rebussina; mentre nel 1844 si sposta da Livorno[32] a Verona[33], da Venezia a Parma dove il 12 dicembre si esibisce in un'Accademia insieme al pianista Golinelli, in occasione dell'onomastico della duchessa Maria Luisa[34].

Se a Parma è assente Arditi, dal 1845 al 1848 viaggeranno sempre insieme, prima a Vicenza[35], dove si esibiscono l'8 settembre 1845, poi a Voghera dove, nel 1846, Badiali, agente dell'impresario Don Francesco Marty, li scrittura per il Teatro Tacon dell'Avana: Luigi Arditi come direttore d'orchestra, Bottesini come primo contrabbasso e maestro al piano. All'Avana arrivano probabilmente alla fine del 1846, dove tengono rappresentazioni liriche e concerti. Partono dall'Avana il 3 aprile 1847 per New York dove il 17 aprile eseguono due rappresentazioni dell'*Ernani* dando uno scacco matto all'altra "compagnia italiana"[36]. Il giorno dopo le due rappresentazioni dell'*Ernani* Bottesini stesso dà un Concerto nella sala del Tabernacolo, "ove suonai due duetti coll'Arditi"[37] con risultato trionfale. E Camillo Sivori che in quei giorni si trova anche lui in America, gli fa sapere che vorrebbe incontrarsi con lui, per congratularsi "dello straordinario successo dappertutto conseguito"[38]. L'incontro con Sivori avverrà l'anno seguente, proprio all'Avana, quando l'allievo di Paganini si esibirà col pianista Herz nello stesso Teatro Tacon il 20 gennaio, cioé appena 11 giorni prima che Bottesini presentasse il suo *Colón en Cuba*.

Sul "Diario de la Habana" del 20 gennaio 1848 si legge infatti che "Manana juéves 20 del actual, es el primer concierto de estos célebres artistas en el gran teatro de Tacon: al fin la Habana podrá satisfacer el deseo que tanto tiempo hace tiene de oirlos.

El gran pianista Herz tocará un *Gran concierto*, pieza de que hemos oido hacer muchos elogios y notable por sus bellezas clásicas, y una *fantasía* sobre motivos de la *Lucia de Lamermoor*. El célebre violinista, discípulo de Paganini, ejecutará *Il Campanello*, composicion del último, la *Plegaria de Moisés* con variaciones en una sola cuerda y el conocído *Carnaval de Venecia* con variaciones burlescas. Manana es probable que acuda al Gran Teatro una immensa concurrencia, y el público hará bien en aprovechar la ocasion que se le presenta, pues parece que contratados ámbos artistas en Nueva-Orleans, permanecerán muy pocos dias entre nosotros".

Prima di partire dall'Avana, nel 1847, per recarsi a New York, Boston, Filadelfia, isola di Capo May e Saratoga, Bottesini firma un contratto "con l'impresario Marty di suonare tre volte al mese in concerti coll'aumento di 150 colonnati al mese oltre i 120 come suonatore d'orchestra"[39]. Una sua esibizione newyorkese del 1847 viene commentata dall'"Allgemeine Musikalische Zeitung" che nel dicembre del 1847 riferisce del successo di Bottesini nell'America del Nord, grazie al fatto di essere "un famosissimo contrabbassista e anche un buon compositore"[40].

Dopo il successo con Arditi al Tabernacle, il 18 aprile 1847, del quale ne parla l'"Home Journal" del 19 aprile, definendo Arditi e Bottesini "i gemelli prodigio" che non possono che essere ammirati per lo stupore che producono nel pubblico suonando una loro composizione su temi zigani (*Festa degli zingari*) e il *Carnevale di Venezia*, esaltati anche dal critico N.P. Willis che trova i loro arpeggi diabolici e le loro armonie miracolose, tutta la compagnia se ne va a Boston, per ritornare a New York il 9 giugno ed esibirsi nei *Due Foscari* al Park Theatre. Bottesini e Arditi si succedono nella direzione dell'opera del cui cast fanno parte Fortunata Tedesco, Luigia Caranti Vita, Teresa Rainieri, Teodolinda Gerli, J.B. Severi, Giuseppe Piemontese, Pietro Novelli e Luigi Battaglini ingaggiati da Federico Badiali.

Quando Bottesini suona il suo contrabbasso da solo, senza accompagnamento, sembra che si muova una intera sezione di contrabbassi, e per questo suo sorprendente modo di suonare, la sera del 17 giugno 1847 viene invitato, assieme a tutta la compagnia, alla festa data in onore della Senora Manuela Barges, dell'Ambasciata Cubana, alla quale dedicàno un *Inno patriottico spagnolo*, composto per l'occasione, con parole di Don José Villarino il manager della compagnia, e musiche di Bottesini e Arditi. Il 1° luglio del 1847, sempre a New York, la compagnia diretta da Bottesini rappresenta la *Sonnambula* col tenore Perelli. Durante la seconda rappresentazione di quest'opera, Bottesini dirige alcune composizioni di Arditi fra cui *Les clochettes d'amour*, opera che imita *La Campanella* di Paganini ma della quale è assai meno bella "Albion", July 3, 1847, pag. 324). Il 9 luglio al Castle Garden, presenti 1500 persone, Bottesini e Arditi si fanno ammirare nella *Fantasia della Sonnambula*, variando i motivi di un'opera che avevano in programma e quindi facilmente recepibile dal pubblico. Il giorno seguente, 10 luglio, la compagnia parte per Filadelfia, ma il 18 agosto è di nuovo a New York per la stagione del Castle Garden.

Il 18 gennaio del 1848 Bottesini è ancora all'Avana dove ottiene uno strepitoso successo variando col suo contrabbasso i temi della *Sonnambula* di Bellini[41]. Il momento di maggior gloria però giunge la sera del 31 gennaio 1848 quando gli si concede una beneficiata tutta per sé, nella quale rappresenta per la prima volta la sua opera in un atto, *Colón en Cuba*, diretta da lui stesso, e si esibisce pure al contrabbasso accompagnato da Desvernine e Arditi. Col Trio esegue una composizione di Mayseder; con l'Orchestra una *Fantasia* sulla *Beatrice di Tenda* di Bellini e con Arditi un *Pot-pourri* su motivi di "contradanzas criollas" suggeriti lì per lì dal pubblico presente in sala. Benché il Teatro Tacon quella sera non fosse al completo, il successo è grande, tanto che la stampa ne riferisce con parole di entusiasmo[42] e ne chiede la ripetizione, il che avviene 4 giorni dopo, il 4 febbraio 1848, sera in cui insieme all'opera *Gulnara*[43] di Luigi Arditi, Bottesini esegue la stessa *Fantasia* sulla *Beatrice di Tenda* e il *Pot-pourri* con Arditi[44].

Purtroppo anche la sera del 4 febbraio il Teatro è semivuoto, solamente 7 palchi sono occupati, a causa di un disastroso acquazzone che spaventa il pubblico dell'Avana, "porque las calles se ponen muy malas"[45]. Si rifiutano così di esibirsi il fagottista Bianchi, la Signora Rainieri ed il Sig. Lorini nel duetto del *Roberto Devereaux* di Donizetti, ma non Bottesini e Vita in onore del festeggiato, l'autore della *Gulnara* e amico Arditi. Alla fine della serata, alle 23 e 30, Arditi viene chiamato al proscenio, ma incombe su tutti l'acqua che continua a cadere fuori dal Teatro. Il giorno dopo però la stampa ha parole di lode per Arditi, paragonandolo addirittura a Verdi, perché "al igual que Verdi, el Sr. Arditi, ha fijado su atención más en la orquesta que en los cantantes"[46].

Il 4 marzo del 1848 sul "Diario de la Marina" appare un trafiletto dal quale si apprende che Bottesini, Arditi e Devernine se ne vanno in tournée in Messico e poi a Bogotà[47].

Il 12 giugno 1848 la compagnia è di nuovo a New York dove si esibisce al Tabernacle, in uno di quei Dollar Concerts che a fine giugno richiamano un pubblico esiguo. "Benché Bottesini e Arditi - scrive il "Musical Times" del 17 giugno 1848 - fossero meravigliosi, come sempre nelle loro vecchie preferite composizioni *Festa degli zingari* e *Carnevale di Venezia* ed uno spettacolare *Gran*

Duetto dedicato al Popolo Americano, e benché Bottesini rimanesse senza rivali in tutto il mondo con i suoi miracoli di tecnica, delicatezza, cuore e genio, e benché essi in più godessero della presenza di Rosina Pico e del tenore d'opera Adelindo Vietti e di Antonio Barili che sedeva al piano, il loro concerto attirò solamente una esigua audience. I Dollar Concerts non possono che fallire, come arguisce Watson, e in ogni tempo c'è il dubbio di speculazioni, ma al presente, nel mese di giugno, sono senza speranza".

Il Tabernacle apre ancora loro le porte ai primi di luglio, mentre il 7 e il 12 luglio Bottesini e Arditi fanno la loro apparizione al Castle Garden. Il 26 luglio 1848 si legge sul "Tribune" la notizia che Bottesini e Arditi hanno creato un nuovo gruppo con la Steymark Orchestra che in quei giorni si esibisce al Tabernacle, ma per quanto si sappia questa diceria non ha avuto seguito. Il 22 settembre 1848, sempre al Tabernacle, la French Benevolent Society dà il suo concerto annuale con una "concorrenza miserevole di pubblico. Nel cast oltre a Bottesini ed Arditi ci sono Labordes, Miss Northall, il basso Novelli e Antonio Barili" "Strong on Music", pag. 53) diretti da Rapetti: "Bottesini e Arditi suonano in modo quanto mai miracoloso"! Il 3 aprile 1849, dopo un concerto al quale partecipa la Signora Maraschi, il tenore Ferrari e il basso Castrone, Bottesini annuncia la sua partenza per l'Europa.

Per questo ultimo concerto la sala è "vergognosamente" vuota tanto che il critico Watson, sia sull'"Albion" del 5 aprile, che sul "Mirror" del 7 aprile, stigmatizza il pubblico americano per la sua rigida indifferenza verso questo "artista magnifico"[48].

Secondo il Grove Bottesini debutta a Londra il 26 giugno 1849 alla Ella's Musical Union. Secondo il Lisei invece Bottesini sarebbe arrivato a Londra alla fine del 1848 dove avrebbe suonato all'Exeter Hall in un concerto promosso dall'Alary. Il 30 maggio 1849 sarebbe addirittura apparso al Covent Garden affascinando il gentil sesso col *Carnevale di Venezia* di Paganini.

L'"Illustrated London News" del 29 novembre 1851 afferma invece che Bottesini fece la sua prima apparizione a Londra nel "1849, nell'accademia annuale del Signor Anderson. I direttori del reale teatro dell'Opera italiana, Covent-Garden apprezzando la meravigliosa abilità del Bottesini gli procacciarono l'opportunità di farsi udire nel loro teatro in una accademia la mattina del 30 maggio 1849". Ne risulta dunque che Bottesini debutta a Londra nel 1849, non nel mese di giugno, come scrive il Grove, ma qualche tempo prima se già il 30 maggio suona al Covent Garden!

Nello stesso 1849 Bottesini, secondo il Planyavsky (*Geschichte des Kontrabasses*), a 28 anni, debutta a Parigi, e due anni più tardi viene definito dalla stampa francese come il più aristocratico dei virtuosi. Queste notizie sono desunte dalla "Revue et Gazette Musicale de Paris" del 1851 (pag. 168), ma Bottesini si recherà in Francia in modo stabile solamente negli anni seguenti, soprattutto dal 1856 quando porrà a Parigi la sede della sua dimora.

"Visitate poi con Julien le province inglesi, torna in America e fino al 1855 continua, traversando e ritraversando l'Oceano, a mandar in visibilio i due mondi"[49]. Gli "anni tra il '49 e il '55, risulteranno determinanti sia per lo sviluppo della tecnica strumentale (qui ha modo di confrontarsi con i migliori solisti sulla scena e di suonare in ottime orchestre con direttori del calibro di Costa, Arditi, Berlioz, Mattei, Jullien), sia per l'assimilazione della cultura musicale tedesca"[50].

Sono gli anni di intesa con Alfredo Piatti, il grande violoncellista bergamasco, al quale in Londra il 9 luglio 1849 invia un omaggio-ricordo di poche note musicali, e col quale il 12 novembre 1851, sempre a Londra, scrive un *Duetto* per violoncello e contrabbasso, oggi di proprietà della Stanford University. L'amicizia con Piatti in realtà durava dal 1835, dagli anni di apprendistato milanese, quando Bottesini, allievo del Conservatorio di Musica di Milano, ebbe anche la ventura di esibirsi "en travesti", come soprano, nell'*Italiana in Algeri* di Rossini, sostenendo *magnificamente* la parte di Isabella[51]. A uno dei primissimi concerti di Bottesini dati a Londra è presente infatti anche Piatti, unitamente a Sainton, Hill e Cooper, per assistere al prodigio di "quel tizio dal colorito malsano, i baffi neri, i capelli lisci, le dita lunghe e ossute, una bella mano comunque, che veniva trascinando a fatica un gran contrabbasso"[52], e che meraviglia tutti suonando ogni genere di melodie in armonici flautati, come se avesse avuto usignoli chiusi nella gabbia del suo contrabbasso.

Sempre a Londra il 19 maggio 1851 si esibisce nella sala di Hannover-square durante l'ultima accademia data da Catterina Hayes[53]; il 20 maggio è alla Società Musicale[54]; il 26 maggio dà saggio di sé all'Accademia Filarmonica[55]; e il 2 giugno si esibisce al Concerto di Ernst con Alfredo Piatti, suonando un pezzo a due di *effetto incomparabile*. In autunno poi Julien lo scrittura per una serie di Concerti al Teatro Drury Lane dove "Bottesini eseguì ogni sera la sua musica meravigliosa innanzi ad una immensa folla di uditori, il cui entusiasmo va ogni dì più aumentando. Il suo modo di suonare e il suo stile hanno una impronta tutta propria; egli dà al suo contrabbasso con una inesprimibile dolcezza l'espressione del sospiro, come fosse il liuto di una amante, mentre niuno lo sorpassa per forza, delicatezza e precisione nei passaggi. La sua esecuzione è gradevole quanto sorprendente, meravigliosa quanto graziosa, armoniosa quanto melodiosa; è così perfetta che produce i più squisiti suoni con irreprensibile giustezza d'intonazione. Il modo con cui egli esprime sul suo strumento il canto del tenore nell'aria della Sonnambula e il Carnevale di Paganini è assolutamente ammirabile e incomprensibile"[56].

I londinesi non sono più dunque sorpresi quando l'"Illustrated London News" del 29 novembre 1851 chiama Bottesini "la meraviglia musicale dell'età nostra", ma restano pur sempre stupefatti dalle sensazioni che procura loro la sua solo presenza. "Non dimenticheremo la sensazione prodotta all'apparire di quel suonatore! - scrive lo stesso giornale -. Nella seconda parte del programma un giovane pallido che le Signore trovarono e trovano tuttora assai interessante si fece innanzi per eseguire sul contrabbasso il *Carnevale di Venezia* di Paganini. Sarebbe impossibile descrivere l'entusiasmo degli uditori. Costoro e tutta la sua orchestra si unirono di tutto cuore al sorprendente trionfo del giovane suonatore; la Grisi, la Persiani, la Duros-Gras, la Hayes, la Angri, la Corbari, la De Marie, con Mario, Sims Reeves, Tamburini ecc. ecc. furono veduti dai palchetti del Covent Garden e al suo fianco applaudire furentemente alla italiana meraviglia"[57]. In questi anni di furori londinesi Bottesini non dimentica di essere italiano, lo troviamo infatti a Milano nel 1850, città in cui dedica al Cavalier Saverio Mercadante il *Gran Quintetto* in Do minore per archi, e nel 1852, il 26 febbraio, a Crema, acquista per il padre un podere nel Comune di Capergnanica affinché il vecchio suonatore di clarinetto possa godere delle vacanze autunnali insieme alla sua famiglia[58]. Nello stesso 1852 appare in Francia un articolo che parla apertamente del suo talento, e Bottesini lo intende come un invito a recarsi in quel paese[59]. Si avvicinano infatti gli anni dell'alleanza fra il Regno del Piemonte e la Francia contro l'Austria, che sfoceranno nella Seconda Guerra d'Indipendenza, e questo fatto strettamente politico sarà un po' la causa della fortuna di Bottesini in Francia, soprattutto a Parigi dove diverrà direttore del Teatro Italiano e parteciperà all'Esposizione Universale alternandosi nella direzione d'orchestra con Berlioz.

Il 30 maggio del 1853 però lo troviamo ancora a Londra dove si unisce a Bazzini, Piatti, Vieuxtemps, Adolf Schlösser, il contrabbassista Muller, il violoncellista Jacquard, Berlioz, la Viardot-Garcia e Achille Montignani[60]; "...partecipa al Concertone del 30 maggio presso Madame Puzzi, nota come la maestra del dito indice per l'abitudine sua di batterlo sul pianoforte o sulle spalle dell'allievo. Essa tiene il suo gran concerto annuale in Hannover Square facendovi eseguire ben 34 pezzi di musica e fra gli esecutori sono i tre debuttanti Bazzini, la Signora Evers e Jacquard, e le celebrità di Clara Novello, Luise Pyne, Elena Angri, il tenore Severo Gardoni, la Signora Taccani Tasca, Standigl, Lablache, Le Fort, Bodda, Prudent e Bottesini.
Nel pubblico si notano Vieuxtemps, Berlioz, Piatti, la Clauss, la Viardot e Arabella Goddard"[61]. Un mese dopo, il 30 giugno, Bottesini, Piatti e Bazzini si esibiscono alla mattinata di Madame Taccani Tasca[62]; il 3 luglio Bottesini suona al Teatro Drury Lane nel Concerto del cornista Giovanni Puzzi, con Prudent e Bazzini[63], mentre sulla "Gazzetta Musicale di Milano" appare l'idea di un certo Glover di combinare a Londra a Exeter Hall, un concerto da cominciarsi alle 13 e da finire alle 21 con 22 pianisti, 8 violinisti, 4 violoncellisti, 3 flautisti, 2 contrabbassi e 26 cantanti[64]. L'idea, oggi probabilmente di molto successo, non viene recepita dagli organizzatori londinesi e si continua con i soliti concerti: il 9 luglio Bottesini si esibisce a Willi's Rooms con Bazzini e Piatti per onorare il Concerto della pianista Emmie Staubach[65]; il 20 luglio è alla mattinata di Luigi Gordigiani alla Dudley Gallery con Bazzini, Clara Novello, Gardoni, Marchesi e Piatti[66]; il 29 luglio suona al Concerto del cantante da camera Guglielmi insieme a Bazzini[67]; e da ultimo il 5 agosto al Sadler's Wells Theatre partecipa al gran Concerto a beneficio dei Coristi e dei Cantanti del defunto Teatro di Sua Maestà con Bazzini, Piatti, Thomas, Elena Angri, Lablache e Gardoni sotto la direzione di Pilotti[68].
A Londra tornerà ancora nel 1856, nel 1862, nel 1870, '71, '78, '87 e '88, diradando sempre di più le sue esecuzioni sull'amato contrabbasso.

Nel 1853, dopo i concerti londinesi, s'imbarca per l'America per dirigere opere a Nuova Orleans[69], dove riceve l'incarico di organizzare il Conservatorio musicale del Messico. Nel 1855 lo troviamo ancora all'Avana, non più come contrabbassista ma come direttore d'opera, sinché il 21 febbraio 1856 arriva in Francia dove a Parigi viene eseguito il suo *Assedio di Firenze*, opera su testo di F. Manetta e C. Corchi, interpretata dalla Penco, Mario e Graziani "con lusinghiero successo ed eccellenti giudizi di critica"[70]. In realtà l'Enciclopedia dello Spettacolo dando questo giudizio positivo bleffa un po', perché se il critico della "Revue et Gazette Musicale de Paris" nell'articolo del 24 febbraio 1856 afferma che "se Bottesini per il suo debutto come compositore non ha creato un capolavoro, tuttavia ha scritto una partitura che gli fa onore", il critico del "Menestrel", nello stesso 24 febbraio, stigmatizza *L'Assedio di Firenze* considerandola un'opera carente della "divine étincelle", ed è nel dubbio amletico di chiedersi se Bottesini avesse fatto bene a lasciar perdere la direzione d'orchestra ed il contrabbasso, attività che gli riescono benissimo, per "monter sur la scène" e farsi giudicare come compositore d'opera. È anche vero comunque che la prima rappresentazione ebbe un grande successo di pubblico, tanto che Bottesini venne riconosciuto come "un nouveau Messie musical"!
In questo periodo dirige pure il Teatro Italiano e partecipa all'Esposizione Universale come direttore d'orchestra, ruolo che tiene anche nelle sale del Ventadour[71].
Il 18 luglio però è già a Londra dove esegue con Bazzini un *Duo* per violino e contrabbasso nella galleria di lord Ward in Willi's Rooms[72], e a fine mese in casa Piatti si consuma "l'avvenimento della stagione", cioé "l'esecuzione di cinque Quartetti di Donizetti. Gli eredi del musicista bergamasco ne avevano affidato la partitura e parti autografe a Piatti l'anno prima, al suo passare da Bergamo. L'incontro londinese con Bazzini suggerisce ai due di allestire l'esecuzione di cinque quartetti giovanili di ispirazione mozartiana e beethoveniana, assumendo Bazzini il ruolo di primo violino, Arditi, da poco arrivato dall'America, quello del secondo, mentre Piatti esegue la parte di viola sul violoncello e Bottesini quella di violoncello sul suo contrabbasso"[73].
"Fu quello un concerto che destò rumore nel mondo musicale, sia per la valentia degli insigni artisti che lo hanno dato, sia per l'esecuzione dei cinque famosi quartetti d'arco scritti da Donizetti, quando non aveva che 18 anni: quartetti rimasti ignoti per molto"[74]. Il 18 marzo 1857, sempre da Parigi, scrive una lettera all'amico "Della"[75] per fargli sapere che accetta l'offerta di maestro di Cappella del Duomo di Crema, "e che il Sig. Battista Monza se la intenda con mio padre"[76]. Codesta accettazione di Bottesini è causata dal fatto che la sua carica è onorifica, lucrativa e senza l'obbligo della presenza: come dire che si paga una persona senza che faccia nulla!
"Ma è mai possibile che Bottesini lasci, o quanto meno interrompa la sua gloriosa carriera, i cui trionfi si alternano alle conoscenze delle più elette personalità artistiche del mondo, per rifugiarsi in una piccola cittadina

di circondario, in un ambiente in cui non è possibile espandersi e farsi apprezzare, in cui avrebbe di più dovuto lottare colla implacabile scontrosità ed intransigenza di certi tonsurati, nei quali, in fatto di musica, la ignoranza è spesso maggiore del loro sapere? Ciò che è un'illusione per gli amici cremaschi, ed è un sogno di una notte d'estate per il Bottesini, non ha seguito, ed a surrogare il Pavesi viene chiamato il giovane e distinto allievo di Mercadante al Conservatorio di Napoli Giuseppe Benzi"[77]. "Bottesini raggiunge così il suo sessantaseiesimo anno di età, senza un patrimonio proprio, senza una carica od un posto che gli assicurasse una agiata esistenza, e per di più avariato in salute, perché cominciano a manifestarsi in lui quei disturbi di fegato che dovevano poi lentamente condurlo alla tomba"[78]. Queste sono parole di Antonio Carniti, scritte nel 1921, che non posso condividere perché nel 1857 Bottesini ha solamente 36 anni! ed inoltre è assurdo che possa accettare un posto fisso presso qualche ente pubblico o privato, contrastando ciò col carattere di musicista romantico che s'era addossato, nell'imitazione di Paganini che come Aroldo se ne va pellegrino per il mondo per sanare qualche ferita e lenire con la sua arte le anime assetate di bontà e di bellezza.

E poi perché i cremaschi devono stipendiare uno che è impegnatissimo a Parigi[79] e a Londra dove a fine giugno 1857 con Bazzini, Sivori, Ernst, Clara Schumann, Blumenthal e Reichardt riceve i complimenti della Regina Vittoria e del Principe Alberto?[80]

A Parigi è impegnato anche nei primi mesi del 1858, partecipa infatti ad un ricevimento alle Tuileries dove incontra Napoleone III entusiasta del suo contrabbasso[81].

Nello stesso anno ritorna in Italia per svolgervi l'attività concertistica ed operistica. Il 18 dicembre 1858 infatti la sua commedia lirica *Il diavolo della notte* commissionatagli dall'impresario milanese Rovaglia, viene rappresentata con successo al Teatro di S. Radegonda, interpretata dal Bottero; in maggio lo troviamo a Napoli[82]; a fine giugno è a Venezia per suonare in casa Contin col violinista Giuseppe e il violoncellista Francesco[83], mentre in luglio, sempre a Venezia con Arpesani e altri, esegue il "terzo Quintetto op. 29 di Beethoven ed il terzo Quartetto op. 14 di Haydn. Ed avvenne che al Bottesini, suonando la prima viola nel Quintetto, saltassero le corde tutte col ponticello per rottura della cordiera. Ne volete il rimedio? Il sommo artista diede mano al contrabbasso e progredì non solo al fine del Quintetto, ma fu avventuroso l'accidente perché ne trasse alcuni suoni che niun altro alla viola potrebbe dare..."[84].

"Suona quindi a Verona - come scrive E. Fazio - Treviso, Pordenone, S. Vito, Isola della Scala, Brescia, Mantova, luoghi dov'è un'occasione unica assistere a concerti di musica strumentale ben eseguita".

Nel settembre del '58 è a Milano dove passa l'inverno ricevendo ogni domenica in casa sua diversi strumentisti come Trombini, Cavallini, Santelli, Quarenghi, Fasanotti e Ferrara coi quali interpreta musiche di Beethoven[85] e Spohr[86].

Non dimentica di recarsi, com'è solito quando è a Milano, sul Lago di Como dove tiene due concerti al Teatro Sociale le sere del 28 ottobre e del 4 novembre 1858 unitamente al basso Alessandro Bottero, il suo primo *diavolo* della notte. "La stampa d'allora - scrive Alessandro Seveso nel 1929 - pur facendosi eco del pubblico entusiasmo, non trovò parole adeguate per esprimere i propri sentimenti, limitandosi a scrivere: *Lodare il merito di questo esimio artista, sarebbe per noi come portare acqua al mare, dappoiché le principali capitali d'Europa commisero già da alcuni anni sulle ali del giornalismo la sua fama. Egli, specialmente negli adagi, trae da un ingrato istromento un canto così soave che ti giunge diretto al cuore e lo commuove dolcemente.*

Ed invero, Bottesini - che all'umile istrumento aveva dedicato con tanta intensità le proprie forze intellettuali, da redimere il contrabbasso e farne istrumento da concerto - traeva da esso le melodiose note d'un violino. Tanto che divenne popolare l'espressione di Muphatis Pascià, allorché, sentitolo suonare al Teatro dell'Opera del Cairo, esclamò: *Non comprendo perché ci si dia tanto da fare per ottenere simili effetti con quel grosso ed incomodo istromento; non sarebbe meglio che desse mano addirittura ad un violino!*".

Nella seconda metà del '59 si sposta dall'Italia alla Savoia con Bazzini e Andreoli, suonando per beneficenza o per le vittime della Seconda Guerra d'Indipendenza[87]; a metà dicembre i tre interpreti si spostano a Nizza dove, insieme a Giulia Sanchioli e alla Boccabadati, interpretano al Teatro Reale *Maria di Rohan* e il *Barbiere di Siviglia*[88].

Nella primavera del '60 torna a Milano dove, il 15 marzo, riceve con Bazzini, Sivori e Angelo Catelani la nomina di accademico corrispondente del R. Istituto Musicale di Firenze[89]. Si può affermare che il 1860 è l'anno in cui Bottesini offre tutto sé stesso alla capitale lombarda, sia come solista che come compositore. Il suo Concerto con Sivori alla Canobbiana, nel mese di giugno, è recensito con entusiasmo da Filippo Filippi sulla *Perseveranza*[90], che lo considera un vero avvenimento artistico per la città. Non meno entusiasta è il resoconto della *Gazzetta Musicale di Milano*[91] quando afferma che "Milano di questi giorni fu rallegrata da una straordinaria e brillante solennità musicale: i due sovrani del violino e del contrabbasso, Sivori e Bottesini, concorsero insieme ad una rappresentazione per la causa nazionale... L'accoglimento fatto al Sivori e al Bottesini fu degno della loro rinomanza...". Neanche un mese dopo Bottesini è al Teatro Re[92] dove si esibisce in un Concerto benefico con la Signora Lumley e un clarinettista, artisti che surclassa con la sua arte perché il pubblico per lui ha "gli usati scoppii di ardente entusiasmo, affascinato dalla dolcezza dei suoni, dalla giusta espressione dei canti, dalle fenomenali difficoltà"[93]. Alla Scala si presenta il 16 luglio in una grande accademia a favore dei feriti di Sicilia, con la partecipazione del clarinettista Ernesto Cavallini[94]; e ancora il 20 agosto in un gran Concerto a beneficio della Emigrazione Veneta con l'intervento del Principe del Piemonte e del Duca d'Aosta. Vi esegue, sempre con Ernesto Cavallini, il *Duetto* della *Norma*, e col violinista Luigi Sessa il *Preludio* di Bach e la *Serenata* di Rossini[95]. Dopo tanto successo però giunge anche il fiasco, durato per ben 15 repliche, dell'*Assedio di Fi-*

renze, rappresentato alla Scala il 5 settembre 1860 con gli interpreti Cotogni (Giovanni), Della Costa (Michelangelo Buonarroti), Fiorentini (Maria de' Ricci) e Valentini-Cristiani (Lodovico).

Ma Bottesini è un buon medico di sé stesso e ben corazzato contro le avversità: sa che col tempo tutti i mali se ne vanno e prima di lasciare Milano cura da vicino i suoi interessi personali. Fa così ipotecare, il 17 dicembre 1860, il podere di Capergnanica dal notaio Cattaneo di Milano, assumendo un mutuo di £ 1.500 dalla Cassa di Risparmio. È questa una ennesima prova dell'endemica necessità di denaro di Bottesini, sempre al verde, ragion per cui il 27 gennaio 1863 venderà il detto podere ai fratelli Giovanni e Filippo Piantelli con atto del notaio Giorgio Severgnini di Crema, per £ 25.000[96].

Lasciata dunque Milano con un po' di magone, per i piaceri e i dispiaceri subiti, è alla ricerca di un'altra grande città che lo possa adottare per qualche tempo. A Bologna suona diverse volte nel gennaio del 1861[97], deliziando la principessa Hercolani[98], i bolognesi al Teatro Comunale allora Comunitativo[99] e gli abbonati della Società Filarmonica[100], ma chi veramente lo terrà come figlio prediletto per qualche tempo è la città di Firenze, di Palermo e di Napoli.

A Firenze nella prima metà del 1861 si ferma più di 5 mesi, contribuendo alla nascita della prima Società del Quartetto italiana. "Promossa dall'Editore Guidi, valente dilettante di contrabbasso, viene ufficializzata nel settembre del '61 quando Bottesini ha già lasciato la città; nella primavera dell'anno 1862, inizierà le pubblicazioni il *Boccherini*, organo ufficiale dell'associazione"[101]. Nel settembre dello stesso anno, quando Bottesini si trova a Napoli per inaugurarvi una nuova Società del Quartetto[102], riceve la buona notizia della vittoria del II Concorso Basevi di Firenze col *Quartetto in Re* pubblicato dall'Editore Guidi. Sulle ultime pagine di tale Quartetto vengono nominati tutti i protettori della Società, con la sede della loro dimora. Vi è nominato anche Bottesini, Bazzini, Filippo Filippi, Krakamp, Angelo Mariani, Mazzucato, Rossini e Sivori[103]. Fra costoro Emanuele Krakamp è il fondatore della Società del Quartetto di Napoli, e Mazzucato[104] di quella di Milano nel 1864 sotto la protezione di Casa Ricordi. Benché dunque Angelo Mariani ed Alberto Mazzucato appartengano alla stessa Società del Quartetto di Firenze, Bottesini non ha molta simpatia per loro quando si tratta di eleggere un nuovo direttore di Musica in Bologna. In una lettera del 29 maggio 1861 Bottesini suggerisce di eleggere Mabellini, da preferire a Mariani "che ha prodotto solo qualche canzoncina alla Verdi", ed anche a Mazzucato "che sta benissimo a Milano al Conservatorio e Teatro e infinite lezioni". Angelo Mariani probabilmente è troppo focoso e Bottesini non lo sopporta; Mazzucato invece ha un potere vastissimo ed aumentarglielo sarebbe forse dannoso per la musica in Italia.

Dopo la rappresentazione dell'*Assedio di Firenze* in Firenze stessa nella primavera del 1861, Bottesini se ne va a Roma per dare quattro Concerti sino al 20 giugno[105]. Accetta intanto l'offerta del Teatro Bellini di Palermo per divenirne il direttore stabile dell'orchestra. Firmato il contratto per 2 anni, dal 1861 al 1863, il 10 gennaio 1862 vi fa rappresentare in prima assoluta la sua *Marion Délorme* su testo di Ghislanzoni. Il giornale di Palermo "Diogene" riporta la notizia il 12 gennaio, "senza alcun commento"[106], menzionando solamente il nome degli interpreti, quali il soprano Fiorentini nella parte di Marion Délorme, il tenore Malagola in Didier, il baritono Giuseppe Cima in Saverny, il basso Alessandro Lanzoni in Laffemas, sotto la direzione di Agostino Lo Casto. Nonostante il silenzio stampa di Palermo, l'opera deve avere un certo successo in quanto nel 1863 viene riprodotta al "Liceo" di Barcellona sotto la sua stessa direzione, e probabilmente anche a Madrid dove oggi si trova la partitura autografa presso la Biblioteca de Palacio: si tratta di un solo volume di 281 fogli di gran formato, 300x420 mm.

A Barcellona, per il successo della sua opera, viene scritturato come direttore dell'orchestra del "Liceo" sino all'autunno del 1866, anno in cui è chiamato a dirigere a Madrid i primi Concerti Popolari del "Buen Retiro". Scrivendo a Olimpio Mariotti, segretario del Conservatorio di Firenze, il 19 settembre 1862, per ringraziarlo d'averlo informato della vittoria del Concorso Basevi, gli comunica di reinvertire il premio in un vaglia postale prima della fine del mese, perché in ottobre sarebbe partito. Deve infatti recarsi a Reigate in Inghilterra da dove il 18 ottobre scrive all'amico Paolo Serrao per comunicargli che i pianoforti di Erard "non sono buoni e quelli di Pleyel sono molto cari. Vi sono ditte di nome meno famoso che fabbricano ottimi strumenti... I Concerti vanno bene e il mio contrabbasso dà le scoppole a tutti gli altri. La Goddard e Gassier ne sono un poco mortificate, ma ci vuol pazienza"[107]. Lo informa anche dell'Esposizione Internazionale di Parigi nella quale "si distingue l'Italia per le statue. Il Belgio per la pittura, e Francia e Inghilterra per macchine. C'è una tal quantità di roba che per vederla tutta bisognerebbe un mese. A Parigi ho sentito la *Cenerentola* al Teatro Italiano con cani patentati. L'Alboni è finita. Mario è scritturato all'Opéra"[108].

Il 26 ottobre da Bath informa ancora Serrao che i suoi Concerti con Sainton e la Goddard piacciono molto e a Manchester dovrà anche dirigere un'opera.

Nell'inverno del 1862 si sposta a Roma dove si esibisce col violinista Ettore Pinelli[109], mentre nel maggio del 1863 è di nuovo a Napoli in Concerto col violinista torinese Carlo Casella[110]. Il 20 giugno 1863 scrive l'*Ouverture* dedicata a Mercadante e nell'agosto si esegue la sua *Sinfonia* dedicata a un notabile del luogo[111]. È il mese in cui a Napoli viene fondato il "Circolo Bonamici", in sostituzione della cessata Società del Quartetto, nella prima seduta del quale vengono eseguite musiche di Bottesini stesso, di Krakamp, di Weber e di Schubert[112].

Nel 1864 riprende la sua vita parigina. Il 3 agosto infatti scrive da Parigi a Francesco Lucca, a nome di Rizzoli, per sapere se le opere richieste sono state inviate e se no, aggiunga alla lista anche il *Conte Ory* di Rossini. Pochi mesi dopo, il 26 dicembre 1864, da Barcellona comunica a Monsieur Marie di Parigi il felice esito della sua *Marion Délorme* interpretata al "Liceo" dalla Fiorentini, Morini, Colonnese e Bouché.

L'8 luglio 1865 si esibisce a Baden Baden accompagnato dall'orchestra. È presente al concerto il pittore Danton che lo ritrae due volte per intero abbarbicato al suo contrabbasso. In uno dei due disegni compare sul palcoscenico accompagnato dall'orchestra; nell'altro appare solo, circondato dai fiori. Si notano chiaramente i baffi e un pizzetto di barba che gli allunga il viso, ma soprattutto tiene il leggio con la musica nel brano con l'orchestra, a dimostrazione che non si fidava del tutto della sua memoria[113].

Il 2 novembre 1865, ancora da Parigi, si felicita col padre Pietro del suo viaggio di ritorno da Parigi a Crema; gli comunica che presto andrà in Belgio ed è "sicuro che Sivori ti avrebbe usato delle gentilezze. Malgrado la sua nascita genovese è un buon diavolo"!

Il 2 febbraio 1866 è a Vienna dove partecipa a uno spettacolo organizzato per l'imperatrice Elisabetta nell'antico Kärntnertortheater, spettacolo intitolato *Accademia musicale e drammatica* in cui Bottesini dà il meglio di sé sul contrabbasso col suo brano *Souvenir dall'opera Sonnambula*. In seguito si reca a Madrid per dirigere i Concerti del "Buen Retiro" e, ammesso alla Corte del Re di Spagna viene nominato Commendatore dell'Ordine di Isabella la Cattolica.

Nell'aprile del 1866 ha una crisi di identità, ringraziando infatti l'amico Liverani[114] per avergli incassato la somma di 455 franchi, gli fa sapere che presto abbandonerà l'Italia per tornarsene in America fra i Negri, lasciando "godere in pace agli italiani i progressi che la musica sta facendo da tanti anni in Italia". È una frase certamente ironica, che la dice lunga sugli insuccessi, soprattutto operistici che Bottesini va accumulando nel suo paese. Ma è proprio Gioacchino Rossini che lo spinge a lasciare l'Italia per la Russia[115] con diverse lettere commendatizie, ed in effetti nel dicembre del '66 dà concerti a Pietroburgo diretto da Anton Rubinstein, suscitando l'interesse di Alessandro II che lo interroga sul suo luogo di nascita. Poiché lo zar non comprende cosa significhi la parola "Crema" rivoltagli da Bottesini, si adombra sinché l'illustre contrabbassista non lo assicura di essere originario di Milano, città ben più nota allo zar[116].

Nel '67 Bottesini torna a Parigi dove l'impresario Ullman gli combina una tournée in Francia, Danimarca, Svezia e Norvegia con Vieuxtemps e Artôt.

Nel '68, ancora a Parigi, prima di recarsi in Germania, lo ascolta Escudier che traccia di lui un profilo dei più riusciti, paragonando la sua "natura delicata e quasi femminea in apparenza a una lama d'acciaio in fodero di velluto"[117].

Recatosi nello stesso anno a Wiesbaden, durante la stagione dei bagni termali, tiene un acclamatissimo Concerto nel Salone del Kursaal dove viene avvicinato dalla figlia della Regina Vittoria, alla quale Bottesini inizialmente si nega, ma una volta riconosciutala la riempie di cortesie[118].

Il 1868 è l'anno dello scandalo Broglio, il Ministro della Pubblica Istruzione che comunica a Rossini l'idea di sopprimere la dote dello Stato ai teatri lirici, di tassare le scritture dei cantanti, affermando, imprudentemente, che dopo Rossini non c'è che Meyerbeer e delle "presunzioni mefistofeliche".

Ce n'è abbastanza per mandare in bestia tutta l'Italia musicale, compreso Verdi che rifiuta il diploma di Commendatore della Corona, e Boito che se la ride scrivendo un bell'articolo polemico ma soprattutto umoristico. Tra le *nullità* citate dal Ministro c'è dunque anche Bottesini che in quel 1868 (ottobre) pubblica nell'*Album Musicale* del *Trovatore* la canzonetta *Mezzanotte*, dopo quella di Bazzini intitolata *Il prigioniero di Josephstadt*, come ad affermare la "prigione" e la "notte" in cui si trova la musica italiana di quel periodo[119], tanto più dopo la morte di Rossini avvenuta il 13 novembre!

Meglio dunque Parigi nella quale si rifugia nell'inverno del '69, quando comincia a dubitare della serietà di Francesco Lucca, il suo Editore[120]. Si rivolge infatti all'Editore Ricordi per la pubblicazione de *Le ricordanze di Napoli*, una serie di 12 canzonette ispirate alla vita della città partenopea. Ma anche gli editori francesi sono prodighi con lui, e nello stesso '69 gli pubblicano diverse melodie per canto e pianoforte[121] e il famoso *Metodo* per contrabbasso[122]. Ullman gli organizza ancora un'altra tournée in Francia con Vieuxtemps, l'arpista Godefroid e i cantanti[123] Alboni, Battu, Careno e Tagliafico, ma scoppiata la guerra franco-prussiana passa a Londra dove scrive per l'impresario Tito Mattei l'operetta *Alì Babà*[124]. Un altro successo gli arride a Montecarlo, quando il 22 febbraio 1870 nel Casino rappresenta l'operetta *Vinciguerra il bandito*, riproposta subito nell'aprile seguente a Parigi dalla stessa compagnia del Palais Royal che la rappresenta per ben 40 sere consecutive.

Quando muore Mercadante nel 1870 si fa anche il nome di Bottesini, oltre a quello di Verdi, quale direttore del Conservatorio di Napoli, ma il prescelto sarà Lauro Rossi, già direttore del Conservatorio di Milano. Di tale concorso se ne ha notizia anche in un *post scriptum* di una lettera di Francesco Florimo a Verdi del "12 del 1871", lettera trascritta da Luzio nei suoi *Carteggi Verdiani*, I, pagg. 310-311, in cui si legge che "Gli aspiranti al posto di Direttore di questo Collegio sono, che fin ora si conoscono, Petrella, Serrao, De Giosa, Staffa Barone, Rossi, Mazuccato, Bazzini, Bottesini, Costa di Londra ed Arcais di Firenze con Platania!!! Scusate se son pochi!... Amen".

A Londra dunque, un anno dopo i successi dell'*Alì Babà* gli giunge la proposta di dirigere l'opera del Cairo, proposta che accetta ad occhi chiusi, trattandosi anche di dirigere la prima *Aida* della storia.

Il contratto con Draneht Bey è firmato solamente il 6 maggio 1871, ma la ricerca febbrile di un direttore d'orchestra stabile per tutta la stagione in cui si rappresenta *Aida*, data da molto tempo prima di quel fatidico 24 dicembre 1871 quando finalmente, dopo tanti rinvii, l'opera di Verdi può essere rappresentata al Cairo. Dopo la fine della seconda stagione cairota del teatro kediviale, le forti richieste di Angelo Mariani ed il pollice verso di Draneht Bey contro De Giosa e Muzio fanno sì che Bottesini venga accettato anche da Verdi che, qualche mese prima della rappresentazione di *Aida*, lo invita a Sant'Agata per ben tre giorni, per dargli le necessarie indicazioni sul come interpretare al meglio l'opera[125].

Il successo di *Aida* è sottolineato non solo da Draneht Bey nelle sue lettere qui pubblicate, ma anche dalla stampa dell'epoca, sia locale che europea, con articoli apparsi sulla *Perseveranza*[126], sul *Journal des débats*[127], sul *Wadi el Nil*[128] e infine su altri fra cui *Il programma* e l'*Avvenire dell'Egitto* con articoli di un certo S. Leoncavallo[129].

Bottesini non è comunque il tipo che dorme sugli allori: il successo di *Aida* infatti lo elettrizza un po', al punto da chiedere al Bey le sue dimissioni per sentirsi offeso dal soprano Maria Sass la sera del 7 febbraio 1872, durante le prove della *Figlia del reggimento*[130]. Non soddisfatto della risposta del Bey, che sente ostile, scrive a Verdi il 17 febbraio 1872, rallegrandosi "pel merito successo della tua *Aida* anche a Milano", ma soprattutto per raccontargli la storia della ribellione della Sass ed informarlo che per evitare uno scandalo dei professori d'orchestra, ha il buon senso di ritirare le dimissioni e rientrare nelle proprie mansioni. Lo fanno molto soffrire comunque le arie di superiorità che si danno i cantanti, per cui pensa di riprendere il suo amato *viorone* e di andarsene a Costantinopoli e poi a Calcutta! Alla fine della stagione invece ritorna in Europa, in Italia, Francia e Austria, dove per un certo periodo è introvabile[131].

Il fatto che Draneht Bey nel diverbio tra Bottesini e la Sass fosse ostile al maestro italiano, è una cosa facilmente spiegabile che tuttavia, a prima vista, lascia perplessi. Il Bey infatti che è il principale sostenitore di Bottesini in Egitto, colui che l'ha assunto entusiasticamente pochi mesi prima, come mai gli è già così ostile?

La verità è che la Sass ha invaghito di sé il potente Bey Ibrahim[132] *aide-de-camp de S.A. le Khédive*, ora suo protettore, e Draneht Bey che non vuole per nulla scontrarsi con lui, accetta piuttosto, e con gran pena, che Bottesini se ne vada "tout en vous exprimant mes regrets de me séparer d'un artiste d'un aussi grand talent que le vôtre"[133].

Il 9 novembre 1873, mentre è di nuovo al Cairo (il suo contratto ha inizio col 1° di novembre), a Torino viene eseguito il suo grandioso *Inno* per l'*Inaugurazione del monumento a Camillo Cavour* con articoli laudativi sulla *Gazzetta Piemontese* e sulla *Gazzetta del Popolo*.

Alla fine della primavera seguente, quella del 1874, gli muore il padre, ragion per cui probabilmente il 6 giugno lo troviamo a Crema per i funerali del suo amato genitore, ma nella medesima estate si esibisce a Buenos Ayres dove scrive la *Piccola Preghiera* per orchestra d'archi. Prima dell'inizio della stagione 1875-76 s'infittisce il suo rapporto con Arrigo Boito, in vista della rappresentazione dell'*Ero e Leandro*. "Si narra - scrive Piero Nardi - che il Bottesini, sempre *in bolletta*, ottenesse dal Boito, tutt'altro che agiato anche lui, un notevole prestito, e che non si decidesse mai a restituirlo. Un giorno il creditore, *in bolletta* a sua volta, sollecita il debitore, e vedendoselo capitar subito a casa, apre l'animo alla speranza: ma si sente fare un discorso interminabile, così pietoso e, pare, persuasivo, che rinunzia al credito non solo, ma offre all'amico, gratuitamente, il libretto dell'*Ero e Leandro*". Nell'estate del '75 Bottesini aveva composto la musica per le danze sacre di quest'opera ma, mancandogli il testo, chiede a Boito un argomento che sia della qualità "del Walpurgis di Gounod"[134]. Boito non lo accontenterà che nel novembre del 1878! Troppo tardi perché Bottesini potesse servirsene a dovere.

Il 31 marzo del 1876, alla fine della stagione del Cairo, Bottesini scrive una lettera ad Alberto Mazzucato per raccomandargli il metodo d'armonia di un certo Angelo Venanzi, ma anche per informarlo che l'estate la passerà in Egitto "perché in Italia non ho più nulla di attraente. Vorrei sentire la *Luce* di Gobbati ma preferisco le tenebre di questo paese". Si riferisce alla sua vita privata un po' disordinata, della quale darà una relazione a luci rosse, il 22 luglio 1882, all'amico Biava del Vico Teatro Fiorentini di Napoli. L'Editore Ricordi intanto gli pubblica le due romanze abbastanza significative, su testo di Aleardo Aleardi, *Che cosa è Dio?* e *Che cosa è Satana?*, lette da Bottesini in ambito scapigliato.

Al termine del suo contratto col Teatro del Cairo, torna in Italia passando per Malta, Siracusa e per la patria di Bellini dov'è intenzionato a dare un concerto. Per questo concerto chiede una lettera raccomandatizia al "carissimo Florimo" di Napoli[135] che gli risponde immediatamente, ma il 3 di giugno 1877, sconsolato, Bottesini gli risponde che "jeri sera giorno 2 doveva aver luogo il mio concerto al Teatro Comunale [di Catania], ma avendo veduto dalla pianta che, costume barbaro, si fa girare per le case, non era arrivato che ad avere 5 palchi e nessun *stalles*; ho creduto ringraziare per non perdere altre spese tali come il Gaz, inservienti etc. Vedendomi così poco apprezzato faccio fagotto per Messina e Napoli dove avrò il piacere di stringerti la mano e ringraziarti a voce delle lettere che malgrado tutto devono far arrossire questi Signori Duchi Principi e Baroni"[136].

C'è in questa lettera il risentimento del celeberrimo artista verso una città che lo ignora completamente, ma soprattutto Bottesini è sdegnato contro l'alta società siciliana che non solo fa la guerra al giovane Stato italiano, nato di appena sei anni di vita, ma snobbando la vera arte è lo specchio di sé stessa, più ributtante di un sepolcro imbiancato, non migliore dei nuovi padroni, i vessatori piemontesi!

E se dunque è il Piemonte che l'illustre artista ha nel cuore, perché non avere contatti con lui?

Il 6 luglio 1877 scrive infatti a Pedrotti, raccomandandogli Gustavo Gastelli, un suo orchestrale del Cairo, e raccontandogli un po' le sue avventure dell'anno in corso. In coda alla lettera non dimentica di punzecchiare Wagner e i suoi imitatori, che di lui non sanno copiare che i difetti "non possedendo il talento reale di quel matto per progetto". In effetti Pedrotti fa tesoro delle raccomandazioni di Bottesini, assumendo subito il Gastelli quale oboista nella sua orchestra torinese.

Nonostante il 1878 veda la chiusura del Théâtre des Italiens[137] di Parigi per la cattiva gestione di Escudier, ma soprattutto per la crisi nella quale si trova la musica operistica italiana "che non ha più nulla d'interessante da offrire al pubblico parigino"[138], Bottesini, che oramai cavalca la tigre delle Edizioni Ricordi, è più che mai attivo in campo operistico, suscitando anche le invidie di Verdi. Se nell'aprile del 1878 l'orchestra della

Scala diretta da Faccio è invitata a dare cinque concerti al Trocadero di Parigi con musiche di Boccherini, Cimarosa, Rossini, Donizetti, Verdi, Foroni, Bazzini, Ponchielli, Mazzucato, Catalani, Coronaro, Smareglia, Faccio e Bottesini, il 19 maggio ai Concerti Popolari del Teatro Nazionale di Torino viene eseguita per la prima volta la sua *Marcia funebre* per orchestra e pochi mesi dopo, l'11 febbraio 1879, al Teatro Regio va finalmente in scena il suo *Ero e Leandro*. Verdi è sorpreso del successo di quest'opera, ma ancor più Bottesini che riconosce in Pedrotti, direttore e concertatore, la vera causa del successo, soprattutto per aver evitato un finale troppo freddo che lasciava perplessi Boito, Depanis e Pedrotti stesso.

Molto preoccupato per l'esito di questa prima rappresentazione della sua opera migliore, Bottesini il 4 novembre 1878 scrive a Boito informandolo che disgraziatamente è scritturato in Inghilterra sino al 12 febbraio, per cui non può seguire da vicino l'allestimento dell'*Ero e Leandro*. Chiede pertanto all'amico di fare qualche cosa, rivedere il finale, allargare i ballabili "per farli durare almeno 30 o 40 minuti", perché "l'opera è corta, ed in certo modo le ballerine diventano tante prime donne... Se sei libero - conclude Bottesini - aiutami con la tua presenza... Io non ho seguito il nuovo cammino, ma spero nella bellezza e novità del libretto ed un poco nella chiarezza della mia musica". Boito gli risponde quattro giorni dopo, il 18 novembre 1878, con una lunga lettera, anche simpatica, impregnata di "colori" sino all'inverosimile: una fantasmagoria di luci azzurre, gialle, verdi, viola, cilestri ed amaranto che avrebbero dovuto non solo contrassegnare le masse mobili delle ballerine, ma anche i suoni dei singoli strumenti, bleu quelli a corda, gialli gli ottoni, verdi gli oboi, viola i flauti e rossi gli ottoni bassi!

"È uno splendido progetto boitiano - scrive Raffaello De Rensis - che prelude di alcuni lustri le future ardenti discussioni sui rapporti tra musica e colori" che Bottesini però non realizza, ma fa di tutto per lasciare in qualche modo Londra ed essere a Torino per l'11 febbraio. Boito a sua volta arriva a Torino per la prova generale[139], ed assiste anche alle prime rappresentazioni, contribuendo notevolmente con la sua presenza al successo dell'opera.

Neanche un mese dopo il successo della sua opera Bottesini ritorna a Napoli, all'Hotel de Genève, da dove invia a Florimo una lettera[140] per chiedergli "una diecina di versi" per "un pezzo vocale per l'Album Bellini domandatomi dal Sig. Paolo Serrao".

Nella primavera del '79 è ancora a Napoli, e mentre viene organizzato un concerto in suo onore con la partecipazione di Martucci, Ricordi gli pubblica la canzone per baritono e pianoforte *Il Contrabbandiere* su parole di Monari Rocca e la romanza *In camposanto*, poesia di Lorenzo Stecchetti; a Parigi infine gli viene pubblicata la scena drammatica *Il Fantasma* su parole di Pietro Paolo Parzanese, un poeta di Ariano di Puglia morto a Napoli nel 1852.

In luglio è di nuovo a Buenos Ayres dove il 23 scrive una lettera a Verdi per essere raccomandato presso il Duca di Bagnara perché sia nominato direttore del Conservatorio di Napoli.

Verdi probabilmente lo dissuade a desiderare tale carica, anche perché sappiamo che direttore del Conservatorio di Napoli nel 1879 viene eletto Paolo Serrao già direttore funzionante dal 1° giugno 1878 (Florimo, III, pag. 415).

Bottesini probabilmente è stanco di girare il mondo col suo *viorone* ed ora più che mai va cercando una sistemazione stabile, ma onorevole, che gli dia la sicurezza economica per l'immediato futuro unita alla celebrità. Napoli è la città in cui vive da quando ha lasciato il Cairo e dalla quale il 7 aprile 1879 invia ad un carissimo amico un rigo con tre misure musicali omoritmiche in chiave di basso, autografo e destinato probabilmente a Piatti o Arditi, oggi alla The New York Public Library.

Il 24 marzo vola a Torino per la prima esecuzione della sua *Messa da Requiem* interpretata da Teresina Brambilla, moglie di Amilcare Ponchielli. Il successo della serata è purtroppo rovinato dalla scarsa affluenza di pubblico, fatto stigmatizzato da Giuseppe Depanis a pagina 92 del secondo volume de *I Concerti Popolari ed il Teatro Regio* del 1915. Malgrado qualche critico musicale presente in sala non sia del tutto d'accordo sulla bontà della composizione[141], Bottesini, richiedendo l'anno dopo a Depanis la partitura della *Messa*, insiste dicendo che essa "non ha fatto disonore al tuo teatro" e che "il signor critico, malgrado la meschinità delle fughette, non era neanche capace di capire". Ma il piacere del successo non ha ancora voltato le spalle a Bottesini che vede la sua fantasia araba, *Il Deserto*, eseguita alla Scala di Milano il 2 marzo 1880, diretta da Franco Faccio insieme a musiche di Paganini, Meyerbeer, Mozart, Bizet e Rossini[142], e il suo *Ero e Leandro* riprodotto al Teatro Apollo di Roma nella quaresima del 1880 e l'8 aprile dello stesso anno al Teatro S. Carlo di Napoli con Rubini, Scalisi, Capponi e Mirabelli.

Il 23 maggio 1880 è ancora a Torino alla Società Orchestrale dei Concerti Popolari diretti da Pedrotti per eseguire, accompagnato dal pianoforte, la *Fantasia* sulla *Lucia di Lammermour*, la *Tarantella* e un'*Elegia*.

Il 21 giugno da Napoli invia all'amico Eldrado Migliara, segretario e archivista dei Concerti Popolari di Torino, i due primi atti della *Regina di Nepal* per essere rappresentata nel carnevale successivo. Bottesini stesso cura la riduzione per pianoforte, affidando invece ad un copista la trascrizione dello *spartitino*. L'opera va in scena il 20 dicembre al Teatro Regio, interpretata da Emma Turolla (Mirza), Palmiro Rambelli (Nekir), Antonio Patierno (Elbis), Mattia Battistini (Simar) e Francesco Navarrini (Giamstrid), ma l'esito è purtroppo negativo, e tale da spingere alle lacrime il suo compositore. Sinché si è giovani le sconfitte possono essere anche utili, ma ad una certa età ed al livello virtuosistico cui era giunto, Bottesini non può far altro che scappare da una situazione tanto infausta, rifugiandosi a Napoli dove, 14 giorni dopo la batosta, scrive all'amico Gastelli annunciandogli, quasi a sollievo del suo malessere, d'aver ricevuto due telegrammi da Depanis coi quali lo si informa del buon esito della quarta e quinta recita della *Regina di Nepal*![143]

E a Napoli scrive la *Promenade des Ombres*, una melodiosa composizione per orchestra che dedica alla Società Orchestrale della Scala di Milano, una città che gli dà,

al momento, maggiori soddisfazioni di Torino.
Il 18 marzo, sempre a Napoli, conclude la stesura del preludio per orchestra *L'Alba sul Bosforo*, ed è scritturato al Teatro San Carlo per ben cinque concerti che riescono in modo molto brillante. In questo periodo frequenta assiduamente il salotto di donna Teresa Maglione, esibendosi col pianista Beniamino Cesi[144]. Nella primavera del 1881 assieme a Martucci e a Cesi riorganizza a Napoli la Società del Quartetto, e su proposta di Florimo dà il via ad una nuova Società Filarmonica dedicata a Bellini[145].
Intanto a Crema, in occasione dell'Esposizione Nazionale di Milano, pensano di inviare nella capitale lombarda la sua *Messa da Requiem*, come il brano più significativo di un musicista lombardo vivente. Purtroppo dopo tale manifestazione il manoscritto non torna a casa, sicché Bottesini stesso scrive una vibrata protesta sul *Teatro Illustrato* del maggio 1882, non comprendendo come mai fosse stato eluso il Comitato organizzatore cremasco. Già il 2 gennaio 1882, in una lettera da Napoli al Sig. Blanchi di Parigi, lamenta che "mi succede una cosa stranissima anche colla partitura della mia Messa da Requiem mandata all'Esposizione di Milano. Dessa fu premiata ma ritirata da chi non si sa e contro i regolamenti del Comitato che non doveva rimettere gli oggetti che alle persone in possesso della ricevuta di consegna. Questa ricevuta la conserva il Conte Sforza Benvenuti di Crema e sta ora facendo le pratiche per ritrovare la Messa...".
Il 2 aprile 1882, sempre a Napoli, fa sapere al tenore Fraschini che non potrà vederlo, perché è costretto a partire il giorno seguente che è Pasqua, e disgraziatamente non potrà festeggiare questa solennità che in treno. Deve correre probabilmente a Roma dove dal Teatro Costanzi scrive all'amico Gastelli il 29 aprile, ringraziandolo per le notizie che gli dà circa Pedrotti e Fassò; si lamenta di essere sfortunato, augurandogli tuttavia una buona stagione ad Aix-en-Provence.
Il 4 marzo 1883 Verdi gli scrive da Genova assicurandolo della sua stima imperitura verso di lui, e "hanno torto quelli che si permettono di servirsi del mio nome per farmi dire sul conto tuo quello che non ho mai detto, né potevo dire". Presto arriva infatti da Milano l'eco di un altro successo bottesiniano, dopo che Franco Faccio il 6 maggio 1883 dirige alla Scala le *Ombre vaganti* di Bottesini insieme a musiche di Meyerbeer, Rameau, Goldmark, Händel, Reinecke, Brahms (Danze Ungheresi), Ponchielli (Preludio alla Cantata di G. Donizetti) e Donizetti (Ouverture della Linda di Chamounix). Anche l'editore milanese Lucca ha un risveglio di simpatia per Bottesini, pubblicandogli la romanza *Ci divide l'Ocean* dedicata a Roberto Stagno, l'amico di tante battaglie combattute in Egitto!
Il 17 agosto 1883 si fa animo e scrive a Verdi per chiedergli una firma su di una pergamena per la contessa d'Ottajano, che alla testa di un Comitato vuole aiutare i superstiti del disastro di Casamicciola.
Nel gennaio del 1884 tiene concerti nella sua casa di Napoli, dove "esegue insieme col Pinto, col Zingaropoli e con altri egregi dilettanti musica classica, e passa da uno strumento all'altro; abbandona il pianoforte pel violino, questo pel violoncello, e prende parte così a tutti i pezzi, suonando uno strumento diverso. Finora non ha ancora preso il contrabbasso, chissà che non aspetti a deliziare un pubblico numeroso. Teatri e sale, per un Bottesini, non mancheranno, come non mancherà il pubblico"[146]. E infine nel 1886, sempre a Napoli, organizza i festeggiamenti per Martucci appena nominato direttore del Conservatorio di Musica di Bologna[147].
Siamo così giunti negli ultimi anni di vita di Bottesini, e leggendo le sue lettere ci si rende conto di quanti e quali veri amici avesse e frequentasse. Gli intimi sono rimasti pochissimi, forse uno, due o tre: Gastelli, Piatti e Verdi stesso.
A Gustavo Gastelli scrive il 30 aprile, il 15 giugno e il 3 ottobre 1885 consigliandolo di non aver premura di mettere al mondo dei figli e pregandolo di rinnovargli una cartella del Monte di Pietà del valore di 50 lire. Nella lettera del 3 ottobre lo informa che "lunedì" parte per l'Inghilterra per eseguire concerti con gli amati amici virtuosi Piatti e Arditi. L'ultima lettera a Gastelli è del 5 maggio 1889, due mesi prima di morire, per informarlo che non può favorire l'allievo di contrabbasso del Signor Pinetti, perché trattandosi di un concorso per un posto di professore al Conservatorio di Parma, non può non essere imparziale.
Trovandosi a Londra nel 1888 invia all'amico della sua giovinezza Alfredo Piatti, un biglietto, con la data del 2 luglio, all'indirizzo di Worwick Terrace n. 15, ma disgraziatamente l'amico è già partito e lui, Bottesini, non può *sfogà el magù*.
Può stupire infine il rapporto filiale che Bottesini ha con il grande Giuseppe Verdi, al quale si rivolge ancora nel 1888 due volte da Londra, il 19 ottobre per ringraziarlo d'aver pensato a lui quale direttore del Conservatorio di Musica di Parma, e il 5 novembre, dal Previtali's Hotel di Piccadilly Circus, per chiedergli di tenerlo informato sulla sua nomina nello stesso istituto musicale, perché dovendo recarsi a Bucarest, vorrebbe essere sicuro di poter raggiungere Parma il 1° gennaio del 1889.
Da questa lettera si può arguire che Bottesini raggiunge Parma per dirigere il Conservatorio proprio il 1° gennaio 1889, dove rimane sino al 7 luglio dello stesso anno, giorno della sua repentina morte.
In questi ultimi anni però ha il tempo di raccogliere ancora qualche alloro in campo operistico, strumentale e cameristico. A Napoli, il 12 aprile 1886, dedica una *Rêverie* a Giulio Ricordi che la fa subito eseguire alla Scala il 2 maggio diretta da Giovanni Bolzoni[148], mentre il 24 maggio, nel 4° Concerto della Società Orchestrale del Teatro alla Scala, vengono eseguite la *Melanconia Campestre* e la *Serenata al Castello Medioevale*, sempre dirette da Bolzoni.
Il 10 febbraio 1887, trovandosi a Parigi, invia un biglietto a Monsieur Gand, ringraziandolo per avergli ben sistemato il contrabbasso che gli serve a Londra pochi giorni dopo, per lavorare "come un facchino per pochi quattrini, ma è sempre meglio che la miseria italiana con tutte le sue prospettive e illusioni". A Londra infatti pubblica nello stesso 1887 la *Contrabass Polka* e il 12 ottobre al Norwich Festival dirige per la prima volta il suo Oratorio *Getsemani* o *L'Orto degli Ulivi*

su parole di J. Bennett. L'Oratorio ottiene un successo un po' *dimidiatus* per la presenza di sole 781 persone, le uniche che sfidano il freddo di St Andrews Hall, dopo una fitta nevicata mattutina, ma anche per le poco lusinghiere parole dei critici londinesi che stigmatizzano la sua musica.
Non gli resta che tornarsene di nuovo nella sua Napoli, dove il 23 febbraio 1888 ottiene un grande plauso l'esecuzione del suo *Quintetto in Fa* per due violini, due viole e violoncello, riproposto poi a Parma l'11 marzo 1889 in casa del conte Stefano Sanvitale con altrettanto successo[149].
L'ultima lettera a noi nota di Bottesini è indirizzata ad Amintore Galli[150], il direttore artistico di Casa Sonzogno che nello stesso anno scopre il genio di Pietro Mascagni. La sua *Cavalleria Rusticana* infatti va in scena per la prima volta al Teatro Costanzi di Roma nel 1890, interpretata dal tenore Roberto Stagno, l'amico di Bottesini. Al Galli invia un *Capriccio* ed una *Rêverie* affinché il compositore riminese le corregga, se è il caso, "prima d'arrischiare il giudizio francese tanto ostile a tutto quanto è italiano". Probabilmente questi due brani sono destinati alla Casa Sonzogno, l'Editore dell'avvenire, che ha sposato in pieno la causa della musica verista.
Il 3 luglio 1889 si sente male più del solito e pensa che è giunta l'ora della sua morte. Chiama allora il notaio Michele Micheli nella sua casa in Strada Farini numero 120, per dettare le sue ultime volontà e nominare suoi eredi universali "i miei nipoti Pietro e Adele Bottesini figli di mio fratello Cesare"[151]. La sua firma sotto tale atto notarile è quasi irriconoscibile; Bottesini muore infatti pochi giorni dopo, il 7 luglio alle ore 11 del mattino, ed il suo corpo viene funerato nella chiesa di S. Uldarico "ac inde ad Comune Coemeterium translatum fuit"[152]. Sull'atto di morte esistente presso la parrocchia di S. Uldarico si legge che ha 68 anni ed è *celibe*. Ciò significa che Bottesini non si è mai sposato, contrariamente a quanto afferma il Carniti a pagina 12 del suo volumetto su Bottesini, nel quale gli affibbia ben due mogli: "in prime nozze una Valcarenghi di buona famiglia cremasca, e in seconde nozze la figlia d'un Duca spagnolo: una bellissima donna molto colta, conosciuta col nome di Claudina che visse quasi sempre a Napoli o al Cairo". In effetti Bottesini convisse certamente con queste due donne. Per quanto riguarda i Valcarenghi, frugando nell'archivio della parrocchia del duomo di Crema, ho trovato ben due famiglie con questo cognome abitanti nella stessa parrocchia dei Bottesini e anzi, una certa Angela Anna Maria Amalia Valcarenghi, figlia di Angelo e Teresa Calvi, viene battezzata il 23 dicembre 1822 nel duomo di Crema subito dopo il nostro Bottesini[153], ed un'altra Valcarenghi Angela Maria Carolina figlia di Giovanni e Lucrezia Ferrari viene battezzata nel duomo di Crema il 26 marzo 1820[154] ed abita in Contrada del Ghirlo numero 1044. Per quanto invece riguarda la seconda supposta moglie di nome Claudina, la notizia del Carniti è a metà vera perché Bottesini stesso non tace questa sua relazione, tanto da farne menzione in una lettera al suo "carissimo Paolo" del 18 ottobre 1862 da Reigate, preoccupato che la sua donna non soffra troppo della sua mancanza. È da escludere comunque che tale Claudina sia la ballerina Cucchi, nata a Monza il 6 marzo 1834 e morta a Milano l'8 marzo 1913 al Pio Albergo Trivulzio, per qualche anno prima ballerina dell'Opera del Cairo: l'unica Claudina nella vita di Bottesini della quale si conosca anche il cognome, e non certamente spagnola!
Per quanto infine riguarda il suo patrimonio, si può affermare che Bottesini non possedeva quasi nulla se non il suo contrabbasso e le sue musiche. Il primo è finito, nel 1894, nelle mani del contrabbassista Claudio Hobday di Londra, e le musiche al Conservatorio di Parma dove ancora oggi sono molto ben conservate.
I funerali furono comunque splendidi: "la municipalità di Parma decretò solenni funerali pubblici, mentre da ogni parte giungevano testimonianze di autorevoli personalità del mondo culturale e politico. I funerali ebbero luogo di mattino presto, alle 7,30 del giorno 10 luglio ed il corteo venne accompagnato dalla marcia funebre di Chopin eseguita dalla banda comunale di Parma, mentre dietro il feretro sfilavano tutte le maggiori personalità e le autorità di Parma e di Crema. La salma venne deposta nella Cappella del Conservatorio presso il Cimitero di Parma, a poca distanza da quella di Paganini. Anche Crema volle rendere testimonianza a Bottesini con una solenne ufficiatura funebre a dieci giorni di distanza dalla morte, voluta dal maestro Samarani e dalla Fabbriceria del Duomo. Venne eseguita per l'occasione la *Messa da Requiem* a quattro voci con coro ed orchestra di Stefano Pavesi mentre all'offertorio venne eseguita una sinfonia dello stesso Bottesini. Tutti i giornali dell'epoca riportarono in prima pagina non soltanto la biografia dello scomparso musicista cremasco ma anche dettagliate annotazioni critiche sulle sue composizioni e sulla sua valentia di direttore d'orchestra e di suonatore. Lo stesso Giuseppe Verdi inviò al Conservatorio il seguente telegramma: *La perdita dell'illustre artista è sciagura per l'arte e io ne provo il più profondo dolore.*
A Parma, sulla facciata della casa di Via Farini dove il Bottesini dimorò durante la sua permanenza nella città padana, la Società Orchestrale fece murare una lapide con questa scritta: *In questa casa / visse gli ultimi anni di sua vita / Giovanni Bottesini / che Parma ospitò altera e felice / Direttore del R. Conservatorio di Musica / la Società Orchestrale Parmense / che l'ebbe suo primo Presidente / a ricordo pose.*
Anche a Crema, già nello stesso anno della morte, si costituì un Comitato per erigere un monumento a Bottesini, comitato presieduto dal prof. Angelo Bacchetta. Si aprì una sottoscrizione e si diede l'incarico allo scultore cremasco Bassano Daniele di modellare un busto in marmo con le sembianze dell'artista. Lo scoprimento di questo busto e della sottostante lapide, in Piazza del Duomo, avvenne il 13 ottobre 1901...
La lapide sottostante al busto del Bottesini reca queste parole dettate dal conte Sforza Benvenuti: *A Giovanni Bottesini / cremasco / contrabbassista di celebrità mondiale / valente compositore di musica / Crema / ove l'arte musicale ebbe / in ogni tempo cultori insigni / questo ricordo pose.*
Il piccolo ma dignitoso monumento a Bottesini venne rimosso dalla sede originaria nel 1958, in concomitanza

con i lavori di restauro di Palazzo Comunale e trasferito all'interno del Centro Culturale S. Agostino. A Bottesini, inoltre, Crema - con una decisione del consiglio comunale del 12 settembre 1921 - dedicò una via"[155].
Alla fine di questo racconto val la pena di dire che la vita di Giovanni Bottesini meriterebbe un libro intero, perché raccogliendo le critiche dei giornali di tutto il mondo che hanno parlato dei suoi concerti si scoprirebbero date, fatti e avvenimenti così numerosi e interessanti che queste poche pagine a lui dedicate in parte eludono. Verrebbero alla luce altri punti di contatto con colui che volle imitare nella vita e nell'arte (senza mai raggiungere la ricchezza pecuniaria del violinista genovese), tanto da essere riconosciuto, ieri come oggi, come il "Paganini del contrabbasso".

NOTE

1. L'atto di nascita di Pietro Bottesini si trova nella parrocchia di S. Benedetto in Crema e afferma: "Die 8 Junis 1792. Ego Cajetanus Bellocchio V.P. huius Ecclesiae baptizavi infantem die 6 curr.s vespere natum ex Cesare Bottesini, et Angela Ortori jugalibus, cui impositum fuit nomen Petrus Philippus. Patrinus fuit Petrus Merchiorre ex Cathli".
2. Spinella Maria Bernardina sorella della mamma del musicista Vincenzo Petrali sposa Pietro Bottesini il 19 gennaio 1815 nella parrocchia di S. Giacomo in Crema.
3. Anno Domini Millesimo Octingentesimo Decimo sexto Die tertia Februarii (1816 3 Feb.i). Bottesini Cesar Augustinus Carolus. Ego subscriptus in hac Cath. et Par. Eccl.a Baptizavi hodie hora tertia Pom. infantem ortum heri hora undecima Pom. ex Petro Bottesini, et ex Bernardina Spinelli Jug. nuptis die 19 Jan.rj anno 1815 in Par. S.ti Iacobi, qui vocatus fuit Cesar Augustinus Carolus. Patrinus fuit D.us Schiavini Camillus ex Par. S.ti Benedicti. In quorum Ioseph Tensini Archipresbyter, et Parochus.
4. Anno Domini Milmno Octingetmo Decimo Septimo Die Quarta Augusti (4 Agosto 1817). Bottesini Aloysius Maria. Ego subscriptus in hac Cath. ac Paroech. Ecclia baptizavi Hodie Infantem Ortum Hoc Mane ad Horam Nonam ex Jug. Bottesini Petro, ac Spinelli Bernardina Maria Jug. Nuptis in Paroecia S. Iacobi 19 Januarii 1815 cui imposui nomen Aloysius Maria Patrinus fuit Cormieri Paulus. In quorum ego Fusari Imperatore Joannes Bapta Curatus Major.
5. Anno Domini Milmo Octingentmo Decimo Septimo Die Quarta Augusti (4 Agosti 1817). Bottesini Angela Maria. Angela Maria Orta hoc Mane ad Horam Nonam ex Jug. Bottesini Petro, ac Spinelli Bernardina Nuptis in Paroecia S. Iacobi. Vix nata ob periculum vitae, baptizata fuit Domi ab obstetrica Aprobata Buzzi Angela. Hodie vero post Vesperas ad hanc Eccliam Par. ac Cath. delata sacra, ceremonia, ac Preces a me subscriptus adhibita fuerunt et Nomen ei ut supra impositum. Patrinus fuit Rè Ioannes Baptista ex Paroecia SS.mae Trinitatis. In quorum ego Fusari Imperatore Ioannes Baptista Curatus Major.
Angela Maria morrà tre anni dopo, il 26 dicembre 1820.
6. Anno Domini Milmo Octingentmo Decimo Nono Die Sexta Octobris (6 8bris 1819). Bottesini abortus. Bottesini N. fil. Petri ac Spinelli Maria ob periculum vitae vix natus baptizatus fuit a chirurgo approbato Magarini Josepho, ac statim mortuus est. In quorum ego Fusari Imperatore Ioannes Bapta Curatus Major Cath.
7. Anno Domini Millesimo Octingentesimo Vicesimo Die Decima Quinta 9bris (15 9bris 1820). Bottesini Clara Angela. R.dus D. Alexander Della Torre Curatus Minor huius Cathlis hodie baptizavit Infantem hodie vero ortam a Jug. Bottesini Pietro ac Spinelli Maria Bernardina cui imposuit nomina Claram Angelam. Patrinus fuit Severgnini D. Ioannes. In quorum ego Fusari Imperatore Ioannes Baptista Curatus Major.
8. Millesimo Octingentesimo Vigesimo Quarto 7ma Augusti. Bottesini Caroletta fil. Petri ac Bernardina Maria Spinelli jug. orta est die quarta Augusti ad Hor. 8 1/4 Hodie vero ego subscriptus baptizavi eam et Nomen imposui Carolettam. Pat. fuit Capardoni Antonius ex Par.a S. Iacobi, in quorum Fusari Imperatore Ioannes Baptista Curatus Major.
9. 26 7bris 1825. Millesimo Septingentesimo Vigesimo quinto sexta 7bris. Bottesini N.N. Fil. Petri ac Maria Bernardina Spinelli ortus hodie ad hor. 6 antemer.em ob periculum vitae vix natus fuit a D. Josepho Maganni baptizatus et statim mortuus est. In quorum Fusari Imperatore Joannes Baptista Curatus Major.
10. Anno Domini Millesimo Octingentesimo Vigesimo Septimo die 28 Xbris 1827. Bottesini N.N. Filia Petri nec non Mariae Spinelli jug. orta die vigesima octava Xbris, atque instante nata ab obstetrice Angela Buzzi baptizata est, postea obiit statim in Domino. Fasoli Angelus Curatus Major.
11. Anno Domini Millesimo Octingentesimo Vigesimo Nono die decima nona Julii (19 Julii 1829). Bottesini N.N. filius Petri, et Mariae Bernardinae Spinelli Jug. natus est hodie hora post meridiem octava, quem, cum non plane constaret esse vivum, confestim sub conditione baptizavit domi Bussi Angela obstetrix approbata. Barboni Angelus Curatus Major.
12. Anno Domini Millesimo Octingentesimo trigesimo primo die decimo quinto, septembris (15 septembris 1831). Bottesini Angela Anna Maria filia Petri, et Spinelli Bernardinae Mariae Jug. orta est heri hora post meridiem sexta, et hodie a Rmo D.D. Josepho Tensini Archip.o et Parocho baptizata est in hac Ecclesia Cathed. et vocata est Angela Anna Maria. Patrinus fuit D. Capredoni Antonius ex Paroecia S. Jacobi. Barboni Angelus Curatus Major.
13. Sul libro dei Matrimoni della Cattedrale di Crema si legge al 26 gennaio 1852: Cornacchia Ferdinandus Antonius Maria cum Bottesini Angela Anna Maria. Die 26 Januarii 1852. Praehabitis tribus de more denunciationibus dictis festis 11, 18, 25 Januarii1852 in hac Cathedrali Paroecia, nulloque detecto impedimento per Ills ac Revmus Archpresbiter Petrus Maria Ferré interrogavit Cornacchia Ferdinandum Antonium Mariam fil.m q.m Angeli et q.m Federici Dominicae jugalium, natum et baptizatum in Paraecia Sergnani die 25 Augusti 1821 et hic degentem, Cath. viduum q.m Joannae Cabini, nec non Bottesini Angelam Annam Mariam filiam jugalium Petri et Bernardinae Mariae Spinelli, natam et baptizatam in hac Paraecia die 14 septembris 1831 et hic degentem, Cath. Nubilem, eorumque presenti recognito mutuo ac libero consenso ipsos in matrimonium conjunxit ac solemniter benedixit coram idoneis testibus Bottesini Aloysio et Santelli Cajetanus ex hac Paraecia. Gerola Franciscus Curatus Major.
14. Antonio Carniti, *In memoria di G. B.*, Crema 1921, pag. 12.
15. Pietro Bottesini ha pubblicato le seguenti composizioni: *Sei Arie di vari classici autori ridotte per flauto e chitarra e dedicate al Sig. Ferrante Terni dilettante di flauto*. Milano, Giuseppe Antonio Carulli n. 138-143, 2 fascicoli (I-COR; I-OS; I-CRE: manoscritto); *Tema con variazioni per clarinetto con accompagnamento di pianoforte dedicate al SIg. Ranuzio Pesadori*. Milano, F. Lucca n. 2580, due fascicoli di pag. 4 e 7 (I-Mc; I-CRE: Museo); *Andante e variazioni per flauto e clarinetto con accompagnamento di 2 violini, viola e violoncello*. Milano, Ricordi (A-Wgm); *Divertimento per clarinetto con accompagnamento di due violini, viola e violoncello, composto e dedicato al nobile Signor Conte Livio Alessandro Benvenuti Clavello dilettante di clarinetto*. Milano, Giuseppe Antonio Carulli, n. 128, 5 fascicoli di pagg. 3, 3, 2, 2, 2 (I-Gl; I-MOl; I-Mc; CH-Eins; A-Wgm); *Variazioni sopra un tema del M° Mercadante composte per chitarra sola e dedicate alla Signora Angela Barbieri*. Milano, Giuseppe Antonio Carulli, n. 70, pag. 3 (I-CDO).
16. A. Carniti, op. cit., pag. 9 e seguenti.
17. Sulla *Gazzetta privilegiata di Milano* del 6 ottobre 1838 si legge che Paganini soleva dire: "Io primo, e dopo Rovelli". Nato a Bergamo il 6 febbraio 1793 "nella Parrocchia di Santa Grata *inter vites* di Borgo Canale (la stessa Parrocchia di Città Alta in cui quattro anni dopo nacque Donizetti e nel 1822 Alfredo Piatti), ebbe come istruttori nell'arte del violino sia il padre che il nonno Giovanni Battista" (Luigi Pilon, *Alessandro Rolla a Bergamo*, in *Alessandro Rolla, Atti del Convegno*, Provincia di Pavia 1984, pag. 171). A Parigi studiò con Kreutzer ed in Germania lo paragonarono a Rode, Spohr e Fränzl. Morì a Bergamo l'8 settembre 1838 lasciando un grande vuoto nella vita musicale della Città.
18. *Illustrated London New* del 29 novembre 1851.
19. A. Carniti, op. cit., pag. 15-16.
20. La pagella di Bottesini si trova sui Libroni del Conservatorio di Musica di Milano, in Biblioteca.
21. Idem.
22. Idem.
23. A. Carniti, op. cit., pag. 25.
24. A. Carniti, op. cit., pag. 66.
25. Cesare Lisei, *Giovanni Bottesini* in *Gazzetta Musicale di Milano*, 1886 n. 16.
26. *Allgemeine Musikalische Zeitung*, 1840, n. 31 pag. 636.
27. A. Planyavsky, *Geschichte des Kontrabasses*, 2ª Edizione, Tutzing 1984, pagg. 520-521.
28. C. Lisei, *Giovanni Bottesini*, in *Gazzetta Musicale di Milano*, 1886 n. 16.
29. A. Carniti, op. cit., pag. 71.
30. Il documento relativo alla Cresima di Bottesini si trova presso l'Archivio parrocchiale del Duomo di Crema.
31. Cfr. lettera del 13 aprile 1846.
32. A Livorno intreccia una relazione con la Signora Tizzoni alla quale dedica la melodia per canto e pianoforte *Giovinetto innamorato*.
33. Cfr. lettera del 7 novembre 1844 con la quale chiede a Mazzucato alcune arie d'opera pubblicate da Ricordi.
34. *Allgemeine Musikalische Zeitung*, 1844 febbraio, n. 8, pag. 142: "In

35. Cfr. lettera del 5 settembre 1845 con la quale Bottesini scrive a Ricordi in nome di Arditi annunciandogli un concerto per l'8 settembre.
36. Cfr. lettera del 20 aprile 1847.
37. Idem.
38. A. Carniti, op. cit., pag. 20.
39. Cfr. lettera del 20 aprile 1847.
40. "L'accusa mossa alla Società operistica dell'Avana d'aver avuto problemi al suo interno e si sia perciò disfatta è falsa. In primavera suonò qui a New York in seguito in Filadelfia e al suo ritorno qui si divise: un gruppo andò ai luoghi di villeggiatura delle isole Chinoney, per eseguirvi delle opere, l'altro gruppo si fermò qui a New York per lo stesso motivo e godeva anche della partecipazione del famosissimo contrabbassista Bottesini, anche buon compositore che piace molto in America. I due gruppi si riuniscono poi a New Orleans dove all'inizio dell'inverno si prepareranno per imbarcarsi di nuovo alla volta dell'Avana".
41. Diario de la Habana, 19 enero 1848: "Noticias Locales. Opera italiana. La funcion de anoche ha probado que el Sr. Meucci tiene muchas simpatías en la Habana, pues cuando otros beneficiados han conseguido una entrada muy pequena en su noche de gracia, el logró una concurrencia numerosísima que ocupaba todas las localidades del gran teatro. El público apludió mucho ayer á la Sra. Tedesco y á los Sres. Vita y Bottesini... El Sr. Bottesini, ed un grande artista y anoche nos admiró con su habilidad poco comun. Parece increible que en un instrumento tan voluminoso como el contrabajo se puedan vencer tantas dificultades desplegando al mismo tiempo un gusto, un sentimiento, un aplomo y una afinacion realmente intachables. El Sr. Bottesini nos ha manifestado en gran fantasía sobre temas de la Sanámbula, pieza encantadora, lo mucho que puede conseguir el genio auxiliado por la constancia y el estudio. El Sr. Bottesini es un contrabajista admirable. Así no debe estranarse que escitase un entusiasmo tan vivo como el que promovió ayer en el público. Siempre nos ha gustado, siempre nos ha sorprendido su talento artístico, pero nunca tanto como ayer...".
42. Diario de la Habana, 2 de febrero 1848: "Opera italiana. Contro nuestras esperanzas en vez de estar a noche lleno como suponiamos, no asistió al beneficio del Sr. Bottesini sino una concurrencia bastante numerosa si se quiere, pero no tanto como merece el talento del habil contrabjista y el mérito de la piezas que constituyeron la funcion sin embargo de eso los aplausos abundaron estraordinariamente, y como para un verdadero artista la aprobacion de los inteligentes es la mas agradable recompensa que pueda obtener el sr. Bottesini debe haber quedado satisfecho. Mucho nos alegraremos que así succeda, aunque nostros le hubiéramos deseado un premio mas positivo... El terceto de Mayseder egecutado por los senores Desvernine, Bottesini y Arditi, aunque sencillo y no de grandes dificultades, es muy bonito y agradó. Los tres egecutantes fueron llamados a la escena despues de la conclusion... El espectáculo terminó con un *gran Concierto* para contrabajo, compuesto y egecutado por el beneficiado, y con un *Pot-pourri* sobre varias contradanzas del pais, obra de los senores Bottesini y Arditti, y desempenada por ellos mismos. En la primera se elevó nuestro hábil contrabjista á la altura de un grande artista. Los espectadores aplaudieron con entusiasmo la admirable egecucion, la afinacion intachable y el gusto y correccion de estílo del Sr. Bottesini en el cua reconocemos á un verdadero artista. Jamás se han tribudado muestras de aprobacion mas merecidas que las conseguió él anoche. El *Pot-pourri* gustó mucho como debia succeder y los temas así como sus variaciones fueron bien egecutados. Creemos que la empresa obraria acertadamente repitiendo esta foncion, si no en su totalidad en parte al ménos".
43. *Gulnara* dramma lirico in due atti d'argomento mussulmano, poesia di Rafael María Mendive. Personaggi e interpreti: "Gulnara, favorita del bajá de Corón, Fortunata Tedesco, soprano; Conrado, corsario, Giovanni Battista Severi, tenor; Seyde, bajá de Coron, Luigi Vita, baritono; Coro de musulmanes, odaliscas y piratas. La partitura se inicia con un coro de musulmanes, al que sigue un aria de Seyde y un dúo de éste y Conrado. Igualmente se destacan el coro de odaliscas, el aria de salida de Gulnara y el dúo de los amantes en el segundo acto". J.A. Gonzáles, *La Composicion Operistica en Cuba*, 1986, pag. 69.
44. "Al igual que Bottesini, Arditi estrenó su obra ante una sala casi desierta, sólo siete palcos estaban ocupados, y la prensa habanera se hizo eco de esa indiferencia del público. Igualmente conspiró nuestro clima: esa noche llovía a cántaros. Del programa faltaron el dúo de *Roberto Devereaux* y el concierto de fagot. Conjeturo que la senora Rainieri y los senores Lorini y Bianchi se negaron a actuar en una sala con una concurrencia tan exigua. No obstante, los intérpretes de *Gulnara* se mantuvieron fieles a Arditi y no hubo necesidad de suspender la función *por lluvia*". J.A. Gonzales, op. cit., pag. 69.
45. Diario de la Marina, 6 de febrero 1848.
46. J.A. Gonzáles, op. cit., pag. 72.
47. "Asegúrase que estos tres artistas van á unirse para viajar dando concierto, y que principiarán par Méjico. Buena nos parece la idea, y desde ahora aconsejamos á los artistas que del imperio de los Incas pasen al de los muriscas, es decir á Nueva Granada. Bogotá es una grande y rica capital, y su situacion bastante interna la hace carecer con frequencia de espectáculos."
48. *Strong on Music*, pag. 598.
49. C. Lisei, op. citata. Nel 1850 Bottesini diventa membro onorario della Philharmonic Society di New York.
50. E. Fazio, *Bottesini, i salotti privati e le Società cameristiche e orchestrali italiane nel secondo '800* nRMI 1985 n. 4, pag. 610.
51. Cfr. Biografia di Bottesini al Museo Teatrale alla Scala di Milano, n. 1057/805, riportata nel *Carteggio*.
52. Rev. H.R. Haweis, *My Musical Life*, pagg. 26, 27, 28: "Un certo pomeriggio vennero a mancare i programmati solisti di pianoforte e di violino; un suonatore di contrabbasso li sostituì. Ricordo il mio disappunto. Chi è quel tizio dal colorito malsano, i baffi neri, i capelli lisci, le dita lunghe e ossute, una bella mano comunque, che veniva trascinando a fatica un gran contrabbasso? Qualcuno avrebbe dovuto portare lo strumento per lui; ma no, egli lo porta da sé e lo issa amorevolmente sul palco. Sembra abbia familiarità con il percorso e non permette a nessuno d'aiutarlo. Ebbene, ecco Sainton, Hill, Piatti e Cooper, vengono tutti senza i loro violini. Sembrano molto interessati alla coppia sgraziata: l'uomo e il suo gran contrabbasso. Non ha spartito. La gente dietro di me si alza per vederlo meglio, anche se a dire il vero egli è già abbastanza alto. È meglio che mi alzi anch'io; quelli davanti a me si sono alzati, non vedrò niente! - così sono salito in piedi su una sedia. Passato il primo momento di curiosità, ci sedemmo tutti e non aspettandoci null'altro che una serie di borbottii, fummo sorpresi all'inizio dalle note eteree provenienti dalle tre grosse corde, *armonici*, naturalmente, che dovevano servire solo ad accordare lo strumento, ma sembravano tutte straordinariamente in accordo con il pianoforte. Quest'uomo era Bottesini, la novità del momento. Quanto ci meravigliò suonando ogni genere di melodie in armonici flautati, come se avesse avuto usignoli chiusi nella gabbia del suo contrabbasso! Da dove prendeva le sue sequenze armoniche; come era esatto il tocco delle sue lunghe, sensibili dita d'avorio; come scorreva le sue dita su e giù per la tastiera tenendola a volte attorno al collo con la presa di un gigante, per poi dopo aver ottenuto un rotolio di tuono musicale, lanciarsi verso l'alto e poi di nuovo giù con un'espressione in viso che non sembrava alterarsi mai, il viso sempre a controllare calmo e piuttosto cupo il pubblico; ma che fulminista si muoveva l'archetto e le sue dita sembravano; come le gambe di Miss Kilmansegg, un giudizioso insieme di ingranaggi e vapore: tutto questo e altro ancora fa ora parte della storia della musica, ma allora era una novità. L'ho sentito suonare il *Carnevale di Venezia*. Da allora glielo ho sentito suonare assieme a due o tre altri assolo a intervalli di anni. Il suo repertorio mi sembrava limitato; ma quando puoi farti una fortuna con una mezza dozzina o anche solo un paio di assolo, perché suonarne altri? Una volta andò in tournée con Lazarus, l'impareggiabile suonatore di clarinetto; ricorderò sempre il famoso duetto che essi suonavano invariabilmente e per cui veniva sempre richiesto il bis. Poi a Bottesini piaceva molto dirigere e comporre. Ottenne una nomina importante in Egitto, e poi suppongo si sia stancato di andare in giro a suonare gli stessi assolo. Non mi sono mai stancato della sua grazia consumata e della perfezione assoluta, dei suoi toni celestiali e del suo gusto raffinato. A volte si arrivava a desiderare un tocco di umana imperfezione, ma era sempre come un colpo perfettamente centrato: non tralasciava mai ciò che amava e nulla amava cosi tanto quanto la perfezione".
53. Illustrated London News, 29 novembre 1851.
54. Idem.
55. Idem.
56. Idem.
57. Idem.
58. A. Carniti, op. cit., pag. 74.
59. A. Carniti, op. cit., pag. 20: "Il talento di Bottesini, lo diciamo con piena convinzione, è chiamato a far epoca nella storia dell'arte. Infatti è forse più meraviglioso di quello di Paganini, avuto riguardo alle difficoltà relative di ciascun istrumento. Per comprendere fino a qual punto Bottesini superò queste difficoltà, bisogna osservarlo percorrere la mostruosa manicatura che egli stringe con un poderoso tatto, è uopo vedere gli azzardosi salti del suo arco, della sua mano sopra le corde tese, i trilli che eseguiscono le sue dita che hanno a un tratto l'arrendevolezza e la forza dell'acciaio. E l'uomo di opera simili prodigi è giovane ed ha quasi l'aria di ragazzo! Avvi un toccante contrasto fra questa maturità del genio e questa giovinezza del corpo".
60. Claudio Sartori, *L'avventura del violino*, Eri, 1978, pag. 69.
61. Idem.
62. Idem, pag. 70.
63. Idem.
64. Idem.
65. idem.
66. Idem.

67. Idem.
68. Idem.
69. A. Carniti, op. cit., pag. 35.
70. Enciclopedia dello Spettacolo, Roma, Unedi.
71. Idem.
72. C. Sartori, op. cit., pag. 76.
73. Idem, pagg. 76-77.
74. Andrea Valentini, *Musicisti bresciani*, Brescia, 1894, pag. 16.
75. Si tratta del M° Della Giovanna di Crema.
76. A. Carniti, op. cit., pag. 74.
77. Idem, pag. 75.
78. Idem.
79. Lettera di Bottesini al violinista Casimir Ney con la quale lo invita a fare una parte di viola in casa sua.
80. C. Sartori, op. cit., pag. 78.
81. C. Licei, op. cit., pag. 123: "Durante i primi mesi del secondo anno in cui egli si trovava nella capitale della Francia, Napoleone III, il quale conosceva l'entusiasmo che il portentoso nostro concertista andava sollevando ovunque, lo fece invitare a recarsi a suonare alle Tuileries, ove fu ricevuto nell'anticamera che precede la sala dei Concerti dal Gran Cerimoniere di Corte, conte Bacciocchi. Osservando il fatato istrumento, l'alto funzionario imperiale dopo aver mosso al famoso concertista italiano un mondo di domande sul fabbricatore di esso, sulle sue dimensioni e qualità armoniche, gli chiese a bruciapelo: *Mi dica ora, Maestro: è vuoto o pieno?* Alla curiosa domanda che a bella prima aveva tutta l'aria d'una canzonatura, il Bottesini fu sul punto di dare in una grassa risata, ma visto che il Gran Cerimoniere non rideva affatto e risovvenendosi tosto degli avvenimenti ancora recenti che avevano resa celebre *Rue Lepelletier* [nella quale la sera del 14 gennaio 1858 Felice Orsini attentò alla vita di Napoleone III]: *Vuoto, vuoto, signor Conte*, s'affrettò a rispondergli, nel mentre, per chetare forse uno scrupolo, s'inchinava a dare un'occhiata attraverso le *effe* dell'istrumento. Inutile aggiungere ch'egli strappò i più calorosi applausi anche alla Corte Napoleonica, e l'indomani i giornali di Corte gli dedicarono delle intere colonne di elogi, i quali valsero a metterlo sempre più in evidenza presso il gran mondo parigino".
82. Lettera a Florimo del 27 maggio 1858. Anche lettera di Cesare De Sanctis a Verdi del 31 maggio 1858 che si trova nei *Carteggi Verdiani*, I, pagg. 44, 45: "Bottesini ha fatto tre piene a S. Carlo ed è partito".
83. E. Fazio, op. cit., pag. 611.
84. Gazzetta Musicale di Milano, 25 luglio 1858.
85. E. Fazio, op. cit., pag. 612: si tratta del *Quartetto Galitzin* op. 130.
86. Gazzetta Musicale di Milano, 16 gennaio 1859: si tratta dell'*Ottetto* in Re minore.
87. E. Fazio, op. cit., pag. 613.
88. C. Sartori, op. cit., pag. 80.
89. Idem, pag. 88.
90. "Non era la prima volta che Sivori e Bottesini meravigliavano il pubblico colla gara e l'unione di quei due strumenti che a vederli sembravano inconciliabili: anche recentemente fecero in Inghilterra una scorreria artistica viaggiando e suonando da Edimburgo a Dublino con somma soddisfazione dei flemmatici buon gustai del Regno Unito, che ascoltavano la bella musica come un sermone di un ministro evangelico. L'esito, ad onta si conoscessero da lungo tempo i due celebri virtuosi, si può dire abbia superato le più esigenti aspettative; e fu un applauso, una ovazione continua, a cui presero parte anche le gentili signore, che picchiavano col ventaglio sulle graziose mani ed agitavano in segno di festa il fazzoletto. Bottesini quando comparve sulla scena, abbracciato all'immane contrabbasso, fu accolto da un saluto che esprimeva la ricordanza nel pubblico dei passati trionfi; suonò una commovente, elegantissima fantasia sulla Sonnambula di Bellini, e la soave appassionata semplicità di quei canti ritrasse con una espressione così notevolmente giusta, da confondere il suono delle spaziose corde col canto più tenero ed appassionato che possa emettere una voce insinuante. Quando il pubblico fragorosamente domandò la replica, il cortese suonatore rispose col Carnevale di Venezia, in cui non so se sia più ammirabile la prodigiosa vertigine della esecuzione o la grazia e la originalità delle bellissime variazioni di genere burlesco. In tutte queste flebili delicatezze, questi disegni a fine cesello, queste voci che paiono d'angeli e di vergini fanciulle, escono dal corpo e vasto seno di un istrumento che a volte ai gemiti lamentevoli unisce formidabili ruggiti, e suoni profondi, agitati e tempestosi; sotto la pressione intelligente di quelle dita fatate, l'istrumento obbedisce con una giustezza e spontaneità che è forse il pregio più singolare del Bottesini, il quale ha un'intonazione perfetta, aerea, che delizia dolcemente l'orecchio, purtroppo abituato alle perpetue oscillazioni dei suoni. Le acclamazioni raddoppiarono quando i due artisti suonarono insieme il duetto per violino e contrabbasso: il Bottesini non è solamente un acrobata musicale che camminando colle dita sulle corde sterminate, cava deliziose armonie e singolari difficoltà; egli è uno dei più valenti compositori di cui si possa vantare oggi l'Italia così ricca di eroi e così povera di maestri. Bottesini ha un'organizzazione musicale straordinaria, un ingegno forte, una ispirazione elevata. Il duetto a cui accenniamo, quantunque di relativa importanza, rivela facilità d'invenzione melodica, spontaneità di fattura, conoscenza degli effetti, ed un'arte di condurre i pensieri, di atteggiare le forme, da cui si può arguire robustezza di ingegno e fecondità di ispirazione, degne dei più grandi ardimenti. Sivori e Bottesini lasciarono indimenticabili impressioni, e non diedero occasione a confronti, i quali sono fuori di quel limite ove l'identità assoluta del bello esclude qualsiasi differenza: pure volendo notare le speciali prerogative del loro ingegno, i vari effetti sull'anima e sull'intelligenza di chi li ascolta, la critica potrebbe dire che Bottesini intende l'arte costantemente, e colla semplicità, colla purezza, colla intimità del sentimento desta quelle emozioni che accarezzano l'udito e serenano il cuore. Sivori invece è più pagano, sensuale; i suoi canti hanno gli ardori latenti della passione, sono come animati da quel soffio tropicale che ha suscitato il suo estro quando percorse le lussureggianti contrade del nuovo mondo, è un impeto, un calore che rivelano anche in quella specie di ansia, di spasimo, con cui spesso l'immaginoso artista si impadronisce di una melodia, ne mormora le estreme parole, e poscia ne varia con trascendentali melodie i semplici lineamenti. Bottesini disegna, scolpisce la forma, Sivori colorisce a tinte smalianti; l'uno commuove e rapisce; l'altro sorprende e trascina. In ambedue è comune la tempra d'italianità che si identifica col carattere della nostra musica, e ne rende così patenti le sensazioni", La Perseveranza del 22 giugno 1860.
91. 24 giugno 1860.
92. Gazzetta Musicale di Milano del 1° luglio 1860.
93. Idem.
94. G. Tintori, *200 anni di Teatro alla Scala*, 1978.
95. Idem.
96. Il denaro, in verità, non è lo scopo della sua vita. A Londra, racconta il Carniti, "un vecchio e ricchissimo Lord, desiderando udire il Bottesini lo pregò di recarsi al di lui palazzo per eseguirvi alcuni pezzi, senza convenire prima del compenso. Terminato il Concerto, Bottesini, fatto un profondo inchino ai due vecchi che continuavano a battere le mani, entrò nell'anticamera, ove gli si fece incontro il maggiordomo con un gran vassoio ricolmo di luccicanti sterline e lo pregò di servirsene. Bottesini ne prese solo quattro, e fatto un altro inchino, uscì dal palazzo...", A. Carniti, op. cit., pagg. 66-67.
97. Gazzetta Musicale di Milano, 13 gennaio 1861.
98. Sulla rivista *Teatri Arti e Letteratura*, Bologna, 3 gennaio 1861, n. 1844 si legge: "Il celebre Bottesini in Bologna. Un mago... meglio che un mago, un assoluto e vero prodigio, poterono ammirare i bolognesi, alle sere passate! Quel *Bottesini*, che già fecesi una europea riputazione, l'emulo del mome imperituro di Paganini! - Se non che questo genio dell'armonia dava di sé quei prodigiosi saggi che tutti sanno collo strumento dalle grandi risorse, il violino: *Bottesini* invece suona il contrabbasso, cioè il più ingrato e ribelle degli strumenti ad esprimere il canto, l'accento, la passione. - Ma la magica mano del lombardo miracolo lo doma, se ne rende padrone, e lo costringe a suoni non credibili per chi non abbiali uditi colle proprie orecchie, ma senti tosto dolcemente commosso, anzi entusiasmato. - Il contrabbasso suonato da *Bottesini* non è più tale: è una cara voce umana, un flauto dolcissimo, un violino dalle numerose e rapide note, un violoncello dai flebili e cari suoni; è un insieme che desta meraviglia ed incanto! Uno elettissimo uditorio si beava delle sue melodie domenica sera, nel privato Teatro di quella insigne Mecenate degli artisti, che è la signora Principessa Donna Maria Malvezzi Hercolani, e colmava di entusiastici plausi l'esimio Contrabbassista, che si esponeva con temi varianti della *Beatrice di Tenda*, col famoso *Carnevale di Venezia*, andando di portento in portento, coi più nuovi ed impensati miracoli dell'arte, ch'egli solo raggiungere di non credibile guisa. Variarono quel Concerto alcuni pezzi vocali, cui graziosamente prestaronsi la giovinetta appena trilustre signora *Cortesi*, maggiore dell'età nel sapere di canto, e il giovane concittadino nostro sig. *Zucchelli*, che ha una bella voce di baritono modula con arte maestra e con passionato sentire. E questi ed il *Bottesini* accompagnava sul Piano il valente maestro *Alessandro Busi*. Non annunziato dal programma ebbe poi l'uditorio un gratissimo dono improvviso in due pezzi a Pian-forte suonati egregiamente da una esimia amatrice, la signora *De Filippi Mercantini*, che, consorte dell'egregio poeta e professore di eloquenza e di storia signor Luigi Mercantini, mostrò come due geni legasse natura col più soave nodo. Le due sere trascorse il *Bottesini* inebriò sì il pubblico con nuovi Concerti al *Comunitativo Teatro*, dove, se è possibile, gli crebbero gli applausi, e l'ammirazione dell'universale, che in quella stessa aula ammirarono, già tempo, gli emuli di lui, il Dall'Occa e l'Arpesani, i quali, pure restando grandi nel suono di eguale strumento, furono vinti nel gran lunga dal sorprendente magistero di questo Orfeo redivivo!".
99. Sui *Teatri Arti e Letteratura*, Bologna, 10 gennaio 1861, n. 1845, si legge: "Il celebre Bottesini ha dato martedì sera l'ultimo dei quattro concerti al nostro Comunale Teatro per intermedio all'opera in corso, i quali hanno dato occasione di maggiormente conoscere i molti pregi di questo sommo suonatore, riscuotendo applausi immensi e chiamate. [...] Questo celebre suonatore partirà domani da Bologna per Ferrara, onde darvi domenica pross. un Concerto alla Filarmonica. Poscia ritornerà in Bologna per aderire alle istanze di molti amatori della musica. Egli darà un quinto Concerto al Comunale Teatro la sera di mercoledì della prossima settimana". Sullo stesso periodico del

26 gennaio 1861, n. 1847 si legge: "Non possiamo poi fare a meno anche di parlare dell'Accademia e del Concerto del celebre Bottesini dato la sera del 21 e intermezzato da pezzi musicali e di canto, a cui gentilmente si prestarono, e l'intera nostra orchestra, e diversi artisti. L'inarrivabile Bottesini in una parola fanatizzò il pubblico e già lo si vorrebbe riprodotto altra volta per desiderio e volontà di tutti: avremo una tanta fortuna?... Lunedì il nome solo di *Bottesini* valse a far piccolo alla folla il vasto *teatro Comunitativo*. - Era un ultimo ulteriore Concerto del Paganini del Contrabbasso, il quale traeva tanta calca di ammiratori, che vi passarono una serata veramente deliziosa. - Si ebbero due sinfonie, una, del nostro bravo giovane maestro signor *Alessandro Busi*, la quale fu meritatamente coronata di plauso; l'altra, quella della *Gazza Ladra* dell'Orfeo pesarese, che co' suoni marziali ed il brillante de' suoi motivi scosse gli uditori, che volentieri avrebberla riudita". Ancora sui *Teatri Arti e Letteratura* del 4 febbraio 1861, n. 1848, si legge: "Ultimo Concerto di Bottesini in Bologna. *Ultimo Concerto!!*... Permettetici, signor *Bottesini*, di sperare che non sia questa la vostra ultima parola. - *Ultimo Concerto*; giacché in tutti, niuno eccettuato, rimane fra noi il desiderio di riudirvi, vi applaudimmo, vi festeggiammo ogni qual volta ci fu dato l'udirvi in Bologna; insomma come vi applaudì e festeggiò un popolo entusiasmato e commosso. - *Il Paganini del contrabbasso* sarà sempre uno dei più vivi desiderii dei bolognesi, che ben vi mostrarono anche la sera del 28 scorso, al maggior Teatro, quanto vi tenessero in pregio grandissimo, testimoniandolo con iterate clamorose evocazioni, con applausi che partivano dal cuore, con poesie, dove il concetto appena esprimeva la piena dell'ammirazione. La vostra fantasia, che intitolaste *Cerrito*; l'adagio su motivi dei *Puritani*; le variazioni sul *Carnevale di Venezia*, e il vostro *Addio a Bologna* furono tutte cose ammirabili e portentose, che nessuno stancherebbesi di ascoltare, per quanto mai gli venissero da voi ripetute sul vostro magico strumento".

100. Sul periodo *Teatri Arti e Letteratura*, Bologna 10 gennaio 1861, n. 1845, pag. 88, si legge: "Alla Filarmonica lunedì Bottesini si prestò gentilmente ad eseguire molti pezzi di genere variato, i quali vennero da quella numerosa e colta udienza, sentiti col massimo entusiasmo e con applausi che mai cessavano. In questa circostanza grata oltremodo l'Accademia, di un così distinto favore, lo ha nominato Accademico Filarmonico Onorario".
101. E. Fazio, op. cit., pag. 614.
102. Il 14 settembre 1862 si inaugura la Società del Quartetto nella sala di Monteoliveto col Settimo Quartetto di Mozart, un Quintetto di Bottesini e il Settimino di Beethoven.
103. Società del Quartetto di Firenze, 2° Anno Sociale 1862-63 (programma stampato a G. Guidi nel 27 settembre 1861), ruolo dei soci protettori e loro dimora: Alard Cav. D., Parigi; Albini Conte F.M., Bologna; Bandini A., Firenze; Barbieri Girolamo, Piacenza; Basevi Abramo, Firenze; Bazzini Antonio, Brescia; Bottesini Giovanni, Crema; Carega Cav. Francesco, Firenze; Casamorata Cav. L.F., Firenze; Catelani Angelo, Modena; Clemente (San) Duca, Firenze; Danielli Francesco, Buti; Ducci Carlo, Firenze; Dunn Roberto, Colle; Egville (D') L., Londra; Ella John, Londra; Elwart Cav. A., Parigi; Ferrarini G.C., Parma; Filippi Filippo, Milano; Fodale Paolo, Firenze; Freschi Conte Antonio, Casarsa; Gambini C.A., Genova; Giacinto (San) Marchese, Palermo; Giorgetti Cav. Ferdinando, Firenze; Golinelli Stefano, Bologna; Gregorio Alliata March. (De), Firenze; Jurch José, Barcellona; Kraus A., Firenze; Krakamp Cav. E., Napoli; Leonard M., Bruxelles; Liceo Comunale di Musica, Bologna; Mannucci Benincasa Cav. Carlo, Firenze; Mariani Cav. Angelo, Genova; Mazzucato Cav. Alberto, Milano; Mercadante Cav. Saverio, Napoli; Meyerbeer Cav. Giacomo, Berlino; Michel Corrado, Ancona; Niccolini Alamanni March. Luigi, Firenze; Niccolai Astolfo, Firenze; Pacini Cav. Giovanni, Pescia; Placci Gennaro, Firenze; Quilici Massimiliano, Lucca; Read Colonnello C., Firenze; Rignano Duca (Di), Roma; Rossini Cav. G., Parigi; Sasserrò Alfredo, Nizza; Scudo P., Parigi; Sivori Cav. C., Genova; Torrigiani March. Carlo, Firenze; Tour D'Auvergne Principessa (De La), Firenze; Ungher Sabatier Carolina, Firenze; Vieuxtemps Cav. Enrico, Francoforte; Vàn Hal F., Bruxelles; Wilmot, Anversa; Young William R., Firenze; Franchi Gaetano, Brescia; Unia Cav. Giuseppe, Torino; Glosz Giovanna, Firenze; Taylor Mad., Firenze.
Soci Onorari: Baci Adolfo, Firenze; Bianco (Del) Elvira, Firenze; Consolo Federigo, Firenze; Giovacchini Giovacchino, Firenze; Sandrick Cattermole Elisa, Firenze; Sbolci Jefte, Firenze; Vannuccini Luigi, Firenze.
104. Michele Manzotti, *La Società del Quartetto di Milano*, in "Arte Liutaria", Firenze, agosto 1988, N. 11, pag. 44.
105. Lettera del 29 maggio 1861.
106. Questa notizia mi è fornita dal Prof. Guido Leone di Palermo, con una lettera in data 30 ottobre 1988.
107. Lettera del 18 ottobre 1862.
108. Idem.
109. E. Fazio, op. cit., pag. 614.
110. E. Fazio, op. cit., pag. 616.
111. Idem.
112. Idem: "I primi onori toccarono a Bottesini, che si fece ammirare come suonatore di viola, di contrabbasso, di pianoforte e come compositore, per esservi eseguito un suo quartetto...".
113. H. Baron di Londra, con lettera del 22 marzo 1988, mi informa attraverso Mr. Ian Caddy, che vende due disegni col ritratto schizzato di Bottesini a Baden Baden l'8 luglio 1865, per la somma di 300 sterline. Fanno parte di un album di Monsieur Wenger di Strasburgo. Il ritratto che rappresenta Bottesini insieme all'orchestra è addirittura datato 1835, ma a mio avviso si deve leggere "1865". Nel '35 Bottesini non sapeva ancora suonare il contrabbasso!
114. Lettera del 4 agosto 1866.
115. Lettera del 16 settembre 1866.
116. A. Carniti, op. cit., pag. 67.
117. L. Escudier, *Les Virtuoses*: "Un'attività febbrile alterata da brevi periodi d'indolenza e di pigrizia: natura delicata e quasi femminea in apparenza, la quale nasconde una vigoria più che virile: lama d'acciaio in fodero di velluto, ciò che val meglio d'una debole mano di donna rinchiusa in un guanto di ferro: carattere dolce, affabile, pieno di disinteresse e di amabilità, incapace d'odio, ch'attende la fortuna senza correrle appresso, amante dell'arte e della gloria, non mai pronto a sacrificare questa per quella; troppo modesto, schivo d'onorificenze, generoso, caritatevole, buon camerata ed artista eccellente; tale è il carattere di Bottesini".
118. A. Carniti, op. cit., pag. 68.
119. Gli altri autori dell'Album sono Cagnoli, Cagnoni, Di Giosa, Keller, Marchetti, Rossi, Sala, Salghetti, Vera e Zanardini.
120. Lettera del 24 gennaio 1869.
121. *La cloche du village* e *La Martyre chrétienne*.
122. Presso Léon Escudier.
123. Nella prima parte del Concerto questi cantanti eseguono le *Messe Solennelle* di Rossini.
124. L'operetta ha molto successo anche per le critiche positive del Davison "che anni prima l'aveva detto direttore inabile". Ora invece lo trova "eccellente e giudica magnifica la musica intellettuale della sua opera, lodandone soprattutto lo strumentale" (C.S. in "Enciclopedia dello Spettacolo", 1954). La *Gazzetta Musicale di Milano* del 21 febbraio 1871, pagg. 62-63, per chiarire meglio il successo dell'*Alì Babà* di Bottesini a Londra, pubblica un articolo del suo corrispondente londinese che parla della cattiva gestione dell'impresa "del Liceo, la quale aveva diritto di aspettarsi l'appoggio di tutti gl'italiani residenti nella metropoli" invece "non è che appoggiata che dai più poveri, ed è questi riescono - cosa che loro auguro di cuore, non sarà che loro maggior merito. Il signor Hutchings, ch'è uno dei direttori, e il sig. Healey, ch'è segretario e *manager* della compagnia, meritano particolare menzione per i loro sforzi e pei loro sacrifizii personali al successo dell'arditissima impresa. È dovuta al signor Hutchings personalmente la rappresentazione dell'*Alì Babà*, avendo egli anticipato i necessari fondi per la messa in scena, la quale è letteralmente *gorgeous*. Ed io amo credere che la compagnia procederà sino al termine della stagione, com'è stata fissata; e spero che i suoi sacrifizi riusciranno a stabilire in Londra la musica buffa italiana".
125. C. Lisei, op. citata.
126. Filippo Filippi sulla *Perseveranza* scrive ben 5 articoli sull'*Aida* del Cairo.
127. Ernest Reyer, critico musicale del *Journal des débats* nel suo saggio *Voyage au Caire* apparso in *Notes de Musique*, Paris 1875, parlando della prima rappresentazione dell'*Aida* scrive che "...l'exécution est excellente; l'orchestre obéit docilement au bâton de commandement de son habile chef, le célèbre contre-bassiste Bottesini..." (pag. 201).
128. Lettera di Draneht Bey a Kairi Pacha del 31-1-1872.
129. Lettera di S. Leoncavallo a Draneht Bey del 4-1-1874.
130. Lettera di Bottesini a Draneht Bey dell'8 febbraio 1872.
131. Lettera di Muzio a Draneht Bey del 31 luglio 1872.
132. Lettera di Draneht Bey a Ibrahim Bey del 16 aprile 1872.
133. Lettera di Draneht Bey a Bottesini del 9 febbraio 1872.
134. Lettera del 26 novembre 1875.
135. Lettera di Bottesini a Florimo del 29 maggio 1877.
136. A Napoli nell'estate del 1877 Bottesini si esibisce col violinista e quartettista Salvatore Pinto (E. Fazio, op. cit., pag. 618).
137. Durante l'esercizio 1878-79 il Teatro Italiano di Parigi ha un introito lordo di 259.438 franchi, contro i 3.495.023 dell'Opéra, i 2.349.788 del Théâtre français e i 1.636.466 dell'Opéra Comique (Gazzetta Musicale di Milano del 20 febbraio 1880, pag. 68).
138. Julien Budden, *Le opere di Verdi*, EDT Musica, Volume III, Torino 1988, pag. 294.
139. Lettera di Boito a Depanis del gennaio 1879.
140. Lettera di Bottesini a Florimo del 2 febbraio 1879.
141. Lettera di Bottesini a Depanis del 7-12-1881.
142. Si tratta del 4° Concerto della Società Orchestrale del Teatro alla Scala di Milano.
143. Lettera a Gastelli del 3-1-1881.
144. E. Fazio, op. cit., pag. 618.
145. Idem.
146. Gazzetta Musicale di Milano, 13-1-1884.
147. E. Fazio, op. cit., pag. 618.
148. 1° Concerto della Società Orchestrale del Teatro alla Scala, direttore stabile Giovanni Bolzoni. Eseguono musiche di Mendelssohn (Sinfonia

Italiana), Loret (Dormi fanciullo), Weber (Invito alla danza), Massenet (Scènes alsaciennes).
149. Lettera di Sanvitale del 12-3—1889.
150. È dell'8 maggio, Bottesini muore due mesi dopo.
151. Testamento pubblico. Regnando Umberto primo per grazia di Dio e per volontà della Nazione Re d'Italia. Alle ore pomeridiane sette e minuti quarantacinque di questo giorno tre luglio mille ottocentottantanove in Parma, Comune omonimo, nella casa sulla Strada Farini numero centoventi; davanti a me Micheli Dottor Michele Notaio residente in Parma ed iscritto presso il Consiglio notarile di Parma assistito dai quattro testimoni i Signori; Cardinali Colonello Gabriele fu Domenico Governatore del Regio Conservatorio di Musica nato a Vienna e domiciliato in Parma. Carini Professore Leandro di Pietro insegnante nel Conservatorio di Musica nato a Fontanellato e domiciliato in Parma; Comattini Pietro Napoleone fu Giovanni portiere nato e domiciliato in Parma; e Pacini Marianna figlia nubile del fu Antonio cameriera nata e domiciliata in Parma, si è trovato personalmente costituito: L'illustre Maestro di Musica Signor Commendatore Bottesini Giovanni fu Pietro, Direttore del Regio Conservatorio di Musica in Parma, nato a Crema e residente in Parma; bene da me Notaio conosciuto. Il quale Signor Maestro Commendatore Bottesini Giovanni, volendo disporre delle sue possanze pel tempo in cui avrà cessato di vivere, ha dichiarato, a me Notaio in presenza dei testimoni, la sua volontà che è stata ridotta in iscritto per cura di me Notaio come segue: "Nomino in miei eredi universali i miei nipoti Pietro e Adele Bottesini figli di mio fratello Cesare". Questa è la volontà del Signor Maestro Bottesini Giovanni da lui medesimo così dichiarata a me Notaio in presenza dei testimoni; e poscia da me Notaio scritta e letta al prelodato Signor Maestro Bottesini; il quale l'ha approvata e confermata pienamente. Ed il presente atto di ultima volontà scritto da me Notaio sulle prime tre pagine del foglio di cui consta è stato sottoscritto dal Signor Maestro Bottesini, dai testimoni e da me Notaio. Prima però delle sottoscrizioni ora dette, questo stesso atto, è stato da me Notaio letto, in presenza dei testimoni, al Testatore; il quale, sull'analoga richesta fattagli da me Notaio, l'ha detto conforme in tutto alla sua volontà. G. Bottesini, Gabriele Cardinali, Leandro Carini, Pacini Marianna, Comattini Pietro Napoleone, M. Micheli. Rilasciata la prima copia autentica ai Signori Pietro ed Adele Bottesini questo giorno diciotto luglio milleottocento ottantanove. M. Micheli. Costo: Carta 1.20, Scritto 1.00, Reg 1.00, Onor 10.00, Stes 0.75, Totale 13.95. Registrato a Parma il 13 Luglio 1889 al N. 70 fog. 14 libro 96 Mod. I colla tassa di lire sei. Numero d'ordine 3307-168.
152. L'atto di morte di Giovanni Bottesini esistente presso l'Archivio della Parrocchia di S. Uldarico in Parma afferma: "Anno Dominii Millesimo octingentesimo octogesimo nono (1889) die septima (7) Mensis Julii. Bottesini Joannes natus Fori Diugantorum, annorum sexaginta octo, celebs, filius quondam Petri et quondam Spinelli Mariae, morans in domo sub N. 120 = Viae Farini = Mortuus est die et anno, ut supra, hora undecima antemeridiem. Eius Corpus ad hanc S. Uldarici Ecclesiam, ac inde ad Commune Coemeterium translatum fuit. Morini Joannes Rector". Dal "Liber XI Mortuorum Ecclesiae Par.lis S. Uldarici a die 30 octobris 1874 usque ad 1928" Anno 1889, pag. 99 = N° 1492.
Il documento analogo del Comune di Parma si trova presso l'Archivio Storico Comunale e afferma: "L'anno 1889, addì 8 di luglio a ore meridiane dodici e minuti, nella Casa comunale. Avanti di me Balestrazzi Dottor Antonio Segretario Delegato dal Sindaco con atto 20 GIugno 1888, debitamente approvato, Uffiziale dello Stato Civile del Comune di Parma, sono comparsi Ferrarini Giulio di anni 49, Vice Segretario, domiciliato in Parma e Bettinelli Luigi, di anni 49 impiegato, dom.to in Parma, i quali mi hanno dichiarato che a ore antimeridiane 11 e minuti nessuno di ieri nella casa posta in Str. Farini al n° 120 è morto Bottesini Comm. Giovanni di anni 67, Direttore di questo Regio Conservatorio Musicale, residente in Parma, nato in Crema da fu Pietro e da fu Spinelli Maria, celibe".
153. All'atto di battesimo di Giovanni Bottesini, n. 67 dell'elenco, segue il n. 68, Valcarenghi Angela Anna Maria Amalia: "Hoc Mane ad horam 3 1/4 orta est Puella ex Jug. Valcarenghi D. Angelo, ac. Calvi D. Teresia, quam Ego subscriptus hac in Ecclia baptizavi, et Nomina Ei imposui Angelam Annam Mariam Amaliam. Patrinus fuit Giuvarina D. Petrus ex hac Par.a. In quorum ego Fusari Imperatore Ioannes Baptista Curatus Major. Ann Domini Millesimo Octingentesimo Vigesimo Primo, Die Vigesima Tertia Xbris (23 Xbris 1821)".
154. "Valcarenghi Angela Maria Carolina. Anno Domini Millesimo Octingentesimo Vicesimo. 26 Martii 1820. Ego subscriptus baptizavi hac in Ecclia Infantem Ortam heri ad horam 6. Pomer. ex Jug. D. Valcarengo Ioanne ac D. Ferrari Lucretia, cui imposui Nomina Angelam Mariam Carolinam. Patrinus fuit D. Guarini Iacobus ex Cathdlis Par. In quorum Ego Fusari Imperatore Ioannes Baptista Curatus Major Cathis".
155. Sergio Lini, *Giovanni Bottesini Musicista cremasco*, Crema 1979, pagg. 41, 42, 45.

29. Atto di nascita di Giovanni Bottesini.

Il contrabbasso
di *Luigi Inzaghi*

Bottesini giunge al contrabbasso quasi per caso, in quel 1835 che assiste alla morte di Vincenzo Bellini e in campo politico vede Garibaldi fuggire in Brasile, dopo il fallito tentativo della rivolta in Savoia.
Sappiamo bene come i fatti politici non siano quasi mai estranei alla musica, e benché Bottesini appena quattordicenne non avesse ancora alcuna frequentazione politica, più tardi farà dipendere da essa buona parte della sua carriera, sia operistica che concertistica.
Ammesso come allievo gratuito al Conservatorio di Musica di Milano alle dirette dipendenze del governo austriaco, non ha la possibilità di frequentare il Teatro alla Scala dove imperano le opere di Donizetti, Bellini e Rossini. L'orario per gli allievi del Conservatorio è molto rigido e tassativo, perché sia d'estate che d'inverno prevede «alle nove» della sera «un quarto d'ora circa di preci, come alla mattina, indi a letto».
Lo studio del contrabbasso gli è invece permesso «dalle ore due e mezzo alle tre e mezzo», come recita l'orario per gli allievi del Conservatorio pubblicato da Federico Mompellio presso Felice Le Monnier a Firenze nel 1941.
Nel 1839 quando Verdi debutta alla Scala con l'*Oberto conte di San Bonifacio*, Stendhal pubblica *La Certosa di Parma*, Paganini da Marsiglia si occupa del commercio degli strumenti ad arco e il nostro giovane contrabbassista da parte sua, nell'Accademia d'addio al Conservatorio, ottiene un grande successo eseguendo una *Sinfonia* e una *Fantasia* per contrabbasso di sua composizione.
La sua tecnica esecutiva sul contrabbasso, appresa dal M° Luigi Rossi, e il suo stile superano di molto lo standard dei contrabbassisti dell'epoca, compreso Dragonetti, ispirandosi direttamente all'arte funambolica di Paganini.
Bottesini infatti sino a 14 anni aveva studiato il violino con Carlo Cogliati, ragion per cui il suo desiderio era quello di divenire un secondo Paganini, suonando proprio il contrabbasso.
Lasciato il Conservatorio milanese con una discreta dote, acquista il famoso contrabbasso *Testore* a tre corde che lui accorda per quarte ma anche per quinte, secondo la tessitura del brano che doveva eseguire.
Poiché Bottesini nelle sue composizioni per contrabbasso sviluppa moltissimo la tecnica violinistica, per ottenere dal cantino note sempre più elevate e "pulite", oltre ad accordare lo strumento per quinte, monta un cantino di seta invece dei soliti imperfetti di budello o di corda: i suoni gli risultano così più nitidi e gli armonici di grande effetto virtuosistico.
Fu rimproverato dal senno di poi a Bottesini d'aver sviluppato in questo modo la tecnica del violino sul contrabbasso, e non quella del violoncello o della viola, ma evidentemente il virtuoso di Crema era più interessato al violino che a qualsiasi altro strumento a corde.
Le tre corde gli permettono sia di digitare facilmente, che di ottenere suoni più puri, più rotondi, più sonori e robusti di quelli del contrabbasso a quattro corde.
Anche l'arco, a differenza di quello rigido, corto e arcuato di Dragonetti, è più diritto e più lungo, molto simile a quello che usano i violoncellisti, in modo da essere sfruttato per tutta la sua lunghezza e la maneggevole flessuosità.
E tutti conosciamo quale uso facesse Paganini di un simile arco, ricavandone suoni stranissimi quali flautati, picchettati, balzati, saltati, rimbalzati, arpeggiati, continuati, legati: suggestioni tecniche riassunte quasi tutte in quel 24° Capriccio in La minore, unico della raccolta in forma di *Tema con variazioni*.
Lo strumento e l'arco di Bottesini, anche se mastodontici rispetto al violino e all'arco di Paganini, sono pronti a produrre tutta questa fucina di artifizi, imparati nei fuggevoli anni di studio giovanile sia a Crema col Cogliati che a Milano col Rossi.
Dal 1835 al 1839, quando Bottesini frequenta il Conservatorio di Milano, non è difficile avvicinarsi ad una tale arte trascendentale in quanto Paganini era ormai riconosciuto universalmente come un grande compositore romantico da imitare, tanto che i violinisti milanesi come Alessandro Rolla ed Eugenio Cavallini, pur non raggiungendo mai nelle loro composizioni le "stranezze" paganiniane, ne condividevano l'esperienza.
Uscito dal Conservatorio ad appena 18 anni, Bottesini si esibisce subito da solo come virtuoso di contrabbasso, stupendo ed insieme entusiasmando il pubblico.
Se la sua gracilità non gli permette di affrontare subito il pubblico dei teatri di tutto il mondo, la sua apparizione a Vienna nel 1840 lo fa sembrare agli occhi di Hanslick come il profeta del contrabbasso, il Mosè della musica strumentale romantica. Ed Hanslick, di solito molto severo nei suoi giudizi, non si sbaglia affatto su Bottesini che presto fa parlare di sé tutto il mondo musicale dell'epoca, eseguendo nei suoi recitals Concerti e Fantasie con temi d'opere famose per la delizia degli uditori abituati più a dilettarsi delle piacevolezze operistiche che di quelle della musica strumentale.
È ancora una volta la tecnica virtuosistica appresa da Paganini, che gli permette di esibirsi nei teatri di tutto il mondo eseguendo in realtà pochissime composizioni, cinque o sei in tutto, ma talmente essenziali e nuove da scatenare l'interesse e il fanatismo di chi lo ascolta.
In gioventù i suoi pezzi preferiti e di più grande successo presso il pubblico sono una *Fantasia sulla Sonnambula* e la *Variazioni sul Carnevale di Venezia*. In età

matura invece preferisce esibirsi in *Elegie* e *Rêveries*, più vicine alla sensibilità e al gusto romantico del pubblico di fine Ottocento.

Il Catalogo dell'opera per contrabbasso di Bottesini è molto limitato rispetto a quello dei violinisti compositori del '700, per il fatto che Bottesini aveva col suo strumento un rapporto di amore-odio spiegabile solamente alla luce delle sue altre due attività di compositore d'opera e di direttore d'orchestra.

In realtà sue sono anche altre opere per contrabbasso e violino eseguite nei teatri di tutto il mondo, ma mai trascritte su un pezzo di carta perché inventate sul momento, come un pot-pourri su motivi di contraddanze cubane composto per un concerto al Teatro dell'Avana, e una *Festa delli Zingari* per un Teatro di New York.

Il fatto inopinabile che le composizioni per contrabbasso di Bottesini siano poche e che quelle che sono arrivate sino a noi patiscano il tormento del continuo cambiamento di tonalità - un vero rebus per i revisori dell'opera contrabbassistica di Bottesini - depone negativamente per un approfondito studio della tecnica e dello stile del compositore cremasco.

Si può comunque affermare che le composizioni per contrabbasso di Bottesini sono passate attraverso tre tipi di stili: il primo della giovinezza, il secondo della maturità ed il terzo della vecchiaia.

In realtà ciò che cambia col passare del tempo è il modo di esprimersi dell'autore: da giovane attraverso i duetti, nella maturità con i Concerti e nella vecchiaia con opere più tenere ed appassionate come rêveries ed elegie.

Alla fine degli anni '60, vent'anni prima di morire, Bottesini scrive il suo famoso *Metodo per contrabbasso*, opera propostagli dall'Editore Ricordi ma pubblicata per la prima volta in Francia nel 1869.

I tre duetti per due contrabbassi dedicati al suo maestro Lugi Rossi sono un'opera giovanile, ma già di grandi difficoltà tecniche con passaggi virtuosistici pienamente paganiniani.

Si veda l'*Allegro agitato* del secondo duetto con diversi armonici sia al I che al II contrabbasso, e picchettati volanti imprendibili; oppure l'affascinante III duetto col suo ritmo puntato, i trilli, gli incisivi arpeggi del I movimento e l'impasto timbrico del *Presto* che realizza quelle alternanze tematiche delle voci che rinforzano l'elemento dialogante delle sei corde che raggiungono qui un'integrazione tecnica ed espressiva di piacevole eguaglianza e di perfezione stilistica.

Poiché Paganini non amava comporre duetti per strumenti ad arco, si deve ammettere che Bottesini in queste sue prime opere si sia ispirato al gusto e allo stile di qualche compositore lombardo come il celeberrimo Alessandro Rolla del quale imita i vezzi, le appoggiature, i trilli, i gruppetti e tratti rapidi di ogni sorta, adattandoli al mastodontico contrabbasso.

Bottesini fa suo di Rolla soprattutto l'uso del ritmo puntato, impiegato anche largamente da Paganini nei suoi Concerti, soprattutto nelle Polonesi, per ottenere un effetto di brio e di gioia del tutto sorprendente.

Poter dire esattamente quanti Concerti per contrabbasso Bottesini abbia scritto, non è cosa facile. Molti autografi esistenti al Conservatorio di Musica di Parma infatti si ripetono in tonalità diverse; altri sono "pasticci" tratti, non si sa come, da due o più Concerti dello stesso autore.

Bisogna sottolineare però che la forma del concerto permette a Bottesini una maggior libertà espressiva che non quella del duetto, ragion per cui i suoi Concerti sono ancora oggi, almeno quello in Si minore, oggetto di studio da parte degli studenti dei Conservatori.

Imitando Paganini e tenendo fermo lo schema tripartito della composizione, il suo frequente volteggiare sul cantino rende perigliosa l'esecuzione di queste opere. Pochissimi strumentisti oggi infatti sono in grado di eseguire questi Concerti che peraltro solamente in questi ultimi anni stanno venendo alla luce.

Per sfuggire alla simbologia paganiniana Bottesini inventa titoli suggestivi per i suoi Concerti come "Concerto di Bravura", "Alla Mendelssohn". Ne compone persino uno per due contrabbassi con l'amico Arpesani, che non sfugge alle intemperanze paganiniane.

Di tale fattura è soprattutto il *Concerto di bravura* che già nell'*Andante mosso* iniziale mostra il carattere virtuosistico del contrabbasso solista, mantenuto tale per tutta la durata della composizione con salti di corda, volatine di trentaduesimi, ritmi puntati, terzine arpeggiate e veloci iterazioni di bicordi di settima.

Nell'*Andante*, costruito su un tema a scala discendente, prevalgono i picchettati volanti, i gruppetti di trentaduesimi, i bicordi di terza, scale discendenti di bicordi di sedicesimi, progressioni ascendenti di sedicesimi che rendono molto difficoltosa l'esecuzione non solo di un principiante, ma anche di chi è perfettamente padrone dello strumento. Anche l'*Allegretto* finale, apparentemente più semplice nella sua proposta iniziale, coinvolge l'esecutore sulla corda più piccola dello strumento costringendolo ad esibirsi quasi sempre al di sopra del rigo musicale, non raramente con bicordi di decima e salti di quindicesima.

Le medesime difficoltà tecniche Bottesini presenta anche nelle Fantasie tratte da temi d'opera, imitando in questo modo il suo più celebre predecessore, Paganini. Sono composizioni nelle quali il contrabbassista cremasco può esprimersi tanto liberamente quanto in modo personalizzato, perché non legato a nessuna forma precostituita come quella del Concerto e ancor più del Duetto.

Le sue arditezze qui arrivano sino all'inverosimile, al punto da eccitare il pubblico alle lacrime o alla gioia sfrenata.

Queste composizioni presentano quasi sempre una *introduzione* iniziale, seguita dal *tema* variato, per chiudersi con un *finale*. La tecnica compositiva è la stessa di Paganini, ma anche di Alessandro Rolla e di altri compositori del primo Ottocento come Hummel o Pleyel.

La parte più importante della composizione è certamente il tema con le variazioni che nel caso del *Divertimento sulla Straniera di Bellini* sono quattro, le prime due composte da terzine di ottavi e sedicesimi, le ultime due da quartine di sedicesimi e dal ritmo puntato. È un melange interessante di ritmi sostenuti dagli armonici, dai pizzicati e da tutte quelle diavolerie paganiniane che non possono che far tenere il fiato sospeso agli ascoltatori.

Le *elegie* e le *rêveries* hanno invece una cantabilità maggiore, una melodiosità insistita da tardo Ottocento, ma sempre vivificata da una profonda tensione interna come catarsi di uno spirito permanentemente ribelle e indomabile.

La particolarità di queste composizioni sta nel fatto di essere nate con l'accompagnamento di pianoforte, là dove il pianoforte o in qualche caso l'orchestra, non hanno che una mera funzione d'accompagnamento.

Ciò significa che si tratta di composizioni nate per i recitals con pianoforte, più numerosi degli altri con orchestra; inoltre la forma scarna e poco importante dello strumento accompagnatore ci fa ancora una volta di più pensare ad ascendenze italiane che non tedesche o viennesi.

La summa di tutte queste esperienze tecniche, stilistiche ed espressive sta nel *Metodo per contrabbasso*, pubblicato per la prima volta in Francia nel 1869 e poi in Italia da Ricordi nel 1875 (le lastre sono però di qualche anno prima).

Diviso in due parti, il Metodo ha la pretesa di esporre con chiarezza una serie di regole, di esempi e d'esercizi progressivi che, senza troppo affaticare l'allievo, facilitino i suoi primi passi e lo conducano per la miglior via al completo possesso di questo strumento tanto difficile da smanicare quanto importante nel sostenere l'orchestra.

Bottesini fu molto renitente a intraprendere questo lavoro didattico. Lo testimoniano il Carteggio con l'Editore Ricordi qui pubblicato per la prima volta, e la *Prefazione* al Metodo stesso, dove afferma che "io non avrei dunque spontaneamente intrapreso questo lavoro; e non mi vi decisi che dietro dimanda di tutti quelli che, sapendo con quale benevolenza il pubblico m'ha sempre accolto, credettero che fosse dover mio di mettere a profitto della gioventù la poca esperienza che ho acquistato suonando il Contrabbasso. Potendo ad un tempo realizzare il desiderio di quelli che mi eccitarono a scrivere questo metodo, e fare un'opera ch'io credo profittevole a tutti quelli che vogliano imparare a suonar questo strumento, non saprei fare di meglio che di porla sotto la loro protezione. Mi affretto a prevenire chi potrebbe accusarmi d'un certo esclusivismo, più apparente che reale, che io rispetto l'opinione altrui ma che dico francamente la mia. Lungi da ogni velleità d'opposizione, non ebbi che una triplice guida nella composizione di questo metodo: il Vero per la scienza, il Bello per l'arte, l'Utile per l'allievo".

Da buon lombardo con quest'ultima proposizione Bottesini ci fa sapere di conoscere la teoria manzoniana sull'arte e sulla poesia romantica, ma non gli dobbiamo credere al cento per cento: la sua è solamente un'affermazione di principio da leggersi in ambito tardo-romantico. Alessandro Manzoni infatti, che proponeva il vero come oggetto della poesia sulla scia del pensiero rosminiano, è sempre alla ricerca di quella verità ideale che crede di trovare nel dio cristiano e trascendentale.

Bottesini, diversamente da Manzoni, non propone nella sua vita d'artista l'esempio cristiano dei *Promessi Sposi*, esaltando quel patetismo romantico appannaggio della cultura di Giacomo Leopardi, l'anti-manzoniano per eccellenza della nostra grande letteratura dell'Ottocento.

Anche il Metodo per contrabbasso, soprattutto alla fine della seconda parte, s'avvicina di più alla sensibilità leopardiana che a quella manzoniana, là dove propone la esatta esecuzione di alcuni studi melodici quale un'*Elegia*, il *Finale della Sonnambula*, la *Serenata nel Barbiere di Siviglia* di Rossini, l'*Aria dal Trovatore* (Il balen del suo sorriso), la *Romanza dall'Elisir d'amore*, *Il Carnevale di Venezia* di Paganini.

La prima parte del Metodo tratta:
del Contrabbasso;
delle Previe Considerazioni sulla natura di questo strumento;
dell'Arco;
del Solfeggio;
delle Scale maggiori e minori;
del Movimento;
del Tempo;
delle Terzine e delle Sestine;
della Sincope;
dell'Alterazione degli intervalli;
delle Consonanze e delle Dissonanze;
dei Moti;
degli Accordi fondamentali;
del Carattere del contrabbasso;
del modo di tenerlo;
del modo di tenere l'arco;
dell'Accordatura e dell'Estensione;
del maneggio dell'arco sulle corde vuote;
dei Suoni sostenuti;
degli Abbellimenti del canto;
dello strisciare sulla corda;
del Pizzicato.

Nella seconda parte tratta invece:
del Contrabbasso studiato come strumento solista;
dei suoni armonici;
delle diverse maniere di digitazione;
degli Esercizi;
degli Studi melodici.

È opinione comune che tale metodo non ebbe la fortuna che tutti si aspettavano. In realtà in Europa era molto sviluppato l'uso del contrabbasso a tre corde, e il fatto che il Metodo fosse pubblicato in Francia e in Inghilterra, oltre che in Italia, mi può convincere del contrario.

Oggi che è più diffuso l'uso del contrabbasso a quattro corde, il metodo di Bottesini è più che mai attuale, essendo stato anche trascritto per quattro corde dal musicista Italo Caimmi.

Il che dimostra la capillare diffusione di questo strumento didattico conosciuto da tutti i contrabbassisti del mondo.

Bisogna invece purtroppo dire che Bottesini, dopo i grandi successi ottenuti ovunque si esibisse, abbandonò per qualche tempo il suo strumento, per dedicarsi alla direzione d'orchestra e alla composizione di opere per il teatro. E ciò avvenne soprattutto negli anni passati al Cairo, durante i quali si deliziò di tutt'altre cose, più o meno lecite.

Si leggano a questo proposito le lettere dal Cairo pubblicate per la prima volta su questo libro, soprattutto quelle inviate all'Editore Ricordi e quella indirizzata al carissimo Biava il 22 luglio del 1882 da Napoli. Nelle lettere inviate a Ricordi scrive che non vuole essere considerato dai milanesi come un semplice "viorone", ma alla stregua di Verdi avere un posto nell'Olimpo degli operisti. A Biava confida una storia grottesca con serraglio di bestie, inclinazioni arabe, guai egiziani e palpitazioni per schifosi pasticci! Tale lettera, sin'ora inedita e qui pubblicata per la prima volta, appartiene alla Collezione Casati del Museo Teatrale alla Scala, numero 1623.

L'Editore Ricordi legge tutte le lettere di Bottesini in silenzio, probabilmente sorridendo e spesso compatendolo, perché è cosciente che la grandezza di Bottesini non sta nella composizione operistica, ma proprio nell'uso e nel maneggio di quel contrabbasso che l'artista di Crema andava sdegnando con tanta passione.

Se Bottesini oggi infatti è ricordato, è proprio per il contrabbasso, ma dopo la pubblicazione di questo libro sarà conosciuto anche per altre sue gesta meno musicali, ma che appartengono al carattere dei virtuosi dell'Ottocento, anzi, di quel tardo Ottocento che pretendeva di imitare i padri del Romanticismo come i Paganini, gli Schubert, i Beethoven e gli Chopin, senza proporre peraltro la loro sublime arte creativa.

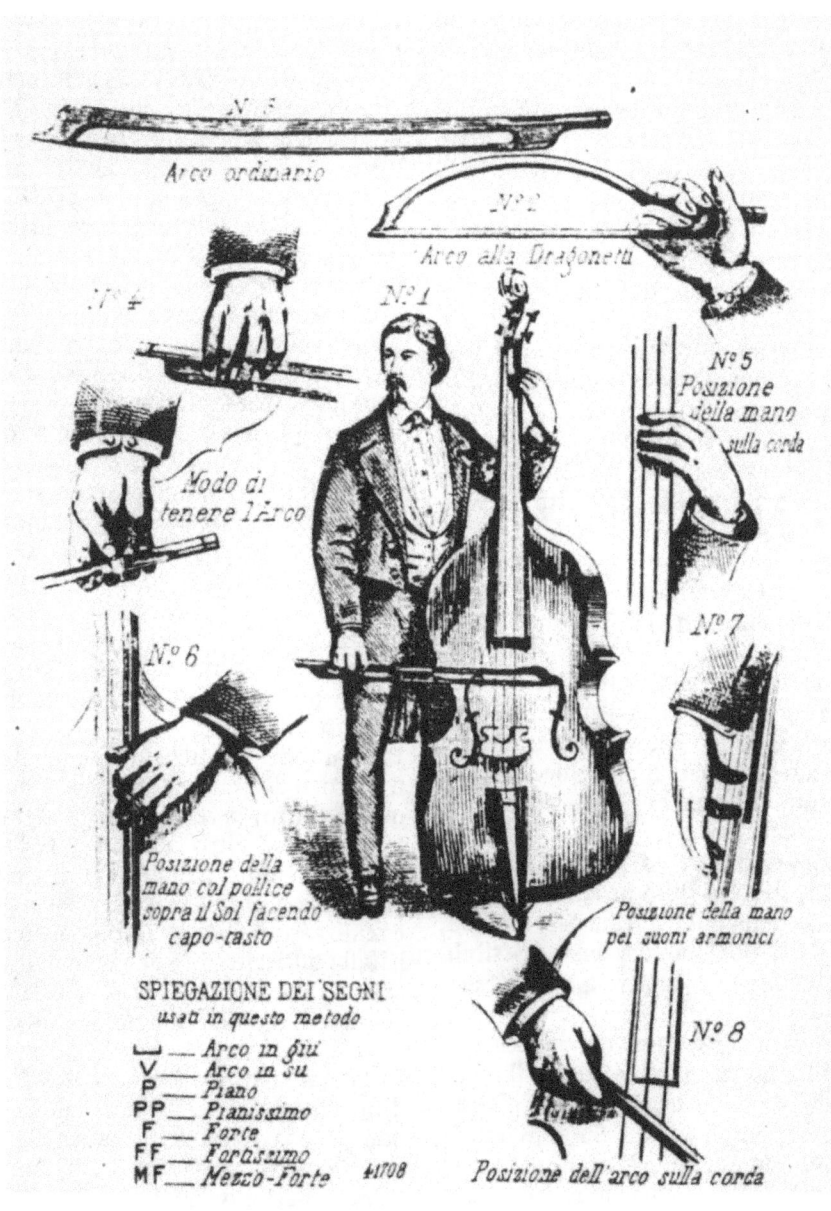

30. *Le posizioni del contrabbasso dal* Metodo *di G. Bottesini.*

All'Opera del Cairo
di *Luigi Inzaghi*

La vicenda di Bottesini in Egitto non è legata unicamente all'*Aida* di Verdi, come sempre si ricorda, ma è durata ben 7 anni, dal 1871 al 1877, coinvolgendo il compositore cremasco nella direzione dell'orchestra di tutte quelle opere liriche, soprattutto italiane, che resero appetibile da parte degli interpreti europei scritture stagionali per quel Teatro khediviale inaugurato la sera del 1° novembre 1869 con una *Cantata d'Ouverture* sull'Istmo di Suez[1], un'*Azione lirica* di D. De Marchi[2] ed il *Rigoletto* di Verdi.

Se è vero che il Khédivé non badava a spese, soprattutto per quanto riguardava gli interpreti[3] e i direttori d'orchestra, è anche vero che Draneht Bey[4] agisce con una oculatezza insospettabile e si dimostra un Sovraintendente di primo piano e di grande valore nel trattare una materia, quella lirico-operistica, completamente estranea alla cultura e agli interessi della società egiziana dell'epoca.

Il nome di Bottesini come direttore d'orchestra del Teatro dell'Opera del Cairo appare per la prima volta il 14 maggio 1869 su una lettera[3] nella quale l'agente A. Verger di Parigi sottopone a Draneht Bey il nome di diversi direttori d'orchestra, tra cui il notissimo Emanuele Muzio, unico allievo di Giuseppe Verdi, che infatti la spunterà su tutti gli altri.

Draneht Bey tenne la Sovraintendenza dei Teatri del Cairo dal 1869 al 1879, gli succedettero Leopold Larose, Clemente, Delaire, Ullmann Lamare, Morvand, Gianoli, Poncet e Bracale.

I motivi per cui Draneht Bey scelse Bottesini come direttore della prima *Aida* furono diversi, non ultimo il temporeggiare di Verdi indeciso tra Mariani e Muzio, e le troppo esose pretese di Mariani che chiedeva ben 45.000 franchi per tutta la stagione[5]. La fretta che Draneht Bey aveva di concludere con gli artisti, per avere una compagnia pronta per la prima di *Aida*, è determinata dal fatto che il debutto era stato procrastinato già da molto tempo a causa della guerra franco-prussiana, ed anche per il motivo che s'avvicinava senza possibilità di dilazione la data fissata per la prima di *Aida* alla Scala di Milano.

Se ciò fosse avvenuto e la prima di *Aida* non avesse avuto l'onore di celebrare la gloria del Teatro per il quale era stata scritta, Sua Altezza il Khédive d'Egitto si sarebbe moltissimo adombrato, e non pochi guai avrebbe passato il suo Sovraintendente[6]. Ma Draneht Bey riuscì ad avere la meglio su Verdi ed a smuoverlo dalle sue indecisioni, sia per quanto riguarda i cantanti che per il direttore d'orchestra, e quando Mariani chiese 45.000 franchi per tutta la stagione ed era impossibile fargli un contratto indipendentemente dalla Stolz[7], Draneht Bey scritturò Bottesini che accettava solamente 4.000 franchi al mese, la metà di quanto chiedeva Mariani.

Per quanto riguarda Muzio fu abbastanza facile per Draneht Bey non assumerlo per la stagione 1871-72, in quanto le tergiversazioni di Verdi spinsero il suo allievo ad accettare un incarico presso il Théâtre des Italiens di Parigi, ed a rinunciare così a dirigere la prima di *Aida*[8]. Inoltre su di lui pesava l'infamia che causò le sue dimissioni da direttore d'orchestra del Teatro dell'Opera del Cairo il 28 dicembre 1869[9]. Assunto infatti con un contratto firmato a Parigi il 27 maggio 1869[10] per il quale Muzio accettava di dirigere per cinque mesi l'orchestra dell'Opera Italiana, dal 15 ottobre 1869 al 15 marzo 1870, con un ingaggio di 2.500 franchi al mese, ai quali andavano aggiunti altri 1.000 franchi al mese per tutto il tempo che avrebbe impiegato in Italia per assumere un'Orchestra di buon livello insieme ai Cori, il 28 dicembre si deve dunque dimettere a causa di un certo Sabbadino Ottolenghi di Fiorenzuola d'Arda, violino primo di fila, che dopo aver firmato il suo contratto il 20 luglio 1869, non può onorare, per malattia, i suoi impegni presi col Teatro del Cairo dal 15 ottobre al 15 dicembre 1869[11]. Il Muzio infatti, che aveva avuto l'incarico di pagare le masse, tenne nascosta all'Amministrazione l'assenza dell'Ottolenghi e si intascò tre mensilità del violinista di Fiorenzuola pari a complessivi 900 franchi. Una volta scoperto però da Draneht Bey, non solo dovette restituire il mal tolto, il che avvenne il 20 marzo 1870, ma si dimise, restando comunque a disposizione dell'Amministrazione che a malincuore vide perduti i soldi dati all'Ottolenghi come mese d'anticipo e viaggio mancato.

Probabilmente Muzio aveva in animo di salvaguardare il posto al disgraziato Ottolenghi che però non raggiunse mai il Cairo, perché non sopportava i viaggi in mare; non si può d'altro canto negare che Muzio fosse stato di grande aiuto per l'Amministrazione del Teatro del Cairo, assemblando le masse per la stagione 1869-70[12] e realizzando persino il trasbordo della compagnia dall'Italia all'Egitto[13]. Ebbe infine degli artisti di canto eccellenti come Giuseppina Vitale[14], Emmy La Grua[15], Cesare Boccolini[16], Carlo Bulterini[17], Enrico Rossi Galli[18], Eleonora Grossi[19] ed Emile Naudin[20].

Licenziato Muzio, Draneht Bey assume per la stagione d'opera del 1870-71 il barone Nicola De Giosa di Napoli. Il suo contratto, firmato a Napoli il 29 maggio 1870 nel Vicoletto del Vasto n. 9, prevede un ingaggio di "Franchi effettivi quattro mila pagabili di quindici giorni in quindici giorni, secondo l'uso teatrale"[21].

Anche De Giosa, come Muzio, si dà molto da fare nel reperire le masse, ma ha fortuna più che altro coi buoni interpreti che non gli mancano certamente nelle persone del tenore Emilio Naudin, del contralto Eleonora

Grossi, del soprano Giuseppina Vitale, del basso Paolo Medini[22] e soprattutto del mezzosoprano Isabella Galletti Gianoli[23]. Benché Draneht Bey si mostri ufficialmente contento delle sue prime stagioni d'opera, in realtà non è così; si confida in tal senso con Giuseppe Verdi che il 14 aprile 1871 gli risponde: "Si, comme vous le dites, vous voulez comme chef d'orchestre un talent *reconnu* et sür, il n'y a absolument que Mariani. Tous les autres, croyez moi, se valent; et si l'expérience faite dans les deux dernières années ne vous a pas satisfait, vous ne le serez pas non plus dans les années suivantes, car vous trouverez à peu près les mêmes qualités et les mêmes defauts dans tous le chefs d'orchestre que vous serez obligé d'engager". De Giosa infatti gli crea dei veri guai, sia come direttore concertatore che come organizzatore delle masse, perché manca talmente di polso da non farsi rispettare dai suoi subalterni, come ricorda lui stesso a Draneht Bey in una lettera del 9 aprile 1871 là dove afferma che quando "una statua non cadeva a tempo... una scena si alzava tardi... il Coro dentro la Scena non era d'accordo con l'orchestra" si dava la colpa sempre al direttore d'orchestra. Ma Draneht Bey è irritato da altre cose ben più negative che riguardano De Giosa, come il fatto che si sia allontanato dal Teatro dopo una prova del *Mosè* mancando all'appuntamento della ripetizione del *Faust*[24], mentre nell'ultima rappresentazione del *Barbiere di Siviglia* la signora Grossi termina "la pièce par un air nouveau qui faisant point partie de l'ouvrage"[25].

Informatosi sul nome dell'autore, lo stesso De Giosa, Draneht Bey gli ingiunge di non far più nulla di simile perché il "changement ou addition ne peut se faire à une pièce sans l'autorisation du Directeur"[25]. Gli atteggiamenti e i risultati di De Giosa sono sufficienti al suo licenziamento, ma poiché sarebbe difficile sostituirlo, Draneht Bey lo sopporta per tutta la stagione. Quando però De Giosa si ricandiderà per la stagione successiva, almeno come secondo direttore[26], otterrà una risposta negativa: come sostituto di Bottesini viene infatti chiamato il M° Angelo Zocchi.

Bottesini in realtà è l'uomo che Draneht Bey va cercando da due anni: gli piacciono i suoi modi di fare molto signorili e la sua innata dolcezza d'animo. Tutto sommato teoricamente Verdi aveva ragione di dire che Mariani era il miglior direttore d'orchestra sulla piazza, ma in pratica la scelta di Draneht Bey risultò vincente. Angelo Mariani non sarebbe durato al Cairo che pochi mesi, essendo morto nel 1873, mentre Bottesini per ben 7 anni divenne tutt'uno con la sua orchestra e con gli interpreti, con eccezioni che vedremo ma che confermano l'assunto.

Se ancora il 12 aprile del 1871 Paul Draneht attende una risposta da Mariani[27], il 24 aprile, 12 giorni dopo, ha già concluso con Bottesini e ne informa Marini[28]. Bottesini firma il contratto col Teatro di S.A. Reale il Khédive d'Egitto a Londra il 6 maggio 1871[29], per il quale si obbliga a rimanere 5 mesi in Egitto per concertare e dirigere tutte le opere rappresentate sulle scene del Teatro Italiano dal 1° novembre 1871 al 31 marzo 1872.

Una di queste opere è proprio *Aida* che va in scena il 24 dicembre 1871, ma ancora nel giugno precedente Verdi non si dà per vinto di non avere Mariani o Muzio e solleva delle nuove eccezioni a proposito di Bottesini e Maria Sass, lamentandosi direttamente con S.A. il Khédive[30]. La Sass in effetti ha un brutto carattere, è capricciosissima e difficile da sottomettere, ma come cantante non è inferiore alla Stolz per la sua "voce di eccezionale bellezza e sonorità e per il notevole temperamento drammatico"[31]: un vero asso nella manica per il Teatro dell'Opera del Cairo! E così è stato. Il 12 ottobre 1871 Draneht Bey, che ha dal Khédive carta bianca per trattare questi affari, informa Mariette Bey di avere una *troupe* di successo e che tutte le parti sono state spedite in Europa per essere apprese dagli interpreti[32] che oltre a Bottesini sono Antonietta Anastasi Pozzoni[33], Eleonora Grossi[34], Pietro Mongini[35], Francesco Steller[36], Paolo Medini[37], Carolina Pochini[38], lo scenografo Giovanni Zuccarelli[39], il direttore del palcoscenico Carlo D'Ormeville[40] e Maria Sass[41]. Il buon esito dell'*Aida* è una convinzione di tutti ed in particolar modo di Draneht Bey che non perde occasione per lodare questo successo. Verdi stesso è sempre in contatto con Bottesini, prima e dopo la rappresentazione, con parole così cordiali e confidenziali che ancora oggi sorprendono. A Verdi sta molto a cuore l'*effetto* della "stretta del duetto delle due donne nel secondo atto"[42] tanto da parlarne con Bottesini per due volte[43]. Non conosciamo purtroppo la risposta di Bottesini, se non da un brevissimo telegramma, ma che possiamo dedurre da un'ulteriore lettera di Verdi[44] nella quale il Cigno di Busseto si rallegra col direttore cremasco "del talento nell'interpreatre" l'*Aida*. "Poi ti dirò - aggiunge Verdi - che ti sono obbligatissimo per le osservazioni delle ultime tue lettere, delle quali trarrò profitto".

A tanta perfezione, a soddisfazione di Verdi, Bottesini giunge dopo ben 28 prove di *Aida*, dall'11 novembre al 24 dicembre 1871, lo stesso giorno della prima assoluta.

Dal Diario del Teatro questi infatti risultano i giorni delle prove: 11 novembre ore 19; lunedì 13 novembre ore 19,30; 15 novembre; 18 novembre ore 19,30; 20 novembre, prove di scena; 25 novembre; 29 novembre; 30 novembre; 1 dicembre; 2 dicembre, prove della scena del tempio; 5 dicembre; 6 dicembre; 8 dicembre; 9 dicembre, prima prova d'insieme, corpo di ballo, cori, orchestra; 10 dicembre, prova d'orchestra; 11 dicembre; 12 dicembre; 13 dicembre, prova del corpo di ballo e dell'orchestra; 14 dicembre, prova della prima parte; 15 dicembre, prova del coro col corpo di ballo; 16 dicembre, prova con l'orchestra; 18 dicembre, prova del corpo di ballo, dell'orchestra e della banda; 19 dicembre; 20 dicembre; 21 dicembre; 22 dicembre, antiprova generale; 23 dicembre, prova generale; 24 dicembre, prova del corpo di ballo e 20,30 prima assoluta.

Le altre opere rappresentate non hanno certamente avuto bisogno di tante prove e ricercatezze formali: si tratta infatti per lo più di opere notissime in Europa e già nella gola dei cantanti. *Gli Ugonotti* per esempio, prima opera rappresentata nella stagione dell'*Aida*, ha avuto 11 prove; 11 anche *Marta*; 2 sole la *Traviata*; 2 anche il *Barbiere di Siviglia* di Rossini; del *Trovatore* compare solamente la prova generale dell'8 novembre 1871 e la prima rappresentazione del 10 novembre; 3 prove per l'*Otello* di Rossini; 3 prove per la *Figlia del Reggimento*

con Marie Sass. Verdi poteva così ritenersi molto soddisfatto, perché nulla era stato lasciato al caso o all'improvvisazione per la prima rappresentazione della sua *Aida*.
Il saggio di Pietro Santi[45] tendente a dimostrare la poca stima di Verdi verso Bottesini come direttore d'orchestra, non mi pare del tutto veritiero. Le frasi di Verdi citate dal Santi si riferiscono a una datazione precedente l'*Aida* del Cairo, e l'unico giudizio più interrogativo che negativo di Verdi non è contro Bottesini-direttore ma su Bottesini-compositore: "L'opera di Gomez alla Scala *Maria Tudor* - scrive Verdi - è caduta! Le altre opere in altri teatri *idem*, meno l'*Ero e Leandro* di Bottesini... ma sarà poi buona?!!!"[46]. Piero Santi non conosce ancora la lettera di Verdi a Giulio Ricordi del 22 maggio 1887, nella quale deluso dalle stonature dei contrabbassi nel suo *Otello* di Venezia, invia "le posizioni che sono di Bottesini", affinché siano messe nella partitura. E ancora, come dimenticare l'intimità che seguì all'*Aida*, fra Bottesini e Verdi, tanto che quest'ultimo gli fece ottenere il posto di direttore del Conservatorio di Parma, dissuadendolo di chiedere quello di direttore del Conservatorio di Napoli?[47].
Maldicenze sono sì state dette contro Bottesini, in particolar modo dalla Stolz che nel 1873 scrive dal Cairo a Verdi affermando che "Bottesini ha diretto con grande impegno, con molta accuratezza, ma è freddo, molle..."[48], dando di lui un giudizio tutto sommato scontato, sgorgato dalla penna e dal cuore di una donna che vuole primeggiare a tutti i costi, come del resto era stata la Sass la sera del 7 febbraio 1872, quando durante una prova della *Figlia del Reggimento* apostrofò malamente Bottesini che, sentendosi ingiustamente insultato, chiese a Draneht Bey di essere sostituito. La cosa si riseppe in tutto il mondo musicale del tempo, perché Bottesini si confidò con Verdi[49] e non ci fu una persona sola che giustificasse il comportamento della cantante, non insolita a tali uscite. La Sass infatti dette non poco filo da torcere a Draneht Bey già dal gennaio 1872 quando si mise ingiustamente in malattia[50]; il 23 febbraio 1872 ha il coraggio di scrivere a Draneht chiedendogli di non far cantare la De Philippi nella *Figlia del Reggimento* e di rimpiazzarla con la Allievi[51], mentre nell'aprile dello stesso anno accusa Draneht Bey in persona di averla privata di un dono di grande valore pecuniario come era nelle intenzioni di S.A. Mansour Pacha[52]. La Stolz si prova a dir male di Bottesini a Verdi anche in un'altra lettera dal Cairo del 28 febbraio 1874, "in cui affretta col desiderio il momento di *essere lontana da quel paese di mestieranti e far un po' d'arte vera, come Lei, caro Maestro, intende*; ricorda le *chiacchierate* fatte *in mezzo a loro o a Napoli o a S. Agata nella bella camera della Peppina dopo la colazione*; critica acerbamente il Bottesini che *in orchestra è ben poca cosa* e non sapendosi imporre alle masse tollera *esecuzioni indecenti che fanno vera vergogna!!!* (Carteggi Verdiani II, pag. 273). La Stolz vuole certamente mettere in cattiva luce Bottesini presso Verdi, ricordandosi fin troppo bene che quest'uomo, valentissimo strumentista, ha soffiato il posto al suo amato Angelo Mariani nel 1871, impedendogli così di dirigere la prima assoluta di *Aida*, e a Lei stessa di interpretarla!

Da queste fastidiose illazioni di primedonne, Bottesini non può che uscirne vittorioso, diversamente dal suo predecessore De Giosa che non aveva la stima delle masse[53], e principalmente quella di Draneht Bey.
Criticando Bottesini e l'Opera del Cairo la Stolz non è obiettiva perché dimentica che il Cairo non è Milano o Parigi, la Scala o l'Opéra in cui gli artisti si esibiscono nelle migliori condizioni psicologiche, sociali e climatiche. Al Cairo tutto ciò non esiste per il caldo atroce della città africana, la vita di tipo medioevale che la gente conduce, il numero limitato e la qualità delle masse che agiscono al teatro khediviale. Si tratta per lo più di "mercenari", giovanotti non sposati in cerca di fortuna, artistica e pecuniaria, che curano più il loro particolare interesse che quello del teatro che dovrebbero servire. Bottesini, nonostante tutte le sue debolezze, agli occhi di Draneht Bey è migliore di De Giosa e di Muzio, perché è onesto e sa risolvere con dolcezza le intolleranti situazioni che scoppiano all'interno del teatro. La Stolz, proprio per il fatto di essere una prima donna piena di sé, è cieca di fronte a tutti questi problemi che travagliano la routine di un giovane teatro di frontiera, prendendo per indecente debolezza quello che invece è il minor male, permesso per rientrare in una normalità di produzione che non può che essere per sua natura *sui generis*. Forte dell'appoggio del Bey nella stagione 1871-72 Bottesini dirige 16 volte *Aida*[54], gli *Ugonotti*[55], *Marta*[56], *Traviata*[57], *Barbiere di Siviglia*[58], *Trovatore*[59], *Otello* di Rossini[60], *Cenerentola*[61], *Crispino e la Comare*[62], *Rigoletto*[63], *Faust*[64], *Ebrea*[65], *Lucrezia Borgia*[66], *Figlia del Reggimento*[67], *Ernani*[68], *Guglielmo Tell*[69], *Anna Bolena*[70]. Oltre a dirigere si esibisce anche sul suo contrabbasso il 29 marzo 1872 in uno spettacolo di beneficenza, eseguendo il *Souvenir della Sonnambula*, ed il 30 marzo interpretando *Il Carnevale di Venezia* per la somma di 477 franchi. Dal libro di cassa del 1871 si apprende anche che nel novembre Bottesini percepisce 591.50 franchi a saldo di spese di viaggio.
Nel secondo anno di attività al Cairo (1872-73) Bottesini dirige ancora *Aida*, *Il Barbiere di Siviglia*, *L'Elisir d'amore*, *Ernani*, *Faust*, *La Forza del destino*, *Don Giovanni*, *Lucia di Lammermoor*, *Marta*, *Norma*, *I Puritani*, *Rigoletto*, *Roberto il diavolo*, *Ruy Blas*, *La Traviata*, *Gli Ugonotti*, *Ebrea*, *La Muta di Portici*, *Crispino*, *Mosè*, *Figlia del Reggimento*, *Fra Diavolo*, *Poliuto*, *Luisa Miller*.
Principali interpreti sono Antonietta Pozzoni Anastasi[71], Eufrosina Parepa-Rosa[72], Carolina Smeroschi[73], Eleonora Grossi[74], Maria Destin Löve[75] e la prima ballerina assoluta di rango francese Caterina Beretta Viena[76].
Il numero complessivo del personale che lavora presso il Teatro dell'Opera del Cairo è di 323 persone[76] tra cui 60 strumentisti, 84 artisti di canto (compresi i coristi) e 69 ballerine. Quello che sorprende però è il numero di ore di lavoro di tutte queste persone che va da un minimo di tre al giorno per gli orchestrali a un massimo di 12 per i *Serviteurs de scène*, gli *Employés divers*, l'*Atelier de couture* e l'*Administration*.
Con Bottesini, anche se tutto procede a gonfie vele, non è che non manchino i problemi in un Teatro tanto importante. Draneht Bey non può contare sulla voce della

Signora Galletti, sicuramente incinta il 12 agosto 1872, ma anche alquanto capricciosa ed ostinata a voler essere pagata a recita e non mensilmente[77], la cui assenza lo costringe a cancellare dal cartellone opere come *Il Profeta*, *Saffo* e *Don Sebastiano* a lei destinate; mentre riesce a non farsi scappare la Signora Grossi che si dichiara incinta[78] e perciò vuole lasciare l'Opera sciogliendo il contratto così come la Galletti. La lettera che Draneht Bey invia a Barrot Bey per confidargli quest'ultima faccenda è veramente godibile, in quanto l'uomo di legge si lascia per una volta andare e mostra tutta la sua faccia teatrale nel ribadire che "le remplacemente de cette artiste est une chose impossible, car, ainsi que vous le savez bien, les contralto sont très rares, Mme Frebelli qui rivalise avec la Grossi est engagé, Mme Scalchi qui est classée en carrère théatrale au dessous de ces deux célébrités, est engagé en Russie, les autres deux ou trois contralto qui existent sont ou engagés ou laides...".

Ma il problema più importante da risolvere riguarda l'Editore Lucca di Milano che si rifiuta di vendere al Teatro del Cairo le sue partiture, come aveva sempre fatto, limitandosi a cederle in "prestito d'uso" a somme elevatissime. Si tratta in particolar modo del *Ruy Blas* di Marchetti[79] per il quale Francesco Lucca chiede 2.000 Lire di prestito che Draneht Bey non intende pagare. Pressato da tale richiesta Draneht Bey si confida con Larose[80] e soprattutto con Barrot Bey al quale spiega che "M. Lucca pour la location d'une seule année de l'opéra *Ruy Blas* me demandait *quatre fois* plus que ce que j'ai toujours payé aux éditeurs, y compris Mr Lucca lui-même pour l'acquisition perpétuelle d'une partition". E poiché il tentativo fatto da Bottesini e da D'Ormeville di far cambiare idea a Francesco Lucca[81] ottiene risultati negativi, Draneht Bey acquista un *Ruy Blas* di "seconda mano", non originale, con la consapevolezza che tranne la Parepa-Rosa, tutti gli altri artisti conoscono benissimo la partitura originale dell'opera per averla cantata diverse volte in altri teatri. - M.elle Corsi addirittura 78 volte! - e soprattutto Carlo D'Ormeville che deve curare la mise en scène è l'autore del libretto e amico intimo di Marchetti. "Je trouve enfin très étrange que Mr Marchetti vienne importuner S.A. de ces réclamations, ce qu'il n'a point fait auprès des souverains des autres états - scrive Draneht Bey a Barrot Bey - dans lesquels son Ruy Blas fut exécuté avec des partitions non achetées à la maison Lucca. Je me bornerai à citer les théatres de Malta et de Bucharest". Acquistato così il *Ruy Blas* non direttamente da Lucca, lo seguono *Poliuto*, *Birrajo di Preston* e *Guarany*[82].

Frastornato da tutti questi problemi che potrebbero essere superati con un po' di buon senso da ambo le parti, anche Draneht Bey si irrigidisce rifiutando di accettare per il suo teatro opere che non siano famose in Europa, come quella proposta da Dall'Argine su raccomandazione di Claudine Cucchi[83] prima ballerina del Teatro dell'Opera del Cairo.

Bottesini è a conoscenza dei problemi dell'Amministrazione, soprattutto di quelli che riguardano le masse e i cantanti. È proprio a proposito di costoro che Draneht Bey nei mesi estivi, quando si reca in Europa, si consiglia continuamente col suo direttore su argomenti che riguardano la riforma dell'orchestra[84], la scelta del repertorio e la distribuzione delle parti. Non è detto però che Bottesini diriga tutte le opere in repertorio: lavora parecchio anche il suo sostituto, il Maestro Angelo Zocchi. Ne parla con gioia Teresa Stolz in una lettera a Giuseppe Verdi scrivendo che il Maestro Zocchi nel dicembre del 1873 dirige la *Forza del destino* curando molto i *coloriti* e con *molta anima*.

Nella stagione 1873-74 Bottesini dirige ancora *Aida*, *Barbiere*, *Crispino*, *Ebrea*, *Ernani*, *Faust*, *Favorita*, *Figlia del Reggimento*, *Ballo in Maschera*, *Lucia*, *Muta*, *Poliuto*, *Profeta*, *Rigoletto* e *Roberto il diavolo*.

Sono ai suoi ordini il tenore Pietro Mongini[85], il tenore Giuseppe Fancelli[86], il tenore Achille Corsi[87], il baritono Francesco Steller[88], il baritono Napoleone Verger[89], il basso Paolo Medini[90], il basso Ladislao Miller[91], il soprano Teresa Stolz[92], il soprano Emma Mizjak[93], il soprano Maria Waldman[94], il soprano Carolina Smeroschi[95], il direttore e regista Poli Henzi Paolo ed il direttore del coro, il solito Devasini.

L'arrivo della Stolz è senz'altro l'elemento più elettrizzante della stagione, mentre la perdita di Carlo D'Ormeville lascia diversi dissapori nell'Amministraziome[96]. Distaccatasi definitivamente da Angelo Mariani, che vive a Genova dove muore il 13 giugno 1873, Teresa Stolz vuole provare l'emozione di esibirsi al Cairo, e fingendo di dimenticare quanto ebbe a scrivere da Venezia il 25 febbraio 1871 a Lampugnani a proposito dell'Opera del Cairo[97], il 16 gennaio 1873 firma a Milano il contratto con questo teatro riservandosi l'esclusiva per le opere *Aida*, *Don Carlos*, *Forza del destino*, *Ugonotti* e *Roberto il diavolo* "le quali non potranno essere eseguite da nessun altro artista durante la stagione 1873-74"[98]. La somma da pagarle in franchi è di 115.000, cioé "franchi 23.000 al mese in oro", molto meno di quanto aveva chiesto nel 1871 per cantare *Aida*, obbligandosi a cantare dodici volte al mese cioé più di tre volte per settimana.

Il soggiorno della Stolz al Cairo si rivela in effetti piacevole, seppure con qualche riserva, tanto da vantarsi con Giuseppe Verdi, in una lettera del 28 febbraio 1874, affermando che "la mia beneficiata riescì bella, fu la più bella serata della stagione, cioé il più grande introito che si fece, arrivò a 5653 franchi".

Il soggiorno dell'altro primo soprano, Maria Waldman, si rivela invece molto infelice. A parte le malattie che le tocca di subire per il caldo atroce, la Waldman al Cairo è più nervosa del solito e sogna la sua *cara Europa*, la sua cara bella Italia: "...come conto i giorni di rivederti... il teatro qui è bellino, ricco, ma una scatola"[100]. A fine stagione però la Waldman rinnova il contratto insieme ad Antonietta Fricci, Francesco Pandolfini, Cecile Bentami, Roberto Stagno, Paolo Medini, Napoleone Verger, Melchiorre Vidal, P. Milesi e Giuseppe Fancelli[101] per interpretare *Aida*, *Dinorah*, *Faust*, *Favorita*, *Lucia*, *Lucrezia Borgia*, *Maria di Rohan*, *Norma*, *Otello*, *Don Pasquale*, *Profeta*, *Rigoletto*, *Roberto il diavolo*, *Trovatore* e *Ugonotti*.

Il 3 novembre 1874, essendo vacante il posto di Ispettore di scena, Bottesini si permette di raccomandare un certo Giuseppe Ghisi; il 6 gennaio 1875 dirime una

questione sorta tra le signore Waldman e Bentami, in quanto nessuna delle due vuole sostenere la parte di Maffio Orsini nella *Lucrezia Borgia*, parte scritta da Donizetti per contralto.
Bottesini assegna la parte alla Waldman, testificando che "detta parte sta più nei mezzi vocali della signora Waldman che dell'altra"; il 10 gennaio 1875 infine difende il Signor Stagno che a tutti i costi vuole "conservare la parte di Raul degli Ugonotti come gli venne destinata in principio della stagione".
Ma oltre ad assicurare un po' di giustizia ai suoi artisti, Bottesini pensa anche a sé stesso, componendo e strumentando l'*Ero e Leandro*. In tal senso scrive ad Arrigo Boito il 26 novembre 1875 richiedendogli "un argomento per le danze sacre... sulla qualità del Walpurgis di Gounod".
L'estate del 1875 Bottesini la passa in Europa, come di solito, in giro per concerti, probabilmente si ferma anche a Crema qualche giorno per rivedere i suoi parenti, non certo suo padre, morto il 4 giugno dell'anno precedente e funerato il 6. Le prime avvisaglie della poca buona salute del padre gli giungono già dal giugno 1873, sempre in periodo di vacanza dal Cairo, quando Bottesini si trova a Parigi insieme a Draneht Bey.
Corso subito a Crema senza avvisare il Bey della sua dipartita, trova il padre migliorato e se lo porta per una vacanza di qualche mese a Venezia[102]. Il Bey intanto a Parigi lo fa cercare per parlargli del *Faust* e della *Muta*[103] ma non lo trova. Bottesini si fa però vivo lui stesso da Venezia il 13 giugno, scusandosi della sua repentina partenza ed invitando il Bey ad acquistare presso Cramer o Schott "un pianino di due ottave o tre da mettere davanti al pupitre del Direttore d'Orchestra", e per finire gli raccomanda la riassunzione del primo violino dei secondi certo Melchiorri e del secondo violino Ghirardi. Draneht Bey a sua volta ha urgenza di parlargli perché presto deve recarsi a Milano per convolare a nozze con la Signorina Erminia Casati[104]: un altro atto d'amore verso tutto ciò che è italiano, rappresentato da una donna di nobile casata.
Al Cairo la stagione 1875-76 riprende nel mese di ottobre con le prove per le nuove opere in cartellone, e cioè *Africana*, *Aida*, *Barbiere*, *Dinorah*, *Ebrea*, *Ernani*, *Faust*, *Favorita*, *Figlia del Reggimento*, *Lucia*, *Lucrezia Borgia*, *Maria di Rohan*, *Norma*, *Profeta*, *Linda*, *Puritani* e *Roberto il diavolo*.
Più o meno sono sempre le stesse opere che vengono rappresentate perché è estremamente difficile in quegli anni trovare qualcosa di nuovo, e soprattutto bisogna sfruttare a fondo le partiture acquistate dall'Amministrazione del Teatro spendendo cifre non irrisorie.
Anche per l'ultima stagione bottesiniana, 1876-77, vengono riproposte *Africana*, *Aida*, *Barbiere*, *Faust*, *Der Freischutz*, *Lucia*, *Muta*, *Otello* di Rossini, *Don Pasquale*, *Rigoletto*, *Sonnambula*, *Traviata* e *Trovatore*.
Tra le novità dunque si nota un *Der Freischütz*, probabilmente su consiglio di Boito, dopo il successo scaligero del 1872.
Bottesini lascia l'Opera del Cairo nel 1877, Draneht Bey, il suo più grande mentore, nel 1879. Se ne va volentieri dal Cairo perché oltre ai piaceri, nella capitale d'Egitto prova anche dei grandi dispiaceri. Lo racconta lui stesso all'amico Pedrotti il 6 luglio 1877 e all'amico Biava il 22 luglio 1882 da Napoli. "Io sono in mezzo alle disgrazie - scrive a Pedrotti -; in sette giorni ho perduto la mia cara sorella Angelina all'età di 39 anni[105]. L'inverno scorso perdei al Cairo mio fratello Luigi; ora ho saputo che un mio nipote stabilito a Torino è diventato pazzo"; a Biava invece racconta una storia che ha dell'inverosimile, tanto è pesante, ma in tema col carattere romantico e non poco edificante della sua vita sentimentale. Non essendosi infatti mai sposato[106] ha frequenti rapporti con donne diverse, e al Cairo anche con donne non europee. A Schubra pare abbia avuto anche un processo, un po' come Paganini, per il fatto che se lo litigavano madre e figlia, alle quali dovette lasciare buona parte dei suoi guadagni. "Oramai sono quattro anni - scrive nel 1882 - che dal lato morale mi trovo assai più felice. Ho continuato a mandare mensilmente quanto mi si diceva essere sufficiente alla loro esistenza colla ferma persuasione di far cosa grata alle loro inclinazioni arabe e in conseguenza al mio quieto vivere... L'ultima lettera ricevuta da Schubra è in data del 29 giugno scorso dove pure mi si continua ad assicurare della loro piena confidenza in tutto. Spedii la solita somma ma non ebbi fino ad ora risposta... Ecco quello che mi capita dopo aver passato una vita d'inferno...".
Qualche amico però che lo frequenta negli anni del Cairo, Bottesini se lo conserva, specialmente nelle persone del corista Giovanni Filippi, suo segretario; del tenore Roberto Stagno - il Raul degli *Ugonotti* - che lo aiuta nel dare il suo *Ero e Leandro* a Roma[107]; ma sopra tutti sarà pressato di lettere di Bottesini l'oboista dell'*Aida* Gustavo Gastelli che nell'agosto del 1877 viene assunto da Pedrotti nella sua Orchestra di Torino[108]. Conosciamo 7 lettere di Bottesini a Gastelli nelle quali gli chiede aiuti e informazioni: lo consiglia anche "a non aver tanta premura d'aver figli. Sei troppo giovane e ne potrai avere una dozzina. Quindi, un poco di giudizio"[109].
In effetti Gastelli ha almeno un figlio che nell'estate del 1898 pensa di portare a Rimini per fargli respirare dell'aria di mare in quanto la sua "salute non è certamente ferrea"[110].
Senza Bottesini e Draneht Bey l'Opera del Cairo continuerà a produrre spettacoli sino al 1971 quando un incendio brucia tutto quanto. L'opera di maggior successo e insieme quella più rappresentata è sempre l'*Aida*, che torna sulle stesse scene nel 1890 sotto la direzione artistica di Delaire col tenore Verhées, il soprano Rey, il mezzosoprano Haussmann, il baritono Romieu e i due bassi Séverac (Ramfis) e Pragues (Le Roi); nel 1892-3 con Ulmann Lamare, Verhées (Radames), Cagniart (Aida), De Vigne (Amneris), Labis (Amonasro), Chavaroche (Ramfis), Ferran (Le Roi); nel 1894-5 con Morvand, Massart (Radames), Minie Tracey (Aida), Dubois (Amneris), Guillemot (Amonasro), Karloni (Ramfis), Béguin (Le Roi); nel 1895-96 con Morvand, Massart (Radames), Lematte (Aida), Nelly Guenia (Amneris), Boulogne (Amonasro), Bourgeois (Ramfis), Peloga (Le Roi); nel 1896-97 con Morvand, Dutry (Radames), Lematte (Aida), Nelly Guenia (Amneris), Rey (Amonasro), Bourgeois (Ramfis), Darnaud (Le Roi); nel 1897-98

con Gianoli, Angioletti (Radames), Giuliani (Aida), Bassich (Amneris), Broggi Muttini (Amonasro), De Grazia (Ramfis), Didur (Le Roi); nel 1901-02 con Gianoli, Barrera (Radames), Carrera (Aida), Guerrini (Amneris), Camera (Amonasro), Tisci Rubini (Ramfis), Rusconi (Le Roi); nel 1903-04 con Gianoli, Fonteix (Radames), Demedy (Aida), Wyns (Amneris), Dangés (Amonasro), Walter (Ramfis), Lequien (Le Roi); nel 1905-06 con Gianoli, Longobardi (Radames), Russ (Aida), Lavin (Amneris), Amato (Amonasro), Nicolay (Ramfis), Rusconi (Le Roi); nel 1907-08 con Poncet, Soubeyran (Radames), Magne (Aida), Fierens (Amneris), Valette (Amonasro), Coiglio (Ramfis), De Ryck (Le Roi); nel 1908-09 con Bracale, Calleia (Radames), Burzio (Aida), Alvarez (Amneris), Romboli (Amonasro), Torres de Luna (Ramfis), Bardi (Le Roi); nel 1909-10 con Bracale, Dagradi (Radames), Crestani (Aida), Alvarez (Amneris), Nani (Amonasro), Bettoni (Ramfis), Contini (Le Roi); nel 1910-11 con Bracale, Zinnovieff **(Radames)**, Viscardi (Aida), Ponzano (Amneris), Benedetti (Amonasro), N. Kormann (Ramfis), Bardi (Le Roi).

Questo capitolo sul Teatro del Cairo è stato possibile realizzarlo grazie alla gentilezza dell'Editore che ha messo a mia disposizione i documenti dell'Archivio del Teatro dell'Opera del Cairo in suo possesso. Si tratta soprattutto della corrispondenza di Draneht Bey, del diario del Teatro (per quanto riguarda la stagione 1871-72) e dei contratti degli artisti.

NOTE

1. Cfr. Lettera di Draneht Bey a Toffoli del 25 novembre 1869.
2. Cfr. Lettera di De Marchi a Draneht Bey del 9 novembre 1869.
3. Per la prima stagione d'opera vengono contattati i tenori Tamberlick, Fraschini, Mario, Naudin, Baragli, Corsi e Tombesi; le prime donne Lucca, Vitali, Penco, La Grua, Gasc, Bousqueti e Rebons; i contralti Grossi, Morensi Bonapi Lucas e Cortes; i baritoni Amodio, Bartolini e Cottone; i bassi Selva e Vialetti; i Maestri Muzio, Fontana, Castagneri e Bottesini. (Questi nomi si trovano in una lettera dell'Agenzia Generale dei Teatri di MM. Verger Fils, 2, Rue Rossini, Paris, del 14 maggio 1869, inviata alla Signora Sarolta. La copia dattiloscritta di questa lettera è presso le Nuove Edizioni di Milano).
4. "Paul Draneht - scrive Julian Budden a pag. 193 del terzo volume sulle *Opere di Verdi*, EDT Musica 1988 -, chiave di volta degli accordi per *Aida*, era uomo di abilità non comune e di grande capacità diplomatica. Greco-cipriota di nascita, fuggì in Egitto con la famiglia per sottrarsi alle persecuzioni turche. Fu assunto al servizio di Mohammed Alì, il capo del paese, quando non aveva ancora vent'anni, e da questi inviato a studiare farmacia in Francia presso il barone Thénard che fu così compiaciuto dei progressi del suo allievo da consentirgli di mutarsi il cognome (Pavlidis) in un anagramma del proprio (Draneht è infatti Thénard letto al contrario). Rientrato in Egitto, Draneht ebbe incarichi sempre più elevati sotto Mohammed e i suoi successori, divenendo - come Mariette - prima *Bey* e infine *Pascià*. Amico di de Lesseps, ebbe parte alle trattative per l'apertura dell'istmo di Suez, così come nella maggior parte dei prestiti stranieri all'Egitto. A lui si deve anche la realizzazione della rete ferroviaria egiziana, ma come sovraintendente dei teatri vicereali che Draneht entra nella storia di *Aida*".
5. Cfr. la lettera di Teresa Stolz a Lampugnani: Venezia, 25 febbraio 1871.
6. Cfr. Lettera di Barrot a Draneht Bey del 9 Juillet 1871.
7. Cfr. Lettera del 12 aprile 1871 di Draneht Bey a Bottesini.
8. Cfr. Lettera di Emanuele Muzio a Draneht Bey da Parigi, senza data autografo alle Nuove Edizioni di Milano: "Eccellenza! Conoscendo quanto V.E. sappia apprezzare il bello ed il buono, ciò mi dà coraggio di mandarle le fotografie di M.a Urban e di Mlle Silla de Sparta, la prima mima celebre, la seconda *prima donna contralto*. Non l'offro come primo Contralto, ma come secondo. Il repertorio è composto di *Trovatore, Rigoletto, Ballo in Maschera, Favorita, Lucrezia Borgia* etc. La voce è forte e bella, fisicamente è una *venus di famiglia* nobile *milanese*, ma manca di mezzi pecuniari e perciò si mette nella carriera teatrale. In quanto a Mlle Urban V.E. la conosce di reputazione; io la presentai a Madame Draneht, e così pure della Signorina Stella di Sparta. Siccome io non fo l'agente ed è per pura amicizia che scrivo, così lascierò al amico Lampugnani il fare le scritture. Probabilmente apriremo il Teatro Italiano in Marzo per due mesi; il candidato più serio per la Direzione è oggi Mr Ritt, che era al *Opera Comique* io conservo la mia posizione che avevo con Bazier.
Lasci eccellenza che mi congratuli per il felice andamento degli spettacoli in questo teatro e per il successo d'*Aida* al quale V.E. ha tanto contribuito. Oggi ho veduta Madame Draneht che era in buona salute. Lunedì pranzeremo insieme alla mia famiglia ed alla sera faremo musica. Con tutta stima ho l'onore di dirmi Dvtmo servo, E. Muzio. 44 Rue de la ferme des Maturins".
9. Cfr. Lettera di Muzio a Draneht Bey del 28 dicembre 1869.
10. Il contratto originale di Emanuele Muzio per l'Opera del Cairo si trova presso le Nuove Edizioni di Milano. Nelle prime sei righe si legge: "Contratto N. 1, Saison 1869-70, M° Muzzio chef d'Orchestre. Entre les soussignés Mr le Surintendant des Théâtres de S.A. le Khédive d'Egypte, demeurant à Paris 91. Boulevard Haussmann d'une part, et Mr Muzio demeurant à Paris rue du Luxembourg N. 5. d'autre part".
11. Cfr. le lettere ed i certificati medici di Sabbadino Ottolenghi dal 28 settembre al 16 ottobre 1869. Al termine del contratto dell'Ottolenghi firmato a Milano il 20 luglio 1869 e oggi di proprietà delle Nuove Edizioni di Milano si legge: "N'est pas venu au Caire. Mr Muzzio chef d'Orchestre ayant receveu ses appointements du 15 October au 15 Décembre 1869, les a remboursés le 22 Mars 1870. Voir le Journal f.o 52. Le mois anticipé et les frais de voyage à lui payés sont perdus. Vu Eus. Bome et Draneht Bey".
12. Cfr. la lettera di Muzio a Draneht Bey del 2 giugno 1869.
13. Cfr. la lettera di Muzio a Draneht Bey del 3 giugno 1869.
14. Giuseppina Vitale viene ingaggiata per la somma di 40.000 franchi.
15. Emmy La Grua ha un ingaggio di 52.500 franchi.
16. Cesare Boccolini ha un ingaggio di 20.000 franchi.
17. Carlo Bulterini ha un ingaggio di 60.000 franchi.
18. Enrico Rossi Galli ha un ingaggio di 12.500 franchi.
19. Eleonora Grossi ha un ingaggio di 35.000 franchi.
20. Emile Naudin ha un ingaggio di 125.000 franchi. 20.000 franchi al mese per la stagione seguente.
21. Cfr. il contratto di Nicola De Giosa in copia originale presso le Nuove Edizioni di Milano.
22. Paolo Medini viene ingaggiato per *trentamila franchi in oro* il "Cinque Giugno 1870 col mezzo dell'Agenzia della Gazzetta dei Teatri in concorso dell'Agenzia Toffoli, alle quali Agenzie sarà devoluta la provigione d'uso anche pel caso di riconferma" (Contratto autografo presso le Nuove Edizioni di Milano). Il 18 febbraio 1870 Medini rifiuta di esibirsi al Cairo per la somma di "25 mille franchi": "Milano, 18 febbraio 1870. Carissimo Amico, Non ti ho telegrafato per la semplice ma forte ragione che non accetterei in nessuna maniera la paga di 5,000 franchi per il Cairo, sarebbero sei mesi di tempo e guadagnerei soli *25* mille franchi, restando in Italia *mangiando polenta*, e in casa mia, posso guadagnare altre tanto, sarei contentissimo di combinare un'affare per mezzo tuo, ma se per il Cairo non mi danno *6* mille franchi ogni mese, con mio beneficio e spese di viaggio da Milano, mi dispiace ma non combineremo - l'esito degli Ugonotti è stato per parte della Signora Sass, Mongini Medini di vero entusiasmo; il resto poco bene ed anche in qualche, troppo male, *il Sig. Bris. Raguez* benissimo, il successo della Sass ha fatto tacere molti detrattori del suo giustificato talento e ne godo, poi benissimo, la prima Romanza e il Duo del quarto atto sublime, inarrivabile te lo dico e credilo.
In quanto al tuo Duca posso dirti in una parola *impareggiabile*, da parte la modestia, il mio successo non impallidisce vicino a quello della Signora Sass, e di Mongini, sono proprio contento. Sabato *26* parto per Pest (se hai qualche cosa, indirizzami le lettere all'Hôtel di Francia o al teatro Variété Opera Italiana. Salutami tanto l'amico Mazzini, *Pinella* Ardavani e tutti gli amici, ciao buson, qui a Milano non un cazzo freddo *anzi scrocco* porco... addio il tuo affmo Amico Paolo Medini".
23. Isabella Galletti Gianoli firma il contratto per il Cairo il 15 maggio 1870 a Firenze. Eccone le prime tre voci: "1°. La Sig.a Isabella Galletti Gianoli si obbliga a prestare l'opera sua nella qualità di prima donna assoluta nei Teatri del Khédive d'Egitto, durante i cinque mesi della stagione teatrale, che avrà principio col 1° Novembre 1870, e termine col 31 Marzo 1871, ritenuto che nel caso ne fosse chiamata a cantare in Alessandria, le spese di trasporto saranno sostenute dall'Amministrazione come pure l'Amministrazione compenserà, in caso di trasporto, alla Signora Galletti la spesa dell'alloggio che dovesse pagare in Cairo e del quale non potesse dare la disdetta. 2°. La Signora Isabella Galletti Gianoli assume l'obbligo di cantare in Sette rappresentazioni al mese. 3°. La Signora Galletti Gianoli riceverà dalla Soprantendenza dei Teatri del Khédive la somma di Franchi Tremila effetivi in oro per ogni rappresentazione, la qual somma verrà corrisposta alla Signora Isabella Galletti Gianoli il giorno dopo di ogni sua rappresentazione".
24. Cfr. la lettera di Draneht Bey a De Giosa del 1° Marzo 1871.

25. Cfr. la lettera di Draneht Bey a De Giosa del 17 novembre 1870.
26. Cfr. lettera di De Giosa a Draneht Bey del 9 aprile 1871.
27. Cfr. lettera del 12 aprile 1871 di Draneht Bey a Bottesini.
28. Cfr. lettera di Draneht Bey a Marini del 28 aprile 1871.
29. Il Contratto di Bottesini è trascritto per intero nel *Carteggio*.
30. Cfr. Lettera di Barrot a Draneht Bey del 9 Juillet 1871.
31. Enciclopedia della Musica Rizzoli-Ricordi, Milano 1974.
32. Verdi aveva scritto *Aida* pensando a Galletti, Giovannoni, Naudin, Medini e Maré. Lo afferma Lampugnani in una lettera da lui inviata a Draneht Bey il 13 agosto 1870.
33. Antonietta Pozzoni Anastasi insieme al marito hanno un ingaggio di 75.000 franchi in oro.
34. Eleonora Grossi firma il contratto il 30 marzo 1871 al Cairo con un ingaggio di 8.500 franchi al mese.
35. Pietro Mongini ha un ingaggio di 22.000 franchi,
36. Francesco Steller ha un ingaggio di 6.000 franchi al mese.
37. Paolo Medini firma il contratto al Cairo con un ingaggio di 30.000 franchi in oro.
38. Carolina Pochini prima ballerina assoluta firma il contratto a Milano il 9 maggio 1871 con un ingaggio di 6.000 franchi al mese.
39. Giovanni Zucarelli ha un ingaggio di 2.000 franchi al mese.
40. Carlo D'Ormeville ha un contratto di dodici mesi, con due mesi di congedo, almeno per la stagione 1872-73, nella quale percepisce 1.250 franchi al mese. Probabilmente lo stesso contratto vale anche per la stagione 1871-72.
41. Maria Sass firma il contratto a Milano il 22 maggio 1871 col mezzo dell'Agenzia della Gazzetta dei Teatri, alla quale la Signora Sass si obbliga a pagare la provvigione d'uso del sei per cento, nelle epoche di metodo, fermo il diritto all'Agenzia suddetta della stessa provvigione anche pel caso di future riconferme. L'ingaggio è di 20.000 franchi al mese in oro per 5 mesi, dal 1° novembre 1871 al 31 marzo 1872. Gli articoli addizionali del contratto recitano: "A. La Signora Maria Sass avrà diritto ad una rappresentazione a suo beneficio. L'intero introito della beneficiata apparterrà all'artista, salvo che l'Amministrazione preleverà da esso la somma di mille franchi. B. La Signora Maria Sass si obbliga di cantare nell'*Aida* di Verdi, opera scritta espressamente per Cairo, e sulle scene del quale teatro verrà rappresentata nel Dicembre 1871, ben inteso che per quest'opera si farà un numero sufficiente di prove per assicurare il migliore successo. C. L'amministrazione fornirà tutti i costumi delle opere in cui Madama Sass canterà eccetto il piccolo vestiario, come è detto all'articolo XVII del Regolamento. Approuvé Marie Sass".
42. Cfr. Lettera di Verdi a Bottesini del 7 dicembre 1871.
43. Cfr. Lettera di Verdi a Bottesini del 10 dicembre 1871.
44. Cfr. Lettera di Verdi a Bottesini del 13 gennaio 1872.
45. P. Santi, *Giovanni Bottesini*, Accademia Musicale Chigiana, XVII 1960.
46. Lettera di Verdi a Ferdinand Hiller, 14 aprile 1879.
47. Il 23 luglio 1879 Bottesini scrive da Buenos Ayres a Verdi pregandolo di aiutarlo a divenire direttore del Conservatorio di Napoli, scrivendo due parole al Duca di Bagnara. Poiché Bottesini non ottenne tale carica è indubbio che Verdi lo sconsigliò o si rifiutò di scrivere al Bagnara per motivi molto seri. La stessa cosa avvenne nel 1883 quando Verdi risponde a Bottesini che non può in nessun modo raccomandarlo al Ministro Baccelli perché "io ho ripetutamente rifiutato di far parte di una commissione musicale da Lui proposta, e credo che una mia lettera arriverebbe in mal punto".
48. Cfr. Franco Abbiati, *Giuseppe Verdi*, Milano 1959.
49. Cfr. Lettera di Bottesini a Verdi del 17 febbraio 1872 di proprietà degli Eredi di Verdi in S. Agata.
50. Cfr. lettera di Draneht Bey a Maria Sass del 22 Janvier 1872.
51. Cfr. lettera di Maria Sass a Draneht Bey del 23 febbraio 1872.
52. Cfr. Lettera di Draneht Bey del 15 e 16 aprile 1872.
53. Cfr. Lettera di De Giosa a Draneht Bey del Janvier 1871: "Ieri sera ebbi prova scandalosa della indisciplina e poco rispetto per i superiori...".
54. 1871: 24, 26, 31 dicembre. 1872: 4, 7, 14, 19, 25 gennaio; 1, 15, 20, 27 febbraio; 2, 10, 19, 31 marzo.
55. *Ugonotti*, prova generale il 31 ottobre e prima rappresentazione 1° novembre 1871.
56. *Marta*, prova generale 3 gennaio, prima rappresentazione 5 gennaio 1872.
57. *Traviata*, 28 novembre 1871 con la Mongini per malattia della Anastasi.
58. *Barbiere di Siviglia*, 3 novembre prova generale, 4 novembre 1871 prima rappresentazione.
59. *Trovatore*, 8 novembre prova generale, 10 novembre 1871 prima rappresentazione.
60. *Otello* di Rossini, 16 novembre prova generale, 17 novembre 1871 prima rappresentazione.
61. *Cenerentola*, la prima prova viene fatta alle ore 13 dell'11 novembre 1871. La signora Grossi nella sua beneficiata del 3 marzo 1872 ne canta una parte.
62. *Crispino e la Comare*, 1° spettacolo il 16 novembre 1871 con il balletto *Braluna*.
63. *Rigoletto*, prova generale il 22 novembre, 1° spettacolo 24 novembre 1871.
64. *Faust*, 6 dicembre prova generale, 8 dicembre 1871 1° spettacolo.
65. *Ebrea*, 23 gennaio prova generale, 24 gennaio 1872 1° spettacolo.
66. *Lucrezia Borgia*, 26 gennaio prova generale, 27 la rappresentazione.
67. *Figlia del Reggimento*, 5 febbraio prova generale, 12 febbraio 1872 la rappresentazione.
68. *Ernani*, viene cantata in parte nella beneficiata Contarini del 4 febbraio 1872.
69. *Guglielmo Tell*, 4 marzo prova generale, 5 marzo 1872 la rappresentazione.
70. *Anna Bolena*, sono state fatte prove il 16 febbraio, il 6 marzo 1872.
71. Antonietta Pozzoni Anastasi ha un ingaggio di 55.000 franchi.
72. Eufrosina Parepa-Rosa ha un ingaggio di 14.000 franchi al mese.
73. Carolina Smeroschi ha un ingaggio di 5.000 franchi al mese. "Accetto colla condizione di non cantare le parti di Ines e della Regina negli Ugonotti salvo il caso di assoluta necessità, essendo parti troppo acute per il mio registro".
74. Eleonora Grossi ha un ingaggio di 42.500 franchi.
75. Maria Destin Löve ha un ingaggio di 8.000 franchi al mese.
76. Caterina Beretta Viena ha un ingaggio di 30.000 franchi.
77. Cfr. Lettera di G. Gianoli a Draneht Bey del 23 maggio 1871.
78. Cfr. Lettera di Draneht Bey a Barrot Bey del 15 agosto 1872.
79. Cfr. Lettera di Francesco Lucca a Draneht Bey del 2 settembre 1872.
80. Cfr. Lettera di Draneht Bey a Larose del 12 settembre 1872.
81. Le nuove modalità della Casa Editrice Lucca di dare le partiture in prestito d'uso coincidono con l'acquisizione della Casa dei diritti per l'Italia delle opere di Wagner, dei quali in Italia nel 1871 si rappresenta *Lohengrin*, nel 1872 *Tannhaüser*, nel 1874 *Rienzi* e nel 1877 *Der Fliegende Holländer*.
82. Cfr. Lettera di A.C. Gomez del 22 agosto 1872.
83. Cfr. Lettera di Claudine Cucchi del 27 ottobre 1872.
84. Cfr. Lettera di Draneht Bey del 25 luglio 1872.
85. Pietro Mongini è ingaggiato con 20.000 franchi al mese.
86. Giuseppe Fancelli è ingaggiato con 14.000 franchi al mese.
87. Achille Corsi è ingaggiato con 11.000 franchi al mese.
88. Francesco Steller è ingaggiato con 6.000 franchi al mese.
89. Napoleone Verger è ingaggiato con 5.600 franchi al mese.
90. Paolo Medini è ingaggiato con 7.000 franchi al mese.
91. Ladislao Miller è ingaggiato con 5.000 franchi al mese.
92. Teresa Stolz è ingaggiata con 23.000 franchi.
93. Emma Mizjak ha un ingaggio di 12.000 franchi.
94. Maria Waldman ha un ingaggio di 11.000 franchi.
95. Carolina Smeroschi ha un ingaggio di 8.000 franchi al mese.
96. Cfr. Lettera di Carlo D'Ormeville del 9 luglio 1873.
97. Cfr. Lettera di Teresa Stolz del 25 febbraio 1871.
98. Cfr. il Contratto autografo della Stolz presso le Nuove Edizioni di Milano.
99. Cfr. lettera della Stolz a Verdi del dicembre 1873.
100. Cfr. lettera della Waldman a Verdi del dicembre 1873.
101. Cfr. lettera degli Artisti del dicembre 1874.
102. Cfr. lettera di Bottesini del 13 giugno 1873.
103. Cfr. lettera di D'Ormeville del 9 giugno 1873.
104. Cfr. lettera di D'Ormeville del 16 giugno 1873.
105. L'Angelina sposata Cornacchia ha in realtà 46 anni perché nata nel 1831!
106. Il Carniti a pagina 12 del suo volume "In Memoria di G. Bottesini" gli affibbia ben due mogli. In realtà Bottesini è morto celibe, come si legge nel suo atto di morte esistente presso l'Archivio della Parrocchia di S. Uldarico in Parma.
107. Cfr. lettera di Roberto Stagno del 28 novembre 1879. A Roberto Stagno Bottesini dedica nel 1883 la romanza "Ci divide l'Ocean".
108. Cfr. lettera di Pedrotti del 7 agosto 1877.
109. Cfr. lettera di Bottesini del 30 aprile 1885.
110. Cfr. lettera di Gustavo Gastelli ad Achille Abbati del 18/7/1898.

31. Il Cairo. Teatro dell'Opera (esterno).

32. Il Cairo. Teatro dell'Opera (interno).

33. Il Cairo. Teatro dell'Opera. Una sala.

34. Il Cairo. Teatro dell'Opera. Il palco del Khedivé.

35. Il Cairo. Teatro dell'Opera. L'atrio col busto di G. Verdi di V. Gemito.

36. Busto di G. Verdi.

37. Busto di S. A. Il Khedivé Ismail.

38. Pianta originale del Teatro dell'Opera al Cairo.

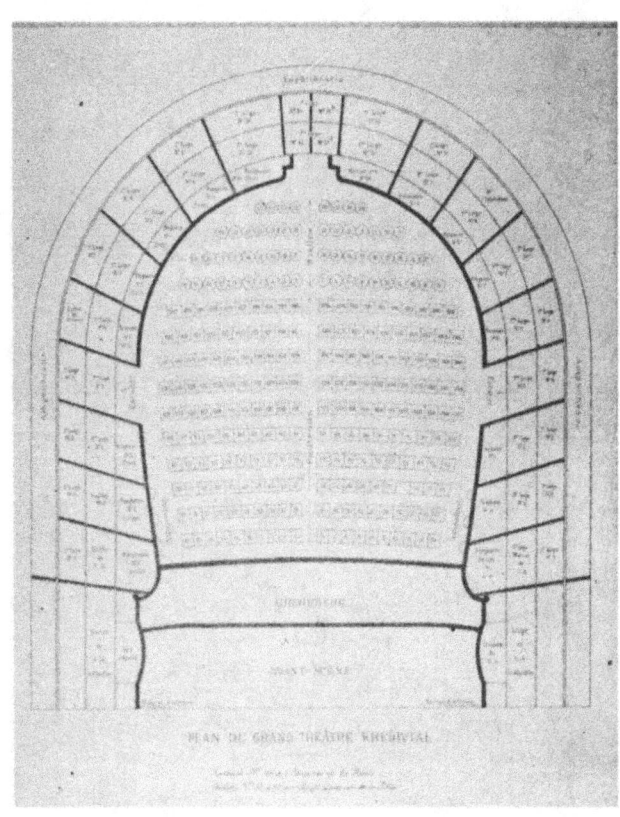

39. *I sovrintendenti del Teatro dell'Opera del Cairo in una pubblicazione sul teatro edita al Cairo in arabo.*

40. *Bottesini e la sua famiglia al Cairo.*

41. *Il primo sovrintendente dell'Opera del Cairo, Draneth Bey.*

42. *Maria Waldman in Aida.*

43. *Teresa Stolz.*

44. *Il direttore d'orchestra Emanuele Muzio.*

45. *Giovanni Bottesini.*

46 / 47. Costumi originali per Aida *al Cairo.*

48 / 49. Scenografie originali per la prima di Aida *al Cairo.*

50. *La ballerina Claudina Cucchi.*
51. *Carolina Pochini.*
52. *Lettera autografa di Verdi.*
53. *Il primo libretto dell'Aida al Cairo.*

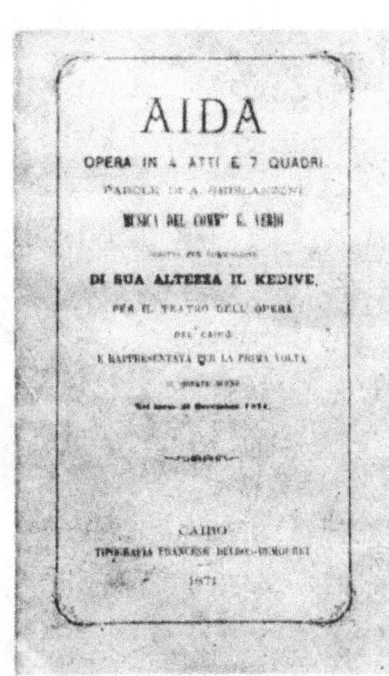

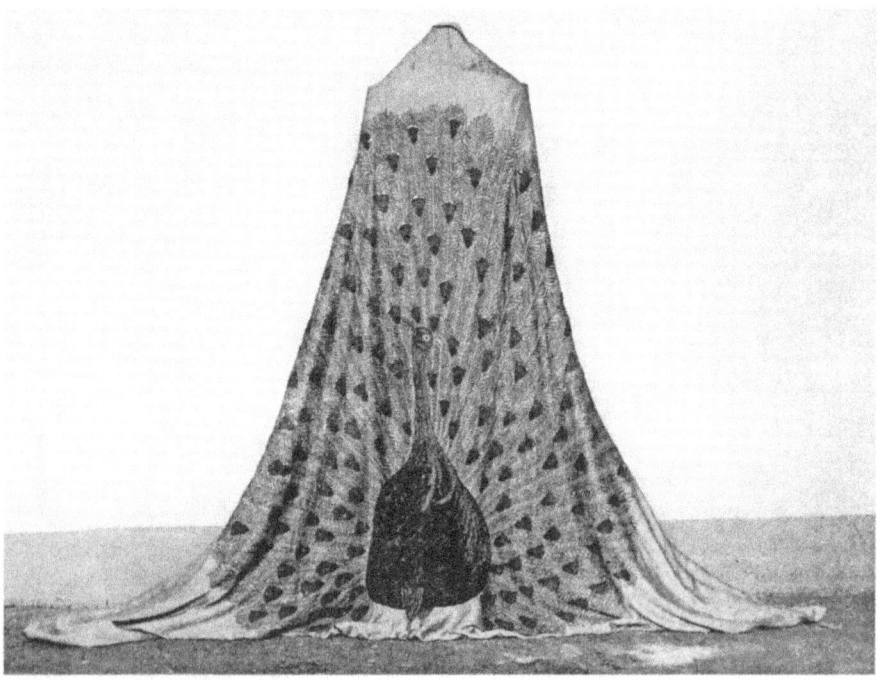

54. Una delle tante rappresentazioni di Aida *al Teatro dell'Opera del Cairo.*

55. *Costume di Amneris per la prima di* Aida *al Cairo.*

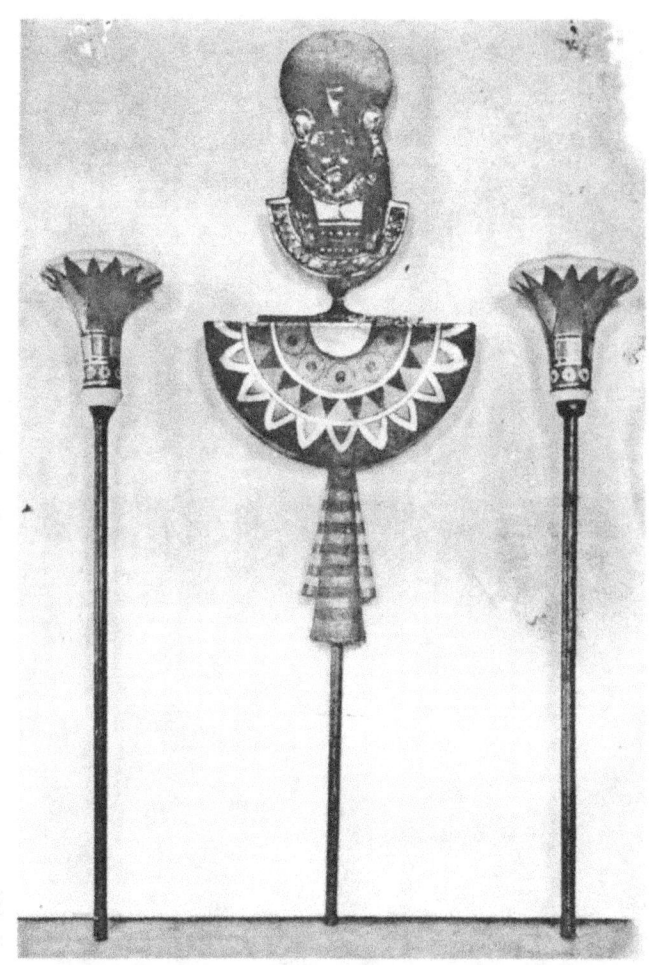

56/59. *Materiali di scena per Aida al Cairo.*

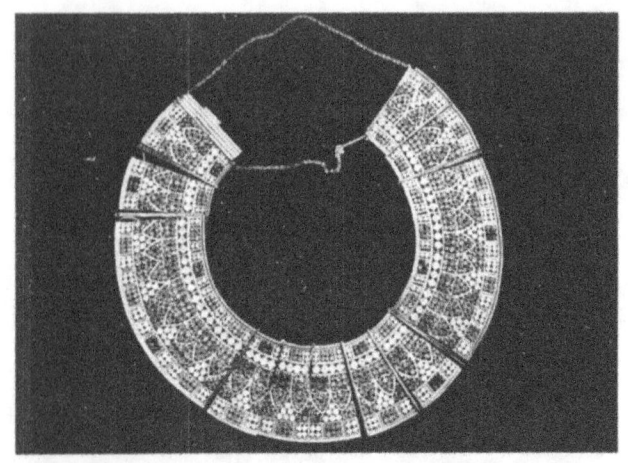
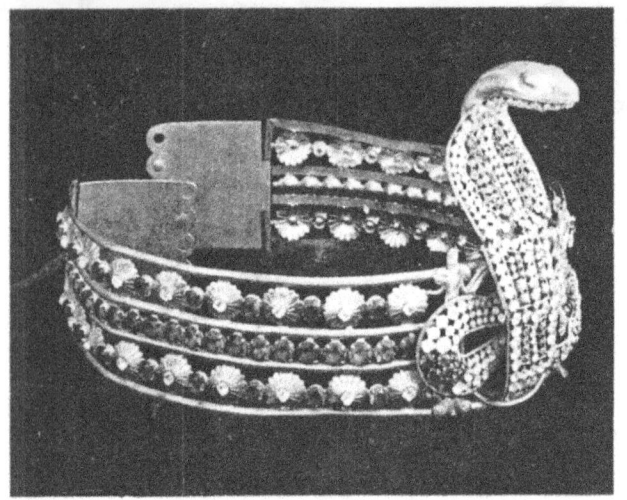
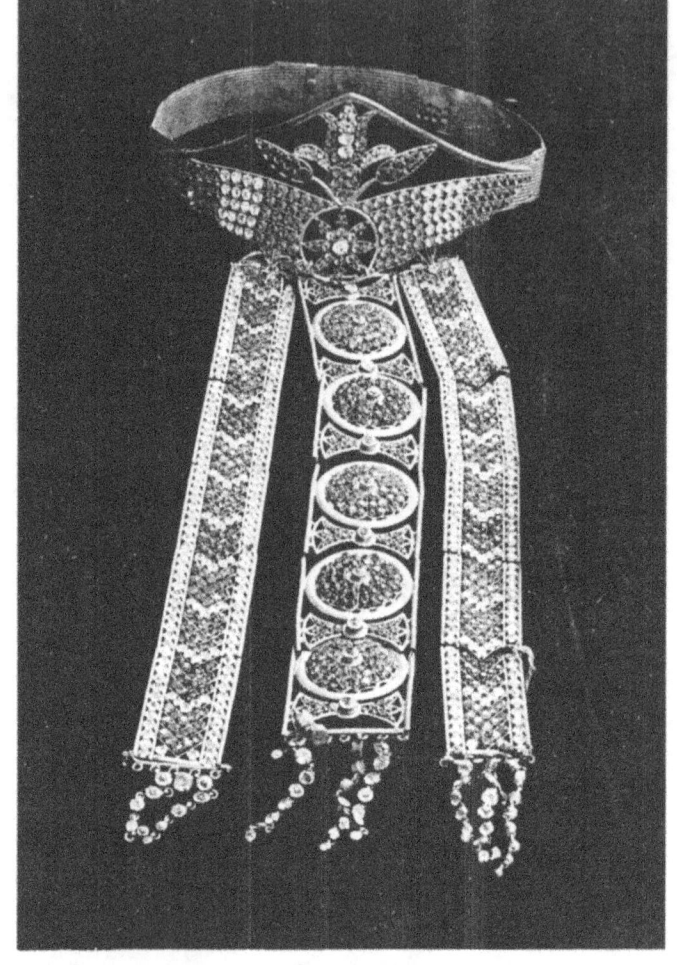
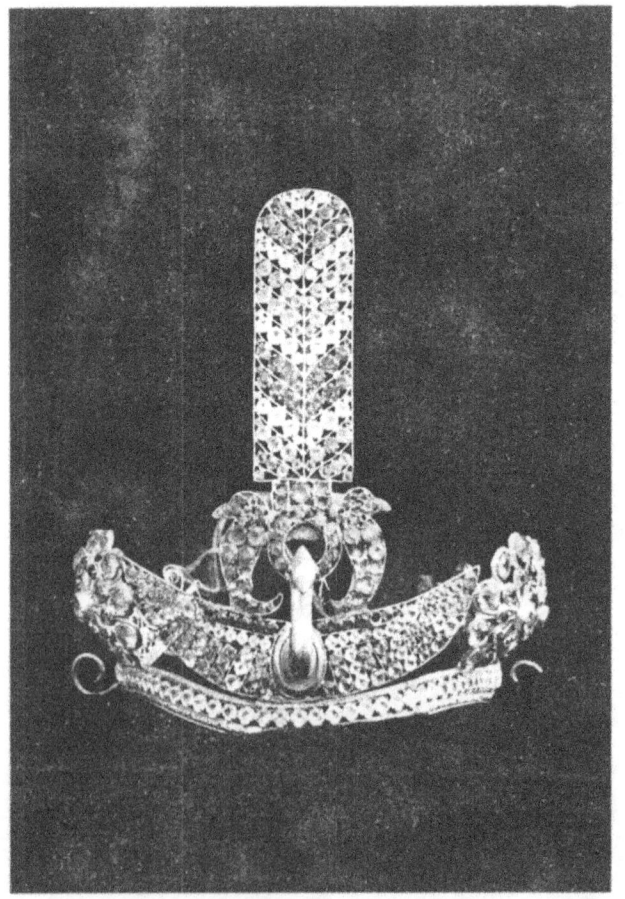
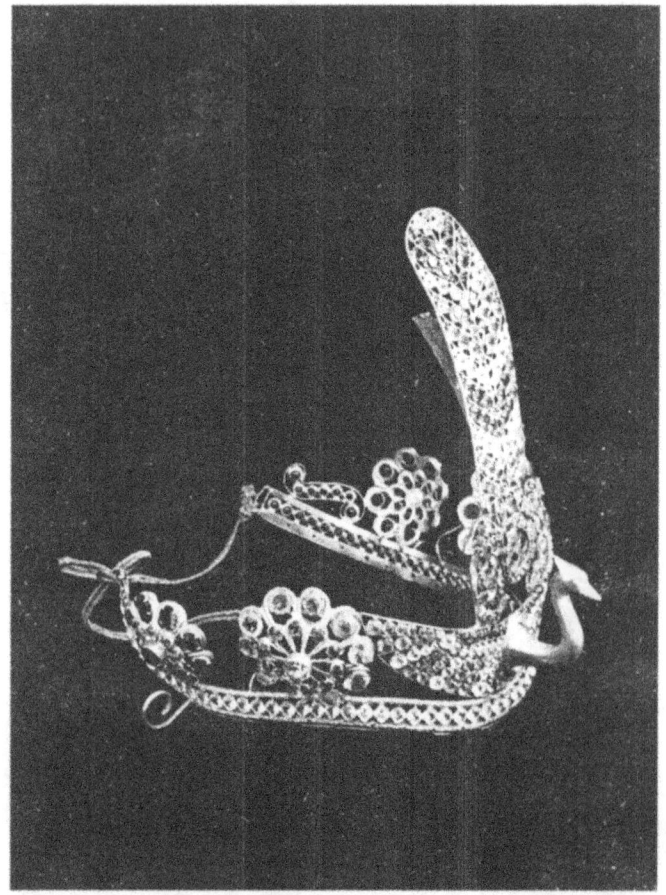

60. Collana in oro e pietre preziose per Radames.
61. Diadema di Amneris in oro e pietre preziose con il serpente Uracus.
62. Cintura in oro e pietre preziose.
63 / 64. Il diadema di Aida.
65. L'arpa originale Erard acquistata a Parigi per la prima di Aida al Cairo.

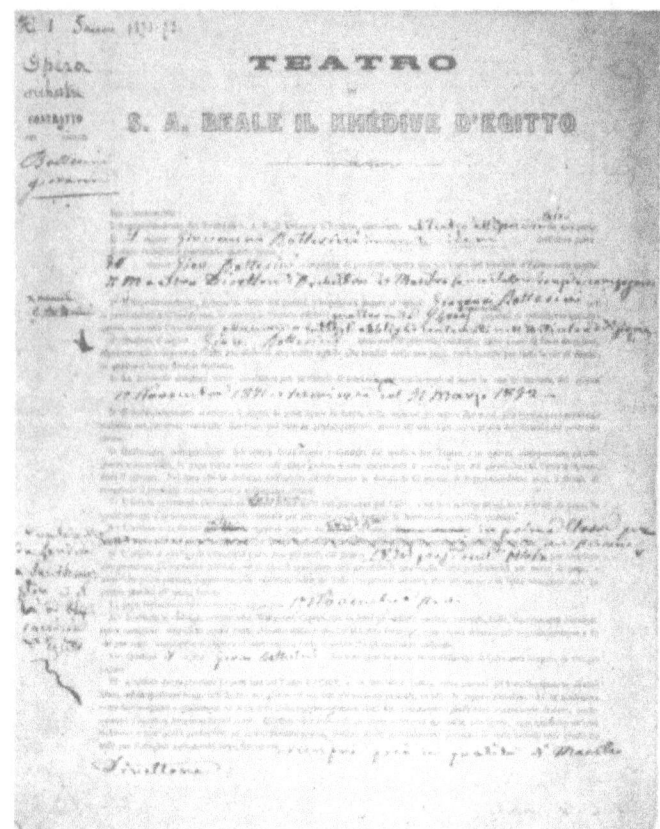

66 / 67. *Il contratto originale fra il Teatro e Bottesini per la Stagione 1870/1871 (v. la trascrizione a pag. 132).*

68. *Isabella Galletti Gianoli.*

69. *Giovanni Bottesini.*

Composizioni operistiche e sacre

a cura di *Luigi Inzaghi*

L'attività di Bottesini nel settore operistico inizia con la composizione del *Colón en Cuba*, rappresentato nel 1848 all'Avana e termina probabilmente prima della sua morte con un inno alla bellezza e alla castità quali sono le Najadi e gli Angeli del cielo.

A voler giudicare tout-court questo genere di composizioni non esiterei a stigmatizzarlo, nonostante alcuni successi, come prova negativa del grande contrabbassista, più teso verso la funzione melodica del discorso operistico che non verso una propria e vera innovazione dell'arte lirico-drammatica presa in esame. Le sue opere, sia liriche che sacre, mancano di compattezza stilistica e in genere di drammaticità. L'opera più riuscita in questo senso è l'*Alì Babà*, proprio perché comica e non drammatica, in cui i singoli pezzi sono legati, se non altro, da una vis comica naturale che se da una parte crea situazioni altamente buffe, dall'altra, come contraltare, è facilitata nel proporre scene di tenero amore romantico. Anche l'opera sino ad oggi ritenuta come la più riuscita di Bottesini, l'*Ero e Leandro*, non vive più di nessuna vita teatrale e già a suo tempo, sette anni dopo la morte di Bottesini, patì il confronto con l'omonima di Luigi Mancinelli.

Vi sono due osservazioni, l'una del 1848 da parte del critico musicale del *Diario de la Marina*, e l'altra da parte di Arrigo Boito, che ci danno la temperatura del valore delle opere teatrali di Bottesini. Sul *Diario de la Marina* del 2 febbraio 1848, alla fine della recensione del *Colón en Cuba*, il giornalista afferma che "se il Sig. Bottessini continuerà a coltivare l'arte del comporre, lo attenderanno giorni pieni di soddisfazione, lo diciamo francamente, e credo che faremmo ridere se dicessimo il contrario, ma perché si vede che vi è un'idea, un certo genio e conoscenza dell'armonia e della strumentazione, il resto dipenderà dal tempo, dallo studio e dalla pratica che matura le idee e perfeziona il genio", il che significa che la prima composizione teatrale di Bottesini non è un capolavoro.

La seconda osservazione di Arrigo Boito riguarda l'*Ero e Leandro*: "Eccoti dunque rimesso pomposamente sulle rotaie del teatro - scrive a Bottesini nel dicembre del 1878 -, su quelle rotaie così ambite e così ardue. Sono lieto per te", il che significa che a soli dieci anni dalla sua morte Bottesini come operista era ancora in ribasso, perché troppo "ardua" per lui tale carriera!

Anche Verdi si meraviglia molto del successo dell'*Ero e Leandro*, tanto da dubitare fortemente del suo valore musicale. In effetti le composizioni teatrali di Bottesini somo prodotte in un periodo in cui Verdi assorbiva tutto il mercato e, onestamente, nessuno era al suo livello. Bisognerà attendere molto tempo prima di ascoltare le opere di Puccini e quelle prodotte da Casa Sonzogno che sfrutta al massimo le belle idee di Mascagni, Leoncavallo, Cilea e Giordano.

Vale dunque la pena di chiedersi perché anche Bottesini, come tanti altri operisti del suo tempo, non abbia prodotto nessuna opera teatrale che potesse sfidare i secoli. Qualcuno ha scritto che probabilmente ciò deriva da studi musicali affrettati e mai completati seriamente. Si sa infatti che Bottesini frequentò il Conservatorio di Musica di Milano per soli 4 anni, studiando più che altro il contrabbasso che conosceva a mala pena nel 1835. Ora se gli studi affrettati sono un fatto ineludibile nella sua formazione musicale, bisogna anche dire che quelli di armonia e composizione, obbligatori in un corso di studi statali, furono svolti con insegnanti di formazione settecentesca come Pietro Ray allievo di Piccinni; Gaetano Piantanida allievo di Stanislao Mattei, lo stesso maestro di Rossini; Nicola Vaccai allievo di Paisiello. A differenza di Bottesini, Gaetano Donizetti ebbe come maestro un grande operista preromantico quale fu Giovanni Simone Mayr, mentre Vincenzo Bellini studiò col più fortunato Nicola Zingarelli che gli insegnò il modo di comporre di Haydn e Mozart. Bottesini compì i suoi studi musicali più o meno all'epoca di Giuseppe Verdi, e nella medesima città di Milano, ma Verdi aveva la mente fissa alla composizione operistica e frequentava assiduamente il loggione del Teatro alla Scala negli anni dei furori belliniani, mentre Bottesini non faceva nulla di tutto ciò, chiuso com'era in Conservatorio come allievo gratuito e tutto intento allo studio del suo simpatico *viorone*.

Il musicista cui Bottesini si ispirava sin dalla giovinezza era Paganini, che nella sua vita non scrisse mai nessuna composizione teatrale; inoltre il musicista più in vista a Milano nei primi 30 anni del XIX secolo era Alessandro Rolla, un virtuoso del violino e della viola che pur essendo capo d'orchestra al Teatro alla Scala, non aveva mai scritto nulla di operistico o strettamente vocale, se non un paio di brani di musica sacra nello stile del secolo dei lumi. Allievi di Rolla erano stati Paganini, Luigi Arditi ed Antonio Bazzini autore di una sola opera teatrale, *Turanda*, eseguita alla Scala di Milano con esito negativo.

L'abilità di Bottesini di inventare un Concerto o una Fantasia per il suo contrabbasso gli derivava dalla scuola milanese dei Rossi e dei Rolla se vogliamo, e finanche da quella paterna, ma il giovane contrabbassista non aveva mai mostrato un interesse specifico per la composizione teatrale, benché si fosse esibito come soprano lui stesso e nella sua famiglia la sorella Angela calcasse le scene dei teatri di Crema.

Si può pensare che il fatto di suonare il più basso degli strumenti ad arco avesse potuto facilitargli il compito nell'armonizzare e nello strumentare composizioni "ardite" e "nuove" per il suo tempo. In realtà questa facilità di condurre armonicamente i bassi lo stimola alla "fretta" nel comporre, piuttosto che a perfezionare le sue composizioni o a ricercare la novità a tutti i costi. Si legge che la sua musica operistica è del tutto estranea all'esperienza verdiana ed anche a quella wagneriana, il che è sostanzialmente vero, ma da buon eclettico Bottesini non disdegna di servirsi del meglio che c'è sulla piazza, orecchiando temi beethoveniani, chopiniani, rossiniani, donizettiani, mendelssohniani e... tantissimi altri che al limite possono anche impreziosire le sue partiture, ma non riescono mai nell'assunto principale di un operista, quello cioè di comporre un'opera completa nel contenuto e nella forma. Se qualcosa si salva di tutta questa produzione sono alcune belle arie che sembrano uscirgli dal profondo dell'anima, e nelle quali profonde tutto il suo ingegno e la sua passione romantica. Bottesini è, in ultima analisi, un romantico fuori tempo massimo, tale però da non percepire neppure questa sua strana situazione, per cui va sempre avanti con la convinzione che il meglio di noi stessi sta sempre più nel nostro passato, prossimo e remoto.

Sono sue e molto significative le parole scritte a Mazzucato dal Cairo il 31 marzo 1876: "Io resto in Egitto perché in Italia non ho più nulla di attraente. Vorrei sentire la *Luce* di Gobbati ma preferisco le tenebre di questo paese. Non creda però che faccia il poltrone. Scarabocchio, ho scarabocchiato un poco all'antica, un poco all'avvenire, un poco al presente, ma sempre con un poco di coscienza e secondo i buoni principii di quei famosi tempi ch'Ella veniva a farci sentire i salmi di Marcello"! È l'indicazione precisa del caos mentale, dell'incapacità di pensare in modo personale ed autonomo, almeno nel campo della musica operistica.

Nelle pagine seguenti prendo in considerazione in modo più approfondito le opere *Colón en Cuba*, *l'Assedio di Firenze*, *Il Diavolo della Notte*, *Alì Babà*, *La Regina di Nepal*, *Ero e Leandro*, *Messa da Requiem*, *Getsemani* e *Najadi e Angeli*. Non parlo invece delle opere *Marion Délorme*, *Vinciguerra il bandito*, *Cedar*, *Graziella*, *La Figlia dell'Angelo*, *La Torre di Babele*, *Un Amour en Bavière* perché sprovvisto di letteratura.

Colón en Cuba

Bottesini compone la sua prima opera lirica a Cuba dove si trova come primo contrabbasso dell'orchestra italiana diretta da Luigi Arditi. "De acuerdo con las costumbres de esa etapa, el maestro Bottesini debía celebrar su beneficio, fijado el 31 de enero de 1848, y, seguramente, como deferencia hacia el gobierno espanol, decidío componer una opera en un acto, cuyo libreto escribió Ramón de Palma, ora en plena gloria poética. El programa apareció extraordinaria a beneficio del senor Bottesini primer bajo de fuerza y bravura, que tendrá efecto la noche del lunes 31 de enero de 1848.
Parte I. Acto I de *Corrado de Altamura*.
Parte II. 1. Terceto para piano, violín y contrabajo, que ejecutarán lo senores Desvernine, Arditi y Bottesini. (Mayseder).
2. Concierto de fagot, ejecutado por el Sr. V. Bianchi (Bianchi).
3. *Campanilla de amor*, fantasía característica compuesta y ejecutada por el Sr. Arditi.
4. Duetto de *Roberto Devereaux*, cantado por la Sra. Rainieri y el Sr. Lorini. (Donizetti).
5. Gran concierto, arreglado para el contrabajo, ejecutado por el Sr. Bottesini. (Bottesini).
Parte III. *Colón en Cuba*, ópera en un acto, letra de don Ramón de Palma, música del Sr. Bottesini, cantada por la Sra. Caranti y los Sres. Vita y Novelli.
Parte IV. Pot-pourri sobre motivos de contradanza, para violín y contrabajo, compuesto y ejecutado por los Sres. Arditi y Bottesini.
Tal es la función que tengo el honor de ofrecer al generoso público de quien he recibido tantas pruebas de simpatía; y espero que acoja benigno mi primer ensayo en el difícil arte de la composición dramática, que me atrevo a dedicarle como un homenaje de mi afecto y simpatía.
Juan Bottessini.

Argumento

Personajes e intérpretes: Ixalagua, india hija de Lincayum, Luigia Caranti-Vita, soprano; Cristóbal Colón, Luigi Vita, baritono; Lincayum, behique, Pietro Novelli, bajo.
Coro de espanoles, de indios e indias. Epoca: 1492. La partitura, cuyo destino ignoro, se componía de siete números.
Acto único
1. Coro de introducción (coro de indios de ambos sexos)
2. Escena y aria (Ixalagua)
3. Coro e invocación (coro de espanoles)
4. Recitativo y plegaria (Colón)
5. Coro (coro de espanoles e indios)
6. Escena y dúo (Colón-Lincayum)
7. Terceto final (Ixalagua, Colón, Lincayum, coro)
    Escena: Un paisaje cubano junto al mar.
El argumento es muy sencillo. Un coro de indios canta a la naturaleza. De pronto se ve una nave que se aproxima a la costa.
Los indios se asombran al ver a aquellos hombres extranos. Colón entona una plegaria en acción de gracias por haber llegado a la costa que supone que sea la de la India. Después toma posesión de esa tierra en nombre de los monarcas espanoles. El behique Lincayum dice a los indios que se ha cumplido la profecía del profeta Abal y todos se sometan a los poderosos hombres blancos que han llegado a través del mar. El libreto destacaba el acatamiento a la soberanía espanola. Los versos son generalmente dulces y expresan las diversas situaciones de los personajes. La obra fue recibida con beneplácito por el público, cuya asistencia no fue numerosa (J.A. Gonzales, *La composicion Operística en Cuba*, 1986).

Libretto

Una escena del descubrimiento del Nuevo Mundo por Colón. Oda Sinfónica. letra de Don Ramon de Palma. Música del Sr. Mtro. Bottesini. Habana. Impruenta del Faro Industrial, calle de Mercanderes nm. 90. 1848.

Personas

Colón	Sr. Luis Vita
Ixalagua, india é hijade	Sr. Caranti
Lincayum, (Behique)	Sr. Novelli
Coro de espanoles	⎤ Coristas de
Coro de indios	⎦ ambos sexos

El teatro representa una playa limpia, terminando en el mar; y por ambos lados, los bastidores figurarán un bosque de árboles del trópico, especialmente palmas.

Ixalagua y Coro de Indios.

Indios.

Coro.
Qué prodijio!... cuales monstruos
de su seno aborta el mar...!
Ya se acercan, como nubes
en furiosa tempestad...!

Ixalagua.
Aria.
Andante. Oh Tuira...! que lanzas
el rayo á la tierra,
y mandas la guerra,
y agitas el mar...
Qué estragos anuncia
tan raro portento...?
De asombro me siento,
me siento, sí, helar...!

Coro.
A tu padre, Ixalagua, acudamos,
su consejo y valor á implorar.

Ixalagua.
Alegro. Tierra inocente
de luz y calma
donde la palma
se alza gentil;
Abal clemente
libre de horrores,
guarde entre flores
tu paz y abril.

(Se retiran Ixalagua y los indios. Se acerca á la orilla una nave con espanoles dentro que cantan:)

Coro.
A la tierra, á la tierra, saltemos,
Salve; oh Cristo! tu nombre adoremos!

Colón se presenta con el estandarte de Castilla en una mano, cuya asta debe terminar en una cruz.

Colón
(Recit.) Tened, amigos...! que ninguna planta,
si el fuero á mis derecho no quebranta,
la arena puede hollar de aquesta orilla
en nombre de los reyes de Castilla,
primero que Colón... Mi santo abrigo,
Dios de eterna verdad! yo te bendigo!
y de tu fé á la insignia consagrado
quede el mundo que tú me has revelado.
(A los espanoles.)
Saltad, amigos! de Colón cumplida
la promesa ya está, vuestra es mi vida.

Los espanoles van saltando á tierra, y llenos de respeto y veneracion, rodean á Colón y dicen:

Coro.
Indios.
Qué aspecto divino!
qué estrana blancura!
no son, no, mortales;
son dioses sin duda!

Espanoles.
Qué bárbara gente
tostada y desnuda!
qué aspecto salvaje!
son fieras incultas!

Duo.
Lincayum.
(Rec.) Ya seas Dios ó mortal! tú que el cacique
de esos blancos pareces, cuyo aspecto
no hemo visto jamás, á estas riberas
habeis llegado, dí, con cuál intento?

Colón
Mas allá de los mares en Oriente
hay un rey poderoso cuyo cetro
ha de rejir, Cacique, á entrambos mundos,
y yo soy de ese Rey el mensagero.
(And.) Ignota tierra, objeto
de todos mis delirios...!
qué afanes, qué martirios,
me has hecho padecer...!
De corte en corte andaba
errante y despreciado...
lo debo si te he hallado
á Espana y á Isabel.

Lincayum.
Cumpliéronse en mis dias
de Abal las prediciones:
! Oh genio! estas rejiones
en vano te ocultó.
La ensena que en los aires
tremola triunfadora,
dos mundos desde ahora
ostente por blason.

Colón.
(Alegro) Castilla! en tus dominios
no oculte el sol su llama...
grande Isabel! tu fama
dos mundos llenará.

Lincayum.
Rejon que de esos hombres
sentiste al fine la huella,
el cambio de tu estrella
te advierte el cielo ya.

A dos voces.
Colón.
Ardiendo de entusiasmo
se ajita el alma mia,
cual yo será este dia
glorioso é immortal.

Lincayum.
Pensando en lo futuro
se ajita el alma mia,
cual él será este dia
glorioso é immortal.

Colón á los espanoles.
Hola! de nuevo á Oriente
volved, volved la prora,
la salva triunfadora
resuene del canon.
! Oh tierra encantadora!
mi anhelo se cumplió.

(Suena un canonazo; los indios caen de rodillas asustados).

Coro de Indios.
Piedad! piedad! el rayo
fulminan! oh pavor!

Terceto.
Ixalagua se presenta y dice:
? Qué estruendo formidable
sonar aquí se oyó?

Lincayum.
! Oh Abal! de tus decretos
el fallo se cumplió.

Ixalagua.
Oh padre! de mis dudas
disipa el cruel tormento,
? qué encierra este portento?
anuncia el bien ó el mal?

Lincayum.
Oh hijia! á estas regiones
gran cambio las espera;
comienza ya otra era;
murió el poder de Abal.

Colón.
Serán, sí, de Castilla
los reyes vuestros reyes;
su religion, sus leyes,
las vuestras de hoy serán.

Lincayum.
Asi lo manda el cielo.

Ixalagua.
Mi pecho se somete.

Colón.
Solo bienes promete
la mano de Isabel.

Para los tres.
Si en vano se opusieron
los mares mas profundos,
que enlace los dos mundos
tu genio ⎤
mi genio ⎦ su poder

Coro general.
Gloria, gloria, á Isabel en Castilla!
gloria, gloria á Colón en el mar!
en el mundo no habrá maravilla
que á este hecho se pueda igualar.

(Questo libretto si trova alla Biblioteca José Marty dell'Avana).

A questa rappresentazione non mancano i commenti della stampa locale, soprattutto de *La Prensa* e del *Diario de la Marina*.
Sulla *Prensa* del 2 febbraio 1848 si legge che "alla fine giunge il momento di cominciare la vera novità della serata, la *oda Sinfónica Colón en Cuba*, versi del Sig. de Palma e Musica di Bottessini. Dopo l'apertura del sipario apparvero nel teatro delle indie grassottelle, ben agghindate tali da sembrare vere indie primitive. Il coro degli indios è molto gustoso, semplice, espressivo, è un vero inno alla natura, che rivela gusto e conoscenza approfondita di armonia e composizione, qualità che risultano anche nell'aria d'entrata di Ixalagua, che la Signora Caranti interpretò con grande classe. L'uscita di Colón e il coro di quelli che l'accompagnavano, il duetto di Colón col capo tribù e in generale tutta quanta la composizione piacque tanto che alla fine il pubblico chiamo l'autore due volte (assai poco), e si presentò per primo il Sig. Bottessini poi accompagnato dalla signora Caranti e dal Sig. Vita che furono anch'essi applauditi. La fretta con la quale scriviamo non permette di intrattenerci sul valore di questa composizione lirica del Sig. Bottessini, dato che potremmo fra l'altro commettere degli errori per la scarsità del tempo a nostra disposizione e per la mancanza di nozioni musicali. Diremo solo che in alcuni punti non abbiamo trovato la musica appropriata alla dolcezza o alla energia delle parole, e all'importanza dell'avvenimento che si rappresentava (l'inizio del colonialismo spagnolo nella nostra patria) e che è apparsa molto debole rispetto alle brillanti partiture di Verdi che continuamente vengono eseguite nel nostro teatro, piene di originalità, di arte e di buon gusto, però ammettiamo che il Sig. Bottessini era molto degno degli onori della *chiamata* e che la sua opera gli fa onore, nonostante sino ad ora lo avessimo ammirato più come strumentista che come compositore. L'opera del Sig. Bottessini venne messa in scena con povertà di *décor* e mancanza di verosimiglianza, tanto nella scena come negli abiti. Colón apparve col medesimo vestito di Carlo V che abbiamo visto nell'*Hernani*, il medesimo atteggiamento, lo stesso sembiante e, a onor del vero, bisogna dire che l'artista interpretò così bene la parte sia di Carlo V che di Colón, sia negli abiti che nei gesti (in quel tempo nessuno faceva caso a questi dettagli; l'Alboni per cantare nella parte maschile di Arsace usava dei baffi!). E che dire degli spagnoli che lo accompagnavano, tutti vestiti di velluto e oro? E dei quattro marinai che non sembravano altro che quello che erano, se non soldati di una nave da guerra dei nostri giorni!? E che dire delle scalette collocate per discendere dalla bella fregata? E dove sono finite le caravelle che portarono il gran Colón sulle nostre belle spiagge di Cuba?
La metà del successo di un'opera tanto lirica che di teatro dipende da come è stata messa in scena, scenografia e abiti, con gusto e credibilità, e se a ciò si unisce il suo valore intrinseco, il trionfo sarà più sicuro e più completo.
Torniamo a scusarci per la fretta con cui scriviamo, per scusarci del nostro giudizio affrettato nell'occuparci dell'opera del meritevole artista Sig. Bottessini. La serata si concluse alle 11 inoltrate e solamente allora abbiamo notato che il teatro non era fittissimo di gente come si aveva diritto di sperare, pensando al nome dell'artista che ne beneficiava".
La relazione che ci tramanda il giornalista de *La Prensa*, che dichiara di non intendersene troppo di musica, è invece chiara e illuminante là dove afferma che il *Colón en Cuba* non ha nulla a che vedere con le accattivanti opere di Verdi che quotidianamente vengono rappresentate sulle scene del Teatro dell'Avana.
Sul *Diario de la Marina* dello stesso 2 febbraio 1848 il *Colón en Cuba* è trattato da un punto di vista un po' più musicale, ma sempre generico, con una punta di severità che dovette molto far riflettere Bottesini sul suo futuro di compositore d'opera. Si legge infatti sul *Diario*

de la Marina: "Comincia la scena con un coro di indios di sufficiente effetto per la sua strumentazione, al quale segue l'aria della Signora Caranti con bei motivi sia nell'*andante* che nell'*allegro*, e ne ricevette moltissimi applausi per la sua interpretazione. Il coro degli spagnoli sulla nave è brillante, il pezzo religioso di invocazione di buon effetto e la strumentazione molto appropriata.

Segue il recitativo e la preghiera di Colón e il coro degli spagnoli mentre scendono a terra, tutto quanto ben condotto e ben interpretato. Tuttavia è di maggior effetto il coro che segue tra indios e spagnoli a causa della sorpresa del vedersi gli uni gli altri, sorpresa espressa molto bene dal canto e dall'orchestra.

Ci è parso molto buono il duetto che segue tra i Signori Vita e Novelli, di bel canto in tempo lento (Andante) e una cabaletta di grande effetto, e crediamo anche che si sarebbe potuto realizzare questa scena se le si fosse unito il coro generale che è presente, bastava che il poeta avesse aggiunto quattro versi (se si suppone che il capo tribù e Colón dialogavano, perché doveva intervenire il coro? Al massimo il compositore doveva riservarlo per il finale), però così com'è stato realizzato piacque molto e ottenne grandi applausi.

Il tutto si concluse con un terzetto poiché si unì ai due personaggi precedenti un terzo e il coro, il cui primo tempo, a nostro parere, ha molto pregio artistico, tanto per i suoi bei motivi quanto per la disposizione e la condotta delle parti, sufficiente originalità e buona strumentazione. L'*Allegro* è brillante e di grande effetto e il pubblico ha applaudito molto e ha riempito di *bravo* l'autore, e l'ha chiamato alla ribalta rivolgendo una parte di questi applausi al poeta.

Crediamo comunque che se il Signor Bottessini continuerà a coltivare l'arte del comporre, lo attenderanno giorni pieni di soddisfazione, lo diciamo francamente, e credo che faremmo ridere se dicessimo il contrario, ma perché si vede che vi è un'idea, un certo genio e conoscenza dell'armonia e della strumentazione, il resto dipenderà dal tempo, dallo studio e dalla pratica che matura le idee e perfeziona il genio".

L'Assedio di Firenze

La seconda opera lirica di Bottesini viene rappresentata in prima assoluta al Teatro Italiano di Parigi, il 21 febbraio 1856, con la Penco, Mario e Graziani. Il pubblico tributa a Bottesini grandi onori, paragonandolo al *Messia della musica*, ma i giudizi della critica non sono sempre concordi, anzi E. Viel del *Menestrel* ne approfitta per scrivere un articolo pieno di ironia in cui stigmatizza il lavoro di Bottesini. Più morbido, anzi entusiasta di quest'opera è invece il critico della *Revue et Gazette Musicale de Paris* che il 24 febbraio 1856, n. 8, pagg. 58-59, 23e année, scrive: "Teatro Imperiale Italiano. L'*Assedio di Firenze*, dramma lirico in quattro atti, musica di Giovanni Bottesini. Prima rappresentazione 21 febbraio 1856.

Dall'assedio di Troia a quello di Sebastopoli, l'assedio di Firenze ha sempre avuto un certo rilievo tra gli avvenimenti di questo genere. Iniziato verso la fine dell'ottobre 1529, non durò meno di 11 mesi, durante i quali la sfortunata città fu preda di ogni tipo di sofferenza. La penuria di cibo era tale che un topo si pagava due paoli, equivalente a circa 50 soldi della nostra attuale moneta. Ventiduemila uomini perirono tra soldati e cittadini, ed è ciò che costò a Firenze per aver voluto fare a meno una terza volta della famiglia dei Medici.

L'imperatore Carlo V e il papa Clemente VII, che era anch'egli un Medici, si allearono per riportare al potere l'illustre famiglia. I loro eserciti alleati giunsero ad assediarla sotto gli ordini di un principe d'Orange che trovò la morte egli stesso prima di ottenere la vittoria. Uno degli episodi tra i più interessanti e cavallereschi di questo assedio memorabile, a cui nulla doveva mancare, né episodi d'eroismo né vili tradimenti, fu la sfida lanciata dal giovane Lodovico Martelli, del partito della Repubblica, a Giovanni Bandini che serviva la causa contraria. Bandini accettò la sfida e i due avversari si batterono in campo chiuso con due aiutanti, in presenza degli eserciti fiorentino ed imperiale. L'aiutante di Martelli detto Dante di Castiglione uccise sul luogo l'aiutante di Bandini. Ma costui ferì Martelli al punto tale che fu obbligato a dirsi vinto e morì poco tempo dopo.

Si disse che il patriottismo non fosse la sola ragione di questo duello alla maniera degli antichi cavalieri, e che vi si aggiungesse una rivalità amorosa a causa di una bella dama moglie del Signor Nicolò Benintendi. Senza dubbio c'è in questo argomento di che accendere l'immaginazione di un romanziere e di un poeta drammatico. Il romanziere è rappresentato dalla persona di F.D. Guerrazzi, l'autore del celebre romanzo *L'Assedio di Firenze*. Il poeta drammatico è venuto in seguito e sono stati persino due perché pare, secondo una nota inserita nel libretto, che il Signor Corchi ha rivisto e corretto a Parigi un canovaccio steso da M. Manetta di New York, secondo l'intenzione del M° Bottesini. Ora voi sapete qual'è l'argomento del dramma. Ne conoscete gli attori ad eccezione di uno, l'illustre Michelangelo il cui ruolo storico fu ammirevole. L'artista fiorentino venne per rinchiudersi nella sua città natale e appena seppe ch'era minacciata volle mettersi al suo servizio come ingegnere militare.

Benvenuto Cellini aveva ben difeso Roma e ucciso il Conestabile di Borbone tre anni prima! Michelangelo fece eseguire dei lavori, costruire fortificazioni che avrebbero salvato Firenze se essa avesse potuto essere salvata, ma ciò non gli impedì di aprire un atelier di scultura nella fortezza di S. Miniato per occuparsene nei ritagli di tempo.

Il romanziere e i poeti non potevano dimenticare un personaggio di questa importanza, cosicché gli hanno assegnato nella loro opera una parte di rilievo, e hanno fatto bene. Tuttavia noi diremmo ai poeti che essi avrebbero fatto ancor meglio se avessero collegato Michelangelo alla loro azione con un interesse più diretto e più vivo di quanto non fosse la sua amicizia per Lodovico Martelli e la sua devozione alla libertà di Firenze. Sarebbe anche stato meglio non descrivere la loro eroina come una donna sposata il cui marito in verità rimane invisibile. Ma la sua situazione non è tuttavia meno triste e senza speranza, giacché la speranza non le è concessa in alcun modo.

La partitura inizia con una breve introduzione. Il tema, che tornerà più tardi in un terzetto del quarto atto, è proposto dai violoncelli e dai fagotti ai quali rispondono le fanfare delle trombe. Questo tema ha lo stesso carattere e parte dallo stesso punto di quello della famosa introduzione del *Mosè* italiano, ma cambia di fisionomia strada facendo, ed è condotto con molta arte, eleganza e gusto. Il pubblico ha già un'idea del talento che il compositore spiegherà nel resto della sua opera. Sa che egli ha a che fare con un musicista esperto che possiede a fondo il meccanismo dell'arte di scrivere, e rivela un'ispirazione che non è frutto di studio. Il sipario si alza: vediamo le mura di Firenze, i suoi soldati all'opera e sentiamo cantare: *Viva la libertà!* in un coro notevole per animazione e verve. Lodovico Martelli entra in scena: sospira teneramente il suo amore e la sua tristezza. Michelangelo, con un tono più virile, gli comunica il tradimento di Bandini, che tutti credevano morto, mentre si è accontentato di passare al nemico. Questo racconto, ben declamato e con begli accenti, termina con un duetto in stile eccellente. Poi arriviamo al palazzo di Maria, la sposa con due amanti; le sue dame d'onore cantano per calmare le sue pene, e la loro melodia è infatti di una affascinante dolcezza. Maria canta essa stessa un adagio malinconico con un'espressione fine e soave; l'allegro che segue all'adagio, quando Maria ha appena appreso che Lodovico è di ritorno, ricorda un po' troppo la cavatina dei *Lombardi*, in una situazione quasi simile. Il duetto di Lodovico e Maria diventa ben presto un terzetto con l'arrivo di Michelangelo, e l'atto si conclude con un largo finale nel quale Lodovico, che il Consiglio dei Dieci ha nominato capitano del popolo, riceve dalle mani di Maria la spada con cui dovrà compiere la sua nobile missione. Nel secondo atto siamo nell'atelier di Michelangelo, di fronte a una statua che è quella di Mosè e al disegno di una cupola che sarà quella di S. Pietro. Il grande artista dà sfogo al suo entusiasmo di cittadino, scultore e architetto; canta un bellissimo pezzo con accompagnamento di coro, ma tale brano non è che un dettaglio che ha poco a che fare col dramma. Noi ritorniamo sulla scena in cui il traditore Bandino (nella storia vera era Bandini) si presenta da Maria indossando un saio da frate francescano e le chiede un incontro segreto. Maria glielo accorda e Bandino le racconta la propria avventura senza farsi riconoscere. Maria gli risponde che ella ha ceduto agli ordini di suo padre solamente quando ha saputo che Bandino era morto. Allora Bandino getta il saio e provandole che egli è vivo la insegue con un pugnale in mano. Un rumore di tamburi ferma l'assassino nel momento in cui sta per colpire la vittima. Tutta questa scena è ben fatta e trattata musicalmente in modo da essere di grande effetto.

Il terzo atto si compone solamente di poche scene. Si ascolta all'inizio un coro di voci lontane che ripetono questo ritornello: *All'opra, all'opra, ardir! / O vincere, o morir*. Il tema di questo coro, in fondo molto serio, ha qualcosa di troppo allegro, troppo leggero nella forma, ma il ritornello è delizioso. Bandino che non sa più a che santo votarsi, si rifugia nella cappella di Maria, e la supplica di proteggerlo. Lodovico sopraggiunge; i due rivali si trovano l'uno di fronte all'altro e si provocano. Lodovico si oppone a che si uccida il suo avversario. Questa è l'occasione di un grande pezzo d'insieme alla maniera di Donizetti nella *Lucia* e in quasi tutte le sue ultime opere. Bottesini si è ispirato allo stile del Maestro e l'ha riprodotto con talento.

Il IV atto non è il più ricco né per azione scenica né per musica. La scena rappresenta il luogo d'incontro, le colline dei Baroncelli con Firenze in lontananza. Bandino attende Martelli che non tarda a venire accompagnato da Michelangelo suo amico e testimone fedele. Qui cantano un terzetto in cui riappare il tema dell'introduzione, e i due rivali si allontanano per andare a battersi qualche passo più in là. Durante il combattimento Maria canta un'aria assai difficile, e ben presto riportano Lodovico ferito che muore in una scena declamata piuttosto che cantata, fatto ciò che non costituisce il miglior sistema per concludere un'opera.

Diciamo francamente al Signor Bottesini che se per il suo inizio di compositore non ha fatto un capolavoro, per lo meno ha scritto una partitura contraddistinta dallo studio e dalla distinzione, una partitura decorosa che giustifica la fiducia che un direttore aveva riposto in lui. Se l'invenzione e l'originalità si fanno desiderare in certe sue cantilene, la sua strumentazione è sempre ingegnosa e forte senza esagerare nella ricercatezza e nel rumore. Ora che noi lo conosciamo e stimiamo per due differenti ragioni, come capo d'orchestra e come compositore, non ci resta che giudicarlo per la sua terza qualità, quella di virtuoso straordinario sul contrabbasso, e senza dubbio dobbiamo applaudirlo come hanno fatto tutti coloro che l'hanno ascoltato prima di noi.

L'esecuzione della nuova opera è affidata alla Signora Penco, a Mario, Graziani e Angelini nelle parti di Maria, Lodovico Martelli, Bandini e Michelangelo. La Signora Penco non merita che elogi per la sua presenza scenica e il suo canto. Non si è incespicata che nell'ultima aria, e noi pensiamo che ciò non sia senza ragione; Mario non sembrava molto amare il suo ruolo e lo ha reso con una certa trascuratezza che ha peggiorato l'effetto. Al contrario Graziani e Angelini si sono dedicati anima e corpo al libretto e alla partitura. Le loro magnifiche voci di baritono e di basso hanno grandemente contribuito al successo. Anche i cori hanno fatto meraviglia così come l'orchestra che era diretta dallo stesso compositore.

Ma è proprio un duro compito il giorno in cui si esegue un'opera dello stesso direttore d'orchestra! Noi non saremmo sorpresi se durante la serata di giovedì il Signor Bottesini avesse maledetto più volte l'idea d'aver scritto una sola nota, invece non giunse alle sue orecchie che il rumore gradevole dei *bravo!*

La direzione del Teatro Italiano si è messa in grandi spese per *L'Assedio di Firenze*. Le coreografie e i costumi sono di una freschezza e di una esattezza che meritano di essere segnalati. È un'eccezione a una regola antica e solenne; ma da qualche tempo è l'eccezione che diventa regola, e il pubblico non deve dispiacersene''.

Di tutt'altro tono invece è l'articolo apparso su *Le Menestrel* del 24 febbraio 1856, pag. 2, molto spesso in contraddizione con l'articolo della *Revue et Gazette Musicale de Paris*. Scrive infatti E. Viel: ''Théatre Imperial

Italien. *L'Assedio di Firenze*, opéra en quatre actes, musique de M. J. Bottesini. Mettete un'azione assai grossolana al centro di eventi politici tormentati che hanno così a lungo crudelmente sconvolto i piccoli Stati della Penisola, costellate la cosa di alcuni grandi nomi storici, spolverate il tutto con parole magiche: arte, amore, patria, libertà, e voi sarete pressappoco sicuri di avere le simpatie di un pubblico italiano, anche se voi non accendete le sue emozioni e il suo entusiasmo.

Si tratta questa volta delle discordie tra Firenze e la Corte di Roma, che servono da sottofondo all'eterna storia di due uomini che amano, inseguono e si disputano la stessa donna; è la colossale figura di Michelangelo che protegge l'intrigo povero, sbiadito e oscuro che si agita tra Martelli, Bandino e Maria de' Ricci.

Ma arriviamo al compositore. Il Sig. Bottesini è un eccellente musicista e dobbiamo essere fieri di possedere come capo d'orchestra un uomo di simile merito, ma al suo studio è in grado di aggiungere l'ispirazione? Ha fatto bene a lasciare la bacchetta di direttore per salire sulla scena? *Questo è il problema*, come direbbe Amleto! La sua partitura denota una profonda preparazione musicale e brilla per qualità apprezzabili, a mio avviso però manca della divina scintilla dell'ispirazione. L'autore maneggia agevolmente le voci e l'orchestra, ma la sua melodia non offre che pochi momenti di rilievo e di caratterizzazione. La sua orchestra è ricca e varia, ma generalmente troppo rumorosa; infine il recitativo e l'arioso occupano troppo posto nella sua musica. Se il Sig. Bottesini ha alcune reminiscenze di Rossini, Donizetti e persino di Verdi, è del tutto contro la sua volontà, perché io devo riconoscerlo, fa i più grandi sforzi per liberarsi da queste imitazioni di scuola. Si può dire che è un ricercatore, ma purtroppo incontra poche perle e molti ciottoli.

I Cori: ecco la parte forte di Bottesini! La sua partitura ne conta parecchi assai belli, ben scritti e molto energici. Ce n'è uno nel primo atto in un genere del tutto differente, un Coro di donne di una grazia, eleganza e soavità incantevole; è forse il miglior pezzo dell'opera. È giusto citare anche l'aria di Maria, dal cantabile languido e dall'allegro più strano che espressivo, meravigliosamente cantato d'altronde dalla Signora Penco. Nel secondo atto la cavatina di Michelangelo nella quale si nota una progressione in tremolo dei violini, che produce un grande effetto, e varie frasi alla maniera di Verdi; un grazioso ritornello che annuncia l'arrivo di Mario; le strofe cantate da costui, la seconda delle quali presenta un nuovo accompagnamento con arpeggi di clarinetto; poi due piccoli passaggi assai corti ma molto ben riusciti: il primo alla fine della scena quarta, il secondo all'inizio della scena seguente, quando le imprecazioni di Bandino si stagliano sugli accenti del coro religioso nella cappella; infine il riconoscimento tra Maria e Bandino, che racchiude qualche slancio ispirato. I due ultimi atti mi appaiono assai meno ben strutturati: un Finale abbastanza sviluppato, ecco tutto ciò che il terzo atto offre di rimarchevole; per il quarto ci sono pure qui e là spunti interessanti, ma nessun pezzo gli è venuto di getto.

Il successo di questa prima rappresentazione è d'altronde stato piramidale, e nulla impedisce al Sig. Bottesini di credersi un nuovo Messia musicale. Io gli suggerisco tuttavia di fare i conti col capitolo delle disillusioni e di ricordarsi l'esempio del suo collega Pedrotti.

La direzione ha fatto grandi spese per la messa in scena e *les décors*, per le quali cose noi la ringraziamo e speriamo che l'accorrere del pubblico l'aiuti a coprire le spese.

Gli attori hanno fatto del loro meglio, la Signora Penco in primo luogo ha cantato con tutta l'anima e con la sua migliore voce. Graziani, ossia Bandino, grida in un modo che diventa irritante; è impossibile darsi più da fare per rovinare una buona organizzazione. Quanto a Mario era senza dubbio malato, a giudicare dalla mollezza del suo canto e dalle intonazioni assai imprecise".

L'Assedio di Firenze viene poi riproposto alla Scala di Milano, il 5 settembre 1860, senza troppo entusiasmo né da parte del pubblico né da quello della critica, tanto che la partitura per orchestra non è mai stata pubblicata da Francesco Lucca: l'autografo è posseduto oggi dall'Editore Ricordi.

Dopo le prime due esecuzioni milanesi la *Gazzetta Musicale di Milano* del 9 settembre 1860, nelle vesti di Filippo Filippi, si prova a difenderlo: "È indubbiamente vero che da molti anni le nuove opere del teatro italiano vengono accolte dal pubblico con ira, più spesso con freddezza e qualche rara volta con benigna ma stentata indulgenza: né il pubblico, tranne poche eccezioni, ebbe torto, poiché la è stata una continua processione di nullità e di mediocrità, e, se qualche volta vi fu lampo d'ingegno o speranze di belle ispirazioni, congiurò a toglierne e falsarne gli effetti la scelleratezza delle esecuzioni: sterminato è il numero degli spartiti la cui caduta, per giudizio del pubblico e per consenso della critica, si dovette attribuire quasi esclusivamente alle manchevoli esecuzioni, alle interpretazioni fiacche, al poco amore degli artisti e delle masse nel rendere ai giovani compositori il più grande dei servigi, quello di studiare con passione ed accuratezza la loro musica e di renderne tutti gli effetti. E così noi altri critici siamo sempre a quella di ripetere le cose più viete e volgari: cioè che i pittori ed i poeti possono mostrare le loro opere agli occhi ed allo spirito d'ognuno senza che circostanze estrinsiche e materiali possano alterarne l'essenza ed il valore; mentre i poveri compositori, quando si hanno stillato il cervello e sconvolto il cuore per dar vita e luce ad un'idea, corrono sempre il rischio di cadere nelle barbari mani di coloro che uccidono ed oscurano l'idea in modo che il bello appare brutto, il calore diventa freddezza, l'eleganza cinciscluamento, la scienza incubo di cifre, e l'ispirazione trivialità.

Poniamo queste premesse perché per amore del vero vogliamo constatare;

1. Che il Bottesini la prima sera ebbe applausi e non poche chiamate, ma che il pubblico in generale non era animato da quell'entusiasmo che producono le forti e spontanee impressioni. Lodò molto e applaudì con riserbo.

2. Che se il pubblico non si animò ai più vivi entusiasmi e' fu, più che per la musica, per causa dell'esecuzione, la quale non ha rese con evidenza alcune delle più salienti bellezze dell'opera.

3. Che l'opera del Bottesini, sebbene non sia un capolavoro in cui siano profusi a piene mani tesori d'ispirazione e non sia vestita di quel carattere determinato ed originale che costituisce una individualità, pure ha tali elementi da potersene ripromettere un esito brillante, e nell'attuale povertà è uno dei più rimarchevoli lavori musicali prodotti dalla nuova generazione dei compositori.

Ma perché tutti gli effetti di questo *Assedio di Firenze* risaltino, occorre un'esecuzione limpida, omogenea, fusa e colorita non solo per parte dei cantori ma di tutte le masse corali ed istromentali che vi hanno parte essenzialissima. La prima sera invece, per immaturità di prove o per una di quelle strane paralisi che spesso piombano sui nostri cori e sulle nostre orchestre, si ebbero a deplorare degli sconci che non solo menomarono gli effetti, ma annebbiarono in modo il senso musicale da rendere oscuro e barocco quello che realmente è perspicuo e convenientemente ispirato. Mi basta a riprova il citare le ultime pagine della calorosa sinfonia, ove i bravi professori, che non son pochi, dovettero mescolare i suoni intonati dei loro violini colle biascicature di coloro che lasciano andare le note o, se le colgono, le colgono in fallo; inoltre il finale primo, pezzo di gran levatura, ma appoggiato all'accordo dell'orchestra coi cori e colla banda, la quale, a dir vero, era in collera colla misura e gettava le sue rimbombanti armonie così fuori di posto, da produrre un'informe accozzaglia d'accordi in cui affogava l'infelice melodia. Ciò avvenne la prima sera: la seconda si fece abbastanza sereno, ed il pubblico, applaudendo al valoroso compositore, fece comprendere che la musica perché piaccia si deve comprendere e per comprenderla non basta la chiarezza dei concetti e la palese struttura, ma occorre la perfezione d'insieme dell'esecuzione. I cantanti, che in parte son giovani e quasi esordienti, fecero del loro meglio con esemplare studio e passione: il Valentini ed il Cotogni hanno eccellenti mezzi, ed il secondo attitudini artistiche eminenti giovate anche dalla prestanza della persona, dalla vivace espressiva mobilità del volto, dal muoversi disinvolto, e da un accento appassionato della voce che proviene forse dallo stesso difetto, cioè da quel tremolio spasmodico che tanto vale a simulare i singulti della passione ed i fremiti dell'ira: la voce è forse viziata dagli sforzi che certi maestri fanno fare ai loro scolari, i quali perciò hanno certe note che minacciano sempre di stonare o peggio.

Al Della Costa sta assai bene la parte, e colla voce rimbombante dà efficacia alle energiche frasi cantate esortando il popolo alla pugna, o accendendosi di stranissimo estro dinanzi ad uno schizzo della cupola del Vaticano: l'abito michelangiolesco porta bene, e nella testa arieggia un po' la vigorosa fisonomia del divino, meno però la ricciuta capigliatura che il Della Costa non ha, né si è cercato di mettere. Della Signora Fiorentini sospendiamo il giudizio, come lo sospesero tutti gli altri giornali che ne parlarono: è un atto di cortesia e di giustizia con cui si deve transigere; che la sua gola fosse indisposta era facile lo scorgere al visibile stento con cui le escivano le note, specialmente se forti e acute; questo continuo studio di non fallire per malattia dell'organismo naturalmente fu a tutto scapito della musica cantata dal soprano in cui vi sono forse le più belle ed espansive, morbide ispirazioni dell'opera: il duetto col Bandino, baritono, certo avrebbe avuto un esito clamoroso se la donna, e se vogliamo un poco anche il Cotogni si avessero abbandonati all'impeto appassionato della musica con tutto lo slancio ch' esige la situazione drammatica e drammaticamente interpretata.

Parlando all'inverso prima dell'esecuzione ora ci tocca parlare un po' della musica: senza fare un'analisi di tutti i pezzi noteremo quelli che ci sembrano d'un merito incontestabile e che accennano a qualche originalità di concetto o novità di forma. La sinfonia non è osservabile da questo lato se non nel senso che, secondo un sistema ormai invalso, racchiude lo stillato dei più bei pensieri dell'opera, taluni fuggevolmente accennati, altri spiegati in tutta la pompa del loro sviluppo. Così nel primo tempo avvi il grido di guerra dell'ultimo atto; nell'adagio il coro di donne e nell'allegro la cabaletta bellissima del duetto fra tenore e soprano: nelle forme questa overtura non racchiude gran novità ed è architettata sul tipo creato da Verdi per questa specie di mosaici sinfonici: contiene però alcuni curiosi e belli artifizi d'istrumentazione, eleganti passi dei violini, a cui è solo mancata la nettezza dell'esecuzione e dell'intonazione. Nel primo atto vi ha un severo coro d'introduzione, un duetto fra baritono e tenore, originale nell'ultimo tempo per l'alternare curioso del motivo e per l'accompagnamento della voce di basso alla cantilena del tenore. La cavatina del soprano ha un adagio elegante, composto di una melodia dolce e fluida come rade volte s'incontra nel corso dell'opera: di minor valore è l'allegro, poco nuovo nel motivo e construtto con un vieto sistema di risolvere e condensare. Nel duetto che segue fra soprano e tenore, svelto di forme, elegantissimo, avvi la cabaletta ch'è un vero pensiero melodico felicemente trovato, di quelli che impressionano e si scolpiscono nella memoria dell'uditore: il finale è di effetto grandioso, ha una fisionomia caratteristica, ma la esecuzione confusa non permise di ravvisarne i lineamenti. Nel secondo atto dopo un coro di composizione squisita ma di scarsa ispirazione, avvi una cavatina del basso con cori fatta con tutte le regole architettoniche delle grandi arie, robusta, popolare: ma forse non ebbe torto il critico che in bocca del Buonarotti desiderava un linguaggio musicale più emancipato dalle simmetrie di convenzione e dagli intercalari.

Cambiata la scena dallo studio di Michelangelo ad un luogo remoto, l'orchestra intuona in un grazioso preludio, ornato di imitazione, il pensiero della romanza, ch'è una pura melodia, gentile che si sente nel cuore che palpita e si commuove all'amorosa espressione. Questo pezzo, giustamente applaudito, è di una limpidezza, di una lindura ammirabili, e il Bottesini che mostra di sapere scrivere in questo genere non dovrebbe posporlo mai alle complicazioni di cui peccano gli altri pezzi del suo lavoro. Certe asprezze dell'accento musicale stanno assai bene nelle supreme situazioni drammatiche, nel prorompere delle passioni: così il duetto fra baritono e tenore è un brano di musica pregevolissima, efficace, ma temperato nella declamazione, ligio alla parola, originale di forme e di idee e nell'ultimo tempo animato da un calore drammatico che scalderebbe indubbiamente l'entusiasmo del pubblico se vi corrispondesse la schietta vigoria delle voci e l'interpretazione viva come la vogliono la nota e la parola. Il finale del 2° atto onora altamente il maestro che si mostrò abilissimo a disporre le voci, ad economizzare le sonorità, a preparare l'effetto culminante, il quale si presenta preceduto da acconcie preparazioni e nell'ultima esplosione non può a meno di strappare un grido unanime e fragoroso degli spettatori. L'ultimo atto è ardente di eroismo, trascorre fra i gridi di guerra, l'anelar della pugna e le furie sanguinose di un combattimento a cui presiede il doppio amore di patria e di donna. Il coro del bivacco è animatissimo, popolare, rallegrato dalle vivaci cantilene dell'orchestra: il brindisi, oltreché attraente pel motivo bacchico e soldatesco, si distingue per l'arte con cui il tema ritorna e si ripete con eleganti svarianze degli accompagnamenti. Il pezzo concertato che segue è un dotto lavoro, a cui oltre gli artifizi della composizione non manca l'elevatezza del concetto melodico che preludia alla catastrofe: l'allegro vivace e guerresco è un altro dei tanti motivi che forzatamente impressionano per disinvoltura d'incesso e spiccata originalità. Che molte bellezze vi sieno in quest'opera è innegabile, e tali che piacciono a conoscitori ed ignoranti: i difetti e i caratteri generali del lavoro noteremo ripetendo ciò che ne disse un giornale del mattino, col quale abbiamo la più stretta concordanza di opinione: "In quest'opera si scorgono tali pregi analitici, che rivelano nel Bottesini una delle più possenti attitudini musicali, maturata da studi assidui e da passione intelligente dell'arte. Nel complesso l'opera non ha organismo omogeneo, e pecca di quell'eclettismo di stili, di maniere, di colorito e di forme, che dipende dalla grande erudizione dell'autore, il quale ha ritenuti in sé e scolpiti i tipi delle scuole, appresi i molteplici artifizi delle istromentazioni sinfoniche: quindi il lavoro, che ha parti eccellenti, non ha l'eccellenza del tutto: anche la vita, il calore espansivo, vi sono a momenti, quasi fosse un corpo freddo e privo di moto, che si scuote a trabalzi per impulso di corrente elettrica improvvisa: non è il sole che arde e brilla di luce continua: è il luccicare intermittente e riflesso di un simpatico pianeta. Il Bottesini, nel *Diavolo della Notte*, ha dimostrato che, svincolandosi dalle involontarie imitazioni, sa e può crearsi uno stile a sé; nell'*Assedio di Firenze*, fatto in antecedenza, le imitazioni sono più flagranti, e quindi la vera invenzione di getto non è che allo stato embrionale, sparsa più nei particolari che concentrata nell'insieme dell'opera, od anche nella struttura complessa d'un pezzo. È innegabile che nell'udire questa musica, in cui si ravvisano lampi d'ispirazione e canti della più pura italianità, si prova una certa impressione di pesantezza, che permette alla mente di afferrarne fuggevolmente le bellezze, ma toglie all'animo di sentirle intimamente: ciò io credo avvenga per abuso di circolazioni istrumentali, per l'inquietudine insistente del quartetto, per le ricercatezze dell'orchestra, che col continuo discorrere, soffoca i canti e produce all'orecchio un'impressione meccanica, nociva alla più bella prerogativa delle opere d'arte, la incantevole varietà".

Il pubblico alla seconda rappresentazione apprezzò maggiormente i più bei pezzi dello spartito e speriamo che col maggior possibile perfezionamento dell'esecuzione il lavoro apparirà in tutto il suo valore dinanzi al giudizio del pubblico e della critica".

Il Diavolo della Notte

Il Diavolo della Notte viene rappresentato per la prima volta al Teatro Santa Radegonda di Milano il 18 dicembre 1858. Il successo è contrastato da un giornale musicale milanese con la scusa che i concertisti-suonatori non possono scrivere buona e bella musica da teatro. Prende le difese di Bottesini la *Gazzetta Musicale di Milano* con due articoli, del 19 e 26 dicembre 1858, probabilmente firmati da Filippo Filippi.

"Prima rappresentazione del *Diavolo della Notte* di Bottesini a Santa Radegonda. Abbiamo tardato a porre sotto il torchio per dare la succinta e storica relazione sulla nuova opera del celebre contrabbassista. L'esito ne fu splendidissimo, e da un gran pezzo non ci sovviene di un entusiasmo così caldo e spontaneo, come quello destato ier sera dal primo atto del *Diavolo della Notte*. Il pubblico era tanto infiammato dal fuoco della musica, che ai due tempi del pezzo concertato non ebbe la pazienza d'aspettare per gli applausi la fine delle frasi. Gli altri due atti, ch'hanno bellezze forse più nuove e più fine, ma non di subita impressione, piacquero del pari e piaceranno ancor più nelle successive rappresentazioni. Il compositore nel solo primo atto ebbe più che dodici chiamate, e altrettante negli altri due. Alla fine dell'opera fu chiamato per ben tre volte agli onori del proscenio. Della musica e delle sue rare bellezze parleremo di proposito nel prossimo numero: il libro pei versi è abbastanza buono, frivolo pel soggetto, ma non privo di situazioni interessanti e piacevoli. L'indole semiseria del melodramma costringe la musica a stacchi di stile inevitabili. Vedremo però che il Bottesini ha vinte, se non tutte, le maggiori difficoltà del genere. L'istrumentazione e la fattura sono degne d'un grande maestro: molte idee e moltissime forme nuove: cantilene facili, spontanee: vivezza d'estro, rapidità, fuoco straordinario. Lodevolissima l'esecuzione, specialmente pel buon volere e l'affetto con cui si prestarono tutti, cantanti e suonatori".

Il 26 dicembre 1858 la *Gazzetta Musicale di Milano* ritorna sull'argomento in modo più approfondito: "Per dare sulla nuova opera del Bottesini un giudizio non avventato, scevro da qualsiasi simpatia personale o da altre men lodevoli ragioni, abbiamo aspettato non solo che si pronunciasse precisa l'opinione del pubblico, ma anche quella molto meno indipendente della critica, onde dedurre dall'inevitabile disparità dei pareri un criterio sodo e sicuro. La divergenza assoluta dei giudizi musicali se non è un argomento eminentemente logico del gran merito d'una composizione, è certamente una prova morale che porta con sé l'autorità dell'esperienza. Certi critici sparlano o lodano fuor di misura per ignoranza, altri per passione, non pochi per mala fede, per l'assenza di que' principii direttivi i quali non si dovrebbero mai posporre ad estranei interessi.

Per questo se il pubblico, dopo aver giudicato a sua posta d'una musica, ride delle lodi smaccate o delle appassionate censure del giornalismo, ha le sue mille ragioni. Egli ha il buon senso di accorgersi qual gatta ci covi. Per quanto il nostro giornale possa esser sospetto di non dissimili pecche, non ci lasceremo sfuggire nessuna occasione per persuadere che il nostro proposito dell'imparzialità e dell'indipendenza non è una vana parola. Ci riserviamo il solo diritto d'ingannarci, ma sempre in buonissima fede.

A certe prove non tutti egualmente resistono! Un foglio milanese che si chiama anch'esso *musicale*, e che solo per questo avrebbe l'obbligo di mostrarsi, se non altro, moderato e guardingo, ha dato sul lavoro del Bottesini un giudizio assai reciso, il quale pur troppo, oltre il massimo difetto dell'ingiustizia, ha il non piccolo della irriverenza. Questo, non sarà l'ultimo esempio che quando manca l'accordo della coscienza con la mente, la critica riesce ai più deplorabili eccessi, specialmente se vi si applicano intelligenze capaci ed istrutte dell'arte. L'intelletto allora guidato ciecamente nei più tortuosi sentieri diventa sbrigliato negli attacchi, come inconsiderato nelle indulgenze. Ed altrimenti non può avvenire se si pone da un lato il criterio per sostituirvi il sofisma: allora si spiega come si possa essere calmi e quasi carezzevoli con una nuova opera data nell'istesso teatro che il pubblico ha derisa, avversari implacabili d'un'altra applauditissima, mentre la prima sta alla seconda come la deformità alla bellezza, il sapere all'ignoranza, il talento alla più svelata mediocrità.

E queste critiche distruttive, appoggiate a ragioni gratuite, false, senza esempi e senza analisi, sono il prodotto d'una prima e sola impressione, ricevuta sotto l'impero di quella determinata volontà di contraddire che facilita mirabilmente l'estro dell'opposizione.

L'articolo del foglio *musicale* a cui accenniamo è così eccessivo che non meriterebbe neppure un'allusione, se oltre allo specioso apparato dell'esposizione non partisse da principi generali, i quali, presi pel loro diritto, conducono ad opposte ed irrepugnabili conseguenze. Il giudizio in quistione non è che un erroneo e manchevole sillogismo, il quale si compendia in queste brevi parole: *I concertisti-suonatori non possono scrivere buona e bella musica da teatro. Bottesini è un concertista suonatore: dunque* Il Diavolo della notte *non è un'opera, è un centone, un misto di buono, di mediocre, di pessimo, un caos disarmonico, ecc. Le frasi sono più bizzarre che nuove, la vita ed calore eccedenti (!), le cantilene stentate*, con molti altri appunti che corrispondono quasi sempre ad altrettanti pregi dello spartito.

È egli poi vero che il mestiere di concertista e la troppa erudizione musicale paralizzino il genio melodrammatico a qualunque ne avesse? I molti compositori, che nulla sanno e nulla leggono, saranno beatificati di questa scoperta che legittimando la ignoranza apre loro le porte dell'immortalità! Povero Bottesini, a che pro' addentrarsi con tanto amore nei segreti di tutte le scuole, studiando i grandi modelli in tutti i generi drammatico, sinfonico ed istromentale! Niente altro che per scrivere il duetto concertante per violino e contrabbasso, le eleganti e briose fantasie, quartetti, quintetti, opere vocali, ed il *Diavolo della notte* per ultimo. Meno male. Così fece qualcuno dei grandi ch'ora giace sotterra, e fra i molti quel capo sventato di Mozart, il quale dopo aver fatto il concertista di pianoforte, ebbe l'ardire di scrivere per la voce umana il *Don Giovanni* opera seria, e le *Nozze di Figaro* opera buffa. Ma lasciamo stare i morti e contentiamoci dei vivi: anche Meyerbeer da giovane fece il virtuoso, suonando quell'istromento che non può dare il genio a chi non l'ha, ma che d'altronde non guasta la natura di chi è creato al comporre. Queste son le nozioni volgari e primitive che ci vergogneremmo di ripetere se non vi fossimo astretti: così non insisteremo più oltre a confutare l'assurdo che l'erudizione musicale possa nuocere all'ispirazione, mentre è cosa ormai vieta che serve anzi a maggiormente svilupparla: egli è per questo che il nostro più grande compositore, Rossini, e quegli che si ritiene il più naturalmente ispirato, Bellini, non solo arricchirono la mente coi preziosi materiali innanzi a loro accumulati, ma non isdegnarono all'occorrenza di servirsene come germe e quasi sostanza della loro musica, la quale non perdette per questo della sua possente individualità. Quanti ragionamenti e quanti esempi porterebbero le prerogative eminentemente assimilatrici del genio musicale! Le lasciamo sottintese, per non escire dal soggetto!

Tutti sanno quanto sia facile alla critica il demolire: basta che ella si attacchi ad un solo difetto di un componimento letterario od artistico, che falsandone l'origine e lasciando tutti gli altri pregi, più o meno essenziali maliziosamente in disparte, ne esageri talmente l'importanza e le proporzioni, da far credere che la più o meno grande, reale od apparente deficienza, basti ad annichilarne l'autore. Il compito oltre che facile è sgraziatamente pieno d'attrattive, sicché vi si precipitarono in buona ed in mala fede uomini di polso, dei Bettinelli e dei Lamartine.

È questo modo sciagurato e unilaterale di trattare la critica che ha resi memorabili per la loro ingiustizia e avventatezza quasi tutti i giudizi musicali dei più celebri capolavori, quei giudizi che sentenziarono un aborto la *Beatrice*, una freddura la *Norma*, la *Traviata* una nullità, il *Profeta* un narcotico, Verdi un Barbaro. Quando si è detto che l'opera di Bottesini difetta di una perfetta uguaglianza di stile, locché interamente non concediamo, s'hanno forse chiuse le partite sugli altri requisiti dell'opera in musica, si è forse in diritto di concludere che il *Diavolo della Notte* è un lavoro mancato? Se certi scrittori potessero mai parlare come lor detta l'intima persuasione, avrebbero cercato e trovate le cause della diversità delle tinte e qualche volta della discordanza, non già nell'ingegno del compositore, ma nell'indole medesima del melodramma semiserio, ch'è una delle forme musicali più difficili, anzi una forma assolutamente incompleta, la quale pone il musicista nella dura necessità o di violare allo scopo della musica lirica, ch'è di servire alla parola, oppure di scrivere con trapassi e stacchi inevitabili di stile, dal comico, al serio ed al semiserio.

Il libro del Sig. Scalchi è di un carattere talmente indeterminato nella sua frivolezza e vacuità, che non ci voleva proprio che la musica del Bottesini, la quale colla vivezza, colla spontaneità e col calore (che altri, *mirabile dictu*, disse eccedente), colla continua eleganza, colla bellezza spesso nuova delle cantilene, colla fluidità, colla condotta chiara ed originalissima delle forme, col prestigio incessante d'un istromentale ricco, grazioso, parlante, animatissimo, si può dire abbia infuso all'azione l'interesse, alla parola lo spirito, al libro insomma un'apparenza di bontà che alla lettura non si comprende. Ci sono per altri certi punti di indole appassionata e romantica, situazioni più eroiche che eroico-comiche, le quali il maestro, a meno di non cadere in un controsenso, dovea interpretare con modi misti di comico e di serio.

Si può dedurre da ciò che l'opera sia riescita un ammasso indigesto di brani, di frasi, di fatture tolte a prestito nell'emporio della erudizione? Tutt'altro. Si oda la musica del Bottesini attentamente, senza prevenzioni, e si vedranno risaltare le più grandi e le più necessarie doti di un compositore l'omogeneità, l'originalità, l'individualità complesse dello stile: apparirà chiaro allora che le formole rossiniane, gli effetti verdiani, e gl'intrecci classici, non sono che materiali staccati e accessori a formare un edifizio bello, nell'insieme attraente e originale, poiché dell'autore sono proprie, indisputabili le idee fondamentali, i contorni principali dei pezzi, gli slanci dell'ispirazione, che fanno delle imitazioni un pregio anziché un difetto. E tanto più in un primo lavoro il quale deve aver necessariamente il suo addentellato con tutte le migliori tradizioni della buona musica, che deve uniformarsi alle tendenze del gusto, alle abitudini del pubblico, soggiacere alla legge immutabile che prescrive a qualunque ingegno creatore un cammino il quale unisce sempre il passato all'avvenire, il sapere alla fantasia, l'imitazione alla creazione feconda ed originale.

Nel *Diavolo della notte* avvi una sinfonia che riepiloga alcuni pensieri dell'opera, cioè un cantabile del tenore, il motivo di sortita del buffo e la cabaletta del terzetto. L'adagio del violoncello è ornato da un tremolo armonizzato dei violini, di un bellissimo effetto: l'allegro corre alla conclusione senza impacci, infondendo subito nell'animo di chi ascolta quel senso di vita e di movimento che anima tutto lo spartito. L'introduzione cantata da un coro di donne s'intreccia colla voce di Clarissa, mezzo-soprano: la forma ed i pensieri di questo pezzo sono originalissimi, elegante l'istrumentale, rapida ed efficace la conclusione. L'aria di Valeria che succede, si distingue più per la fattura ed il buon gusto delle frasi, dei passaggi, degli accompagnamenti, che per la novità. L'adagio ci sembra pecchi un po' di lunghezza, e che l'espressione non sia tanto semplice e leggera come porterebbe la parola. La cavatina invece di Candal è un gioiello sì per l'assoluta novità del pensiero, del genere, della condotta, che per la giustezza del carattere brillante, il quale pregio appartiene costantemente a tutta la parte del tenore che non perde mai della tinta spensierata, scherzevole, ben precisata anche nella commedia. Dopo un coro di poca importanza a voci sole, contrappuntato nel ritorno da un pizzicato dei bassi, arriva il Duca di Turenna, baritono, il primo ed il più corto dei nasi su cui si appoggia tutto l'ordito e l'interesse dell'azione.

La dettatura della lettera è notevole per l'opportuno intreccio del dialogo coll'istromentazione, che qui profonde tesori di grazie e di buon gusto. La stretta comincia con un modo Rossiniano, il quale scompare nell'unione delle voci, così ben disposte da produrre un effetto sicuro, sebbene il pensiero non sia di per sé una gran cosa. In questo pezzo avvi un cicaleccio nuovissimo dell'orchestra, alternato colla parlante lettura del foglio. La sorpresa di tutti i circostanti per la singolare condizione della grazia concessa al Duca, produce il famoso pezzo concertato, per l'effetto e l'architettura il capitale dello spartito. La proposta arieggia un celebre sviluppo Rossiniano; dando prova incontestabile di genio creativo e assimilatore, il Bottesini s'è valso di un mezzo vecchio per ottenere un effetto nuovo, d'un esordio antiquato per giungere ad uno sviluppo e ad una conclusione nuovissimi, d'effetto straordinario per la lucidezza e la vita che serpeggia in tutte le membrature del concerto. È impossibile desiderare una distribuzione delle parti e delle voci più naturale e più chiara, sì che negli intrecci, negli attacchi, nelle risposte, negli accompagnamenti brillano sempre uniti lo staccato e il cantabile, fino a fondersi in un punto culminante di slancio e di sonorità. Eguali sono le prerogative dell'allegro, nel quale oltre la convenientissima bizzarria del pensiero, avvi tutta quella foga ardente che ha trascinato il pubblico a strepitose interruzioni. Il cavalier Narciso canta una cavatina buffa sostenuta nei due primi tempi dai brillanti motivi dei violini, che assistono alla toilette del nasuto provinciale. Questi discorsi della voce coll'orchestra sono come sempre animatissimi e originali. L'allegro somiglia a molti dello stesso stampo, ed è forse troppo faticoso per l'incessante spesseggiar della parola. L'atto si chiude col magnifico duetto per baritono e buffo. Vorremmo proprio che si dicesse a chi mai tolse il Bottesini, in quale ripostiglio della sua erudizione ha frugato il pensiero istromentale del primo tempo, e tutto il lavorio, l'effetto, l'espressione comica dell'adagio? Per cresimare un artista basterebbero questi due brani. La cabaletta è molto animata; noi però non ammettiamo nella musica quei mezzi che ottengono un effetto buffo colla parodia del serio. L'arte abusando di questi procedimenti, falserebbe la sua espressione e potrebbe condurre a deplorabili barocchismi. Siccome poi questo è un capriccio eccezionale del compositore, così dobbiamo passargliela buona, anche perché al pubblico non dispiacque.

Nel secondo atto, ch'è più freddo degli altri vi sono molte bellezze artistiche, e in qualche parte vera invenzione. L'arietta del mezzo soprano, e tutto il coro che segue accompagnato da sordini, sono preziosità del genere idillico di un carattere che non riscontri, quantunque vi sia introdotto un accessorio d'istromentazione che gl'intelligenti potranno trovare nota per nota nell'adagio della sinfonia in *do minore* di Beethoven. Eppure il pezzo non è men bello ed originale!

Poscia il Bottesini, per servire alla situazione, ha dovuto comporre un duetto per soprano e baritono, spezzato, senza punti salienti, all'infuori di una frase animata di Valeria all'uso Verdiano. L'ultimo tempo è fatto con un grazioso pensiero; peccato che la necessità di far camminare all'oscuro e far parlare assai piano personaggi impedisca d'innestarvi qualcuna di quelle risoluzioni che decidono sempre dell'effetto. Tutta la scena concertata col coro, per ben giudicarla dovrebbe eseguirsi in tutta la sua integrità: così riesce una cosa monca e quasi inconcludente. L'atto si chiude con un terzettino, la canzone spagnuola del baritono assai nuova e caratteristica, ed il grandioso quartetto. Il terzettino, tutto nel genere imitativo, può far sovvenire Meyerbeer. Nel quartetto avvi eccellente musica, ma in complesso è un po' mancante di appropriata intonazione. L'attitudine della musica nel primo tempo è spedita, allegra, ricca dei più vaghi e melodici ornamenti: nell'adagio ch'è pure artisticamente di un gran valore, che ha momenti di slancio e di passione anche soverchi, l'elemento comico vi è quasi a forza introdotto. L'allegro è eccessivamente serio e pesante. È questo il solo punto dell'opera ove troviamo un flagrante distacco, il quale rende inavvertite certe bellezze di pensiero e di espressione drammatica, che meriterebbero un migliore collocamento.

È nel terzo atto, sovratutto nelle ultime scene, che il genio inventivo del compositore s'è convenientemente ispirato. Da principio vi ha una breve romanza del tenore, specie di pleonasmo musicale, ed un brindisi composto d'un motivo bacchico, energico, brillante e popolare. Pel duettino del travestimento ed il terzetto del finto ammalato, ci vorrebbe un'analisi che lo spazio non ci consente. È musica fina, arguta, espressiva, melodiosa che regge a tutte le critiche, perché serve a tutte le esigenze. In essa avvi quel difficile carattere semiserio, che concilia le emozioni del sentimento colle lepidezze comiche: musica insomma che lascia sempre maggiore il desiderio di riudirla, di addentrarsi in tutte le sue riposte finezze. L'allegro del terzetto è lo stesso motivo originale della sinfonia. L'opera si chiude col rondò del soprano fatto nel tempo e nel ritmo di una *Styrienne*: non si può credere qual colore di novità e di eleganza assumano colla voce di donna tutti gli avvolgimenti del pensiero, in cui si accoppiano con bella armonia la dolcezza e la vivacità.

La nostra rivista è certamente incompleta: ben altro ci sarebbe a che dire sui molti particolari inavvertiti, sul taglio e le proporzioni giustissime dei pezzi, sull'arte sottile di ricondurre i pensieri, di legarli con brevi accenni fra pezzo e pezzo, e specialmente sul meraviglioso istromentale.

Nella musica del Bottesini, oltre la promittente fecondità d'un ingegno sapiente, facile, dotato di fantasia e d'anima, noi crediamo scorgervi palese anche quel carattere proprio, intimo di originalità trasfuso in tutte le fibre, dominante le stesse imitazioni, carattere che si sente e che non si può a parole definire. Le qualità innate e complessive non si escludono, e quindi il suo forte ingegno atto alle sublimità dell'esecuzione meccanica, ed agli artifizi dell'istrumentale lo può essere egualmente alla creazione lirica, tanto più che tutte le sue composizioni da concerto contengono tre essenziali elementi, canto, chiarezza ed effetto. Noi non abbiamo negate le discordanze del *Diavolo della notte*, non ne abbiamo taciuti o dissimulati i difetti, le incertezze che accompagnano tutte le prime produzioni: neghiamo solo che i difetti sieno tali da togliere all'opera del Bottesini la probabilità, anzi la certezza di una vita avvenire brillante e avventuroso come la nascita.

Lasciamo l'indelicatezza di insinuare il merito gigantesco del concertista per impicciolire quello del compositore; è un complimento in tal caso doloroso all'animo dell'artista più che ogni acerba censura. Egli ben sa che le rinomanze, oltre la misura della quantità hanno quella ben più difficile della qualità: avvezzo da tre lustri a cogliere allori nei due emisferi quasi con indifferente abitudine, l'abbiamo veduto alla prima rappresentazione della sua opera, mostrarsi al pubblico plaudente, pallido e mal fermo sulle gambe, per la coscienza dell'arte che gli faceva sentire tutto il valore dei nuovi e più durabili trionfi.

Ma un proverbio creato a proposito concluse, che *il successo non fa il maestro*: pur troppo ciò può esser vero in certi casi, che non vogliamo accennare. Per fortuna che della sincera e costante espressione degli applausi nessuno ha dubitato!

Noi invece diremo francamente, che nessuna critica può fare o migliorare l'artista, il quale se ha ingegno operoso, colla fiducia in sé medesimo deve attendere che il tempo, distruttore delle piccole passioni, ponga in perfetto accordo i giudizi del pubblico con quelli della critica".

Lo stesso Filippo Filippi ritorna sull'argomento il 25 dicembre, sempre dalle colonne della *Gazzetta Musicale di Milano* del 26 dicembre 1858 affermando che "Il pubblico milanese applaudendo alla nuova opera del chiaro Bottesini, escì da quelle calme abitudini di accoglienze fredde o di pura stima, a cui l'hanno da molto tempo abituato i moltissimi compositori che provarono e riprovarono la difficile fortuna. Questo sarebbe il primo e più valido argomento in favore del nuovo spartito, al quale quindi non possono giovare gran fatto le lodi sperticate della critica, e molto meno nuocere le accanite e premeditate censure che sono il solito incoraggiamento e conforto all'operosità d'un autore che incomincia. Per quanto si voglia dirlo sovrabbondante, l'esito della prima rappresentazione non fu per questo meno meritato: la logica stessa degli applausi e la storia delle successive rappresentazioni lo provano inappellabilmente. La prima sera suscitarono vero ed irresistibile entusiasmo quelle bellezze che sono salienti e di subitanea impressione. Le altre, come dicemmo in un breve cenno l'altra volta, doveano risaltare quando fossero maggiormente ascoltate e capite. E così fu. Si avverò la nostra predizione: nelle sere successive gli applausi furono più equabilmente distribuiti: il terzo atto, ch'ha forme più riposte, che contiene musica bellissima più che gli altri, venne apprezzato come lo meritava, e l'autore ebbe la compiacenza non solo di un pieno trionfo, ma di veder l'opera sua compresa in tutte le più fine intenzioni da un pubblico scelto, calmo, imparziale ed intelligente. Ad ogni sera applausi vivissimi e chiamate ripetute in tutti i brani più belli, alla fine degli atti e dell'opera. Questa è la pura storia che nessuno può contraddire, a meno che non si voglia con inaudito sofisma far responsabile il successo del merito d'un compositore, a cui nessuno dei prestabiliti oppositori può negare la profonda conoscenza dell'arte. Si direbbe quasi stavolta che le parti sono cambiate, poiché, a detta di qualcuno, il pubblico avrebbe avuto il torto (ché sarebbe in vero madornale e singolare) di applaudire con entusiasmo niente altro che un buon istromentatore, fabbricatore di contrappunti, accozzatore di stili, generi e cantilene altrui. Il lettore, se avrà la pazienza di leggere la nostra critica posta in fronte al giornale, vedrà che il pubblico non ha mancato ai suoi istinti naturali, alle sue abitudini, al suo genio nazionale, che fu scosso dal fuoco, dall'eleganza, dalle molte idee originali del Bottesini, sorpassando a tutte le magnificenze dell'arte di cui è cosparso il melodramma, le quali dovette applaudire quando n'ebbe scoperto intuitivamente il valore nell'ultima recita".

Alì Babà

Alì Babà viene rappresentata a Londra il 17 gennaio 1871 con grande successo. È un'opera che può certamente interessare ancora oggi, e non solo per un teatro di marionette, come è stato fatto in questo secolo, ma la ricchezza dei suoi motivi comici, e a volte molto buffi, le sue delicate arie appassionate, la rendono per diversi motivi godibile.

Già nella Sinfonia c'è tutta l'opera in nuce anche se la Sinfonia non è il brano migliore, anzi, è certamente il peggiore, perché è un collage di quasi tutti i brani dell'opera con scarti repentini e non preparati da un soggetto a un altro. Ma più ancora, se la si suona al pianoforte nell'edizione stampata da Ricordi, si incontrano melodizzazioni tipiche di Beethoven (Sonata Patetica), studi di Diabelli e ballate di Chopin. Il tutto non guasta perché unito ai "crescendo" rossiniani e alle arie buffe dà l'idea del lavoro calligrafico di Bottesini per rendere gradevole e accattivante la nota storia tratta dalle *Mille e una notte*. Diverse critiche sono state fatte a questo lavoro londinese; ne espongo solamente due: una tratta dal *The Musical Times* del 1° febbraio 1871 e l'altra del corrispondente inglese della *Gazzetta Musicale di Milano*.

"Martedì 17 fu rappresentata la nuova opera *Alì Babà* composta dal Sig. Bottesini espressamente per l'occasione. La storia, benché ripeta il titolo della vecchia fiaba assai nota delle *Mille e una notte*, è così modificata che i suoi migliori conoscitori stenterebbero a riconoscerla. Senza entrare nei dettagli della trama, possiamo dire che il segreto del tesoro chiuso nella caverna viene alle orecchie di Nadir (che ama Delia, la figlia di Alì Babà) ed egli usa questa conoscenza per soppiantare il suo rivale Aboul Hassan, dicendosi in possesso di una enorme fortuna. Dietro la promessa di non fare uso dell'informazione, Nadir rivela ad Alì Babà il suo segreto. Essendo stata sua figlia presa dai ladri, il padre rompe il giuramento, e raggiungendo l'accesso della caverna, è scoperto e gli viene richiesto un riscatto. Il capo dei ladri e il suo aiutante accompagnano Alì Babà e sua figlia a casa per obbligarlo a pagare la somma. Invece di 40 giare, il *clou* della storia è rappresentato in scena da 40 sacchi, che si immagina contengano caffè moka, avvicinando uno dei quali Morgiana sente una voce. Sopraggiunge ben presto Aboul Hassan accompagnato dai suoi ufficiali, viene appiccato il fuoco ai sacchi e i ladri si arrendono piuttosto che essere bruciati. Questa è la storia che è stata fornita dal Signor Emilio Taddei, ma trasformata a tal punto dall'originale da essere imbarazzati a raccontarla. Se si capiva che una storia non era auspicabile per un'opera comica, perché non sceglierne una che fosse tale? Sicuramente si sarebbe potuto trovare proprio nelle *Mille e una notte* la storia ideale che avrebbe potuto fornire a Bottesini il testo per una musica efficace e coinvolgente.

Se ascoltiamo *Alì Babà* ci ricordiamo continuamente di altre simili opere italiane, ma possiamo francamente ammettere che il Sig. Bottesini ha fatto un buon lavoro in questo genere di musica ed ha trattato l'argomento con genialità e grandi meriti. A parte alcuni difetti c'è molto dunque da ammirare in quest'opera come l'ovvia serietà degli intendimenti con cui è stata scritta. La lezione non è certamente alta, ma da un capo all'altro il lavoro non cerca di strappare applausi a spese dell'arte, e se non c'è uno stile ben definito c'è almeno l'evidente desiderio di acquisirlo, ma per quanto sia impossibile supporre che un artista che è stato così tanti anni esposto al pubblico non possa riuscire nei suoi sforzi, una così lodevole intenzione deve essere valutata nel suo autentico valore. Anche la strumentazione è notevolmente chiara e la ricchezza di coloritura in molti pezzi mostra una forza che supera le risorse dell'orchestra e può essere ottenuta solamente con uno studio intelligente e accurato. Il primo atto (introdotto da un'ouverture piuttosto debole) contiene alcuni brani effettivamente alti, fra i quali può essere menzionato il trio per Delia, Aboul e Alì Babà, *Esultiamo*, un duetto per Nadir e Delia, *Dal giorno*, e uno o due melodiosi *a solo* per i principali personaggi. Di gran lunga la parte meglio concertata è il Finale del Secondo atto, che non è solo scritto in modo eccellente per tutte le voci, ma è così elaboratamente sviluppato e pieno di una forza realmente drammatica da situarsi quasi a parte dal resto del lavoro: un fatto reso evidente dagli entusiastici *ancora* che furono sollecitati fin dall'inizio della prima parte del movimento. Il recitativo e l'aria per Delia *O Nadir*, e il duetto per Delia e Aboul *Parla, inponi*, sono anche meritevoli di grande elogio. Gran parte della musica durante il sonno dei ladri, nel terzo atto, è altamente drammatica, e la ballata per Nadir, *Io straniero*, piacque così tanto che la prima strofa fu ripetuta. Il quarto atto è più leggero di quanto l'argomento richieda, ma alcune arie piacevoli a ritmo di valzer ottennero molti applausi. La forza del compositore si è evidentemente esaurita prima del finale, ma la storia è troppo diluita, e se il sipario cade su di un crescendo sotto tono, è tanto colpa del librettista che del compositore. Nell'insieme l'esecuzione dell'opera fu notevolmente buona. M.lle Calisto nel personaggio di Delia cantò con forza interpretativa, raffinatezza di stile ed eccellente partecipazione alla musica. La piccola parte di Morgiana fu accuratamente interpretata da Mlle Faullo. Il Sig. Piccioli, un nuovo tenore, ottenne il meritato successo nella parte di Nadir. Costui ha una voce molto gradevole e un fraseggio da artista. La parte di Alì Babà è stata ammirevolmente interpretata dal Sig. Borella, al cui intelligente canto e presenza scenica fu dovuto gran parte del successo dell'opera. Un buon giudizio merita anche il Sig. Rocca che rese la parte di Aboul Hassan complessivamente con buoni effetti drammatici, mentre le parti minori furono rappresentate con efficacia dai Signori Torelli e Fallar. L'opera fu diretta dal Sig. Bottesini, che fu sommerso di applausi prima durante e dopo lo spettacolo". La relazione della *Gazzetta Musicale di Milano* del 12 febbraio 1871 è ancora migliore, trovando non solo l'opera eccellente, ma anche il direttore d'orchestra di prima categoria e tale da far ricredere il severo critico "Signor Davison".

Londra, 6 febbraio
Alì Babà, la bellissima opera in quattro atti del maestro Bottesini, continua ad essere la principale attrazione del teatro del Liceo. I direttori ciò non ignorano, e da bravi interpreti dell'opinione pubblica non si fanno domandare la replica dell'opera attraente; ma la fanno rappresentare nel corso d'una settimana, tante volte, che potrebbesi essere indotti a credere ch'essa sia realmente il solo e miglior cavallo di battaglia della *Italian Opera Buffa Company*. Lunge da me il pensiero che l'*Alì Babà* possa mai essere rappresentato troppo spesso, poiché mai troppo spesso può essere udita una musica tempestata di melodie, che vi ricordano i classici e vi rivelano un genio.

Non mai a Londra ha avuto luogo una prima rappresentazione di un'opera, messa alla luce per la prima volta, con un successo più unanimente riconosciuto e, diciamolo pure, più meritato.

Bottesini ha davvero ragione d'esserne orgoglioso. Gl'inglesi erano unanimi in accordargli la supremazia nel dominio di quel difficilissimo istrumento, ch'è il contrabasso; ma pochi credevanlo gran maestro nell'arte del comporre. Lo stesso abilissimo e rispettato critico che qualche anno fa dichiaravalo inabile a dirigere un'orchestra, ora facendo onorevole ammenda lo battezza *un eccellente direttore d'orchestra*. Verso i grandi peccatori maggiore, secondo gl'insegnamenti della Chiesa, dev'essere lo spirito del perdono — maggiore a misura dell'enormità dei peccati loro: ed io amo credere che il Bottesini sia ora dispostissimo a perdonare al signor Davison le offese passate!

Il libretto d'*Alì Babà* è fondato sulla novella inglese dei *Quaranti Ladri (Forty Thieves)*, la quale è tratta dall'arabo. È lavoro del signor Emilio Taddei, il quale da vero poeta non s'è curato di seguir rigorosamente le linee del suo originale, ma dando campo alla sua immaginazione, ha cercato ed è riuscito a dargli un trattamento lirico, che non avrebbe potuto avere altrimenti. I principali caratteri sono: Alì Babà, mercanto quanto cupido e avaro altrettanto ricco; Delia, la sua bellissima figlia, ch'esso è più che disposto a maritare col migliore offerente; Aboul Hassan, capo del dipartimento delle dogane, ricco amante di Delia, dalla quale non è corrisposto; Nadir, un amante povero ch'è corrisposto da Delia; Morgiana, schiava d'Alì Babà, e Orsocane, capo dei banditi: v'hanno altri personaggi, ma questi di poco o nessun conto. Alì Babà sta per forzare la figlia a maritarsi con Aboul Hassan, quando Nadir, errando disperato pei boschi, viene sulle traccie dei quaranta ladri, li vede entrare nella caverna; sente a caso la parola d'ordine, della quale fa uso per discendervi alla sua volta non appena i quaranta ladri n'erano usciti; si carica di quanta parte di tesoro potevano portar le sue spalle, e con essa recasi da Alì Babà per provargli ch'egli aveva migliori ragioni alla mano di Delia. Il mercante non potendo resistere scarta Aboul Hassan in favore di Nadir; ma solo a condizione che Nadir riveli la dimora dei banditi e la parola d'ordine per penetrare nella caverna.

Conoscendo la situazione della dimora dei banditi e il motto d'ordine, Alì Babà ottiene accesso nella camera in mezzo alle ricchezze sospirate; ma prima di esaminarle accende la lanterna con la carta, sulla quale aveva scritto il motto d'ordine, che ora non può più ricordare. Intanti i banditi ritornano, avendo catturato, durante l'assenza di Alì Babà, la figlia e 40 balle di caffè, appartenenti ad Aboul Hassan — proprietà che solamente aveva indotto l'avaro e cupido mercante a dare sua figlia ad Aboul Hassan in preferenza del povero Nadir. I banditi a primo slancio stanno per sacrificare alla loro vendetta il malcapitato mercante, ma poi pensano meglio, e convengono di riporlo in libertà assieme colla figlia mediante pagamento d'una ingente somma per la quale promettono anche di restituire le quaranta balle di caffè.

Ma le 40 balle questa volta invece d'esser cariche di caffè erano cariche ciascuna d'un bandito! E quando Aboul Hassan, furioso pel trattamento ricevuto, penetra nella casa di Alì Babà per dar fuoco alla merce di contrabbando, contenuta nelle 40 balle, all'approssimarsi delle torcie i ladri n'escono spaventati; sono assicurati e consegnati alla giustizia. Alì Babà poi, consolatosi della perdita del caffè, consente al matrimonio della figlia con Nadir.

Tale a grandi linee è la storia del bel libretto del signor Emilio Taddei — libretto che ha avuto l'onore della migliore traduzione inglese che abbia mai avuto un libretto italiano. Il traduttore inglese è Carlo Lamb Kenney. Ora se voleste cercar nella musica pezzi staccati, cioè pezzi scritti per far brillare un artista e che possano staccarsi senza danno dall'assieme, voi cerchereste indarno. L'opera non manca d'arie, di romanze, di duetti; ma il tutto è così bene serrato in un magnifico assieme, che le correnti d'armonie suonerebbero spezzate, ove si tentasse di togliere un'aria sola.

Bella è la romanza di Delia nel primo atto, *Non è il poter*; e bellissimo è il duetto fra Delia e Nadir, *Ah! dal giorno beato*. Questo duetto è una vera gemma di melodia, come ha avuto ragione di chiamarlo il *Times*. V'ha inoltre una romanza per Nadir, *Lunge da te*, la quale è piena di sentimento.

Nel secondo atto abbondano non meno le gemme. V'ha un recitativo e un'aria per Delia, *O Nadir compagno fido*, ch'è composizione graziosissima; ed havvi un duetto nuovamente per Delia e Nadir, ch'è degno rivale del duetto nel primo atto.

Nel terzo atto rimarchevole è una ballata per Nadir *Io straniero alle speranze,* ch'è forse la sola composizione che non brilli di pura originalità Bottesiniana. Ma per andar subito alla fine havvi in ultimo una specie di baccanale a tempo di valzer *Se un bicchier di squisito lhiras* col primo verso dato a Alì Babà, il secondo a Delia, il coro facendo il ritornello, ch'è forse il pezzo migliore, se pur è possibile far confronto in una musica tutta eccellente dal principio alla fine.

Ma dove il nuovo lavoro di Bottesini è forse maggiormente rimarchevole è nella parte istrumentale. Esso sviluppa le sue idee tali, quali sono, con una spontaneità ammirabile, e scrive per voci e per orchestra sola come sa scrivere un gran maestro.

L'introduzione dell'opera, il primo e secondo finale, e il terzetto verso la fine dell'opera per Morgiana (coro tenori, e bassi) per non far menzione d'altro, sono pezzi che attestano nel massimo grado il genio dello scrittore.

Né Bottesini ha per un momento solo dimenticata la condotta del suo lavoro. I caratteri sono perfettamente trattati dal principio alla fine. La musica d'*Alì Babà*, la musica degli amanti, la musica dei banditi. Non esce mai dal suo elemento. Infine *Alì Babà* è un grande successo; e se non sarà causa del successo dell'impresa del Liceo, la colpa non sarà certo della musica del Bottesini. Abilità amministrativa e felice spirito speculativo non sono doni generali; e tali qualità non cercheremo pertanto nei signori del Liceo colla certezza di trovarle.

Ora una parola riguardo all'esecuzione. La Calisto cantò la parte di Delia ammirabilmente. Piccioli (Nadir) è un miglior tenore assai del Fabbri; ha una voce che non dispiace, ma quei fiati lunghi dovrebbero essere evitati. Nullameno anch'esso ha la sua parte d'applausi. L'eroe della rappresentazione è Alì Babà; e può perfettamente dirsi ch'esso sia l'eroe in ciascun senso; poiché Borella è *senz'alcun dubbio* (prego di sottolineare queste tre parole) di gran lunga il miglior artista dell'*Italian opera Buffa Company* (Limited).

Ero e Leandro e *La Regina di Nepal*

Se nel 1857 *L'Assedio di Firenze* già programmato al Teatro Regio di Torino non va in scena *per negligenza dell'impresa, lamentata dal d'Arcais su L'Opinione del 23 marzo* (S. Martinotti, presentazione della *Messa da Requiem* di Bottesini sul Disco Fonit Cetra), l'11 febbraio 1879 e il 20 dicembre 1880 vanno in scena rispettivamente l'*Ero e Leandro* e *La Regina di Nepal*.

Al successo dell'*Ero e Leandro* dovuto alla presenza di Boito in sala, all'ottima direzione di Pedrotti, all'eccellente interpretazione degli artisti, tra cui uno smagliante Barbacini, e al fatto che Bottesini si esibisse sul suo contrabbasso, fa seguito l'insuccesso della *Regina di Nepal*, un'opera troppo attardata rispetto alle formule avveniristiche di quegli anni '80.

Eccone alcuni commenti.

Scrive infatti il Carniti alle pagine 50, 51, 52, 53, 54 e 55 del suo volumetto su Bottesini: L'*Ero e Leandro* e la *Regina di Nepal*, sono due opere che si debbono ricordare unitamente, perché rappresentate nello stesso teatro, a due soli anni di distanza, delle quali una segna un clamoroso successo e l'altra una sconfitta.

Io che ho assistito personalmente alle prime rappresentazioni di queste due opere, ho constatato che fra i molti giudizi stati allora pronunciati sulla musica e sulla persona del Bottesini, i più ponderati, i più completi ed i più imparziali furono quelli dati dal chiarissimo scrittore e critico musicale Giuseppe Depanis, apparsi prima nella *Gazzetta Letteraria* di Torino e poscia dallo stesso raccolti nel Vol. II della sempre interessante opera: *I concerti popolari ed il Teatro Regio di Torino*.

Per la competenza dello scrittore, che fu anche amico ed ammiratore del Bottesini, credo far cosa grata ai lettori col riportarli testualmente, tanto più che essi rispecchiano un periodo avventuroso della vita del nostro grande maestro.

"Più nervoso ed irrequieto del solito il Pedrotti capitò un giorno in casa di mio padre. La fisionomia stravolta denotava un grande turbamento. Entrò subito in materia, non era stoffa di diplomatico.

Il Bottesini, suo vecchio amico, gli aveva scritto una lettera disperata. Stretto in impicci finanziari gli occorreva una somma; teneva pronta un'opera di cui trasmetteva la partitura e supplicava l'amico di cercargli un'impresario che gli anticipasse il danaro e gli rappresentasse l'opera, se no si confessava pronto a commettere uno sproposito *El xe mato, ciò*, conchiuse il Pedrotti la sua narrazione fra il serio ed il faceto... *Non gli bastano i quattrini, e dove li pesco io? pretende anche che gli eseguisca l'opera! Poveretto me. Ed ora cosa faccio!* Non bisogna interpretare alla lettera la minaccia del Bottesini frutto di un momento di sconforto, ma il Pedrotti ne era stato colpito e lo opprimeva il pensiero delle conseguenze di una risposta sfavorevole, conseguenze che l'accesa fantasia esagerava sino all'inverosimile.

L'opera, Ero e Leandro su poema di Arrigo Boito, gli era piaciuta; non comportava soverchie spese di allestimento, richiedeva tre soli artisti: soprano, tenore, basso, procedeva spiccia senza lungaggini; le modeste proporzioni permettevano di completare lo spettacolo con una grande azione coreografica. Insomma seppe accortamente toccare i tasti favorevoli, eliminare le obiezioni, perorare la causa dell'amico e l'opera fu accettata. Il Pedrotti si affrettò a trasmettere al Bottesini la lieta novella insieme colla somma necessaria a trarlo d'impaccio.

Non c'era tempo da perdere per copiar le parti, distribuirle agli artisti, disegnare i figurini, lavorare gli abiti, dipingere le scene, operazioni tutte che si dovettero affrettare perché Ero e Leandro sostituiva un'altro spartito rinviato all'anno successivo e pochi mesi (eravamo nell'autunno 1878) ne separavano l'accettazione dalla rappresentazione. Anche la difficoltà di persuadere gli artisti ad esordire in un'opera nuova fu superata ed Ero e Leandro, secondo spettacolo della stagione, vide la luce l'11 gennaio 1879 esecutori Abigaille, Bruschi-Chiatti, Enrico Barbacini, e Gaetano Roveri. Le previsioni erano favorevoli ma nessuno sperava in un successo così caldo e così completo. Gli applausi incominciarono all'ouverture, raddoppiarono all'anacreontica del tenore, accompagnarono i principali pezzi dell'opera e raggiunsero l'apice dell'entusiasmo al larghetto del terzo atto

> *Vieni, e in mezzo alla ruina*
> *Fortunal che ha il mar travolto,*
> *Beami ancora, Ero divina,*
> *Col fulgor del tuo bel volto...*

cantato insuperabilmente dal Barbacini e ripetuto a furia di popolo. Non ricordo il numero delle chiamate al proscenio; ricordo la schiettezza e l'intensità degli applausi e ricordo l'ottimo successo non affievolitosi nelle ulteriori rappresentazioni, una ventina.

Che all'accoglienza oltremodo lusinghiera fatta dal pubblico del Regio ad Ero e Leandro abbiano concorso circostanze speciali, è fuori dubbio. La folla ubbidisce talvolta ad impulsi da essa stessa ignorati ed è tratta ad esagerare nel bene e nel male e qui sta il segreto di certi trionfi e di certe cadute di cui invano cerchereste altrove l'intima ragione. Nell'ambiente chiuso del teatro l'umore dei pochi si propaga a guisa di contagio con fulminea rapidità, tale l'impeto subitaneo di tosse di un individuo durante un pianissimo diventa in breve tosse collettiva dell'intera adunanza, ed è ciò che rende pericolosi i pronostici ed aleatorie le sorti di un'opera teatrale. Quella sera Ero e Leandro si avantaggiò delle buone disposizioni degli abbonati contenti di abbandonare il Biblico Mar Rosso dove navigavano a disagio per l'Ellesponto pregno di effluvi amorosi. La presenza del poeta, venuto ad assistere alle ultime prove ed a confortare il collega, infiammò il pubblico presso cui, per riflesso di *Mefistofele*, l'autorità del Boito era grandissima. Per quanto ogni babbo ci tenga alle proprie creature ed egli fosse l'autore del libretto, il Boito, ragionavano i più, non si sarebbe scomodato se la musica del Bottesini fosse stata cattiva. Il che tuttavia serve a spiegare il maggior calore ma non la persistenza del successo. Del quale una parte di merito, cospicua assai, spettò all'esecuzione in genere ed al Pedrotti ed al Barbacini in ispece.

Il Pedrotti curò la concertazione dell'opera con affetto di fratello, e con questo ho detto tutto: l'uomo e l'artista si valevano ed il cuore centuplicava l'energia dell'uno e dell'altro. Gaetano Roveri fu un eccellente Ariofarne, Abigaille Bruschi-Chiatti una Ero dalle forme grecamente scultorie e dalla voce stupenda. Al Barbacini bastarono le poche note del recitativo che precede l'anacreontica per soggiogare il pubblico, il verbo non pecca di esagerazione.

Non mancarono i contrasti col Bottesini, ma furono di poco momento. Il Bottesini, uomo navigato, non pigliava sul tragico la sostituzione di qualche nota; ne aveva scritte tante, una più una meno gli era indifferente. Tentò solo di opporsi ad una pretesa dell'artista che toccava il poema più della musica e chiamò in rinforzo il poeta. Nella pen'ultima scena Leandro, in procinto di buttarsi in mare, abbraccia Ero e grida: «L'amore è forte più della morte!» Sulla parola «morte» e giusto sulla vocale «o» il maestro aveva appoggiato un *si bemolle* acuto da prolungare a piacimento. C'è sempre tempo a morire e se c'è il fiato c'è vita. Il *si bemolle* acuto formava l'orgoglio del Barbacini, dunque niente da ridire, se non ci fosse stato ce l'avrebbe messo egli stesso; ma, ecco, non gli veniva bene sulla «o», bisognava sostituire alla vocale «o» la vocale «i», e, poiché la più sfrenata licenza non tollera «mirte» per «morte» proponeva la variante: «L'amore è forte». (Pausa). «Addio» (Corona sulla «i», *si bemolle*, applausi ed un tuffo nell'acqua). Che il verso e la rima zoppicassero, gliene importava un fico secco, gli importava il *si bemolle*. Stampassero sul libretto il verso esatto, rimando morte con forte, e lasciassero a lui l'«addio». Siccome, in fondo il Bottesini ed il Barbacini ci tenevano al *si bemolle* e se ne ripromettevano un buggerio e siccome il Boito ci teneva al verso scritto e poco al verso cantato a cui nessuno badava, fu fatta la volontà del Barbacini ed il *si bemolle* suscitò lo sperato buggerio e procurò al tenore parecchie chiamate, un bis ed un bacione del maestro.

Il poema di Ero e Leandro per la forma appartiene ai migliori del Boito. Credo che in origine egli ne avesse intrapresa la composizione musicale e l'abbia poi abbandonata per non so quale ragione. Ero e Leandro deve essere di non molto posteriore al primo poema di *Mefistofele*, anzi c'è fondato motivo di supporre che nel rifacimento di *Mefistofele* il Boito sia ricorso qua e là ad Ero e Leandro. Ad esempio il duettino:

Lontano lontano lontano
Sui flutti dell'ampio oceano
Tra i roridi effluvi del mare

fratello carnale del duettino di *Ero e Leandro*:

Andrem sovra i flutti profondi
In traccia dei ceruli mondi
Sognati dal nostro pensier

non esisteva nel vecchio *Mefistofele*. La purezza della forma, l'ingegnosità delle immagini, l'accorta disposizione degli atti — tre atti brevi impostati in tre ambienti diversi — fanno dimenticare la modestia dell'azione imperniata sulla vendetta di Ariofante disdegnato da Ero amante di Leandro. Ci si abbandona al fascino dell'idillio che sembra prolungarsi al di là della morte nell'eternità dei secoli, fascino dal Boito conservato con gelosa cura nella riduzione drammatica ed espresso felicemente nelle due squisite ottave del prologo:

Canto la storia di Leandro e d'Ero
Su cui son tanti secoli passati,
Amorosa così che nel pensiero
Ritornerà de' tempi ancor non nati,
Eterna come il duol, come il mistero
D'amore che ne fa mesti e beati,
Fiore di poesia, tenero fiore
Che, irrorato di lacrime, non muore.
Canto pei cuori innamorati, canto
Per gli occhi vaghi e per le guance smorte,
Per quei ch'hanno sorriso e ch'hanno pianto
In un'ora di vita ardente e forte.
L'antico amor ch'io narro fu cotanto
Che sfidò il mare, i fulmini e la morte.
Udite il caso lagrimoso e fero,
Canto la storia di Leandro e d'Ero.

Che il Boito abbia rinunziato a musicare *Ero e Leandro* è da rimpiangere se badiamo al Sabba classico del quarto atto di *Mefistofele*. Che poi il Bottesini abbia scelto il Poema di *Ero e Leandro* per comporvi un'opera meraviglia alquanto; eppure il tentativo gli riuscì come pochi altri ed *Ero e Leandro* rappresenta nel melodramma serio il suo maggior successo come *Alì Babà* lo rappresenta nel melodramma giocoso.

Ritorno un istante a Giovanni Bottesini, per rammentare che in una delle rappresentazioni dell'opera, il compositore appagando l'universal desiderio, fra un atto e l'altro, si produsse come concertista. La folla accorsa fu così straordinaria da costringere l'impresa a cessar la vendita dei biglietti mezz'ora prima che incominciasse lo spettacolo. Il Bottesini ripartì da Torino a mo' di un trionfatore, dopo aver contrattato l'impegno di una nuova opera. Con giubilo gli abbonati ne accolsero la notizia e se dal mattino fosse lecito giudicare la sera, si sa-

rebbero dovuti trarre i più lieti auspici. Invece...".
Ecco invece il commento di G. Bercanovich apparso sulla *Gazzetta Piemontese* del 13 febbraio 1879: "Rassegna Musicale. Teatro Regio. *Ero e Leandro*. Tragedia lirica di Tobia Gorrio, musica di G. Bottesini. Sabato sera abbiamo avuto una bella e buona festa musicale al Teatro Regio, colla prima rappresentazione dell'opera *Ero e Leandro*, musica di Giovanni Bottesini e libretto di Ar... cioè di Tobia Gorrio. Dico che fu una vera festa musicale, perché la vasta sala era zeppa di ascoltatori intelligenti, attentissimi ed ansiosi di dimostrar costante anche al Bottesini, compositore melodrammatico, tutta quella simpatia ed ammirazione che aveva già a lui donata come compositore di musica sinfonica, e come concertista di contrabbasso assolutamente straordinario, tale da essere collocato fra quegli esecutori meravigliosi che formano la gloria musicale del nostro secolo. Fu festa altresì perché il più lusinghiero e lieto successo coronò il bel lavoro del maestro e del poeta, la coadiuvazione calda ed intelligente degli esecutori, le speranze ed i desiderii di tutti.
Il dover oggi discorrere di quest'*Ero e Leandro* riesce graditissimo ufficio, tanto perché trattasi (caso ormai abbastanza raro) di non tagliar i panni al prossimo, quanto perché il giudizio che di tal lavoro deve dare la critica è conforme al giudizio che ne diede di già il pubblico. Parlo naturalmente del pubblico in generale, poiché non debbo badare a quei pochi che hanno per natura gusti e criteri singolari quantunque coscienziosi, oppure a quelli che s'affrettano a declamare giudizi avventati, o peggio ancora a quelli che professano la massima esemplare, a fino di passar per intelligenze superiori, d'incominciar invariabilmente per dir male di tutto, salvo mutar registro quando s'accorgono di far triste figura.
Del libretto, o meglio dell'argomento e dei versi, trovandoci nel caso singolare di avere per le mani un lavoro di pregio eccezionale che ha perciò diritto di essere esaminato, discusso ed illustrato da qualcuno più di me competente, ho domandato aiuto al mio collega Molineri, l'ottimo critico drammatico di questo stesso giornale, ed egli cortesemente mi inviò in proposito la lettera che qui riporto:
Caro Maestro,
Puoi immaginarti con quanto piacere io accetti l'offerta che mi fai di esserti collaboratore nella Rivista musicale, discorrendo del libretto dell'*Ero e Leandro*. Non è una fortuna che mi possa toccare ogni giorno quella di avere sott'occhio una poesia d'Arrigo Boito, il quale, tutto assorto nella musica, ha oramai dato un addio ai versi.
L'anagramma che il Boito scelse per mettere in capo a questo suo libretto, e sotto il quale già pubblicò la *Gioconda*, alcune novellette ed articoli di giornali, è trasparentissimo; ma fosse pure uno pseudonimo inventato di sana pianta, ognuno sino dai primi versi avrebbe riconosciuta la mano del Boito.
Abbiamo infatti in questo poemetto lirico e drammatico tutto il profumo delle migliori sua poesie: l'elevatezza del pensiero, l'erudizione che s'innesta coll'ispirazione, lo splendore della forma, e vi si trovano anco i difetti, cioè la ricerca dello strano sia nei pensieri che nell'armonia del verso. Non vi è beltà che non abbia almeno un neo. Però i nèi delle belle poesie del Boito hanno questo di singolare che si differenziano da tutti gli altri nèi, formano una classe a parte.
Si possono discutere parecchie cose in esse, ed in questo stesso *Ero e Leandro*; ma bisogna convenire che anche i brani che non piacciono alla più dei lettori, siano riusciti così perché tali li ha voluti il poeta: non vi è né una trascuranza, né un'imperizia.
Nell'*Ero e Leandro* il Boito ebbe in mente una cosa sola. Volle cantare l'amore; l'amore calmo, felice, pieno d'estasi e di contento. Scelse quindi il soggetto nell'antichità, l'unica leggenda greca, forse, di cui fondamento sia l'amore.
Desideroso di conservare la purità delle finissime linee greche, seguitò quanto più gli era possibile il poemetto di Museo, ed all'idillio d'amore fra Ero e Leandro che dura per tutti e tre gli atti, senza tuttavia mai ripetere lo stesso pensiero, aggiunse il solo personaggio di Ariofarne per generare il contrasto indispensabile ad ogni opera drammatica.
Amore è nelle parole dei due giovani, amore in ciò che li circonda, il tempio di Venere, persino nell'odio di Ariofarne, amore quasi da solo prepara la catastrofe, l'odio e la gelosia di Ariofarne entrando solo come movente secondario. Per compiere la fusione dell'ambiente coll'ispirazione principale e dare nello stesso tempo al suo drammattino il colorito storico e locale, il Boito tradusse, e, per meglio dire, imitò assai bene, ponendole in bocca a Leandro, due odi di Anacreonte, la prima, e quella di Amore che giunge di notte alla casa del poeta. Giudicato alla stregua delle regole dei vecchi libretti, forse l'*Ero e Leandro* parmi povera cosa; esaminato dal lato vero, cioè dall'idea dell'autore, è poco meno che un piccolo gioiello. Il poeta, in poche scene, con tre soli personaggi, volle darci l'inno eterno d'amore che sempre ricomincia, e non si curò punto di scrivere un melodramma. Non è quindi il caso di discorrere né di caratteri, né di situazioni, occorre invece dire qualche cosa dei versi, i quali sono quasi sempre bellissimi.
M'urtano all'orecchio, a dir vero, alcune dissonanze cercate; non mi piacciono, perché dure a pronunziarsi, le parole bisdrucciole in fin di verso, come:

> Entro ti *palpìtano*
> Le nettunine
> Ninfe, che *avvincolansi*
> D'*aliga il crine,*

neppure alcune rime troppo ricercate:

> Risplendon di *fosforo*
> Le rive del *Bosforo*
> ...
> Cospargiam di magico *farro*
> L'onda irata del turgido mar,
> E sia freno, sia diga, sia *sbarro*
> Che ti possa, o Nettuno, placar.

Ma per compenso di questi pochi nèi, quante cose veramente belle e nuove, cose che da lungo tempo nessuno avrebbe più sognato di poter trovare in un libretto! Soavissimi sono tutti i dialoghi fra Ero e Leandro, bella la preghiera di Ariofarne a Venere, d'una delicatezza insuperabile la canzone di Ero nel terzo atto.

Permettemi di citare alcuni versi del duetto del primo e di quello del terzo atto.

Leandro.
Ero soave dal volto celeste,
Sulle tue guancie una stilla, perché?
Ero.
Leandro pio dalle pupille meste,
Tu perché vieni amabilmente a me?
Leandro.
Vengo a te, perché al fior d'una giunchiglia
Chiesi se m'ami... e mi rispose: no.
Ero.
Piansi perché un'eburnea conchiglia
Voce mi chiede onde il mio cor tremò.
Leandro.
La conchiglia mentì... ma non il fiore.
Ero.
Sugli oracoli incumbe alto mister.
Leandro.
Se parla Amor non ha misteri il core.
Ero.
Se parla il core ha misteri il pensier.
Vedi, misteriosa è la viola
Sott'all'erbe e nell'arnia è ascoso il miel.
Leandro.
Dolce pensiero vuol dolce parola,
Scopri il tuo cor poich'è scoverto il ciel...
A due.
Andrem sovra i flutti profondi,
In traccia dei ceruli mondi
Sognati dal nostro pensier,
In traccia d'un rorido nido,
In traccia d'un florido lido
Ignoto a mortale nocchier.
Andrem dove nasce l'aurora,
Andrem dove il mare s'indora
Dei vaghi riflessi del sol,
Coi baci sul labro, col riso
Nel core, coll'estasi in viso,
Avvinti in un placid vol.

La mia cicalata ti ha rubato troppo spazio? Mi perdona e credimi sempre Tuo aff.mo G.C. Molineri.
A queste autorevoli parole mi permetterò di aggiungere ancora qualche considerazione allo scopo di porre in sodo altresì che a tutti i meriti letterari di questo poemetto va unito anche quello di essere mirabilmente adatto a scrivervi sopra la musica non solo, ma a riuscire per se stesso un'ottima fonte d'ispirazione per il maestro. Poteva forse accadere altrimenti, essendone autore quel chiarissimo compositore di musica che tutti conosciamo? Ah! se potessimo aver più soventi libretti simili, quante opere migliori possederebbe il nostro repertorio italiano!
Venendo al Bottesini, allorché si accingeva al lavoro, credo si sarà posta la questione del come avrebbe colla sua musica colorito quel poetico idillio, mantenendosi in quella semplice eleganza, in quella pura, sobria, castigata efficacia che esigeva l'ambiente greco che doveva ritrarre anche colle note. Difficoltà immensa, per vincere la quale egli deve essersi detto: m'affido all'ispirazione, al cuore.
Ha egli sciolta a dovere la questione? Mi sembra di no; l'ha soltanto girata. La sua musica non porta generalmente nell'ambiente voluto, ma per altro anche senza di ciò la si trova eloquente e talvolta affascinante; non parla greco, ma in italiano canta

"... la storia di Leandro e d'Ero,
Su cui son tanti secoli passati,
Amorosa così, che nel pensiero
Ritornerà de' tempi ancor non nati.
...
Canta pei cuori innamorati...
...
Per quei ch'hanno sorriso e ch'hanno pianto'
In un'ora di vita ardente e forte".

Se la critica severa può censurare il maestro che non ha sciolto come doveva l'arduo problema, che non ha fatto la musica greca, mi pare che ascoltando quella sua musica appassionata non si possa trattenere ad ogni modo dall'assaporarla; se il raziocinio vorrebbe condannare, il cuore commosso vuole assolvere. E le partite sono pari.
L'opera incomincia con un preludio che brevemente e con grand'affetto ne riassume i principali motivi, bene collegati, anzi felicemente quasi sovrapposti. Ivi troviamo accennato il primo coro, il duetto tra Ero ed Ariofarne, il gran concertato del finale secondo e le ultime parole di Leandro nel duetto dell'atto terzo: "Vieni e in mezzo alla ruina...".
Il richiamo di questi motivi nel preludio ha una ragione d'essere abbastanza evidente, inquantoché sono quelli che ritraggono le situazioni principali, anzi le essenziali del poema. Abbenché questo pregio non potesse rilevarsi da chi ascoltava l'opera alla prima rappresentazione, per la buonissima ragione che il resto era ancora da sentirsi, pur tuttavia questo preludio è così logicamente condotto, con tanto affetto istromentato, che venne calorosamente applaudito, e se ne volle anzi la replica, con nuovi applausi e nuove chiamate al simpatico maestro.
Il coro con cui s'incomincia l'atto primo passò inosservato, abbenché sia uno dei pezzi meglio indovinati dell'opera per colorito, ispirazione ed anche per una certa originalità di forma; il coro incomincia il canto quasi di strafoto, con una serie di accordi sulla quinta del tono, prolungati a disegno per un certo tempo, indecisi, vaganti e che finalmente si risolvono nell'attaccare poi una bella e larga melodia religiosa; melodia che si ripete con maggior sonorità in sulla fine e vi riesce ancor più gradita mista al profumo d'incenso che dal tripode sul palco scenico si spande a questo punto del teatro. Dopo il recitativo d'Ariofarne, trovo nuovamente degno d'attenzione l'*andante* in LA bemolle dello stesso sulle parole "Spargo, o Dea, d'eletto vino...". Anche questo ha un'impronta originale ed un colorito appropriato.
Proseguendo l'esame sommario dei pezzi principali, m'arresto all'anacreontica di *Leandro*. L'effetto che produce è grande, perché l'essere specialmente descrittiva non comporta, tanto più alla conclusione, alcuna frase decisa, ma pure è così bene intensa nel suo insieme, così affettuosamente delicata, serve così bene le parole bellissime, che non mi par proprio d'ingannarmi nel giudicarla il pezzo migliore dell'opera.
Il duetto susseguente fra *Ero* e *Ariofarne* ha piaciuto, ed io non ho nulla da aggiungere.

L'assolo di *Ero* che chiamerei *ballata*: "Conchiglia rosea / Del patrio lido..." malgrado non sia molto originale, è nullameno carina assai, specialmente perché spontanea ed istromentata con molta finezza di particolari; valse all'autore molti applausi e due chiamate al proscenio.

Leggendo il libretto ero persuaso di trovare nel duetto fra *Ero* e *Leandro* un idillio musicale che reggesse al paragone dell'idillio poetico, ed invece qui mi toccò una specie di disillusione; per la prima metà non voglio dire, ché vi sono dei buoni pensieri, sebbene accennati troppo di volo, come se il maestro temesse di riuscir troppo prolisso, mentre invece mi sembra scivolare piuttosto nell'eccesso contrario. In quanto poi alla seconda metà, poveri noi! si cade in una cabaletta alla Verdi, di quelle in cui la ricerca dell'effetto volgare ha il sopravvento su tutto il resto, e finisce per istrapparvi violentemente dalla Grecia eroica, dall'idillio di *Ero* e *Leandro*, per tuffarvi in quell'epoca in cui fra un pezzo e l'altro in teatro si parlava di proclami rivoluzionari, di amnistie e che so io...

Tiriamo un pietoso velo su questo trascorso del Bottesini e passiamo all'atto secondo, la cui miglior parte è assorbita dalla danza. La musica di queste è piena di vivacità e di grazia, ma non sempre appropriata al luogo ed al tempo in cui si svolge l'azione; difetto di una certa entità e che non si può riscattare colle belle qualità che ho sopra menzionate.

Terminate le danze, l'atto si chiude con un pezzo concertato veramente stupendo e d'effetto grandissimo. Ne è bonissima l'orditura e la condotta, belli i pensieri che vi si contengono, le voci ben trattate e l'istromentazione vigorosa senza essere per nulla assordante. Ammirabile, potente, quasi direi gigantesca la trovata di far cantare al coro all'unisono quella stupenda melodia, alla perorazione. Caro Bottesini, basterebbe questo pezzo a collocarvi fra i compositori di gran levatura!

Finito il concertato, prima che si cali la tela abbiamo ancora una bella pagina di musica, cioè il *baccanale*; questo breve pezzo prende un carattere saliente specialmente per quella brutale insistenza nell'accompagnamento delle due note SI e LA.

Siamo all'atto terzo, e qui è facile la critica; lo dico subito, per me quest'atto è un gioiello da capo a fondo. Cioè no. M'è permesso forse fare un pochino di riserva per due cosette? Una è il principio del duetto fra *Ero* e *Leandro*, alle parole: "Volto soffuso d'estasi". In quell'agitato mi par che torni a far capolino il Verdi, d'un tempo. L'altra cosa che, sebbene graziosa e piacente, mi persuade poco però come originalità e colorito, si è l'*a due* "Andrem sovra i flutti profondi". Qui non fa più capolino il Verdi, ma lo fa ancora troppo il tempo che fu. All'infuori di questi due leggerissimi nèi, per tutto il resto non ho che a ripetere che questo atto terzo è un gioiello per ispirazione e passione.

Riassumendo, convien classificare quest'opera come una delle migliori che siano sbocciate sulle scene italiane nell'ultimo decennio, malgrado gli appunti che le si devono fare, e che sono più che compensati, anzi di gran lunga soverchiati dalle ottime qualità; cioè da una melodia, se non sempre originale, sempre peraltro spontanea e affettuosa che finisce per affascinarvi e farvi battere il cuore con maggior violenza; da una forma e misura, da un taglio dei diversi pezzi affatto secondo le esigenze del giorno; da una cura evidente di interpretare la parola e il dramma. Non dubito che questo spartito non abbia a compiere un giro festevole per tutti i teatri della penisola, e che il giudizio che ne diede il pubblico di Torino venga affatto confermato da tutti gli altri.

Mi spiace dover parlare molto di volo dell'esecuzione, visto la lunghezza ormai eccessiva della presente rassegna; ma il guaio non è grave, dappoiché non ho che a lodare per l'impegno e l'attenzione esemplare di tutti, perfino del corpo di ballo. Ritornerò su questo argomento nella prossima rassegna. Ora farò soltanto in modo speciale i miei complimenti ai due artisti nuovi per Torino, che rappresentano le parti principali di *Ero* e *Leandro*.

La Signora Bruschi-Chiatti ha voce bellissima; accade di rado di sentirne una così fresca, pastosa, sonora e voluminosa per tutta la sua estensione. Ha pure molti altri pregi, fra i quali metto un attacco di suono molto preciso e sicuro, ed un accento abbastanza caldo.

In quanto al Barbaccini ha conquistato dopo poche note le simpatie vivissime di tutti; il suo modo di fraseggiare, la sua potenza d'espressione, l'anima con cui colorisce ogni frase, direi ogni nota, lo dimostrano un artista unico più che raro. La sua voce è simpatica, insinuante, e può sfidare ancora per un pezo le ingiurie del tempo.

Il basso Roveri ha trovato nella parte di *Ariofarne* un gran peso per le sue spalle, ma ad ogni modo si è tratto d'imbarazzo assai bene. I cori e l'orchestra furono degni del nostro teatro; bella la messa in iscena, per tutti i riguardi.

Come esimermi dal dire anche un *bravo* di cuore al maestro Pedrotti? Non è sempre lui l'anima di tutto?".

Il successo dell'opera è risaputo in tutta Italia sicché viene richiesta a Milano, Napoli, Roma e Genova.

Il 19 gennaio 1879, prima che andasse in scena a Torino, il critico G.I. Armandi dalle colonne della *Gazzetta Musicale di Milano* ne fa una recensione, ora lodando ora molto stigmatizzando: "*Ero e Leandro* di G. Bottesini, è un lavoro di modeste proporzioni, un ricamo finissimo di squisita fattura, nel quale più che la esperimentata abilità dell'istrumentatore, si ritrova la cura diligente del disegnatore e coloritore, il quale, in un campo relativamente ristretto, riesce ad ottenere notevoli effetti, ricercando le più intime fibre del cuore, cioè ponendo nel caso nostro speciale in evidenza le passioni diverse che agitano i tre soli personaggi del dramma: Ero, Leandro ed Ariofarne.

Se il poeta Arrigo Boito, seguendo le traccie di Mosco, di Anacreonte, di Ovidio, ebbe a superare difficoltà grandissime nel tratteggiare i tre caratteri dei predetti personaggi, l'effetto irresistibile di Leandro, la dolce ardenza di Ero, la violenta passione e l'animosità di Ariofarne, riproducendo quel fiore di poesia «che ne fa mesti e beati», non minori difficoltà seppe vincere il maestro Bottesini nel rivestire di flebili armonie gli splendidi versi del Boito, evitando l'uniformità e la monotonia, scoglio in cui più di un provetto musicista avrebbe potuto dar di cozzo miseramente.

Al dramma lirico va innanzi un preludio sinfonico di breve durata, dove emergono due affettuosi concetti, due frasi riprodotte in seguito nel primo e nel terzo atto, e che serbano un soave profumo di attica poesia; un piccolo gioiello di ispirazione e di istrumentazione, senza astruserie: castigato lo stile, vivace il colorito, conciso il pensiero.
Nel primo atto lo spettatore ha dinanzi a sé il tempio di Venere, all'esterno; ricorrono le *afrodisie*, e il coro di sacerdotesse e marinai manda alla Dea Ciprigna inni e fumi d'incenso; indi squillano le trombe; sacra fanfara è questa che annunzia il gran sacerdote Ariofarne. Tutta l'orchestra seguita dal canto corale piglia parte alternativamente alla invocazione, con effetto di sonorità, elaborato con maestria, e pienamente riuscito. Un curioso contrasto di tonalità — all'entrata del basso, il sacerdote preaccennato — e che a taluno urta l'orecchio, piace invece a chi è bramoso di novità di disegni e di ardimenti, quali già fecero buona prova presso i maestri più rinomati; di queste innovazioni appropriate, ben inteso, all'azione, vorremmo anzi che nelle opere odierne, in quelle ove si richiede ciò che chiamasi musica caratteristica, si facesse uso per modo da imprimere un andamento *sui generis* all'intiero spartito, da ottenerne una tinta locale, ben calcolata, ben adatta; da produrre un ritmo non bizzarro o grottesco, ma originale e spiccato. Ciò non avviene per contro nell'entrata di Leandro, e nell'*anacreontica*, fine, dolce, miniata, ma che pure non ritragge il pensiero del poeta, il quale imitò il celebrato verseggiatore di Teo.
Piace il duetto conciso, nervoso, concitato, fra Ero e Ariofarne, e più ancora l'inspirata canzone *della Conchiglia*, in cui due semplici pensieri s'intrecciano lenemente espressi nella strofa:

«L'api che ronzano
Fra gli oleandri,
Ne' tuoi meandri
Odonsi ancor;
Un trillo eolio
In te bisbiglia
Rosea conchiglia.»

E nell'ultime due:

«Parla... e che? turbinano
Sconvolte l'onde?
Crollan... rigurgitano
Alte e profondo,» ecc.

L'*idillio* che chiude l'atto, è un recitativo cantabile, un canto dialogato fra Ero e Leandro, in cui la poesia che accenna un effluvio dolcissimo di sentimentalismo romantico, alla Bürger o alla Göthe, è superiore alle melodiche frasi del musicista-compositore. Debole la chiusa finale. Nel secondo atto assistiamo ai Misteri Afrodisii, nell'interno del tempio di Venere. Le sacerdotesse danzano leggiadramente, mentre gli archi imprimono un movimento capriccioso ai salti cadenzati. Non è tutto nuovo e caratteristico: c'è un valzer volgaruccio, che tradisce la fretta; c'è l'orpello, ma vi ha pure dell'oro di zecca, specialmente poi nel canto del Peàna; il quale Peàna, con buona pace di Boito, era l'inno di Apollo e della Vittoria, e non quello delle Afrodisie e dei baccanali.

Il pezzo d'insieme è un concertato di effetto sicuro e di scuola italiana.
Nel terzo atto come soavemente scrive il poeta:

«La notte diffonde
Gl'incanti sul mar,
Tranquille e profonde
Vaporan le sponde...»

Così canta un coro interno e lontano di marinai, mentre l'orchestra riproduce ed accompagna le cupe, dolorose immagini, i gravi pensieri, le intime lotte che s'agitano nel cuore di Ero, condannata a vivere nella Torre della Vergine, ove Leandro, con pericolo della vita, attraversando a nuoto l'Ellesponto, viene a trovarla ogni notte. Giunge finalmente Leandro. Il duetto melodico, armonioso, appassionato che segue è di un'evidenza, d'una fluidità e spontaneità maravigliosa. Solo faremo eccezione per l'*a due: Andrem sovra i flutti profondi*, in cui vi ha una frase che ricorda un canto corale dolcissimo del terzo atto dell'*Africana*, quando appunto sta per insorgere la tempesta, come nel caso qui identico; nel quale durante il dialogato freme l'uragano che scoppia in seguito con effetti di sonorità, non istranamente ricercati, ma potenti per magistero d'istrumentazione bene accurata. Qui Ero ricorda la canzone *della Conchiglia* e il fatale presagio, mentre si riodono le sacre fanfare che annunziano Ariofarne col coro.
Leandro fugge gittandosi nel mare; Ero, quando Ariofarne che tutto indovinò, le ha fatto scorgere il cadavere dell'amante sbattuto sulle scogliere, cade morta al suolo, e il sacerdote erompe in un grido di furore.
Questo finale avrebbe potuto essere musicalmente più grandioso, più drammatico; vi ha un difetto di movimento, di energia; il coro sta troppo in disparte; il colorito svariato, mirabile che riveste l'azione nei punti più salienti, qui vien meno, si fa scialbo, snervato. Ma è un piccolo neo questo che non infirma le bellezze dell'atto intiero; il Bottesini potrebbe anche aggiungere, con un rapido tocco, ciò che manca ad una chiusa degna del grazioso, elaborato, compitissimo spartito. — G.I. ARMANDI".

Entusiasta dell'*Ero e Leandro* è invece Amintore Galli che dalle colonne de «Il Teatro Illustrato» del 1883 (n. 6) ne traccia i pregi musicali, nonostante un certo insuccesso al Teatro Manzoni di Milano dovuto alla scadente interpretazione del tenore Mozzi (deteriorato nella voce), e della Signora Ricci che "non apprese la parte di Ero che all'ultimo momento".
"Il mese testé spirato fu un mese fecondo d'avvenimenti artistici, e di un ordine in gran parte fuori del consueto. L'opera *Ero e Leandro* non aveva mai affrontato il giudizio del pubblico milanese, e perciò destò fra noi una certa brama tanto più il libretto essendo un parto dell'ingegno del Boito, e la musica dettata dal famoso contrabbassista di Crema, da un musicista non secondo ai migliori.
Il libretto del Boito, letterariamente considerato, è un giojello quale pochi saprebbero creare l'eguale, come quello che è ispirato da Anacreonte, Museo e Ovidio. Idealità, sentimento, passione: questa triade vivificatrice dell'arte splende sovrana nel lavoro di cui parliamo: inoltre s'avverta che mai si respirò un'aura più classica, dopo

i miracoli di Gluck, come in questo poema del Boito, il quale ha saputo col suo verso luminoso trasportarci in seno all'Ellade poetica e rappresentarcela quale l'errabonda fantasia ebbela sognata attraversando la leggenda e la storia.

È un nuovo mondo che il Boito ci discopre, ma per disavventura il musicista, pur offrendoci un lavoro magistrale, non uguaglia, quanto a idealità, la creazione del poeta, e l'aspettatore è lontano per ciò dal riportare quella impressione profonda ed unica che solo può una opera nella quale il concetto della parola e il colorito del suono sieno identificati in una sola artistica manifestazione.

Ciò forse spiega le accoglienze piuttosto fredde fatte dal pubblico del Manzoni all'opera del Bottesini.

Questa non manca tuttavia di belle pagine, specialmente ove sia riguardata come *fattura musicale*.

Fra i migliori pezzi è da menzionare l'aria della *Conchiglia*, cantata da Ero nel primo atto, di una eleganza melodica che innamora e così acconcia all'organo vocale, pregio codesto che oggidì va sempre più facendosi raro, non curandosi più il canto ma la sola polifonia orchestrale. Bottesini sa invece rispettare e conciliare i diritti tanto della melodia quanto della stromentazione, mostrandosi così degno continuatore della grande scuola italiana.

L'*anacreontica* di Leandro è vera e magistralmente trattata. Nel secondo atto sono pregevoli alcune danze, ma lo squarcio più originale ne è la chiusa — preceduta dal *Pezzo concertato*

O sacra vergine!

nell'antica forma Donizettiana — allorché il coro canta i versi bellissimi, pieni di vita e per giunta alquanto pornografici:

Peàna! Peàna! — s'afferri la coppa
Che il seno di Venere — fremendo plasmò!
Già l'orma che impresse — l'olìmpica poppa
D'aromi e di vivido — liquor si colmò!
Beviam, tutto è cenere — delirio e canzone
    Fuggevole e vana.
    O Venere!
    O Adone!
    Peàna! Peàna!

Il segreto della rima si è rivelato a quella folla orgiastica! L'ultimo atto (il terzo) è certamente il migliore di tutta l'opera; bello è il coro di marinai all'interno, e bellissima l'aria di Ero:

Ellesponto! poetica laguna.

Il lungo monologo è trattato con grande ingegno dal musicista il quale in questa scena si è elevato nelle incantevoli regioni del poeta. La melodia: *Splendi! erma facella,* cantata da Ero, è temprata nell'etere puro dell'Ellade. Il successivo duetto fra Ero e Leandro è pure ben riuscito, e sotto il doppio aspetto di creazione melodica e di musica drammatica.

Ma, come si disse, malgrado questi pregi, l'opera non destò una profonda impressione nel pubblico del Manzoni, e ciò per le ragioni già dette, ed anche perché gli esecutori non furono qual l'opera avrebbe dovuto avere. La signora Rìcci non apprese la parte di Ero che all'ultimo momento, in surrogazione della signora De Vère; fece per vero d'ogni suo meglio e talvolta riescì encomiata, ma si intende bene che non poteva realizzare alla perfezione l'ideale del personaggio.

Il tenore Mozzi (Leandro) è deteriorato nella voce, cosicché più che altro in lui si può ammirare un attore intelligente, pieno di artistico fervore, ma non già un cantante forbito e quale vorrebbe la musica del Bottesini. Ottimo invece il basso cui venne affidata la parte d'Ariofarne, il signor Silich, uno dei migliori dell'odierno teatro melodrammatico.

L'orchestra, diretta dal Drigo, fu lodevole, e così dicasi del corpo corale. Mediocri invece le danze, e sarebbe stato meglio ometterle piuttosto che profanare nel modo che si è veduto il tempio a Venere sacro!".

Pieno successo invece l'opera ottiene a Roma, grazie all'intelligenza degli interpreti, Stagno e Turolla, ed alla elegante messa in scena. Anche l'infelice riuscita dell'ultimo quadro è pur sempre il punto più drammatico del poema. Sulla *Gazzetta Musicale di Milano* del 29 febbraio 1880 appare infatti la relazione della rappresentazione tenutasi al Teatro Apollo e *tolta* dal *Popolo Romano*:

ERO E LEANDRO del m°. Bottesini
A ROMA

Essendoci mancata la solita corrispondenza, togliamo dal *Popolo Romano*:

Il teatro Apollo era ieri sera pieno in modo da non poter contenere una persona di più, ed era pieno di quel pubblico colto ed elegante, che non manca mai ad una prima rappresentazione.

La nuova opera del maestro G. Bottesini, *Ero e Leandro*, riportò un completo trionfo. In sul principio e quasi fino alla metà dell'atto secondo, il pubblico aveva quel cipiglio severo che assume sempre quando vuol posare da giudice; ma il bellissimo finale di quell'atto ruppe il ghiaccio e sollevò la sala all'entusiasmo, che andò sempre crescendo durante l'atto terzo, il più bello dell'opera. Lo spazio ed il tempo mi mancano per esaminare dettagliatamente questa nuova opera e potendolo, sarebbe temerità farlo dopo una sola rappresentazione. Ne parlerò lungamente nella prossima rassegna musicale. Il nome di Bottesini è troppo noto, né l'aspettazione che si aveva venne delusa. Egli ebbe più di venti chiamate al proscenio, tre delle quali dopo l'ultimo atto e si volle la replica della romanza di Ero all'atto terzo e si voleva anche quella del bellissimo duetto fra Ero e Leandro nello stesso atto.

Oltre quest'atto, che come già dissi, è una bellezza dal principio alla fine, piacquero moltissimo l'anacreontica di Leandro, la canzone di Ero e il duetto fra questa e Ariofarne all'atto primo, le danze e il finale dell'atto secondo, ed il preludio dell'opera che fruttò al maestro la prima chiamata.

Il successo riportato è dovuto anche alla eccellente ed inappuntabile esecuzione che ebbe l'opera per parte di tutti. La signorina Turolla, Stagno, Nannetti fecero a gara a chi meglio interpretava ed eseguiva la propria parte e lo stesso dicasi dell'orchestra e delle masse corali. Stagno, fu nella parte di Leandro, quel grande cantante ed artista che è sempre in ogni opera che egli esequisce.

L'ultimo duetto e specialmente la stupenda frase: *L'amore è forte — più della morte*, venne da lui cantato con tale slancio e passione da rimanervi sorpresi, meravigliati.

Il Nannetti non poteva meglio rappresentare la parte di Ariofarne e fu applauditissimo nel duetto con Ero e nella sua aria all'atto secondo.

Chi però più degli altri sorprese e meravigliò fu la signorina Turolla. Essa, nella parte di Ero, è stata una vera rivelazione, e, trionfando completamente, ha mostrato quanto grande talento di cantante e d'artista possegga sebbene giovanissima.

La messa in scena è elegante, sfarzosa e ben adattata all'epoca. Bellissime le scene dipinte da Luigi Bazzanti e dal Ceccato: infelicemente riuscita l'apoteosi dei due amanti nell'ultimo quadro. Non sarebbe meglio toglierla addirittura, e non divagare con quella l'attenzione del pubblico proprio nell'ultimo pezzo dell'opera, il più drammatico del poema?''

Per quanto riguarda invece *La Regina del Nepal* il racconto che ne fa il Carniti a pagg. 55, 56 e 57 del suo volumetto su Bottesini, è quasi drammatico:
*Ed ora eccoci alla Regina del Nepal, in merito alla quale il citato scrittore [il Depanis] ricorda colla solita competenza quanto segue: La Regina del Nepal di Giovanni Bottesini inaugurò la stagione. Giovan Battista Denegri, agli inizi della sua carriera, doveva sostituirvi il Marin nella parte del tenore. O sia che la parte non gli tornasse, o sia che paventasse di esordire in un'opera nuova, o sia che fosse realmente indisposto, in capo a poche prove il Denegri si diede ammalato, rinunziò alla scrittura e se ne partì da Torino. Tale fu il primo contatto del celebre tenore colle tavole del Teatro Regio; in capo a soli quattro anni, nel 1855, vi trionfava nell'*Ebrea* e nel *Duca d'Alba* preludio ai maggiori trionfi dell'*Otello* (1887) e del *Tannhaüser* (1888). Frattanto il maestro e l'Impresa erano ripiombati in un angoscioso imbarazzo; dove pescare un tenore di buona volontà che acconsentisse ad imparare la parte di Elbis in dieci giorni? Antonio Patierno, fratello a Filippo di grande memoria, si sobbarcò al brutto rischio.

Le sorti della *Regina del Nepal* restarono così affidate a Emma Turolla (Mirza), a Palmira Rambelli (Nekir), ad Antonio Patierno (Elbis), a Mattia Battistini (Simar), a Francesco Navarrini (Giamstrid). Il Patierno dalla voce baritonale, che ricordava nella pasta se non nel volume quella del fratello, aveva cantato con ottimo successo al Teatro Vittorio: «ecco un tenore da Regio» dissero allora i soliti incontentabili, «un'Impresa avveduta non dovrebbe lasciarselo sfuggire». Adesso che il Patierno cantava al Regio, cambiavano metro: «Ci vuole un bel fegato per rifilarci al Regio un tenore da Vittorio!!» Ed il Patierno fu il capo espiatorio della serata.

Sembrava che dagli entusiasmi di *Ero e Leandro* fosse svanita l'ultima eco e che *La Regina del Nepal* fosse il lavoro di un Carneade anziché del Bottesini, tanta musoneria regnava nella sala. Il prologo, in cui pur non ci entrava il Patierno, passò freddo, cattivo indizio. Nel primo atto, a malgrado degli sforzi coraggiosi della Turolla, artista valentissima, scarsi applausi salutarono la canzone dell'ape; altri scarsi applausi il concertato. Calata la tela, silenzio. Ah! quel silenzio!...

Chi non ha pratica di palcoscenico è incapace di immaginare la tortura di un povero autore allorché il sipario scende lento lento e nessuno applaude, nessuno fischia, niente, appena un mormorio vago, indistinto che sembra lontano le mille miglia e che pure vi martella le tempie e vi trafigge il cuore a guisa di punture precipitose di spillo. Allora invocate le urla, i fischi, gli schiamazzi della folla furibonda, tutto piuttosto che quel silenzio di morte. Nel secondo atto sempre lo stesso silenzio gravido di minacce; l'elettricità dell'ambiente premeva sugli amici e l'attesa era atroce. Il Bottesini affettava la calma ma il luccichio degli occhi e la contrazione nervosa delle labbra tradivano la commozione interiore. Ridottosi nel corridoio degli artisti in fondo al palcoscenico, lo percorreva in su ed in giù, chino il capo, curve le spalle, le mani cacciate nelle tasche della giubba sbottonata. Di tratto in tratto sostava, tendeva l'orecchio, poi subito, timoroso di udire, ripigliava la passeggiata in su ed in giù per il corridoio. Non parlava, che cosa avrebbe potuto dire? Non gli parlavamo, che avremmo osato dirgli? In una delle sue soste uno strepito lo fece sussultare. Crollò il capo, amaramente sorrise ed esclamò: «La è finita!». Lo strepito continuava, ingrossava. Egli sospettò che il pubblico insorgesse contro l'opera e prese le mosse per scappare dal teatro; ma in quella l'avvisatore, il maestro dei cori, varie persone gli vennero incontro correndo e gridando: «Maestro, maestro! fuori, fuori!». Il Bottesini si fece pallido di un pallore cadaverico. La Turolla ed il Battistini, che nel loro duetto del secondo atto avevano scosso il pubblico, trascinarono al proscenio il maestro simile ad un automa. Quando rientrò al suo posto, in fondo al corridoio, sbattè a terra il cappello, appoggiò la persona alla parete e quantunque dirozzato alle commozioni del teatro, egli che col contrabasso aveva percorso il mondo da trionfatore, scoppiò in un pianto dirotto. Era stato capace di vincere l'indifferenza, cedeva ora dinanzi agli applausi che il pubblico gli prodigava in una delle improvvise reazioni che sogliono accompagnare le cadute. Quell'alta e virile figura accasciata contro la parete e singhiozzante tra il tramestio di una prima rappresentazione, mi è rimasta impressa nella memoria, sono trascorsi trenta e più anni e non l'ho dimenticata e non la dimenticherò mai.

La Regina del Nepal, accolta in sul principio con tanta indifferenza da minacciare una catastrofe, si sostenne in seguito assai meglio di quanto non avesse esordito. La terza e la quarta rappresentazione registrano, è vero, incassi derisori, L. 760 e L. 414.50 rispettivamente; le brutte voci messe in giro trattenevano il grosso pubblico dal frequentare il teatro. A far da richiamo venne in buon punto il ballo *Dzohara* del coreografo Garbagnati.

Il ballo piacque, in specie per il quadro raffigurante il fondo del mare, e la gente accorsa per il ballo ebbe modo di convincersi che al postutto la *Regina del Nepal* per il valore intrinseco, per il nome dell'autore e per l'esecuzione meritava un'accoglienza più deferente di quella usatale dagli abbonati. Epperò l'opera del Bottesini che, a dar ascolto ai rifischioni, mal si reggeva in piedi, fu rappresentata per quindici sere e, quel che più conta, con incassi nelle ultime rappresentazioni, assai migliori dei primi.

Tutto ciò sta a dimostrare come anche questa *Regina del Nepal* non mancava di pregi artistici, di ispirazione e di colorita istrumentazione.

Imbarazzanti sono anche le due recensioni apparse sulla *Gazzetta Piemontese* del 26 e 28 dicembre 1880 a cura di Ippolito Valetta che il 26 dicembre scrive: "Al Teatro Regio. La cronaca di oggi è imbarazzata. Le *prime* del nostro massimo teatro hanno sempre segnato, da quattro anni a questa parte una incertezza ognora crescente. La *prima* di ieri sera della *Regina del Nepal* raggiunse il colmo. Il pubblico era assai affollato, ma pareva avesse l'uggia indosso; non era, del resto, il solito elegantissimo pubblico delle prime gran serate. Sulle prime non si sapeva se applaudire, zittire o star cheti. Il pubblico scelse l'ultima scappatoia e imbarazzò gli artisti, accrebbe in loro il timor panico, apparve con loro, con l'opera, con l'esecuzione, con l'allestimento scenico più severo che forse non volesse essere, più severo non si fosse mai mostrato. Noi ci spieghiamo questo contegno non solo colle tradizioni passate del Teatro Regio, non solo ricordando come il pubblico torinese colto e severo voglia sentir tutto un lavoro prima di giudicarlo e rifugga degli entusiasmi repentini e fallaci, non solo colla circostanza che si era alla serata di Natale... ma ce lo spieghiamo con ben altre circostanze. Questo pubblico aveva troppe cose nuove a giudicare in una volta: artisti, opera, musica, esecuzione, allestimento. Quanto all'opera poi c'era un'aggravante. *La Regina del Nepal* - libretto - ricorda troppo altre recenti e grandi opere su argomenti orientali: ci si trova ad ogni piè sospinto in situazioni identiche, perfino in parlate e versi, come quelli che ci sono nell'*Aida*, nel *Re di Lahore*, nella *Regina di Saba*, ecc., ecc., sovratutto nell'*Aida*. Il pubblico ricorda come le identiche situazioni e le stesse passioni furono musicalmente espresse dal Verdi, Massenet, Goldmarck... e anche non volendolo, fa dei confronti. Il pubblico ha paura di sentir reminiscenze, ha paura che facciano capolino le imitazioni; il pubblico teme di lasciarsi andare ad entusiasmi, teme di applaudire musica non nuova, non di Bottesini; e usa del pari troppa prudenza e troppa severità, entrambe però del pari spiegabili e spiegate. Ma la misura del giudizio non va pigliata a una prima rappresentazione: vedremo la seconda e la terza. A questo punto il mostro appendicista ci manda queste linee:

Quanto all'esito dello spettacolo, esso non fu pienamente conforme alle previsioni: applausi ve ne furono in parecchi punti e l'autore fu chiamato varie volte al proscenio, ma in complesso passarono quasi inosservati od almeno non furono abbastanza apprezzati alcuni pezzi veramente degni della penna di Bottesini sotto il duplice rapporto dell'ispirazione e della fattura; cito la romanza di Mirtza, il quartetto, la canzone dell'ape ed il pezzo concertato dell'atto primo; nel secondo il duetto fra soprano e tenore; nel terzo la romanza di Nekir e tutta la scena finale. L'esecuzione è stata buona quantunque tutti fossero assolutamente paralizzati dal contegno freddo e riservato del pubblico, il quale, fra le altre cose, non ha dato segno nemmeno di apprezzare parecchie tele molto pregevoli che il comm. Ferri ha ideato ed il Fontana eseguito. La Cronaca dirà domani della seconda rappresentazione, la quale sola può disegnare nettamente l'opinione del pubblico sulla musica e sugli interpreti. Nell'appendice di martedì dirò schiettamente il mio modesto avviso sul nuovo lavoro di Bottesini; per oggi sto pago a mandare uno speciale elogio, tra tutti, alla Signora Turolla, la quale ha dimostrato, nelle difficilissime contingenze di una prima rappresentazione, un talento di cantante e di attrice di primo ordine, ed ha tirato dalla sua senza riserve tutti gli spettatori; al suo indirizzo non suonano oggi che lodi, ed è da sperare che questo sia di ottimo augurio per assicurare le sorti della stagione...".

Il 28 dicembre il Valetta invece scrive: "Rassegna Musicale. Teatro Regio. *La Regina del Nepal*. La *Regina del Nepal*, rappresentata sabato sera per la prima volta al nostro teatro Regio, non ha avuto fortuna. È inutile maturare gli incombenti, come dicono i legali, per vedere se una terza rappresentazione non trovi per avventura il pubblico in quelle migliori disposizioni alle quali ha accennato la seconda in confronto della prima serata; è inutile del pari cercare di indorare la pillola con sinonimi ed equivalenti: l'insuccesso è stato dignitoso, perché il pubblico del Regio è composto da persone ammodo, le quali reagirebbero certamente e farebbero all'occasione ottimamente quando si trattasse di dimostrazioni clamorose, ma è stato chiaro.

Al domani di una battaglia non basta raccogliere i morti, giova piuttosto trarre dagli eventi insegnamenti proficui: esaminiamo dunque pacatamente questo insuccesso, tanto più che la Dio mercé non solo il Bottesini non è tra i morti, ma vive per l'onore dell'arte italiana, della quale è sotto così molteplici aspetti campione valorosissimo, e non ne tange il posto eccelso nell'ammirazione dei contemporanei la miseria di una bufera sull'instabile mare della scena, di una bufera che non è stata nemmeno in fondo vera e propria tempesta.

Con questo po' di preambolo non si creda che io voglia farmi difensore ad ogni costo di tutta la musica della *Regina del Nepal* e del suo autore; la figura dell'artista non ha bisogno di essere puntellata da poche righe di appendice che presto si getta tra la carta straccia; Bottesini è un forte che può domani, collo stesso vigore col quale impugna l'arco del suo strumento, dar di piglio alla mascella d'asino leggendaria e mettere in fuga qualche dozzina, se occorre, di latratori da solo senza bisogno di compagni. E d'altra parte, qualora la quistione venisse portata sul terreno delle moderne tendenze del melodramma, la discussione sarebbe, più che possibile, doverosa; si discute Wagner che procede, si dice, con soverchio ardire e si avanza troppo; si può discutere chi, attaccato a quella che vuolsi la tradizione italiana, difende tenacemente le forme passate, e non accetta che col beneficio dell'inventario le teorie nuove. Ma finché succede, come è successo al Bottesini, che i suoi principii estetici si portino scritti a lettere di scatola sulla bandiera, nell'esaminare un lavoro bisogna mettersi il più possibilmente dal punto di vista dell'autore. Duolmi di dover girare di fianco la questione così complessa e così importante del melodramma, ma una dissertazione sugli intendimenti mi trascinerebbe troppo in lungo e l'idea che batte prepotentemente oggi alle porte del mio cervello è di ordine inferiore, ma più pratico, e si riferisce piuttosto alla motivazione, dirò così, della sentenza data dal signor pubblico, la quale mi sembra in aperta contraddizione col dispositivo. Non si meravigli il lettore del mio odierno cinguettare in istile giuridico; la questione si può dire di carattere legale, le parole giustizia e diritto tornano perfettamente; scrivo la frase a costo di farmi lapidare: il responso del pubblico torinese non mi è parso assolutamente giusto. Noto anzitutto che purtroppo la regionalità in fatto di successi teatrali in Italia è un fenomeno curioso, ma di una palpabile realtà: nel dominio dell'arte troppe considerazioni o circostanze specifiche ci vietano per ora un'unità nazionale di sentimento, con incalcolabile danno di fronte agli stranieri, i quali appena di questi giorni sembra consentano di porre accanto al nome fulgido di Giuseppe Verdi quello di Arrigo Boito: or bene, a parlar chiaro è innegabile che il pubblico di Torino aveva una specie di compromesso con Bottesini. Nessuno inarchi le ciglia; l'accoglienza che i miei concittadini avevano fatto non solo alle composizioni di Bottesini eseguite nei Concerti popolari, ma specialmente all'*Ero e Leandro*, non poteva assolutamente lasciar immaginare la serata, diciamo soltanto così, apatica di sabato, a meno che i difetti soverchiassero assolutamente i pregi. Il capitolo degli oneri della *Regina del Nepal* eccolo candidamente, a mio avviso: idee musicali accettate con soverchia facilità e mancanti di carattere spiccato, un po' di convenzionalismo in alcuni pezzi, qualche stretta nella forma di cabaletta che è ormai respinta da tutti senza eccezione, una tensione eccessiva ottenuta con artifizi noti nei punti culminanti dell'azione, uno strumentale un po' ripieno e che tende talora al fragoroso, e l'impiego troppo frequente di tinte che dirò verdiane, perché non si può negare, neanche da un relativamente mediocre ammiratore dell'*Aida*, che giammai esse saranno impiegate con maggior effetto di quello che lo ha fatto Verdi.

Bisognerebbe però che non passeggiassero pei corridoi del teatro abbastanza soddisfatte della loro parvenza le ombre di *Cleopatra* e di *Francesca*, per citarne due sole, onde si potesse dire che il pubblico non ha usato due pesi e due misure. Ed anche parte di questi difetti, che sono io il primo a censurare, derivano, se ben si riguarda, dall'unico per me capitalissimo errore del Bottesini, che è quello del libretto. Quei versi disgraziatissimi e zoppicanti del signor Tommasi sono una cosa inferiore ad ogni censura; è falsa la prosodia, è vecchia la sceneggiatura; tutto questo Oriente che ha invaso il palcoscenico riesce uggioso, monotono più della questione di Dulcigno, ci fa desiderare un altro ambiente qualunque, fosse anche quello dei paesi visitati da Bove; la *Regina del Nepal* è il più incredibile pasticcio del genere: vi è l'*Africana* senza Nelusko ed il vascello, vi è la *Regina di Saba* senza Salomone e soprattutto senza il relativo giudizio, vi è il *Re di Lahore* senza il paradiso coreografico d'Indra, e non manca che la famosa imbalsamazione della foresta perché si abbia la più grottesca parodia quasi letterale dell'*Aida*. È il caso di esclamare una buona volta il noto: *Qui nous delivrera...?* Rovesciamo la medaglia, e poiché l'analisi minuta non ci è permessa, facciamo un elenco sommarissimo delle cose più rilevanti. Il prologo va notato per la rapidità opportuna: con un pezzo inserto anche a danno del buon senso non sarebbe stato difficile tirare l'applauso ad un maestro pratico degli effetti teatrali: quante volte i re e le regine non hanno cantato per quarti d'ora dopo il colpo di lancia o di pugnale od il bacio dell'aspide e l'orciuolo del veleno? Non si può disconoscere che il maestro non ha qui voluto sacrificare la logica dell'effetto, e se glie ne deve tener conto.

Il preludio del primo atto chi l'ha notato? Eppure musicisti e non musicisti, purché di buona fede, bisogna che convengano che esso è un vero gioiello, e che fu eseguito benissimo anche da quei benedetti corni, ai quali io ho fatto talora la poco grata sensazione che fa il fumo negli occhi. La romanza di Mirtza è un altro pezzo di fortunata ispirazione melodica; il quartetto che segue la marcia, proposto senza affettazione e sviluppato giustamente, non potrebbe tornar più grato; la canzone dell'*ape* è nuova assolutamente come forma e come sapiente intreccio delle voci del coro che formano sfondo con movimenti originalissimi; e poi viene un pezzo colossale, mastodontico, un *concertato* che avrebbero potuto essere firmato dall'autore della *Lucia* e che è indubbiamente una fra le pagine più poderose che si siano scritte nel genere da molti anni. E tutto questo in un atto solo. Aggiungasi più d'un punto dell'atto secondo, dove i contrasti sono abilmente lumeggiati e l'azione procede spedita ed i melodisti possono far gazzarra, atto poi che finisce benissimo con un andante pieno di voluttà; aggiungasi la canzone del coro che principia l'atto terzo e che ricorda il ritmo caratteristico della *bamboula*, l'aria di Nekir e tutta la scena finale, e giudicando coi criteri abituali del pubblico del Regio, è appena credibile che non ci sia stato un solo momento dove l'uditore sia entrato nelle viste del maestro e l'abbia dimostrato a lui ed agli attori con quel mezzo che ha tanto spesso adoperato, anche in via di semplice cortesia, verso maestri i cui intendimenti erano a prima audizione poco probabilmente intesi. Certamente le querimonie dell'appendicista sembreranno perfettamente vane a qualche lettore, e già odo bisbigliarmi una serqua di considerazioni sulla autorità del pubblico, che la fin dei conti ha sempre ragione, sulle divagazioni della critica che argomenta e sui diritti del pubblico che paga, coll'indispensabile ritornello che, tirate le somme, ognuno va a teatro non per istudiare, ma per divertirsi. Questo fior di ragionamento ha la barba bianca ed è puramente e semplicemente un sofisma: nessuno mette in dubbio l'autorità del pubblico, ma è lecito, parmi, credere che i pubblici possono pigliar delle cantonate talora (e la storia ne cita casi infiniti), precisamente come può pigliarne la critica, la quale però sarebbe assolutamente inutile qualora senza riguardo alcuno non facesse sentire la sua voce coscienziosa per istudiare le contingenze degli eventi e ridurne a giusti limiti le proporzioni. Ridotta la critica a registrare passivamente i trionfi e le sconfitte, a mettere la sabbia sulle dichiarazioni dei pubblici, a non rilevare la giustezza molto relativa in linea d'arte dell'adagio *Vox populi, vox Dei*, meglio è che rinunci in prevenzione all'ufficio suo.

Del resto non sono io solo a constatare oggi lo strano fenomeno di una severità eccessiva nel pubblico del Regio, la quale da qualche anno ha reso molto difficili le prime rappresentazioni, e quest'anno ha preso delle proporzioni inaspettate; non ricerco nemmeno a cosa giovi un'affermazione d'autorità quando appunto nessuno si sogna di metterla in dubbio; duolmi bensì che per più di un riguardo le conseguenze possano essere gravi (e nessuno crede necessario che io metta qui i punti sugli i) e che ove si ripeta questo fatto si sminuisce il prestigio di intelligente cavalleria che ha sempre fatto desiderare il giudizio del pubblico torinese agli autori ed agli attori.

Col panico che il pubblico sovrano ha messo addosso a tutti la prima sera, l'esecuzione è stata, più che buona, assolutamente irreprensibile. Guai se il più piccolo incidente fosse successo! L'orizzonte era scuro scuro, fosse caduto solo, fosse caduto solo un candelotto, come succede a Scaramuccia, l'elettricità condensata cominciava a scaricarsi e buona notta ai suonatori ed a chi tocca tocca.

Per fortuna a cominciare dalla messa in scena, la quale non prestò appiglio neanche a coloro che sono usi a cercarne col lanternino, fino al servizio delle comparse non successe il menomo equivoco, e la sontuosità dell'apparato non ha lasciato presa ai censori, che vanno gridando ai quattro venti che il teatro Regio è sempre per l'Impresa un terreno dove crescono gli alberi dalle mele dorate, che è il paese di Cuccagna o di Bengodi, dove le salciccie si adoprano per legare le viti ed i ravioli cascano fatti nel parmigiano.

Tutti gli esecutori indistintamente sabato sera hanno meritato lode e col vento che tirava non potevano fare di più. L'orchestra ed i cori perfettamente; la banda sul palco scenico era un po' persiana, ma non guastava; la signora Rambelli, in una parte che non si rileva se non in fine dell'opera, ha fatto prova di buoni mezzi e di molta intelligenza scenica. Il baritono Battistini ha preluditato egregiamente e con molto garbo al suo successo sicuro al Regio; il basso Navarini non vuole essere dimenticato, perché anche le parti modeste bastano a dare concetto dell'artista, il quale anzi sa dare loro risalto. Ed il tenore Patierno ha superato di molto le mie aspettative: lo dichiaro apertamente, perché non mi pare giusto sotto nessun aspetto che su di lui si scarichi il malumore del pubblico.

Il Patierno ha accettato la parte negli ultimi giorni, quando, e fu cosa notoria, altro artista a prove molto avanzate si dovette dispensare, e se l'è messa in gola con una buona volontà che molti tenori di gran cartello non hanno dimostrato al teatro Regio; questo non ha servito ad agevolargli il cammino che gli inceppavano le memorie del fratello e l'aver cantato l'anno scorso al Vittorio Emanuele: ecco la verità. Io non scrivo che il Patierno abbia un'arte di canto miracolosa, né che la sua azione scenica sia perfetta, ma confesso che nelle opere di forza come la presente egli mi pareva e si è dimostrato discretamente a posto, e mi ha meravigliato non poco come non gli abbia riconciliato qualcuno la bellezza innegabile dei suoi limpidi acuti; quasi quasi non m'è parsa fuori proposito l'osservazione di chi crede d'avere scoperto che oramai il pubblico vuole ogni anno la prima sera una vittima, precisamente come certe divinità pagane, salvo poi a star pago di sostituzioni mediocri, come è successo trecentosessantasei giorni addietro colla esimia signora Giovannoni, per citare il caso più recente.

Per fortuna che ho finito il poco grato compito dell'appendice e non me ne resta che la parte lieta, la quale, come ognun prevede, è l'inno in onore della signorina Turolla, che ho cominciato ad intonare l'altro giorno in altra rubrica. A lei spettano i punti di merito più assoluto, a cominciare da quello di essere stata dantescamente *Come torre ferma che non crolla* sabato sera, rivelando così di primo acchito un coraggio che non poteva provenire che da una pienissima sicurezza dei suoi mezzi. La sua posizione si è fatta splendida nel concetto del pubblico in due sole sere; ma il *crescendo* successo dai pochi ed incerti applausi di sabato dopo la romanza, alla ovazione calorosa della seconda sera a sipario calato, prova che la Turolla se l'è guadagnata a filo di spada; e non poteva essere altrimenti, anche in omaggio al proverbio che si è difficilmente profeti dove si bevvero le prime aure vitali.

Credo che da molti anni un più lusinghiero accoglimento non sia capitato più meritato, i pregi più eletti dell'artista fondendosi mirabilmente nella giovanissima protagonista. La signorina Turolla ha avuto la prima fortuna di una voce robusta, omogenea, calda di timbro quale raramente accade di udire l'uguale; ha avuto la seconda di non essere capitata sotto la ferula di qualcuno di quei maestri che per prima cosa, in luogo di raffermare l'impostatura naturale dei suoni, ne alterano l'equilibrio; le auguro di gran cuore in mezzo agli entusiasmi generali la terza, quella cioè che ella tenga sempre nel suo giusto registro questo splendido capitale di mezzi naturali.

L'esercizio ha naturalmente suffragato le disposizioni fortunatissime della Turolla; la distinzione del suo porgere, il modo eletto di fraseggiare, la sicurezza sopratutto e la precisione colla quale essa stacca e fila la nota, non si ottengono senza buoni studi; ma per ottenere gli effetti che ella ha raggiunto con un corso di studi del quale le vieta la lunghezza la sua fede di battesimo, occorre veramente di essere nel numero che si va facendo sempre più raro degli eletti che l'Arte *stringe al petto con affetto di suora*, come ha scritto elegantemente Andrea Maffei.

E questo apparirà ancor più chiaramente quando si noti il perfetto temperamento delle doti di cantatrice con quelle dell'attrice che con sobrietà di mezzi, meraviglioso in questi nostri tempi, ma con finissimo sentimento estetico, incarna il carattere di Mirtza.

Siccome questo studio ho ragione di credere sia per tornare accetto, così io mi propongo di farlo in seguito, ma in una appendice che sia tutta rosa come gli augurii che di questi giorni piovono attorno alla gentile e valentissima artista''.

Nel gennaio del 1881 si interessa di quest'opera anche *Il Teatro Illustrato* (1881, n. 1, pagg. 11 e 12) che ne mette in luce i difetti, trovando il libretto di B. Tommasi una inutile copia di quello dell'*Aida*.

Dal *Corriere di Torino* riportiamo una corrispondenza del 30 gennaio:

Teatro Regio: *La Regina di Nepal*, opera in un prologo e 3 atti di Giovanni Bottesini.

Non era peranco spento l'eco degli applausi clamorosi tributati da un pubblico entusiasta all'*Ero e Leandro* del Bottesini; era recentissimo il trionfo ottenuto nell'ultimo concerto popolare dalla splendida creazione musicale *Il Deserto*, quando il pubblico torinese fu chiamato a giudicare di un lavoro di maggior mole di questo celebre concertista e distinto compositore. Il Teatro Regio inaugurava il 25 corrente la stagione colla *Regina di Nepal*, e malgrado la generale aspettativa, malgrado le più favorevoli previsioni, ci è pur forza riconoscerlo, l'esito rallentò l'insuccesso. Tre sole chiamate, infatti, in questi tempi in cui esse si sogliono contare a diecine non è un risultato che possa illudere alcuno e tanto meno l'egregio compositore, il quale ha certamente dovuto interpretare una simile manifestazione poco rumorosa come un attestato di stima anziché la espressione di un entusiasmo che pur troppo non era giunto a suscitare nell'uditorio. Fu dunque un vero insuccesso, checché ne abbiano pensato i cronisti dei giornali cittadini, i quali vollero attribuire la freddezza del pubblico ad una prevenzione, che, trattandosi dell'autore dell'*Ero e Leandro*, maestro amato e stimatissimo, non poteva ammettersi.

Ora, cessate le agitazioni, cessato il fragore della battaglia, raccolte le idee dopo ripetute audizioni, possiamo arrischiare un modesto giudizio. La prima impressione fu dunque freddissima; in quei pezzi, per quanto di eccellente fattura, per quanto magistralmente istrumentati, si nota subito la mancanza d'impeto lirico, di slancio, il difetto d'ispirazione. Si cerca invano una frase che vi tocchi le corde del cuore, che vi entusiasmi, che vi scuota. L'opera intera, ad eccezione di qualche pezzo, parve una nenia continuata senza novità di pensieri musicali, senza melodie di carattere spiccato. L'istrumentale troppo sovente fragoroso, le cadenze di vecchia forma e persino qualche stretta in forma di *cabaletta*, genere ormai proscritto da tutti i compositori, sono in linea generale i difetti dell'opera. Si direbbe che il Bottesini si perita ad affrontare le forme della nuova scuola, per mezzo delle quali i così detti avveniristi vanno febbrilmente in cerca di effetti nuovi. Egli non si lascia trascinare dalla corrente d'innovazione che qualche momento, e se ne ritrae tosto quasi spaventato di lanciarsi nel vortice.

Trattandosi di melodramma sarà pur necessario ricercare a quale concetto poetico il Bottesini abbia chiesto le ispirazioni. La scelta del libretto intanto non poteva essere più infelice; poche volte fu dato constatare tanta deficienza di forma, tanta meschinità di concetti come in questo libretto del signor Tommasi da Sciacca, nel quale i versi zoppicanti e le trivialità non sono compensati affatto da alcune situazioni discretamente drammatiche.

Il soggetto è una delle solite favole indiane, giacché ora l'Oriente ha invaso le scene dei teatri, auspice l'*Africana*, con tutti i re, le regine, i guerrieri, i gran sacerdoti e le passioni attribuite a quei personaggi fantastici. L'argomento non ha neppure il pregio della novità: Giamshid, re di Nepal, combattendo contro i persiani, viene ucciso a tradimento da Elbis condottiero nemico, che poi traduce le schiere di Giamshid, la di lui figlia Mirtza ed il primo ministro Simar in ischiavitù. Ad Elbis vincitore la regina di Persia Nekir offre la corona del trionfo e la sua mano di sposa. Elbis accetta e le nozze stanno per compiersi, quando Mirtza, che sotto il nome di Leila era stata alla corte di Persia schiava favorita della regina, riaccende in seno ad Elbis l'antica fiamma e lo affascina per modo che, spergiuro, egli si pone a capo d'una cospirazione intesa a restituire a Mirtza il paese natio ed il trono paterno. Simar che si vede perciò svanire la prospettiva del regno, quand'anche la cospirazione riesca a ridonargli la patria, denunzia la trama a Nekir; i congiurati sono sorpresi, e Mirtza si uccide.

Malgrado le incongruenze, le storpiature ed il convenzionalismo volgare di questo libretto, nel quale non manca persino il solito «*giorno d'orror*» sarebbe mancare alla verità l'affermare che nella *Regina di Nepal* non vi siano pagine musicali di una soavità notevole. Alcuni pezzi sono pregevolissimi; tale il preludio del primo atto, la romanza di Mirtza, dolcissima melodia piena di sentimento, ed il quartetto che segue la marcia indiana, bene proposto e sviluppato e condotto con rara maestria. Bellissima la canzone dell'*ape*, pure nel primo atto, affatto nuova ed originale per forma e concetto, la quale dominando con un motivo staccato il coro sommesso delle donne, vi si riunisce poi confondendosi alla chiusa del pezzo con effetto stupendo e perfettamente indovinato, ed anche il finale dello stesso atto, nel quale, combinate le voci dei cori coll'istrumentale, il Bottesini ha ottenuto un effetto grandioso di soavità cui nocque però alquanto la stretta finale.

Di qualche pregio artistico è pure, per la caratteristica del ritmo, il coro che apre l'atto terzo e finalmente, nell'atto ultimo, la scena in cui Mirtza eccita i congiurati a riconoscere come loro capo Elbis, scena magistralmente colorita ed il coro che appena accennato termina col giuramento, pezzo questo che non venne bastantemente gustato e che forse basterebbe, col grandioso finale dell'opera, a rialzare le sorti del lavoro, ove in seguito a ripetute audizioni, potesse venire meglio apprezzato dal pubblico intelligente.

Pure né questi pochi giojelli, riposti in sì vasto scrigno, né l'esecuzione inappuntabile per parte degli artisti ed in particolare dell'orchestra, non valsero a dissipare il malumore del pubblico, la cui aspettazione fu delusa vuoi dalla mancanza di caratteristica assoluta del lavoro in generale, vuoi dalle molte reminiscenze di altre partizioni e dalla rassomiglianza dell'azione coll'*Aida*, della quale il libretto ha quasi identiche situazioni.

Il Bottesini non si scoraggerà per questo primo insuccesso. Egli ha già dato all'Italia troppi lavori di pregio artistico perché la sua fama di valentissimo compositore possa venire menomamente scossa.

La musica sacra
Messa da requiem

La *Messa da Requiem* di Bottesini chiude la Stagione di Carnevale-Quaresima del Teatro Regio (probabilmente eseguita il Venerdì Santo del 1880) che ritorna così alle vecchie tradizioni di eseguire nella Settimana Santa un Concerto sacro. Ma né la novità, né il nome di un compositore caro al pubblico, né la collaborazione di valenti artisti come la Brambilla Ponchielli, la Prandi, il Barbacini ed il De Retzkè valgono a richiamare in teatro molto pubblico. Sicché gli applausi ed il successo sono grandi, ma l'incasso meschino!

Questa *Messa* non è più stata eseguita sino al 1979 quando il 29 giugno nel Duomo di Crema viene presentata in prima esecuzione moderna con la revisione di Franco Gallini e la direzione d'orchestra di Pierluigi Urbini. La stessa edizione viene poi ripetuta a cura della RAI in S. Marco a Venezia il 17 settembre 1980 e registrata su dischi Fonit Cetra.

La composizione è formata dai seguenti brani:
Requiem aeternam per soli, coro e orchestra (adagio)
Dies irae per coro e orchestra (allegro)
Quid sum miser per tenore e orchestra (andante sostenuto)
Qaerens me per coro e orchestra (maestoso)
Ingemisco per basso e orchestra (andantino)
Confutatis per coro e orchestra (fuga, moderato)
Lacrymosa per soli, coro e orchestra (adagio)
Domine Jesu Offertorio per soprano I e orchestra (andantino)
Sanctus per coro e orchestra (allegro)
Benedictus per soli e orchestra (andantino con moto)
Agnus Dei per soprano, contralto e orchestra (andante)
Finale per coro e orchestra (fuga, Grave)
Libera me per soprano II, soli, coro e orchestra (andante)
Dies illa per coro e orchestra (allegro, adagio, allegro)

Alla riproposta moderna della Stagione sinfonica dell'Accademia di S. Cecilia in Roma, sono presenti diversi critici italiani che non si mostrano molto entusiasti del lavoro di Bottesini, scritto per altro qualche anno dopo la celeberrima *Messa da Requiem* di Giuseppe Verdi, Giovanni Carli Ballola per esempio, sull'*Espresso*, titola già in modo negativo: *Requiem ql lattemiele*, e dopo una presentazione critica della vita e dell'opera di Bottesini scrive: "Ciò non bastasse, Bottesini lasciò una *Messa da Requiem* che, eseguita per la prima e unica volta vivendo l'autore al Teatro Regio di Torino nel 1880, oggi recuperata e revisionata da Franco Gallini, è stata di recente riproposta da Pierluigi Urbini, ultimamente ai concerti dell'Accademia di Santa Cecilia in una pregevole edizione che si valeva dei solisti Hasuko Hayashi, Luisa Galmetzer, Nazareno Antinori e Roberto Amis el Hage e del coro, egregiamente preparato da Giulio Bertola. Tirare in ballo, a proposito del *Requiem* bottesiniano, l'ombra di Banquo del coevo capolavoro di Verdi, sarebbe una pensata, più ancora che ingenerosa, maldestra. Nonostante inevitabili e del tutto superficiali punti di contatto, la distanza incommensurabile che separa l'opera di Bottesini da quella di Verdi, e più in generale, dall'intera produzione verdiana, prima ancora che di temperie inventiva è di linguaggio e di scelte espressive. La vocazione intimamente conservatrice, quando non reazionaria, dei *quartettisti* italiani, la loro sostanziale diffidenza (dissimulata da un progressismo di parata) per effettivi sviluppi della musica europea vengono a galla con evidenza palmare in questa pur pregevole composizione, la cui appartenenza al *genere* sacro implicava forti tentazioni verso l'accademismo e l'alienazione stilistica. La schietta vena operistica, la mondana amabilità melodica che si effonde nelle disinibite pagine cameristiche, nel *Requiem* si fa timidamente in disparte per dar luogo a sapienti esercitazioni polifoniche, a compassate ariette da chiesa parafrasate sulle *Romanze senza parole* di Mendelssohn, addirittura (nell'*Agnus Dei*) a reminiscenze settecentesche di stampo gluckiano. Tranne che per rari ma intensi momenti come *Tremens factus sum ego* nel *Libera me Domine*, risolto in un incisivo e affannoso declamato, l'eleganza sommerge le perorazioni del sublime testo liturgico come le fiumane di latte e miele che scorrono nella Terra di Canaan. Chi ha arricciato il naso, avvertendo puzzo di melodramma in queste pagine, non ha buon fiuto: il guaio sta proprio nella loro quasi assoluta aseticità drammatica. Per Bottesini, insomma, il *Requiem* di Verdi era come se non fosse mai esistito; e non solo quello di Verdi, ma persino quello in do minore di Cherubini il quale, scritto nel 1816, suona incomparabilmente più *moderno*".

La presentazione sul disco Fonit Cetra è toccata invece al Professor Sergio Martinotti dell'Università Cattolica di Milano che, dopo una aggiornata presentazione della vita e dell'opera di Bottesini, si sofferma ad analizzare la partitura del *Requiem* in modo pressoché esaustivo.

"Che sussistano, alla base di questa vasta ed articolata opera sacra di Bottesini, echi della nostra tradizione operistica non è dubbio - scrive Martinotti -, pensando a consimili esperienze di Verdi, Rossini (lo *Stabat Mater* soprattutto) nonché di Mercadante ed altri minori come Platania, Falchi e Giovanni Gaetano Rossi: ma fin dall'inizio orchestrale della prima parte di questo *Requiem* bottesiniano viene come sottesa un'ascendenza classicista che non par dimenticare l'illustre e come imprescindibile eredità mozartiana e più ancora cherubiniana, quest'ultima particolarmente esemplata da molto Ottocento. È proprio l'eclettismo del virtuoso Bottesini a convogliare, in una composizione sacra e quindi necessariamente legata ad un simbolismo storicizzato, molteplici reminiscenze, ma almeno fuse con destrezza e diciamo pure con maestria, in un esito di rara ispirazione, coerente e convincente proprio per la libertà dell'ispirazione che esenta questo *Requiem* dal pericolo sempre incombente della precettistica, dell'ortodossia seriosa e confessionale: ben vengano quindi i caratteri stilistici eterogenei (lamentati sempre dai puristi, con il loro amore per la stilizzazione artificiosa) a conferire attributi di attualità, di quotidianità anche e proprio ad un lavoro sacro, scevro com'è questo di Bottesini dalla teoria paralizzante dei "generi".

L'avvio orchestrale, nel *Requiem* iniziale, è discorsivo e raffinato, secondo un'ambientazione sentimentale che, salvo inevitabili accensioni emotive sollecitate dal testo, resta sostanzialmente orientata all'intimismo, sancito dalla seriosa tonalità di do minore. Il fugato dei quattro solisti, in tal senso, sposta il connotato polifonico convenzionale ad una colloquialità che, sull'identica trama orchestrale, promuove l'intervento pacato del coro, capace di conferire toni più discorsivi agli stessi solisti, come si nota nell'affabile episodio *Te decet*, nella tonalità più distesa di mi bemolle maggiore. Più avanti (nel passo *Exaudi orationem meam*) il coro sopravvive con scansioni più solenni, accentuate da più cadenzati interenti orchestrali. Il *Kyrie* ha connotati più fidenti e rasserenati, ma il *Christe* successivo riconduce alla severità iniziale, seppure la chiusura è ben altrimenti sommersa, nel ritrovato dialogo tra solisti e coro: intento quest'ultimo, con i suoi parchi interventi rispetto alla spiegata vocalità dei primi, a conferire al passo una più plausibile e fin lapidaria austerità. Ecco poi, nel *Dies irae*, un'altra proposta apparentemente convenzionale per la concitazione drammatica ed icastica del tema corale: ma anche qui non sfugge, nelle prime battute orchestrali, il riferimento immediato ad un Romanticismo inquieto ed immaginoso, diremmo mendelssohniano, per il crepitar sommesso e naturalistico di flauti e clarinetti, seguiti poi dagli archi. E dopo il clima corrusco (*Solve saeclum in favilla*), ecco un episodio non immemore di Verdi nell'andamento sincopato ed affannoso dei soprani, che si risolve in una nuova ed ancor più rapinosa concitazione (*Quando judex*) che sfocia, con gli appelli delle trombe, nell'episodio solenne del *Tuba mirum*: trattato con la maestà di un corale che non rinnega echi wagneriani e del Mendelssohn oratoriale. A dire insomma come moduli teatrali della tradizione italiana compiano ancora una volta un'accorta fusione con seducenti richiami d'europeismo: quelli che altresì si rinvengono nella chiusa sospesa, che annega ogni richiamo e frammento tematico nel cupo e contristato silenzio. Un clima di confessione tutta romantica improntа l'inizio affabile del *Quid sum miser*, dal tema ampio e spaziato che una cadenza morbida del clarinetto consegna al tenore solista. Ecco un movente esemplato del liederismo che, pur assumendo un decorso più scontatamente espansivo, non perde mai d'eleganza e di proprietà discorsiva, come nel dialogo della voce col clarinetto nonché nella cullante sezione conclusiva, ancora una volta decorata da linee ornamentali del clarinetto.

Gli aggrondati accordi iniziali degli ottoni ed il susseguente disegno puntato degli archi (memoria barocca ma anche schubertiana) conferisce al *Quaerens me* un'intonazione innegabilmente funebre, che la cupa vocalità del coro tende gradualmente a schiarire e concitare (*Redemisti*) ed altresì a risolvere più liricamente (*Tantus labor*), annullando l'iniziale cadenza patetica in un esito luminoso: anzi, per essere ritmato, vittorioso.

Altra propaggine romantica, di un'intimità che qui diremmo schumanniana, è la tenera frase introduttiva dell'*Ingemisco* che il basso solista, sul ritmo un po' rischioso del 3/8, dota di accenti più espansivamente accesi e proprio per questo più convenzionali; ma l'impressione di una sorta di Adagio, tutto lirico ed effusivo, resiste soprattutto per la proprietà strumentale raffinata e leggera: quella che si evidenzia nella sommessa chiusa. L'accordalità severa preannuncia, nel *Confutatis*, l'intento contrappuntistico: ed è infatti un'incisiva fuga quella elaborata dal coro, ottemperante (inevitabilmente, almeno in un caso) ad un luogo deputato e obbligato, in un'opera sacra. Ma dopo quest'omaggio allo stile osservato, ecco liberarsi in un limpido fa maggiore il momento lirico (*Oro supplex*), secondo un'estaticità ingenua che è proprio la frequente traduzione in chiave emozionale della proposta di fede.

La melanconia pungente del *Lacrymosa* propone echi verdiani, resi questa volta accorati dall'appoggiatura iniziale dei bassi: né i solisti disturbano questa segreta emozione almeno finché il discorso, in ottemperanza al testo, non sfocia in un *Allegro agitato (Judicandus)*, non scevro di accordi teatraleggianti come pure, dopo gli accenti sacri del *Dona eis*, nel *Pie Jesus*, allorché il coro riporta atmosfere di serenità rasserenante: forse fin troppo, per una conclusione di questa parte che nel *Requiem* è quasi sempre disposta alla straziata sofferenza. La fusione tra lo stile europeo e l'accento italiano si chiarisce ancora nella doppia proposta orchestrale che introduce l'offertorio *Domine Jesu*: dapprima intima e poi enfatizzata. Il soprano non può quindi evitare accenti teatrali (chiaramente verdiani, in questo caso: magari reminiscenti, nella linea melodica, l'aria di Gilda "Tutte le feste al Tempio"?), ma la strumentazione è sempre ricercata, anche laddove la linea e l'emissione vocale, risulta intensificata.

Una proprietà che invece non si rinviene nel successivo *Sanctus*, che con le sue fanfare, i suoi accordi imperiosi ed il tema corale così ritmato, sta un po' a sé (come d'altronde l'analogo passo del *Requiem* verdiano), col suo ottimismo poco contestualizzato. Per converso l'*Agnus Dei* palesa una fin troppa chiara parentela classicistica, con agevoli riferimenti haydn-mozartiani recuperati con sempre disinvolto sincretismo: ove le due voci femminili dialogano come in una qualche Messa del primo Ottocento, pur servendosi ovviamente di modulazioni più moderne.

L'ampio *Finale*, ricapitolativo come vuole la tradizione, riprende il tema corale della prima sezione di questo *Requiem*, però affidato ora ai timbri più cupi di fagotti, tromboni e oficleide (ovvero tuba) che tosto si sciolgono nel concitato climax della *Lux perpetua*. E di qui scaturisce il bel tema, largo e solare, della tradizionale fuga, svolta dal coro. Come spesso nei finali, non mancano tributi al mestiere ed all'accademismo, con conseguente attenuazione di estro e di mobile fantasia, ma tant'è che il tripudio (*Cum sanctis tuis*) vuole i suoi sacrifici, per giunta esulando dalle ortodossie, trattandosi infatti di un Requiem.

A questo punto Bottesini inserisce, in questa sua unica opera sacra, ancora due parti, presenti sia nella partitura che nella riduzione autografa per canto e pianoforte, custodite nella biblioteca del conservatorio di Parma, come ci informa il revisore Franco Gallini.

La prima parte è un *Libera me* che il coro avvia, su parchi accordi dell'organo, con una frase toccante e mistica: veramente qui viene recuperato un clima squisitamente mottettistico. Contrasta perciò l'intervento orchestrale che incentiva il discorso ma almeno prepara opportunamente l'aria dolente del secondo soprano. La seconda e conclusiva parte è un *Dies illa*, naturalmente imparentato col precedente *Dies irae* (ma con modificato disegno del coro); mentre il successivo episodio (*Dies irae*) è lo stesso tema iniziale dell'opera ora cantato dai solisti. Insomma, l'intento ricapitolativo è ora fin troppo evidente, come pure risulta chiaro il proposito del musicista di terminare questa sua importante opera sacra con accenti grandiosi e fin retorici, accortamente evitati in precedenza. Ma proprio questo gesticolante e fin muscoloso finale ci chiarisce un sostanziale ma inevitabile equivoco di tanta musica romantica e soprattutto tardo-ottocentesca: quello di confondere la grandezza con la magniloquenza".

The garden of Olivet

Il giardino degli Ulivi Getsemani è l'Oratorio inglese di Bottesini su parole di Joseph Bennett, eseguito al Norwich Musical Festival il 12 ottobre 1887, diretto dall'autore e interpretato da Miss Annie Marriott, Miss Hilda Wilson, Mr. Edward Lloyd, Mr. Santley e Mr. Brockbank.
Commenti e critiche sono apparsi su giornali inglesi come il *The Daily Chronicle*, il *The Morning Post*, il *The Morning Advertiser*, il *Sunday Times*, il *The Times* e il *The Daily Telegraph*, ma anche in Italia sulla *Gazzetta Musicale di Milano* in un articolo del 2 ottobre 1887.
Il corrispondente londinese di tale *Gazzetta* infatti mette in guardia il pubblico italiano dalle mistificazioni che saranno operate dai critici inglesi sull'Oratorio di Bottesini, in quanto autore straniero. "È più che certo - scrive -, che tanto l'uno quanto l'altro [si riferisce all'*Isaia* di Luigi Mancinelli] di questi Oratori verranno acerbamente assaliti e, come si dice, passati al setaccio da certi arrabbiati criticonzoli che vorrebbero, se dipendesse da loro, interdire ai due chiari compositori italiani di prodursi in un Festival inglese; ma ad essi rispose acconciamente Mr. Bennett in un articolo pubblicato nel *Daily Telegraph* del 15 corrente. L'eminente critico nega che i musicisti del paese siano, come vorrebbero alcuni di quei messeri, trascurati, ed afferma che se è bene l'appoggiare con tutti i mezzi possibili gli sforzi degli ingegni nativi, ciò non si deve spingere all'eccesso ed escludere con misure restrittive i compositori stranieri dal mercato inglese, la qual cosa porterebbe all'impoverimento dell'arte paesana". L'articolo della *Gazzetta* termina ricordando che "l'intero Festival è sotto la responsabilità e direzione artistica del nostro Randegger, il quale diresse anche gli ultimi due Festivals di Norwich, riscuotendo unanimi elogi per l'abilità e l'energia addimostrate nel disimpegno del pesante e non difficile [sic] compito. Egli avrà sotto il suo *bâton* una splendida orchestra, che è quasi la stessa di questa Philarmonic Society, e come solisti le Signore Albani, Lehmann, Anne Marriott, Hilda Wilson e Lena Little, ed i signori Lloyd, Wade, Mac Gukin, Brockbank, Barrington Foote e Santley. Il dott. Hill sarà responsabile pel coro composto da dilettanti locali; siederà all'organo il dottor Burmett".
Le osservazioni di Bennett sul *Daily Telegraph* generano molto risentimento nei critici londinesi che non risparmiano proprio nulla al *Getsemani* di Bottesini, passandolo al setaccio da capo a fondo. Se la prendono inizialmente proprio col Bennett che, secondo loro, avrebbe scritto un buon libretto, ricco di versi fluenti anche se non sempre nello stile religioso, ma compie un grave errore presentando un argomento già troppo noto, senza nessuna attrattiva di novità, essendo stato musicato da diversi compositori anche importanti come Bach, Beethoven, Liszt, Hiller e Benedict.
Al compositore della musica rimproverano invece la mancanza di potenza drammatica proprio nella seconda parte, quando è descritto il tradimento di Giuda, insieme alla facilità con la quale è scritta la musica corale in quanto Bottesini non sfrutta del tutto le risorse delle voci. La parte del coro infatti è pensata per cantanti dilettanti, a differenza della parte dei solisti che richiede interpreti professionisti.
E tali sono Annie Marriott, Hilda Wilson, Edward Lloyd, Mr. Santley e Mr. Brockbank. Tra costoro si trova molto in difficoltà il Sig. Santley nella parte baritonale del Salvatore, quando esegue l'assolo *Sleep on now and take your rest*, a causa della tessitura troppo elevata che tocca il Sol bemolle, ragion per cui alcuni vocalizzi non riesce a cantarli come sono scritti.
L'interesse di questo Oratorio è tutto accentrato nella prima parte che racconta l'arrivo del Salvatore nell'Orto degli Ulivi per dialogare con Dio Padre, gli Apostoli e gli Angeli. Ma anche in questa prima parte vi sono alcuni particolari poco graditi ai critici inglesi. Il baritono per esempio, che interpreta la parte del Salvatore, alle parole *Sia fatta la tua volontà*, cade in ginocchio in modo esasperatamente espressivo, senza pensare che invece Gesù Cristo avrebbe eseguito questo movimento con più dolcezza e intimo dolore; l'aria del tenore che segue, *Abbi pietà di me e dei miei amici*, è il più lungo assolo di tutta la composizione, e benché sia l'unica opportunità data a questa voce di esibirsi da sola, la sua durata è sproporzionata e fuori posto. Quando poi arriva l'angelo dal cielo per confortare il Salvatore, il suono delicato ed etereo dell'arpa che ne accompagna il canto è disturbato dall'uso troppo libero delle trombe e degli ottoni bassi che creano molta confusione. Anche il Finale primo col coro che canta *Caro Signore noi dormiremo*, a causa del suo carattere fugato, termina in modo brusco la prima parte, lasciando anche una certa attesa del seguito. Invece la seconda parte è tutta una delusione perché l'incontro di Giuda col Cristo, che dovrebbe segnare il punto più drammatico dell'Oratorio, non ha la forza che tutti si aspetterebbero: non vi si scorge nulla della malvagità di un tradimento così vile, perpetrato sul Cristo figlio di Dio e Dio lui stesso. Nelle mani di Verdi il momento del bacio avrebbe avuto le note drammatiche del suo tremendo giudizio finale, con squilli di trombe e cascate di note. Per Bottesini tutto questo non esiste: la figura di Giuda è tratteggiata in modo affrettato e senza un vero interesse psicologico di comprensione dell'animo tormentato del traditore per antonomasia. Più importanti per Bottesini pare siano le marce di guerra dei soldati che invadono la scena, e distolgono per sempre l'attenzione degli uditori dalla vicenda drammatica che stanno vivendo due persone nelle ore finali della loro vita.
Detto questo non si vuole far intendere che l'Oratorio di Bottesini sia un'opera priva di interesse musicale. Come è costume del compositore cremasco, più che curare l'insieme per chiarificare lo svolgimento drammatico della psicologia dei personaggi, Bottesini si studia di scrivere dei buoni pezzi chiusi che non di rado nascondono delle vere gemme preziose per fattura musicale, intuizione melodica ed avvincente lirismo. Trat-

tandosi di un Oratorio però, si desidererebbe imbattersi in uno stile più severo, quasi da chiesa, ma l'autore non è di questo parere. Vi è in lui una certa leggerezza di stile nel trattare l'argomento biblico che è intenzionale, soprattutto ogniqualvolta preferisce melodizzare che presentare la materia musicale da altri punti di vista. È per questo motivo che la composizione è di facile lettura e non occorre un secondo ascolto per darne un giudizio definitivo. Le parti migliori sono riservate al personaggio principale, il Salvatore, che già all'inizio della composizione, dopo alcune frasi del contralto narratore, si presenta al Getsemani circondato dagli apostoli all'oscuro di quanto sta per avvenire.

Gesù invece comincia a diventare triste "sino alla morte" mentre un oboe, in tono molto lamentevole, introduce senza stacco alcune brillanti frasi di Gesù che dimostrano in Bottesini una buona ispirazione.

Se la prima aria in *Re* del soprano, "Rejoice, beloved", cantata da Annie Marriott, ha un tono trionfante, quella del contralto narratore, Miss Hilda Wilson, che descrive l'agonia nel giardino, è resa con grande pathos tale da spingere quasi alle lacrime, come pure la sua aria della seconda parte, "Liberami o Signore", contiene tutti quei sentimenti di amore che provocano la domanda a Dio onnipotente perché ci liberi dai dolori di questo mondo. Elemento positivo del lavoro è anche un tema consolatorio in *Mi* minore che compare nelle circa 40 misure orchestrali che precedono il primo lungo coro "Dio ti dia il pane dell'avversità" (Though the Lord give thee the bread of adversity), che in seguito è molto frequentemente riprodotto, e se non altro lega in qualche modo le parti del discorso, dando alla composizione un gradevole significato ciclico.

Da un punto di vista più generalmente stilistico si nota che i modelli ai quali Bottesini si ispira sono quelli di Rossini, Mendelssohn e Gounod, le cui composizioni erano già state trasformate da Bottesini nelle più celebri Variazioni per il suo contrabbasso. A Mendelssohn dedica un *Allegro da Concerto*, a Rossini una *Fantasia per due contrabbassi e piano* con temi tratti dalle *Soirées Musicales*, e a Gounod si ispira per le danze sacre dell'*Ero e Leandro (tienti sulla qualità del Walpurgis di Gounod* aveva scritto a Boito il 26 novembre 1875), ma anche nelle *Najadi ed Angeli* ed ogniqualvolta gli serva di arpeggiare qualche melodia delicata ed eterea, proprio come la famosa *Ave Maria* o *Méditation sur le premier prélude de Bach* per violino pianoforte e organo del 1852.

Nonostante le luci e le ombre di cui abbiamo detto, la prima serata del Norwich Musical Festival terminò con un successo entusiastico esternato con prolungati applausi. Gli organizzatori inoltre non si accontentarono di questa unica esecuzione, ma ne programmarono un'altra per il mese successivo presso la Sacred Harmonic Society per riudirne i brani di maggior successo.

Najadi e Angeli

Andantino mosso 12/8 in Mi bemolle maggiore.

[1° episodio]
Noi siam Najadi furtive
sempre ascose in mezzo ai fiori,
fervon sol su queste rive
muti baci e casti ardori.
Non invidia il cor ci preme
non rancor o tetro duolo,
noi brilliam congiunte insieme
come rai d'un astro solo.

[2° episodio]
Nelle dolci primavere
fra i silenzi della notte,
quali a nuoto e a vol leggere
noi lasciam le calde grotte.
E spiegati in mar i veli
sulla turgida conchiglia
fremebonde ai bianchi cieli
noi fissiam le nostre ciglia.

[3° episodio]
Colassù fra i nimbi d'oro
noi vediam pari a par
dei cherubi il biondo coro
fra le stelle navigare.
Deh scendete al mar ver noi
o angioletti un giorno solo,
o salir ci fate a voi
dove brilla eterno il sole.

[4° episodio]
Noi siam Najadi furtive
sempre ascose in mezzo ai fior,
fervon sol su queste rive
muti baci e casti amori.
Non invidia il cor ci preme
non rancori o tetro duolo,
noi brilliam congiunte insieme
come i rai d'un astro.

Si tratta di una partitura corale a tre voci femminili con accompagnamento di grande orchestra, composta probabilmente negli ultimi anni di vita del suo autore. Il carattere è vagamente mistico, ma più che un Oratorio lo direi un inno alla bellezza e alla castità, virtù che permangono come desiderio nel cuore degli uomini, perché difficilmente realizzabili. Il fatto poi che i personaggi di questa composizione siano tre cori di voci femminili, richiama alla nostra memoria lo spirito col quale Ugo Foscolo volle immortalare nelle tre Grazie i desideri e i sogni di chi come lui si realizzava più nell'espressione artistica che nella prosaica quotidianità. Il brano, abbastanza breve, è un *Andantino mosso* in 12/8, suddiviso in quattro episodi di cui il 1° e il 4° quasi simili.

Dopo una introduzione orchestrale di otto misure in cui emerge un tema cantato dai violini, dai flauti, dagli oboi e dai clarinetti in Si bemolle accompagnati dal sonoro ritmare dell'arpa, entrano *con delicatezza* le prime due voci in modo omoritmico, mentre la terza voce, i contralto, in modo canonico. Le voci riprendono vagamente un segmento della melodia dei violini e svolgono un canto che se fosse aumentato di metronomo potrebbe somigliare al "Com'è gentil" di Donizetti.

Poiché questa composizione non è un gran che, sia dal punto di vista melodico che orchestrale, e Bottesini pare ben esserne cosciente, bisogna considerare la sua struttura "episodica", funzionale al testo, che indica, se non altro, un compositore molto attento all'unità di musica e poesia. Trattandosi infatti di un testo che presenta situazioni di "progressione" dalla terra al cielo, per il quale le marine Najadi aspirano ad "indiarsi", "colassù fra i nimbi d'oro / fra le stelle navigare", Bottesini organizza i primi tre episodi in tre diverse tonalità, il primo in Mi bemolle maggiore, il secondo in Si bemolle maggiore e il terzo in Sol bemolle maggiore in modo che ogni episodio inizi con una nota di circa un grado superiore a quelle dell'episodio precedente. Questa tecnica, abbastanza semplice e scontata, fa sì che il terzo episodio (Colassù fra i nimbi d'oro) diventi più importante degli altri, perché essendo in Sol bemolle maggiore e quasi tutto omoritmico, crea degli effetti sonori di estrema liquidità, soprattutto là dove alla parola "stelle" le voci toccano il Sol bemolle sopra il rigo. Dopo l'arsi, sulle parole "fra le stelle navigare", segue la seconda parte del terzo episodio di carattere completamente cromatico. Partendo infatti dalla dominante di Si bemolle maggiore (Deh scendete al mar ver noi) arriva alla tonalità d'impianto di Mi bemolle maggiore (Dove brilla eterno il sole) passando attraverso le tonalità di Fa maggiore, Re quinta diminuita, Re bemolle maggiore, Fa maggiore, Fa quinta diminuita e Si bemolle maggiore. Se vogliamo, questo episodio ha un carattere un po' wagneriano (asserzione che Bottesini non accetterebbe), a testimonianza dell'eclettismo cui era sottoposta l'ispirazione del nostro autore.

La composizione termina con la ripresa del primo episodio nella tonalità d'impianto, Mi bemolle maggiore, raggiungendo alla parola "rai" un Si bemolle sopra il rigo, la nota più alta che incontrano le voci soprano in questa composizione, voci che alla fine del brano si moltiplicano da tre a cinque, probabilmente per rendere più evidente il senso della coralità e della gioia.

Per concludere si può affermare che le intenzioni mistichegginati dell'autore si realizzano a metà in quanto il testo non raggiunge le vette dell'arte, essendo abbastanza banale e più "sensitivo" che "spirituale". In quanto alla musica ci troviamo di fronte ad una melodia molto semplice, anche se efficace, che richiama sì alla nostra mente atmosfere metafisiche, ma con parecchio *déjà vu* per arpeggi alla Gounod, cromatismi wagneriani e memorie donizettiane.

70. Critici milanesi dell'epoca di Bottesini: Cameroni, Romussi, Filippi, Torelli-Viollier.

La musica per orchestra
di *Fabrizio Dorsi*

Due diversi atteggiamenti, succedentisi approssimativamente in ordine cronologico, hanno contraddistinto nella prima metà di questo secolo gli orientamenti della critica italiana nei riguardi dei nostri compositori di musica strumentale dell'Ottocento. A una visione orgogliosamente nazionalistica, il cui massimo alfiere può venire considerato Fausto Torrefranca, uno degli iniziatori della musicologia in Italia, ha fatto seguito, con critici quali Massimo Mila, Adelmo Damerini, Luigi Cortese, un periodo durante il quale la nostra tradizione strumentale è stata forse fatta oggetto di una eccessiva, autolesionistica svalutazione. Bea Friedland[1] ha correttamente messo in rilievo come entrambi gli atteggiamenti non siano altro che due facce di uno stesso, imbarazzato rapporto con la musica romantica tedesca, termine di raffronto nei riguardi del quale ci si è posti in modo antitetico o, peggio, competitivo. Il risultato è stato comunque quello di impedire che la produzione cameristica e orchestrale dei nostri autori dell'Ottocento venisse considerata di per se stessa, evitando discutibili quanto inutili raffronti.
Di questa concezione ha in un certo senso fatto le spese anche Giovanni Bottesini, visto sino a non molto tempo fa semplicemente come virtuoso di contrabbasso o tutt'al più come operista. È significativo a questo proposito come la prima monografia che prenda in considerazione la totalità della sua produzione - pubblicata con manifesti intenti celebrativi in occasione del primo centenario della nascita - non sia stata opera di un musicologo professionista, bensì di un avvocato[2].
Ma negli ultimi tempi gli orientamenti della critica stanno mutando, e indicatori attendibili di questo mutamento sono le voci d'enciclopedia, che in genere rispecchiano, sia pure a distanza di alcuni anni, gli interessi e le tendenze emerse in campo musicologico. Così se la prima *Enciclopedia della Musica* Ricordi[3] non dedicava a Bottesini che una breve voce non firmata, la riedizione della stessa opera, a distanza di un decennio, riporta invece una più ampia trattazione, a cura di Giovanni Carli Ballola, che mostra qualche interesse anche per il Bottesini compositore di musica strumentale[4]. Un giudizio meno positivo è quello di Sergio Martinotti nel suo fondamentale *Ottocento strumentale italiano*[5], ma già il fatto che un'opera simile abbia potuto vedere la luce è indizio dell'auspicata inversione di rotta: finalmente si può guardare questo periodo della nostra storia musicale con occhio scevro da pregiudizi. Alla vecchia immagine del Bottesini virtuoso di contrabbasso e operista rimane ancora legato Rodney Slatford nella voce da lui curata per il pur in genere ottimo *Grove*[6], mentre sulla nuova linea indicata da Carli Ballola e Martinotti si colloca la recentissima voce curata da Marcello Conati per il *Dizionario Enciclopedico Universale della Musica e dei Musicisti*[7], dove il musicista cremasco viene finalmente considerato

> uno dei compositori più originali ed esperti dell'Ottocento italiano, di estro disuguale ma vivissimo e sapido. Negli aspetti di un virtuosismo strumentale avviato verso il descrittivismo si avvertono i riflessi di esperienze maturate a contatto con gli ambienti musicali europei (Berlioz e la musica strumentale francese in particolare), filtrate in clima «melodrammatico», ma composte entro una classicità di forme da cui sprigionano sorprendenti invenzioni timbriche e ritmico-melodiche.

All'interno della produzione strumentale in senso lato di Bottesini questo studio limita la sua indagine alla musica per orchestra, con la partecipazione o meno di solisti, contrabbasso escluso, poiché le musiche dedicate a questo strumento rientrano nell'ambito di un altro fra i contributi al presente volume. Oggetto di questa trattazione è quindi un catalogo di una ventina di brani, di alcuni dei quali si ha notizia da fonti dell'epoca o posteriori, senza che peraltro siano state sinora rinvenute le relative partiture. L'impossibilità di datare con esattezza tutte le partiture pervenuteci e le sporadiche notizie riguardanti esecuzioni dell'epoca non consentono di ordinare cronologicamente questo *corpus*, tuttavia un altro genere di classificazione, sulla base dell'organico richiesto, permette di delineare tre blocchi all'interno dei quali si può comprendere la totalità di questo genere di produzione bottesiniana: musica per soli archi, musica per orchestra (da camera o, prevalentemente, sinfonica) e brani che prevedono la partecipazione di uno o più strumenti solisti.
Al primo di questi gruppi appartengono quattro lavori; dunque un quinto della produzione orchestrale bottesiniana si inserisce in quella linea, caratteristica di tutto il secondo Ottocento europeo, che tende a rivalutare il complesso costituito dai soli archi: si pensi alle tre *Serenate* rispettivamente di Dvořák, di Čajkovskij e di Elgar, alle *Due melodie elegiache* op. 34 di Grieg, o, sconfinando di qualche anno nel secolo seguente (1903), alla *Romanza in do* op. 42 di Sibelius, per citare solamente le composizioni più rappresentative. Dal momento che nulla si può dire di certo sul *Souvenir da "La Beatrice di Tenda"*, dato che le parti manoscritte rimasteci (due di violino I, due di violino II e due di contrabbasso) sono insufficienti per ricostruire la partitura completa, né sulla *Serenata al castello medioevale*, riguardo alla quale esiste la sola testimonianza di Carniti[8], il catalogo dei lavori di Bottesini per orchestra d'archi si apre presumibilmente con un brano di sole trentadue battute, la *Piccola Preghiera*, vergata

durante un soggiorno estivo in Argentina: l'autografo porta infatti la data Buenos Aires, 10 agosto 1874[9]. La scrittura è accordale, appena increspata dai movimenti cromatici delle parti e dalle appoggiature nella voce superiore, che danno vita a un sentimentalismo un po' di maniera ma suggestivo[10]. Ben altra è invece la complessità di scrittura dell'*Andante sostenuto* per soli archi in si minore, datato Napoli, 13 aprile 1886[11], e dedicato «All'amico Giulio Ricordi»[12]. La presenza dei violoncelli costantemente divisi e di una parte di contrabbasso spesso autonoma possono dare un'idea della cura con cui viene trattato il complesso degli archi. Il tempo è un cullante 6/8. Una cellula melodica facilmente riconoscibile ricorre nel corso della composizione. Ma il carattere misterioso dell'inizio, con l'*incipit* tematico che passa dai violoncelli secondi soli ai primi, poi alle viole e finalmente ai violini, scompare nella ripresa, che avviene nella tonalità di si maggiore, e sempre in si maggiore[13] il brano si spegne serenamente, in *ppp*.

Più tipicamente italiane sembrano essere le ascendenze del terzo blocco di musica orchestrale bottesiniana, costituito solamente da un *Duetto in si bemolle* per clarinetto e cornetta con accompagnamento d'orchestra, e da un *Divertimento* per corno da caccia e orchestra. L'impiego di strumenti a fiato in veste di solisti ha infatti goduto di un certo successo presso i nostri operisti romantici: un elenco sia pur limitato di esempi non può fare a meno di citare le *Variazioni* per clarinetto e orchestra di Rossini, il *Concerto in mi bemolle* per oboe e archi di Bellini, il *Concerto per corno inglese* di Donizetti, i tre *concerti* rispettivamente per flauto, per clarinetto e per corno e orchestra da camera di Mercadante. Dei due lavori bottesiniani il secondo sembra avere anche un valore documentario, testimoniando di un momento di particolare vitalità della Società del Quartetto di Milano, grazie alla presenza di Bazzini, Piatti, e del pianista e compositore, ma soprattutto collezionista e mecenate Gustavo Adolfo Noseda (1837-1866), amico e collaboratore di Bottesini, che gli dedicò appunto il *Divertimento*[14].

Come aveva già correttamente rilevato Carniti, le composizioni di Bottesini per sola orchestra «appartengono in massima al genere descrittivo»[15], probabilmente perché questo «genere» ben si prestava a riflettere «certa sua vocazione coloristica quasi appresa dal suo continuo vagabondar di virtuoso»[16].

Fra i brani per orchestra di cui sia stata conservata la partitura solamente due hanno un titolo che non sia in qualche misura programmatico o evocativo, e si tratta di due *sinfonie*, entrambe modellate sulla struttura dell'ouverture. La prima, il cui autografo si conserva presso il Conservatorio di Milano, è costituita da un "Andante sostenuto" in si minore a piena orchestra e da un "Allegretto" bitematico in si maggiore; la seconda, che risale al periodo trascorso a Napoli da Bottesini nella primavera del 1863, è datata 20 giugno ed è dedicata al compositore Saverio Mercadante.

Grande successo ebbe a Torino la *Sinfonia caratteristica*: l'orchestra dei Concerti Popolari la eseguì ben quattro volte nel giro di soli tre anni (1878-1880), proponendola anche nel corso della *torunée* a Parigi del luglio 1878[17], e sempre a Torino vide la luce presso l'editore Blanchi la versione per pianoforte a quattro mani - la sola rimastaci - che testimonia eloquentemente della fortuna del brano rappresentando in un'epoca priva di mezzi di riproduzione sonora la versione trascritta il più efficace mezzo di divulgazione e di diffusione. Lo schema formale è quello del primo tempo di sonata: a un "Andantino" introduttivo in tempo di 6/8 definito dal critico dell'epoca Filippo Filippi «istrumentato divinamente»[18] fa seguito un "Allegro", sempre in 6/8, con un primo tema brillante e un po' salottiero nella tonalità d'impianto di re maggiore e una sezione che modula alla dominante. Il secondo tema in la maggiore si distingue dal primo sia per l'agogica "Allegretto brillante", sia per la metrica, 2/4, sia per il carattere; un breve sviluppo prepara la riproposta di entrambi i temi nella tonalità d'impianto che sfocia in un "Più animato" conclusivo. Un tipico brano "di effetto", dunque[19].

Dei due pezzi per grande orchestra che danno vita al dittico intitolato *Notti arabe*, *Il Nilo* e *Nel deserto*, il secondo, spesso citato dalle fonti semplicemente come *Il deserto*, è sempre stato di gran lunga più fortunato. Anch'esso eseguito più volte, come già la *Sinfonia caratteristica*, dall'orchestra dei Concerti Popolari di Torino diretta da Carlo Pedrotti, che lo propose pure nel corso della già citata *tournée* parigina del luglio 1878, ripreso alla Scala di Milano nel 1880 sotto la direzione di Franco Faccio, *Il deserto* sembra essere stato veramente il maggior successo di Bottesini sinfonista. Anche il pur in genere asciutto e sobrio Carniti si sbilancia e giunge quasi a stilarne l'ideale programma:

> La descrizione del turbinoso *simun* è magistrale, il canto alternato dei Camellieri che riprendono il loro cammino è affidato ai quattro istrumenti di legno, mentre gli archi segnano un accompagnamento cadenzato che ricorda l'andatura dei camelli[20].

In realtà anche all'epoca vi fu qualche voce discorde. È ancora Filippi ad affermare che si tratta di

> un bel brano di musica sinfonica, descrittiva; la musica esprime la quiete poetica del *Deserto*, ricorda le cantilene arabe, ma, se devo dire il vero, con delle formole un po' vecchie, usate a sazietà da tutti i compositori orientalisti, e primo di tutti Feliciano David[21].

L'accusa è grave, ma circostanziata: Félicien-César David, compositore francese (1810-1876), dopo gli studi al conservatorio di Parigi emigrò in Medio Oriente dove visse per alcuni anni. Rientrato in Francia per sfuggire alla peste, vi raccolse grandi successi con l'ode sinfonica intitolata appunto *Le désert* (1844), brano dai chiari intenti programmatici resi espliciti anche da numerose didascalie apposte direttamente in partitura; ma l'omonimo lavoro di Bottesini è più semplice, ha meno pretese. Un po' di esotismo di maniera, evidente sin dall'inizio, negli accordi "diminuiti" che aprono il pezzo e nel melodizzare per piccoli intervalli dell'oboe; una struttura formale estremamente semplificata (l'"Allegro moderato" che segue il breve "Adagio" introduttivo si articola in forma tripartita e la stessa parte centrale non presenta altra novità che il tema principale leggermente variato, trasposto in maggiore e affidato agli archi anziché ai fiati); una strumentazione quasi tutta giocata sui "soli" di singoli strumenti a fiato, con gli archi e l'arpa che accompagnano (salvo nella sezione mediana, dove, come si è detto, i ruoli sono invertiti): sono tutte caratteristiche che lo rendevano probabilmente a un tempo di facile presa sul pubblico e gradito alle neo-costituite orchestre italiane delle quali bene consentiva di mettere in luce le individualità.

Al soggiorno napoletano dei primi mesi del 1881, «in un momento di particolare fervore organizzativo»[22], che lo porterà ad essere tra i fondatori di una Società del Quartetto e di una Società Filarmonica, risalgono altre due partiture orchestrali di genere descrittivo: la "melodia fantastica" *Promenade des Ombres* e il "Preludio per orchestra" *L'alba sul Bosforo*. La prima, datata Napoli, 10 marzo 1881, reca una dedica definita «gioviale» da Carniti[23]:

Alla Società Orchestrale della Scala
offre
G. Bottesini
Grattatore di Viorone!!!

Proprio alla Scala si registra in effetti due anni dopo, il 6 maggio 1883, la probabile prima esecuzione, diretta da Franco Faccio, di questa sorta di poema sinfonico di ampie dimensioni. Nella seconda, invece, a dire di Piero Santi, rivive musicalmente il medesimo paesaggio con cui si apre il terzo atto dell'opera *Ero e Leandro*, il maggior successo di Bottesini operista[24].

Napoli, città dove alla fine dell'Ottocento, per una serie di fortunate coincidenze, si viene a creare una ricca vita musicale, sembra rappresentare per Bottesini in questi anni una sorta di porto sicuro in cui rifugiarsi. Egli vi torna infatti nel 1884 e poi ancora due anni dopo: Napoli, 12 aprile 1886 è datata una *Rêverie* dedicata «all'amico G. Ricordi», forse il più interessante esito orchestrale del musicista cremasco. Ad onta del titolo schumanniano[25], come spesso accade nel Bottesini migliore sembrano piuttosto gli spunti mendelssohniani a prevalere, tra l'altro con un richiamo diretto all'ouverture *La grotta di Fingal* in alcuni passaggi dei legni[26]. Qui la «consumata perizia di orchestratore»[27] viene messa al servizio di un raffinato gusto coloristico. Nella parte centrale in si maggiore la melodia assume naturalmente il respiro delle otto misure, senza frammentazioni né forzature, in un empito lirico degno dei migliori musicisti romantici d'oltralpe. Infine, la ripresa della parte iniziale al termine del brano non suona più come una ripetizione pedestre, ma rielaborata, ristrumentata, quasi trasfigurata, risulta come un nostalgico ricordo, una reminiscenza, un *sogno*, appunto.

Con la *Rêverie*, eseguita per la prima volta dalla Società Orchestrale di Milano sotto la direzione di Giovanni Bolzoni il 2 maggio 1886, Bottesini si congeda praticamente dal sinfonismo. A Napoli, nell'agosto di quell'anno, partecipa ai festeggiamenti in onore di Giuseppe Martucci, nominato direttore del Conservatorio di Bologna. Gli ultimi, sempre meno frequenti vagabondaggi, preludono al ritiro definitivo nei luoghi della giovinezza. Adoperatosi per ottenere la carica di direttore del Conservatorio di Parma, Bottesini vi si insedia agli inizi del 1889. Anche qui è in prima linea per la diffusione della musica strumentale: «è nominato direttore della Società Orchestrale patrocinata dal conte Stefano Sanvitale, e ne conduce alcuni concerti»[28]. Sono gli ultimi fuochi. Quando Bottesini muore, pochi mesi dopo, nel luglio del 1889, non sa e non può saperlo, ma la battaglia che lo ha visto tra i protagonisti, quella per l'affermazione della musica strumentale in Italia, si può dire ormai vinta.

NOTE

1. "Italy's Ottocento: Notes from the Musical Underground", *The Musical Quarterly*, LVI, 1, January 1970, pagg. 27-53.
2. A. Carniti, *In memoria di Giovanni Bottesini*, Crema, s.e. (a cura del Comitato delle onoranze centenarie), 1921.
3. Milano, 1963-64, 4 voll.
4. «Più autentico e convincente appare quindi Bottesini come compositore sinfonico e cameristico, laddove quei valori puramente "musicali" che si ammirano nei migliori saggi operistici sussistono di per sé, sottratti a una problematica dimensione teatrale. Nei concerti e nei pezzi cameristici per contrabbasso (caratterizzati da un virtuosismo di ascendenza paganiniana), nei pittoreschi brani sinfonici trattati con consumata perizia di orchestratore, ma soprattutto nei mirabili quartetti e quintetti è da ricercarsi il meglio di un musicista per il quale la strumentalità rappresentava la necessaria dimensione creativa, sostanzialmente sgombra da scorie accademiche, dominata, al contrario, da un estroso sperimentalismo in cui confluiscono le più disparate componenti: dal *melos* di matrice operistica, alla piacevolezza salottiera, ai procedimenti più seriosi di una tradizione cameristica viennese filtrata da un gusto italiano.» (Milano, Rizzoli, 1972-74, vol. I, pag. 377).
5. Bologna, Forni, 1972, pag. 316.
6. London, Macmillan, 1980, vol. III, pagg. 91-93.
7. *Le biografie*, Torino, Utet, 1985, vol. I, pagg. 635-636.
8. *Op. cit.*, pag. 90.
9. In questi anni Bottesini trascorreva l'inverno in Egitto, dove era impegnato come direttore della stagione lirica, ma era libero di svolgere la sua attività di virtuoso itinerante durante gli altri mesi dell'anno.
10. Il fatto che l'intestazione sui pentagrammi sia al singolare "Violino 1°", "Violino 2°", "Viola", "Cello", che i quattro strumenti rappresentino altrettante "parti reali", senza divisioni all'interno, e che non sia previsto il contrabbasso potrebbe fare pensare anche a una destinazione quartettistica, e così infatti la intese Carniti (*op. cit.*, pag. 46).
11. Questa è la data che appare sull'ultima pagina del manoscritto autografo, ma sia Carniti (*op. cit.*, pag. 46), sia E. Fazio ("Bottesini, i salotti privati e le società cameristiche e orchestrali italiane nel secondo '800", *Nuova Rivista Musicale Italiana*, XVIII, 4, ottobre-dicembre 1985, pag. 618) parlano invece del 1881.
12. Dell'amicizia fra Bottesini e l'illuminato editore milanese offrono una testimonianza anche altre due dediche: quella di *Il diavolo della notte* (cfr. Carniti, *op. cit.*, pag. 91) e quella della *Rêverie*.
13. Che, si ricorderà, è la tonalità d'impianto di un altro celebre brano romantico per soli archi: il *Notturno* op. 40 di Dvořák.
14. Cfr. E. Fazio, art. cit., pag. 617, nota 35.
15. *Op. cit.*, pag. 46.
16. Martinotti, *op. cit.*, pag. 315.
17. Cfr. G. Depanis, *I Concerti Popolari ed il Teatro Regio di Torino*, Torino, Società Tipografico-Editrice Nazionale, 1914-15, 2 voll.
18. "L'Orchestra di Torino a Parigi e i due Concerti Popolari al Teatro Vittorio Emanuele", *Gazzetta Musicale di Milano*, XXXIII, 27, 7 luglio 1878, pag. 242.
19. Cfr., a questo proposito, anche la citata recensione di Filippi.
20. *Op. cit.*, pag. 47.
21. Art. cit., pag. 243.
22. Fazio, art. cit., pag. 618.
23. *Op. cit.*, pag. 46.
24. "Giovanni Bottesini", in *I grandi anniversari del 1960 e la musica sinfonica e da camera nell'Ottocento in Italia*, a cura di A. Damerini e G. Roncaglia, Siena, Accademia Musicale Chigiana, 1960, pagg. 53-54.
25. Peraltro utilizzato da Bottesini anche in altri due lavori, rispettivamente per viola e pianoforte e per violoncello e pianoforte.
26. Che Mendelssohn in generale e *La grotta di Fingal* in particolare fossero un punto di riferimento tenuto ben presente in quegli anni anche da altri compositori italiani viene confermato in un altro passaggio della citata recensione di Filippo Filippi, dove, riguardo ad una *Ouverture in la* di Foroni, si dice che «le reminiscenze del *Fingallo* (sic) e del *Sogno di una notte d'estate* di Mendelssohn sono troppo flagranti» ("L'Orchestra di Torino a Parigi e i due Concerti Popolari al Teatro Vittorio Emanuele", *Gazzetta Musicale di Milano*, XXXIII, 27, 7 luglio 1878, pag. 242).
27. G. Carli Ballola, "Bottesini, Giovanni", in *Enciclopedia della Musica*, Milano, Rizzoli, 1972-74, vol. I, pag. 377.
28. Fazio, art. cit., pag. 619.

Bottesini e la "misura" del Quartetto

di *Sergio Martinotti*

"Non erra chi ritiene che la maggiore o minore predilezione pel Quartetto sia misura, in una data epoca, del migliore o peggiore concetto e indirizzo dell'arte". Quest'asserzione di Alberto Mazzucato, contenuta nel primo numero del "Giornale della Società del Quartetto", apparso a Milano nel 1864, potrebbe sembrare soltanto una dichiarazione programmatica, da porre in relazione con gli intenti innovatori delle "Società del Quartetto" fiorite, nell'Italia appena unificata, in varie città, da Firenze (1861) a Roma e Napoli (1862) nonché a Milano, appunto nel 1864. Ma anche in precedenza, e non solo "in una data epoca", la composizione quartettistica aveva sempre investito i vari compositori di una responsabilità normativa, di un impegno formale quale la corrente e copiosa produzione salottiera (fosse cameristica o pianistica), orientata ad una lepidezza discorsiva che difformemente declinava lo stile dell'epoca "Biedermeier", aveva mistificato od eluso. E che questa sorta di tirocinio quartettistico fosse sempre stata coltivata (magari privatamente e senza i risalti di una ininterrotta tradizione pianistica che anche e proprio in Italia tendeva a confrontarsi all'Europa)[1], è provato sia dall'abbondante produzione di operisti (quali Rossini e Mercadante, Donizetti e Pacini) sia dall'affollarsi di più o meno giovani compositori ai primi concorsi per Quartetto indetti a Firenze e Milano dal 1861 in poi, incoraggiati da critici come Basevi e Boito e da editori come il napoletano Girard o il fiorentino Guidi, presso i quali apparvero i primi Quartetti e Quintetti di Bottesini.

Gli intenti innovatori delle "Società del Quartetto" coincidevano con la recognizione di una cultura romantica caldeggiata, subito dopo l'Unità d'Italia, da correnti finalmente aperte alla scena europea, una per tutte la Scapigliatura, con le sue ansie di novità e di progresso: ma va detto subito che la suddetta rinascita quartettistica era rigogliosa proprio perché basata su un retroterra rimasto sempre vivo, anche durante la cosiddetta agonia dello strumentalismo italiano. Le ricerche musicologiche più recenti hanno infatti dimostrato che la diaspora di tanti compositori italiani alla fine del Settecento aveva pur lasciato un segno profondo anche nel nostro paese. È vero che la cameristica di Boccherini (conclusa nel 1804 con due *Quartetti*, dedicati a Luciano Bonaparte)[2] trovava i maggiori consensi a Parigi, ove operavano Cambini, Bruni, Viotti e poi Benincori; è vero che Radicati e Polledro avevano colto i maggiori successi proprio a Vienna[3] prima di tornare in Italia e tentare di non adattarsi ad un'inflessione nazionalistica salvaguardata per inerzia o per ignoranza della produzione d'oltralpe, peraltro non ignota né avulsa nelle sedi italiane politicamente soggette. Il caso di Radicati riesce indicativo: a Vienna aveva rintuzzato l'accusa che il quartetto italiano fosse tutto informato alla vocalità, programmando l'esecuzione parallela e comparativa di opere cameristiche italiane ed austriache, ed aveva vinto la scommessa; ma essendo per primo conscio dell'impoverimento italiano nel settore quartettistico, appena tornato a Torino e Bologna eccolo esortare i musicisti a cimentarsi in questo campo senza tuttavia ceder troppo alla "traccia oltremontana" (dunque già avvertita) componendo i tre *Quartetti* op. 14 che uniscono ingegnosamente la vecchia norma boccheriniana alla lezione struttiva di Haydn. E se poi Polledro si provava, dopo la sua nomina a maestro di cappella di corte a Torino (1824), ad inventariare esperienze attardate ma comunque buone perché ereditate dalla tradizione dei sempre rispettati padri, Rolla tentava di svincolarsi dalle poetiche e prassi tardo-settecentesche non tanto con musiche di società, che parevano evitargli verifiche impegnative, ma con opere come il *Quartetto in fa minore* che chiarisce, in un'epoca votata all'attenzione per Haydn, indici di evoluzione: e già lo Zampieri rilevava qui analogie col Beethoven dell'op. 18[4]. E se non mancavano accenti e fin citazioni d'opera, ciò valeva come compromesso per una società fruitrice che da nobile e privilegiata stava diventando media e borghese, se non ancora popolare.

Il pur quieto costume s'incaricava, con l'inizio dell'Ottocento, di rinnovare radicalmente uomini e cultura, promuovendo quell'individualismo che trova il massimo esponente in Paganini ed altresì suscitando la vicenda apparentemente effimera di tanti "virtuosi", utili se non altro allo scambio tra voci italiane ed europee; ma certo più conta l'attenzione, pur cosmopolita, nei confronti di una tradizione cameristica che si vuole in qualche modo aggiornare coi contributi quartettistici di Mozart, soprattutto di Haydn e di certo primo Beethoven. Le cadenze ed i prestiti del Classicismo, informati ad una cultura anche incontrata direttamente nelle più evolute sedi d'Europa, sono il limite stilistico ed espressivo della produzione cameristica italiana, attuata a differenti livelli nel primo Ottocento dai già citati Rolla e Radicati, Polledro e Benincori; ma va notato che l'interesse ed il riguardo maggiore andava ad Haydn anziché a Mozart. Se infatti a quest'ultimo pareva più prossima la cameristica di Benincori, passato anche lui da Vienna (con esempi quartettistici ove lo stadio della chiara reminiscenza pareva talvolta giungere a quello della diretta citazione)[5] nonché le *Sonate a quattro* (trasferite in versione quartettistica nel 1826) di Rossini, come da sua esplicita confessione a Wagner[6], era soprattutto ad Haydn che s'informava la produzione italiana del primo Ottocento. Già i suoi due grandi Oratori, frequentemente eseguiti in varie città italiane (da Milano a Genova, da Venezia a Firenze, da Roma a Napoli) mostravano affinità con arie rossiniane e con "innumerevoli albe rosate dell'opera italiana del primo Ottocento"[7], ma era nel settore cameristico (essendo ancora sporadiche le esecuzioni di Sinfonie) che la sua norma era più accolta e seguita: genericamente dalla ricca produzione quartettistica di Donizetti (avviata dal 1817 sulla scia di Mayr) ma ben più esplicitamente da un compositore come Basily che, anteriormente alla sua mansione di "censore" al Conservatorio di Milano, faceva la sua "riverenza" al grande maestro austriaco componendo tre *Quartetti "sullo stile di Haydn"*, poi convertiti in Sinfonie[8]. La moda del quartetto "brillante", che era per così dire il versante "leggero" del genere, come pure quella in stile "concertante" che spesso privilegiava il virtuosismo del primo violino (come in certe opere di Viotti e Rolla) non aveva evidentemente travolto l'adesione normativa ed il ripensamento dell'esperienza viennese, come si nota nei tre *Quartetti* di Paganini del 1815[9].

Certo è che questa cultura strumentale trovava occasioni concertistiche effimere attraverso una destinazione privata, prima e dopo il periodo napoleonico: era nei salotti di varie città che infatti le esecuzioni cameristiche della musica "tedesca" trovavano una prassi consolidata: costume che si spiega coi coincidenti trionfi del melodramma "nazionale"[10] che limitava soltanto ai soggetti l'incontro con la cultura europea. Ed era proprio questo suo primato a chiarire come la concezione melodrammatica e quella strumentale assumessero modi e sintassi sempre più differenti e divergenti. Così lo scisma, certo presentito ma non ancora denunciato dai corretti compositori di transizione prima elencati, si faceva evidente, relegando i pochi strumentalisti ad una pratica privata, ad una musica per pochi eletti, col rischio di uno scontato accademismo, di un formalismo preventivo e perciò capace di provocare un decadimento dell'invenzione artistica. Se gli operisti, nella loro non sempre marginale produzione strumentale, non evitavano intonazioni liricheggianti, gli autori unicamente strumentali correvano il rischio di soggiacere all'ingenuo quanto sterile meccanicismo dell'atteggiamento "colto", fatto di frasi melodiche più riservate e di più meditati sviluppi dell'idea musicale, nonché di tutelare un'eredità storicizzata e normativa anziché tentare una rinnovazione spirituale. I migliori cameristi dell'epoca pre-risorgimentale, da Giorgetti a Bazzini, erano ben coscienti della difficoltà di superare i loro predecessori (da Radicati a Rolla), ancora ancorati alla comoda norma classicistica: giacché la forma poteva illudere di supplire l'espressione e la realtà artistica ma impediva di manifestare l'ormai ineludibile individualismo, per modesto o prudente che fosse. Il congedo dai modi e dagli spiriti classicistici non poteva avvenire, dopo momenti di irresoluta perplessità (alcuni musicisti tentavano infatti il teatro in seconda istanza), che per astensioni e provvisori silenzi o per meditate scelte, fuori almeno da certa facile acquiescenza al brillante gusto internazionale dello stile "Biedermeier". E fu proprio la conoscenza e la frequentazione del quartettismo beethoveniano a preparare un'intesa nell'Italia ancora ripartita politicamente, con una prassi dapprima guardinga e quasi diffidente (il Lichtenthal poteva rilevare nel 1842 che l'esecuzione di Quartetti ed altre opere strumentali classiche "negli ultimi anni è considerevolmente diminuita")[11] e sporadica (ancora affidata alla pretesa culturalistica di certi intrattenimenti ed "accademie" private di Milano, Roma e Napoli)[12] e poi gradatamente organica: poco più tardi l'Italia doveva attendere al recupero formalistico sulla scorta non casuale del più classico dei grandi romantici, ossia Mendelssohn.

L'itinerario di questa acquisizione è fratto, irregolare ed apparentemente dispersivo, ma pur tra pause frequenti concede incontri imprevisti, localizzati nelle varie città italiane ma non culturalmente irrelati. Le sedi sono pur sempre salotti e circoli di amatori che nondimeno si evolvono ad una destinazione sempre più vasta e quasi pubblica, grazie anche al coinvolgimento di scuole musicali: così, alle accademie romane del 1847 ove si eseguivano i *Quartetti* beethoveniani op. 59, a quelle coeve fiorentine (con la presenza di Bazzini)[13] ove il Giorgetti organizzava "mattinate di quartetto", a quelle milanesi con il pubblico pagante ove "si azzardò" di eseguire un *Quartetto* di Beethoven[14], si associavano iniziative di scuole (nel Real Collegio di Napoli venne eseguita addirittura l'op. 127, forse per la prima volta in Italia), spesso aiutate da una più vivace iniziativa editoriale capace, come nel caso della casa milanese Lucca, di promuovere una Società Filarmonica[15]. E se molti erano gli esecutori nei maggiori centri italiani, ancora pochi erano i cultori di musica quartettistica come il Ghebart a Torino o il Pappalardo a Napoli o i più significativi Giorgetti e Gambini, attivi a Firenze e Genova. In particolare il Giorgetti chiarisce fin nella dedica dei suoi quattro *Quartetti* un'attenzione europea (il secondo è per Spohr, il terzo per Fétis) ma anche una sorta di alleanza italiana: ove se il primo del 1849 è infatti dedicato a Rossini, il quarto è invece per Bazzini, gesto da intendersi dunque come consenso ad una comune operazione di rinnovamento culturale.

Al contempo il genere quartettistico tendeva ad un'acquisizione pubblica dapprima con iniziative spesso ridotte ed incomplete (a Roma, nel 1851, furono attuati soltanto due dei 13 concerti programmati dal Ramacciotti ed un decennio più tardi, nel 1862, i 16 Concerti popolari diretti a Napoli da Bottesini si ridussero a sei)[16], ma poi più stabili con la costituzione delle varie "Società del Quartetto", tutte attivamente organizzate ed appoggiate da una più efficiente editoria e pubblicistica. Le iniziative finalmente organiche di queste società spaziavano infatti dai concerti pubblici ad appropriati commenti critici su "Gazzette" e riviste, dalla pubblicazione di partiture a bandi di concorsi per compositori, come mostrano ad esempio gli interventi attuati a Firenze dal Basevi e dall'editore Guidi (con la segnalazione di opere quartettistiche di Gambini, Bottesini, Anichini e Giulio Ricordi) ed a Milano con premi destinati a Bazzini e Faccio. Ove le esigenze di un aggiornamento culturale, della "riforma" e del "progresso" di un'arte "essenzialmente educatrice" quale proponeva il Basevi, si appuntavano sulla produzione beethoveniana, da lui peraltro indagata sul "Boccherini", il giornale della "Società del Quartetto" fiorentina nel 1862 e seguita normativamente nei *Quartetti* composti da Giulio Ricordi ed Anichini[17].

La forma quartettistica traeva insomma tutti questi musicisti italiani verso ripensamenti non solo culturali ma spesso professionistici: ed era essenzialmente il beethovenismo a muovere le nuove alleanze internazionali di probi musicisti (ed anche di dilettanti come il conte Castelbarco) che da tempo ne avevano intuito il valore, magari troppo indulgendo sugli aspetti esteriori, quali gli "stati d'animo" esplicati nelle ben più note e diffuse *Sonate* pianistiche. Nella coscienza di questi compositori l'adesione a Beethoven, al suo linguaggio "irregolare", costituiva un desiderio orgoglioso di uscire dal convenzionale, di metter alla prova la volontà individuale proprio sperimentando nuovi tipi di procedimento creativo: col risultato che assai più che in passato scaturiva l'antitesi tra valore relativo ed assoluto, tra idee vere e caduche: assillante paragone di una verità sfiorata e mai raggiunta per intero. Anche perché il costume stava lentamente mutando e l'attenzione per Beethoven volgeva progressivamente al suo repertorio sinfonico, diffuso dai primi concerti pubblici e subito privilegiato dall'uditorio borghese e dalla stessa critica, che infatti denunciava troppe "astruserie" nel terzo *Quartetto* dell'op. 59 eseguito da Bazzini nel 1869 a Milano[18]: gli "Esperimenti" della Società milanese preparavano infatti le celebrazioni del centenario beethoveniano in chiave orchestrale, relegando la sua quartettistica ad un ristretto pubblico di intenditori. Così, mentre stava già agitandosi la "questione wagneriana", Boito che nel 1864 aveva invitato i musicisti ad esercitarsi al Quartetto ed alla Sinfonia "per affrontare il Melodramma"[19], poteva presentare nel 1865 due primizie italiane quali i *Quartetti* di Bazzini e di Faccio con una delle sue peregrine profezie: "Oggi la musica è tutta al melodramma..." che, soffocando "l'arte indipendente... produsse l'atonia del quartetto"[20].

E proprio questo ripensamento beethoveniano spiega la grata attenzione e cauta adesione nei confronti di Mendelssohn, sancita da una mentalità borghese che (non solo in Italia) ne amava l'aspetto moderatamente innovatore ma non progressivo, polarizzato tra fantasticheria e sentimentalismo. Gli echi di questo nuovo indirizzo si colgono in certa produzione quartettistica italiana del tempo, a citare, omettendo Bottesini, solo qualche esempio: il tono di "canzonetta" presente nell'*Allegro* iniziale del *Quartetto* di Faccio, lo *Scherzo* di quello di Bolzoni composto e premiato a Milano nel 1871 o l'*Andante con moto* del secondo *Quartetto* di Bazzini, "simile ad una romanza senza parole"[21], laddove pur non cedono impennate ritmiche e scansioni drammatiche di memoria beethoveniana nelle opere di Anichini, ancora di Bazzini (che nel *Quartetto in re minore* utilizza materiali dell'op. 18)[22] e di quanti altri che combinano con sicurezza la logica e la fantasia, preparando l'avvento più responsabile e professionale di Sgambati coi suoi due *Quintetti* con pianoforte (1866-76) e col *Quartetto* per archi del 1882[23]. Ma è proprio la persistenza di cadenze operistiche e la concomitante comparsa di accenti popolareschi a salvare quanto di polemicamente velleitario annunciava l'età della Scapigliatura, secondo una declinazione italiana presente nell'unica opera di Verdi e nelle varie composizioni di Bottesini che ora prenderemo in esame: tutti pezzi non destinati ad un repertorio concertistico ma ad esecuzioni private, anche se diffuse all'estero: prove magari concepite se non proprio "nei momenti d'ozio" come asseriva Verdi a proposito del suo lavoro, certo in periodi di riflessione, come pause di raccoglimento, durante l'intensa e fin troppo congesta attività operativa di Bottesini. A dire insomma come la "misura" del "concetto artistico" veniva proprio riferita a questo specifico genere musicale.

Se è vero che in Italia ogni famiglia aveva "un membro nel clero" come scrisse, parafrasando Stendhal, l'Escudier nei suoi *Ricordi*, fu proprio uno zio sacerdote, il Corgnati, ad insegnare il violino a Bottesini, che non ancora quattordicenne entrava al Conservatorio di Milano, tosto insofferente così all'invito a studiare che gli rivolgeva il coevo pianista Francesco Sangalli come alla scuola di Luigi Rossi, il suo docente di contrabbasso che pure, "come un maestro di spada", gli insegnò "la miglior botta possibile"[24]. Troncati gli studi nel settembre del 1839, Bottesini iniziava subito la sua celebre e semisecolare carriera concertistica, esibendosi in molti centri italiani e poi, col suo collega di studi Luigi Arditi, producendosi in America, ove tentò di affermarsi anche come operista, col *Cristoforo Colombo* rappresentato all'Avana nel 1848. Fu in Inghilterra e poi a Parigi, ove si esibì come direttore d'orchestra con Berlioz all'Esposizione universale del '56. Seguirono altre tournées in Spagna, Russia ed ancora a Parigi, ove suonò col violinista Vieuxtemps; poi, tornato in Italia, fece rappresentare a Palermo nel 1862 *Marion Delorme*, la sua quarta opera ma la prima di una certa importanza.

Ma non solo in campo teatrale Bottesini voleva affermarsi, bensì anche come compositore di musica strumentale, ben attento essendo ai sintomi di rinascita che, intorno agli anni Sessanta, si manifestavano in alcune città italiane, quali soprattutto Firenze e Milano: ed infatti il suo *Quartetto in re maggiore* per archi vinse nel 1862 il primo premio al "Concorso Basevi" venendo pubblicato dall'editore Guidi. In verità questo *Quartetto* è il quarto dei suoi almeno sette complessivi[25], di cui uno in si minore era già stato pubblicato in precedenza dall'editore milanese Canti; laddove la sua produzione cameristica, oltre a numerosi e prevedibili pezzi destinati al contrabbasso, include questo prediletto strumento in un *Quintetto* per archi composto a Napoli nel 1858 ed edito più tardi da Ricordi. E volendo rilevare come Bottesini seguisse attentamente il gusto del suo tempo, possiamo aggiungere che i suoi interessi orchestrali si orientassero, dopo qualche prova sinfonica (come appunto la *Sinfonia in re maggiore* eseguita a Napoli nel 1863), al diffuso genere descrittivo, quello che Boito definiva "un fecondissimo campo da mietere... seducentissima forma intermedia fra la musica "dipendente" e la musica "indipendente", fra il melodramma e la sinfonia classica...": insomma genere inteso come "opera musicale romantica per eccellenza"[26]. E genere che aprì infatti un vero andazzo, a sfogliare i programmi dei concerti sinfonici "popolari" che prendevano a prosperare in alcuni dei maggiori centri italiani[27]. Opere tarde di carattere descrittivo (quali *Il Deserto*, *Notti arabe* e *Alba sul Bosforo*) costituiscono un inventario di facile quanto oleografico esotismo che solo al vecchio biografo Carniti poteva apparire come "emancipazione dai vieti procedimenti convenzionali" verso una "forma più complessa ed evoluta", influenzata da Berlioz e Liszt e dalla nuova musica francese ma anche dall'*Aida* verdiana, come attestano pagine coeve di Consolo e Fiumi che esprimono il kitsch esotico di impronta orientalistica[28]: che sono, come si può ben arguire, convivenze ibride, peregrine ed improbabili.

Sempre inquieto ed avventuroso, Bottesini dirigeva nel 1870 i "Promenade Concerts" al Covent Garden londinese, l'anno appresso presentava l'*Aida* al Cairo disimpegnandosi onorevolmente nonostante la poca stima che gli concedeva Verdi, poi entusiasmava come virtuoso il pubblico sudamericano: ma l'età ormai avanzata lo convinse a dedicarsi alla composizione soprattutto di opere teatrali (quali l'*Ero e Leandro* che riportò un franco successo a Torino nel 1879), dei lavori orchestrali già citati nonché di pagine cameristiche quali la *Rêverie* e l'ultimo *Quintetto* in fa maggiore e dell'oratorio *The Garden of Olivet*, rappresentato ancora in Inghilterra nel 1887. Ed era Verdi a dare l'ultimo e concreto attestato di stima al musicista sfiduciato e stanco: facendolo nominare direttore del Conservatorio di Parma, poco prima della morte.

Seppure suonando spesso in orchestra Bottesini continuava il funambolico Dragonetti (ammirato da Beethoven) nella mansione di moderatore e di guida dell'intera compagine (essendo spesso il direttore distratto dal dispotismo degli interpreti), certo la sua abilità direttoriale va sfrondata da ogni intento celebrativo, anche solo a leggere i giudizi ed i dubbi espressi da Verdi, pur suo amico nonché ammiratore del suo virtuosismo[29]. Ma anche come musicista Bottesini va ridimensionato sulla scorta di quanto il Depanis già scriveva nel 1879: a questo "Paganini del contrabbasso il virtuosismo diè fama ma per converso nocque al compositore", abile strumentatore in cui "l'originalità dell'invenzione non corrisponde alla spontaneità": onde "l'impazienza farraginosa del concertista traspare nelle evidenti improvvisazioni che sono concessioni al cattivo gusto della folla"[30]. Giudizio che può valere per certi suoi pezzi da concerto e magari per alcuni suoi maturi lavori orchestrali, votati (come vedevamo) essenzialmente al genere descrittivo che riflettevano certa sua vocazione coloristica appresa dal suo continuo vagabondar di virtuoso: né certo suo fondo di scapigliato era frainteso culturalmente, a leggere il distico umoristico di Boito dalla rima spassosa e fatale: "Risplendon di fosforo i flutti del Bosforo" dedicati al brano orchestrale *Alba sul Bosforo* nonché all'identico paesaggio di *Ero e Leandro*, opera peraltro non scevra di fantasia, di limpida poesia, di suggestiva spontaneità, a sentire ancora il Depanis[31]. Giudizio che va tuttavia corretto considerando certa sua produzione cameristica, oltre che teatrale: certo è che, dopo qualche prova musicalmente valida, il concertista Bottesini non mostrava "né tempo né voglia di adoperare la lima: sfavilla, raccoglie applausi e passa oltre"[32]. Come dire che proprio nelle composizioni orchestrali suddette gli influssi possibili dell'arte di Liszt, Berlioz ed anche Saint-Saëns vengono limitati o meglio condizionati dalla "mentalità un po' superficiale del virtuoso"[33], allo stesso modo che la sua "intransigenza furibonda" nei confronti dei seguaci wagneriani già rilevata dal Depanis[34] lo confina ad essere uno degli ultimi esponenti della tradizione italiana, così nel teatro ("Ma sarà poi buona?!" si chiedeva Verdi a proposito dell'*Ero e Leandro*) come nella musica strumentale.

L'Ottocento dava quindi all'Italia con Bottesini il maggior virtuoso europeo ma altresì uno dei suoi musicisti più irrisolti, perché asservito a quel facile costume concertistico a cui almeno i pianisti si erano sottratti abdicando al pubblico. A lui, che pure rappresentò come pochi le dispersioni di una Scapigliatura estrosa e velleitaria, si lega il declino del virtuosismo ottocentesco, come non la storia bensì la cronaca del tempo riferisce, destinandogli tante vignette ed immagini letterarie. La più destra e congeniale, almeno a suggerire la suggestione stupita e l'irresistibile fascino che le sue esibizioni sprigionavano, è quella che ci ha dato il Barilli con un mirabile ritratto, tra arguto ed accorato, di questo musicista che girava in un'Italia da carnevale facendo parodie di sé e del suo ingombrante strumento, lasciando dovunque "costernazione e stupore": personaggio quindi irripetibile che otteneva, abbracciato al suo "credenzone spiritato" i suoni più vari ed inverosimili. Allora, una voce "gobba e sepolta di ventriloquio" si affacciava "domesticamente" tra le corde, a cantarellare con ironica insolenza il vecchio *Carnevale di Venezia*[35]: a dire insomma come in questa mimica mascherata, in questa impotente parodia di grandezza, in questa istrionesca ipocrisia, in questa mistificazione artistica moriva pure tanta parte del più vero Ottocento italiano.

Una lettura della sua opera chiarisce anzitutto il carattere prestigioso ed estemporaneo di pezzi variati, ove tutti i registri del contrabbasso vengono evidenziati secondo una prassi affine a quella violinistica di Paganini, laddove il pianoforte svolge un ruolo integrativo non dissimile da quello realizzato da Rossini nelle sue *Soirées Musicales*. Eppure dietro questa soluzione di comodo (e di più pronto consenso), in questo virtuosismo di stampo operistico (proprio per la dovizia di passi "cantabili"), si avverte sempre qualche eco del Romanticismo europeo, magari accolto distrattamente, come nel tono beethoveniano del secondo dei tre *Grandi Duetti* (dall'impegno costruttivo accostabile ai migliori *Capricci* di Paganini) o meglio ancora in certe manierate e salottiere eppure espressive *Elegie*. Altrove, era l'adesione al gusto corrente nonché la concessione più facile al suo prestigio esecutivo a consentirgli il modo di comporre schietto quanto futile. Nel *Concerto in si minore*, ad esempio, il gusto teatrale (tutto gesticolazione perentoria ed intonazione emotiva prima che espressiva) pone l'orchestra in funzione gregaria e non parallela al solista, secondo i caratteri del tipico Concerto all'italiana fissato da Paganini, anche se l'età scapigliata pretendeva proprio da un virtuoso ben altre bizzarrie e velleità culturalistiche. Alla mancanza di un retroterra formalistico ed alla carenza endemica di una caratterizzazione "nazionalistica" che pure in Europa iniziava a definirsi, sono attribuibili le situazioni emotive e non specificatamente espressive, le genericità motiviche e non le vere individuazioni tematiche, le elaborazioni virtuosistiche ed ornamentali e la mancanza di veri sviluppi tematici: ove era solo il corrente costume salottiero ad assumere svariate cadenze colte, pur assoggettate ad un vocabolario estemporaneo. Come dire che la sostanziale dimensione creativa dell'eclettico compositore cremasco è da ricercarsi in siffatta filtrazione italiana di una qualche tradizione europea, intesa secondo un estroso e coraggioso "sperimentalismo", come ha notato il Carli Ballola[36].

Ed allora andranno salvati, di Bottesini, due aspetti apparentemente comprimari, anzi opposti alla sua cifra di virtuoso. Il primo è quello di certa sua produzione teatrale, pur preclusa alle novità di linguaggio proposte dall'ultimo Verdi, da Wagner e dal melodramma francese, che nondimeno mostra una nobiltà inventiva rara, un vivo estro, nutrito e temprato da molteplici segnalazioni europee. Così ancora il Carli Ballola ha visto, ad esempio, nell'opera buffa *Alì Babà* una piacevole commedia musicale, ove nella pur eclettica inventiva si possono cogliere di riflesso echi di Cherubini, Weber, Lortzing e Nicolai, ma sempre secondo una piacevole angolazione italiana, mentre nel genere serio (come in *Ero e Leandro*) traspaiono oggettivi valori formali ed un classicistico decoro, ove nella pur vivida cornice spettacolare si colgono sprazzi di penetrante drammaticità e di delicata intimità lirica[37].

L'altro aspetto è quello della musica da camera (soprattutto nei *Quartetti* e *Quintetti* per archi) ove G. Bottesini offre saggi di proprietà strumentale secondo un agio formalistico che spazia dai classici al gusto mendelssohniano. Di quel Mendelssohn incontrato frequentemente durante le varie fasi della sua attività esecutiva e creativa, a partire dal primo periodo londinese (1849-55) allorché Bottesini eseguì il suo *Concerto in si minore* sotto la direzione di Berlioz e partecipò alla "scoperta" di alcuni *Quartetti* di Donizetti con illustri colleghi italiani quali Piatti, Bazzini e Arditi[38]. Di qui si chiarisce come Bottesini, con altri virtuosi italiani del suo tempo, svolse una duplice azione di assoluta importanza: da un lato adempiendo una vera e propria missione propagandistica del nostro patrimonio musicale e dall'altro canto introducendo in Italia una parte delle infinite voci strumentali europee, costituendo insomma un vero "trait d'union" per l'assimilazione della cultura musicale tedesca mediata appunto da Londra ove tra i musicisti più eseguiti figurava appunto Mendelssohn[39]. E fu quest'esperienza che gli permise, tornato in Italia nel 1858, di impegnarsi come promotore di concerti e come compositore strumentale, giudicato dal sempre diffidente Verdi fin troppo "impeciato di quartettismo"[40]. A Napoli nascono infatti in quell'anno alcune opere cameristiche, tra cui il *Quintetto in do minore* dedicato a Mercadante, replicato l'anno dopo a Milano col violinista Cavallini in un clima sempre più attento alla musica cameristica, nonostante la tensione delle Guerre d'Indipendenza; né è casuale la sosta fiorentina del 1861, proprio nella città più aperta alla musica strumentale con i vari Giorgetti e Sbolci,

Basevi e Casamorata e l'editore Guidi. Ancora a Napoli (e unico prima di Martucci), Bottesini organizza nel '62 concerti sia cameristici che orchestrali (comprendenti opere di Mendelssohn) opponendosi all'attività "frenante" del vecchio Mercadante: e proprio a Napoli, ove appaiono stampati da Girard i tre *Quartetti* op. 2, 3 e 4, lo raggiunge la notizia che il suo *Quartetto in re* è risultato vincitore del secondo "Concorso Basevi" di Firenze. Bottesini indirizza al Segretario del Conservatorio fiorentino, Olimpio Mariotti, una lettera datata 19 settembre in cui asserisce: "Tale conseguimento mi onora moltissimo e mi spronerà ad occuparmi sempre più dello studio dei classici"[41]. Ed è certo che a questo fecondo periodo napoletano risalga la composizione di altre opere cameristiche come il 2° *Quintetto in mi minore* (edito appunto a Napoli da Tito Ricordi e fratelli Clausetti) e forse altre opere non pubblicate[42], tra cui un altro *Quintetto in la maggiore*: attività creativa continuata anche dopo il 1863, quando Bottesini riprende le sue tournées europee, come attestano due *Quartetti* manoscritti, quello in mi bemolle datato "Barcellona 1864" e dedicato all'amico Paul Rotondo il 28 agosto dello stesso anno a Parigi, ed un altro in mi minore indicato come n. 6 e datato "Parigi, 30 marzo 1869".

Opere che dunque continuavano l'adesione strumentale poi convertita nella produzione di fantasie orchestrali di carattere descrittivo. Ma anche nell'ultima fase operativa svolta prevalentemente a Napoli, allorché le sue opere venivano accostate a quelle di Bazzini, Sgambati e Martucci come elevata espressione di "musica indipendente"[43], Bottesini tornava alla cameristica con un *Quartetto* (1883) e col *Quintetto in fa maggiore* che reca in quasi tutte le sue quattro parti la data precisa di composizione: tra il 27 febbraio 1887 e l'8 febbraio 1888 il *Moderato* iniziale, 19 febbraio 1888 alla fine dell'*Adagio* e 23 febbraio 1888 al termine dell'*Allegro non tanto* finale. Quest'opera era stata non casualmente associata all'adattamento della *Serenata* op. 43 di Mendelssohn[44] eseguita durante un concerto in casa Sanvitale: ed era un congedo proprio in chiave cameristica che dava la misura dell'indirizzo artistico di Bottesini, capace di fornire ancora una volta "novella prova di possedere una fervida e robusta fantasia ed una scienza profonda e severa" proprio perché le melodie "italianamente appassionate" erano condotte magistralmente "secondo le leggi dei sommi quartettisti tedeschi", come riferisce un commento del tempo sottolineando quella "fusione felicissima dei due stili"[45] che era sempre stato l'assunto primario della cameristica di Bottesini e dei migliori suoi colleghi. Intanto, l'opera d'esordio composta a Napoli trent'anni prima, il *Gran Quintetto in do minore*, aveva già raggiunto il gran pubblico nella trascrizione per banda compiuta da Alessandro Vessella nel 1876[46].

Il giovanile *Quartetto in si minore*, forse composto durante gli studi presso il Conservatorio di Milano (presumibilmente nel 1838-39) mostra chiare adesioni allo stile classico (segnatamente beethoveniano) nell'iniziale *Allegro moderato*, ove il primo tema concitato non trova tuttavia un'adeguata opposizione dialettica col

secondo motivo, appena suggerito: ed è la sezione dello "sviluppo" a denunciare gli echi del gusto "concertante", che distribuisce ai vari strumenti il lungo e nervoso inciso iniziale. Più caratteristico il breve *Scherzo* col suo tema agilmente disposto tra fioriture ornamentali e pause intensificate da passaggi cromatici, mentre il disegno ascendente dell'*Andante* apre un discorso più lirico che solo nella conclusione si libera di fin troppo insistite effusioni del primo violino. L'*Allegro spiritoso* finale è forse la parte più individuata per certa fantasiosa concitazione, incentivata da una fitta rete di terzine che apre una parentesi corrusca prima della ripresa e della quasi esanime conclusione.
Assai maggior disciplina formale esibiscono i tre *Quartetti* "napoletani" op. 2, 3 e 4 del 1862, dedicati all'amico Paolo Rotondo. Il primo in *si bemolle* presenta un movimento iniziale (*Allegro maestoso*) assai elaborato, seguito da un aggraziato *Minuetto* (col *Trio* argutamente classicheggiante), da un espansivo *Adagio* e da un *Finale* scherzoso e leggero. Le cadenze emotive si fanno eloquenti nel movimento iniziale del secondo *Quartetto in fa diesis minore* con gli imperativi accordi scanditi all'unisono e seguiti da pause: un fare in grande che molto concede a passi fin troppo volutamente "quartettistici" che almeno sanno evitare, in certa congestione del discorso, i sempre temibili rigori contrappuntistici. Echi beethoveniani (addirittura del *Finale* dell'op. 132) paiono trasparire nell'espressivo tema dell'*Allegro moderato* iniziale, ricco di sorprese armoniche; ma dopo un brillante *Scherzo* e prima di uno spiritoso *Finale*, è forse l'*Andantino* ad aprire più confidenziali cadenze romantiche. Maggior equilibrio complessivo offre il terzo *Quartetto in re maggiore* premiato a Firenze: un'opera concisa ma felice, che contiene l'effusione liricamente espressiva, presente nell'*Andante* introduttivo, in un agio formalistico di stampo mendelssohniano, riecheggiato anche tematicamente nel primo *Allegro*, ove la seconda idea si fonde piacevolmente con la prima. Più facile lo *Scherzo* non scevro di impronta virtuosistica, laddove l'*Adagio* presenta invece una pretta situazione cameristica (nonostante un passo fugato che appesantisce la nobile linea del discorso), riuscendo la parte migliore dell'opera, conclusa da un incalzante *Allegro* fin troppo insistito ritmicamente. Qui Bottesini trascura l'estemporaneo virtuosismo che improntava la sua prima produzione quartettistica e fornisce un saggio pregevole di disponibilità e proprietà cameristica, ove il melodismo prettamente italiano si associa, come già nell'opera precedente, ad un suggestivo cromatismo, ovvero ad una cadenza europea: ove la fugace conoscenza della tradizione classica viene ripensata ed aggiornata senza ammantarsi dell'«accademico grigiore» dei tardivi seguaci dello stile "tedesco"[47].
Una prova felice[48], da accostare quindi alla coeva produzione di Bazzini, che tuttavia non trova adeguato riscontro nella successiva produzione bottesiniana fin qui reperita, per lo più composta durante la lunga tournée europea iniziata nel 1863 e conservata manoscritta nella Biblioteca Palatina di Parma. Il *Quartetto in mi bemolle* del 1864, che reca la duplice indicazione (e con calligrafie diverse) di "Barcelona" e la dedica autografa "A mon ami Paul Rotondo - Paris, 28 Août 1864", presenta infatti un elaborato *Allegro spiritoso* (preceduto da un breve *Andante*) che privilegia la linea virtuosistica del primo violino relegando le parti interne a frequenti accordalità o all'impianto concertante, senza beneficio di un veramente articolato discorso, ad onta delle lunghe e vivaci esposizioni tematiche. Una tessitura che ancor più s'addensa nell'elegiaco *Andante sostenuto* e nel pulsante *Scherzo* (certo la pagina migliore), lasciando al *Presto* finale la formula convenzionale del fugato, almeno intento ad un'accurata distribuzione delle parti tra i quattro strumenti. Al confronto, il *Quartetto in mi minore* siglato come n. 6 e datato "Parigi 30 marzo 1869" presenta una tessitura più ariosa e leggera già nell'*Allegro moderato*, nello "scherzoso" *Allegretto* dal ritmo acciaccato e pieno di allegra concitazione, nell'effusivo *Andante* e nel crepitante *Finale* a rondò che incastona un episodio più magniloquente e "grandioso" in una sezione ricca di arguti rimandi popolareschi. Un altro *Quartetto in si bemolle*, senza data, parrebbe anteriore a queste due prove parigine già per il rilievo concertante conferito al primo violino nell'*Allegro giusto* iniziale: si evidenzia tuttavia il breve *Andante* col suo elegiaco tono da romanza ed una sorta di grazioso minuetto che precede un breve e brillante finale.

La proprietà cameristica presente in questa produzione quartettistica si rinviene meno limpidamente nel primo *"Gran Quintetto"* dei quattro complessivi di Bottesini, quello giovanile in *do minore* con contrabbasso del 1858, dall'aggettivo perentorio quanto corrente in tanta produzione cameristica e virtuosistica d'Ottocento: un lavoro comunque di ottima fattura ove il prediletto contrabbasso non interviene (come in altre specifiche pagine cameristiche bottesiniane destinate all'estemporaneità concertistica) a chiarire il discorso qui affidato al primo violino ed all'affabile violoncello, ma soltanto a conferire un più marcato spessore timbrico all'assieme: troppo tenue, comunque, per stabilizzarsi nelle tre altre opere del genere, affidate infatti al raddoppio della viola o del violoncello. Al solito, l'opposizione sentimentale di un bel tema accalorato e di uno più sereno e balzante gioca a favore di un fervore discorsivo assai serrato ancorché breve, nel primo *Allegro*; ma è nello *Scherzo* che ancora una volta si palesa un gusto europeo, giocato tra cadenze ora fantasiose e popolaresche ora più espansive nel *Trio*. Come pure echi del *Quintetto* per archi di Schubert possono esser adombrati nella concitazione del fresco ma quasi frettoloso *Finale*, che almeno evita il rischio di convenzionali manierismi. Ma è certo l'*Adagio* a proporre il clima più romanticamente emotivo e scevro di esteriorità salottiera: qui un episodio appassionato, affidato al caloroso dialogo tra violino e violoncello interviene opportunamente a concitare l'iniziale tono di romanza cameristica (affine a certe pagine sparse di Bottesini, quali *Rêveries* ed *Elegie*) verso un discorso più intenso, reso palpitante dai tremoli degli archi intermedi.

Gli altri tre *Quintetti* presentano una scrittura più omogenea, senza dubbio motivata dal più approfondito formalismo esperito nella ricca produzione quartettistica degli anni napoletani. È il caso del *Secondo Quintetto in mi minore*, edito a Napoli presumibilmente tra il 1862 e il 1863, ove la stesura per due violoncelli accentua lo spessore e l'articolazione del discorso, accuratamente distribuito tra le varie voci. L'ampio *Moderato* iniziale è intriso di pungente melanconia già nel tenero inciso tematico del primo violino riecheggiato dagli altri archi che incentivano un discorso tutto disposto all'intimismo ed appena concitato nella sezione dello sviluppo, che privilegia il carattere più sereno del secondo tema, affidato al violoncello, prima dell'accorata chiusa. Cadenza di vecchia danza classicheggiante schiude il successivo *Allegro moderato* (indicato come *Minuetto*) col suo *Trio* popolaresco: carattere non smentito dall'*Andante sostenuto* riccamente ornato dal violino, mentre il *Finale*, col suo espansivo tema in maggiore, arieggia cadenze beethoveniane.

Manoscritti restano gli altri due *Quintetti* con due viole, conservati a Parma. Il primo in *la maggiore* presenta un arioso ed espansivo movimento iniziale (*Allegro moderato*) seguito da un arguto tempo di valzer che riesce una delle pagine più felici di Bottesini, ricca di estemporaneità salottiera che mistifica e deforma umoristicamente citazioni colte con esiti fin esilaranti. Espansivo l'*Andante* col suo tema scandito quasi marzialmente e poi riccamente fiorito: ma è il lungo e tormentato *Allegro vivace* conclusivo (ove la scrittura frettolosa rasenta talvolta lo stadio d'abbozzo) ad assumere cadenze fin bizzarre di un qualche inno nazionale, forse inteso come umoristica citazione durante le tournées estere. Ben altro impegno nell'opera conclusiva di Bottesini, il *Quintetto in fa maggiore* composto a Napoli tra il 1887 ed il 1888 ed accuratamente datato nelle sue parti, come già si diceva. La "fusione felicissima" dello stile italiano e tedesco fu rilevata nel citato commento apparso sulla "Gazzetta Musicale di Milano" il 17 marzo 1889, ove si leggono queste note esplicative: "Al primo tempo del Quintetto di colore grave, fa seguito uno scherzo brioso e un adagio elaborato. Ma dove l'autore si eleva ad altissimo ideale, è nell'ultimo tempo. In questo il motivo principale, dopo un sapiente sviluppo, dà luogo ad un corale, intorno a cui si aggirano altre parti, unendosi alla fine in una esplosione di sonorità meravigliosa"[49]. A noi invece paiono molto più significative e riuscite le cadenze intimistiche subito esposte nel *Moderato* iniziale, col delicato tema affidato accordalmente al primo violino, alla prima viola ed al violoncello, tema che nella sua tenera segretezza non ci pare immemore dell'inizio del *Quintetto* per archi di Schubert; come pure, se il disegno discedente dello *Scherzo* par riecheggiare quello del *Minuetto* della *Sinfonia* mozartiana "Jupiter", certo l'*Adagio* presenta un profilo tematico di indubbia ascendenza mendelssohniana. Ben più del magniloquente *Finale*, sono questi accenti a chiarire, come e più di prima, l'indeposta informazione europea nella produzione liminare del musicista nonché il compendio culturale della sua arte. La sua fama di virtuoso fu certamente più vasta e leggendaria ma altresì la sua cifra più effimera: meno esteriore e dispersiva fu invece la "misura" della sua arte legata alla produzione cameristica: quella misconosciuta ai suoi tempi e che oggi lo vede autorevolmente inserito, con Bazzini, Sgambati e Martucci, nella rinascita dello strumentalismo italiano del secondo Ottocento, ovvero, come già si leggeva in un ritratto biografico a lui destinato sul "Tempo illustrato" del giugno 1882, tra i migliori musicisti del suo tempo[50].

NOTE

1. Cfr. il mio *Ottocento strumentale italiano*, Bologna, 1972, pagg. 321 sgg. e 465 sgg.
2. Cfr. L. Della Croce, *Il divino Boccherini*, Padova, 1988, pagg. 231-4.
3. Cfr. il mio *Ottocento...cit.*, pag. 250.
4. Cfr. G. Zampieri, *L'epoca e l'arte di A. Rolla*, Pavia, 1941, pag. 51. Inoltre v. L. Inzaghi - L. A. Bianchi, *Alessandro Rolla*, Milano, 1981, pag. 231.
5. Cfr. il mio *Ottocento... cit.*, pag. 355.
6. Mozart fu l'ammirazione della sua giovinezza, poi la disperazione della sua maturità ed infine la consolazione della sua vecchiaia (Cfr. G. Radiciotti, *G. Rossini*, Tivoli, 1927-29, vol. III, pag. 279).
7. Cfr. G. Pestelli, *L'età di Mozart e di Beethoven*, EdT, Torino, 1979, pag. 134.
8. Cfr. L.M. Kantner, *Francesco Basily: tre Quartetti (Sinfonie) "sullo stile di Haydn"*, in "Chigiana", XXXVI, Firenze, 1984, pagg. 144 sgg.
9. Cfr. G. Salvetti, *L'ultima fase del quartettismo italiano tra Viotti e Paganini*, in "Chigiana", XXXVIII, Firenze, 1987, pagg. 170 sgg.
10. Cfr. G. Salvetti, *I Quartetti di Beethoven nella "rinascita strumentale italiana" dell'Ottocento*, in "Analecta Musicologica", 22, Roma, 1984, pagg. 480-81.
11. Cfr. P. Lichtenthal, notizia musicale in "Allgemeine Musikalische Zeitung", dicembre 1842.
12. Cfr. Salvetti, *I Quartetti di Beethoven... cit.*, pagg. 481-82.
13. Cfr. C. Sartori, *L'avventura del violino. L'Italia musicale dell'Ottocento nella biografia e nei carteggi di Antonio Bazzini*, Torino, 1978, pag. 52.
14. Cfr. "Gazzetta Musicale di Milano", 7 giugno 1847.
15. Cfr. G. Barblan, *Beethoven in Lombardia nell'Ottocento*, in "Nuova Rivista Musicale Italiana", VI n. 1, 1972, pag. 36.
16. Cfr. Salvetti, *I Quartetti di Beethoven... cit.*, pagg. 482-83.
17. Id., pagg. 485-89.
18. Anche a Roma il Ramacciotti, fondatore di una "Gazzetta Musicale" nel 1852, organizzava concerti non senza reazioni pubbliche e riserve pubblicistiche. La musica classica veniva valutata come "miscuglio incomprensibile di note". Dopo l'esecuzione di un *Quartetto* di Beethoven suonato dai colleghi di Sgambati un oppositore mise in giro il divertente calembour *Bête-aux-veines*, cioè sanguisuga (Cfr. A. De Angelis, *La musica a Roma nel secolo XIX*, Roma, 1935, pag. 30).
19. Cfr. A. Boito, *Tutti gli scritti* (a cura di P. Nardi), Milano, 1942, pag. 1117.
20. Cfr. *Critiche e cronache musicali di Arrigo Boito* (a cura di R. De Rensis), Milano, 1931, pagg. 167-68.
21. Cfr. G. Pannain, *La musica strumentale in Italia*, Torino, 1939, pagg. 56-57.
22. Cfr. Salvetti, *I Quartetti di Beethoven... cit.*, pagg. 493-94.
23. Cfr. il mio *Ottocento strumentale Italiano cit.*, pagg. 438-39.
24. Cfr. L. Escudier, *Mes Souvenirs. Les virtuoses*, Parigi, 1868, pagg. 256-60.
25. Sei ne elenca M. Conati nel ("DEUMM". Le Biografie, vol. I, Torino, 1985), addirittura undici C. Casellato (in MGG, vol. 15, 1973) e dodici E. Fazio (Cfr. il suo saggio *Bottesini, i salotti privati e le società cameristiche e orchestrali italiane nel secondo '800*, in "Nuova Rivista Musicale Italiana", XIX N. 4, ottobre-dicembre 1985, pag. 609 nota 1).
26. Cfr. "Gazzetta Musicale di Milano", n. 17, 28 aprile 1872.
27. Cfr. il mio *Ottocento strumentale Italiano... cit.*, pagg. 371 sgg. e 487 sgg.
28. Id., pagg. 371-74.
29. Cfr. P. Santi, *Giovanni Bottesini*, in "I grandi anniversari del 1960 e la musica sinfonica e da camera nell'Ottocento in Italia", Siena, 1960, pagg. 54-59.
30. Cfr. G. Depanis, *I concerti popolari ed il Teatro Regio di Torino*, vol. II, Torino, 1915, pagg. 18 sgg.
31. Id., pag. 19.
32. Ibid.
33. Cfr. A. Carniti, *In memoria di G. Bottesini*, Crema, 1921, pag. 46.
34. Cfr. Depanis, *Op. cit.*, pag. 19.
35. Cfr. B. Barilli, *Il paese del melodramma e altri scritti musicali*, Firenze, 1963, pagg. 5-7.
36. Cfr. G. Carli Ballola, *Civiltà strumentale dell'Ottocento italiano*, in "Chigiana", XXVI-XXVII, Firenze, 1971, pagg. 593 sgg.
37. Cfr. G. Carli Ballola, *Epigoni a metà Ottocento*, in "Storia dell'Opera", vol 1/2, Torino, 1977, pagg. 421-22.
38. Cfr. AA. VV., *Gaetano Donizetti*, Milano, 1983, pag. 123.

39. Cfr. Fazio, *Saggio cit.*, pag. 610.
40. Cfr. F. Abbiati, *G. Verdi*, Milano 1959, vol. III, pagg. 456-59.
41. Lettera conservata nel "Fondo Basevi" presso il Conservatorio di Firenze (B. 2438 III 117).
42. Cfr. R. Monterosso (a cura di), *Mostra bibliografica dei musei cremonesi. Catalogo storico critico degli autori*, in "Annali della Biblioteca Governativa e Libreria Civica di Cremona", 1949, pag. 102.
43. Cfr. Fazio, *Saggio cit.*, pag. 618.
44. Id., pag. 619.
45. Ibid., nota 47.
46. La partitura si trova presso la biblioteca di Archeologia e Storia dell'Arte di Roma. Inoltre, il *Finale* di questo *Quintetto*, nella trascrizione ancora compiuta da Vessella nel 1896 per fiati, timpani e contrabbasso, è conservato manoscritto nell'Archivio Capitolino del Comune di Roma.
47. Cfr. Carli Ballola, *Civiltà strumentale... cit.*, pag. 597.
48. Cfr. R. Vlad, *Un Quartetto di Bottesini*, in "L'Immagine", Roma, 1947, n. 4, pagg. 239 sgg. inoltre v. C. Casini, *L'Ottocento II*, Torino, 1978, pag. 184.
49. Cfr. Fazio, *Saggio cit.*, pag. 619, nota 47.
50. Id., pag. 618.

Programma

all' Ecc.ma Famiglia Scotti Gallarati

Parte Prima

1 SINFONIA

2 ARIA (M.° Donizetti)

3 FANTASIA (Prof. Martini)

4 TERZETTO (M.° Rossini)

5 CONCERTO (Bottesini)

Parte Seconda

6 DUETTO BRILLANTE (Dancla)

7 DUETTO (Donizetti)

8 DIVERTIMENTO (Prof. Rabboni)

9 FANTASIA (Talberg)

10 LA RONDA (M.° Gabussi)

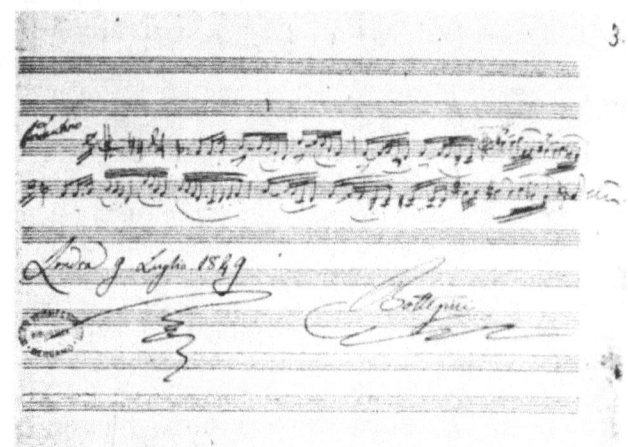

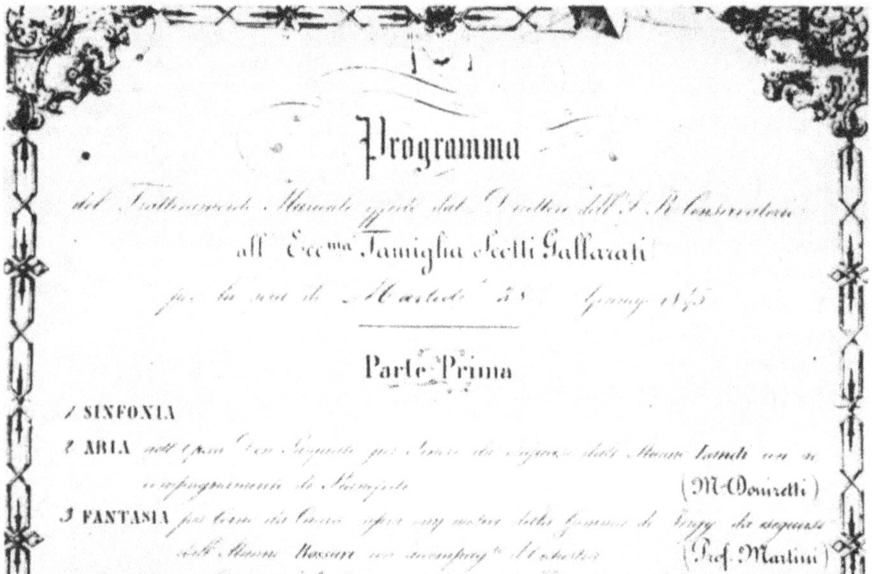

71. Autografo musicale di Bottesini inviato all'amico Alfredo Piatti da Londra.

72. Programma di un'Accademia tenuta al Conservatorio di Milano nel 1845 e nella quale venne eseguita una composizione di Bottesini.

Liriche da camera
di *Ettore Borri*

Se in Germania il Lied rappresenta il culmine della poetica romantica coinvolgendo letterati e musicisti illustri, se in Francia, dalla sensibile Romance settecentesca, si sviluppa la più nobile Mélodie magistralmente praticata da tutti i maggiori artisti, in Italia non si forma alcuna nuova tradizione nel campo della cameristica vocale, almeno nel primo Ottocento. I nostri compositori si dedicarono pressoché totalmente al Melodramma, come alla forma che più di ogni altra racchiudeva in sé le ragioni del Romanticismo italiano.
Tutti gli altri generi erano trascurati o per lo meno trattati con disimpegno, se non con incuria. Del resto, i grandi temi romantici cari agli italiani venivano già pienamente cantati nel teatro lirico. L'amore, in tutte le possibili sfaccettature psicologiche, e il patriottismo irredentistico trovavano la loro naturale espressione nel canto spiegato e nel dramma operistico. Donizetti, Bellini, Verdi riempivano della propria musica non solo i grandi teatri, ma anche i salotti aristocratici e borghesi e persino le barricate. In questa situazione generale, la cameristica vocale languiva in una sorta di indifferenza che fa esprimere ad uno studioso come l'Einstein un drastico giudizio di "inferiorità" rispetto alla corrispondente produzione musicale tedesca. E l'"inferiorità", sempre secondo l'Einstein, è da intendersi nel senso che "in Italia tutto quanto era canto era troppo strettamente legato da una parte alla canzone popolare, dall'altra all'opera lirica, che assorbiva e monopolizzava tutto l'interesse del pubblico colto"[1]. Questa affermazione, inaccettabile come giudizio di valore, risponde invece a verità come enucleazione dei due stili che si riflettono nella cameristica vocale e cioè l'aria da camera di tradizione settecentesca e la canzone popolare addirittura in vernacolo. In effetti la produzione cameristica di Rossini, Bellini, Donizetti e Verdi, per citare esempi illustri, si colloca nell'ambito individuato dall'Einstein.
Dalla seconda metà dell'Ottocento fino ai primi del Novecento venne a poco a poco affermandosi una tradizione più propriamente italiana anche in questo campo, innestandosi sulla Romance francese. Il termine Romanza divenne a tal punto di moda da inserirsi nel melodramma coevo per indicare un momento di espansione melodica, ma di più libera struttura rispetto alla precedente Aria. Tutti i musicisti si provarono in questo genere cameristico contribuendo a creare un vero e proprio *corpus* di composizioni che raggruppa prevalentemente quelle di argomento amoroso e di espressione sentimentale. Contemporaneamente, da queste romanze, sull'esempio di esperienze europee, si svilupparono brani di maggior impegno letterario e musicale che origineranno la più essenziale lirica novecentesca. Una rapida e sommaria rassegna sarà indicativa della fortuna di questi brani presso pubblico e musicisti, a cominciare da autori come Bazzini e Ponchielli. Luigi Arditi e Gaetano Braga, entrambi amici di Bottesini, direttore d'orchestra il primo e virtuoso di violoncello il secondo, scrissero nello stile della Romanza due pezzi che diventarono celeberrimi e cioè, rispettivamente, *Il bacio*, valzer brillante e la serenata *Leggenda valacca*. Protagonisti della rifondazione strumentale italiana, Sgambati e Martucci si distinsero nella musica vocale da camera, per aver scritto l'uno addirittura dei *Lieder* stampati da Schott, l'altro per un intero poemetto intitolato *La canzone dei ricordi*. Francesco Paolo Tosti e Luigi Denza rappresentano la più autentica espressione della Romanza e della Canzone popolaresca napoletana. Catalani e Puccini trasferirono alcune loro pagine cameristiche nelle opere liriche: *Chanson groenlandaise* diventò "Ebben ne andrò lontana" in *Wally* e *Sole e Amore* fu inserita nel terzo atto di *Bohème*. Non si possono dimenticare, in questa rapida visione d'insieme, le celeberrime *Mattinata* e *Serenata* rispettivamente di Leoncavallo e di Mascagni. I termini cronologici di questa produzione cameristica possono porsi approssimativamente fra la proclamazione dell'Unità d'Italia e la prima guerra mondiale, individuando un periodo ricco di fermenti culturali (scuola storica carducciana, verismo, scapigliatura, crepuscolarismo), riecheggianti ben più approfondite esperienze europee estetiche e poetiche, fino a D'Annunzio, che seppe magnetizzare attorno a sé gran parte della cultura italiana anche musicale.
In un simile contesto, il "canzoniere" dei vari musicisti è uno strategico punto d'osservazione da cui si possono intravedere ambizioni ed esperimenti musicali, confessioni intime ed inclinazioni sentimentali. È nel contempo una sorta di diario personale e una fucina dove viene esperita la sinergia di parola e di suono. Bottesini si pone all'origine di questa nuova tradizione vocale e, proprio per questa collocazione, il suo canzoniere porta i segni caratteristici del passaggio da una composizione senza ragion poetica ad un vero e proprio genere musicale. Tale peculiarità si evidenzia nella estrema varietà dei brani che percorrono tutte le possibili vie espressive: dalla arietta di impronta operistica alla scena drammatica, dallo stornello popolaresco alla romanza, dalla canzonetta per gli amici alla raffinata melodia francese. L'occasionalità di questi brani sembra stimolare l'Autore inducendolo ad intraprendere stili diversi, cercando confronti illustri e misurandosi con importanti testi letterari. Si direbbe forse che è attraverso questo sperimentare che si può cogliere la cifra di Bottesini nell'ambito della cameristica vocale. Già il Carli Ballola e il Martinotti hanno evidenziato l'«estroso e coraggioso» eclettismo come "filtrazione italiana di una tradi-

zione europea"[2]. E se il Carli Ballola parla della "magistrale fattura" di *Ero e Leandro* e degli "oggettivi valori formali della pagina, prima e più che per quelli teatrali"[3], Martinotti pone l'attenzione, oltre a "certa sua produzione teatrale", anche alla musica da camera quartettistica e alla *Messa da Requiem*, "una delle più rilevanti, suggestive ed ispirate opere sacre del tardo Ottocento italiano"[4]. Ma nella cameristica vocale l'eclettismo di Bottesini si fa talvolta più deciso sperimentalismo nel contesto di un adeguamento a certi aspetti della poetica scapigliata, avvicinata più per congenialità di vita che per l'adesione a programmi conclamati. È noto per esempio come Bottesini rimanesse fedele a principi estetici pre-wagneriani e come il suo *Ero e Leandro*, nel 1879 a Torino, apparisse reazionario rispetto a *Lohengrin*, rappresentato due anni prima sempre al Teatro Regio.

Le case editrici che stamparono le liriche vocali di Bottesini furono molte e di varie nazioni a testimoniare che l'Autore, celebre ovunque per la sua abilità di virtuoso, poteva a buon diritto essere inserito in vari cataloghi: in Italia Blanchi, Canti, Lucca e Ricordi, che spesso acquista dagli altri editori il repertorio bottesiniano; all'estero Richault, Hartmann ed Heugel a Parigi e Chappel a Londra. Adeguandosi a ciò che imponeva la moda imperante, anche Bottesini pubblica degli Album di liriche. Il primo stampato da Canti tra il 1876 e il 1877 intitolato *Notti d'oriente*, forse perché le romanze ivi raccolte furono composte al Cairo, comprende sette brani di varia fattura. Presso Ricordi si trovano inoltre due Album di sei brani ciascuno dal titolo complessivo *Ricordanze di Napoli*, stampati nel 1880 e comprendenti composizioni per lo più di impronta popolaresca, anche se non mancano quelle più complesse. L'editore Blanchi di Torino pubblica poi un Album vocale senza titolo che compendia sei pezzi di tono elevato. Sempre unite in un fascicolo tre Ariette per soprano o tenore e pianoforte dedicate al conte Sormani; infine si possono considerare unite le due romanze su testo dell'Aleardi più volte pubblicate e comparse anche nella collana antologica *Il bel canto italiano* edita da Ricordi. Molti pezzi pubblicati singolarmente ed altri inediti completano il canzoniere bottesiniano che, se non si può definire copioso, ciò nondimeno è di una ragguardevole consistenza.

Per maggior comodità di descrizione, si distingueranno tre grandi settori: il primo comprende quei brani prossimi allo stile operistico. il secondo raggruppa quelli d'impronta popolaresca; il terzo infine ingloba le romanze vere e proprie e le liriche di più nobili accenti. Del primo esiguo gruppo di composizioni, le tre Ariette per soprano o tenore e pianoforte si pongono come continuazione della tradizionale Aria da camera tanto in voga nel Settecento. Di argomento leggero, recano il segno di una buona padronanza formale; la scorrevole melodia utilizza formule canore a volte stereotipe e a volte addirittura abusate come in certe chiusure di frasi ("le fresc'aure a respirar" ne *La pesca*), ma nel complesso si muove con disinvoltura arricchendosi di frequenti scambi con l'accompagnamento pianistico. È utile analizzare più dappresso la seconda di queste Ariette: *La pesca*. Il testo letterario di Metastasio, costituito da due quartine di ottonari, era già servito a Rossini per il secondo Notturno a due voci delle sue *Soirées Musicales*. Il riferimento rossiniano è, più che una coincidenza, una precisa intenzione di comporre secondo uno stile operistico[5]. Il testo di Metastasio si presta ad essere musicato secondo lo schema ABA', ripetendo la prima quartina alla fine della poesia e prolungando quest'ultima parte con cadenze virtuosistiche. Rossini si diletta a comporre un duetto in forma di Aria col da capo, ampliando molto la sezione finale, che dura quasi quanto, insieme, le prime due. Bottesini, invece, capovolge la durata delle sezioni raddoppiando A e fondendo in un unico blocco B e A', ottenendo così un brano musicalmente bipartito. È da notare la valenza figurativa delle battute in cui il pianoforte accentua la sua presenza con accordi ribattuti di biscrome che interpretano il mare increspato dallo "zeffiretto". Il motivo di chiusura è un ulteriore riferimento rossiniano nel richiamare l'andamento dell'analogo passaggio alla fine dell'omonimo Notturno. Se in Rossini, ma anche in Donizetti, in Bellini e nel primo Verdi questi tipi di arie venivano pur sempre trattate con agilità belcantistica, in quelle di Bottesini si nota emergere l'intento descrittivo e la vena più intimistica: segno del mutare del gusto e della specificazione italiana di un vero e proprio "genere" di cameristica vocale. Le altre due ariette della breve raccolta ripropongono, anche se con minor evidenza, le stesse caratteristiche. La *Canzone festiva del pastore* segue il tradizionale schema col da capo, ma senza esagerarne le pretese virtuosistiche, e affida al pianoforte un accompagnamento scorrevole e regolare, a rendere la calma e la vastità della pianura. L'ultima arietta, *Il marinaio*, rinnova il riferimento a Rossini nella ritmica veloce quasi di tarantella, nella chiarezza tonale e nella scelta dell'argomento simile all'ultimo duetto, *I marinai* appunto, sempre delle *Soirées Musicales*. Pur non raggiungendo la vivezza e l'immediatezza evocativa di analoghi passaggi rossiniani, il punto in cui compare l'immagine della tempesta viene reso da Bottesini con un autentico "crescendo rossiniano", nell'assillante progressione caratterizzata dal ritmo trocaico al canto. Queste ariette, rispetto a Rossini, non possiedono quella gioiosità di canto e di gorgheggio; la bravura si placa in una cantabilità più domestica e tranquilla segnata da una vena melodica di partecipata tenerezza. È sorprendente che questa tendenza si manifesti in un virtuoso come Bottesini che, col suo contrabbasso, sapeva prodursi nei numeri più ardui, suscitando stupore, commozione, incredulità e addirittura "costernazione", come scrive il Barilli[6], nella capacità stregonesca di cavare variazioni spericolate su temi come *Il Carnevale di Venezia*.

L'editore Hartmann pubblicò a Parigi, nella sua *Nouvelle Collection d'Airs, Mélodies, Duos et Trois italiens*, due brani di cui uno è definito come "Scène pour le chant". Con il consueto alternarsi di recitativi e di canto spiegato, viene illustrata una mediocre poesia di Zaffira, *La Martyre Chretienne*, che racconta di una fanciulla gettata in mare e la cui anima candida vola "innocente martire fuor della vita a Dio". Tutte le immagini più scontate sono adoperate in questa poesia che si presta bene, peraltro, a fungere da libretto. Infatti Bottesini coglie i suggerimenti descrittivi traducendo in musica l'immobilità del crepuscolo foriero di un misfatto, il "confuso calpestìo", la minacciosa rupe da cui verrà gettata la ragazza, "l'orrido asìl di gufi" e via dicendo. In questa scena l'Autore garantisce un forte senso di unitarietà grazie all'intreccio di brevi cellule melodiche e all'uso di modulazioni già care a Liszt. Mantiene un senso espressivo continuamente vivo dall'inizio alla fine, senza mai raggiungere forti tinte drammatiche, ma privilegiando un tono medio di partecipe commozione, che diventa stupito annichilimento di fronte ad un destino ineluttabile. Anche nella scena lirica, dunque, viene ricercato l'aspetto sentimentale, che prelude ad un intimismo precorritore di poetiche crepuscolari.

Di qualità inferiore è *L'addio di una viggianese*, dove la prolissità del racconto nuoce alla melodia, così come i tre ritorni della "squilla" che richiama l'innamorato alla partenza, dividono un po' troppo artificiosamente la composizione.

I pezzi che risentono maggiormente della destinazione popolaresca sono più numerosi; tuttavia, proprio in forza di tale destinazione, sono più uniformi. La melodia è semplice e sillabica, pronta a riprodurre la filastrocca del verso e a seguirne la metrica ripetitiva. L'accompagnamento è normalmente identico nel corso di tutto il pezzo e l'armonia si muove su accordi molto comuni, confinando l'eventuale ricercatezza a sottolineare il momento culminante. Il brano musicale è breve e viene utilizzato per tutte le strofe della poesia. Il testo d'argomento leggero e di contenuto prevalentemente amoroso. Insomma un compendio di musica popolare proposta con freschezza di invenzione. Del resto Bottesini non affronta il repertorio della canzone più propriamente folkloristica; chiama la maggior parte di queste composizioni "stornelli" che, pur riferendosi a costumi assolutamente popolari, hanno una loro tradizione letteraria (furono coltivati anche dal Carducci). Questi stornelli compaiono nei due Album intitolati *Ricordanze di Napoli*. *La Ninna Nonna*, su testo di Achille de Lauzieres autore di un'altra ninna nanna musicata da Donizetti, è adagiata su di un cullante e discreto accompagnamento pianistico. La melodia non è priva di grazia infantile ed è curioso notare il totale capovolgimento di significato che le prime quattro battute presentano rispetto al quasi identico tema marziale della *Fantasia op. 49* di Chopin.

A lei, su parole di Temistocle Solera, non riesce ad espandersi in un canto persuasivo, ma è interessante per il tentativo di seguire con la musica non solo la metrica, ma persino la prosodia delle parole evidenziando, con pedanteria eccessiva, le finali sdrucciole. *La villanella* è senza dubbio il brano più riuscito degno di esser tratto dall'oblio. Con sobrietà di mezzi, Bottesini evoca l'immagine di una contadinella maliziosetta ma virtuosa, in quell'età da marito quando anche la più sana e onesta ingenuità si fa, proprio per se stessa, spavaldamente provocante: una sorta di replica musicale de "La donzelletta vien dalla campagna... e reca in mano / un mazzolin di rose e viole, / onde, siccome suole / ornare ella s'appresta / dimani, al dì di festa, il petto e il crine". Ma Bottesini si ferma a questa letteraria visione popolare, di folklore a metà, senza assolutamente aver nulla a che fare con i ben più profondi contrasti e con le abissali solitudini leopardiane. Egli partecipa di una sincera adesione all'illusione di una rassicurante, immaginata *Weltanschaung* piccolo borghese di stampo deamicisiano. Basterebbe una maggior aderenza alla realtà per giungere al Verga di *Per le Vie*. Ma tant'è, di più non si può chiedere al Bottesini, almeno nel campo degli stornelli, se non lo schietto consenso ad un ideale di popolaresco, che però già lo accosta al naturalismo, mitigato in senso "borghese e costumato" di un Fogazzaro o di un De Marchi[7].

Gli altri stornelli ripercorrono lo stesso cammino dei precedenti: *La spagnoletta* si riconosce per una ritmica ammiccante e per un dialogo più serrato tra voce e pianoforte, *La rimembranza* non ha molte caratteristiche di stornello e non riesce neppure ad espandersi in romanza, mentre *La piccola mendìca* presenta una dolce e semplice melodia su di un ostinato pianistico che ricorda il ritmo di mazurca.

La serenata, che chiude il repertorio degli stornelli, è un brano di una certa dimensione che, sul ritmo di barcarola, canta le notturne pene d'amore di un innamorato: è curioso sentire, sul primo verso di ogni strofa, le note di "quell'uom dal fiero aspetto"... È un'altra inversione semantica ed anche umoristica che manifesta il lato istrionesco del Bottesini. Qualche altra composizione si può ascrivere a questo gruppo anche se si proietta già verso un'idea di romanza. Intanto l'inedita *Dov'è più questa Napoli* (l'autografo è conservato alla Sezione Musicale della Biblioteca Palatina di Parma) mostra il tono più autenticamente popolare dell'Autore, soprattutto nella corrispondenza spontanea tra melodia e testo, in una scorrevolezza ed in una "naïveté" unica nell'ambito della sua cameristica vocale.

Per rimanere nel settore delle celebrazioni geografiche, anche il primo brano dell'Album *Notti d'oriente, Ad Ischia*, si atteggia ai modi della canzone popolaresca, con la melodia che segue bene l'articolazione del verso, in un placido alternare di brevi intervalli ascendenti e discendenti e con una ritmica che segue, stavolta con naturalezza, le chiuse dei versi sdruccioli. *La campana del mio villaggio*, edita da Hartmann anche nella versione in lingua francese, non si allontana dalla ricerca di un descrittivismo oleografico. Da ultimo un cenno alla canzonetta *Magari*, su testo di Francesco dall'Ongaro (autore del famoso *Brigidino* di Verdi). Musicata simpaticamente anche dal Filippi per i tipi di Ricordi (nell'Album *Alghe della Laguna*), nelle mani di Bottesini si fa luogo una graziosa melodia impreziosita dall'onomatopea pianistica riferita ai "rossignoli" e alle "lodolette" e dall'armonia vieppiù ricercata attraverso modulazioni a toni lontani.

Si è giunti quindi ad affrontare il *corpus* più consistente del "canzoniere" di Bottesini, che comprende romanze da salotto e melodie di stampo francese. Soltanto sette brani portano l'indicazione "romanza", tre "melodia" e uno "romanza francese"; le altre composizioni non presentano alcuna qualifica ma si collocano a buon diritto entro questa categoria. Le peculiarità della Romanza sono piuttosto psicologiche che non strutturali, in quanto l'indeterminatezza della forma lascia la necessaria libertà di modellare la musica sul componimento letterario; anzi è essenziale l'assunto di musicare un testo di carattere amoroso e sentimentale evidenziandone spontaneità e freschezza. Queste coordinate rappresentano la generalità delle descrizioni fornite dagli studiosi: del resto anche la solita citazione esemplificativa delle composizioni di Tosti, De Leva, Denza e Tirindelli, non è equivocabile del contesto sentimentale e psicologico in cui muove la romanza tra Ottocento e Novecento. È altresì vero che i limiti di queste definizioni non sono mai troppo chiari, e talvolta basta un testo più "serio", un'armonia peregrina, a colorare diversamente un brano, a suggerire una qualifica diversa: quanti "poemetti", "melodie" e "liriche" verranno composti, soprattutto sotto l'influsso francese, pur restando sempre nell'area della romanza. Tra tutti, il termine "lirica" verrà lentamente affrancandosi e si porrà come il punto di riferimento della cameristica vocale del Novecento, ma, con la generazione dell'Ottanta, si esula dai limiti di queste argomentazioni.

Alcuni dei brani bottesiniani designati come "romanze", furono composti utilizzando poesie già adoperate da Tosti. Lo stesso Bottesini ne parla in una lettera a Giulio Ricordi, a proposito di *Torna mio bello*, *Sognai* e *Tutto per mei sei tu* apparse nell'Album *Notti d'oriente*[8]. Su questi brani si può esaminare la natura della romanza. Prendiamo ad esempio *Tutto per me sei tu* di Tosti; la poesia su cui si basa, di Madonnina Malaspina, è costituita da sei strofette (quartine) di settenari. La prima è una richiesta d'amore alla "bella" e conseguentemente anche alla natura; le successive quattro, costituiscono la risposta della natura attraverso altrettante personificazioni, una per strofa, e cioè, la "stella", il "bottoncin di rose", la "allodola" e la "primavera". Infine l'ultima è il rinnovo più esplicito della richiesta d'amore: tutta la poesia è una sorta di domanda di matrimonio. Il pianoforte inizia la versione del Tosti con una piccola frase che nulla ha a che fare con la composizione ma che introduce non solo alla tonalità del pezzo (che è poi la sua funzione strutturale), ma proprio alla psicologia della romanza, evocando il ritorno della primavera e le gioie d'amore che riempiono il cuore dell'amante. La prima strofa si avvale di una recitazione intonata, sostenuta da un oscillare di accordi su pedale di dominante. È qui da notare l'eleganza francese (vedi Fauré e Debussy) in una situazione armonica dove si perde il senso della dissonanza.

La seconda e la terza strofa presentano un andamento più cantabile in una regolarissima ripartizione di frasi: i primi due versi di ciascuna strofa ripetono, più melodicamente, la ritmica della prima, mentre gli altri due versi si espandono a volte in un breve dialogo tra voce e pianoforte sostenuto da settime accattivanti. L'ultima strofa, colma di empito melodico l'appassionata richiesta d'amore, sulla reminiscenza armonica del celeberrimo *Sogno d'amore* di Liszt. Bottesini imposta la composizione secondo lo schema decisamente tripartito. La prima parte canta la strofa iniziale con dolci e sereni accenti melodici, anche se a volte un po' convenzionali. La seconda parte comprende tutte e quattro le strofe centrali; l'accompagnamento muta ad ognuna di esse evidenziando tante piccole sezioni che illustrano adeguatamente l'individualità di ogni strofa. Nella quinta è curioso osservare la somiglianza vocale del passaggio sull'accordo di dominante con quello del Tosti precedentemente descritto.

Se in quest'ultimo la morbidezza ritmica tendeva a richiamarsi alla musica vocale francese, in Bottesini la maggior precisione della croma e delle due semicrome rimanda ad una competenza più strumentale. L'atmosfera risultante è foriera di ciò che evocheranno l'*Idylle* di Chabrier o il *Passepied* di Debussy della *Suite Bergamasque*. La terza parte, dedicata soltanto all'ultima strofa, riprende integralmente la prima, e chiude con una frase sonora ed un abbellimento vocale.

Torna mio bello, su testo di Eva Cattermole Mancini (la Contessa Lara), riversa nella romanza i modi della scena lirica, invero appena accennati, ma inequivocabili. Ripetuti interventi pianistici di varia lunghezza presentano disegni musicali autonomi, come la successione dei cinque accordi di minime: questo passaggio compare per ben cinque volte in situazioni emotive diverse di cui degna di nota è la sua apparizione a chiosare i versi "Passano l'ore / sono stanca tanto". Ecco poi il recitativo, sostenuto da singoli accordi ("Eppur fedele aspetto") e chiuso da una cadenza che riporta la tonalità iniziale, ed ecco anche l'arioso sostenuto sia dal tremolo del pianoforte, sia da un accompagnamento più consono ad un movimento melodico prossimo all'aria ("Io qui seduta alla finestra accanto"). Tale minuscola scena lirica è corrispondente a quella sorta di confessione interiore della Contessa Lara rappresentata in un succedersi di situazioni che forse, in una struttura musicale più cantabile ma più rigida, se non addirittura strofica, non si sarebbero potute enucleare. Bottesini ha così la possibilità e la capacità di tradurre in musica i piccoli trasalimenti, le preoccupazioni, la stanchezza dell'attesa, la gioia e l'abbraccio appassionato della donna che aspetta l'amato.

La nostra canzone invece, mostra l'utilizzazione della forma aperta, cioè la combinazione sempre rinnovantesi per tutto il brano. Il testo di Lorenzo Stecchetti (alias Olindo Guerrini) è culturalmente ricercato in quanto riprende un antico metro italiano del XV secolo, il Ri-

spetto, riconoscibile dalla doppia coppia di versi in rima baciata che chiude l'ottava. Anche l'argomento patetico richiama il Rispetto, pur se la sensibilità è decisamente tardoottocentesca, ma da un carducciano come il Guerrini, che divenne direttore della biblioteca universitaria di Bologna, ci si può attendere una tale ricercatezza letteraria. Sia il Tosti che il Bottesini, musicando entrambi lo stesso componimento, trascurarono il riferimento culturale: tali aspetti saranno più presenti nei musicisti della generazione dell'Ottanta, soprattutto i più prossimi al D'Annunzio, i quali si riferirono programmaticamente alla civiltà musicale italiana preromantica e segnatamente rinascimentale (è il caso di ricordare il quartetto per archi di Gianfrancesco Malipiero dall'emblematico titolo di *Rispetti e Strambotti*). Ciò che viene ripreso dai due musicisti è la tenebrosa sensibilità in cui si cala questa poesia cimiteriale, col suo pur velato accenno ad una famosa novella del Boccaccio, e persino una macabra immagine come lo spuntare dei fiori dal corpo esanime dell'amante, viene risolta in un patetico canto d'amore. Tosti e Bottesini, nell'utilizzare entrambi la forma aperta, àncorano il senso di unitarietà al fluire costante dell'accompagnamento. La linea melodica segue puntualmente la prosodia dei versi e persino la punteggiatura, in una sorta di cantabile declamato che intenzionalmente alterna duine, terzine, e crome puntate. La romanza di Tosti *Quando cadran le foglie*, intitolata così dal primo verso, inizia con la consueta introduzione pianistica che simula il cadere delle foglie. La melodia riecheggiata al basso del pianoforte, raggiunge una vera nobiltà espressiva nella recitazione intonata del verso "Cogli allor tu pei tuoi biondi capelli", sostenuta da preziosità armoniche (nona minore di dominante), per effondersi, nel finale, in un canto commosso. Un biografo di Bottesini, il Carniti, sostiene che quattro erano le romanze che avevano raggiunto una vasta notorietà e, tra queste, *La nostra canzone* aveva qualitativamente superato quella tostiana[9]. In effetti l'impressione è di una complessiva maggior cantabilità e di una penetrazione psicologica in cui si riconosce la mano di chi ha affrontato il melodramma. Nei primi due versi, Bottesini interpreta più suggestivamente l'atmosfera autunnale così carica di malinconica desolazione. È altresì molto efficace il passaggio dalla tonalità di FA diesis minore a quella di FA diesis maggiore, per introdurre la coppia finale dei versi a sottolineare l'inconciliabilità tra la condizione del presente e il dolce ricordo dell'amore. Questo uso della tonalità maggiore in tono così elegiaco, per analogia di contenuto, sembra rinnovare la nobile mestizia del XIII preludio chopiniano, appunto in FA diesis maggiore.
Delle altre romanze di Bottesini citate dal Carniti, *Ci divide l'Ocean*, di ottima fattura, non è certo destinata ad appassionati dilettanti, con quei SI bemolle e DO acuti poco accessibili a voci comuni. Ci viene qui in soccorso la dedica a Roberto Stagno, celebre tenore italiano, destinatario di altre due melodie bottesiniane rimaste inedite: la breve e scherzosa *Canta Roberto* e la ben strutturata, elegante *Guardami ancor*. L'introduzione pianistica si basa su di una successione di accordi caratterizzata da un procedimento di quinte parallele al basso, prima discendenti e poi ascendenti:

Questo tipo di introduzioni pianistiche occorrono ad unificare le composizioni, contrappuntando melodicamente il canto o sostanziando armonicamente la melodia. Questa tecnica compositiva, già apparsa in *Torna mio bello*, si noterà come uno dei mezzi adoperati per assicurare alla romanza una dignità superiore, un maggiore impegno musicale. *Ci divide l'Ocean*, anch'essa in forma aperta, presenta un'originalità armonica che la rende davvero moderna rispetto alle altre: l'inedito cromatismo derivante dagli accordi iniziali rende appieno la dolce nostalgia che pervade di sé tutto il brano.

Anche quando la melodia si fa orecchiabile, non scende mai di livello, aderendo perfettamente ai versi che canta. Il descrittivismo è assorbito in evocazioni quasi simboliche, come quell'ondulante accompagnamento pianistico corrispondente al verso "Io ti chiamo e affido all'onde": la metafora sonora rivela la melanconica lontananza della persona amata.

Nelle sue migliori composizioni, Bottesini arricchisce la romanza da salotto con accenti melodici che corrispondono più intimamente al testo letterario, ampliando il registro espressivo che va dalla sussurrata sillabazione all'espansione melodica, in una successione ed in una gradualità niente affatto schematiche. Inoltre brevi e ricorrenti motivi vengono affidati a sapienti intrecci tra voce e pianoforte e gli schemi d'accompagnamento pianistico vengono variati all'interno dello stesso brano, evidenziando precisi registri timbrici[10]. Per queste particolarità, si possono sottoscrivere, anche per la cameristica vocale, le parole che il Fazio dedica al *Quartetto in RE*: "Qui sapienza di scrittura, proprietà cameristiche, equilibrio formale si accompagnano a un senso melodico sempre elevato e a un uso armonico d'orizzonte europeo"[11]. Nel caso della già citata romanza *Guardami ancor*, costruita in forma ABA, l'Autore si serve della parte centrale per il canto spiegato ottenuto con un tipico espediente operistico, cioè la progressione, ascendente per grado congiunto, della stessa frase melodica. Nelle parti estreme, voce e pianoforte si scambiano dapprima un breve motivo, già apparso nell'introduzione con la funzione di basso armonico, per fondersi alla fine in unico canto all'unisono. Le romanze, su testo dell'Aleardi, *Che cosa è Dio?* e *Che cosa è Satana?* ebbero notorietà anche nella versione per canto e orchestra. La prima, nella sua struttura strofica, è caratterizzata da una precisa simmetria compositiva che vuole rappresentare l'«ordine» divino; la seconda, per contro, intenzionalmente asimmetrica, suggerisce la caotica natura diabolica. In *Che cosa è Dio?* è di rilievo l'ampio duetto tra canto e pianoforte e la ricercata modulazione lisztiana a connotare il senso di infinita grandezza.

In *Che cosa è Satana?* l'effetto sonoro raggiunge una certa forza drammatica, collocando a buon diritto questo brano accanto a più rinomati ritratti romantici dedicati al principe delle tenebre. Vigore del tutto assente in altre due romanze sullo stesso tema: le banali, grottesche *La fidanzata del demonio*, qualificata come Leggenda Tedesca, e *Lucifero*, addirittura, Canto Infernale. Sorvolando su questi tentativi di sondare le presenze soprannaturali, altri argomenti sono più consoni alla romanza come per esempio il "bacio". *Un bacio* è appunto il titolo del brano edito da Ricordi nel 1882: è un pezzo elaborato ma carente nella linea melodica ed è sminuito da un testo che, per esprimere l'acme della passione, non trova di meglio che il verso "e il suo al labbro mio sentìa fremir". Di ben altro livello è la romanza *Il bacio d'un Angiolo*, sia per la melodiosità intensa e partecipe, che per la raffinata, francesizzante armonizzazione nell'uso frequente di settime; elementi questi atti ad esaltare l'erotismo *fin de siècle* di questo brano.

Tra le numerose romanze bottesiniane, collocabili entro le ampie coordinate espressive esaminate finora, alcune meritano ancora un cenno. *Mezzanotte*, dalla semplice melodia che la apparenta allo "stornello", venne pubblicata nell'ottobre del 1868 da Canti nell'«Album musicale» antologico del giornale "Il Trovatore", dove compare anche *Il prigioniero di Josephstadt* di Antonio Bazzini[12]. Di una certa ampiezza le due composizioni *Il contrabbandiere* e *Povera mamma* assumono una forma assimilabile da una parte alla *Ballata*, per il carattere narrativo, e dall'altra alla *Scena*, per l'alternarsi di recitativi e abbandoni lirici. Ma se *Il contrabbandiere*, pur presentando interessanti spunti melodici (come il popolaresco cantabile che ritrae "la bruna villanella"), eccede la misura sconfinando nel kitsch, in *Povera mamma* è la vicenda strappa-lacrime che conduce ad un'esagerazione patetica. Tratta dall'Album *Ricordanze di Napoli*, *La venditrice di fiori* è caratterizzata da una vocalità elegante e spigliata, contrappuntata da vari motivi pianistici che sottolineano le diverse strofe del testo. I numerosi scambi di incisi melodici tra canto e pianoforte e i dialoghi che ne derivano scorrono all'insegna della naturalezza in un felice connubio tra musica e poesia. Tratta dallo stesso Album, *L'abbandonata* risolve in un facile canto il carattere sentimentale del testo e si avvicina alle più valide romanze tostiane; la forma col da capo consente di ripetere un piacevolissimo ritornello dopo un breve intermezzo recitativo. La bella romanza *Una preghiera* presenta un melodizzare molto libero che, senza soluzione di continuità, usa i modi del recitativo e della frase ben articolata per assecondare le mutevoli situazioni psicologiche suggerite dal testo, al fine di esaltarne tutti i più reconditi segreti. L'articolazione ritmica del canto osserva l'andamento prosodico e metrico, rilevando come tematici piccoli intervalli, per esempio la seconda maggiore sul verso "taceva la natura", che condotto sulla nota di LA bemolle si innalza di tono sulla sillaba più importante, "tu", posta in battere.

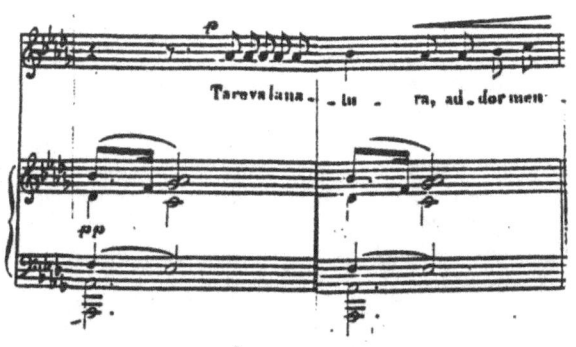

Altri procedimenti melodici inediti sono costituiti dalla quasi simmetrica corrispondenza ritmica di alcune frasi, come "nel bacio della sera" e "da labbro femminile".

L'affinità, più volte sottolineata nei confronti della vocalità da camera francese, va ricercata nell'esperienza diretta che Bottesini ne fece. *Le vallon*, su versi di Lamartine, è un pezzo di notevole concezione, di cui Bottesini stesso era consapevole, come si evince dalle rime autografe che si leggono sullo spartito conservato alla Sezione Musicale della Biblioteca Palatina di Parma: "Je le reccomande a votre bienvollance / étànt une des compositions rècent / a qui donne quelque preferance / (per far la rima in ance)". Già Gounod si avvalse dello stesso componimento per una delle sue prime melodie, scritta a Roma intorno al 1841, dalla "dolce cantabilità" e dalle "semplici ma consone armonie pianistiche"[13]. Gounod fonda la lirica sul contrasto tonale maggiore-minore a illustrare la meditazione di Lamartine sulla caducità della vita e sulla transitorietà dei più profondi sentimenti umani; unico conforto è la Natura nella sua presenza rassicurante. Davvero efficace è il duetto tra voce e pianoforte nelle strofe in tonalità maggiore quasi a simboleggiare un sereno dialogo tra Uomo e Natura. In Bottesini invece, l'attesa della morte, la consapevolezza di un'esistenza fugace vengono tradotte mediante una dolcissima melodia, appena velata da un tenero cromatismo, sostenuta da un'armonia sempre cangiante in un'incessante serie di modulazioni.

Nella terza e nella quinta strofa, che si riferiscono alle "consolazioni" della Natura, anche Bottesini si giova di un duetto, elaborando un tema presentato nell'introduzione pianistica. Il canto si espande nel finale ad esprimere il conforto della natura che placa le angosce umane. Su tutt'altro tono espressivo, *L'amour* è un piccolo, delicato capolavoro che Bottesini crea con sorprendente sobrietà di tratti, rivelandone così la seducente semplicità. Con questi brani, l'Artista ha intuito le due anime della vocalità da camera francese: la graziosa naïveté e la speculazione profonda. Altre prove in lingua francese sono costituite, fra le altre, da *Ne quittons pas notre forêt, Si j'étais roi* ancora su testo di Hugo e *Je ne suis qu'une pauvre infante*. Quest'ultima presenta importanti novità musicali: gli scambi melodici tra canto e pianoforte, non sono occasionali, ma intessono una fitta trama trasformandosi in un vero contrappunto. Ed ecco infine un uso "modale" dell'armonia negli accordi pianistici che sostengono un recitativo: se non fosse per il FA presente nel secondo gruppo accordale, questo passaggio è identico, nel rapporto di due accordi perfetti a distanza di quarta, all'inizio della Sonata per violino e pianoforte di Debussy, di cui ne anticipa il potere evocativo.

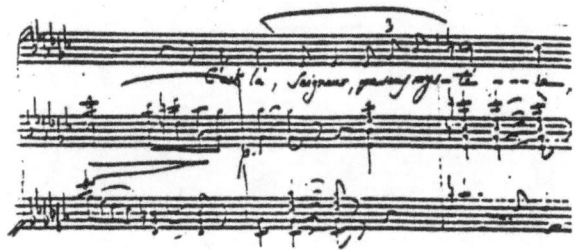

Stupisce la curiosità di quest'uomo verso nuovi approdi musicali e la sua camaleontica capacità di appropriarsene.

Un cenno meritano anche i *Songs* in lingua inglese, di cui *Something tells me so* è un'elegante melodia impreziosita da un dolce cromatismo e *The Knight am I*, che sa creare una particolare atmosfera cavalleresca con la ritmica dell'accompagnamento.

Completano il canzoniere bottesiniano alcune composizioni comprendenti anche una parte obbligata affidata al contrabbasso, ciò che consentiva a Bottesini di esibirsi sulle scene europee accanto a celebri cantanti come Henriette Sontag, Adelina Patti e Desirée Artot. La romanza *Une bouche aimée* è un esempio di questi brani in cui il pianoforte accompagna i "gorgheggi" del contrabbasso in competizione con quelli della cantante.

Da questa inconsueta angolazione si è potuto distinguere l'immagine a tutto tondo di un musicista spesso confinato nella sua maschera virtuosistica e insieme si è avuta l'occasione di apprezzare nel loro valore alcune composizioni da lungo tempo trascurate.

Per concludere, però, è significativo citare un brano che ricorda proprio quell'aspetto universalmente noto di Bottesini e cioè il suo virtuosismo che lo fece designare come il "Paganini del contrabbasso": *Chopin*, terzetto per soprano, contrabbasso e pianoforte. Si tratta nientemeno che della trascrizione integrale dello *Studio op. 25 n. 7* di Chopin: l'Autore trasporta sul contrabbasso l'impegnativa parte della mano sinistra dell'originale chopiniano e scinde la parte della mano destra affidando la melodia al soprano, mentre al pianoforte non resta che l'accompagnamento e qualche rinforzo al basso. È questo il gusto proprio del virtuosismo inarrivabile e dissacrante, ancor più delle variazioni su temi d'opera: siamo nel campo della sfida trascendentale e, per il riferimento chopiniano, questo brano può accostarsi a quel monstrum pianistico che sono i *53 Studi sopra gli studi di Chopin* di Leopold Godowsky, mai eseguiti integralmente se non dallo stesso Autore. E finora anche questa sfida di Bottesini non è ancora stata raccolta.

NOTE

1. A. Einstein, *La Musica nel periodo romantico* (trad. it. A. Bartalini), Firenze, Sansoni, 1952 (II ed., 1978), pag. 257.
2. S. Martinotti, *G. Bottesini - Messa di Requiem*, programma di sala della stagione sinfonica pubblica della RAI, Milano, 1980.
3. G. Carli Ballola, "Il primo Ottocento" in AA.VV., *Storia dell'Opera*, vol. 1°, tomo II, Torino, UTET, 1977, pag. 422.
4. S. Martinotti, *op. cit.*.
5. Uno dei primi biografi di Bottesini, il Carniti, ricorda che la giovanile e virtuosistica *Fantasia* per due contrabbassi e pianoforte tratta i temi proprio delle canzonette di Rossini. Dei tre brani in cui si articola questo pezzo "il più esilarante era il terzo, in cui sono ricordate quelle perle di ispirazione melodica conosciute sotto il nome di *Soirées Musicales* di Rossini. Chiude questa fantasia il duetto *I marinai*, in cui le geniali ed efficaci trovate sono unite ad un sorprendente virtuosismo che non stanca, ma rallegra". In: A. Carniti, *In memoria di Giovanni Bottesini*, Crema, 1922, pag. 44.
6. B. Barilli, *Il paese del melodramma e altri scritti*, Firenze, Vallecchi, 1963, pagg. 4-7.
7. G. Contini, *Letteratura dell'Italia unita 1861-1968*, Firenze, Sansoni, 1968, pag. 199.
8. Dalla lettera del 29 giugno 1876 a Giulio Ricordi: "...ho composto un Album di 12 Romanze per Canto e Pianoforte. Vorrei farle stampare ma nell'istesso tempo non posso regalarle... eccoti i titoli delle Romanze:
   1. *Torna mio bello*. Romanzetta. Mi son servito delle parole di Eva Cattermole Mancini dall'Album di Tosti. Non so se sarò obbligato di chiedere il permesso ai Signori Autori?
   2. *Sognai*. Melodia. Parole di Raffaele Sallustri pure dall'Album Tosti...
   4. *Tutto per me sei tu*. Parole di Madonnina Malaspina. Album Tosti".
9. A. Carniti, *op. cit.*, pag. 45.
10. Sappiamo che Bottesini si esibiva anche al pianoforte. A Napoli "in casa sua eseguisce, insieme col Pinto, col Zingaropoli e con altri egregi dilettanti, musica classica, e passa da uno strumento all'altro; abbandona il pianoforte pel violino, questo pel violoncello e prende parte così a tutti i pezzi, suonando uno strumento diverso. Finora non ha ancora preso il contrabbasso; chissà che non aspetti a deliziare un pubblico numeroso". Così riferisce la *Gazzetta Musicale di Milano* del 13-1-1884.
11. E. Fazio, "Bottesini: salotti privati e le Società Cameristiche e Orchestrali Italiane nel secondo '800" in *NRMI*, Anno XIX n. 4, ottobre-dicembre, 1985, pag. 616.
12. C. Sartori, *L'avventura del violino*, Torino, ERI, 1978, pag. 122.
13. A. Della Corte, "Romanza" in *La musica*, Enciclopedia storica, vol. IV, Torino, UTET, 1966, pag. 83.

IL CARTEGGIO

Eccellenza

La situazione richiede uno scioglimento e lo reclamo dalla giustizia della Vostra Eccellenza.

È contro ogni convenienza artistica, e contro il mio decoro che altri prenda il mio posto a dirigere in un'opera dopo che per ben cinque prove d'orchestra è stata da me diretta, e quindi io ho il diritto che la direzione dell'opera stessa sia in me continuata.

D'altra parte io non voglio creare imbarazzi alla Vostra Eccellenza ed è per questo ch'io torno a pregarla di volermi sciogliere senz'altro dai miei impegni. È questa l'unica solu=
=zione ed è quella ch'io meglio desidero.

Ma ove la Vostra Eccellenza persistesse nel non volere accogliere la mia domanda io mi troverei costretto a tutelare il mio decoro e la mia dignità, ed è a questo appunto che non vorrei trovarmi costretto.

Voglia, Eccellenza onorarmi di una pronta risposta e gradire frattanto l'ossequio del

Devotissimo Servo
Giovanni Bottesini

Cairo 9 febbrajo 1872.

73. Lettera autografa di Bottesini a Draneth Bey (1872).

Il presente carteggio che contiene 258 lettere di cui 197 inedite, è senz'altro il capitolo più importante di questo volume, perché lascia parlare per la prima volta direttamente e a lungo il nostro autore.

La pubblicazione delle lettere dell'archivio Ricordi getta una grande luce sull'attività compositiva e direttoriale di Bottesini, ma per la sua vita d'artista non sono meno importanti le lettere esistenti al Museo Teatrale alla Scala, quelle bolognesi, napoletane e parigine.

Potrebbe sorprendere non pochi lettori il Carteggio proveniente dal Teatro del Cairo, non sempre di Bottesini, ma di artisti, impresari e direttori d'orchestra che con la loro voce aiutano a capire l'ambiente cairota ed europeo nel quale Bottesini si è venuto a trovare nei sette anni passati nella capitale dell'Egitto, ma lette una dopo l'altra queste lettere sono come un film a colori, più gustose ed affascinanti di un paesaggio altamente esotico.

Si ha qui l'idea, molto ravvicinata, di un Bottesini dal carattere molto dolce, artisticamente però fuori tempo massimo, anelante a vivere nella musica quella quotidianità artistica che rese celeberrimo Paganini ed esaltò i Rossini, i Donizetti e i Bellini.

Nato fuori tempo dunque, giunse a rifiutare persino il suo grande strumento che aveva amato sino allo spasimo negli anni giovanili, per mettersi pomposamente su quelle rotaie del teatro che come compositore non gli si addicevano per nulla.

74. Lettera autografa di Bottesini a Francesco Florimo (1877).

75. Lettera autografa di Bottesini a Francesco Florimo (1879).

Il carteggio
con Casa Ricordi
a cura di *Luigi Inzaghi*

Devo ringraziare innanzitutto la Direzione Generale di Casa Ricordi che mi ha dato la possibilità di pubblicare e commentare le lettere che Bottesini inviò a Tito e a Giulio Ricordi tra il 1858 e il 1888. Si tratta di 77 lettere di Bottesini, più altre di Pietro Bottesini, il padre, del 9 gennaio 1865; di Claudina, la sua donna, del 7 febbraio 1879; di Gaetano Bottesini, il cugino, del 27 marzo 1879. In realtà però vi è anche trascritta da Bottesini stesso una lettera del 10 luglio 1880 di un certo Dal Torso impresario teatrale di Treviso; un telegramma di Bottesini in risposta al Dal Torso, e un telegramma del Dal Torso del 17 luglio 1880 in risposta a Bottesini.

Le lettere che pubblico nel *Carteggio* non sono comunque 77, ma 74, in quanto non mi è stato dato il permesso dalla Direzione Generale della Casa Ricordi di pubblicare cinque lettere di Bottesini, e più esattamente quella da Firenze del 26 aprile 1861 e quelle da Napoli del 17 aprile 1880, 27 luglio 1880, 24 febbraio 1881 e 17 novembre 1881.

Tale epistolario comprende sette lettere indirizzate personalmente a Tito, ventuno a Giulio e quarantaquattro ad Eugenio Tornaghi, secondo questo elenco:

1858 Milano, 5 novembre. Teatro S. Radegonda.
1859 Torino, 18 aprile.
  Genova, 24 giugno. A Tito.
  Genova, 29 giugno. A Tornaghi.
  Genova, 1 luglio. A Tornaghi.
  Genova, 5 luglio. A Tornaghi.
  Genova, 10 luglio. A Tornaghi.
  Genova, 5 agosto. A Tornaghi.
  Genova, 19 agosto. A Tornaghi.
  Genova, 12 ottobre. A Tito.
1860 Parigi, 17 marzo. A Tito.
  Parigi, 3 aprile. A Tornaghi.
1861 Bologna, 5 gennaio. A Tornaghi.
  Firenze, 20 marzo. A Tornaghi.
  Firenze, 26 aprile. (Lettera non pubblicata).
1864 Parigi, 23 giugno. A Tornaghi.
  Barcellona, 8 dicembre. A Tito.
1865 Barcellona, 9 gennaio. A Tito. Lettera di Pietro Bottesini.
1868 Parigi, 8 aprile. A Tito.
1870 Monaco, 6 marzo. A Tito.
1871 Madrid, 30 luglio. A Brosovich.
1872 Crema, 25 settembre. A Tornaghi.
  Crema, 27 settembre. A Tornaghi.
1873 Cairo, 28 marzo. A Tornaghi.
  Alessandria, 13 aprile. A Tornaghi.
  Venezia, 29 aprile. A Tornaghi.
  Venezia, 22 giugno. A Giulio

1875 Cairo, 22 gennaio. A Giulio.
1876 Cairo, 15 maggio. A Giulio.
  Cairo, 20 giugno. A Giulio.
1879 Torino, 24 gennaio. A Giulio.
  Roma, 27 gennaio. A Tornaghi.
  Napoli, 1 febbraio. A Tornaghi.
  Cairo, 17 febbraio. Lettera di Claudina
  Roma, 11 febbraio. A Tornaghi.
  Torino, 21 febbraio. A Tornaghi.
  Napoli, 26 febbraio. A Tornaghi.
  Napoli, 26 marzo. A Tornaghi.
  Campobasso, 27 marzo. A Giulio. Lettera di Gaetano Bottesini.
  Buenos Ayres, 19 maggio. A Tornaghi.
  Buenos Ayres, 2 luglio. A Giulio.
  Buenos Ayres, 19 agosto. A Giulio.
  Buenos Ayres, 5 settembre. A Tornaghi.
  Buenos Ayres, 15 settembre. A Giulio.
  Buenos Ayres, 4 ottobre. A Giulio.
1880 Napoli, 5 gennaio. A Giulio.
  Napoli, 7 gennaio. A Giulio.
  Napoli, 2 febbraio. A Tornaghi.
  Napoli, 12 febbraio. A Giulio.
  Roma, 24 febbraio. A Giulio.
  Napoli, 17 aprile. (Lettera non pubblicata).
  Napoli, 7 giugno. A Tornaghi.
  Napoli, 14 giugno. A Tornaghi.
  Napoli, 13 luglio. A Tornaghi.
  Napoli, 20 luglio. A Tornaghi.
  Napoli, 24 agosto. A Tornaghi.
  Napoli, 27 luglio. (Lettera non pubblicata).
1881 Genova, 11 gennaio. A Giulio.
  Napoli, 24 febbraio. (Lettera non pubblicata).
  Napoli, marzo. A Tornaghi.
  Napoli, marzo. A Tornaghi.
  Barcellona, 22 aprile. A Giulio.
  Barcellona, 28 maggio. A Tornaghi.
  Napoli, 10 agosto. A Tornaghi.
  Napoli, 10 ottobre. A Giulio.
  Napoli, 17 novembre. (Lettera non pubblicata).
1882 Napoli, 28 febbraio. A Giulio.
  Napoli, 3 aprile. A Giulio.
1883 Napoli, 2 gennaio. A Tornaghi.
  Napoli, 8 gennaio. A Tornaghi.
  Napoli, 14 luglio. A Tornaghi.
  Cercle D'Aix-Les-Bains, 28 agosto. A Tornaghi.
  Cercle D'Aix-Les-Bains, 16 ottobre. A Tornaghi.
1888 Parma, 26 dicembre. A Tornaghi.

I rapporti tra Bottesini e la Casa Editrice si infittiscono particolarmente nel 1859 dopo la rappresentazione del *Diavolo della Notte*, opera pubblicata da Ricordi; nel

1879 col ritorno di Bottesini in Italia dal Cairo; nel 1880 e '81 con lettere che riguardano l'attività direttoriale e compositiva dell'artista cremasco.

Bottesini, rispetto a Verdi per esempio, è meno discreto nel linguaggio e nelle richieste a Casa Ricordi, e se con Tito è sempre molto deferente, temendone la *longa manus*, con Giulio ha una cordialità trasparente e simpatica, suggeritagli senz'altro dalla benevolenza della controparte. Si sfoga solamente con Eugenio Tornaghi che di lui sa tutto, lo segue infallibilmente col pensiero in ogni parte del mondo e se spesse volte lo loda e lo *accarezza* nei suoi desideri, non poche volte lo redarguisce e gli fa soffrire le pene dell'inferno.

I contatti tra Bottesini e Casa Ricordi iniziano presumibilmente già con Giovanni Ricordi, il 4 settembre 1845, quando da Piacenza Bottesini scrive al fondatore della Casa in nome di Arditi per chiedere "l'importo del nolo della musica che ci ha spedito per la nostra accademia che ha luogo finalmente lunedì giorno 8". Questa lettera da Vicenza si trova al Museo Teatrale alla Scala, mentre solamente al 1858 risale la prima lettera di proprietà della Casa scritta da Bottesini dal Teatro di S. Radegonda come ricevuta "di tutte le parti cantanti, Coristi, Suggeritore e Spartitino Cori della mia opera Il Demonio della Notte".

L'anno dopo da Torino chiede all'Editore una diminuzione del nolo, da 800 F a 500, per rappresentare la stessa opera al Teatro Scribe. Tali richieste di "sconti" per nolo di parti e di partiture sono frequentissime in queste lettere, soprattutto quando si tratta di realizzare qualche Concerto a Napoli, città molto povera di danaro. Bisogna dire però, in onore di Casa Ricordi, che tali proposte di Bottesini sono quasi sempre accettate, giungendo anche al punto di prestare le parti gratuitamente.

Il primo grosso imbroglio dal quale lo cava Casa Ricordi risale al 24 giugno 1859, quando Bottesini si trova a Genova senza un soldo e impossibilitato a lasciare la città. Chiede perciò a Tito di prestargli ben 1.000 franchi perché "le circostanze della guerra mi hanno fatto fare cattivi affari e in conseguenza mi trovo senza danari". Tito lo aiuta senza batter ciglio, ma poi sorgono diverse difficoltà che costringono Bottesini a fermarsi a Genova sino al 12 ottobre 1859.

Nel 1860 da Parigi scrive due lettere, chiedendo nella prima del 17 marzo due copie del *Diavolo della Notte*, e nella seconda del 3 aprile lamentando il *forfait* del baritono Storti che "mi tagliò d'un colpo tutto il buon umore", negandosi di apparire alla Scala nell'*Assedio di Firenze*.

Dopo la bufera scaligera dell'*Assedio di Firenze*, della quale Bottesini non fa parola con Ricordi se non il 5 gennaio 1861 da Bologna, per notificargli la ricevuta di una Sinfonia, invia due lettere da Firenze nelle quali dimostra molto nervosismo. Gli sembra che Ricordi lo tratti male, proponendogli contratti sfavorevoli. Le buone maniere di Bottesini si fanno risentire da Parigi il 23 giugno 1864, quando chiede a Tornaghi l'invio di 4 copie del suo Album di 12 Canzonette stampate a Napoli, informandolo anche che nella città partenopea "sono furiosi perché ho rifiutato il posto di Direttore del S. Carlo. Mi si offrivano 400 franchi al mese e per Dio non hanno vergogna. La stima che si ha di me in Italia ed il conto che se ne fa nella camorra torinese mi fa sempre più decidere a vivere in paesi stranieri".

Se ne va così a Barcellona, da dove l'8 dicembre 1864 informa Tito della prossima andata in scena della sua *Marion Delorme*. Risponde anche alla richiesta di scrivere in poco tempo un Metodo di Contrabbasso da pubblicare, affermando di non avere "nessuna difficoltà a mettere assieme una specie di grammatica pel Contrabbasso qualora potessi darci una forma metodica e ragionata, ciò che riescirebbe impossibile tanto nei limiti che tu mi hai fissato. D'altra parte sarebbe quasi ridicolo che io dessi alla luce quello che ogni mediocre suonatore è nel caso di fare egualmente".

Il fatto che Bottesini si neghi a Tito Ricordi, prendendo tempo nella composizione di un Metodo di Contrabbasso, è il frutto di un pensiero fisso di Bottesini, quello cioé di divenire un famoso compositore d'opera e far dimenticare il suo passato di suonatore di *viorone*. Anche se è impegnatissimo col suo contrabbasso a Parigi, Baden Baden e Vienna tra il 1865 e il 1866, tiene ad informare gli amici che la sua *Marion Delorme* ha un felice esito al Liceo di Barcellona, e a Tito, il 6 marzo 1870 da Montecarlo, fa sapere che la sua nuova operetta *Vinciguerra* ha avuto un buon successo. Nella stessa lettera afferma che il Metodo di Contrabbasso, già pubblicato da Escudier, è comunque pronto anche per Ricordi, basta che "l'incisore si tenga esattamente come musica all'Edizione d'Escudier".

Il desiderio di aprire la sua vita ad un altro tipo di carriera, che non sia dunque strettamente quella strumentale, porta Bottesini ad avere una sorta di sentimenti contrastanti verso il suo contrabbasso, atteggiamento non comunque insolito negli strumentisti all'apice della carriera.

In diverse lettere qui pubblicate nel *Carteggio* per la prima volta, Bottesini afferma di voler riprendere il suo amato *viorone* e andarsene per il mondo come un romantico Aroldo, ma nella lettera da Crema a Tornaghi del 27 settembre 1872 scrive che sta "studiando il *viorone* per soddisfare i miei compatriotti", mentre il 19 agosto 1879, sentendosi oramai un "grande" compositore d'opera, vuole che Giulio Ricordi faccia sentire il suo *Ero e Leandro* ai milanesi, quei "cari *busecconi* che mi hanno sempre considerato un *viorone*"!

Povero contrabbasso, e povero Bottesini, che rifiuta lo strumento che l'ha reso celebre in tutto il mondo e per la cui fama sfiderà i secoli!

Ma Giulio Ricordi non spinge il suo *Ero e Leandro*, pubblicandone appena una riduzione per canto e pianoforte, come pure non fa nulla per rappresentare a Milano l'*Alì Babà* dopo il trionfale successo londinese. Bottesini ne è così amareggiato che nella lettera dal Cairo del 22 gennaio 1875 non può che ironizzare su sé stesso, disegnandosi in una caricatura grottesca ma molto significativa. Molto importante è la lettera indirizzata a Giulio dal Cairo il 20 giugno 1876, nella quale Bottesini informa l'Editore d'aver composto un Album di 12 Romanze, due Ouvertures e altri brani vocali fra cui una *Messa da vivo* "di cui incominciai le prove al Teatro del Cairo, ma che per impreviste e solite circostanze non si è eseguita... La Messa è tutta all'ordine colle rispettive parti copiate da me e da mio fratello. Per ora preferirei

115

che tu mi prendessi l'Album. T'assicuro che ci sono delle cose che non faranno disonore ne a me ne al tuo Stabilimento ne all'Italia musicale". Ma Bottesini si sbaglia: Ricordi ritiene le musiche disonorevoli e non le pubblica affatto! Sei delle 12 Romanze vengono poi pubblicate da Canti, ma della *Messa da vivo* purtroppo oggi si è perduta anche la musica.

È per questo motivo probabilmente che la corrispondenza tace sino al 24 gennaio 1879, quando Bottesini è molto interessato alla pubblicazione dell'*Ero e Leandro* per imporlo in tutto il mondo: un progetto che gli riesce a metà perché Ricordi non lo asseconda in tutto e per tutto, non battendo quel ferro caldo cui si riferisce Bottesini nella lettera da Napoli del 1° febbraio 1879. Sbolliti in un solo anno gli ardenti spiriti per *Ero e Leandro* progettata a Napoli, Roma, Milano, Venezia e Buenos Ayres, Bottesini col 1880 incontra l'anno più negativo dei suoi rapporti con Ricordi. Lo afferma lui stesso in una lettera del 24 agosto 1880 da Napoli all'amico Franceschini, ricordandogli le sue "freddissime anzi cattivissime relazioni con Casa Ricordi per motivi troppo lunghi a raccontarti". In effetti in questo 1880 viene rappresentata *La Regina del Nepal* (La fata del Nabul) con esito negativo; l'*Ero e Leandro* gli crea spiacevoli malintesi con Boito, e più ancora la rappresentazione romana è criticata in modo "insolente" dal D'Arcais. Ma il vero scontro frontale tra la Casa Editrice e Bottesini lo si ha nel mese di luglio a causa del *Mefistofele* di Boito da dirigersi a Treviso. Dopo aver firmato il contratto coll'impresario Dal Torso, Bottesini che dirigendo quest'opera in provincia crede di fare un piacere all'amico Boito e al suo Editore, si sente invece negare tale permesso da Tornaghi, venendogli preferito da Ricordi un certo Gialdini.

Fra la Casa, Bottesini e Dal Torso corrono quindi lettere di fuoco che lasciano Bottesini molto perplesso e incredulo su quanto gli sta succedendo: crolla infatti improvvisamente dentro di lui tutto quel castello di sogni, costruito mattone per mattone, che si era in parte realizzato e lo aveva imposto alle platee di tutto il mondo come un ambito direttore d'orchestra. Tutto crolla a causa di una ripicca di Ricordi! A lui si preferisce Gialdini che "a Udine", scrive il Dal Torso, "mi fe' soffrire le più crude amarezze colle sue maniere poco educate colle sue spinte esigenze e capricci".

Tale diatriba con Ricordi dura più di un mese, e non è ancora spenta il 25 agosto 1880 quando da Napoli Bottesini, dimenticato il *Mefistofele*, torna a parlare dell'*Ero e Leandro* da darsi alla Scala.

Con l'anno nuovo, 1881, ritorna la pace e la cordialità col grande Editore: le confidenze si sprecano perché Bottesini vuole ritornare a galla come operista, vorrebbe infatti che Ricordi si interessasse alla *Regina del Nepal* e alla nuovissima *Cedar*. Ricordi ancora una volta non lo ascolta: gli pubblica solamente qualche canzonetta e accetta di modificare il terzo atto dell'*Ero e Leandro* sopprimendo il duetto *Andrem sopra i flutti profondi* per sostituirlo con un *adagio*.

L'ultima lettera del 26 dicembre 1888 conferma la presenza di Bottesini a Parma durante le vacanze natalizie del suo penultimo anno di vita. La lettera contiene anche un giudizio positivo sul *Lohengrin* di Wagner, che ci fa pensare ad un suo più attento ascolto dell'opera e dell'arte del grande compositore tedesco.

Bottesini dunque prima di morire si converte al wagnerismo?

È una tesi da non sottoscrivere, tanto più che la lettera termina con un atto d'amore verso la musica del passato, la *cabaletaccia Andrem sopra i flutti* del suo *Ero e Leandro* "che malgrado i progressi piacerebbe sempre di più di quello che ho fatto dopo"!

76. *L'editore Giulio Ricordi.*

77. *Tito Ricordi.*

Elenco delle lettere e dei documenti del Carteggio

1. Biografia di Bottesini.
2. Bottesini al Maestro Busi.
3. Verona, 7-11-44. Bottesini ad A. Mazzucato.
4. Vicenza, 5-9-45. Bottesini a Giovanni Ricordi.
5. Torino, 13-4-46. Bottesini e Arditi a Francesco Lucca.
6. Boston, 29-4-1847. Bottesini al padre Pietro.
7. Parigi, 18-3-1857. Bottesini a Della.
8. Napoli, 17-5-1858. Bottesini a Florimo.
9. Milano, 5-11-1858. Bottesini a Ricordi.
10. Parigi. Bottesini a C. Ney.
11. Torino, 18-4-1859. Bottesini a Ricordi.
12. Genova, 24-6-1859. Bottesini a Tito Ricordi.
13. Genova, 29-6-1859. Bottesini ad E. Tornaghi.
14. Genova, 1-7-1859. Bottesini ad E. Tornaghi.
15. Genova, 5-7-1859. Bottesini ad E. Tornaghi.
16. Genova, 10-7-1859. Bottesini ad E. Tornaghi.
17. Genova, 5-8-1859. Bottesini ad E. Tornaghi.
18. Genova, 19-8-1859. Bottesini ad E. Tornaghi.
19. Genova, 12-10-1859. Bottesini a Tito Ricordi.
20. Parigi, 17-3-1860. Bottesini a Tito Ricordi.
21. Parigi, 3-4-1860. Bottesini a Tornaghi.
22. Bologna, 5-1-1861. Bottesini ad E. Tornaghi.
23. Firenze, 20-3-1861. Bottesini a Ricordi.
24. Firenze, 26-4-1861. Bottesini a Ricordi. Non pubblicata.
25. Firenze, 29-5-1861. Bottesini a un amico.
26. Napoli, 18-9-1862. Bottesini a L. Casamorata.
27. Napoli, 19-9-1862. Bottesini a Olimpio Mariotti.
28. Reigate, 18-10-1862. Bottesini a Paolo Serrao.
29. Bath, 26-10-1862. Bottesini a Paolo Serrao.
30. Parigi, 23-6-1864. Bottesini ad E. Tornaghi.
31. Parigi, 3-8-1864. Bottesini a Francesco Lucca.
32. Bottesini a Giovannina Lucca.
33. Bottesini a Giovannina Lucca.
34. Barcellona, 8-12-1864. Bottesini a Tito Ricordi.
35. Barcellona, 26-12-1864. Bottesini a J.E.Marie.
36. Barcellona, 9-1-1865. Pietro Bottesini a Ricordi.
37. Parigi, 2-11-1865. Bottesini al padre Pietro.
38. Parigi, 4-8-1865. Bottesini a Liverani.
39. Parigi, 26-9-1866. G. Rossini a Bottesini.
40. Parigi, 8-4-1868. Bottesini a Tito Ricordi.
41. Parigi, 24-1-1869. Bottesini a Giovannina Lucca.
42. Parigi, 14-5-1869. A. Verger alla Signora Sarolta.
43. Milano, 2-6-1869. E. Muzio a Draneht Bey.
44. Milano, 3-6-1869. E. Muzio a Draneht Bey.
45. Fiorenzuola d'Arda, 28-9-1869. Attestato di malattia di Ottolenghi Sabadino.
46. Fiorenzuola d'Arda, 28-9-1869. S. Ottolenghi a Lampugnani.
47. Fiorenzuola d'Arda, 13-10-1869. Attestato di malattia di S. Ottolenghi.
48. Fiorenzuola d'Arda, 14-10-1869. S. Ottolenghi a Lampugnani.
49. Fiorenzuola d'Arda, 16-10-69. S. Ottolenghi a Lampugnani.
50. Fiorenzuola d'Arda, 16-10-69. S. Ottolenghi ad E. Muzio.
51. Milano, senza data. G.B. Lampugnani ad E. Muzio.
52. Cairo, 9-11-1869. D. De Marchi a Draneht Bey.
53. Le Caire, 25-11-1869. Draneht Bey a Toffoli.
54. Cairo, 28-12-1869. E. Muzio a Draneht Bey
55. Monaco, 6-3-1870. Bottesini a Tito Ricordi.
56. Milano, 1870. Prefazione al *Metodo* di Contrabbasso di Bottesini.
57. Napoli, 7-6-1870. N. De Giosa a G.B. Lampugnani.
58. Cairo, 17-11-1870. Draneht Bey a de Giosa.
59. Janvier 1871. De Giosa a Draneht Bey.
60. Venezia, 25-2-1871. T. Stolz a Lampugnani.
61. Cairo, 1-3-1871. Draneht Bey a de Giosa.
62. Milano, 22-3-1871. G.B. Lampugnani a Draneht Bey.
63. Cairo, 24-3-1871. Draneht Bey a Verdi.
64. Gênes, 30-3-1871. Verdi a Draneht Bey.
65. Cairo, 3-4-1871. Draneht Bey a Verdi.
66. Cairo, 9-4-1871. De Giosa a Draneht Bey.
67. Milano, 9-4-1871. G.B. Lampugnani a Draneht Bey.
68. Londra, 10-4-1871. Telegramma di Bottesini a Draneht Bey.
69. Cairo, 12-4-1871. Paul Draneht a G. Bottesini.
70. Cairo, 13.4.1871. Draneht Bey a Verdi.
71. Gênes, 14-4-1871. Verdi a Draneht Bey.
72. St. Agata, 28-4-1871. Verdi a Draneht Bey.
73. Cairo, 28-4-1871. Draneht Bey a I. Marini.
74. Napoli, 3-5-1871. De Giosa a Draneht Bey.
75. Milano, 4-5-1871. G.B. Lampugnani a Draneht Bey.
76. Milano, 4-5-1871. G. B. Lampugnani a Draneht Bey.
77. St. Agata, 4-5-1871. Verdi a Lampugnani.
78. Londra, 6-5-1871. Contratto di Bottesini con l'Opera del Cairo.
79. Bologna, 23-5-1871. G. Gianoli a Draneht Bey.
80. Alessandria d'Egitto, 9-7-1871. Barrot a Draneht Bey.
81. Madrid, 30-7-1871. Bottesini a Brosovich.
82. St. Agata, 1-9-1871. Verdi a Draneht Bey.
83. Cairo, 12-10-1871. Draneht Bey a Mariette Bey.
84. Cairo, 17-10-1871. Draneht Bey a Bottesini.
85. Cairo, 8-12-1871. Draneht Bey a Magnier.
86. Genova, 8-12-1871. Verdi a Filippo Filippi.
87. Genova, 10-10-1871. Verdi a Bottesini.
88. Genova, 17-10-1871. Verdi a Bottesini.
89. Genova, 25-10-1871. Verdi a Du Locle.
90. Genova, 27-10-1871. Verdi a Bottesini.
91. Milano, 27-10-1871. Articolo di Filippo Filippi sulla *Perseveranza*.
92. Cairo, 3-1-1872. Draneht Bey a Madame Galletti Gianoli.
93. Milano, 13-1-1872. Verdi a Bottesini.
94. Cairo, 22-1-1872. Draneht Bey a Marie Sass.
95. Cairo, 31-1-1872. Draneht Bey a Kairi Pacha.
96. Cairo, 8-2-1872. Bottesini a Draneht Bey.
97. Cairo, 9-2-1872. Bottesini a Draneht Bey.
98. Cairo, 9-2-1872. Draneht Bey a Bottesini.
99. 16 febbraio 1872. E. Muzio a Draneht Bey.
100. Cairo, 17-2-1872. Bottesini a Verdi.
101. Cairo, 16-2-1872. Draneht Bey a Barrot Bey.
102. Cairo, 18-2-1872. Draneht Bey a Verdi.
103. Cairo, 23-2-1872. Marie Sass a Draneht Bey.
104. Cairo, 26-2-1872. Draneht Bey a Muzio.
105. Cairo, 1-3-1872. Draneht Bey a Madame Pozzoni.
106. Genova, 2-3-1872. Verdi a Bottesini.
107. Cairo, 2-3-1872. Draneht Bey a Hofmeister.
108. Cairo, 7-3-1872. Draneht Bey a Palermi.
109. Cairo, 25-3-1872. Draneht Bey a Riaz Pacha.
110. Cairo, 4-4-1872. Draneht Bey a Marie Sass.
111. Cairo, 16-4-1872. Draneht Bey a Ibrahim Bey.
112. Parigi, 26-5-1872. Draneht Bey a Lampugnani.
113. Vienna, 3-7-1872. Draneht Bey a Larose.
114. Milano, 25-7-1872. Draneht Bey a Bottesini.
115. Parigi, 31-7-1872. E. Muzio a Draneht Bey.
116. Pesaro, 12-8-1872. Isabella Galletti Gianoli a Draneht Bey.
117. Milano, 14-8-1872. Draneht Bey a Isabella Galletti Gianoli.
118. Milano, 15-8-1872. Draneht Bey a Barrot Bey.
119. Lecco, 22-8-1872. A. Carlos Gomez a Draneht Bey.
120. Milano, 30-8-1872. Draneht Bey a Parepa-Rosa.
121. Milano, 2-9-1872. Francesco Lucca a Draneht Bey.
122. Milano, 12-9-1872. Draneht Bey a Larose.
123. Crema, 25-9-1872. Bottesini ad E. Tornaghi.
124. Crema, 27-9-1872. Bottesini ad E. Tornaghi.
125. Cairo, 27-10-1872. Draneht Bey a Claudine Cucchi.
126. Milano, 26-11-1872. Tito Ricordi a Draneht Bey.
127. Cairo, 5-12-1872. Draneht Bey al Direttore de la Voirie.
128. Cairo, 29-12-1872. Draneht Bey a Hofmeister.
129. Cairo, 15-2-1873. Draneht Bey a Barrot Bey.
130. Cairo, 28-3-1873. Bottesini ad E. Tornaghi.
131. Alessandria d'Egitto, 13-4-1873. Bottesini ad E. Tornaghi.

132. Cairo, 14-4-1873. Draneht Bey a Hofmeister.
133. Venezia, 29-4-1873. Bottesini ad E. Tornaghi.
134. Bologna, 13-5-1873. Isabella Galletti Gianoli a Draneht Bey.
135. Milano, 22-5-1873. Carlo D'Ormeville a Draneht Bey.
136. Milano, 9-6-1873. C. D'Ormeville a Draneht Bey.
137. Venezia, 13-6-1873. Bottesini a Draneht Bey.
138. Milano, 16-6-1873. C. D'Ormeville a Draneht Bey.
139. Milano, 17-6-1873. C. D'Ormeville a Draneht Bey.
140. Venezia, 22-6-1873. Bottesini a Giulio Ricordi.
141. Milano, 9-7-1873. C. D'Ormeville a Draneht Bey.
142. Milano, 14-7-1873. G.B.Lampugnani a Draneht Bey.
143. Milano, 24-7-1873. C. D'Ormeville a Draneht Bey.
144. Alessandria d'Egitto, 20-10-1873. Paolo Medini a Draneht Bey.
145. Cairo, 5-12-1873. T. Stolz a Verdi.
146. Cairo, dicembre 1873. Maria Waldmann a Verdi.
147. Cairo, 4-1-1874. S. Leoncavallo a Draneht Bey.
148. Cairo, 28-2-1874. T. Stolz a Verdi.
149. Alessandria d'Egitto, 3-5-1874. Bottesini a Draneht Bey.
150. Milano, 30-7-1874. G.B. Lampugnani a Draneht Bey.
151. Roma, 30-7-1874. Bottesini a Draneht Bey.
152. Cairo, 3-11-1874. Bottesini a Draneht Bey.
153. Cairo, 27-11-1874. Roberto Stagno a Draneht Bey.
154. Cairo, dicembre 1874. Gli Artisti a Draneht Bey.
155. Cairo, 8-12-1874. Maria Waldmann a Draneht Bey.
156. Cairo, 6-1-1875. Bottesini a Draneht Bey.
157. Cairo, 6-1-1875. Cecile Bentami a Draneht Bey.
158. Cairo, 1875. Cecile Bentami a Draneht Bey.
159. Cairo, Janvier 1875. Cecile Bentami a Draneht Bey.
160. Cairo, 10-1-1875. Bottesini a Draneht Bey.
161. Cairo, 22-1-1875. Bottesini a Giulio Ricordi (con caricatura).
162. Firenze, 6-3-1875. G. Gianoli a Draneht Bey.
163. Cairo, 26-11-1875. Bottesini a Boito.
164. Cairo, 31-3-1876. Bottesini ad A. Mazzucato.
165. Cairo, 15-5-1876. Bottesini a Giulio Ricordi.
166. Cairo, 20-6-1876. Bottesini a Giulio Ricordi.
167. Catania, 29-5-1877. Bottesini a Florimo.
168. Catania, 3-6-1877. Bottesini a Florimo.
169. Napoli, 6-7-1877. Bottesini a Pedrotti.
170. Torino, 7-8-1877. Carlo Pedrotti ad Anonimo.
171. Parigi, 14-11-1878. Bottesini a Boito.
172. Milano, 18-11-1878. Boito a Bottesini.
173. Iorquay, 24-11-1878. Bottesini a Boito.
174. 2 dicembre 1878. Bottesini a Boito.
175. Boito a Bottesini.
176. Gennaio 1879. Arrigo Boito a Giovanni Depanis.
177. Torino, 24-1-1879. Bottesini a Giulio Ricordi.
178. Roma, 27-1-1879. Bottesini ad E. Tornaghi.
179. Napoli, 1-2-1879. Bottesini ad E. Tornaghi.
180. Napoli, 2-2-1879. Bottesini a Florimo.
181. Cairo, 7-2-1879. Claudina Bottesini ad E. Tornaghi.
182. Roma, 11-2-1879. Bottesini ad E. Tornaghi.
183. Torino, 21-2-1879. Bottesini ad E. Tornaghi.
184. Napoli, 26-2-1879. Bottesini ad E. Tornaghi.
185. Napoli, 26-3-1879. Bottesini ad E. Tornaghi.
186. Campobasso, 27-3-1879. Gaetano Bottesini a Ricordi.
187. Genova, 14-4-1879. Verdi a Ferdinand Hiller.
188. Buenos Ayres, 19-5-1879. Bottesini ad E. Tornaghi.
189. Buenos Ayres, 2-7-1879. Bottesini a Giulio Ricordi.
190. Buenos Ayres, 23-7-1879. Bottesini a Verdi.
191. Buenos Ayres, 19-8-1879. Bottesini a Giulio Ricordi.
192. 2-9-1879. Giuseppina Confalonieri ad Edoardo Perelli.
193. Buenos Ayres, 5-9-1879. Bottesini ad E. Tornaghi.
194. Buenos Ayres, 15-9-1879. Bottesini a Giulio Ricordi.
195. Buenos Ayres, 4-10-1879. Bottesini a Giulio Ricordi.
196. Napoli, 28-11-1879. Roberto Stagno a Vincenzo Iacovacci.
197. Napoli, 5-1-1880. Bottesini a Giulio Ricordi.
198. Napoli, 7-1-1880. Bottesini a Giulio Ricordi.
199. Napoli, 2-2-1880. Bottesini ad E. Tornaghi.
200. 12-2-1880. Bottesini e Gigi Mancinelli a Giulio Ricordi.
201. Roma, 24-2-1880. Bottesini a Giulio Ricordi.
202. Napoli, 17-4-1880. Bottesini a Ricordi. Non pubblicata.
203. Napoli, 7-6-1880. Bottesini ad E. Tornaghi.
204. Napoli, 14-6-1880. Bottesini ad E. Tornaghi.
205. Napoli, 21-6-1880. Bottesini a Migliara.
206. Napoli, 13-7-1880. Bottesini ad E. Tornaghi.
207. Treviso, 10-7-1880. Dal Torso a Bottesini.
208. Napoli, 20-7-1880. Bottesini ad E. Tornaghi.
209. Napoli, 27-7-1880. Bottesini a Ricordi. Non pubblicata.
210. Napoli, 24-8-1880. Bottesini a Franceschini.
211. Napoli, 25-8-1880. Bottesini ad E. Tornaghi.
212. Napoli, 3-1-1881. Bottesini a G. Gastelli.
213. Genova, 11-1-1881. Bottesini a Giulio Ricordi.
214. Napoli, 24-2-1881. Bottesini a Ricordi. Non pubblicata.
215. Napoli, senza data. Bottesini ad E. Tornaghi.
216. Napoli, marzo 1881. Bottesini ad E. Tornaghi.
217. Barcellona, 22-4-1881. Bottesini a Giulio Ricordi.
218. Barcellona, 20-5-1881. Bottesini ad E. Tornaghi.
219. Napoli, 10-8-1881. Bottesini ad E. Tornaghi.
220. Napoli, 10-10-1881. Bottesini a Giulio Ricordi.
221. Napoli, 17-11-1881. Bottesini a Ricordi. Non pubblicata.
222. Napoli, 7-12-1881. Bottesini a Depanis.
223. Napoli, 2-1-1882. Bottesini a Blanchi.
224. Napoli, 28-2-1882. Bottesini a Giulio Ricordi.
225. Napoli, 3-4-1882. Bottesini a Giulio Ricordi.
226. Napoli, 8-4-1882. Bottesini a Fraschini.
227. Roma, 29-4-1882. Bottesini a G. Gastelli.
228. Napoli, 22-7-1882. Bottesini a Biava.
229. Napoli, 2-1-1883. Bottesini ad E. Tornaghi.
230. Napoli, 8-1-1883. Bottesini ad E. Tornaghi.
231. Genova, 4-3-1883. Verdi a Bottesini.
232. Napoli, 14-7-1883. Bottesini ad E. Tornaghi.
233. Napoli, 17-8-1883. Bottesini a Verdi.
234. Cercle D'Aix-Les-Bains, 28-8-1883. Bottesini ad E. Tornaghi.
235. Cercle D'Aix-Les-Bains, 8-9-1883. Bottesini ad E. Tornaghi.
236. Pago Vejano, senza data. Bottesini a Giulio Ricordi.
237. Napoli, 15-1-1884. Bottesini ad E. Tornaghi.
238. Madrid, 30-3-1884. Bottesini a Giulio Ricordi.
239. Cercle D'Aix-Les-Bains, 28-8-1884. Bottesini ad E. Tornaghi.
240. Cercle D'Aix-Les-Bains, 16-10-1884. Bottesini ad E. Tornaghi.
241. Napoli, 30-4-1885. Bottesini a G. Gastelli.
242. Napoli, 15-6-1885. Bottesini a G. Gastelli.
243. Napoli, 3-10-1885. Bottesini a G. Gastelli.
244. Parigi, 10-2-1887. Bottesini a Monsieur Gand.
245. Londra, 15-2-1887. Bottesini a Manfredi.
246. Londra, 4-4-1887. Bottesini a Hutchings (foto con dedica).
247. Genova, 2-5-1887. Verdi a Giulio Ricordi.
248. St. Agata, 22-5-1887. Verdi a Giulio Ricordi.
249. Londra, 2-7-1888. Bottesini ad Alfredo Piatti.
250. Londra, 19-10-1888. Bottesini a Verdi.
251. Londra, 5-11-1888. Bottesini a Verdi.
252. Parma, 26-12-1888. Bottesini ad E. Tornaghi.
253. Parma, 12-3-1889. Conte Stefano Sanvitale a Bottesini.
254. Parma, 6-4-1889. Bottesini a Neri.
255. Parma, 5-5-1889. Bottesini a G. Gastelli.
256. Parma, 8-5-1889. Bottesini ad A. Galli.
257. Bologna, 18-7-1898. Gustavo Gastelli ad Achille Abbati.
258. Artur M. Abel probabilmente al contrabbassista Fabris di Pavia (anni '30).

1.

Giovanni Bottesini è nato a Crema nel 1824. Tutta la famiglia coltivava la musica. Questa volta non è il caso di una vocazione contrastata dai parenti o da altri. Al contrario. Bottesini dovette, quasi suo malgrado, applicarsi alla musica, ch'era l'arte di suo padre, di suo zio, di tutti i suoi parenti. All'età di quattro o cinque anni egli fu dunque costretto a mettersi all'opera, e all'età d'anni sette o poco meno, dovette presentarsi in un concerto e suonare in teatro il violino. Nell'orchestra del teatro di Crema, Bottesini, oltreché violinista, fu anche per alcuni mesi percussore di timpani, ma essendosi pronunziata in lui una voce assai bella da soprano, in breve ottenne uno dei primi posti di cantante alla cappella del duomo di Crema.

Fu al Conservatorio di Milano che il caso provvidenziale, rappresentato questa volta dal programma di concorso e dalla volontà di alcuni professori, pose in mano il contrabasso a questo musicista adolescente, predisposto a rilevare nell'istromento colossale e necessario, delle doti affatto nuove. Studiava poco e poco progrediva. Avendo sempre conservato la sua bella voce di soprano, all'età di quindici anni cantò in abito di donna la parte d'Isabella nell'*Italiana in Algeri* di Rossini, e fece le cose con tanta bravura e talento da illudere completamente gli spettatori.

Uscito dal Conservatorio innanzi l'epoca prefissa dagli statuti, a diciott'anni, era già proclamato il più meraviglioso, il più straordinario contrabassista che mai si fosse conosciuto. Dopo aver percorso le città principali d'Italia e della Germania, suscitando entusiasmi inauditi, ma incassando pochi denari, Bottesini fu scritturato per dare dei concerti all'Avana, dove in compagnia dell'Arditi, si trattenne alcun tempo guadagnando tesori. In Inghilterra, dove si recò più tardi, egli ottenne maggior voga che altrove, sebbene il di lui talento venisse grandemente ammirato anche a Parigi, dove il Calzado lo elesse a dirigere l'orchestra del Teatro Italiano.

Ma il concertista non era pago di tali trionfi. Ad altre glorie aspirava Bottesini, in altri cimenti egli anelava relevare la potenza creatrice del suo ingegno. Versato nella musica al pari e forse più dei maestri più insigni dell'epoca, egli non poteva resistere a questo nuovo bisogno del suo genio di scrivere l'opera teatrale. All'Avana si era provato col *Cristoforo Colombo*; a Parigi fece rappresentare l'*Assedio di Firenze* ch'ottenne il più lieto successo ed ebbe l'onore d'essere riprodotta alla Scala. Più tardi a S.ta Redegonda di Milano, pose in scena il *Diavolo della Notte*, opera buffa, non meno esilarante e popolare che elaborata e dottissima. La *Marion Delorme*, data in seguito a Palermo e poscia a Barcellona, ottenne nelle due città esito straordinario di aggradimento. Perché mai queste opere vengono lasciate in disparte, come altre d'autori anche più celebri e non meno acclamate al loro apparire? Sono misteri che non si spiegano. Il carattere intellettuale e morale del Bottesini, venne tracciato colle seguenti parole da Escudier nel suo volume *Les Virtuoses*: "Un'attività febbrile alterata da brevi periodi d'indolenza e di pigrizia: natura delicata e quasi femminea in apparenza, la quale nasconde una vigoria più che virile: lama d'accjaio in fodero di velluto, ciò che vale meglio d'una debole mano di donna rinchiusa in un guanto di ferro: carattere dolce, affabile, pieno di disinteresse e di amabilità, incapace d'odio, ch'attende la fortuna senza correrle appresso, amante dell'arte e della gloria, non mai pronto a sacrificare questa per quella; troppo modesto, schivo d'onorificenze, generoso, caritatevole, buon camerata ed artista eccellente; tale è il carattere di Bottesini".

[Museo Teatrale alla Scala, 1057/805]

2.

Carissimo Maestro Busi,
Seccature dei Concertisti.
La Poggi Ferroni canta. Troverò un tenore o Baritono.
Per completare il famoso programma avrei piacere d'essere presentato a Milady Ottway. Nessuno meglio di Lei lo può.
Domani Stefano le parlerà. Grazie e che possa sollevarsi dal male che lo perseguita.
   Dev.mo Servo G. Bottesini.
[Modena, Biblioteca Estense, Fondo Sorbelli 1150. 19]

78. Giovanni Bottesini.

3.

Verona, 7-11-44 [ad Alberto Mazzucato]
Pregiatissimo Signore,
M'occorre sapere al più presto possibile se da Ricordi o da Lucca si può far copiare in partitura il Duetto del Nabucco fra questi ed Abigaille "Donna chi sei"; la scena e Rondò della Griselda nei Lombardi "Se vano è il pregare"; la Cavatina di Briano nell'opera *Il Templario* "Se per te nel cor talora"; come pure la Romanza per Baritono nell'istess'opera "Lo salva o Ciel clemente". Mi perdoni il disturbo che le arreco ma per questa volta si dii la pena di rispondermi subito e di dirmi a qual prezzo li potrei avere. Il nostro teatro va come tanti altri e trovo nojosissimo il volerne far parola. Vedendo Sangalli me lo saluti come pure Ferrara, Rossi, Rabboni, Yvon etc.
In aspettazione dei due Foscari mi creda di lei aff.mo servitore
    Giovanni Bottesini.
[Museo Teatrale alla Scala, CA. 6905]

4.

Vicenza, 5-9-45
Preg.o Signore Giovanni Ricordi Editore di Musica in Milano,
Sono incaricato dal Sigr Arditi di scrivergli acciò ella pre.mo Sigr Ricordi voglia incomodarsi di saperci dire l'importo del nolo della musica che ci ha spedito per la nostra accademia che ha luogo finalmente lunedì giorno 8. Le spese di quest'accademia essendo divise anche con l'Impresario fa mestieri che sappiamo a quanto ammonta la spesa della musica.
Ci perdoni questo disturbo e col piacere di presto ringraziarla in persona ho l'onore di dirmi di Lei dev.mo Servo
    Gio.ni Bottesini.
[Museo Teatrale alla Scala di Milano, COLL. CASATI 1624]

5.

Torino, 13-4-46
A Francesco Lucca, Editore di Musica
Preg.mo Signore,
Come ben saprà venerdì venturo (17 corr.) le volte del Teatro Carignano

79. *Libretto dell'opera* Colón a Cuba *(1848)*.

risuoneranno de' nostri celestiali concenti, ed è perciò che a lei ci rivolgiamo di spedirci colla maggior sollecitudine la Cavatina per soprano dell'opera *Eleonora* del M° Mercadante la quale verrà cantata dalla brava Rebussina, l'istessa per cui fu appositamente composta. E per questa circostanza spero che s'invoglierà sempre più a servirci premurosamente (e se può a volta di Corriere o col mezzo della veloce Motta) mentre i Torinesi potranno questa volta godere di quelle bellezze che a dovizie vi sono sparse in detta composizione, lo che per quanto ci si dica furono barbaramente delusi lo scorso anno.
Ci perdoni questo disturbo, ci comandi in tutto ciò che possiamo servirla e ci creda
    Dev.mi Servitori ed amici
    Bottesini ed Arditi
P.S. Ci raccomandiamo o per mezzo dell'istesso Corriere, o colla veloce Motta per poterlo avere in Torino giovedì mattina irreversibilmente, giorno stabilito per la prova; desideriamo essere avvertiti con una di lei lettera della spedizione.
[Museo Teatrale alla Scala di Milano, COLL. CASATI 1621. La grafia è di Luigi Arditi]

6.

Boston, 29 aprile 1847
Amatissimo padre mio,
Ieri ho avuto il piacere di ricevere una carissima tua del 20 febbraio; le notizie consolanti della tua buona salute e della mamma e dell'Angelina mi hanno rallegrato lo spirito e veramente ridonata la quiete. Nel mese di aprile corrente non ho potuto scriverti perché al 3, giorno in cui s'impostano lettere per l'Europa, partii dall'Avana e fino al 15 non arrivai a New York; il viaggio fu felicissimo, e fummo trattati con maggior riguardo. Trovammo a New York un'altra compagnia italiana al Teatro Palmos già da cinque mesi quivi stabilita, e fra cui vidi persone di nostra conoscenza, come la Clotilde Basili, Benedetti il Tenore, Sanquirico ecc.: un cremasco di cui non conosco il nome fa l'avvisatore. I nostri impresari, piccati di non trovare il teatro libero, spesero 750 colonnati per un altro teatro, onde far sentire la compagnia nell'Ernani in due rappresentazioni, e per dare uno scacco matto all'altra; difatti sbarcati di fretta tutti i cassoni, provammo ed andammo in scena. Quantunque il teatro Parla fosse piccolo, desso conteneva uno stipato concorso; trionfante per il successo a scapito degli altri, e chissà quanto veleno debbano aver inghiottito. Nella sera susseguente demmo un concerto nella sala del Tabernacolo, ove suonai due duetti coll'Arditi: ti accludo l'articolo che ne parla e potrai giudicare dell'effetto del mio contrabbasso. Prima di partire dall'Avana, firmai il nuovo contratto coll'imprensario di suonare tre volte al mese in concerti coll'aumento di 150 colonnati al mese oltre i 120 come suonatore d'orchestra. Ora potrò avanzarmi qualche migliaio di franchi. Non dubitare che appena posso fare una somma di tre o quattro mille franchi che m'avanzino, te li mando, tu ne farai quell'uso che più ti accomoda; io non ne voglio sapere; sarò abbastanza contento di poter alla fine fare qualche cosa per chi fece tanto per me.
Nei cinque giorni che mi sono fermato a New York, non ho fatto che girare; partendo dall'Avana con un caldo oppressivo, respirai colà come al presente, quell'aria rigida che mi rinfrescò i polmoni e mi tornò sangue nelle vene; a guisa dei cani del S. Bernardo, mi misi a fiutare l'atmosfera che sapeva di neve.
Io non ho ancora veduto Parigi e Londra posso farmene un'idea se New York viene posta subito dopo quelle. È in effetto la gran città commerciale, popolata, pulita, elegante, fragorosa; vapori, strade ferrate, omnibus, carrozze, giornali a millioni; io non sapeva in che mondo mi fossi. Partimmo per Boston, altra città riguardevolissima, ove il liberatore di questa terra, Waxington, predicò massime tanto salutari ai popoli. Ovunque si parla l'inglese, cattiva pasta da masticare per noi. Un gran palo nel mezzo della città con appeso un beretto è l'insegna della città. Tutti lavorano per il bene della patria e si vive tranquilli.
Sarebbero infinite le cose da raccontarti, ma non voglio privarmi del piacere di dirtelo un giorno a voce.
In questa città ci fermeremo fino alla metà di maggio per ritornare quindi a New York ove passeremo l'estate. Prima di tornare all'Avana faremo forse una gita a Philadelfia.
Io ti terrò sempre informato di tutto, onde tu mi abbia a scrivere. Come sta la mamma? Come va l'Angelina? bene al certo. Mi fa stupore però come nell'ultima non vi sia menzionata la sorella; bisogna che sia in campagna presso qualche signora. Se la distanza che ci separa non fosse così potrei mandare qualche bel vestito, ma mi riservo alla mia venuta. Dì alla mamma che mi trovo in un paese ove si osserva la domenica assai più religiosamente che presso i Cristiani; in tal giorno è proibito di cantare, di giuocare, di bere liquori; ognuno va in Chiesa ove senza essere Cattolica si predica una religione moralissima, vera, degna della libertà di questi paesi e del bene pubblico.
Mi rammento quello che ho promesso e il tempo deciderà.
Non darti pena per ciò, se anche soffro qualche dispiacere in casa, la faccenda è così venuta d'abitudine che la mia salute non ne soffre sicuramente.

Infatti sono venuto un pochettino grassottello. Intendiamoci sempre in relazione col mio fisico. Non so nulla dei miei fratelli. Quante volte t'havvi a pregare di sapermi dire qualche cosa. Scrivimi presto adunque di loro e delle cognate e dei nipoti, se alle volte sono cresciuti.
Non ho tempo di scrivere a Della; bensì digli che ho ricevuto all'Avana due sue lettere, come due sono le tue. Digli che mi informi di tutto, che da parte mia farò lo stesso.
Finita la scrittura farò un piccolissimo giretto per gli Stati Uniti, quindi passerò a Londra ove mi si aspetta ansiosamente. Di là ti manderò una cambialetta per venire subito a trovarmi assieme alla mamma e all'Angelina. Ho sentito con dispiacere che *Piatti* fu assai ammalato a Bergamo. Ora salutamelo, se alle volte lo trovassi. *Novelli* il basso mi incombe di tanti saluti. *Arditi* pure, *Battaglini* quel famoso turco di Bre...
La nostra compagnia fa furori e deve ringraziare la verginità del timpano americano, perché altrimenti sarebbero d'ammazzare. Se si eccettua l'Ernani, le altre opere sono rovinate. Stuonazioni orrende ma sempre applaudite. Che bella fortuna! Non so come la faremo ritornando in Italia.
Io ti saluto, ti mando un bacio per la mamma e l'Angelina.
Sta allegro, salutami Della, S. Angelo, Terni, Monza, tutti i parenti ed amici e credimi sempre con tutto l'affetto
    tuo amatissimo figlio Giovanni.
[Lettera pubblicata da A. Carniti a pagg. 16-19 del volumetto *In memoria di G.B.*, Crema 1921]

7.

Parigi, 18 marzo 1857. 3 Rue La Grange Batelier
Carissimo Della,
Prima della carissima tua ricevetti altra del Sig. Battista Monza, al quale ho già risposto che accetto l'offerta di maestro di Cappella del Duomo di Crema e che se la intenda con mio padre. Ma questo non toglie che io ripeta a te la stessa cosa perché *moltiplicatis amicis*, la cosa avrà l'effetto che oltre ad essere onorifico è lucrativo. Io non ho parole in verità per dirti quanto piacere mi ha recato una sì generale dimostrazione di benevolenza, di preferenza per avermi a maestro, aggiungendovi tanto d'interesse perché questa carica non mi obbliga di soggiornare nel paese.
A parte gli allori che talvolta sono *spinosi*, a parte gli allori che talvolta, non per mio demerito, ma per l'infamia di questo mondo, diventano *fiaschi* ecc. certamente che io sarò ben lieto di rivedere il mio natio paese, e con un cane ed uno schioppo andare a passare le mie ore a caccia, dilettarmi colla musica, e andare un poco a baracca cogli amici, tante volte che io immagino e che vorrei avere costì.
Salutami tanto tua moglie e t'auguro un bel maschiotto degno successore degli Alberghi del Papa e del Pozzo.
Io sono laconico perché ho troppe cose a fare, scrivimi però sempre che mi farai un sommo favore. Io ti risponderò se non molto, almeno poche parole di vera amicizia.
Ti mando un bacio e credimi sempre l'affez.mo tuo amico
    G. Bottesini
[Lettera pubblicata da A. Carniti a pagg. 74-75 del volumetto *In memoria di G.B.*, Crema 1921]

8.

Napoli, 17 maggio 1858
Pregiatissimo Signor Florimo,
Affari d'importanza m'impediscono di effettuare la gita a Salerno che dietro la raccomandazione sua presso l'Intendente non poteva che essermi estremamente gradita. La prego quindi di scusarmi e gradisca mille ringraziamenti per la premura che si è data a mio riguardo.
Se invece d'un Contrabasso si potesse mandare un violino pel Cavalier Bianchi sarebbe una prova di più per attestarle la mia riconoscenza.
Con tutta stima sono
    di Lei Dev.mo Servo
    G. Bottesini
[Autografo presso il Conservatorio di Napoli, Fondo Florimo]

9.

[Bottesini a Ricordi]
Impresa del Teatro S. Radegonda. Milano, 5 novembre 1858.
Vi serva la presente quale ricevuta di tutte le parti cantanti, Coristi, Suggeritore e Spartitino Cori della mia Opera *Il Demonio della Notte*.
    Bottesini
[Lettera di proprietà dell'Editore Ricordi di Milano, N. 1]

10.

Monsieur Casimir Ney,
Nous faisons de la musique ce soir chez moi, s'il pouvait vous être agreable de venir nous faire une parte d'alto vous obligerez beaucoup.
    Votre Amis Devoué
    Bottesini

3. Rue La Grange Batelière.
P.S.
Ayez l'obligeance de remettre votre Alto au porteur de ce petit mot si toutfois vous êtes libre.
[Parigi, Bibliothéque Nationale]

11.

Torino, 18 aprile 1859. N° 36 Contrada degli Artisti, Casa Barbiè.
Carissimo Amico,
L'Impresa non può spendere 800 F pel nolo della mia opera; il massimo che ho potuto ottenere sono *500*. Il contratto resterebbe secretissimo fra noi, in consequenza non vedo assolutamente che questo possa far torto agli interessi del Sigr Tito, ed io credo che è di molto, anzi di prima importanza il dare quest'opera con una buona compagnia e in un teatro di primo ordine come il Teatro Scribe.
Io ti prego poi particolarmente d'ottenere dal Sigr Tito questa facilitazione a titolo d'amicizia per me. Spero di ricevere una risposta favorevole e salutandoti tanto credimi sempre
    L'aff.mo
    Gio. Bottesini
Ricordami alla famiglia Ricordi non che al Sigr Giovanni.
[Lettera di proprietà dell'Editore Ricordi di Milano, N. 2]

12.

Genova, 24 Giugno 1859. Hôtel della Lega Italiana.
Carissimo Tito,
Dopo quindici giorni di titubanza alfine mi risolvo a rivolgermi a te perché mi liberi dall'imbroglio in cui mi trovo momentaneamente. Tu sei la sola persona alla quale possa confidare questa mia posizione presente, e ch'io sappia dotato di sentimenti generosi ed artistici. Le circostanze della guerra m'hanno fatto fare cattivi affari e in conseguenza mi trovo senza danari. Vorrei partire ma non lo posso. Contava sopra una cambiale che aveva trovato persona che me l'accettava, ma questa pure si trova priva di mezzi, oppure crede servirsene diversamente. In questo frangente ti prego a liberarmi da questa posizione nel modo che vorrai, o con un imprestito di mille franchi almeno o accomodando come tu crederai quel piccolo credito che ho con te per la mia opera. Disponi di me come vuoi e conta colla mia più viva gratitudine.
Ti prego di un pronto riscontro poiché muojo dalla noja e non posso partire. Col desiderio di veder Milano libera figurati come debba trovarmi colle ali tagliate come sono le mie.
Salutami tanto la tua famiglia, ricevi i saluti di Mad.me Fiorentini che pure ti prega del favore che ti chiedo e credimi sempre
    L'aff.mo tuo
    Gio. Bottesini
[Lettera di proprietà dell'Editore Ricordi di Milano, N. 3]

13.

Genova, 29 Giugno 1859. Hôtel della Lega Italiana.
Carissimo Tornaghi,
Nell'imbarazzo in cui mi trovo non posso rifiutare l'offerta della cambiale che dietro informazioni prese posso renderla con piccolissime perdite. Sii compiacente adunque di spedirmelo più presto che puoi onde lasciare questo paese nojoso.
Ti ringrazio infinitamente della premura che hai preso di me, e vivi certo che non mi dimenticherò mai un tal favore.
Sta bene e credimi sempre
    L'aff° tuo amico
    Gio. Bottesini
[Lettera di proprietà dell'Editore Ricordi di Milano, N. 4]

14.

Genova, 1° Luglio 1859. Hôtel della Lega Italiana.
Carissimo Tornaghi,
Sperava quest'oggi ricevere la cambiale, ma sembra non abbi potuto spedirmela subito come ti pregava. Non dimenticare di sapermi dire dove abita e quale sia la professione di questo Signor Schiaffino, giacché avendone domandato informazioni ho trovato qualche difficoltà. Se la firma è buona come non ne dubito essendo cosa che parte da casa Ricordi, non mi sarà tanto difficile il farla girare perdendo anche più del bisogno. Frattanto non posso altro che aspettare e domandare che ora è giacché l'orologio non fa parte della mia toilette.

Ricordati di me che son fottuto e credimi sempre
    L'aff.mo tuo amico
        Gio. Bottesini
[Lettera di proprietà dell'Editore Ricordi di Milano, N. 5]

15.

Genova, 5 Luglio 1859. Hôtel della Lega Italiana.
Pregiatissimo Signore. Signor Eugenio Tornaghi, Secretario presso il Sigr Tito Ricordi, Contrada degli Omenoni, Milano.
Carissimo Tornaghi,
Sono in possesso della cambiale, ma t'avverto che credo esser obbligato a rimandartela domani poiché nessuno vuole scontarla. Questo Signor Schiaffino non è conosciuto, o è conosciuto *troppo*.
Domani adunque avrò il dispiacere forse di rimandartela e trovarmi come prima, anzi in peggiori circostanze.
Aggradisci frattanto i saluti sinceri del tuo aff.mo
        Gio. Bottesini.
[Lettera di proprietà dell'Editore Ricordi di Milano, N. 6]

16.

Genova, 10 Luglio 1859. Hôtel della Lega Italiana.
Carissimo Eugenio,
Dopo sei giorni di inutili sforzi per farmi scontare la cambiale a motivo che mancava del bollo necessario, fui obbligato a farlo fare colla spesa di *81* franchi. In questo momento solo mediante l'agio di altri *120* franchi, più altri *35* di regalo ai commissionarj ho potuto ritirare netti *600* franchi. Nelle circostanze in cui mi trovava non poteva far a meno.
Io ti ringrazio infinitamente della premura che ti sei data per me e spero presto a voce di provartelo meglio.
Sto in procinto di fare un buon affare per la Spagna; così lascerò e forse per molti anni questa bella Italia ma che mi costò dispiaceri a più non posso.
Ti saluto e credimi sempre
    L'aff.mo tuo amico
        Gio. Bottesini.
[Lettera di proprietà dell'Editore Ricordi di Milano, N. 7]

17.

Genova, 5 Agosto 1859.
Carissimo Tornaghi,
Il latore della presente è il Sigr De Tivoli mio segretario il quale si reca espressamente a Milano per negoziare per mio conto il credito mio sopra la vostra casa.
Mi son risolto a fare questa operazione giacché i miei affari mi obbligheranno ad assentarmi per lungo tempo dall'Italia.
Ti prego dunque a volere facilitare l'operazione con tutti i mezzi in tuo potere secondo che ti sarà richiesto dal detto De Tivoli.
Ti saluto cordialmente e sono
    Il tuo aff.mo amico
        Gio. Bottesini.
[Lettera di proprietà dell'Editore Ricordi di Milano, N. 8]

18.

Genova, 19 Agosto 1859.
Carissimo Tornaghi,
Ricevo la tua lettera in questo momento e mi affretto a rispondere. Ti hanno male informato dicendoti che il Sigr De Tivoli quando venne a Milano avesse l'incarico di combinare l'acquisto di diversi spartiti per Madrid; nulladimeno ciò dovrà farsi in breve e puoi stare sicuro di avere la preferenza sempre che però i tuoi prezzi sieno come dici moderati.
Fui abbastanza soddisfatto del modo con cui liquidasti il mio conto e te ne sono riconoscente.
Addio, ti saluta il tuo aff.mo amico
        Gio. Bottesini.
[Lettera di proprietà di Casa Ricordi, N. 9]

19.

Genova, 12 Ottobre 1859.
Carissimo Tito,
Recandosi costì il Sigr Willert Beale della casa Beale di Londra non so a chi meglio raccomandarlo che a te conoscendo quanto è grande la tua gentilezza e quanta amicizia nutri per me.
Tutto ciò che farai per esso sarà da me riguardato come fatto a me stesso e te ne sarò sommamente riconoscente.
Egli sarà in Milano domani Venerdì mattina all'Albergo dell'Europa.
Colgo questa occasione per dirti mille cose affettuose estensibili a tutta la famiglia.
Il tuo aff.mo amico
        Gio. Bottesini.
[Lettera di proprietà dell'Editore Ricordi di Milano, N. 10]

20.

Parigi, 17 Marzo 1860. 50. Rue Faubourg Montmartre.
Carissimo Tito,
Mi faresti un vero favore se volessi compiacerti di spedirmi immediatamente due copie del *Diavolo della Notte* ma subito perché la mia dimora in Parigi potrebbe essere brevissima.
Saluta sempre la famiglia e credimi sempre
Il tuo aff.mo
        Gio. Bottesini.
[Lettera di proprietà dell'Editore Ricordi di Milano, N. 11]

21.

Parigi, 3 Aprile 1860. 50 Rue F. Montmartre.
Carissimo Tornaghi,
Mentre stava lavorando di tutta buona voglia ai cambiamenti della mia opera, ecco che la notizia del Baritono Storti ricusandosi di fare il brillante, mi tagliò d'un colpo tutto il buon umore e torno a bestemmiare. Cosa vuoi che faccia. Pregare il Sigr Storti a ginocchio?, e se non sa fare il brillante, perché sforzarlo? ci sarà forse qualche altra ragione proveniente dalla invidiosa intelligenza musicale di Milano. Io però scriverò a Storti istessamente; l'ho conosciuto a Napoli mentre debuttava niente affatto brillantemente (entre-nous). Scriverò anche ai Marzi. Per Dio, sarebbe ora il momento di dare il mio *Assedio di Firenze*. Figurati che il baritono Graziani vorrebbe venire in Italia espressamente per cantarlo, tanto ne è innamorato. Ma pur troppo non posso fare il procolo della mia musica. Quando penso alla musica che si vede comparire in giornata, sentendomi capace di qualche cosa, e trovando le difficoltà enormi che sempre mi stanno addosso ti prometto che amerei meglio saper fare il ciabattino.
Io son pronto a perdere perfino tutti i miei Contrabassi, se dando bene l'*Assedio di Firenze* non ottengo un successo luminoso. Lasciami sfogare. Non è vero che la è veramente una triste condizione? pur troppo lo fanno i rostoni. Cerca adunque di fare il tuo possibile per proporre accettabile il mio Assedio. Lo preferisco a tutto quanto ho scritto; il soggetto è addato alle felici circostanze d'Italia. Darò parte della proprietà ai Marzi, ma che per Dio mi si faccia una volta giustizia. Voglio essere dannato se è l'interesse che mi fa parlare.
Ho cambiato molte cose del *Diavolo della Notte*. La scena della legatura non posso toglierla ma l'ho talmente abbreviata che passerà in un baleno e solamente con le donne, più compatibile. Ho fatto un Notturnino in luogo del Duetto fra il Duca e Valeria. In somma va molto meglio.
Appena l'avrò istrumentato te lo manderò con le necessarie annotazioni. Salutami tanto Tito e spero che la sua salute si ristabilirà del tutto. Tante cose a Giulio, non che ai tuoi bravi e gentili compagni di studio. Conservami la tua amicizia, pensa alla condizione in cui mi trovo, rabbioso di fare e non potendoci riescire.
Credimi sempre
    Il tuo aff.mo
        Gio. Bottesini.
[Lettera di proprietà dell'Editore Ricordi di Milano, N. 12]

22.

Bologna, 5 Gennajo 1861.
Carissimo Tornaghi,
Ho ricevuto questa sera la Sinfonia. La faccio eseguire domani ad un mio Concerto in Teatro. La rimanderò subito.
Aggradisci i saluti di Bottesini ma non quelli dell'autore dell'Assedio di Firenze.
[Lettera di proprietà dell'Editore Ricordi di Milano, N. 13]

23.

Firenze, 20 Marzo 1861. Hôtel du Nord.
Preg.mo amico,
Mi sorprese il contenuto della tua lettera tanto differente e in opposizione

alla maniera da te adoperata mesi sono in rapporto alla mia opera. Comunque sia rispondo alla proposizione che mi fai di cedermi il diritto di stampa, e qualora tu mi voglia offrire un prezzo accettabile ed adatto secondo me al valore di quella sarò contento di dar prova che non sono uomo puntiglioso.
Accetta i miei distinti saluti e sono etc etc
    Gio. Bottesini.
[Lettera di proprietà dell'Editore Ricordi di Milano, N. 14]

24.

Firenze, 26 aprile 1861.
[Lettera di Bottesini di proprietà dell'Editore Ricordi di Milano, N. 15. Manca il permesso di pubblicazione]

25.

Firenze, 29 maggio 1861
Carissimo amico,
Le occupazioni del Teatro furono causa del mio lungo silenzio che son certo non l'avrai attribuito a dimenticanza. L'Opera andò a gonfie vele e la Fiorentini ha piaciuto immensamente. Fra i concorrenti al posto di direttore di musica in Bologna avvenne che desidererei per il bene ed il decoro della musica fosse il prescelto e che ti raccomando con tutta la coscienza. Desso è Mabellini allievo di Mercadante, autore di molti classici lavori fra i quali una Messa da morto che giustifica in ogni rapporto l'alto suo sapere ed elementi sobrii e positivi. A fronte dei Mazzuccato che sta benissimo a Milano col Conservatorio e Teatro e infinite lezioni, dei Mariani che non so cosa abbia prodotto tranne qualche canzoncina alla Verdi, io non esito a propugnare per Mabellini. Procura adunque di giovarlo che ne rimarrà contenta l'arte musicale. Scrivo in proposito alle Contesse Zucchini e Tattini e ti prego caldo patrocinatore presso la Principessa Hercolani a cui presenterai i miei rispetti.
Io parto presto per Roma per quattro Concerti fino al 20 del venturo mese. Scrivimi colà qualche cosa in proposito.
Ricevi i saluti della Fiorentini e vogliami bene. Salutami tutti gli amici e credimi sempre il tuo aff.mo amico
    Gio. Bottesini.
[Bologna, Biblioteca del Conservatorio "G.B. Martini"]

26.

[Bottesini a Luigi Casamorata di Firenze]
Napoli, 18 settembre 1862
Pregiatissimo cavaliere,
Essendomi stata notificata dall'Editore Sig. Giangualberto Guidi la votazione del Concorso Basevi in mio favore, prego la S.V. a voler permettere al detto Editore di levar copia del mio Quartetto tanto per l'esecuzione come per la stampa essendo ciò di comune accordo fra noi.
Colgo l'occasione per attestarle sentimenti della mia riconoscenza.
    Di Lei devotissimo Servitore
    Giovanni Bottesini.
[Questa lettera è conservata nel Fondo Basevi del Conservatorio "Cherubini" di Firenze con la segnatura B.2438 III 116]

27.

[Bottesini a Olimpio Mariotti segretario del Conservatorio di Firenze]
Napoli, 19 settembre 1862
Le sono estremamente grato per la piacevole notizia datami col pregevole di Lei foglio del 15 corrente pel buon esito del mio Quartetto. Tale conseguimento mi onora moltissimo e mi spronerà ad occuparmi sempre più dello studio dei classici. Spero di testimoniare in una prossima testimonianza i miei sensi di stima al chiarissimo dottor Luigi Basevi nonché alla commissione del Reale Istituto di Musica. In quanto al premio se non Le cagiona disturbo potrà reinvertirlo in un vaglia postale mentre io resto qui fino alla fine del mese.
Accolga i sentimenti della mia considerazione e devozione.
Mi creda di Lei devotissimo servitore
    Giovanni Bottesini.
[Questa lettera è conservata nel Fondo Basevi del Conservatorio "Cherubini" di Firenze con la segnatura B.2438 III 117]

28.

Reigate, 18 ottobre 1862
Mio carissimo Paolo,
Non ho potuto scriverti prima d'ora perché fui occupatissimo e la Claudina sa bene quanto poco tempo ci resta in questa continua marea. Colgo l'occasione d'essermi alzato di buon'ora per ringraziarti delle poche linee che m'inviasti. Esse mi fecero un bene che non ti puoi immaginare. Credevo veramente d'essere ancora a Napoli sotto quel bel cielo e non coperto da nebbia spaventosa come per esempio in questo momento lo sono.
Ti sono obbligato della compagnia che fai alla Claudina e senza di te sarei un povero diavolo. A Parigi fui da Erard e da Pleyel per il piano del Signor Federico Raffaele. I piani verticali d'Erard non sono buoni e quelli di Pleyel hanno aumentato sino a *1400*. Se il Signor Dr Federico non tenesse tanto al nome vi sono delle fabbriche più modeste ma forse eccellenti al pari e si risparmierebbe assai. Io posso avere un piano d'Erard per 1200 ma non sarei soddisfatto. Qualora il Dr Federico si decidesse potrò fare il tutto al mio ritorno a Parigi.
Non ho potuto vedere Beale ma non dubitare di niente per la cambiale. Fra due o tre giorni ti scriverò in proposito.
I Concerti vanno bene e il mio Contrabbasso dà le scoppole a tutti gli altri. La Goddard e Gassier ne sono un poco mortificate, ma ci vuol pazienza. Saprai che ho avuto una traversata cattivissima da Calais a Dover e che le vomitate furono copiose, abbondanti al massimo. L'esposizione magnifica. Si distingue l'Italia per le statue. Il Belgio per la pittura, e Francia ed Inghilterra per macchine.
C'è una tal quantità di roba che per vederla tutta bisognerebbe un mese. A Parigi ho sentito la *Cenerentola* al Teatro Italiano con cani patentati. L'Alboni è finita. Mario è scritturato all'Operà.
Cosa fai? suoni? bevi? mangi? Sta di buon umore sopra tutto e speriamo che possa rimanere per sempre a Napoli dove passeremo il meno male possibile questi giorni di vita che ancora ci restano. Vedi che il clima incomincia ad operare su di me. Ti lascio per paura di magnetizzarti. Addio, saluta tanto i tuoi fratelli, scrivimi qualche volta e credimi sempre
Il tuo aff.mo amico
    Gio. Bottesini.
[Museo Teatrale alla Scala di Milano, COLL. CASATI 1626]

29.

Bath, 26 ottobre 1862 [Domenica]
Mio carissimo Paolo,
Ti ho scritto un'altra volta ma non avendo avuto riscontro né notizia per parte della Claudina temo non abbi ricevuto niente; questo dico per provarti che non ti dimenticai, e che continuerò sempre che avrò un po' di tempo a darti mie notizie che son certo ti sono grate. Non ti voglio annoiare con descrizioni del mio viaggio attuale; la Claudina ti avrà già detto il modo come si deve suonare, mangiare, viaggiare e vestirsi; sempre d'un colore è la storia; la domenica sola si respira un po' di calma e me ne servo per scriverti in fretta queste poche righe.
Beale mi sta pagando in settimana e per non imbrogliare le faccende incasso le 23 sterline; così alla fine di Novembre sarò padrone di *100* lire che ti spedisco infallibilmente. Siccome però non ho avuto ancora il piacere di parlarci perché al mio passaggio da Londra stava assente credo che nella prossima mia potrò scriverti di mandare la cambiale come abbiamo combinato. In tutte le maniere sta pur tranquillo e sicuro che non spendo un centesimo inutilmente e che voglio provarti quanto sia meritevole della tua amicizia.
Mio caro Paolo, come trovare espressioni per ringraziarti di tutte le tue gentilezze? Sono tante ed infinite che non potrò mai arrivare a sdebitarmene. La mia riconoscenza però ti proverà sempre d'averle usate con un vero amico e con un galantuomo. La Claudina pare sia vicina a fare un contratto al S. Carlo. Consigliala in ogni caso e continua ad ajutarci sino a miglior tempo. Il pezzo della Lucia piace immensamente e quello che mi fa stupore si è che piace anche a me. Difatti lo suono con piacere. Il Duetto con Sainton va benissimo. Il resto della compagnia è composto come sai dalla Goddard che suona il pianoforte divinamente e specialmente Mozart. I cantanti urlano e stuonano come in Italia. A Manchester dovrò dirigere l'orchestra per qualche rappresentazione d'opera. La sola cosa che mi fa stare di malumore è il dover passare il canal S. Giorgio per andare a Dublino. Se il tempo continua così tanto perverso la sarà una traversata fatale.
L'ho avuta cattivissima da Calais a Dover e t'assicuro d'aver dato a mangiare ai pesci abbondantemente. Ho veduto il Duca di Forlì a Parigi. Forse torneremo a Napoli in compagnia con della musica classica da far dormire tutta Napoli.
E il tuo violoncello? e i quartetti come vanno? Tante cose al Sigr Dr Federico, a Pinto, a cui scriverò presto due righe, salutami tanto tanto i tuoi fratelli non che i parenti, Serafino pure.
Saluta Zingaropoli. Scrivimi per Dio due parole. *God by*.
Vogliamo bene e credimi sempre Il tuo aff.mo amico Gio. Bottesini.
[Museo Teatrale alla Scala di Milano, COLL. CASATI 1627]

30.

Paris, 23 Giugno 1864. Hôtel des Ambassadeurs, Rue Notre Dame des Victoires.
Carissimo Tornaghi,
Avendo regalato a mie conoscenze tutte le copie del mio Album di 12 canzonette stampate a Napoli presso il Sigr Clausetti vengo a pregarti di spedirmene quattro copie presso l'Escudier al quale pagherò l'importo di tutto.
Mi farebbe piacere pure sapere fino a quando si può mandare quartetto di concorso aperto dal Sigr Tito.
Io mi sono riconfermato a Barcelona ove darò la mia Marion Delorme. Il M° Castagneri fu gentilmente messo alla porta del Teatro Italiano.
Bazier ha delle intenzioni su di me ma non posso accettare.
A Napoli sono furiosi perché ho rifiutato il posto di Direttore al S. Carlo. Mi si offrivano *400* franchi al mese e per Dio non hanno vergogna. La stima che si ha di me in Italia ed il conto che se ne fa nella camorra torinese mi fa sempre più decidere a vivere in paesi stranieri. Eppure credo di non aver fatto disonore al mio paese.
 Scusami la scappata e dimentico affatto del passato credimi
 Il tuo aff.mo
 Gio. Bottesini.
[Lettera di proprietà dell'Editore Ricordi di Milano, N. 16]

31.

Signor Francesco Lucca, Editore di Musica, Milano.
Paris, 3 Agosto 1864, 23 Rue de Choiseul
Pregiatissimo Signor Francesco,
L'amico Rizzoli sta aspettando una risposta sulle opere domandate al di lei indirizzo, con impazienza. Sono incaricato d'aggiungere alla lista la bella opera di Rossini Il Conte Ory.
Voglia Signor Francesco essere compiacente d'una pronta risposta a me o a Rizzoli e creda alla stima ed amicizia del suo dev.mo servo
 Gio. Bottesini.
[Museo Teatrale alla Scala di Milano, C.A. 803]

32.

[A Giovannina Lucca]
Giovanni Bottesini presenta i suoi più sentiti complimenti alla Sig.ra Giovannina Lucca. Dispiacentissimo di partire senza stringerle la mano le promette al suo prossimo ritorno una visita.
[Museo Teatrale alla Scala di Milano, COLL. CASATI 1617; biglietto da visita senza luogo né data]

33.

Pregiatissima Signora Giovannina,
Unisco due parole per ringraziarla anticipatamente del favore che certamente non vorrà negare allo scopo filantropico da me promosso e secondato tanto calorosamente da tutta Napoli. Metterò tutto l'impegno onde far gustare la bella musica del grande Alemanno con una massa orchestrale imponente.
Mi creda Signora Giovannina sempre devot.mo
 G. Bottesini
Tutte le piccole spese di spedizione e ritorno a mio carico. Avrò tutta la cura perché le carte non siano stracciate.
[Museo Teatrale alla Scala di Milano, CA. 804, raccolta del barone Angelo Eisner von Eisenhof]

34.

Barcelona, 8 dicembre 1864.
Carissimo Tito,
Le prove della mia Marion Delorme la cui andata in scena è imminente mi hanno impedito di risponderti più presto alla carissima tua.
Non avrò nessuna difficoltà a mettere assieme una specie di grammatica pel Contrabasso qualora potessi darci una forma metodica e ragionata, ciò che riescirebbe impossibile tanto nei limiti che tu mi hai fissato. D'altra parte sarebbe quasi ridicolo che *io* dessi alla luce quello che ogni mediocre suonatore è nel caso di fare egualmente.
L'Opera Les Amours du Diable di Grisar è di proprietà di Colombier Rue Vivienne. Tanto io che il traduttore lavoriamo sopra uno spartito comperato dall'Impresa del Teatro di Barcelona. Il lavoro è faticoso e molto. I Recitativi sono all'ordine. Quest'opera montata come si deve non può mancare d'un grande effetto. Siano i Recitativi che la traduzione sono di nostra proprietà esclusiva, solamente abbiamo noleggiato il nostro lavoro a questo teatro per una certa somma. Se tu hai intenzione di farne l'acquisto fa tu stesso un'offerta che certamente sarà da noi accettata e in poco tempo possiamo spedirti una piccola partitura al *Piano* accomodata con Recitativi e parole Italiane sotto. Più i recitativi orchestrati e i piccoli cambiamenti che ho creduto necessario.
Credo che quest'opera sia stata pubblicata prima della convenzione di proprietà. Ciò per tua norma.
T'accludo una cambiale di *700* franchi sopra Parigi ma che tu potrai far scontare al momento. Ho bisogno che questo denaro ripartito in tre somme sia pagato il più presto possibile nel modo che segue.
Al Signor Francesco Regli di Torino, Franchi 240. Al Signor Racchetti che tu conosci e che vive nello studio Gargantini Corsia del Giardino, Franchi 100. Spedire il resto a Angela Bottesini Cornacchia in Borgotaro, F. 360. Totale 700.
Se questo ti riescisse di troppo disturbo consegna detta cambiale al Sigr Alessandro Racchetti istesso colla piccola nota suindicata il quale s'incaricherà di tutto.
Salutami tanto tuo figlio non che la famiglia.
Di tante cose a Tornaghi. Unisco pure due ritratti. Uno per Tornaghi e l'altro per te.
Sta sano e credimi sempre tuo aff.mo amico
 Gio. Bottesini.
[Lettera di proprietà dell'Editore Ricordi di Milano, N. 17]

35.

Barcelona, 26 Dicembre 1864
Mon cher Monsieur Marie,
Confidando nell'amicizia che sempre m'avete dimostrata spero gradirete con piacere la notizia dell'esito ottenuto su questo gran Teatro del Liceo colla mia opera *Marion Delorme*. Non spetta a me il farvene la narrazione e voglio credere che riceverete notizie sicure e positive o dai giornali o da qualche altra persona. Solamente devo dire che Orchestra Coro e Banda militare mi regalarono corone d'argento e battute di gran valore. L'esecuzione per parte degli artisti fu eccellente. La Fiorentini, Morini, Colonnese e Bouché furono inspiratissimi e m'ajutarono in questo mio nuovo lavoro.
Siatemi cortese di farne qualche cenno sul vostro accreditato giornale di cui ve ne sarò riconoscente
 Il sempre vostro amico
 G. Bottesini
[Parigi, Bibliothèque Nationale]

36.

[Pietro Bottesini a Ricordi]
Barcellona, 9 Gennajo 1865
Pregiatissimo Sigr Ricordi,
Rispondo io alla carissima sua onde fargli sapere che mio figlio era partito il giorno prima per Londra onde incominciare col giorno undici di questo mese il giro che durerà sino al 18 di febbrajo. Appena avrò il suo indirizzo che ci spedirò la pregiatissima sua. Non so ancora se terminato il giro tornerà a Barcellona dove è aspettato per mettere in scena l'opera gli Amori del Diavolo.
La prego a credermi sempre suo umilissimo Servo
 Pietro Bottesini
[Lettera di proprietà dell'Editore Ricordi di Milano, N. 77]

37.

Parigi, 2 novembre 1865
1. Rue Baudin, Square Montholou
Carissimo Papà,
Ho ricevuto la caris.ma tua che mi partecipò il tuo buon arrivo a Crema; spero che ti divertirai assai di più di Parigi. Io non ti ho scritto subito perché sono stato a St. Quentin ed a Wauty.
Domani parto per la Belgique. Appena sarò in grado ti manderò qualche cosa. Ho pure ricevuto lettere dall'Amalia che mi ringrazia per i tabarri che tu le hai consegnato.
Era sicuro che Sivori ti avrebbe usato delle gentilezze.
Malgrado la sua nascita genovese è un buon diavolo.
Non far il poltrone a scrivere a qualunque cosa t'abbisognasse.
Spero che il tabarro ti servirà a meraviglia. Antognini non si è più fatto vedere. Salabert è comparso ancora. Del resto tutto va *secondo ordine Melchisedec*.
Casa Soriano sta bene. Fummo invitati un giorno a pranzo.
La Signora *fojada* fu gravemente ammalata con un'angina.

Eccoti tutte le notizie. Salutami Monza, Oldi, Petrali, Della, Pozzoli e quanti mi ricordano con piacere.
Ti scriverò dal Belgio ove mi troverò ma tu non dimenticarti di scrivere sempre alla Claudina, durante la mia assenza di 6 settimane.
Ciao, sta allegro, ricevi un bacio dal tuo caris.mo figlio Giovanni.
[Museo Teatrale alla Scala di Milano, CA 806, Collezione del barone Angelo Eisner von Eisenhof]

38.

Parigi, 4 Agosto 1866. 14 Boulevard de Clichy.
Pregiatissimo Signor Liverani,
Ho riscosso per ordine del comune amico Balletti la somma di 455 franchi presso la casa Foulo da lei speditagli.
Sono incaricato di ringraziarla caldamente in nome del povero ammalato il quale appena potrà si farà premura scriverle direttamente. Colgo questa occasione per ricordarmi alla preziosa di lei amicizia e parteciparle nell'istesso tempo che stanco dell'indifferenza usatami dalla patria Italia me ne ritorno in America fra i Negri e lascio godere in pace i progressi che la musica sta facendo da tanti anni in Italia.
La prego voler presentare i miei omaggi alla Contessa Pepoli e credermi sempre di lei Dev.mo Servo
        Gio. Bottesini.
[Bologna, Biblioteca del Conservatorio "G.B. Martini"]

39.

A Giovanni Bottesini, Vienna
Parigi, 26 settembre 1866
Caro Bottesini,
Sebbene il proverbio dica *lontan dagli occhi lontan dal cuore*, io sono felice di provarvi il contrario. Eccovi la lettera promessavi. Una per Rubinstein Direttore del Conservatorio. L'altra pel tenore Tamberlik, e finalmente vi unisco la lettera ricevuta da Nizza dal mio amico Buffarini la quale vi darà l'istruzione di quanto dovrete oprare, per presentarvi ai personaggi ai quali vi ha raccomandato, il conte Wielhorski che trovasi ammalato a Nizza. Fatevi conoscere. Guadagnate molti rubli, teneteli da conto, pensate alla vecchiaia!!! e non dimenticate il vostro aff.to Rossini
Mille cose affettuose alla vostra compagna.
[Lettera pubblicata da A. Carniti a pag. 73 del volumetto *In memoria di G.B.*, Crema 1921]

40.

Parigi, 8 aprile 1868. 1. Rue Baudin Square Montholon.
Carissimo Tito,
Nelle spedizioni di musica che certamente farai a Léon Escudier ti prego aggiungere due o tre copie del mio Album Ricordanze di Napoli di cui ne ho bisogno per mandare all'Infante D.n Sebastiano che me le ha domandate.
Ringraziandoti anticipatamente colgo l'occasione per dirmi sempre
        L'aff.mo amico
        Gio. Bottesini.
[Lettera di proprietà dell'Editore Ricordi di Milano, N. 18]

41.

Parigi, 24 gennaio 1869
1. Rue Baudin, Square Montholon
Pregiatissimo Signore,
Non avendo ricevuto risposta ad una mia diretta al Signor Francesco in cui lo pregava a volermi inviare una copia della partitura del mio *Assedio di Firenze*, mi rivolgo a lei gentilissima Signora Giovannina onde voglia dare gli ordini necessarii. Suppongo che le occupazioni del Signor Francesco sieno state causa della noncuranza a mio riguardo.
Io non dimando altro che il favore d'avere quello che è mio; quello che un artista ha scritto, quello che benché dimenticato in Italia, non sarà del tutto indifferente agli amici che mi professano simpatia in paese straniero.
Contando sulla di lei gentilezza, aggradisca i miei sinceri ringraziamenti e la certezza della mia stima ed amicizia
        Dev.mo Servo
        Gio. Bottesini.
[Museo Teatrale alla Scala di Milano, CA 805, Collezione del barone Angelo Eisner von Eisnhof]

42.

Agence générale des Théâtres de MM. VERGER FILS, 2, Rue Rossini, 2,
14 maggio 1869.

Gentilissima Signora Sarolta, Città.
A norma di quanto ebbi già l'onore di manifestarvi ecco i nomi di tutti gli artisti che furono da me trattati o che sono per il momento in compromesso con me finché S.E. voglia onorarmi di suoi ordini.
Prime donne proposte ed in trattato con Mr Manasse: Lucca (trattativa stretta), Vitali (scritturata), Penco, Lagrua, Gasc, Bousqueti, Rebons. Primi tenori: Tamberlich, Fraschini, Mario, Naudin (scritturato), Baragli, Corsi, Tombesi (trattativa stretta). Contralti: Grossi, Morensi, Bonapi Lucas, Cortes. Baritoni: Amodio, Bartolini, Cottone. Bassi: Selva, Vialetti. Maestri: Muzio, Fontana, Costagneri, Bottesini. Maestro Compositore di Ballo Mr Bonesi con 22 ballerine tutte già trattate ed assai belle. Prime ballerine: Melle Couqui, Melle Pitteri. Di più ho trattato un numero assai grande di professori d'Orchestra e coristi. Pittori: Bragaldi. Costumi devis di Mr Nonon di cui posso presentarvi nota, in più ho trattato con la sartoria Prola e Cattaneo di Milano. Eccovi tutte le osservazioni che ho fatto e che vi prego di voler far osservare a S.E. perché riconosca se io non ho qualche diritto di essere preso in considerazione più d'ogni altro.
        Gradite i miei saluti, Vostro aff.mo
        A. Verger
[Questa lettera si trova in copia dattiloscritta presso le Nuove Edizioni di Milano]

43.

[Muzio a Draneht Bey]
Milano, li 2 giugno 1869, Hôtel de France.
Eccellenza!
Questa mattina ho avuto l'onore di spedire a Vostra Eccellenza un telegramma che trascrivo: *Dopo avere eccellenti professori d'orchestra a prezzi onesti. Prime parti 400 franchi, secondi 270. In Milano trovansi artisti buoni primari, buone seconde parti, havvi musica e tutto a prezzi limitati. Scrivo lettera*. Ieri ed oggi vidi i principali professori d'orchestra in questa città e colle lettere che ebbi da Torino, da Bologna, da Parma, da Firenze ed altre parti sono certo che non avrò a pagare di più del prezzo menzionato di sopra. I coristi saranno buoni, avranno buona voce e repertorio. Forse potrò economizzare sui coristi qualche 10 o 15 franchi per mese ma siccome hanno l'obbligo di fare la comparsa nel ballo, così essi mi fanno osservare che dovranno restare in teatro tutto il giorno per le prove delle opere e per le prove di ballo. I Professori d'orchestra e i coristi ai quali parlai mi fanno osservare anche che il vivere, e l'alloggio specialmente è assai più caro in Cairo che in Alessandria e Costantinopoli. Tutti mettono per patto *un viaggio* d'andata e ritorno da Milano al Cairo e viceversa. Ho trovato il Maestro dei Cori assai buono che conosco e garantisco; è il Maestro Devasini e lo posso avere per circa f. 550 al mese, un viaggio come all'orchestra e cori. Dopo avere anche un supplemento al Maestro dei cori e suggeritore per il prezzo di f. 350 o 400 ed un viaggio come agli altri d'orchestra e coro. Qui in Milano vi sono molti artisti liberi e buoni, cioè tenori, baritoni, buffi, bassi comprimari e seconde parti e che si possono avere a condizioni eque. Anche la musica che mi preme sia chiara e corretta posso averla a prezzo ragionevole. Se poi V.E. trovasse che in Parigi non arrivassero in tempo col vestiario si potrebbe avere roba assai buona alle sartorie della Scala, di Torino, di Bologna etc. È mio dovere di dare a V.E. tutti questi schiarimenti poiché gli artisti amano assai più fare gli affari direttamente che con mezzo di agenti che sovente non sono specchi di onestà. Attenderò, Eccellenza, le di Lei istruzioni per incominciare il lavoro e portarmi nei diversi luoghi per raccogliere ciò che vi è di migliore nelle diverse città vicino a Milano e così far onore alla confidenza V.E. si è degnata di riporre in me. Farò pure il repertorio dei pezzi per i concerti da darsi alla Corte di Sua Altezza il Vicerè ed avrò l'onore di sottoporli all'approvazione di Vostra Eccellenza. Farò pure indagini alla Direzione delle strade ferrate per sentire il ribasso che farebbero fra Milano e Brindisi, ed anche fra Milano e Venezia.
Sono dell'E.V. Devot.mo servo
        E. Muzio
[Questa lettera si trova in copia dattiloscritta presso le Nuove Edizioni di Milano]

44.

[Muzio a Draneht Bey]
Milano, 3 giugno 1869, Hôtel de France.
Eccellenza!
Questa mattina mi recai alla Direzione delle strade ferrate e fui assai bene accolto. Esposi la probabilità di avere un centinaio, ed anche più di persone da trasportare fra Milano e Venezia e che chiedeva un ribasso sulla tariffa regolare tanto per l'andata al mese di Settembre che per il ritorno nella primavera. Dopo avere dibattuto alquanto ottenni che mi si farebbe il ribasso

del 50 per %. Dovrò però fare una domanda per iscritto quando Vostra Eccellenza avrà deciso se terranno questa via gli artisti e le masse. Se poi V.E. volesse che la compagnia prenda la strada di Brindisi in allora, si dovrebbe fare anche un'altra domanda alla Direzione della strada ferrata fra Bologna - Ancona - Brindisi. Io credo che il modo più semplice e meno costoso sarà di fare partire tutta la compagnia da Venezia perché imbarcandosi a Venezia tutta questa massa di gente non si muove più che in Alessandria. Oggi mi metto in comunicazione colla Direzione della Società Adriatico-Orientale dei battelli che partono da Venezia per Alessandria ogni sabato e domanderò quali facilitazioni farebbero. È uso che i cori ed orchestra paghino essi stessi il soprapeso del bagaglio ed io lo mantengo. In quanto alle casse degli istrumenti le spese di trasporto sono a carico di Vostra Eccellenza. Sto raccogliendo e completando i nomi dei coristi ed orchestra per essere pronto a cominciare le operazioni, appena ne riceverò l'ordine da V.E. Nelle ore perdute sento anche artisti per mio piacere ed anche per prepararmi nel caso che a V.E. mancasse in Parigi qualche artista, oppure costassero troppo quelli che ha in prospettiva. Per l'Orchestra il numero delle prime parti che costerebbero per ciascuna f. 400 - sono N° 15. Le seconde parti a f. 300 ciascuna sono N° 45. I primi coristi a f. 300 ciascuno sono N° 20. I secondi coristi a f. 270 ciascuno sono N° 40. Nella mia lettera di ieri non feci questa divisione, e così tutto sarà chiaro.

Auguro a me stesso Eccellenza di avere presto di Lei notizie per lavorare e fare onore a V.E.

  Devt.mo servo
  E. Muzio

[Questa lettera si trova in copia dattiloscritta presso le Nuove Edizioni di Milano]

45.

Fiorenzuola, 28 7bre 1869.
Atteso io medico che Ottolenghi Sabadino è ammalato per grave emorragia dentaria per cui essendo rimasto debole non può per ora muoversi dal letto
  Il medico
  Beo Cotti.
Vista vera la firma qui sopra posta dal Sig. Cotti Dr Beo medico condotto a Fiorenzuola d'Arda, 29 Settembre 1869.
  L'assessore
  Munagni Severino
Municipio di Fiorenzuola d'Arda.
[Autografo alle Nuove Edizioni di Milano]

46.

[Sabbadino Ottolenghi a Lampugnani]
Fiorenzuola d'Arda, 28 settembre 1869
Stimatiss.o Signore
Unisco alla presente il certificato medico, dal quale potrà vedere, non potermi trovare a Milano come ne incontrai obbligazione. Sono dispiacentissimo di quest'inconveniente portandomi gravissimo danno; se però la S. Vostra fosse tanto gentile di accordarmi sei giorni di tempo, potrei adempiere al obligo incontrato, e recarmi a Milano.
Interesso la S. Vostra a fare il possibile perché io possa fruire di questo vantaggio pregandola di darmi un riscontro per mia norma.
Accetti i sensi della più distinta stima e mi creda
  Sabadino Ottolenghi
[Autografo presso le Nuove Edizioni di Milano]

47.

Cesare Filiberti Medico Chirurgo.
Fiorenzuola d'Arda, 13 ottobre 1869.
Dichiaro io medico chirurgo infrascritto che il Sig. Sabbadino Ottolenghi, suonatore di violino, trovasi attualmente ammalato per le sofferenze sostenute durante il viaggio marittimo da Venezia a Brindisi. Per la qual cosa detto Sig. Ottolenghi, come fu impossibilitato a proseguire l'incominciato viaggio verso il Cairo, così pure trovasi presentemente nell'assoluta impossibilità di ripartire per l'accennata destinazione
  in fede
  C. Filiberti.
Vista vera la firma qui retro apposta dal dottor Cesare Filiberti.
Fiorenzuola 14 Ottobre 1869 il ff. di Sindaco G. Bovarini. Municipio di Fiorenzuola d'Arda.
[Autografo alle Nuove Edizioni di Milano]

48.

[Sabbatino Ottolenghi a Lampugnani]
Fiorenzuola d'Arda, 14 Ottobre 1869
Egregio Sig. Lampugnani, Milano.
Sebbene ammalato, mi facio premura di scrivervi, e così inviarvi i certificati medici, e il biglietto di passaggio da Brindisi in Alessandria, che chiunque, con il detto biglietto potrà partire senza ostacoli.
Per la prima volta ch'ebbi il piacere d'essere da voi scritturato, fui molto disgraziato, e per verità da Venezia a Brindisi mi credevo di morire. Al certo però, che s'io fossi rimasto a casa ancora una quindicina di giorni, per rinforzarmi non mi sarebbe successo di dover ritornare, ma questo fu per mio malore ma pazienza, spero un altra volta sarò più fortunato, non so cosa dire.
Guardate di non dimenticarmi in qualche altro affare che nelle S. p. avrete e di dar ricevuta, a questi miei documenti, per mia quiete, come pure favorite rispondere alla lettera che vi scrissi da Brindisi perché parola d'onore, mi trovo al verde. Da qui a qualche giorno scriverò all'Esimio Maestro Muzio, il mio infortunio, e spero mi vorrà giovare. Rispondetemi dunque, e scioglietemi da questo contratto, giacché vedo che per ben guarire, d'intraprendere, questo lungo viaggio, mi abbisognerebbero molti giorni.
Salutandovi con tutt'affetto o il piacere di dichiararmi vostro amico
  Ottolenghi Sabbadino.
[Questa lettera si trova autografa alle Nuove Edizioni di Milano]

49.

Fiorenzuola d'Arda, 16-10-69.
Egregio Sig. Lampugnani
Andai a possesso della gentilissima Vostra e subito ve ne do riscontro. La salute va un po' meglio e spero in breve d'essere ben ristabilito. Non credete o mio caro Sig. ch'io abbia fatto dei risparmi sulla somma esata, perché vi giuro che se dovessi tutto ben calcolare ci o rimmesso del mio, ma questa è una mia disgrazia e null'altro, e o fede che in qualche maniera si vorrà rimediare.
Qui trova anche la lettera dell'Esimio Maestro Muzio che mi farete cosa grata spedircela, e chi sa che la salute permettendomelo non possi riprendere il viaggio, staremo a sentire cosa risponderà; Il biglietto è sempre buono pel passaggio da Brindisi in Alessandria, *perciò vi prego ben conservarlo*. Ritenete mio caro Sig. Lampugnani che sono oltremodo disturbato di questo mio infausto avvenimento e che è per me un dispiacere eterno, fate dunque in modo che le cose vadino pel meglio, giacché infine dei conti contro Dio non si va nessuno. Perdonate il mio scrivere sconnesso ed accettate di tutto cuore un af.so saluto dal vostro amico
  Ottolenghi Sabbadino.
Se non prendete un sostituto, e che il Maestro Muzio mi dasse dilazione e i denari per fare il viaggio e che la mia salute lo permettesse, potrei ripartire, basta staremo a vedere.
[Autografo alle Nuove Edizioni di Milano]

50.

Fiorenzuola d'Arda, 16-10-69.
Degno Maestro Muzio,
Giovedì giorno 7 corrente partii per Milano, poscia a Venezia, indi m'imbarcai per Brindisi ma giunto Colà dopo 38 ore di mare io ero in uno stato di somma debolezza stante la malattia, sofferta prima, riguardo all'emoregia dentale, per cui il medico del Bastimento il Brindisi visitatomi, mi trovò nell'impossibilità da fare la traversata lunga da Brindisi in Alessandria, e così fecemi i miei regolari certificati e io dovetti a mio malgrado retrocedere per strada ferrata a poco, a poco, sino al mio domicilio, immerso in un stragrande dolore di non avere potuto raggiungere Lei, e la nobilissima compagnia in parte miei egregi amici.
Gentile Maestro da tre mesi io anelavo questo beato istante di partire pel Cairo ma il crudo fato deluse le mie speranze, facendomi ammalare, ora però va meglio e spero in breve di riaquistare le mie perdute forze, così io sarei felicissimo di potere intraprendere questo viaggio, perciò io mi raccomando a Lei incaricato in questo grandioso affare, se potesse fare in modo di fare essere valida la mia scrittura, salute permettendolo.
A Milano dal Signor Lampugnani io ebbi la mia mesata d'anticipazione di £ 300, lasciandone però a questo £ 90 di mediazione come parla la scrittura, e di più ebbi un biglietto da 25 £ pel viaggio da Milano a Venezia, e di prima ebbi. Io perciò ero possessore di 235 di £ che dovetti spenderli tutti rabbiosamente fra trasporto mio e bagaglio e fermata per farmi prodigare cure, e tutto quanto senza nessun profitto, trovandomi ora senza un quatrino.
A Brindisi io ebbi indietro il biglietto della traversata da Brindisi in Ales-

sandria perciò s'io, o un altro si presentasse potrà liberamente partire gratuitamente. Questo io lo spedii all'Agente unito ai certificati medici.
S'Ella potesse far in modo ch'io mi portassi al Cairo, le ne serberei la mia eterna gratitudine, ma m'abbisognerebbero denari per fare il viaggio da Fiorenzuola d'Arda a Brindisi e d'Alessandria al Cairo. S'Ella potesse esaudire la mia umile domanda, sarei contento, e diversamente giovarmi se sono in qualche altra maniera.
Voglia essere tanto gentile di salutarmi gli amici cioè Scotto, Razzani, Baschi, Lauger e Zanichelli, ed accetti dall'umilis.mo suo il più cordiale dei saluti
    Ottolenghi Sabbadino.
[Autografo alle Nuove Edizioni di Milano]

51.

[Lampugnani a Muzio]
Dott. G.B. Lampugnani.
Carissimo Amico,
Ti unisco tutte le lettere ed attestati Ottolenghi, dai quali tu prenderai conoscenza dell'affare. Vedrai che la sua mancanza fu un disgraziato accidente. Necessariamente egli dovrebbe rendere il denaro avuto, ed invece ne cerca dell'altro per sostentarsi! Sarebbe curioso davvero che S.A. il Khédive dovesse pagare le malattie di tutti i suoi scritturati. Io ho risposto al Signor Ottolenghi che ero assai dispiacente della sua disgrazia, ma che S.A. il Viceré non mi aveva lasciato fondo alcuno per pensare a sopperire ai bisogni dei professori d'orchestra, e che avrei scritto a te ed a S.E. Draneht Bey onde vedere di non molestarlo per la mesata avuta. Ma già quando i coristi ed i professori hanno avuto la mesata, è impossibile il poterla riavere, quindi tanto fa fare di necessaria virtù, e dire: *Doniamo!* Qualunque più infimo impresario dovrebbe fare lo stesso, cioè donare. Tu leggerai le lettere Ottolenghi, le comunicherai a S.A., cioè a S.E. Draneht Bey, e poi mi communicherai i suoi ordini, che verranno eseguiti fedelmente. Ottolenghi dice che il biglietto vale ancora da Brindisi in avanti, sia per esso che per altro individuo, quindi mandandone un altro il viaggio sarebbe pagato da Brindisi ad Alessandria, come pure sarebbe pagato per esso Ottolenghi.
Pondera tutto, fa ponderare a S.E. e poi rispondimi. Se S.E. Draneht Bey può riprendere l'Ottolenghi è una carità che fa ad un disgraziato, se crede però far senza, giacché un violino meno non fa sconcerto. Riprendendo l'Ottolenghi, bisogna però mandargli altri denari per andare fino a Brindisi, più qualche altra cosa per il viaggio da Alessandria a Cairo, perché l'amico non ha un soldo.
Oggi non scrivo altro essendo occupatissimo - addio di cuore - I doveri a Madame Muzio, ed i miei ossequi a S.E.
    affez.o amico
    Lampugnani
P.S. Mi saprai poi dire se S.E. riceve il Giornale a Cairo, se lo ricevi tu e gli altri. Mes compliments aux dames La Grua et Ferrucci.
Dirai al Conte Cesare Boccolini che ho ricevuto la sua lettera dal Cairo e che lo ringrazio della raccomandazione D.a Anna.
[Autografo presso le Nuove Edizioni di Milano]

52.

[De Marchi a Draneht Bey]
Caire, le 9-11-1869
Monsieur le Bey,
J'ai l'honneur d'adresser ici la traduction française de l'Hymne ou Ode qui est à la fin de mon *Action Lyrique* et qui pouvant être détaché sert pour *l'ouverture de l'Istme de Suez*. On travaille è la traduction arabe, turque, espagnole; je me flatte d'obtenir la traduction anglaise, allemande et Russe. S'agissant d'un chant cosmopolite toute traduction sert au but; V. Excellence y remarquera que j'ai tenté de toucher avec extrême délicatesse deux points, la jurisdication sur les étrangers et la neutralisation de l'Istme; ce sont deux choses encheries à la politique de l'Egypte et de Son Khédive. Si S.A. le Viceroi daigne accueillir favorablement cet hommage d'un coeur dévoué, je me flatte d'obtenir les traductions qui me manquent; et je me flatte aussi que dans une semaine on pourrait faire à Boulac une édition de luxe a distribuer aux invités de S.A.
Deignez, Monsieur le Bey, soumettre cet hommage, qui n'est qu'une moindre partie de mon travail, le 16 Novembre au milieu de fêtes pour l'Istme la distribution aux invités de S.A., fera, à mon avis, un effet non seulement de courtoisie, mais une impression politique profonde. V.E. qui a consacré sa vie au bonheur de l'Egypte au service de son généreux Souverain, voudrez je l'éspère agréer ce témoignage qui a l'empreinte de la candeur et de la vérité.
Agréez, Monsieur le Bey, l'hommage du profond devouement et du plus haut respect avec lequel j'ai l'honneur d'être
    De V. Excellence
    Le très obéissant serviteur
    D. De Marchi
[Questa lettera si trova in copia dattiloscritta presso le Nuove Edizioni di Milano]

53.

[Draneht Bey a Toffoli]
Le Caire le 25 Novembre 1869
Cher Monsieur Toffoli,
J'ai bien reçu votre honorée du 11 ct. et je suis bien aise de pouvoir vous dire que je suis très satisfait de notre Compagnie Italienne. Nous n'avons encore pu monter et donner, avec la Cantata d'Ouverture, que Rigoletto, Il Barbiere, Il Trovatore, Giselle; mais on s'occupe activement de monter Ernani, Moise, Norma etc. etc.
Dans quelques jours nous donnons la Traviata avec Sarolta. Naudin dans Rigoletto. Grossi dans les trois rôles, Boccolini dans Le Barbier & Rigoletto, et Grossi & Boccolini dans Le Trovatore ont obtenu de grands et légitimes succès.
Malheureusement il nous faut monter chaque ouvrage avec autant de soin que s'il s'agissait de premières représentations, en un mot il faut former notre répertoire, mais d'ici un moi ou deux notre répertoire se sera enrichi et nous permettra de choisir nos spectacles et nos ballets; car vous savez aussi qu'il faut monter le décor de chaque ouvrage et l'un après l'autre.
Je suis bien aise aussi que de loin vous ayez pensé à nos artistes et que vous ayez pris souci et intérêt a leur soucis.
Je recevrai toujours de vos nouvelles avec plaisir et en attendant je vous prie de croire a mes meilleurs sentiments
    Draneht Bey
[Questa lettera si trova in copia dattiloscritta presso le Nuove Edizioni di Milano]

54.

[Emanuele Muzio a Draneht Bey]
Caire, 28 dicembre 1869
Monsieur le surintendant,
Pour raison de vous connues, je viens vous donner ma démission de mes fonctions de chef d'orchestre de l'opéra, à partir du 1er Janvier 1870.
Je continuerai néanmoins ces fonctions tant que vous jugerez utile à votre adm.s de me les conserver bien entendu aux termes et dans les limites de mon engagement; mais c'est engagement est dès à présent résilié, et il sera continué pour le temps qui vous conviendra, le tout bien entendu aussi, sans indennité de part ni d'autre, le jour où vous aurez décidé la résiliation.
    Bon pour résiliation
    E. Muzio
Administration des Théatres du Khédive d'Egypte, Cabinet du Surintendant: Mr Muzzio ayant indûment perçu sur les feuilles de paie n. 430.471.503 les appointement du Musicien Ottolenghi, en Signant pour lui, alors que ce dernier n'avait pu venir d'Italie au Caire pour Cause de Maladie, la présente résiliation s'en est suivie.
    Vu Eus. Bome
[Autografo presso le Nuove Edizioni di Milano]

55.

Monaco, 6 Marzo 1870
Carissimo Tito,
Riguardo al mio metodo puoi dire a l'incisore che si tenga esattamente come musica all'Edizione d'Escudier. Credeva venire in Italia ma sono chiamato a Parigi. Sarà per più tardi. Non ignorerai forse il successo della mia nuova Operetta Vinciguerra sul teatro del Casino di Monaco. Ringrazio te e tutta la tua famiglia della buona memoria in mio favore.
Ho sentito a Nizza la Contessa d'Amalfi e vedo che l'Italia fa progressi da far piangere.
Credimi sempre
    Il tuo aff.mo amico
    G. Bottesini.
[Lettera di proprietà dell'Editore Ricordi di Milano, N. 19]

56.

1870, METODO DI CONTRABBASSO
Prefazione

Non è così facile, come può sembrare a bella prima, lo scrivere un metodo per Contrabasso, strumento che si suona in tante maniere differenti, il coordinare ed esporre con chiarezza una serie di regole, di esempi e d'esercizi progressivi, che, senza troppo affaticare l'allievo, facilitino i suoi primi studi e lo conducano per la miglior via al completo possesso di questo strumento altrettanto difficile quanto importante.

Io non avrei dunque spontaneamente intrapreso questo lavoro; e non mi vi decisi che dietro dimanda di tutti quelli che, sapendo con quale benevolenza il pubblico mi ha sempre accolto, credettero che fosse dover mio di mettere a profitto della gioventù la poca esperienza che ho acquistato suonando il Contrabasso. Potendo ad un tempo realizzare il desiderio di quelli che mi eccitarono a scrivere questo metodo, e fare un'opera ch'io credo profittevole a tutti quelli che vogliano imparare a suonar questo strumento, non saprei fare di meglio che di porla sotto la loro protezione.

Mi affretto di prevenire chi potrebbe accusarmi d'un certo esclusivismo, più apparente che reale, che io rispetto l'opinione altrui ma che dico francamente la mia.

Lungi da ogni velleità d'opposizione, non ebbi che una triplice guida nella composizione di questo metodo: il Vero per la scienza, il Bello per l'arte, l'Utile per l'allievo. G. Bottesini.

Del Contrabasso

Senza far vane dissertazioni enumerando fuor di proposito i vantaggi e gli inconvenienti di questo strumento munito di quattro corde piuttosto che di tre corde, - senza discutere sul vario meccanismo della digitazione o sulla differente sonorità che da questa quarta corda vengono causati a detto strumento considerato come parte fondamentale dell'orchestra, - e finalmente senza troppo dilungarci in quistioni imperentorie sulla forma e dimensione dell'arco, sul vario modo di tenerlo e maneggiarlo, sulla differente natura de' suoni risultanti dalla forma di quest'arco ed inerenti all'uso d'esso, - noi prendiamo a considerare il Contrabasso in sé, il quale tanto per la facilità e sicurezza della digitazione quanto per la rotondità e purezza de' suoni che lo caratterizzano, *richiede tre corde solamente*.

Diremo più sotto le ragioni di questo asserto, che sembrar forse potrebbe sulle prime arbitrario e mal fondato. Sappia intanto il nostro lettore che noi abbiamo per così dire compilato questo nostro metodo dietro le ottime tradizioni de' migliori e più competenti Contrabassisti Italiani, quali furono incontestabilmente il Dragonetti, l'Andreoli, e per tacer d'altri il valente Luigi Rossi, mio compianto maestro, già Professore di Contrabasso al Conservatorio di Milano.

Né creda per avventura chi volesse intraprendere lo studio di questo importantissimo strumento, esser facil cosa e di corta fatica l'impararlo come vuolsi che sia. Come il Violino, esso richiede da chi vuol conoscerlo e dominarlo pienamente, oltre a naturali disposizioni, quella grande sicurezza di mano la quale, esonerando l'artista suonatore da ogni preoccupazione meccanica, fa sì che possa liberamente spaziar col pensiero, attuando sulle corde dello strumento i molteplici sentimenti dell'animo cui l'estro appassiona. Epperò, questa sicurezza di mano, questo dominio delle corde s'ottiene per lungo esercizio, ciò che richiede assai tempo, pazienza grande, costanza molta. Il perché, considerando i numerosi ostacoli e le svariate difficoltà che l'allievo dovrà vincere ed appianare per giungere al pieno dominio di questo strumento, noi gli consigliamo d'intraprenderne lo studio nella tenera età d'anni dodici all'incirca, età generalmente considerata come la più favorevole allo sviluppo delle fisiche ed intellettive facoltà dell'uomo applicate allo studio di checchessia.

Previe considerazioni sulla natura di questo strumento

Non può, certamente chi ben conosce la natura del Contrabasso, negare che l'applicazione d'una corda di più sia stata unicamente fatta per arricchire questo strumento d'alcuni suoi più gravi, cosa, al postutto, di non lieve importanza pel Compositore e giovevole assai nelle *note tenute*.

Ma se il Contrabasso munito d'una quarta corda acquista ne' suoni gravi maggior estensione, questo però s'ottiene a scapito grandissimo della sua sonorità la quale sta per lo appunto in ragione inversa del numero delle corde. La verità di questo nostro asserto è fuor d'ogni contestazione, ed ognuno potrà di leggieri convincersene facendo sullo strumento l'esperienza da noi già più volte fatta.

L'importanza della quistione ci aveva indotti, or più anni sono, a far l'esperimento d'una quarta corda sui migliori Contrabassi da noi successivamente posseduti, fra i quali merita principal menzione uno eccellente di mano del celebre *Gaspare da Salò*, il quale a parer nostro ed a detta de' conoscitori, fu certo il più valente costruttore di Contrabassi che fiorisse dal suo tempo in poi. Epperò il risultato che n'ebbimo fu mai sempre cattivo, avvegnaché tutti indistintamente questi buoni strumenti perdettero assai di quella piena e limpida sonorità che tanto è necessaria, sopratutto ne' suoni gravi.

Il perché noi credemmo di poter quindi conchiudere che, *vale assai meglio sacrificare alcune gravi note alla piena e limpida sonorità di questo strumento, piuttosto che sacrificare questa al tenue vantaggio d'una quarta più grave, ottenuta coll'addizione d'una corda di più*.

E per vero, in Inghilterra paese ove la buona musica de' Classici ottiene grande favore e viene accuratamente e con eleganza da finitissime orchestre interpretata, mai non s'ebbe, che io sappia, il bisogno d'aggiungere una quarta corda al Contrabasso.

Né creda perciò chi legge queste nostre preliminari avvertenze sul Contrabasso a tre corde, che lo studio di questo strumento a quattro corde abbisogni per avventura d'un altro metodo appositamente scritto a tal fine e tutto altrimenti di questo. Chi ciò pensasse cadrebbe in un grandissimo errore, avvegnaché egli non è guari possibile di arrivare al conoscimento, uso e buon maneggio della quarta corda se prima con molteplici e progressivi esercizi non s'hanno previamente addestrati la mano e l'arco sulle tre corde primitive. Molte ragioni c'inducono a quest'asserzione che, lungi dall'essere arbitraria come forse a certuni potrebbe parere, viene anzi corroborata dall'esempio e confermata dalla testimonianza dei migliori suonatori di Contrabasso, i quali se pure hanno aggiunto una quarta corda allo strumento loro, è fu però dopo averlo prima assai bene studiato a tre corde. Epperò, di queste ragioni noi non ci limiteremo ad accennar qui le principali che sono le seguenti:

I. Còll'uso delle tre corde semplici si evita il grandissimo inconveniente delle due corde guarnite di rame, le quali per la natura dell'inviluppo loro eterogeneo offrono minore attrito, e sono quindi d'assai difficile attacco per l'arco. Il perché se l'uso d'esse riesce penoso a quelli che posseggono il maneggio delle corde, diviene quasi impossibile al giovane allievo che appena incomincia a studiare uno strumento già poco in proporzione colle sue forze.

II. Come poi le corde aver debbono l'una dall'altra una distanza voluta sì per la vibrazione, che per la giusta loro arcuazione sul ponticello, onde l'arco possa agevolmente abbracciarle senza tema d'inconvenienti, lo strumento esige un manico a ciò proporzionato e conseguentemente sproporzionato alla mano dell'allievo il quale, come abbiamo detto più sopra, deve avere dodici anni all'incirca.

III. Gli esercizi sulla quarta corda i cui suoni discendono al massimo della gravità, mancano sempre di chiarezza e possono facilmente confondere l'orecchio dell'allievo il quale potrebbe quindi ingannarsi sulla giusta loro intonazione, cosa ad ogni principiante nocevolissima.

Dunque, dalle preallegate ragioni assai chiaramente risulta, che per arrivare a ben conoscere il Contrabasso ed a suonarlo con elegante franchezza, non solamente giova, ma importa anzi moltissimo lo studiarlo prima a tre corde.

Dell'Arco

Si hanno per suonare il Contrabasso due sorta d'archi. - Il primo, così detto alla Dragonetti, è molto corto e di forma assai curva. Questa posizione, come si vede, manca primieramente d'eleganza.

2.do Benché a primo aspetto paja favorevole ad un buono attacco delle corde, ella ha tuttavolta il grave inconveniente di soffocare i suoni, avvegnaché i crini dell'arco adoperato in questo modo, arrestandosi sulle corde ne impediscono la vibrazione.

3.zo La struttura di quest'arco e la corta sua dimensione è poco atta a trar suoni di lunga durata, e rende quindi ogni legatura difficile.

Quest'arco ha però il vantaggio d'un buon attacco per le note staccate. - Esso è molto usato in Inghilterra ed anche in alcune città d'Italia.

L'altro arco più generalmente usato ha maggior lunghezza e non è punto curvo. Ed è quello di cui noi ci serviamo.

Quest'arco, astrazion fatta dalla dimensione, somiglia esattamente a quello di cui si servono i suonatori di Violoncello e si tiene com'essi.

Parleremo in seguito assai più diffusamente di quest'arco e daremo in apposite figure le diverse posizioni della mano relativamente alle corde sulle quali detto arco si trova. Intanto, benché s'abbia da supporre che il nostro giovane allievo sappia già leggere la musica, noi stimiamo tuttavolta far cosa utile a chi nulla pur sapesse, dando qui della musica quelle prime nozioni elementari che devono preparar l'esordiente allo studio del Solfeggio.

57.

[Niccola de Giosa a Giambattista Lampugnani]
Napoli, 7 Giugno 1870
Gent.mo Sigr Lampugnani,

Come vi scrissi in data del 4 corrente Giugno, tutto quel fiore di professori di S. Carlo si rifiuta venire pel prezzo a noi indicato dal Sigr Draneht Bey, al Cairo. - Mi duole pel 1° Clarinetto, e pel concertista di violino - veramente col Clarinetto non l'ho completamente rotta, spero sempre persuaderlo - Intanto crederei mettervi in trattative col Sigr Randi, vediamo le sue intenzioni; badate che deve saper suonare anche il saxofone, o *clarinetto*

basso in italiano - Se le sue pretese, sorpassano quelle del mio Gaetano Labanca, allora daremo la preferenza a quest'ultimo che conosco per una specialità nei due istrumenti - Compiacetevi pure trattare il Sig. Angelo Fano, da voi raccomandato - mensile 320 franchi - 200 pel viaggio di andata - E siccome ignoro qual posto di violino manca nella riga, così egli devesi compiacere occupare quello ch'io dovrò indicargli nell'orchestra del Cairo - Con lettera del 2 Giugno S.E. Draneht Bey mi raccomanda caldamente il Sig. Giovanni Baruffi a Rovigo, dietro il Duomo - Non lo conosco, voi potreste prenderne tutte le informazioni - dice il Bey che sia valente professore di violino e di viola - Potremmo scritturarlo per violino o viola, secondo il bisogno che ne vedrò, e contentiamo così il Sig. Draneht Bey, il quale ne mostra grand'interesse, purché poi ne valga la pena, come voi stesso, meglio che me, potrete verificare. Ora io sto impazzando per combinare altri professori, e sempre il prezzo non li lusinga moltissimo, quasi guadagnano lo stesso qui - Do la preferenza a chi non ha moglie - In questo momento viene da me il concertista di violino, e rifiuta deffinitivamente, anche con 400 franchi al mese, il contratto pel Cairo! male per lui - di là poteva spingersi nella gran carriera del concertista, non mi ha voluto comprendere!
Accettate i saluti distintissimi del
    vostro umilissimo
    Niccola de Giosa
P.S. Vi prego dirmi se riceveste per la coppia Tiberini una mia lettera ed un piccolo manoscritto musicale, perché quella coppia non ancora me ne ha fatto parola. Grazie e scusate il
    Vostro
    N. de Giosa
[Autografo di proprietà delle Nuove Edizioni, Milano]

58.

[Draneht Bey a De Giosa]
Le Caire, le 17 Novembre 1870
Monsieur de Giosa, Maestro du Théâtre de l'Opéra.
Monsieur de Giosa,
A la dernière représentation du Barbier de Séville j'ai été fort étonné d'entendre Mme Grossi terminer la pièce par un air nouveau qui faisant point partie de l'ouvrage.
Information prise, j'ai su que vous en étiez l'auteur. Tout en vous félicitant, permettez-moi de vous dire que vous auriez pu au moins me demander mon autorisation. Vous connaissez trop bien les usages du théâtre pour ignorer qu'aucun changement ou addition ne peut se faire à une pièce sans l'autorisation du Directeur.
Persuadé qu'un pareil manque de déférance ne se renouvellera pas, je vous prie d'agréer mes salutations.
    Draneht Bey
[Questa lettera si trova in copia dattiloscritta presso le Nuove Edizioni di Milano. Anche in *Genesi dell'Aida*, pag. 138, nota 24]

59.

[De Giosa a Draneht Bey]
Janvier 1871
Eccellenza,
Ieri sera ebbi prova scandalosa della indisciplina e poco rispetto per i superiori del corpo dei cori, non escluso il loro istruttore, mio buon amico M° Devasini. Credetti mio dovere sacrosanto osservare al Coro che in un pezzo del D. Giovanni, *non lo sentiva* perciò desiderava che *cantassero tutti*. Ebbene a questa giusta e non sgarbata osservazione due dei coristi con un fare da gradasso escono dalle loro file, e gridando tentavano provare che io avevo detto una sciocchezza! ed il M° Devasini, presente a tale insubordinazione, non imponeva ai soldati maggior rispetto alle parole del loro generale, qual io sono! Nell'interesse dunque della presente e futura disciplina prego V.E. a punire con piccola multa quei due coristi, e *dire* al M° Devasini, per il quale ho avuto sempre buona e meritata stima, che trascurò al suo dovere, allorché io, superiore a tutti, avessi avuto torto.
Passare tale piccolo scandalo senza una leggiera lezione, V.E. non avrà più disciplina teatrale e il servizio ne soffirebbe di molto. Finisco col farle sapere che mai ebbi, nei grandi teatri italiani, dove sono stato per 15 anni Direttore in capo, un corpo di coro sì valente, ma ingratissimo all'amore che per esso sento.
Ho l'onore di dirmi di V.E. Devotissimo servo
    Niccola De Giosa
[Questa lettera si trova in copia dattiloscritta presso le Nuove Edizioni di Milano]

60.

[Stolz a Lampugnani]
Venezia, 25 Febbrajo 1871
Gentilissimo Dottore,
Mi scusi se non le ho risposto prima alla sua gentile lettera del 18 Corrente. Tanto io, come Mariani abbiamo agradito gli auguri che Ella ci inviò tanto gentilmente pel nostro matrimonio; siccome poi questa notizia è addirittura priva d'interesse *pel mondo musicale*, così sarà meglio di non farne parola nei giornali. Veniamo ora agli affari. Ella dunque vuole sapere le mie pretese, come pure quelle di Mariani pel Teatro del Cairo. Eccole in due parole. Io domanderei trenta mille franchi al mese e Mariani Quarantacinque mille per tutta la stagione. Sono persuasa che Ella rimarrà sorpreso di una tale domanda, ma io le aveva scritto nella mia precedente lettera che, se si trattasse *d'un buon affare pecuniario*, andrei al Cairo, altrimenti rimango in Italia.
Ora ho fatto la mia domanda, sta a S.E. Draneht Bey di farmi la sua offerta, se sarà tale da poterci conciliare faremo l'affare, se no, sarà tutto finito, ed io non la seccherò più colle mie lettere. Tanti e poi tanti complimenti alla sua cara e gentile Signora, e un cordiale saluto a Lei carissimo Dottore.
Mi creda sempre sua obbligata
    Teresa Stolz
[L'autografo di questa lettera è di proprietà delle Nuove Edizioni di Milano. La lettera è stata pubblicata diverse volte]

61.

[Draneht Bey a De Giosa]
Caire, le 1er Mars 1871
Monsieur de Giosa, maestro de l'Opéra
Monsieur,
Je regrette d'être obligé de revenir sur les observations maintes fois réitérées que j'ai dû vous adresser sur la manière dont se font les répétitions, elles sont en effet souvent incomplètes, et menées avec trop de lenteur.
Aujourd'hui, par exemple, à la répétition de Mosè, vous auriez, ce me semble, parfaitement pu aller jusqu'au finale du 3e acte, au lieu de cela, vous avez cru devoir cesser à 1h 25, pendant que moi même j'assistais au foyer à la répétition, où votre présence était indispensable, mais nous vous avons vainement attendu.
En cet état de choses, comme je vois que vous tenez très peu de compte de mes observations, que nous sommes préssés par le peu de temps qui nous reste pour donner à jour fixe les trois dernière opéras qui restent à monter après Mosè, et que, d'un autre côté, le temps me manque pour assister moi-même à toutes les répétitions, je dois vous prévenir que j'ai remis à Mr. Lablanche un tableau indiquant les répétitions journalières qu'il y aura à faire à l'avenir; je lui ai, en même temps, délégué mes pouvoirs pour tout ce qui regarde l'entente à établir avec vous pour l'éxecution du programme inscrit au dit tableau; je l'ai spécialement chargé de veiller à ce que les répétitions soient faites d'une manière aussi complète que possible, afin d'assurer la mise en scène en temps utile, des ouvrages en question.
J'ai constaté que les artistes se prêtent très volontier, en ce qui les regarde, aux exigences des services et qu'ils font tout leur possible pour venir en aide à la direction, leur bon vouloir s'est manifesté particulièrement aujourd'hui, ils sont en effet restés au foyer jusqu'à la fin du dernier acte de Faust.
Je ne doute pas que vous ne fassiez, de votre côté, tout votre possible, pour la bonne éxecution de notre programme.
Veuillez agréer, Monsieur, mes salutations empréssées.
    Draneht Bey
[Questa lettera si trova in copia dattiloscritta presso le Nuove Edizioni di Milano e proviene dall'Archivio del Teatro dell'Opera del Cairo]

62.

[Lampugnani a Draneht Bey]
Milano, 22 Marzo 1871
A Son Excellence Draneht Bey - Caire [...]
Alla fine di una lettera in cui Lampugnani tratta ancora una volta con Draneht Bey la possibilità d'avere al Cairo la Stolz e Angelo Mariani, si legge un *post scriptum* dell'incredulo Lampugnani:
P.S. Bottesini pour directeur d'Orchestre?
    Très devoué serviteur
    Dr. G.B. Lampugnani.
Lettera pubblicata in *Genesi dell'Aida*, n. 61

63.

[Draneht Bey a Verdi]
24 Marzo 1871
Il Cairo. Draneht Bey scrive a Verdi per informarlo delle difficili trattative per l'ingaggio della Stolz e di Mariani, e di essersi rivolto al Bottesini in previsione del loro naufragio: "Je me suis adressé aussi pour l'orchestre a Bottesini, j'attends sa réponse".
[*I Copialettere di Giuseppe Verdi* pubblicati e illustrati da Gaetano Cesari e Alessandro Luzio e con prefazione di Michele Scherillo, Milano, 1913, pag. 252. Anche in *Genesi dell'Aida*, n. 63]

64.

[Verdi a Draneht Bey]
Gênes, 30 Mars 1871.
Aussitôt de retour à Gênes je me suis empressé de parler à Mariani, mais je ne l'ai pas trouvé disposé de venir au Caire.
S'il ne change pas d'avis (chose très possible) il ne faut pas compter sur lui, et avant de faire choix d'un Directeur d'orchestre, je prends la liberté de vous prier d'attendre encore un peu de temps, car j'aurai quelqu'un de fort capable à vos proposer. [...]
[*I Copialettere di Giuseppe Verdi* pubblicati e illustrati da Gaetano Cesari e Alessandro Luzio e con prefazione di Michele Scherillo, Milano, 1913, pag. 253. Anche in *Genesi dell'Aida*, n. 64]

65.

[Draneht Bey a Verdi]
Il Cairo, 3 aprile 1871
Je vous remercie infiniment des démarches que vous voulez bien faire auprès de Mariani, et des vos conseils relatifs au choix d'un bon chef d'orchestre. Je comprends si bien ce que vous me dites à ce sujet, que j'ai voulu ne m'adresser qu'à des hommes hors ligne, Mariani d'abord avec qui je suis en pourparler, et à defaut de lui Bottesini avec qui je suis à peu près d'accord et avec qui je serais très disposé à conclure, si, comme je le crains, je ne puis arriver à m'entendre avec Mariani. Je vous serai très reconnaissant si vou vouliez bien me donner votre avis sur ce choix. Dans tout le cas, je suis décidé à ne traiter qu'avec talent reconnu, l'expérience de ces deux dernières années m'en faisant une loi, et voulant d'ailleurs satisfaire le goût difficile du public du Caire. Je crois, du reste, en agissant ainsi, entrer dans vos vues.
[*I Copialettere di Giuseppe Verdi* pubblicati e illustrati da Gaetano Cesari e Alessandro Luzio e con prefazione di Michele Scherillo, Milano, 1913, pag. 253. Anche in *Genesi dell'Aida*, n. 65]

66.

[De Giosa a Draneht Bey]
Cairo, 9 Aprile 1871
Eccellenza,
Le svelo il perché mi sono trattenuto nel Cairo sino all'indicato giorno - 1° per ammirare le bellezze di questa capitale, ché forse non mi sarà dato più vedere, e 2° per appurare nel contempo di quali mancanze fui incolpato da meritarmi la non riferma per l'anno venturo. Di ogni cosa dettami nulla parmi credibile; ammeno che non sia la *voluta mia insufficienza* da taluni interessati del palcoscenico - colà stuonava ed era perché l'Orchestra era accordata acuta - si sbagliava, si saltava battute, l'Orchestra riparava immediatamente, ed in compenso si diceva *come va male l'orchestra*. Una statua non cadeva a tempo... una scena si alzava tardi... il Coro dentro le scene non era d'accordo con l'orchestra, un mobile cadeva s'incolpava la direzione di de Giosa!... alcune sarte, alcuni macchinisti si mandavano via, ebbene si disse che de Giosa lo aveva consigliato!! Sino al negato alla musica, Mancini, come al corista Boccelli dissero la loro contro questa povera orchestra e il suo direttore. Ma io fidando nella vera intelligenza di vostra Eccellenza disprezzai quelle sciocche dicerie, e tirai innanzi il mio dovere - perciò finisco col convenire che altra deve essere la ragione che mi priva della riferma futura - neanche presto fede alla colpa che mi si diè d'essere stato *troppo buono* con certa gente; il servizio teatrale non ha sofferto affatto, anzi credo che altro Direttore non farà più sollecitamente di me, e così benino in pochissimo tempo - l'avvenire, ne sono sicuro, mi darà ragione, ed allora fido in vostra eccellenza per accordarmi quella giustizia, che si accorda alle vittime di calunnia, ché a mio riguardo dev'esservi di sotto brutta calunnia. Dimani io parto per Alessandria - forse mi tratterrò colà sino a che non trovi vapore per Brindisi o per Napoli - Intanto nell'augurarle sempre felicità, la supplico ricordarsi della preghiera che le diedi di farmi scrivere per la ventura stagione invernale un'opera nuova - anzi sapendo ch'Ella trovisi in istretta trattativa col valente Mariani, e vedendo il bisogno che avrà il suo teatro di due direttori, com'è altrove, ho l'onore di proporle la mia scritturazione per direttore e per dare l'opera nuova - credo che per la paga ce la intenderemo facilmente.
Ad ogni modo la prego credermi
    Suo Dev.mo
    Niccola de Giosa
P.S. Le mando un mio spartito stampato, trovato qui presso un'artista - le servirà per accendere il fuoco.
[Questa lettera si trova in copia dattiloscritta presso le Nuove Edizioni di Milano e proviene dall'Archivio del Teatro del Cairo]

67.

[Lampugnani a Draneht Bey]
A Son Excellence Draneht Bey - Caire.
Milano, 9 Avril 1871.
Je ne comprends plus rien. [...]
Au lieu de M. Mariani, M. Muzio ne conviendrait-il pas à V.E.? Nous avons un bon directeur dans le maestro Castagneri, maintenant à la Fenice de Venise. Nous avons M. Bottesini qui est maintenant à Londres. On m'a dit que M. Verdi etait cet'année dans l'intention d'envoyer M. Muzio pour diriger *Aida*[...]
    Dr. G.B. Lampugnani
[Lettera pubblicata in *Genesi dell'Aida*, n. 68]

68.

[Bottesini a Draneht Bey, telegramma del 10 aprile 1871]
J'accèpte engagement offert par votre ordre, et reçu de Marini.
[Bottesini accetta di dirigere l'*Aida* al Cairo. *I Copialettere di Giuseppe Verdi* pubblicati e illustrati da Gaetano Cesari e Alessandro Luzio, con prefazione di Michele Scherillo, Milano 1913, pag. 258]

69.

Paul Draneht to Giovanni Bottesini
Cairo, 12 April 1871
Dear Sir,
I have the honor to acknowledge receipt of your telegram of the 10 th and to confirm my own of yesterday, which read:
"Unfortunately cannot give positive answer before arrival Italy. Letter follows".
M. Marini, who has served us as an intermediary in this situation, knew that I was negotiating with another person while he was addressing himself to you. I suppose he did not allow you to ignore this. Until now I have not been able to conclude anything with this person because of his relationship to another artist whom I am also trying to engage. These two persons do not want to come without each other, and I cannot settle this question before my trip to Italy, which will be very soon.
If it were not for this situation, I would be eager to conclude an agreement with you. [...]
[Hans Busch, *Verdi's Aida*, Minneapolis, University of Minnesota Press, 1978, Letters 151]

70.

[Draneht Bey a Verdi]
Il Cairo. 13 aprile 1871
Je vous remercie infiniment des démarches que vous avez bien voulu faire auprès de Mariani, sur lequel je ne compte du reste plus guère. Ainsi que j'ai eu l'honneur de vous en informer par une des mes précédentes lettres, je me suis adressé aussi à Bottesini qui vient de m'envoyer le télégramme suivant: "J'accèpte engagement offert par votre ordre, et reçu de Marini". Je lui ai immediatement répondu que je ne pourrais lui donner une réponse définitive que lorsque je serais en Italie, c'est-à-dire vers la fin de ce mois. Comme, à propos du choix d'un chef d'orchestre, vous m'avez prié de ne rien conclure sans vous avertir, je vous serai très reconnaissant si vous voulez bien m'écrire de suite pour me faire connaître votre opinion à ce sujet, afin que je puisse, en toute connaissance de cause, faire une réponse catégorique à Bottesini dès mon arrivée en Italie.
[*I Copialettere di Giuseppe Verdi* pubblicati e illustrati da Gaetano Cesari e Alessandro Luzio e con prefazione di Michele Scherillo, Milano, 1913, pag. 258. Anche in *Genesi dell'Aida*, n. 69]

71.

[Verdi a Draneht Bey]
Gênes, 14 aprile 1871
Bottesini ha accettato di dirigere l'*Aida*, Verdi non osa rifiutarlo, e tuttavia fa capire, senza nominarlo, che la distanza fra lui e Mariani è molta, e consiglia Draneht Bey di aspettare ancora ad assumere impegni contrattuali.
Un direttore d'orchestra come Bottesini lo si trova sempre: "Si, come vous le dites, vous voulez comme chef d'orchestre un talent *reconnu* et sür, il n'y a absolument que Mariani. Tous les autres, croyez moi, se valent: et si l'expérience faite dans les deux dernières années ne vous a pas satisfait, vous ne le serez pas non plus dans les années suivants, car vous trouverez à peu près les mêmes qualités et les mêmes defauts dans tous les chefs d'orchestre que vous serez obligé d'engager. Du reste, si vous n'êtes pas trop pressé, Mariani pourrait bien changer d'avis; dans tous les cas, on trouvera toujours un chef d'orchestre".
[*I Copialettere di Giuseppe Verdi* pubblicati e illustrati da Gaetano Cesari e Alessandro Luzio e con prefazione di Michele Scherillo, Milano, 1913, pag. 259. Quasi tutte le parole fuori dalle virgolette appartengono a Piero Santi (*Giovanni Bottesini*, in Accademia Musicale Chigiana, XVII, 1960, pag. 57). Anche in *Genesi dell'Aida*, n. 70]

72.

[Verdi a Draneht Bey]
St. Agata 28 aprile 1871
Di fronte all'impazienza di Draneht Bey Verdi finisce per cedere e per rimettersi alla coscienza di questi: "Je crois décidément qu'il est inutile de songer à Mariani comme chef d'orchestre. Engagez, dans ce cas, celui que vous croyez le *meilleur*, quoique ce *meilleur* soit fort difficile à trouver. J'aurais bien voulu parler avec vous avant d'engager ce Chef; mais, si vous ne pouvez pas attendre, faites ce que vous croyez utile pour vos affaire".
[*I Copialettere di Giuseppe Verdi* pubblicati e illustrati da Gaetano Cesari e Alessandro Luzio e con prefazione di Michele Scherillo, Milano, 1913, pag. 259. Le parole prima delle virgolette sono quasi tutte di Piero Santi (*Giovanni Bottesini*, in "Accademia Musicale Chigiana", 1960). Anche in *Genesi dell'Aida*, n. 74]

73.

[Draneht Bey a Marini]
Caire, le 28 avril 1871
Cher Monsieur Marini,
Le but de la présente est de vous informer que j'ai définitivement conclu avec Bottesini; je lui ai écrit le 24 courant pour lui donner ma parole. Je le prie de signer le contrat que vous lui avez envoyé, et de vous le retourner. Aussitôt que je serai arrivé en Italie, je ferai avec vous l'échange des contrats, afin que vous puissiez faire parvenir a Bottesini celui portant ma signature.
Je comptais partir demain, mais certaines circostances m'obligent à rester encore quelques jour au Caire; je ne pourrai donc partir que par le prochain paquebot, c'est-à-dire dans huit jours.
Recevez, cher Monsieur Marini, la nouvelle assurance de mes meilleurs sentiments.
     Draneht Bey
[Questa lettera si trova in copia dattiloscritta presso le Nuove Edizioni di Milano e proviene dall'Archivio del Teatro del Cairo. Pubblicata in *Genesi dell'Aida*, n. 73]

74.

[De Giosa a Draneht Bey]
Napoli, 3 Maggio 1871. Maestro De Giosa.
Eccellenza,
Mi procuro il piacere di scriverle, e farle noto che il 17 arrivai in Napoli dopo un felicissimo viaggio - Questa città e per l'esposizione marittima, e per la magnifica eruzione vesuviana è molto più animata del solito - al teatro S. Carlo, forse per la scellerata esecuzione, il D. Carlos di Verdi ha completamente fiascheggiato mai in questo teatro ho udito tanti scandali - anche *Juive*, che l'anno passato, messa da me in iscena, deliziava questo pubblico, ora è sollennemente fischiata! però la Kraus è di molta intelligenza, accenta assai bene, e canta con anima, quantunque la voce non sia tra le più belle, né è estesa molto - anche i due baritoni, Maurel e Mendioroz, non troppo adatti per *S. Carlo*, pure posseggono numeri pregevoli.
Il ballo *Flik e Flok* del Taglioni ha fatto *furore* pel superbo machinismo - la Beretta e Mendez fanno *chiasso* - Mi si è invitato a riprendere il mio posto di direttore, ma per certe ragioni di delicatezza ho rifiutato, col pretesto di dovere andare ai bagni di Montecatini - però questo sindaco, De Monte, mio antico amico, mi ha scritto ufficio lusinghiero, e forse mi converrà cedere cioè accettare la direzione, con l'obbligo però se mi scritturano altro tenore, dare una mia opera nuova.
In Alessandria mi si accertò che non fui rifermato al Cairo perché troppo impegnato pei soli Galletti, Naudin, Vitali - Colonnesi. Mi feci una risata, perché è ben noto quanto feci il mio dovere con tutti ugualmente, sin con quel serpente di Boccolini, causa principale di tutti i pettegolezzi del teatro suo.
Le ricordo la preghiera che le diedi per iscrivere un'opera nuova al suo teatro per l'anno o stagione prossima anche che sia un'opera buffa, soggetto che lei potrebbe proporrmi.
La supplico accettare i rispetti del suo
     Devotissimo
     Niccola de Giosa
[Questa lettera si trova in copia dattiloscritta presso le Nuove Edizioni di Milano]

75.

[Lampugnani a Draneht Bey]
Milano, 4 Maggio 1871
Eccellenza!
Madamigella Berta Ferrucci aspetta l'arrivo di V.E. per venire in Milano e farsi scritturare a Cairo.
Siccome io credevo sapere che V.E. non era nell'intenzione di riscritturarla, così ho assicurato la Signora Mongini che la Ferrucci non sarebbe stata mai riconfermata a Cairo, e fu dietro questa mia assicurazione che essa spinse il marito a ribassare dalle sue prime pretese. Spiegherò poi tutto a V.E. a Milano.
Sarebbe un grave imbarazzo se la Ferrucci fosse scritturata a Cairo. Così ho assicurato Madame Sass che non sarà scritturato il baritono MAUREL, che ora canta a Napoli, *conditio sine qua non* dell'accettazione di Madame Sass.
Di nuovo i miei rispettosi ossequi.
Nos compliments à Madame et Mad.lle Blanche
     Ossequioso servo
     G.B. Lampugnani
[Questa lettera si trova in copia dattiloscritta presso le Nuove Edizioni di Milano e proviene dall'Archivio del Teatro dell'Opera del Cairo]

76.

[Lampugnani a Draneht Bey]
AGENZIA TEATRALE DELLA GAZZETTA DEI TEATRI AUTORIZZATA DAL R. GOVERNO
Milano, 4 Maggio 1871
A S.E. Draneht Bey,
Ricevo il suo telegramma - mi lusingo che il viaggio sarà stato buono, sebbene giunto con un giorno di ritardo. Ho trovato l'appartamento e credo che potrà andar bene - è al ponte di porta Venezia, vogliono 180 franchi, vi sono due camere da letto - ignoro quanti letti vi debbano essere; io lo tengo in parola - ne ho trovato un altro più vicino a me Ella gli vedrà.
Aspetto con impazienza il suo arrivo per deffinire l'affare Sass, essa ha accettato i 12 giorni, mi mette al repertorio delle sue opere, le quali sono: Ugonotti, Roberto il Diavolo, Trovatore, Ebrea, Africana, Don Giovanni, Favorita, Faust, Don Carlos, Figlia del Reggimento, e poi aggiunge: "Si Madame Sass interprête d'autres ouvrages, ils seront choisi de commun accord avec l'administration. Madame Sass choisira sa pièce de début".
A Madame Pochini je n'ai pas encore donné la signature de V.E. Elle attends - maintenant est engagée à Turin. Je suis en possession d'une déclaration de la Direction de la Pergola de Florence relativement à la santé de la Pochini. Palermo est à Milan - sur son compte je vous renseignerai à Milan. Je ne puis plus continuer parceque la poste part.
Deux mots encore, Marini, sa fille, la Capozzi, Maré, Guidotti, surtout la Galletti, croient d'être rengagés! Je reponds à tout le monde que je ne sais absolument rien.
Madame Lampugnani et la Giovanna envoient à V.E. leurs compliments, et moi je reste avec l'honneur de me declarer toujours à vos ordres.
     Très dévoué serviteur
     Lampugnani
P.S. Je ne sais pas si V.E. peut rengager Muzio - Verdi le recomande chaleureusement, j'ai a ce propos, une lettre de Verdi - et j'en ai aussi une de lui pour V.E. - Muzio a été toujours très honnête, et je ne suis jamais arrivé à comprendre... Pardon. Lampugnani.
[Nuove Edizioni, Milano. Anche in *Genesi dell'Aida*, n. 77]

77.

[Verdi a Lampugnani]
St. Agata 4 Maggio 1871
Egr. Sig. Lampugnani

Colla preg.ma sua ricevo oggi una lettera del Bey, in cui mi dice d'aver scritturato Bottesini per Direttore d'orchestra. Non è una buona scelta, e per me particolarmente pessima! Mancato Mariani, io aveva pensato a Muzio per Direttore al Cairo; ma ignorando quanto fosse successo fra il Bey e Muzio, non osava proporlo, prima di conoscere queste vertenze. Intanto io aveva pregato il Bey d'aspettare, dicendogli che «*un Direttore d'orchestra l'avressimo sempre trovato, e che, a parte Mariani, tutti gli altri si valevano*». Con ciò voleva dire che Bottesini, non era superiore agli altri, e che era inutile affrettarsi a scritturarlo. Ma il Bey non m'ha voluto capire, o m'ha capito troppo bene. Me ne dispiace per Muzio, e me ne dispiace anche per Bottesini, che quantunque grande musicista, non è per me né per le mie opere un buon Direttore. Non v'è nulla di segreto né in questa, né, nella mia lettera precedente, ed Ella può dire al Bey tutto quello che crede opportuno. Il Bey mi dice inoltre d'essere in istrette trattative colla Sass: stà benissimo, ma per me non serve, né come *Amneris* essendo un mezzo-soprano, né per *Aida* per altre ragioni.

La prego di aggradire co' miei, i saluti di mia moglie facendogli aggradire alla sua Signora per parte d'entrambi.

Suo Dev.
G. Verdi

[Pubblicata in *Genesi dell'Aida*, lettera n. 76]

78.

TEATRO DI S.A. REALE IL KHEDIVE D'EGITTO
N. 1 Saison 1871-72. Opéra. Orchestre. Contratto del Signor *Bottesini Giovanni*.

Fra i sottoscritti: il Sopraintendente dei Teatri di S.A.R. il Khedive d'Egitto, dimorante al Teatro dell'Opera in Cairo da una parte e il signor Giovanni Bottesini dimorante *idem* dall'altra parte, è stato stabilito e convenuto quanto segue:

1° Il signor Giov. Bottesini s'impegna di prestare l'opera sua nei teatri del Khedive d'Egitto nella qualità di Maestro Direttore d'Orchestra e Maestro Concertatore senza accompagnare.

2° Il Sopraintendente, agendo in detta sua qualità, s'impegna a pagare al signor Giovanni Bottesini per la prestazione dell'opera sua, la somma di Franchi effettivi quattromila (4.000) mensili pagabili di quindici in quindici giorni, secondo l'uso teatrale, assumono tutti gli obblighi contenuti nell'Articolo addizionale.

Articolo addizionale: Il Maestro Giovanni Bottesini si obbliga a dirigere in Orchestra tutte le Opere, fare tutte le prove a Piano Forte, *senza però accompagnare*, dirigere i Concerti a Corte di S.A. Il Khédive, far fare a sue spese i tagli (coupures) a tutte le parti di Canto, di Coro, di Orchestra, di banda, correggere la Musica comperata in Europa nel caso fosse sbagliata, comporre sulla grande Partitura dell'Opera o ridurre le parti della Banda, dell'Organo e d'altro Instrumento, se mancasse, per Orchestra, istrumentare dei pezzi vocali (non però intero Atto d'Opera) ogni qualvolta mancasse nei Teatri del Cairo la copia della partitura originale. La carta per queste nuove Partiture, o per cavare tutte le parti sì di Canto che di Orchestra dovrà essere fornita dall'Amministrazione, e ben inteso a spese della medesima,

      Cairo,   G. Bottesini

3° Qualora il signor Giov. Bottesini mancasse al presente contratto, salvi i casi di forza maggiore, regolarmente comprovati, sarà passibile di multa uguale alla totalità della sua paga, rimborsabile per tutte le vie di diritto, in qualsiasi luogo dove si trovasse.

4° La presente scrittura viene conchiusa per la durata di mesi cinque e comincierà ad avere la sua decorrenza dal giorno 1° Novembre 1871 e terminerà col 31 Marzo 1872.

5° Il Sopraintendente si riserva il diritto di prolungare la durata della stagione per uno o due msi, alla stessa paga mensuale stabilita nel presente contratto, dandone, nel caso di prolungamento, avviso all'artista un mese prima del termine del contratto stesso.

6° Qualunque indisposizione dell'artista dovrà essere constatata dal medico del Teatro, e se questa oltrepassasse gli otto giorni consecutivi, la paga verrà sospesa coll'ottavo giorno, e non comincierà a correre che dal giorno in cui l'artista riprenderà il servizio. Nel caso che la malattia dell'artista oltrepassasse la durata di 40 giorni, il Sopraintendente avrà il diritto di sciogliere il presente contratto senza indennizzo alcuno.

7° L'artista scritturato riceverà in Londra prima della sua partenza per il Cairo, a titolo d'anticipazione, una mesata di paga, la quale mesata d'anticipazione gli verrà ritenuta per porzioni eguali durante la durata della presente scrittura.

8° L'artista avrà diritto alle spese di viaggio da Londra al Cairo in prima classe per due persone. Vuole anche da Londra a Southampton e di là ad Alessandria d'Egitto.

9° L'artista si obbliga di trovarsi al Cairo non più tardi del giorno 18 del prossimo venturo Ottobre per assistere alle prove che gli verranno ordinate, ed in caso di mancanza sarà passibile di una multa corrispondente ad un mese di paga, a meno che possi provare legalmente con certificato vidimato dalle competenti autorità che per un caso di forza maggiore non ha potuto partire all'epoca fissata.

La paga comincierà a decorrere dal giorno 1° Novembre prossimo venturo.

10° L'artista si obbliga, occorrendo, di prestare l'opera sua in tutti gli oratori, cantate, concerti, balli, divertimenti danzanti, opere complete, centoni di opere, tanto al teatro italiano quanto al teatro francese, come verrà ordinato dal Sopraintendente o da chi per esso; come pure si obbliga ad intervenire a tutte le prove che gli venissero ordinate.

11° Qualora il signor Giov. Bottesini dovesse agire in teatri fuori della città di Cairo avrà le spese di viaggio pagate.

12° L'artista dovrà prestare l'opera sua sui Teatri del Cairo, o su tutt'altro Teatro come piacerà all'Amministrazione di stabilire, ed in qualsiasi luogo dell'Egitto, nel giorno ed ora che gli saranno indicati, in tutte le rappresentazioni che la medesima vorrà fare eseguire e qualunque sia il numero delle rappresentazioni che l'Amministrazione giudicherà conveniente di dare, anche quando l'opera si eseguisse tutti i giorni. L'artista sarà tenuto di prestarsi nella sua specialità alla Corte, ogni qualvolta ne sarà richiesto, e non potrà pretendere ad alcuna rimunerazione. Inoltre dovrà generalmente prestarsi in tutto quanto sarà giudicato utile per il miglior andamento degli Spettacoli, sempre però in qualità di Maestro Direttore.

14° A norma dei termini della presente Scrittura ogni Artista si obbliga:

a) A recarsi con esattezza alle recite ed alle prove generali o parziali che saranno indicate dall'Amministrazione nelle ore che dessa giudicherà convenienti, di giorno, di notte, anche dopo la rappresentazione, sotto pena di una multa che potrà essere portata al decimo del suo stipendio mensile, multa che sarà ritenuta sul detto stipendio.

b) Ad essere sempre pronto a provare tutte le parti che verranno distribuite, a partire dal giorno in cui gli sarà rimessa la parte, sino a quello dell'andata in iscena dello spettacolo.

c) Ad essere sempre pronto ad eseguire le parti che avesse già eseguito a datare da un periodo di sei mesi addietro.

d) A confermarsi agli usi ed ai regolamenti stabiliti dall'Amministrazione per il regolare servizio generale dei Teatri.

15° Nessun Artista potrà dimorare fuori della Città né ad una distanza maggiore di due chilometri dal Teatro.

16° Ogni Artista dovrà lasciare al suo domicilio, se si assentasse, l'indicazione del luogo ove potrebbesi facilmente rinvenire; in ogni modo dovrà trovarsi a disposizione dell'Amministrazione un'ora avanti il principio dello Spettacolo, per prepararsi ad agire alla sera nella parte che gli verrà indicata. - Nel giorno della rappresentazione non dovrà lasciare la Città senza averne avuta preventiva autorizzazione.

17° Gli stipendi saranno sospesi nei casi di forza maggiore come di epidemia, guerra guerreggiata, incendio del Teatro, ecc.

18° Nessuna indisposizione o malattia non dispenserà l'Artista dal servizio, insino a che non l'abbia giustificata con un certificato dai medici dell'Amministrazione. Tale certificato dovrà esprimere l'impossibilità assoluta di rendersi al dovere, senza di che l'Artista sarà considerato come ricusante di prestarsi al servizio, e quindi sottoposto alle clausole penali fissate dai regolamenti. L'Amministrazione potrà esigere che il Certificato medico sia rinnovato ogni cinque giorni. - In caso di leggiera indisposizione, l'Artista dovrà rimanere in casa, sino a che essa durerà. - Se per causa di malattia o d'alterazione qualunque, fisica o vocale, un'Artista si trovasse nella necessità d'interrompere il suo servizio per più di dieci giorni, l'Amministrazione potrà, se lo giudica necessario, ritenere sciolta la scrittura dell'Artista.

19° Nel caso in cui, sia per malattia, sia per disgrazia, sia per una causa qualunque, le facoltà fisiche o vocali di un Artista soffrissero un'alterazione tale da non permettergli di sostenere convenientemente l'impiego pel quale venne scritturato, la di lui Scrittura potrà essere sciolta dall'Amministrazione. Detta alterazione sarà constatata da tre periti, scelti uno dall'Amministrazione, il secondo dall'Artista, ed il terzo dai due medici già designato. - Essi pronuncieranno a maggiorità di voti, e senza appello.

20° Nessun Artista potrà far uso dei suoi talenti né in altri Teatri né in Accademie, né in reunioni pubbliche o particolari, senza averne avuta previamente l'autorizzazione in iscritto del Direttore, sotto pena di una multa equivalente a quindici giorni del suo stipendio mensile.

21° Nel caso di contestazione tra l'Amministrazione e l'Artista, dinanzi la Giurisdizione competente, ai termini delle Leggi e dei vigenti Regolamenti, il servizio non dovrà soffrire interruzione per cui l'Artista dovrà soddisfare alle richieste dell'Amministrazione durante il tempo della contestazione sotto le penalità stabilite dai Regolamenti stessi pel rifiuto di servizio.

22° Allorché un'Artista avrà avuto più di tre multe in un mese, l'Amministrazione potrà sciogliere la scrittura, senza indennità.

23° L'Artista nel firmare il presente contratto, dichiara di aver preso esatta conoscenza di tutti gli articoli di esso, sottomettendosene all'esatta esecuzione, come pure dichiara sottomettersi a tutti i regolamenti in uso nei teatri pei quali venisse destinato ritenute che queste sue dichiarazioni fanno essenzialmente parte integrante del contratto stesso.

24° Per l'esecuzione della presente scrittura, l'Artista elegge il suo domicilio come sopra è detto in ... ove tutti gli atti giudiziari gli saranno validamente significati, nonostante qualunque cambiamento di domicilio reale.

Fatto in triplice originale in ... e firmato dalle parti contraenti, questo giorno 6 Maggio 1871, Londra.

L'Artista Giovanni Bottesini, 20 Bloomsbury St, Bedford Square, London.
Il Sopraintendente,

79.

[G. Gianoli a Draneht Bey]
Bologna, li 23 maggio 1871
Eccellenza,

Come sii rimasto sorpreso e nell'istesso tempo afflitto dopo il colloquio avuto l'altro jeri coll'Eccellenza Vostra dirglielo non so. Soltanto bisogna assolutamente credere che persone certamente non nostre amiche dopo che noi partimmo da Cairo, abbiano all'E.V. dette cose impossibili sul conto d'Isabella, e difatti come arguire altrimenti dal colloquio tenutomi Domenica all'Hotel Oran, da quelli tenuti dall'E.V. a me e più a mia moglie quando venimmo separatamente, a prendere congedo dall'E. Vostra?

Difatti con me disse che era rimasto contento della Galletti pel servizio prestato, e che dopo tutto quello che avevano detto sul suo conto non credeva facesse tanto. Con mia moglie poi l'Eccellenza Vostra disse cose maggiormente rassicuranti sulla riforma, che questa in Italia sarebbe stata fatta certamente, che aveva già stabilito per Essa un bel repertorio, che dell'Anna Bolena ne aveva dato quattro sole rappresentazioni per tenerla quasi nuova per la ventura stagione, che sua Altezza, e l'intero pubblico la desideravano, che non sapeva con chi poterla rimpiazzare, e infine che alle nuove scritture nessuna nuova condizione sarebbe richiesta eccetto un aumento di rappresentazioni giacché non essendo più nell'anno venturo del governo il Teatro Francese, all'Italiano si sarebbero date maggior numero di recite. Dopo tutto ciò chi non doveva credere sicura la riforma della Galletti pel Teatro di Cairo? Da quanto l'Eccellenza Vostra mi disse pochi momenti prima salisse sull'omnibus per avviarsi alla stazione, compresi perfettamente, che tutte le difficoltà della riforma erano per l'Aida. Ma Dio - buono se non era l'Assedio di Parigi quest'opera non era già stata eseguita, e da mia moglie? e la musica non è, e non sarà sempre quella che doveva essere l'anno passato giacché Verdi ha terminato l'opera fin dall'autunno scorso. Come poter solo supporre che alla Galletti non piaceva la musica e la tessitura già scritta per i suoi mezzi vocali, e che perciò essa lasciata la prova riffiutò di volerla eseguire? L'onore solo di creare per prima un'opera del Verdi, anche che la parte destinatale non dovesse essere del tutto di sua soddisfazione basterebbe a far cessare qualunque contrarietà. Ma la Galletti durante la sua carriera non ha essa eseguito più di 15 opere, sebbene sicurissima che queste non sarebbero state eseguite che per una sera soltanto e in teatro pure soltanto? Nel Don Carlos non vi sono pure due prime parti, una importantissima, e l'altra meno? e la Galletti quando eseguì dett'opera non scelse la meno importante cioè quella dell'Eboli. In quanto ai capricci Eccellenza mi permetta una cosa sola e questo spero basterà a distruggere tutte le prevenzioni sinistre può avere su questo soggetto. Come mai puossi immaginare la Galletti capricciosa, quando nei Contratti è Essa che dice voglio essere pagata a rappresentazione e non a mesata, giacché dato il caso dovessi ammalarmi, non intendo percepire nessuna mercede. Un artista, che fa la carriera per fare avvanzi non può essere capricciosa, e una capricciosa non accetterebbe un contratto a rappresentazioni glielo assicuro io.

Avrò certamente annoiato l'Eccellenza Vostra con questa lunghissima lettera, e perciò la prego caldamente a volermi perdonare, e a credere che solo scopo della presente è di possibilmente far dissipare totalmente dalla sua mente le idee contrarie ha ora sul conto della Galletti.

Vi sono riuscito? L'avvenire me lo dirà.

Accetti Eccellenza i sensi della mia alta stima coi quali mi pregio dirmi
Devmo obbmo servo
G. Gianoli

[Questa lettera si trova in copia fotografica dell'autografo presso le Nuove Edizioni di Milano]

80.

[Barrot a Draneht Bey]
CABINET de Son Altesse Le Khédive D'Egypte.
Alexandrie, le 9 Juillet 1871.
A Son Excellence Draneht Bey.
Mon cher Bey,

J'ai l'honneur de vous accuser reception de la lettre que vous m'avez adressée en date du 1er Juillet, concernant les difficultés soulevées par Mr. VERDI, au sujet de Mr. Botesini et de Melle Sass. Son Altesse éspère que vous arriverez à convaincre Mr. VERDI, mais, en tous cas, Elle ne peut trancher ces difficultés et Elle me charge de vous écrire que vous êtes libre de faire le nécessaire et qu'Elle s'en rapporte entièrement à vous.

A propos d'AIDA j'ai lu dans les journaux que cet Opéra se monte en ce moment au Théatre de Milan et qu'il sera représenté prochainement; je n'ai pas parlé de cela à Son Altesse, mais j'appelle Votre attention sur ce sujet, afin que vous veillez à ce qu'il ne soit pas donné suite à ce projet, si toutefois la nouvelle est vraie.

Vous comprenez facilement que si cet Opéra est donné en Europe avant d'avoir été représenté au Caire, cela ne contenterait fort Son Altesse.

J'ai également soumis au Khédive la lettre dans laquelle vous m'envoyez la liste du personnel composant la troupe de chant. Je vous remets ci-inclus la lettre de Mr. VERDI, ainsi que vous me la demandez.

Veuillez agréer, mon cher Bey, l'expression de mes sentiments d'amitié et croyez a mon plus entier dévouement.
Barrot.

N'oubliez pas que je vous ai demandé la baignoire N° 2 et que j'y tiens plus que jamais. Mariette Bey part par le bateau qui vous porte cette lettre.
[Questa lettera si trova in copia dattiloscritta presso le Nuove Edizioni di Milano e proviene dall'Archivio del Teatro dell'Opera del Cairo. Anche in *Genesi dell'Aida*, n. 91]

81.

Madrid, 30 luglio 1871. Hotel de Madrid.
Carissimo Brosovich,

In questo momento ricevo lettera dal mio Editore di Londra M.r Hutchings and Romer Conduit Street Regent's Street. Esso non vuole aver a che fare con me, ma direttamente con Ricordi per la cessione del libretto. Fammi adunque il piacere di parlare subito a Ricordi a che si metta in relazione con quel caro Signore.

Il libretto fu pagato *300* franchi. Che Ricordi lo paghi e che detta somma sia ritenuta sul mio primo pagamento.

Accidenti ai !... Hai ricevuto la musica?
Scrivimi subito
tuo aff.mo
G. Bottesini
[Lettera di proprietà dell'Editore Ricordi di Milano, N. 20]

82.

[Verdi a Draneht Bey]
St. Agata 1° Settembre 1871
Pur senza nominare il Bottesini, Verdi confessa che, in mancanza di Mariani, avrebbe preferito come direttore della sua opera Muzio o Faccio: "Il Maestro di mia soddisfazione che avrei voluto mandare al Cairo sarebbe stato veramente Muzio, ed in mancanza di lui il M° Faccio. Ma credo che ora non potrò contare né sull'uno né sull'altro. Ciò è ben doloroso per me, perché V.E. può esser ben certa che senza una direzione, dirò anzi interpretazione intelligente, sicura e, starei per dire, *devota*, non vi è successo possibile qualunque siasi la musica. Dirò di più che trattandosi di opera sconosciuta è indispensabile (sia pur valente quanto si voglia il Direttore) conoscere le intenzioni dell'autore. Lo creda alla mia lunga esperienza, ed un po' alle mie abitudini su questo genere di cose".
[*I Copialettere di Giuseppe Verdi* pubblicati e illustrati da Gaetano Cesari e Alessandro Luzio e con prefazione di Michele Scherillo, Milano, 1913, pag. 269. Le parole fuori parentesi sono di Piero Santi in *Giovanni Bottesini*, Accademia Musicale Chigiana, 1960. Anche in *Genesi dell'Aida*, n. 104]

83.

[Draneht Bey a Mariette Bey]
Caire, le 12 Octobre 1871
Mon cher Mariette Bey,

Privé depuis long-temps de vos bonnes nouvelles, je viens vous annoncer que je suis heureusement arrivé au Caire après un traversée sur mer des

plus heureuses.
Tout marche bien ici et j'espère ouvrir le théatre le 1.er Novembre prochain avec le succès que notre excellente troupe promet; je m'occuperai immédiatement après les premières representations de notre grande ouvrage AIDA; j'ai déjà distribué les rôles à tous les artistes appelés à y prendre part pour qu'ils puissent les repasser en Europe et dès le 10 Novembre j'appelerai aux repetitions; il faudra que nous puissions la donner pas plus tard que du 10 au 15 Décembre; mais pour arriver il faudra que les travaux de tout genre qui s'éxecutent à Paris soient livrés éxactement dans les termes que nous avons fixé; veuillez je vous prie renseigner sur ce point et me faire parvenir les maquettes des Peintres décorateurs le plus vite possible.
En attendant le plaisir de vous revoir, je vous prie d'agréer l'expression de mes meilleurs sentiments d'amitié.
  Draneht Bey
[Questa lettera si trova in copia dattiloscritta presso le Nuove Edizioni di Milano. Pubblicata in *Genesi dell'Aida*, n. 118]

84.

Cairo, 17 Ottobre 1871
Egregio Signor Bottesini,
In risposta alla sua lettera in data del 15 corrente, debbo farle notare non aver io avuto la minima intenzione di offuscare la sua fama né di lodare il suo amor proprio scritturando un valente giovine maestro coll'incarico di concertare e diriggere all'occasione qualche spettacolo di opera.
Questo è l'uso dei grandi teatri, e questo era incontestabilmente il mio diritto. Il servizio del teatro è tale che questa direzione supplementare non può non essere qualche volta riconosciuta di prima necessità, a provvedere al buon andamento degli spettacoli ho creduto quindi scritturare, senza che l'importanza della sua posizione avesse ad essere menomamente diminuita, anche il M° Angelo Zocchi.
In quanto poi all'ordine di annunzio pel cartello, la prego di osservare che non fù fatta per alcuna distinzione di rango. Ella vedrà la Signora Sass e la Signora Allievi nella stessa linea, il Signore De Filippis ed il Signore Mongini nello stesso ordine e via discorrendo. Ove io avessi fatto distinzione fra lei ed il Signore Zocchi pel cartello, avrei commesso senza alcun dubbio un errore.
Sono sicuro che ella vorrà far calcolo delle ragioni che le ho esposte, e vorrà assicurarsi non aver io, com'ella crede, varcato i limiti dei miei diritti, né molto meno recato offesa alla sua riputazione di artista.
Mi creda, o Signore,
  Dev.o suo
  Draneht Bey
[Questa lettera esiste in copia dattiloscritta presso le Nuove Edizioni di Milano e proviene dall'Archivio del Teatro del Cairo. È stata pubblicata in inglese da Hans Busch, *Verdi's Aida*, Minneapolis, University of Minnesota Press, 1978, Letters 243. Anche in *Genesi dell'Aida*, n. 122]

85.

[Draneht Bey a Magnier]
Cairo, le 8 Décembre 1871
Monsieur Magnier, représentant la Cie. du Gaz. Caire.
Monsieur,
Je viens quoiqu'un peu tardivement, vous demander le service de nous donner du gaz aujourd'hui à une heure *précise* pour la première répétition d'Aida, à l'orchestre.
D'ici à la répresentation de cet opéra, nous aurons de fréquentes répétitions de jour, je sais combien il est gênant pour vous de donner le gaz avant le soir; toutefois vu la circonstance exceptionnelle dans laquelle nous accorder cette faveur.
Je charge Mr. Luraschi de vous avertir chaque fois que nous devrons avoir des répétitions d'Aida.
Veuillez agréer, Monsieur, l'assurance de mes sentiments distingués.
  Le Surintendant
  Draneht Bey
[Questa lettera esiste in copia dattiloscritta presso le Nuove Edizioni di Milano e proviene dall'Archivio del Teatro del Cairo. Anche in *Genesi dell'Aida*, n. 139]

86.

[Verdi a Filippo Filippi]
Genova, 8 dicembre 1871
Egr. Sig. Filippi,
Le sembrerà strano, ben strano, quanto sto per dirle, ma perdoni se non posso tacerle tutte le impressioni dell'animo mio.

Ella al Cairo? È questa una delle più potenti *réclames* che si potessero immaginare per *Aida*? A me pare che l'arte in questo modo non sia più arte, ma un mestiere, una partita di piacere, una caccia, una cosa qualunque a cui si corre dietro, a cui si vuol dare, se non il successo, almeno la notorietà ad ogni costo!... Il sentimento che io ne provo è quello del disgusto, dell'umiliazione! Io rammento sempre con gioja i miei primi tempi in cui senza quasi un amico, senza che alcuno parlasse di me, senza preparativi, senza influenza di sorta io mi presentava al pubblico colle mie opere, pronto a ricevere le *fucilate*, e felicissimo se poteva riuscire a destare qualche impressione favorevole. Ora quale apparato per un'opera?!... Giornalisti, artisti, coristi, direttori, professori etc. etc., tutti devono portare la loro pietra all'edifizio della *réclame*, a formare così una cornice di piccole miserie che non aggiungono nulla al merito di un'opera, anzi ne offuscano il valore reale. Ciò è deplorabile: profondamente deplorabile!!
La ringrazio delle cortesi offerte pel Cairo. Scrissi l'altro ieri a Bottesini su tutto quanto riguardava l'*Aida*. Desidero solo per quest'opera una buona e soprattutto *intelligente* esecuzione vocale, strumentale e di *mise en scène*. Per il resto: *à la grâce de Dieu*, ché così ho cominciato e così voglio finire la mia carriera.
[G. Verdi, *Autobiografia delle lettere*, a cura di Aldo Oberdorfer, Rizzoli Editore, 1951, pagg. 302-303. "Scrissi l'altro ieri a Bottesini..." si riferisce alla lettera del 7 dicembre 1871. Lettera pubblicata anche in *Genesi dell'Aida*, n. 141]

87.

Genova, 10 dicembre 1871
Caro Bottesini,
T'ho scritto due giorni fa, e non t'ho pregato di cosa di cui mi sta tanto a cuore. Quello che non ho fatto allora lo faccio adesso.
Ti prego dunque caldamente a volermi dare notizie dell'ultimo duetto appena avrai fatto due o tre prove d'orchestra. Non ti rincresca scrivermi due o tre parole appena lo avrai provato bene in orchestra ed altre due parole dopo la prima recita, che mi dicano l'effetto sincero di questo pezzo. Tu, leggendo lo spartito, capirai che io ho messo tutta la cura in questo duetto, ma appartenendo esso al genere (dirò *vaporoso*) potrebbe darsi che *l'effetto* non corrispondesse ai miei desideri. Dimmi dunque schiettamente tutta la verità, ché questa verità potrà essermi utile. Parlami solo del 3/4 in *re b* (il canto di Aida) e dell'altro canto a due in *sol b*. Dimmi del canto dell'istrumentale sempre dal lato *effetto*.
Aspetto dunque queste due lettere, una dopo alcune prove d'orchestra, l'altra dopo la prima recita. Io te ne sarò gratissimo.
Salutandoti anche a nome della Peppina mi dico
  tuo aff. G. Verdi.
(Dirigi Maestro Verdi - Genova)
[Autografo verdiano alla Biblioteca del Conservatorio di Musica di Milano, pubblicato da A. Carniti nel volumetto *In memoria di G.B.*, Crema 1921, pagg. 37-38.
Lettera pubblicata per la prima volta da Teodoro Costantini in *Sei lettere inedite di Giuseppe Verdi a Giovanni Bottesini* per le feste centenarie del Regio Conservatorio Giuseppe Verdi, Milano 1908, Edizioni C. Schimdl & Co., Trieste]

88.

Genova, 17 dicembre 1871
Carissimo Bottesini,
Ti sono ben grato di avermi dato notizie delle prime prove d'Aida e spero, che me ne darai altre quando sarai in orchestra, e più mi darai anche notizie esatte, sincere, vere, dell'esito della prima sera.
Dimmi pure tutta la verità che io, vecchio soldato, ho il petto corazzato bene e disposto anche a ricevere le palle. Ho fatto un cambiamento nella stretta del duetto delle due donne nel secondo atto. L'ho mandato da due o tre giorni fa a Ricordi, che deve già averlo spedito al Cairo. Appena arriva, io ti prego caldamente di farlo ripassare alle due artiste e di farlo eseguire. La stretta che vi era mi è parsa sempre un po' comune. Questa che ho rifatta non è tale e finisce bene, se ciò ritornare al motivo della scena del primo atto, la Pozzone la canterà marciando a stento verso la scena.
Addio, mio caro Bottesini, grazie di nuovo. La Peppina ti saluta, ed io ti stringo affettuosamente le mani.
  Tuo aff. G. Verdi.
[Autografo verdiano alla Biblioteca del Conservatorio di Musica di Milano, pubblicato da A. Carniti nel volumetto *In memoria di G.B.*, Crema 1921, pag. 37
Questa lettera fu pubblicata per la prima volta nel 1908 da Teodoro Costantini in *Sei lettere inedite di Giuseppe Verdi a Giovanni Bottesini*, per le feste centenarie del Regio Conservatorio Giuseppe Verdi di Milano, Edizioni C. Schimdl & Co., Trieste]

89.

[Verdi a Du Locle]
Genova, 25 dicembre 1871
...Ho anch'io notizie dal Cairo. "Verdi Genova - *Aida* entusiasmo successo culminante finale secondo artisti tutti festeggiano Orchestra benissimo - Grande ovazione Viceré applaudì - Tuo amico Bottesini". Vedremo se sarà confermato perché non bisogna creder troppo ai telegrammi fatti dopo la prima recita. Pare però che il pezzo più applaudito dell'opera sia stato il Finale secondo. Tanto meglio se quel grosso pezzo ha fatto effetto anche con mezzi insufficienti...
[Cfr. Franco Abbiati, *Giuseppe Verdi*, Ricordi, Milano 1959, vol. IV pag. 527]

90.

Genova, 27 dicembre 1871
Caro Bottesini,
Non ti so dire quanto io ti sia grato del gentile pensiero d'avermi inviato un telegramma dopo la prima recita. È una obbligazione che ho di più con te, oltre alle tante altre per le affettuose cure da te prodigate a questa povera *Aida*. Ed oltre le premure so del talento da te dimostrato nel dirigerne le prove e l'esecuzione, cosa di cui io non dubitavo punto.
Grazie dunque, mio caro Bottesini, di tutto quello che hai fatto per me in questa circostanza, e ti prego di porgere i miei più sentiti ringraziamenti a tutti quelli che hanno preso parte all'esecuzione di quest'opera.
Aspetto sempre risposta all'ultima mia. Mi interessava e mi interessa ancora avere notizie esatte particolare dell'*effetto* dell'ultimo pezzo.
Bada bene che io non ti parlo del valore, ma unicamente dell'*effetto*. Se non mi hai già scritto, scrivimi lungamente su questo e dimmi pure tutta la verità.
Desidero sapere quali sono gli effetti d'orchestra, quali quelli del canto, e soprattutto l'*effetto* complessivo, ossia quale impressione produsse. Aspetto con ansietà questa tua lettera.
Rinnovando i miei ringraziamenti, e coi saluti della Peppina, mi dico
tuo aff. G. Verdi.
[Autografo verdiano alla Biblioteca del Conservatorio di Musica di Milano, pubblicato da A. Carniti nel volumetto *In memoria di G.B.*, Crema 1921, pag. 38.
Lettera pubblicata per la prima volta da Teodoro Costantini in *Sei lettere inedite di Giuseppe Verdi a Giovanni Bottesini* per le feste centenarie del Regio Conservatorio Giuseppe Verdi, Milano 1908, Edizioni C. Schimdl & Co., Trieste]

91.

Filippo Filippi, La Perseveranza; Milano, 27 dicembre 1871
[...] L'archeologia nell'*Aida* è tutta per gli occhi, e qui al Cairo, per ricchezza e scrupolosità ben combinate coll'eleganza, la messa in scena è riuscita una perfezione, alla quale nessun altro teatro potrà arrivare, a meno che non riproduca esattamente le scene, gli abiti, i gioielli, tutti gli accessori del Cairo, e non è facile, ché Mariette Bey, lieto del trionfo, tiene ben custoditi i disegni per farli fotografare a suo tempo, e formare un bel ricordo bibliografico.
Ho assistito a molte prove di scena e di messa in scena, a cui tutti presero parte con assiduità e premura esemplari, anche le masse, abituate, in questi teatri, a far le prove spicce delle opere di repertorio. Il Bottesini per l'orchestra, il Devasini per i cori, il d'Ormeville per la messa in scena, non ebbero da quindici giorni un minuto di riposo. Le prove musicali procedettero sempre regolarmente: quelle invece di messa in scena furono lente, incomplete, al segno che all'antiprova generale non c'era a posto né una scena, né una quinta, né un praticabile, ed era ancora da finire il grande palco movibile per la scena finale dell'ultimo atto, il quale disopra figura il tempio di Vulcano, disotto il sotterraneo dove muoiono Aida e Radamès.
Quando vidi all'antiprova generale così immatura la messa in scena, non potei capacitarmi che si potesse fare una buona prova generale al sabato, e che alla domenica si potesse rischiare la prima rappresentazione. Ma una volontà superiore ordinò il miracolo, e il miracolo si fece. Il Viceré aveva detto che partiva il martedì per una lunga escursione nell'alto Egitto, e che la domenica desiderava assistere alla prima rappresentazione dell'*Aida*. Detto e fatto. La prova generale del sabato è stata uno sforzo eroico per tutti: basti il dire che durò dalle sette di sera fino alle tre e mezza dopo notte, con intervento degli abbonati, i quali rimasero al loro posto quasi tutti sino alla fine, comprese le signore nei palchetti, e il Viceré stesso col suo seguito.
Questa prova generale decise del successo, perché, cogli abbonati presenti, col teatro illuminato, cogli artisti vestiti dei loro costume, non differì dalla prima rappresentazione che nell'intermezzo degli atti molto più lunghi, a cagione degli apparecchi ancora incompleti ed immaturi della messa in scena. Come alla recita, ci furono applausi, ovazioni, grida di entusiasmo, e poi, nelle conversazioni animate durante gli intermezzi, una vicendevole ammirazione pel grande lavoro, ed un compiacimento intimo per questo insigen onore toccato al teatro del Cairo d'aver dato vita ad un così bello e grandioso componimento musicale. Tutti i pezzi, dal preludio al duetto finale, furono applauditi ed interrotti anche a mezzo dal troppo fervore degli impazienti. Nell'inno che chiude la prima parte del primo atto c'è un forte accordo sospeso, che fu seguito da uno scoppio di applausi; Bottesini, impazientito dall'intempestiva interruzione, si volse al pubblico, gridando con pretto accento milanese: '*L'è minga finìi!*'
Alle tre e mezzo, quando uscimmo di teatro, dopo finita la prova generale, eravamo tutti stracontenti e felici d'aver udita la nuova musica del grande maestro; la quale, anche a quelli che già la sapevano a memoria, per averla udita alle altre prove, col prestigio delle scene bellissime, delle sontuose decorazioni, del bagliore delle armi e dei gioielli, e specialmente dell'azione, parve crescere a mille doppi in bellezza ed efficacia drammatica: poiché è carattere saliente, distinto delle opere di Verdi, l'effetto teatrale, ed è singolare come guadagnano alla rappresentazione, mentre molte musiche bellissime, ammirabili a leggersi al pianoforte e in partitura, sulla scena diventano sbiadite, monotone, noiose: in questo rapporto è grande l'affinità del genio di Verdi con quello di Wagner: *mutatis mutandis*, che s'intende. [...]
La curiosità, la smania nel pubblico egiziano di assistere alla prima rappresentazione dell'*Aida* furono tali che, da una quindicina di giorni, tutti i posti erano accaparrati, e, nell'ultimo momento, gli speculatori fecero pagare a peso d'oro i palchetti e gli scanni. Quando dico pubblico egiziano, alludo specialmente alle colonie europee, ché gli Arabi, anche i facoltosi, non amano gli spettacoli nostri; preferiscono il miagolio delle loro cantilene, il picchiare monotono dei loro tamburelli a tutte le melodie del passato, del presente e dell'avvenire. È un vero miracolo vedere un turbante nei teatri del Cairo. [...]
Per questa splendida creazione italiana il Viceré ebbe la compiacenza non solo dell'ottima riuscita, ma anche di vedere come tutto il pubblico affollato in teatro, domenica sera, riconobbe subito quanto debito di gratitudine dovevano l'arte e la civiltà a questo principe raro, unico per intelligente munificenza. Gli applausi a lui, universali, lunghi, frenetici, non tardarono a scoppiare, le ultime note sommessamente acute dei violini erano appena sfumate che un grido di 'Evviva il Khedivé' si è udito rintronare in tutto il teatro: in mezzo a quella turba poliglotta l'accento italiano dominava, soffocava gli altri; tutte le signore si alzarono in piedi; i fazzoletti sventolarono, mille voci acclamarono, e il Khedivé, alzatosi, salutò con un sorriso, ch'era insieme di ringraziamento e di intima compiacenza. [...]
[William Weaver, *Verdi, immagini e documenti*, Edizione italiana a cura di Luigi Ferrari. Becocci Editore. Canto de' Nelli 10r, Firenze, 1980, pagg. 237-238]

92.

[Draneht Bey a Galletti]
Caire, le 3 Janvier 1872
Madame Galletti Gianoli.
Chère Madame,
C'est avec grand plaisir que j'ai reçu votre aimable lettre du 21 Décembre dernier. Je vous remercie de vos souhaits de bonne année & vous prie d'agréer les miens.
Il est certain, chère Madame, que vous avez laissé au Caire les meilleurs souvenirs, et ci cela ne dépendait que de moi, je pourrais dès à présent vous assurer que votre désir de revenir au Caire se realiserait, à la grande joie de vos nombreux admirateurs, mais vous le savez, je ne suis pas le maître, Marie Sass a beaucoup plu, elle aussi notament à Son Altesse qui, je le crois a l'intention de la réngager. Toutefois, rien n'est encore arrêté, mais pourtant je ne puis vous faire de promesses d'aucune sorte.
Veuillez présenter mes compliments à Monsieur votre mari, et vous, chère Madame, je vous prie d'agréer l'assurance de mes meilleurs sentiments.
Le Surintendant
Draneht Bey
[Questa lettera esiste in copia dattiloscritta presso le Nuove Edizioni di Milano e proviene dall'Archivio del Teatro del Cairo]

93.

Milano, 13 gennaio 1872
Caro Bottesini,
Prima di tutto ti ringrazio dello zelo grandissimo da te dimostrato per l'esecuzione dell'Aida, e mi rallegro teco del talento nello interpretare la medesima. Poi ti dirò che ti sono obbligatissimo per le osservazioni delle **ultime** tue lettere, delle quali trarrò profitto. Amen dunque su questo. **Ti ringrazio**

di nuovo e desidero continui il successo.

Io ho qui incominciate le prove, ma il *diavolo ci ha messo le corna*, facendomi ammalare Capponi. Bisogna accontentarsi di Fancelli, e non vi è rimedio.

Abbiamo qui quest'anno buoni elementi d'orchestra e cori... di questi circa 120 e 90 professori d'orchestra. Si sente una sonorità *grossa rotonda* senza urli di tromboni.

Non avremo certo la ricchezza di *mise en scène* del Cairo, ma sarà conveniente, ed in fine se il diavolo, ripeto, non continua a metterci le corna, qualche cosa si potrà ottenere.

In questi giorni ho fatto una sinfonia per l'Aida. Fammi il piacere di dire a Draneht Bey che se produrrà qualche *effetto*, mi farò un dovere di mandargliela subito onde sia unita allo spartito del Cairo.

Quando hai mezz'ora di tempo dammi notizie tue e del teatro.

La Peppina ti saluta tanto ed io ti stringo le mani e mi dico
      tuo aff. G. Verdi.
[Autografo verdiano alla Biblioteca del Conservatorio di Musica di Milano, pubblicato da A. Carniti sul volumetto *In memoria di G. B.*, Crema 1921, pagg. 38-39.
Lettera pubblicata per la prima volta da Teodoro Costantini in *Sei lettere inedite di Giuseppe Verdi a Giovanni Bottesini*, Trieste, Edizioni Schimdl & Co., per le feste centenarie del Regio Conservatorio Giuseppe Verdi di Milano, 1908]

94.

[Draneht Bey a Marie Sass]
Caire, le 22 Janvier 1872
Madame Marie Sass -
Madame,
J'ai sous les yeux le certificat du médicin de l'administration constatant que vous n'êtes point malade, ce que du reste vous avez reconnu vous même. Cependant, vous n'avez pas voulu assister à la répétition Général de l'Ebrea à laquelle vous avez été invitée sous le prétexte que vous pourriez peut-être alors ne pouvoir pas chanter demain.
Permettez moi, tout d'abord, Madame, de vous exprimer mon étonnement pour un semblable fait qui ne tend à rien moins qu'à bouleverser toutes les dispositions que l'administration peut prendre, sans parler de la grave atteinte qu'il peut porter à mon autorité.
Il est aussi une autre consequence à laquelle vous n'avez pas suffisamente réfléchi: c'est le mauvais effet produit sur les autres artistes par un tel exemple émanant de vous, et qui s'est déjà manifesté aujourd'hui par le départ de la répétition générale de plusieurs des artistes figurant en scène avec vous, et par les chuchotements de tous en apprenant votre refus; effet dont la triste conséquence, si je n'y mettais bon ordre, serait de ruiner le théâtre, et de substituer la volonté ou le caprice de tous aux justes et inflexibles décisions de l'administration. Vous n'ignorez pas, Madame, toute la vérité de ce que je viens de vous dire car vous n'en êtes pas plus aujourd'hui à apprendre vos devoire et vos engagements d'artiste qu'à faire votre réputation. Je le répète donc, Madame, je suis sincèrement désolé de la détermination que sans aucune raison vous avez cru devoir prendre aujourd'hui, et tout en regrettant que l'homme doive s'effacer devant l'administrateur, je vous rappelle qu'aux termes de l'article IV SA de votre engagement vous êtes passible d'une amende égale au dixième de vos appointements mensuels et vous donne de nouveau l'assurance qui dans la mesure ci-dessus, imposée au surintendant des théâtres, ne participe nullement l'homme qui sera toujours de Madame Sass.
Le très humble et très obeissant serviteur
    Draneht Bey
[Nuove Edizioni, Milano]

95.

[Draneht Bey a Kairi Pacha]
Caire, le 31 Janvier 1872
A Son Excellence Kairi Pacha
Excellence,
J'ai l'honneur de vous adresser ci-joint deux factures du journal Wadi el Nil montant l'une à 1270 francs et l'autre à 1006 francs pour fourniture de livrets d'AIDA en langue arabe et turque, et des Huguenots en langue arabe. Ces prix comprennent la traduction, l'impression, le brochage et la reliure de luxe d'un certain nombre d'exemplaires. Je vous prie de vouloir bein ordonner le paiement de ces deux factures, ces travaux ayant été exécutés conformément au désir exprimé par Son Altesse.
Je tiens ces livrets à votre disposition, et vous en adresse une partie en même temps que la présente, savoir: 400 exemplaires d'Aida en turc, 300 en arabe, et 140 des Huguenots en arabe.
Agréez, Excellence, l'assurance de mes sentiments distingués.
    Le Surintendant
    Draneht Bey
[Questa lettera si trova in copia dattiloscritta presso le Nuove Edizioni di Milano. Pubblicata in *Genesi dell'Aida*, n. 162]

96.

[Bottesini a Draneht Bey]
Cairo, 8 Febbrajo 1872
Eccellenza,
L'occorso di jeri sera mi spinge a domandare la mia dimissione. Credo non aver bisogno di giustificarmi per provare l'insulto ricevuto giacché quanti erano presenti possono testificare questa verità; ma se ciò non bastasse potrei offrire all'E.V. molte prove che tal procedere da parte della Signora Sass ha molti precedenti, e segnatamente in questi ultimi tempi a Pietroburgo ove costrinse (egualmente in una prova) quel Direttore d'orchestra a lasciare il suo posto. Nella lusinga di essere esaudito non potendo avere altra soddisfazione, ed in attesa del più sollecito riscontro ho l'onore di dirmi
    Di V.E. Devotissimo Servo
    Giovanni Bottesini
[Nuove Edizioni, Milano]

97.

[Bottesini a Draneht Bey]
9 Febbrajo 1872
Eccellenza,
La situazione richiede uno scioglimento e lo reclamo dalla giustizia della Vostra Eccellenza. È contro ogni convenienza artistica, e contro il mio decoro che altri prenda il mio posto a dirigere in un opera dopo che per ben cinque prove d'orchestra è stata da me diretta, e quindi io ho il diritto che la direzione dell'opera stessa sia in me continuata.
D'altra parte io non voglio creare imbarazzi alla Vostra Eccellenza ed è per questo che io torno a pregarla di volermi sciogliere senz'altro dai miei impegni. È questa l'unica soluzione ed è quella ch'io meglio desidero.
Ma ove la Vostra Eccellenza persistesse nel voler accogliere la mia domanda io mi troverei costretto a tutelare il mio decoro e la mia dignità, ed è a questo appunto che non vorrei trovarmi costretto.
Voglia, Eccellenza onorarmi di una pronta risposta e gradire frattanto l'ossequio del
    Devotissimo Servo
    Giovanni Bottesini
[Nuove Edizioni, Milano]

98.

Cairo, le 9 Février 1872
Monsieur Bottesini,
Monsieur,
J'ai l'honneur de vous accuser réception de votre lettre du 8 Février par laquelle, à la suite de l'incident qui s'est produit la veille au soir à la répétition de la Fille du Régiment, vous me priez d'accepter votre démission. Je n'ai pas répondu de suite à cette lettre espérant, ainsi que je vous le disais verbalement hier qu'après avoir réfléchi, vous seriez revenu sur votre détermination.
Je reçois à l'instant votre deuxième lettre, en date de ce jour, par laquelle vous me renouvelez votre demande d'hier.
Puisque persistez, Monsieur, dans vos premières résolutions, je me vois dans l'obligation d'accepter votre démission, tout en vous exprimant mes regrets de me séparer d'un artiste d'un aussi grand talent que le vôtre.
Veuillez agréer, Monsieur, l'assurance de ma considération très distinguée.
    Le Surintendant
    Draneht Bey
[Questa lettera si trova in copia dattiloscritta presso le Nuove Edizioni di Milano e proviene dall'Archivio del Teatro dell'Opera del Cairo]

99.

[Emanuele Muzio a Draneht Bey il 16 febbraio 1872]
Eccellenza!
Conoscendo quanto V.E. sappia aprezzare il bello ed il buono, ciò mi dà coraggio di mandarle le fotografie di Madame Urban e di Mademoiselle Silla de-Sparta, la prima mima celebre, la seconda *prima donna Contralto*. Non

l'offro come primo Contralto, ma come secondo. Il repertorio è composto di *Trovatore, Rigoletto, Ballo in Maschera, Favorita, Lucrezia Borgia* etc. La voce è forte e bella, fisicamente è una *Venus* di famiglia nobile *Milanese*, ma manca di mezzi pecuniari e perciò si mette nella carriera teatrale. In quanto a Melle Urban V.E. la conosce di reputazione; io la presentai a Madame Draneht, e così farò pure della Signorina Stella di Sparta. Siccome io non fo l'agente ed è per pura amicizia che scrivo, così lascerò all'amico Lampugnani il fare le scritture. Probabilmente apriremo il teatro Italiano in Marzo per due mesi; il candidato più serio per la Direzione è oggi Mr. Ritt, che era al *Opera Comique* io conservo la mia posizione che avevo con Bazier.

Lasci Eccellenza che mi congratuli per il felice andamento degli spettacoli in questo teatro e per il successo d'*Aida* al quale V.E. ha tanto contribuito. Oggi ho veduto Madame Draneht che era in buona salute.

Lunedì pranzeremo insieme alla mia famiglia ed alla sera faremo musica. Con tutta stima ho l'onore di dirmi Devtmo Servo
    E. Muzio
44 Rue de la ferme des Maturins.
[Nuove Edizioni, Milano]

100.

[Bottesini a Verdi]
Cairo, 17 febbraio 1872
Carissimo Verdi,
Anzitutto lascia che cordialmente mi rallegri pel meritato successo della tua Aida anche a Milano...
Bottesini si rallegra con Giuseppe Verdi del successo di *Aida* alla Scala. Lo informa della ribellione della Sass al Cairo, durante una prova della *Figlia del Reggimento*, e gli comunica le sue dimissioni da direttore di quel Teatro kediviale.

A causa delle rimostranze dei professori d'orchestra che minacciano uno scandalo, recede dalla sua decisione e rientra nelle proprie funzioni. Chiede a Verdi di scrivere al Viceré perché lo riconfermi per l'anno seguente, ma riflettendo che pure il Bey gli è contrario è meglio non scrivere nessuna lettera. L'*Aida* che si rappresenta al Cairo è giunta alla sua undecima recita, e sempre con grande successo. La lettera termina in modo sconsolato, informando Verdi che probabilmente se ne andrà a Costantinopoli e poi a Calcutta, riprendendo il suo amato *Viorone*, perché gli artisti sono persone difficilissime da trattare.
[Riassunto della lettera di proprietà degli Eredi di Verdi a Sant'Agata]

101.

[Draneht Bey a Barrot Bey]
Caire, le 16 Février 1872
A Son Excellence Barrot Bey, Sécretaire de S.A. le Khédive.
Mon cher Bey,
Conformément aux ordres de S.A. le Khédive notre Auguste Maitre, que vous m'avez transmis, j'ai suspendu les engagements de l'opéra pour la saison prochaine.

Aujourd'hui, pour dégager ma responsabilité, je viens vous informer que le statu quo ne peut se prolonger plus longtemps; en effet voici ce qui arrive: Mr. Steller a reçu d'Espagne et de Russie des offres pressantes auxquelles il doit répondre de suite.

Mme Grossi se trouve dans le même cas, elle a même reçu un engagement qu'elle doit signer et expédier par le bateau de *lundi 19 courant*, si d'ici là, je ne lui ai pas donné de réponse catégorique. Je dois vous déclarer que je ne vois pas la possibilité de remplacer convenablement ces deux artistes parmi ceux qui sont libres aujourd'hui, je crois devoir vous en prévenir afin que vous connaîtrez sans retard la situation à S.A. qui décidera ce qu'il y a lieu de faire.

En ce qui regarde Mme Lotti, je crains bien que de toutes façons nous n'arrivions trop tard; je lui avais fait demander un compromis d'un mois qu'elle a refusé; elle n'a voulu se lier pour 8 jours qui sont écoulés.

Donc mon cher Bey, je le répète, que si nous ne sortons pas promptement du statu quo, la composition de notre troupe pour la saison prochaine pourra se trouver gravement compromise, et c'est sur ce point que je vous prie d'appeler sans délai l'attention de S.A.

Veuillez agréer, mon cher Bey, l'assurance de mes meilleurs sentiments.
    Le Surintendant
    Draneht Bey
[Questa lettera si trova in copia dattiloscritta presso le Nuove Edizioni di Milano]

102.

[Draneht Bey a Giuseppe Verdi]
Administration des Théatres du Khédive d'Egypte.
Cairo, 18 Febbraio 1872
Sig.r Comm.e GIUSEPPE VERDI
Egregio Sig.r Maestro,
S.A. il Khédive, desiderando porgerle una novella prova di aggradimento per la sua bellissima AIDA e di considerazione per l'alto suo merito, m'incarica di parteciparle la nomina di Commendatore dell'Ordine d'Osmanie e di trasmetterlene il diploma con le relative insegne.

È con la più grande soddisfazione dell'animo che io mi affretto ad eseguire il grazioso decreto del mio Sovrano, felice di essere stato da lui prescelto per così lieto ed onorifico incarico. Ed in tale occasione mi permetto di far notare a Lei, illustre Maestro, come quest'ordine cavalleresco, creato dall'attuale Sultano, sia qui ed ovunque tenuto in tale pregio che ben raramente se ne conferiscano anche i gradi minori, o che venga unicamente serbato a speciale ricompensa di altissimi meriti, come appunto nel caso attuale.

L'ultimo Corriere ci ha recato le notizie del felicissimo esito ottenuto alla Scala di Milano della sua "Aida"; notizie che si attendevano qui con indicibile ansietà, non perché alcuno dubitasse di un secondo successo, ma perché tutti andavamo di rallegrarci del suo nuovo trionfo.

In quanto al teatro del Cairo, noi abbiamo già dato dieci rappresentazioni del suo stupendo capolavoro musicale con sempre crescente entusiasmo nel pubblico e con sempre più vive ovazioni al suo indirizzo.

Rinnovandole pertanto le mie più sincere congratulazioni e ringraziamenti, io passo all'onore di segnarmi
    Di Lei, Illustre Maestro
    Dev. Servitore
    Draneht Bey
[Questa lettera si trova in copia dattiloscritta presso le Nuove Edizioni di Milano. Anche in *Genesi dell'Aida*, n. 165]

103.

[Marie Sass a Draneht Bey]
Le Caire, 23 février 1872
Excellence,
Je sais que nous devons donner la Fille du Régiment dimanche prochain pour le bénéfice de Mme Pochini. Je pense que Son Altesse assistera à cette soirée. Si vous tenez à ce que la représentation soit plus convenable que les autres, il est indispensable que nous fassions une répétition de mise en scène et surtout que vous remplaciez Mme De Philippi par Mme Allievi: le rôle de la Marquise n'est ni dans la voix ni dans les moyens de Mme de Philippi, tous les effets du 2ème acte sont manqués et c'est plus que regrettable.

J'éspère Excellence que vous vous rendrez au désir que je vous exprime, car il est bien entendu dans l'intérêt de tout le monde.
Votre dévouée
    Marie Sass
[Nuove Edizioni di Milano]

104.

[Draneht Bey a Muzio]
Caire, le 26 février 1872
Monsieur Muzio, à Paris.
Monsieur,
J'ai bien reçu votre lettre en date du 16 courant et vous remercie des renseignements et nouvelles que vous me donnez. En ce qui regard Mme Silla de Sparta, je ne puis rien vous dire de définitif. Si lors de mon séjour en Italie, elle est encore libre, il est probable que je pourrai m'entendre avec elle mais pourtant je ne voudrais rien promettre.

Pour le moment je m'occupe seulement des engagement pour les premiers emplois. Quant aux emplois secondaires je veux ne m'en occuper que lorsque je serai en Italie, d'abord, parceque rien ne presse, et ensuite parceque je suis bien aise avant d'engager des artistes de les voir et de les entendre. Une autre raison qui me décide à agir ainsi c'est que l'année prochaine nous donnerons l'opéra bouffe italien au petit théatre, et que j'aurai à combiner la formation de ma troupe de façon à faire face à cette nouvelle exigence. Notre saison théatrale qui touche à son terme a été vraiment splendide. Nous avons marché de succès en succès, mais le grand triomphe de la saison a été AIDA. Nous en sommes maintenant à la 12e représentation, toujours avec salle comble. Vous aviez entièrement raison quand vous me vantiez cette belle oeuvre de VERDI que vous avez connue avant nous. J'ai le plaisir de

vous annoncer que S.A. vient, comme témoignage de sa satisfaction, d'envoyer au Maestro la croix de Commandeur de l'Ordre de l'Osmanie.
Je vous prie de présenter mes sincères hommages à Mad. Muzio et d'agréer l'assurance de mes meilleurs sentiments.
  Le Surintendant
  Draneht Bey
[Questa lettera si trova in copia dattiloscritta presso le Nuove Edizioni di Milano]

105.

[Draneht Bey a Pozzoni]
Caire, le 1er Mars 1872
Madame Pozzoni,
Madame
Je viens vous informer que le programme que nous avions arrêté pour AIDA se trouve modifié. Ainsi que vous le verrez par le billet ci-joint de Mr. Barrot Bey, Son Altesse désire que nous donnions cet opéra demain et cela à cause de la présence au Caire d'un prince étranger.
Je compte donc sur vous, et vous prie, Madame, d'agréer l'assurance de mes sentiments les plus distingués.
  Le Surintendant
  Draneht Bey
[Questa lettera si trova in copia dattiloscritta presso le Nuove Edizioni di Milano. Anche in *Genesi dell'Aida*, n. 169]

106.

Genova, 2 marzo 1872
Caro Bottesini,
Sento col più vivo dispiacere quanto ti sia accaduto al Cairo in causa della Sass! Non conosco i dettagli ma io sono certo che il torto non sarà dalla parte tua. Peccato che un uomo del tuo valore lasci quel posto ove tu avresti potuto essere tanto utile. Ma dal momento, che tu non te ne sei andato subito, perché non ti sei fermato anche l'anno venturo? Forse la Sass vi torna ancora? Io credevo di no, perché quando mi trovavo a Milano so che furono fatte proposte ad altra per sostituirla.
Ma ora non ne so più nulla, e può darsi sia stata riconfermata. In ogni modo mi spiace che tu lasci quel paese, e per quanto il tuo magico *vioron* ti possa sempre dare molte risorse viene un momento che stanca il continuo girovagare.
Per te e per l'arte sarei lietissimo di sentire che hai accomodata questa faccenda. Dimmene qualche cosa, e dimmi anche quali artisti sono riconfermati per l'anno prossimo. Dimmi se *Medini* è riconfermato e se, nol fosse, sarebbe disposto a venire a Napoli per fare *D. Carlos, Aida* e forse *Roberto il Diavolo*.
La Peppina ti saluta tanto, ed io ti stringo affettuosamente la mano e mi dico
  l'aff.
  G. Verdi
[Teodoro Costantini, *Sei lettere inedite di Giuseppe Verdi a Giovanni Bottesini*, per le feste centenarie del Regio Conservatorio "Giuseppe Verdi", Milano 1908. Edizioni C. Schimdl & Co., Trieste]

107.

[Draneht Bey a Hofmeister]
Caire, le 2 Mars 1872
Cher Monsieur Hofmeister,
J'ai l'honneur de vous accuser réception de votre lettre en date du 24 février dernier.
Je vous remercie des détails que me donnez, et j'espère avoir le plaisir de m'entretenir de vive voix avec vous lors de mon voyage en Italie.
Notre saison théatrale a été très belle, notre grand succès a été AIDA; nous en sommes aujourd'hi à la 13e représentation toujours avec salle comble.
Vous me parlez d'une bonne artiste soprano, je vous serais obligé de me faire connaître son nom et ses prétentions et de me donner sur son compte quelques détails.
Dans l'attente de vos prochaines nouvelles, veuillez agréer, cher Monsieur l'assurance de mes sentiments distingués.
  Le Surintendant
  Draneht Bey
[Questa lettera si trova in copia dattiloscritta presso le Nuove Edizioni di Milano e proviene dall'Archivio del Teatro del Cairo]

108.

[Draneht Bey a Palermi]
Cairo, 7 Marzo 1872
Stimatissimo Sig. Palermi,
Ho ricevuto la lettera del 6 corrente, con la quale Ella intenderebbe rifiutarsi a prestare l'opera sua questa sera nel 2do atto della Semiramide. In questa lettera Ella parla di diritto, e siccome il diritto di un artista deve basarsi sul suo contratto, così mi sono affrettato di cercare in caso l'articolo che potesse appoggiare e convalidare il di lei rifiuto. Nel contratto però, non solo non ho trovato un tale articolo ma ne ho trovato uno diametralmente opposto, cioè il primo del Regolamento, ed io la prego di leggerlo e di rispondergli con molta attenzione. Sono sicuro che preso conoscenza di questo articolo, Ella vorrà convenire che se l'invito a cantare nel 2do atto della Semiramide, non è un capriccio, ma un diritto ed io la credo troppo ragionevole per volersi opporre in aperta contradizione con gli obblighi da lei assunti.
Aggradisca, la prego, i miei più distinti sensi di stima.
  Draneht Bey
[Questa lettera si trova in copia dattiloscritta presso le Nuove Edizioni di Milano]

109.

[Draneht Bey a Riaz Pacha]
Caire, le 25 Mars 1872
A Son Excellence Riaz Pacha
Mon cher Pacha,
A mon retour d'Europe, j'espérais avoir le plaisir de vous voir au Caire; à mon grand regret il n'en a point été ainsi, la mission qui vous a éloigné d'Egypte n'étant pas encore accomplie. Nous touchons maintenant à la fin de notre saison, et bientôt je devrai repartir pour l'Europe sans avoir eu la satisfaction de vous voir; je le regrette d'autant plus qu'à part les sentiments d'amitié qui nous lient, je sais que vous êtes amateur et digne appréciateur de nos fêtes théatrales. Notre saison a été en effet exceptionnellement belle, nous avons positivement marché de succès en succès ce qui du rest devait arriver avec des artistes de premier ordre comme Mongini, Steller, Mme Sass, Pozzoni, Grossi, etc.
Voici les principaux opéras que nous avons successivement donnés: Ugonotti, Traviata, Trovatore, Otello, Fausto, Ebrea, Lucrezia, Guglielmo Tell, etc. etc. Mais le grand triomphe de la saison a été AIDA que nous avons donné déjà 15 fois toujours pour assurer ce succès, la mise en scène de cet opéra est vraiment splendide. On dit que S.A. le Khédive notre Auguste Maitre, doit incessamment se rendre à Constantinople et de là aller faire un voyage en Europe; j'espère à cette occasion avoir le plaisir de vous rencontrer. Si les circostances ne le permettent pas, ce sera, je l'espère au plus tard pour le commencement de notre future saison, c'est-à-dire vers la fin Octobre.
Agréez, mon cher Pacha la nouvelle assurance de mes meilleurs sentiments.
  Le Surintendant
  Draneht Bey
[Questa lettera si trova in copia dattiloscritta presso le Nuove Edizioni di Milano]

110.

[Draneht Bey a Sass]
Caire, le 15 Avril 1872
Madame Marie Sass.
Madame,
J'ai l'honneur de vous confirmer ma lettre en date du 8 courant. La présente a pour but de vous informer que S.A. la princesse Mansour Pacha m'a fait remettre la somma de £ st. 30. soit 757 f. 50 qu'elle vous prie d'accepter à l'occasion de la représentation donné à votre bénéfice.
Cette somme est à votre disposition chez MM. Chailau frères, 26 rue de la Grange Batelière à Paris; j'écris par ce courrier à ces Messieurs pour les inviter à vous compter la dite somme.
A propos de cette malheureuse affaire du bracelet de S.A. Mansour Pacha, un de vos bons amis m'informe que Mr. Ibrahim Bey vous aurait dit que si S.A. Mansour Pacha ne vous avait pas offert un plus riche cadeau, c'était grâce a mon intervention auprès du prince à qui j'aurais conseillé d'agir ainsi. Cela, Madame, est une pure calomnie, je suis toujours resté absolument étranger à cette affaire ainsi du reste que me le commandait ma dignité d'homme et ma qualité de Surintendant des Théatres de S.A. le Khédive.
Au surplus, j'écris à Mr. Ibrahim Bey pour le prier de s'expliquer à ce sujet,

et je m'empresserai de vous transmettre sa réponse aussitôt que je l'aurai reçu.
Veuillez agréer, Madame, l'assurance de ma considération disintguée.
 Le Surintendant
 Draneht Bey
[Questa lettera si trova in copia dattiloscritta presso le Nuove Edizioni di Milano]

111.

[Draneht Bey a Ibrahim Bey]
Caire, le 16 avril 1872
Monsieur Ibrahim Tewfik Bey, aide-de-camp de S.A. le Khédive.
Mon cher Bey,
Une personne digne de foi m'a rapporté tenir de Madame Sass, à laquelle vous auriez même donné l'autorisation de se servir de votre nom, que vous lui auriez dit que si S.A. Mansour Pacha ne lui avait pas fait un plus riche cadeau, la faute en était à moi qui avais insinué à S.A. que Madame Sass se souciait peu de la valeur de l'objet donné, et n'attachait aucun prix qu'à l'intention elle même. Or, n'ayant jamais tenu ce langage et ne voulant pas rester sous le coup de l'accusation d'avoir pu faire tort à une artiste de talent que j'éstime beaucoup, et avec laquelle je n'ai jamais eu que d'excellents rapports, je viens vous prier de vouloir bien me donner par écrit la preuve de ce que vous avez avancé, autrement ma dignité d'homme et ma qualité de Surintendant des théatres de S.A. le Khédive me forceraient à vous donner le plus formel démenti.
Dans l'espoir de vous lire prochainement, je vous prie, mon cher Bey, d'agréer l'assurance de mes sentiments distingués.
 Le Surintendant
 Draneht Bey
[Questa lettera si trova in copia dattiloscritta presso le Nuove Edizioni di Milano]

112.

[Draneht Bey a Lampugnani]
Paris, 26 Mai 1872
Carissimo Dottor Lampugnani,
Vengo di ricevere la sua lettera del 24.
Comolli: Ella non volle venire l'anno scorso in Cairo perché temeva che non la mettessero in seconda fila e non era il caso; ora che ho 9 ballerine di prima quadriglia mi trovo io imbarazzato di spingere in dietro altre per mantenere questa al posto che merita giacché non la scritturerei mai per metterla nella seconda quadriglia; basta, se Comolli vuole aspettare il mio ritorno, spero che combineremo.
Giornali: Ne goda lei durante la mia assenza.
Professori d'Orchestra: Cerchi di ridurre le pretese dei nuovi da scritturarne e poi finisca alla meglio; in quanto a Marenco io credo che non havvi motivo di occuparsi delle sue pretese, sono certo che finirà per cedere.
Avrei rimesso senz'altro a lei la nota dei professori d'Orchestra scritturati in Cairo per il teatro dell'Opera & questi sono Holaender 2° Oboe, Ranieri Trombone 3°, Ricci Angelo Viola & Violino - Bibès Violoncello, Curant Teodoro Violino.
Moriani: Bisogna lasciarlo in libertà, le informazioni avute intorno di lei sono cattive; peccato che Silenzi non acccondiscende a fare il Barbiere ed il Rigoletto, sarebbe stato bene per lui.
Basta bisognerà cercarne un altro, aspetto l'esito di *Lombardelli*: Madame Draneht mi disse che udì a Firenze nel Ballo in Maschera un Baritono che le piacque molto, chi sarebbe egli?
Zucchelli: Non sono disposto a pagarlo più di 1.800 franchi.
Ballerine: Ha fatto bene di lasciare in libertà quelle del Politeama giacché sono belle, la *Milani* la vedrò anch'io da Penco; ma come va *Morelli* ch'ella non mi ha dato risposta riguardo la Morelli, Ella è assai gentile e poi balla bene.
Mongini: fu applauditissimo iersera nell'Otello fece furore, ho inteso tutte le conversazioni del pubblico che frequenta il Foyer ed erano unanimi a lodarlo. La Penco fu egualmente applaudita ed assai.
Senz'altro per il momento passo a salutarlo distintamente
 Draneht Bey
[Copia alle Nuove Edizioni di Milano]

113.

[Draneht Bey a Larose]
Vienne, 3 Juillet 1872
Mon cher Monsieur Larose,
Votre lettre N° 285 (mais sans date) m'est parvenue hier à Vienne, avant d'y répondre je commencerai par vous prier de me dire ce que vous entendez par *Mirliton* [...].
Repertoire. A propos de materiel je viens de recevoir une facheuse nouvelle qui va me mettre dans l'embarras; Mme Galletti me fait savoir qu'elle est enceinte et que par conséquent, elle ne peut pas exécuter son engagement; voilà donc, notre répertoire renversé, pas de Prophète, pas de Sapho, et pas de Don Sebastiano, veuillez donc en prendre note et prevenir Mr. Zuccarelli; aussitôt arrivé à Milan je vous donnerais des instructions nécèssaire à cet égard [...].
Prophète. Les commandes pour le Prophète ont été faites hormis la Couronne et, qu'y faire il faut bien passer par là, je ne puis accuser personne pas même Mme Galletti.
Sans autre pour le moment, je vous prie, mon cher Mons. Larose, agréer l'expression de mes sentiments distingués.
 Draneht Bey
P.S. Je pars demain pour l'Italie.
[Nuove Edizioni, Milano. Copia dattiloscritta]

114.

Milano, 25 luglio 1872
Egregio Sig.re Bottesini
Non ho avuto più sue notizie e mi dispiace non poco. Nelle riforme dell'Orchestra i suoi consigli ci sarebbero stati preziosi. Ho ragione di credere però che il M.o Zocchi abbia corrisposto in tale affare all'impegno che gli affidai. Mi viene fatto sapere che ella sia a Parigi, ed è a Parigi che invio la presente nella lusinga che ella abbia a riceverla.
La vostra compagnia di canto può ormai dirsi completata, si tratta ora di pensare al Repertorio e di distribuire le parti! Viene ella a Milano? Desidererei vivamente intendermi con Lei, ove le sia possibile recarsi costà, abbia la compiacenza di rendermene informato.
Il tempo stringe e questo lavoro definitivo, se non potrò farlo d'accordo con lei, lo farò col Signor Zocchi.
Mi ricordi alla sua Signora e gradisca i sentimenti della più perfetta considerazione.
 Draneht Bey
P.S. La Galletti è in stato interessante e non viene più al Cairo. L'ho sostituita, *faute de mieux*, con la Parepa. Per altro tenore scritturai Carpi, per altro baritono Cottone.
 D. B.
[Lettera pubblicata in *Genesi all'Aida*, Quaderno n. 4 dell'Istituto di Studi verdiani, Parma 1971, pag. 118, lettera n. 177.
Alle Nuove Edizioni di Milano esiste copia dattiloscritta proveniente dal Cairo]

115.

[Muzio a Draneht Bey]
Parigi, 31 luglio 1872, 11 Rue Delaborde
Eccellenza,
Ho fatto le più minute indaggini per trovare Bottesini ma non è in Parigi, mi dissero che è a Vienna ma non so quanto vi sia di vero. Mlle Sormeger studia con ardore e diverrà senza dubbio una vera artista; così pure Mlle Silla De Sparta studia con zelo per poter cominciare la carriera. Spero di vederla in Parigi al mese di Settembre in buona salute, mi comandi se vuole qualche cosa che mi farò un dovere non solo ma un onore di servirla.
 Dell'E.V.
 Devot.mo Muzio

[Nuove Edizioni di Milano: proviene dall'Archivio del Teatro dell'Opera del Cairo]

116.

[Isabella Galletti Gianoli a Draneht Bey]
Pesaro, 12 agosto 1872
Eccellenza,
Non appena ebbi il fondato dubbio di essere incinta non mancai di avvertirne immediatamente il Sig. Lampugnani col pensiero di ovviare ogni sbarazzo nella scelta di un'altra donna; e quando il dubbio si convertì in certezza mi sollecitai di scriverne nuovamente perché V.E. potesse liberamente disporre pel mio rimpiazzo, e dichiarandomi pronta a presentare come lo sono tuttora quei certificati che si reputassero opportuni a constatare la mia gravidanza. In tale maniera ho la coscienza di essermi diportata con quella lealtà e con quei riguardi che erano bensì dovuti ma che spero saranno apprezzati favorevolmente.
Prima però di abbandonare il mio incarico e quasi dirgli di congedarmi dolorosamente col Teatro del Cairo, mi permetto di dirigermi all'E.V. onde

esprimerle il mio profondo rammarico per essere costretta da un avverso destino all'onore di cantare al Cairo dopo che con tanto desiderio e con tanta alacrità avevo ottenuto di ritornarvi.
Nella mia disgrazia che non è lieve, mi conforta il pensiero di poter essere accettata in stagione del venturo anno, e fino ad ora io mi metto agli ordini dell'E.V. ed anzi mi confido tutta alla di Lei benevolenza certissima che se Ella non mi sgradisca, potrò avere l'ambita soddisfazione di ritornare al Cairo.
In questa mia fiducia mi reco ad onore di rassegnarle i sentimenti della mia grande stima e devozione.
Mi dico dell'E.V.
    Umilat.ma e obligat.ma
    Isabella Galletti Gianoli
[Nuove Edizioni, Milano. Dattiloscritto proveniente dal Teatro del Cairo]

117.

[Draneht Bey a Galletti]
Milano, 14 Agosto 1872
Egregia Signora Galletti,
Ho ricevuto la gentile sua lettera e mi affretto a riscontrarla. Non ho mai concepito passare un lontano dubbio sulla lealtà della sua condotta verso di me e l'amministrazione che rappresento. Una fatalità ci ha privato di poter nuovamente ammirare il suo raro talento e conviene rassegnarci. Ella può esser certa però che, se a lei spiace il non poter tornare per la prossima stagione al Cairo, ugual dispiacere, anzi maggiore, lo provo io e tutti coloro che hanno avuto campo di conoscere una artista così distinta come ella è. In quanto a progetti per l'avvenire, ella sa che io non posso nulla risolvere né concludere, finché S.A. non abbia autorizzato la nuova stagione teatrale. Della mia buona volontà però e del mio desiderio di avere lei, come ornamento principale della nostra compagnia del Cairo, credo averle dato buona prova col fatto. È necessario quindi attendere il momento opportuno, che mi lusingo vorrà presentarsi.
Non le dissimulo il danno che io soffro quest'anno per la sua mancanza, ho dovuto supplire come meglio ho potuto, ma non assunsi certo a colmare il vuoto prodottosi nell'elenco dei miei artisti dal suo malaugurato ritiro. Le ripeto che non ebbi mai ad occasionarle neppure in minima parte codesto fatto dal fatto indipendente dalla sua volontà.
Voglia ricordarmi al Sig. Giannoli e gradire i sensi della mia più perfetta considerazione.
    Draneht Bey
[Questa lettera esiste in copia dattiloscritta presso le Nuove Edizioni di Milano e proviene dall'Archivio del Teatro del Cairo]

118.

[Draneht Bey a Barrot Bey]
Milan, 15 Août 1872
A Son Excellence Barrot Bey - Caire
Mon cher Bey,
Conformément aux instructions que vous m'avez transmises par votre Dépêche télégraphique, j'ai écris à Mons. Guillaume pour lui offrir trente mille francs pour la résiliation de son contrat & j'attends aujourd'hui même sa réponse qui sera, j'espère affirmative.
Madame Grossi à son tour, vient de me plonger dans la consternation en m'annonçant qu'elle est mariée & enceinte & qu'elle demande la résiliation de son contrat; le remplacement de cette artiste est une chose impossible, car, ainsi que vous le savez bien, les contralto sont très rares, Mme Frebelli qui rivalise avec la Grossi est engagée, Mme Scalchi qui les surpasse en carrière théatrale au dessous de ces deux célébrités, est engatée en Russie, les autres deux ou trois contralto qui existent sont ou engagées ou laides; ne pouvant donc d'aucune façon trouver une artiste contralto convenable pour notre scène, je vise à remedier par un mezzo soprano et je nourris l'espoir de la trouver assez bonne pour conserver ce bon ensemble que je suis parvenu à former malgré toutes les contrariétés que j'ai éprouvé.
Veuillez agréer, Mon Cher Bey, l'expression de mes sentiments distingués.
    Draneht Bey
[Questa lettera si conserva in copia dattiloscritta presso le Nuove Edizioni di Milano e proviene dall'Archivio del Teatro del Cairo]

119.

[A. Carlos Gomez a Draneht Bey]
Lecco, li 22 Agosto 1872,
Eccellenza,
Fino dall'anno passato, io ho avuto la speranza che l'Opera da me composta per la SCALA di MILANO il *Guarany*, venisse rappresentata sulla scena dell'importantissimo teatro del Cairo. Pieno di questa speranza, io aspettavo un'occasione propizia per presentarmi all'E.V. e caldamente interessarvi a dare sul teatro del Vostro Sovrano l'opera mia.
Essendo io assente da Milano, occupato a comporre un'altra opera; solo oggi sono venuto in cognizione che nella prossima stagione tealtrale si darà al teatro del Cairo il *Guarany*, ma sfortunatamente per l'arte, e per me, mi si è detto che non si pensa prendere la partitura dal mio editore Sig. Lucca. Permettete Eccellenza che io faccia conoscere, che qualsiasi partitura del *Guarany* non presa dallo stabilimento Lucca, è falsa non autentica... - cioè che tutta l'istrumentazione dell'opera per orchestra, è fatta a capriccio, sulla edizione stampata per canto e pianoforte, da un mestierante qualunque... - nel qual caso: mio lavoro non resta che il canto e null'altro.
Io spero che V.E. che è tanto amante dell'arte, e degli artisti, vorrà ascoltare la mia protesta d'autore che faccio a qualsiasi partitura del *Guarany* non escita dallo stabilimento Lucca.
Io conto sull'animo leale di V.E. ed ho fiducia che volendo rappresentare il *Guarany* al gran teatro del Cairo, favorirete il vero autore, e non darete la preferenza a dei mestieranti, che defraudano il compositore delle proprie fatiche.
Col massimo rispetto, mi dico
    Dell'Eccelenza Vostra
    A. Carlos Gomez
[Questa lettera si trova in copia dattiloscritta presso le Nuove Edizioni di Milano]

120.

[Draneht Bey a Parepa-Rosa]
Milano, 30 agosto 1872
Egregia Signora Parepa-Rosa,
È necessario tanto nell'interesse dell'Amministrazione quanto è più nel suo stesso, che io ritorni sulla conversazione che avemmo insieme in Milano circa la scelta dell'opera per il suo debutto al Teatro del Cairo. Io persisto a credere che non vi possa essere scelta migliore della Norma; quest'opera son certo che converrà a lei perfettamente ed è graditissima al nostro pubblico. Di questo avviso è pure il Signor M° Bottesini, che è giunto a Milano e col quale abbiamo a lungo discusso sul repertorio e specialmente sulla prima opera d'inaugurazione della stagione. La prima di questa sarebbe il *Poliuto*. Se a lei piace debuttare con quest'opera, non ha che a dirmelo, ove a lei non piaccia darò la parte del *Poliuto* ad altra artista, e manterrò la *Norma* per seconda.
Tutto ciò io le dico senza avere la minima idea di ritirare la mia promessa del *Rigoletto*, se ella tiene assolutamente a debuttare con questo spartito, io sono uomo di parola ed appagherò il suo desiderio. Debbo però farle osservare, e ciò mi dimenticai dirglielo a voce, che non abbiamo per il *Rigoletto* il protagonista conveniente. Lo stesso che l'ha rappresentato l'anno scorso non fu giudicato nel *Rigoletto* così favorevolmente come in altre opere. Il Cottone, l'altro baritono di quest'anno, non è certo l'artista che ci vuole per quella parte.
Aggiunga poi che in ogni caso io non potrei farla debuttare col *Rigoletto* che quindici o venti giorni dopo cominciata la stagione, poiché mi sarebbe impossibile di dare questa musica, se non per quarta od anche quinta e per una sera soltanto. Rifletta seriamente a tutto ciò. Voglio sperare che ella sia convinta averle io parlato per suo bene, e nutro fiducia che sciogliendomi della mia promessa vorrà accettare il debutto col *Poliuto* e non con la *Norma*. Si assicuri che così facendo ella provvederebbe, amo ripeterlo, più ai suoi interessi che a quelli dell'Amministrazione.
Gradisca i sensi della mia considerazione.
    Draneht Bey
[Copia dattiloscritta presso le Nuove Edizioni di Milano]

121.

[Francesco Lucca a Draneht Bey]
[Milano] Dallo Studio, 2 Settembre 1872
A S.E. Draneht Bey - Città
Dispiacentissimo di non essermi trovato a casa sabato allorché mi onorava di sua visita.
Trovai un suo scritto col quale mi domanda 3 spartiti per uso del gran teatro del Cairo.
Ben volentieri glieli darò onde alle seguenti condizioni Uso solo.
Birrajo L 300.
Poliuto   500.
Ruy Blas 2.000.
Nella lusinga che troverà la mia domanda moderata, passo a salutarla con detta stima
    Di V.E. Dev. Servitore
    Francesco Lucca
[Questa lettera si trova in copia dattiloscritta presso le Nuove Edizioni di Milano e proviene dall'Archivio del Teatro dell'Opera del Cairo]

122.

[Draneht Bey a Larose]
Milan, 12 Septembre 1872
Mon cher Mons. Larose,
Depuis que je vous ai écris hier il y a du nouveau; mes chefs de service n'ont pas pû me livrer les croquis & dessins que je vous promettais de vous faire parvenir par le present courrier; ce sera donc par le courrier prochain que je vous transmettrai tout cela; mais autre chose encore, Mons. Lucca l'éditeur entend à l'avenir me louer sa musique, il se se refuse de me la vendre comme pour le passé, je vais donc abandonner Poliuto, Ruy Blas & Birrajo de Preston; il n'y a plus lieu de s'occuper des décors de ces ouvrages.
Autre chose encore; l'auteur du Diable Vert est en retard, prevoyant donc que nous ne pourrons guere commencer par ce ballet au théatre de la Comédie je le remplace par un autre Ballet intitulé le Monsieur Malliot, le Diable Vert nous le donnerons plus tard. C'est donc les croquis et les dessins de Monsieur Malliot que je vous expedierai. Vous ai-je dis que nous commençons au théatre de la Comédie par Don Bucefalo et non pas par les Precauzioni? Veuillez en prendre note et vous entendre avec Zuccarelli à ce sujet.
    Bien à vous
        Draneht Bey
P.S. Vous trouverez sous ce pli les notes des toiles pour le Ballet, Mons. Malliot que vous prie de donner à Zuccarelli et lui recommander l'éxecution immediate; je crois qu'il existe déjà à la Comédie quelques décors qui peut convenir. J'ai remis à Mr. Borne une lettre pour le negociant de la toile, veuillez vous entendre avec lui avant de la faire remettre.
Voici les premiers ouvrages que nous donnerons:
Opera.
1. I Puritani
2. Norma
3. Ebrea
4. Lucia
5. Aida
6. La Muta
Théatre Français.
1. Don Bucefalo
[Questa lettera si trova in copia dattiloscritta presso le Nuove Edizioni di Milano e proviene dall'Archivio del Teatro dell'Opera del Cairo]

123.

Crema, 25 Settembre 1872. Albergo del Pozzo.
Carissimo Tornaghi,
Sono obbligato a dare un Concerto in patria. Avrei bisogno della Cavatina del Trovatore *della donna* nel primo atto; ben inteso le parti d'orchestra; due primi violini, due secondi, una viola, due contrabassi e gli istrumenti a fiato. Così pure il Rondò della prima donna nella *Maria di Rohan*.
Fammi il piacere a spedirmeli presto perché dovrò forse fare qualche trasporto. Salutami Giulio ed a rivederci prima del mio imbarco. Biaggi Alessandro mi scrisse d'aver spedito a Milano colla posta il mio famoso diploma. Vorresti tu incaricare qualcuno di ritirarmelo o farmelo spedire a Crema? Tuo aff.mo amico
        G. Bottesini
[Lettera di proprietà dell'Editore Ricordi di Milano, N. 21]

124.

Crema, 27 Settembre 1872
Carissimo Tornaghi,
Ricevo in questo momento la musica e il famoso diploma. Ti ringrazio della premura che ti sei dato per me ed aggiungo un altra obbligazione alle tante che ti son debitore.
Sto studiando il *Viorone* per soddisfare i miei compatriotti.
Se saranno fiori fioriranno.
Ti saluto e credimi sempre Tuo aff.mo amico
        G. Bottesini
[Lettera di proprietà dell'Editore Ricordi di Milano, N. 22]

125.

[Draneht Bey a Cucchi]
Cairo, le 27 Octobre 1872
Chère Mademoiselle,
j'ai reçu la lettre par laquelle vous me demandez d'aider Mr. Dall'Argine dans son projet de dédier une oeuvre nouvelle à S.A. le Khédive.
Ainsi que je l'écris à Mr. Dall'Argine, il m'est impossible à mon grand regret de m'occuper de cette affaire, connaissant les intentions de S.A. à cet égard.
En effet un grand nombre de compositeurs ont voulu déjà dédier leurs oeuvres à S.A. qui invariablement a manifesté le désir que l'on ne jouât sur le théatre du Caire que des oeuvres dont le succés est déjà consacré en Europe. Une seule exception a été faite à cette règle en faveur d'Aida, et cette exception doit rester unique.
Agréez, chère Mademoiselle, la nouvelle assurance de mes meilleurs sentiments.
    Le Surintendant
        Draneht Bey
[Questa lettera si trova in copia dattiloscritta presso le Nuove Edizioni di Milano e proviene dall'Archivio del Teatro del Cairo. Anche in *Genesi dell'Aida*, n. 182]

126.

[Tito Ricordi a Draneht Bey]
STABILIMENTO MUSICALE DI TITO DI G. RICORDI
Milano, il 26 Novembre 1872
A S.E. Draneht Bey Sovrintendente dei Teatri di S.A. il Kedive d'Egitto. Cairo.
In riscontro alla preg. del 16 corr., ho l'onore di avvertirla che a mezzo del S. Rubatino di Genova Le ho spedito un pacco N° 507 contenente 300 fogli di carta per musica a 20 righe in piedi, pel cui importo ho preso nota a di Lei debito in *L 21*.
Pronto sempre all'onore di servirla, riverendola con stima sono di Lei
    Devot.mo
        Tito di G. Ricordi
[Questa lettera si trova presso le Nuove Edizioni di Milano in copia dattiloscritta e proviene dall'Archivio del Teatro dell'Opera del Cairo]

127.

[Draneht Bey al Directeur de la Voirie]
Caire, le 5 Décembre 1872
Monsieur Grand Directeur de la Voirie, au Caire.
Monsieur,
J'ai l'honneur de vous envoyer ci-contre la note du personnel du théatre de l'Opéra que vous m'avez demandée, et qui doit servir à déterminer la somme à payer à la Cie, des Eaux pour l'abonnement mensuel.
Veuillez agréer, Monsieur, l'assurance de ma considération distinguée.
    Le Surintendant
        Draneht Bey.

Note du personnel attaché au théatre de l'Opéra				Nombre du person
Artistes de chant et choristes	4 heures par jour...			84
Artistes de danse et corps de ballet	4 »	»	»	69
Orchestre	3 »	»	»	60
Machinistes	8 »	»	»	35
Serviteurs de scène	12 »	»	»	3
Employés divers	12 »	»	»	5
Atelier de couture	12 »	»	»	20
Administration	12 »	»	»	8
Service de l'éclairage	6 »	»	»	5
Peintres	8 »	»	»	5
Comparses	4 »	»	»	12
Coriphées	4 »	»	»	4
Domestiques arabes	8 »	»	»	5
Portefais arabes	8 »	»	»	8
			323

[Questa lettera si trova in copia dattiloscritta presso le Nuove Edizioni di Milano]

128.

[Draneht Bey a Hofmeister]
Caire, le 29 Décembre 1872
Monsieur Henry Hofmeister, à Ancône
Monsieur,
J'ai l'honneur de vous accuser réception de votre aimable lettre en date du 21 courant à laquelle je m'empresse de répondre.
Avant tout je vous félicite de l'heureux choix d'artistes que vous avez fait en vue d'Aida; vous aurez une brillante et enviable compagnie pour votre saison de printemps qui ne peut manquer d'être fort belle avec de tels éléments de succès, surtout si vous réussissez à vous entendre avec Mad.e Pozzoni qui a si brillament créé le rôle au Caire.

J'ai fait part à cette artiste de vos propositions, come elle est actuellement en pourparlers avec d'autres théatres, elle ne pourra pas répondre aux dites propositions avant une quinzaine de jours.
Nous avons donné jusqu'à présent en fait d'oeuvre nouvelle pour le Caire I Puritani, la Giocoliera, Roberto, le Carnevale de Venezia, Pipèle, Tutti in Maschera, le tout avec un succés très satisfaisant. En un mot notre saison va parfaitement et nous sommes très contents.
Il nous reste à monter la Forza del Destino, la Muta, Flik e Flok. J'éspère que nous aurons avec ces pièces le même succés qu'avec les precédentes.
Il ne me reste plus qu'à vous remercier de vos bons souhaits à l'occasion du nouvel an, et à vous prier d'agréer les miens.
Veuillez agréer, Monsieur, l'assurance de mes sentiments les plus distingués.
 Le Surintendant
 Draneht Bey
[Questa lettera esiste in copia dattiloscritta presso le Nuove Edizioni di Milano e proviene dall'Archivio del Teatro del Cairo. Pubblicata in parte in *Genesi dell'Aida*, n. 185]

129.

[Draneht Bey a Barrot Bey]
Caire, le 15 février 1873
A Son Exc. Barrot Bey, Secrétaire de S.A. le Khédive. Caire.
Mon Cher Bey,
J'ai l'honneur de vous accuser réception de votre lettre en date du 9 courant avec copie de celle adréssée à S.A. par M. Marchetti au sujet de la représentation au Caire de son opéra Ruy Blas. Je m'empresse de répondre aux observations et aux plaintes du Mr. Marchetti & de vous donner sur cette affaire tous les renseignements nécessaires pour que vous puissiez les soumettre à S.A.
En premier lieu, je vous ferai remarquer que ni M. Marchetti ni l'éditeur propriétaire de la partition de Ruy Blas n'ont aucun droit de réclamer contre la représentation de cet opéra pour l'unique mais très valable raison n'existe entre l'Egypte & l'Italie aucune convention sur la propriété littéraire. Dans les pays où cette propriété n'est garantie par aucune loi ou convention internationale, la musique est une marchandise comme une autre qui peut être achetée au premier venu, et exécutée, sans obligation de consulter qui que ce soit, et sans qu'il soit besoin d'une autorisation spécial soit de l'auteur soit de l'éditeur. Mais je ne veux pas me contenter de cette réponse, et j'ajouterai que des 44 opéras que jusqu'à présent j'ai acquis le droit de faire représenter sur les théatres de S.A. aucun ne fut acheté ailleurs que chez les propriétaires. J'ai agi ainsi d'abord parceque la différence de prix eut été relativement minime, en second lieu parceque les partitions achetées aux propriétaires offrent plus de sécurité quant à l'exactitude, et enfine parceque, agissant en nome de S.A. il me paraissant plus digne et plus convenable de m'adresser aux propriétaires légitimes des partitions, plutôt que d'acheter des partitions à des contrefacteurs, ainsi que font d'ailleurs la plupart des directeurs de théatres dans le pays où il n'existe point de convention, relative à la propriété lettéraire.
En ce qui regarde Ruy Blas, j'aurai certainement agi de la même façon, mais M. Lucca de Milan, (éditeurs, propriétaire de l'opéra de M. Marchetti) éleva de telles prétentions que je dus renoncer à traiter avec lui. En effet, sur les 44 opéras acquis jusqu'à ce jour de plusieurs éditeurs et notamment du même M. Lucca pour beaucoup d'entr'eux, je ne traitai jamais pour une ou plusieurs saisons, mais bien pour le droit de représenter à perpétuité les dites opéras sur les théatres de S.A. ce qui me permettait de constituer avec les archives déjà existantes un véritable capital au bénéfice de l'administration. Cette année, quand je proposai à M. Lucca de lui faire, l'acquisition de Ruy Blas et de quatre autres opéras lui appartenant il me répondit qu'il n'entendait plus me vendre mais me louer année par année, les partitions de son étabissement, ce qui m'étonna beaucoup, car pendant trois années consécutives j'ai fait à la maison Lucca de nombreux achats et toujours aux conditions de tous les autres éditeurs.
La proposition était telle que je ne pouvais l'accepter ni comme question d'intérêt, parceque M. Lucca me demandait pour la location *d'une seule année* de l'opéra Ruy Blas me demandait *quatre fois* plus que ce que j'ai toujours payé aux éditeurs (y compris Mr Lucca lui-même) pour l'acquisition perpétuelle d'une partition. Pour la question de principe, parceque je ne puis consentir à me soumettre dans mes contrats à une loi que S.A. n'a cru devoir ni reconnaitre ni établir dans ses états.
Je ne m'en tins d'ailleurs pas à une seule proposition; je chargerai de traiter avec la maison Lucca d'abord M. Bottesini, puis M. d'Ormeville, mais ni l'un ni l'autre ne pourront faire entendre raison à ce marchand qui s'était mis en tête de gagner de grosses sommes avec l'opéra du Caire. "Si le Vice-Roi, disait-il, a payé 150.000 francs pour Aida, il peut bien payer à proposition les opéras qui m'appartiennent". Je sais d'ailleurs que Ruy Blas peut être acheté à d'autres que l'administration des théatres du Caire fasse ainsi elle le veut; quant à moi je ne veux rien rabattre de ce que j'ai demandé. Mr. d'Ormeville informa de tout cela Mr. Marchetti, qui, en présence dex exigences de Mr. Lucca, ne peut donner raison à ce dernier.
En ce qui regarde l'interprétation elle-même de l'oeuvre, je vous prie, mon cher Bey, d'assurer à S.A. que la réputation de Marchetti ne peut qu'y avoir gagné. En effet, à l'exception de Mad. Parepa-Rosa, tous les autres artistes: Mlle Corsi, MM. Carpi, Cottone & Lari, ont tous, en gran nombre de fois, et dans plusieurs théatres, exécuté cet opéra, et même sous la direction immédiate de l'auteur. Si donc la musique de Ruy Blas avait été altérée, il y eut certainement des propositions de la part de ces artistes. Mlle Corsi a chanté cet opéra 78 fois, car si un plus grand nombre de fois encore, et ainsi des autres. Or, qui d'entr'eux a fait la moindre observation sur cette musique? Personne. Eux aussi se déclarent satisfaits. Mais ce n'est pas tout encore, la Direction de l'orchestre était confiée à Mr. Bottesini, célébrité universelle, et la direction de la mise en scène à Mr. d'Ormevill qui est l'auteur même du libretto, qui connait parfaitement cet opéra, qui l'a dirigé un grand nombre de fois en Italie, et qui est l'ami intime de Marchetti. Ce sont là, ce me semble des garanties suffisantes pour que ce dernier n'ait pas à craindre que son oeuvre ait été altérée. Je trouve enfin très étrange que Mr. Marchetti vienne importuner S.A. de ses réclamations, ce qu'il n'a point fait auprès des souverains des autres états dans lesquels son Ruy Blas fut exécuté avec des partitions non achetées à la maison Lucca. Je me bornerai à citer les théatres de Malte et de Bucharest. Je suis aussi fort étonné qu'il proteste contre l'acheteur seul qui, d'ailleurs est dans son droit ainsi que je l'ai établi plus haut et nullement contre le vendeur qui est italien, et qui fait ouvertement son commerce à Milan.
Je conclus en répétant que toutes les administrations de théatres, dans les états où il n'existe point de loi sur la propriété littéraire (comme l'Amerique, la Turquie, la Russie, le Portugal, etc. etc.) n'achètent jamais ou presque jamais les opéras aux propriétaires légitimes. Je me suis imposé le devoir de faire le contraire, et si dans cette circonstance je me suis écarté de ma ligne de conduite, c'est parceque je ne voulais pas me laisser imposer des conditions arbitraires, et aussi pour ne pas établir des précédentes dangereux.
Je vous prie, mon cher Bey, d'informer de tout cela S.A. à la sagesse de qui je m'en rapporte pleinement pour juger ma manière d'agir dans cette affaire.
Agréez, mon cher Bey, l'assurance de mes sentiments dévoués.
 Le Surintendant
 Draneht Bey
[Questa lettera si trova in copia dattiloscritta alle Nuove Edizioni di Milano e proviene dall'Archivio del Teatro dell'Opera del Cairo]

130.

Cairo, 28 Marzo 1873.
Carissimo Tornaghi,
Io partirò per Milano verso la fine d'Aprile. Ringrazio Giulio delle sue buone intenzioni per Alì Babà. Speriamo che il successo sarà degno *di noi*. Sono in trattativa con Gallo per l'estate pel Malibran.
Mi piacerebbe assai per la direzione della Forza del Destino.
Medini si è incaricato del tabacco per Giulio.
A rivederci presto.
 Tutto tuo
 Gio. Bottesini.
[Lettera di proprietà dell'Editore Ricordi di Milano, N. 23]

131.

Alessandria, 13 Aprile 1873.
Carissimo Tornaghi,
Spero avrai ricevuto una mia ove ti diceva che io non potrò essere a Milano che sino al 12 Maggio prossimo.
Se c'è la possibilità di montare l'Alì Babà dovresti aspettarmi. Credo che andrò a Venezia con Gallo onde mettere in scena la Forza del Destino. Spero che ciò sarà d'aggradimento generale.
Scrivimi due righe, salutami Giulio e la famiglia e credimi Tuo aff.mo
 Gio. Bottesini.
[Lettera di proprietà dell'Editore Ricordi di Milano, N. 24]

132.

[Draneht Bey a Hofmeister]
Caire, le 14 Avril 1873
Monsieur Hofmeister à Ancône
Cher Monsieur Hofmeister,
J'ai bien reçu votre lettre du 30 Mars écoulé, par laquelle vous m'informez

que vous comptez donner Aida vers le 1.er Mai.
Je ne doute pas qu'avec la brillante troupe que vous avez reunie vous n'obteniez le plus grand et le plus légitime succès.
Je compte partir pour l'Europe dans une quinzaine de jours, je me propose de passer par Ancône afin d'avoir le plaisir de vous voir, ainsi que plusieurs de mes pensionnaires de la prochaine saison actuelle chez vous.
En attendant, je vous prie, cher Monsieur Hofmeister d'agréer l'assurance de mes meilleurs sentiments.
    Le Surintendant
    Draneht Bey
[Questa lettera esiste in copia dattiloscritta presso le Nuove Edizioni di Milano e proviene dall'Archivio del Teatro del Cairo]

133.

Venezia, 29 Aprile 1873. Albergo del Canaletto.
Carissimo Tornaghi,
Appena sbarcato ti scrivo due righe pregandoti di sapermi dire se è necessaria la mia presenza a Milano per ultimare se è possibile la mise en scène d'Alì Babà.
In questo momento ho firmato con Gallo per l'estate prossima al Malibran.
Scrivimi presto onde possa disporre de' miei pasticci.
Tuo aff.mo
    Gio. Bottesini.
[Lettera di proprietà dell'Editore Ricordi di Milano, N. 25]

134.

[Galletti a Draneht Bey]
Bologna 13-5-1873
Eccellenza,
Il grandissimo piacere che ho provato nel ricevere la lettera dell'E.V., altrettanto provo dolore nel sentire come la Signora Sobolenska sia passata per Bologna e non abbia cercato di me né di mia casa e nemmeno d'altre persone altrove. Ciò mi tiene in grande pensiero, spero che le lettere che le ho dirette al Cairo le verranno respinte a Parigi. Se non fossi troppo indiscreta sarei a pregare l'E.V., quando sarà a Parigi di volermi dare il preciso indirizzo di detta Signora, avendo cosa di somma importanza da comunicarle. Ringrazio V.E. delle congratulazioni che mi fa del mio successo che si ripete anche a Nizza, ove in 9 giorni cantai 6 volte, anzi mi prendo la libertà inviare a V.E. due numeri del Giornale il Pensiero di Nizza che portano due articoli magnifici. Scalabrini mi ha fatto proposte eccellenti di riconferma per tutta la ventura stagione invernale che forse mi deciderò accettare quando verrò a Milano che sarà Sabato 17, pel magnifico soggiorno di quel paese, e per la mitezza del clima che ricorda assai quello del Cairo paese che non dimenticherò giammai.
Tralascio per non tediarla di più.
Perdoni della libertà che mi sono presa anche questa volta. Con rispetto mi dico dell'E.V.
    Devot.ma amica
    Isabella Galletti Gianoli
[Questa lettera si trova in copia dattiloscritta presso le Nuove Edizioni di Milano e proviene dal Teatro dell'Opera del Cairo]

135.

[C. d'Ormeville a Draneht Bey]
Milano, 22 Maggio 1873
Eccellenza,
Ricevo la grata sua del 19 corrente e rispondo subito, pur attendendo con vivo interesse la lettera di risposta all'ultima mia, ch'ella mi fa sperare per domani.
L'Albertelli di Milano (e non Albertini) ha accettato; hanno accettato pure tanto la Corvacchi quanto la Cappellini di Roma. Ho mandato al Rinti al Falcone i dieci esemplari di contratto in bianco.
Mi onori dei suoi comandi, e mi creda sempre
    Suo Dev.
    C. D'Ormeville
P.S. Fu pure mandato il contratto a Giacomo Baragli violoncello di Roma, di cui erano ottime le informazioni e ne parlai al Zocchi, che lo accettò
[Questa lettera si trova in copia dattiloscritta presso le Nuove Edizioni di Milano e proviene dall'Archivio del Teatro dell'Opera del Cairo]

136.

[C. D'Ormeville a Draneht Bey]
Milano, 9 Giugno 1873
Eccellenza,
Appena ricevuta la sua lettera, mi sono affrettato a vedere il Canzio, onde verificare le mancanze dell'Archivio musicale dall'E.V. indicatomi.
Il medesimo mi ha risposto che per quanto a lui consta - del *Faust* non mancava che una parte di ciò che riguarda il ballo di detta Opera, e mancava questa parte non per l'Orchestra ma per il quartetto dei *provini*.
A tale mancanza ha già provveduto lui stesso facendo venire da Parigi la parte in questione.
In quanto alla *Muta* il Canzio stesso mi assicura che tutto è in Archivio, come fu preso e portato da Parigi, se dunque esiste qualche mancanza è l'editore che deve compensarla.
Gradisca, Eccellenza, l'assicurazione del mio profondo rispetto e mi creda
    Suo Dev.o
    Carlo D'Ormeville
[Questa lettera si trova in copia dattiloscritta presso le Nuove Edizioni di Milano e proviene dall'Archivio del Teatro dell'Opera del Cairo]

137.

A Draneht Bey
Venezia, 13 Giugno 1873. Piscina S. Moise 2053. Casa Barbarani.
Eccellenza,
Nella speranza che questa mia possa trovare V.E. ancora in Parigi mi do premura di domandar scusa se sono partito senza averla avvertita. Un telegramma di Crema mi annunziava la poca salute di mio padre. Posso però assicurarla adesso che non vi fu pericolo alcuno, e mio padre vive con me. Sarebbe una bella cosa ed utile il comprare un pianino di due ottave o tre da mettere davanti al pupitre del Direttore d'Orchestra. A Parigi non si trova ma bensì a Londra, presso Cramer o Schott.
La spesa non deve essere non più di due cento franchi (200).
Desidererei un ultimo sacrifizio a mio riguardo. V.E. è tanto buona per me che m'azzardo a scrivere. Melchiorri il bravo primo violino dei 2.di non firmò la riconferma dietro qualche speranza di aumento. Non potrei sperare da V.E. che lo concedesse?
Scrissi in proposito a Lampugnani ed al suo arrivo troverà questo pasticcio sul tavolo.
Il Ghirardi secondo violino ingiustamente *segnato* meriterebbe essere riconfermato. Ecco le mie seccature del momento.
La mia Signora non ha avuto il piacere di trovare V.E. in casa e spera di rivederla in Milano.
Mi conservi la sua amicizia e protezione ed ho l'onore di dirmi di V.E.
    Dev.mo servo
    Gio. Bottesini
[Questa lettera si trova in copia dattiloscritta presso le Nuove Edizioni di Milano e proviene dall'Archivio del Teatro dell'Opera del Cairo]

138.

[C. D'Ormeville a Draneht Bey]
Milano, 16 Giugno 1873
Eccellenza,
Mi permetta darle il ben tornato.
Io sono - *ça va sans dire* - sempre a sua disposizione e pronto ai suoi ordini.
Ho letto la pubblicazione ufficiale del suo imminente matrimonio con la Signora *Erminia Casati*: voglio essere - se non il primo - uno dei primi a rallegrarmi con lei e con la Signora *Erminia*, alla quale la prego presentare i miei ossequi.
Accolga Eccellenza, la testimonianza del mio profondo rispetto e voglia credermi suo amico
    Dev.mo
    Carlo D'Ormeville
[Questa lettera in copia dattiloscritta si trova presso le Nuove Edizioni di Milano e proviene dall'Archivio del Teatro dell'Opera del Cairo]

139.

[C. D'Ormeville a Draneht Bey]
Milano, 17 Giugno 1873
Eccellenza,
Le scrissi a Parigi per la Rastrelli - bella e simpaticissima ragazza - ballerina, che già fu al Cairo e desidera tornarvi.
Non ebbi però alcuna risposta. Essa è tornata da me questa mattina ed io

riscrivo a Lei per sapere che cosa devo risponderle. In quanto alla sua abilità posso dirle che balla attualmente al Dal Verme ed è guida di prima quadriglia, cioè dopo le otto distinte.
Per il Cairo però accetterebbe la scrittura generica di ballerina di *mezzo carattere* con le *500* lire.
Mille ossequi alla Signora *Erminia* e a Lei.
Mi creda sempre
    Suo dev. servo
    Carlo D'Ormeville
[Questa lettera si trova in copia dattiloscritta presso le Nuove Edizioni di Milano e proviene dall'Archivio del Teatro dell'Opera del Cairo]

140.

Venezia, 22 Giugno 1873. Piscina S. Moisè 2053.
Carissimo Giulio,
Ho bisogno d'un piacere che son sicuro non me lo negherai.
Mio fratello Luigi venne scritturato ai bagni di Valdieri in Piemonte onde far musica durante la stagione dei bagni. Questa musica si compone di Violino Flauto e Pianoforte. Mio fratello sta lavorando come un cane onde preparare il più che potrà, ma certo non arriverà mai a tempo onde sieno pronti almeno *40* pezzi di musica. Nel tuo immenso magazzino dovresti avere dei terzetti per i detti istrumenti e faresti opera di carità a spedirgli almeno 24 pezzi. Io pagherò il nolo o la compera secondo il tuo desiderio. L'indirizzo di mio fratello è 15 via Meridiana Torino.
Dimmi qualche cosa onde possa mettere mio fratello in comunicazione colla tua casa e ti ringrazio anticipatamente.
Del mio povero Alì Babà silenzio completo. Fa uscire almeno l'opera stampata.
Sto preparando per Piano la Marcia Orientale di cui ti ha parlato Gallo e spero me la stamperai. Fa caldo oggi. Non dimenticarmi del tutto e credimi
    Tuo aff.mo amico
    Gio. Bottesini.
[Lettera di proprietà dell'Editore Ricordi di Milano, N. 26]

141.

[Carlo D'Ormeville a Draneht Bey]
Milano, 9 Luglio 1873
Eccellenza,
Ho ricevuto la gentile sua lettera e ne la ringrazio di tutto cuore.
Certo sarebbe stata per me una vera soddisfazione assistere al suo matrimonio, ma comprendo perfettamente la impossibilità materiale cagionata dalla mancanza di spazio. Se però non fui presente di persona, lo fui col cuore. Benché lontano io mi associai col pensiero alla sua gioia ed a quella della Signora Adele, alla quale la prego presentare i miei omaggi e le mie più sincere congratulazioni.
Fra poco i legami di un contratto saranno sciolti fra noi; ma siccome io mi sentivo legato a lei, più che da questi, dai legami dell'affetto, spero che ella non vorrà scioglierli come gli altri e considerarmi sempre quale uno dei suoi più fidi e più leali amici. Spero altresì che vorrà ugualmente onorarmi dei suoi comandi e rammentarsi che non ebbi mai verso di lei alcuna colpa.
Le confesso candidamente che di questo affetto che a lei mi lega mi maraviglio e non poco io medesimo, poiché sento quello che io dovrò soffrire nei sei mesi della stagione del Cairo sarà atroce, e nessun altro uomo al mondo mi avrà mai cagionato altrettanto dolore. Eppure io sento di non essere minimamente cangiato verso di lei: le auguro anzi che chi dovrà sostituirmi possa incontrare la piena sua soddisfazione.
Ma di ciò è inutile oramai di parlare: quello che è fatto è fatto, ed io soffrirò tacendo, confortato dall'idea che non m'evitai di essere trattato così. Pazienza!... Che almeno i nostri rapporti personali mi rinfranchino della temporanea ma tremenda separazione, che ella ha voluto imporre fra me e fra la persona che sopra ogni cosa ho amato ed amo. Che almeno io possa essere sicuro che se d'ora innanzi ella non dovrà più considerarmi come suo dipendente, vorrà però sempre considerarmi come suo amico.
Ho veduto ed ho parlato con *Canzio*.
Il medesimo è scritturato per la Scala; mi disse però averle già scritto in proposito e progettato per surrogarlo il Mainoldi.
In quanto alla musica, lo stesso Canzio mi ha assicurato che è tutta rimpiazzata, meno alcune parti dei Cori, per le quali si è impegnato anche il Devasini che saranno rimparate.
La carta è pronta ed io gli ho detto di portarla e consegnarla al Pietrino Catti.
Per ciò che riguarda i balli, che sta copiando e che sono quasi finiti, egli vorrebbe un'anticipazione di *250* franchi. Se crede autorizzare la Signora Lampugnani a questo pagamento, faccia lei. Qui si dice che ella ha intenzione di prendere quattro ballerini di più. Forse sarà un consiglio di Marzagora (del quale desidero parlare a voce come va). Se ha veramente questa intenzione, credo sarebbe utile tener conto di un francese per nome Thomas, che da tre anni è qui scritturato alla Scala e che ballerà nel prossimo Autunno appunto nel *Figliuol Prodigo*.
Le ho mandato due fotografie di ballerine; eccone un'altras di una certa *Zonghi*, bellina, amicissima della Bignotti che è venuta a raccomandarla.
La stessa Bignotti ha una sorella che canta, come seconda donna, ma che si adatterebbe anche a far parte del Coro. Non so se vi sia posto, in caso affermativo vegga lei se è il caso di contentarla.
Null'altro dovendole passo a segnarmi
    Suo dev.o Servo
    Carlo D'Ormeville
[Questa lettera si trova in copia dattiloscritta presso le Nuove Edizioni di Milano e proviene dall'Archivio del Teatro dell'Opera del Cairo]

142.

[Lampugnani a Draneht Bey]
Milano, 14 Luglio 1873
A S.E. Draneht Bey - Oggebbio
Eccellenza,
Confermandole la mia di ieri, scopo della presente è per avvisarla che il M° Bottesini è qui giunto da Venezia, dove fu sospeso lo spettacolo per causa igienica.
Il sud. Maestro m'incombe avvisarla che delle opere che V.E. vorrà dare quest'anno, bisogna pensare ai raddoppii per gli istrumenti d'arco da acquistare dalle rispettive Case editrici, si è come i violini primi e secondi secondo da 4°, o 5°, libri, e devono essere invece 6, primi e 6 secondi.
Nella precedente preg. sua 3, Luglio nella nota violini, il M. Zocchi mi dice che dovrebbe esservi certo *Antonietti* che era nei primi violini, passato nei secondi. Favorisca dirmi se fosse stato omesso per dimenticanza, oppure se non fu scritturato.
Primi violini e secondi. Domani ho preso appuntamento coi M. Bottesini e Zocchi, e sottometterò a V.E. quali si potranno dai secondi passare ai primi.
Attendo sempre ordini per la cassa proventi da Cairo con istrumenti, perché potrebbe essere che siano istrumenti da far accomodare.
Sempre dedito a suoi comandi ho il piacere di professarle la mia servitù.
    Dev. Servo
    P.C. Lampugnani
    A. Sassi
[Questa lettera si trova presso le Nuove Edizioni di Milano in copia dattiloscritta e proviene dall'archivio del Teatro dell'Opera del Cairo]

143.

[C. D'Ormeville a Draneht Bey]
Milano, 24 Luglio 1873
Eccellenza,
Ho veduto il Canzio.
Esso mi ha assicurato che le 12 risme di carta da musica contenenti *5.000* fogli furono oggi consegnate a Pietro Caffi.
Dei due balli, uno è finito, l'altro lo sarà fra dieci giorni circa coi pezzi staccati come risulta sulla nota da lei firmata. In quanto poi al completamento dell'archivio, egli mi disse che aspetta a farne consegna, di aver riunito ciò che esso deve fornire, onde non moltiplicare operazioni e non far nascere confusioni. Non appena avrà tutto in pronto, restituirà ogni cosa controllando il tutto con la nota alla quale sopra accennai e che V.E. mi ha mandato.
Il medesimo Canzio mi ha detto di rimetterle la qui acclusa nota, che è quella dell'aumento necessario di parti d'orchestra a secondo dell'aumento dei professori,
Mille ossequi alla sua Signora e mi creda,
    Suo Devotissimo
    C. D'Ormeville
[Questa lettera si trova in copia dattiloscritta presso le Nuove Edizioni di Milano e proviene dall'Archivio del Teatro dell'Opera del Cairo]

144.

[Medini a Draneht Bey
Alessandria, quarantena, 20 Ottobre 1873
Eccellenza,
Come vede siamo in gabbia per rispetto alla salute pubblica, che auguro a tutti sia come la mia presentemente, e così pure del resto della compagnia, i cibi che ci passano sono buonissimi, il servizio lascia a desiderare un poco, per mancanza di numero di camerieri, quelli che ci sono però

servono per quello che possono bene, il locale ove si mangia è grandissimo, l'aria entra a volontà essendo tutto aperto, di conseguenza minacciate le nostre laringi, che spero oggi sarà presa in considerazione la protesta delle nostre Signore prime Donne.
Aly Pacha Cheryf amabile come mai, pure in quarantena ha fatto le sue rimostranze presso la commissione, speriamo termineremo la prigionia in perfetta salute, come tutti oggi si trovano; si desidera nella compagnia sapere con che opere si apre la stagione Teatrale, se ha stabilito l'Opera sarà cosa grata a tutti se lo farà sapere in questa gentile gabbia, popolata da gentili e graziose Signore, che passano il tempo in buona allegria avendo un piano forte che tutto il giorno è occupato da buoni pianisti, e valenti cantanti *di ambo i sessi?* infine la prigione non è di peso, anzi colla qualità dei prigionieri è reso un luogo di piacere. Giovedì saremo a Cairo, tanto mi procuro il piacere di augurarle ogni felicità e disponga del suo
Devotissimo
Paolo Medini
[Questa lettera si trova in copia dattiloscritta presso le Nuove Edizioni di Milano]

145.

[Stolz a Verdi]
Cairo, 5 Dicembre 1873
Carissimo Maestro!
La ringrazio infinitamente della sua gentile lettera che ho ricevuto appena il 22 novembre. Sappia pure che è nato un equivoco con questa lettera, probabilmente nel fare l'indirizzo avrà confuso le lettere, la mia è andata alla Waldman e quella della Waldman capitò a me!!!!! Io avrei dovuto scriverle prima per informarla del mio debutto, ma siccome dopo pochi giorni si doveva andare in scena subito coll'*Aida,* così ho voluto aspettare per darle notizie anche di questa seconda Opera, ma disgraziatamente si ammalò la Waldman e l'andata in scena venne protratta. Dunque il 15 Novembre ho fatto il mio debutto colla *Forza del Destino,* con Fancelli, Verger, Miller, la Waldman e Steller (*Melitone*).
Tutta l'opera ebbe un magnifico successo: l'Orchestra era affidata a Direttore d'Orchestra Zocchi, il quale la diresse pure l'anno passato, e questo anno non glie la vollero togliere. Questo giovane Direttore non è cattivo, anzi cura molto i coloriti dell'Orchestra, ed ha molta anima. L'Orchestra è buona, certamente non è quella di Napoli, né quella della *Scala,* ma i Professori sono buoni come pure i Cori sono eccellenti specialmente le donne ed i Bassi.
Io ho fatto una certa impressione nella parte di *Leonora,* e realmente non l'ho detta male, stavo benissimo di voce per cui il resto venne da sè.
Tutti dicevano che la musica della *Forza del Destino* questo anno è più bella perchè meglio eseguita dell'anno passato!!! Fancelli piacque molto di più che nella *Favorita,* colla quale si aperse il Teatro e dove cantò la Waldman. Verger sarebbe un bravo baritono ma ha poca voce; lo Steller è impossibile nella parte di *Melitone,* è un vero orrore, però il pubblico lo applaude e forse crede che fa bene!!!!! Miller fece bene la sua parte.
Dopo aver fatto tre recite della *Forza del Destino,* si ammalò la povera Waldman e stette una settimana indisposta, intanto l'impresa ha pensato di allestire il *Ballo in Maschera;* alla prova generale si ammala il contralto, dunque eccoci con due opere arrivati sino alle prove generali e non si poteva andare in scena.
Ristabilita la Waldman abbiamo ripreso la *Forza del Destino* e il 2 di Dicembre, siamo andati in scena coll'*Aida.* Quest'Opera ha un grande prestigio in questo paese, ogni qualvolta si mette sugli avvisi, il Teatro è subito invaso dalla gente per accapararsi i posti ed in fatti martedì sera fu la prima volta il Teatro pieno in questa stagione. Oltre alla *Favorita* si è dato pure il *Barbiere,* il *Crispino,* ed il *Poliuto,* dunque l'*Aida* era la quinta Opera della stagione.
Cosa dirle dell'esecuzione di questa stupenda musica? Vi fu del buono ed anche del mediocre per non dire cattivo!!!! prima di tutto la messa in scena cattivissima, abbenchè fosse modificata l'anno passato dopo che D'Omeville vide la messa in scena a Parma.
Qui le scene sono belle come può essere bello un quadro, ma non sono teatrali; il pittore ha voluto far effetto, non pensando che doveva servire in Teatro. La scena è tutta ingombra dalle quinte e per gli attori non rimane posto; così è la scena del Tempio, e quella nell'atto secondo nel grande Finale. L'ultima scena poi è tutta sbagliata ed è un vero orrore!!!! Gli attrezzi sono di una rara bellezza, come anche i vestiari e le *bijouterie!*
Bottesini ha diretto l'Opera con grande impegno, con molta accuratezza, ma è freddo, molle (ma sempre mille volte meglio dei Direttori di Napoli).
La Banda e le trombe sono spesse volte stonate, i suonatori sono tutti Arabi, dunque per essere Arabi vanno anche troppo bene!!!
Veniamo ora all'esecuzione. Io e la Waldman abbiamo fatto una grandissima impressione al pubblico, e al Vicerè che non si stancava mai di applaudire, dopo l'Opera mandò a ringraziare gli artisti con parole di grande soddisfazione. Fancelli disse bene la sua parte, ma di molte cose si è scordato, voglio parlare di quei accenti che Lei, caro Maestro, gli aveva tanto bene insegnato due anni fa a Milano, ma siccome la voce sua è bella cosi andò tutto bene per il pubblico. Medini fa molto bene la parte di *Ramfis,* Steller è insopportabile nel Finale e mediocre nel duetto con me, io l'ho fatto smuovere un po', ma con tutto ciò resta sempre un cantante freddo e sfiatato. Non La voglio annoiare con la descrizione di tutti gli applausi e chiamate, fu una vera festa da principio alla fine.
Il 4 siamo andati in scena col *Ballo in Maschera* con Mongini, Steller, Smeraschi; anche questa opera piacque ma il primato del successo sarà sempre dato dall'*Aida.* Mongini à molto deteriorato e non lega più, ma canta a pugni. Non credere, caro Maestro, che sono cattiva nel giudicare i miei compagni, ma a Lei lo posso dire, agli altri non mi azzarderei di scrivere la verità!! Se dico bene dei miei compagni vuol dire che lo meritano, se fanno male lo dico pure, come pure posso dire la medesima cosa di me. La *Forza del Destino* e l'*Aida* dissi benissimo, e il *Ballo in Maschera* no, sento in me che posso dire quella parte molto meglio. Qui mi dissero che nessuno artista ha fatto tanta impressione in questa parte quanto ne ho fatta io, ma ciò non mi basta, io non sono contenta di me, e alla seconda recita spero di far meglio.
Qui il clima è delizioso, ma assai pericoloso per i forastieri, anche io sono stata un po' indisposta giorni fà, ma fu cosa leggera.
Io vorrei che fossimo ai ultimi di Marzo per rivedere la mia bell'Italia! L'Egitto con tutto il suo sole sempre splendente non mi piace, e sopra tutto non mi piace il modo col quale si fa qui l'artista.
Dice bene Steller quando viene alle prove: Qui bisogna venir per prendere i denari e quando non si ha più forza di affrontare i teatri d'Italia; chi ha amor proprio e ama l'arte, qui non soffre il martirio.
Cosa fa la buona e cara Peppina? Si ricorda qualche volta di me? E lei, Maestro carissimo, si occupa della *Messa?* Io desidero ardentemente i primi del mese d'Aprile quando faremo le prove della *Messa,* allora mi parerà di essere da capo l'artista, ma qui l'arte non si comprende e non si cura, è una vera mortificazione per chi ha un po' d'amor proprio e per chi è stato abituato troppo bene durante le due belle stagioni di Milano e Napoli sotto la sua Direzione!!!!
Io dirigo sempre questa mia a Borgo cioè a Parma, ma chi sa se Loro si trovano ancora in campagna!!! Se sono assenti, spero che il buon Corticelli rimetterà questa mia.
Dai giornali sò che la Fricci fu scritturata a Trieste per altre recite dell'*Aida,* ciò vuol dire che l'Opera andò divinamente e che l'Impresa fa eccellenti affari. La prego di dire mille belle cose per me alla cara Signora Peppina, le dica pure che qui ricevo ogni volta che canto due bellissimi mazzi di fiori ma senza una briciola di nastro, che orrore!!!! che miseria!!!!! altro che lo splendore orientale!!!!! qui non vedo che miseria.
La saluto, carissimo Maestro, pregandola di scrivermi due righe, quando non ha di meglio a fare. Riceva una stretta di mano dalla sua affezionatissima ed obbligatissima
Teresa Stolz
[F. Abbiati, *G. Verdi,* Ricordi, Milano 1959, vol IV, pagg. 660-661; anche in *Carteggi Verdiani* II, a cura di A. Luzio, Roma, Reale Accademia d'Italia, 1935, pagg. 272-73-74]

146.

[Maria Waldman a Verdi]
Il Cairo, dicembre 1873
...
Mi trovo qui sperduta ed abbandonata in mezzo ad una folla di gente, che chiamerei meglio bestie. Quei costumi strani, originali che per me riescono affatto nuovi, quel continuo sussurro giorno e notte, quel sole ardente, tutto infine mi abbaglia l'occhio in modo straordinario e mi rende più nervosa ancora di quello che già sono.
Cara mia Europa, cara la mia bella Italia, come conto i giorni di rivederti... il teatro qui è bellino, ricco, ma una scatola.
[Franco Abbiati, *Giuseppe Verdi,* Ricordi, Milano 1959, vol. IV, pag. 661.]

147.

[S. Leoncavallo a Draneht Bey]
Cairo, li 4 Gennaio 1874
Eccellenza,
Mi permetto di accluderle il Giornale *Il Programma,* di cui sono il redattore. Nutrendo la speranza che lei lo accoglierà favorevolmente, e che leggerà con piacere l'articolo sull'*Aida* che è conforme a quello che scrissi nell'*Avvenire d'Egitto,* la prego di aggradire i miei rispettosi saluti e di credermi
Il suo obbed.mo servitore
S. Leoncavallo
[Questa lettera si trova alle Nuove Edizioni di Milano in copia dattiloscritta e proviene dall'Archivio del Teatro del Cairo]

148.

[Stolz a Giuseppe Verdi]
Cairo, 28 febbraio 1874
Carissimo Maestro...
Dal giornale il *Secolo*... ho saputo che Lei era a Milano e che la *Messa* era terminata. Sono tanto contenta di questa notizia e vorrei che fossimo già ai primi di aprile per essere lontana da questo paese di mestieranti e far un po' d'arte vera come Lei, Caro Maestro, la intende: in una parola sarei ben contenta di essere già alle prove della *Messa*.
Qui sono andata in scena col Roberto il Diavolo: la seconda recita era destinata per la mia beneficiata. L'opera è andata discretamente bene, ma non benissimo a causa di Fancelli che fu un *Roberto* impacciato in tutta l'estensione della parola.
Io e Medini siamo andati benissimo, ma ciò non basta in opere così grandiose!
Non Le dico nulla della maniera poco decorosa colla quale qui si concertano le Opere!! Il Bottesini in orchestra è BEN POCA COSA!!! I professori non lo temono ed egli non sa farsi rispettare e da ciò nascono delle esecuzioni *indecenti, che fanno vergogna*.
La mia beneficiata riescì bella, fu la più bella serata della stagione, cioè il più grande introito che si fece, arrivò a 5653 fr.
Il teatro era illuminato, vi furono fiori in grande quantità, qualche meschino nastro, dei insipidi sonetti, e moltissimi applausi, ECCO TUTTO.
I famosi regali tanto decantati in Italia non si sono veduti neppure in sogno...
Cosa dirà la S.ra Peppina di questo cambiamento! Mi rammento che a Napoli ci diceva — a me e alla Waldmann — i brillanti che riceverete al Cairo ve li terrete per voi, ma i nastri dei *bouquets* toccheranno a me.
Che bel affare che avrebbe fatto! Oh quando sarò a Milano avrò mille cose a raccontare alla cara Peppina delle nostre disillusioni...
[Per le finanze in disordine, forse il prossimo anno il teatro sarà chiuso; se pure non cangerà anche il Governo!...].
[Lei ebbe la proposta di cantare a Cremona: e le sorrideva di stare con la Barberina, e anche di far qualche scappata a S. Agata].
...ma calcolando tutto non mi par conveniente di farmi pagare a Cremona 1000 fr. per recita, e per meno non voglio andarci, acciocchè non abbino da sparlare di me e de' miei mezzi forse detteriorati! Io voglio lasciare il teatro con tutto il decoro immaginabile!...
Scusi, caro Maestro, della mia troppo lunga chiacchierata, io mi dimentico sempre, e mi par d'essere in mezzo a loro o a Napoli o a S. Agata nella bella camera della Peppina, dove dopo la colazione abbiamo fatte le nostre chiacchierate.
Dunque mi perdoni un'altra volta e mi faccia la grazia di scrivermi e darmi notizie *loro*, sopra tutto mi dica come va la sua salute e quella della buona Peppina e poi mi sappi dire per quando mi dovrei trovare a Milano per le prove della *Messa*.
So che l'*Aida* a Milano fa far dei buoni incassi a l'Impresa e che il *Macbeth* ha avuto un esito grandissimo e che la Fricci piacque immensamente. Brunello mi scrisse per l'anno venturo per la *Scala*, ma cosa potrei fare io l'anno venturo in quel teatro? Se vi era possibilità di ritornare alla Scala sarebbe stato appunto in *questa* stagione, dove si fece l'*Aida* e il *Macbeth*.
In questo teatro del Cairo si fatica poco, ma oltre alla poca sodisfazione vi è qualcosa di ripugnante nel vedere come vengono eseguiti qui i capidopera!! Qui tutto va bene, tutto passa, e non si canta mai con quella emozione e con quella sodisfazione, come si fa in Italia: la prima cosa è il denaro, al resto non si pensa.
Caro maestro, cosa dice di quei esagerati trionfi di quel giovane Gobatti coi suoi *Goti*?... Basta che i bolognesi non vadano in cerca d'un terzo *idolo*. Il primo fu Wagner, secondo Gobatti, chi sa chi sarà il terzo.
   Mille cose affettuose alla Peppina ecc.
[Carteggi Verdiani, IV, pagg. 194-195]

149.

Alessandria d'Egitto, 3 Maggio 1874
Eccellenza,
Dopo essere stato messo a contribuzione per tutti, posso anch'io partire per Brindisi. Fui consigliato di dare qualche concerto a Bari, Foggia, sulla costa dell'Adriatico, ed ho creduto di prendere come segretario il corista Filippi che conosco essere un galantuomo di primo ordine. Adesso mi prega di scrivere a V.E. per la sua riconferma al Cairo; io non insisto sulle determinazioni di V.E., ma posso assicurare che Filippi è un buon corista ed una persona onesta. Spero da V.E. una risposta favorevole.
Io spero essere a MIlano verso la metà di Giugno.
Prego V.E. di presentare i *nostri* rispetti a Madame Draneht, e mi creda con tutto il rispetto
   Dev.mo servo
   Giovanni Bottesini
[Questa lettera si trova in copia dattiloscritta presso le Nuove Edizioni di Milano e proviene dall'Archivio del Teatro dell'Opera del Cairo]

150.

[Lampugnani a Draneht Bey]
Milano, 30 Luglio 1874
A S.E. Draneht Bey   Oggebbio.
Eccellenza,
Sono possessore preg. sue lettere 25, e 27 ed ho incassato da Brot £ *4446*. pari a F 4.000, che ho spedito subito al Signor Bottesini a Roma addebitandolo in conto sua anticipazione e prendendo nota. Attendo la relativa ricevuta.
Ho consegnato l'acclusa lettera alla Signora Marchesi.
Ho pure ritirato il contratto Lugli A. e colla presente sotto fascia spedisco contratto.
Pompeo Gherardi 2° corno della 2ª coppia pregando V.E. ritornarmi il duplo firmato.
Madame Angol. Libretto chiesto alla nostra Signora Lampugnani, e che non ho potuto mandar ieri, causa che si attendevano da Napoli. A norma di V.E. è uno solo che fu stampato.
Marietta Contento, è precisamente la ballerina che debuttò a Torino la stagione scorsa. Essa è venuta con Ramacini oggi per definire il contratto. Per quanto abbia fatto non ho potuto ridurla a meno di F. 1.000 e due viaggi col padre. Io ho detto non essere autorizzato, e mi sono preso il tempo per scrivere. Il padre pretendeva F. 1.200, perchè offerti lo scorso anno alla Bonesi; e se la ragazza è desiderosa di andare al Cairo, il padre non è dello stesso parere. Attendo perciò da V.E. un ordine in proposito.
Antonioli Vice Maestro dei Cori alla nostra Scala sarebbe disposto di accettare il posto del Calcaterra, morto l'altra sera, per F. 450, al mese. Io in unione al Sig. Poli Renzo l'avressimo persuaso che fu F. 400. Si sarebbe potuto sperare ottenerli da S.E.. Attendo pure un cenno a governo. Il povero defunto aveva F. 375. L'Antonioli oltre ad essere un eccellente maestro, è anche una distinta persona. Esso è il marito della distinta prima donna Ruggero Antonioli che era nel naufragio di Valenza 2 anni sono, ed il bisogno lo ha indotto ad accettare il posto che ora occupa alla Scala.
   In attesa di ordini pregiati di V.E. mi protesto
   Dev. Servo p. C. Lampugnani
   A. Sassi
[Nuove Edizioni, Milano]

151.

[Bottesini a Draneht Bey]
Roma, 30 Luglio 1874]
Eccellenza,
Ho incassato in questo momento i 4.000 effettivi ch'Ella generosamente mi ha inviato dietro mia preghiera. Ho creduto bene telegrafare a V.E. ringraziandola; ma mi permetta rinnovare in questa mia i sentimenti della mia riconoscenza; le assicuro che mi ha tolto d'ogni imbarazzo e che non avrei saputo come liberarmene.
La ringrazio doppiamente per la gentile sua lettera - io sono ben poca cosa, ma dove possa servirla in qualche cosa disponga liberamente di me - non posso precisare a V.E. in questo momento l'epoca del mio arrivo a Milano ma fra pochi giorni mi farò premuroso nell'annunziarle.
Presenti i rispetti nostri alla sua Signora, e che non tralasci di studiare il piano. Riceva mille complimenti dalla mia che pure m'incarica di ringraziarla - Io non vorrei fastidiarla con raccomandazioni, ma l'onestà e l'abilità del Corista Giovanni Filippi mi fa animo a confidare ch'Ella vorrà riconfermarlo. Mi creda con tutta stima ed affezione
   Di V.E. Dev. Servo
   Giovanni Bottesini
[Questa lettera esiste in copia dattiloscritta presso le Nuove Edizioni di Milano e proviene dall'Archivio del Teatro del Cairo]

152.

CONSOLATO D'ITALIA IN CAIRO
Cairo, li 3 Novembre 1874
Egregio Sig. Draneht Bey,
Mi vien detto che Ella nella sua amministrazione abbia vacante il posto di Direttore anzi di Ispettore di scena, se Ella credesse volerlo assegnare a un

italiano, io mi permetterei raccomandarle il Sig. Giuseppe Ghisi, il quale certamente potrebbe occuparlo degnamente.
Mi ritenga sempre,
Pel suo devotissimo
G. Bottesini
[Questa lettera esiste in copia dattiloscritta presso le Nuove Edizioni di Milano e proviene dall'Archivio del Teatro dell'Opera del Cairo]

153.

[Stagno a Draneht Bey]
Cairo, 27 Novembre 1874
Eccellenza,
Trovandomi molto meglio del mio raffreddore domani mi metto a disposizione della Direzione.
La prego accettare i miei più distinti saluti e mi creda
    Suo Devt.mo
      Stagno
[Questa lettera si trova presso le Nuove Edizioni di Milano e proviene dall'Archivio del Teatro dell'Opera del Cairo]

154.

[Gli Artisti a Draneht Bey]
Dicembre 1874
I sottoscritti pregano S.E. Draneht Bey, a ciò voglia condiscendere a far dei camerini in legno nello stesso Foyer, per come esistevano l'anno scorso, non essendo possibile rimanere a basso nei camerini sottostanti al palco scenico senza il pericolo di prendere un pulmonia. Oltre l'interesse degli artisti sotto segnati avvi l'interesse incontrastabile della Direzione, la quale potrebbe facilmente venire defraudata nell'andamento degli spettacoli.
Pregano & Sperano
A. Fricci - Baraldi
Marie Waldmann
Pandolfini
Cecile Bentami
Roberto Stagno
Paolo Medini
N. Verger
Melchione Vidal
P. Milesi
G. Fancelli
[Questa lettera esiste in copia dattiloscritta presso le Nuove Edizioni di Milano e proviene dall'Archivio del Teatro dell'Opera del Cairo]

155.

[Waldmann a Draneht Bey]
Martedì 8 di sera Dicembre 1874
Sua Eccellenza,
Dopo aver ben riflettuto sulla quistione del Faust, dolente quale sono le debbo però ripetere di nuovo, che *non mi è possibile* cantare quest'opera prima del Profeta per il motivo che questa mattina le feci conoscere.
Invece di suddetta opera le propongo la Figlia di Reggimento con la quale si può andare in pochi giorni.
Sono dispiacente oltre modo, di non poter dimostrarmi compiacente in questo punto verso di Lei, Eccellenza, ma non posso farne a meno.
Con distinti saluti,
    Devot.ma
      Marie Waldmann

Sua Eccellenza,
Sono meravigliatissima nel vedermi annunciare le prove del *Faust*, opera che io accettai a cantare, però *colla condizione* di trasportare pezzi che non si adattano alla mia voce; invece più tardi mi fu detto che era impossibile *ad abbassare*, io quindi tralasciai del tutto di studiarla, ed oggi nn sono pronta a fare le prove.
Desidererei ora, per non danneggiare il repertorio, di fare subito il *Profeta*, e dopo quest'Opera, se ella crederà, io sarò pronta a cantare il *Faust*, e s'intende, con i rispettivi trasporti.
La ringrazio della gentilezza di aver voluto invitarmi ieri al teatro francese, ed avrei volentieri accettato, se non avessi avuto visita sarà per un'altra volta, se ella vorrà esser così gentile.
Ora la saluto distintamente e sono
    Sua devot.ma
      Maria Waldmann
[Questa lettera si conserva in copia dattiloscritta presso le Nuove Edizioni di Milano]

156.

Cairo, 6 Gennaio 1875
Eccellenza,
La parte di Maffio Orsini nell'Opera Lucrezia Borgia è sempre cantata sui primarii teatri d'Europa dall'artista contralto o mezzo soprano di primo rango.
Nel caso attuale del rifiuto fatto dalle Signore Waldmann e Bentami, io testifico che detta parte sta più nei mezzi vocali della Signora Waldmann che dell'altra.
Scrivo in proposito alla Signora Waldmann come V.E. desidera.
    Mi creda con tutta stima
      Dev. Servo Gio. Bottesini
[Questa lettera è conservata in copia dattiloscritta presso le Nuove Edizioni di Milano e proviene dall'Archivio dell'Opera del Cairo]

157.

[Bentami a Draneht Bey]
Cairo, 6 gennaio 1875
Eccellenza,
Ho ricevuto questa mattina la parte di "Maffio Orsini" e mi rincresce assai di non poterla cantare, essendo una parte assolutamente per contralto, e voi stesso capirete, che la Norma non può cantare l'Orsini. Poi la parte essendo già stata eseguita qui dalla Grossi, capirete che anche davanti al pubblico sarebbe ridicolo per l'Impresa come per me se volesse far cantare una parte di contralto tradizionale alla stessa artista che canta Adalgisa e Norma, poi a parte di tutt'altra ragione non è nei miei mezzi *e ne farei certamente un fiasco* e così *guasterei* il quadro della Borgia.
Mille buoni saluti
    Vostra devot.
      Cecile Bentami
[Questa lettera si conserva in copia dattiloscritta presso le Nuove Edizioni di Milano e proviene dall'Archivio dell'Opera del Cairo]

158.

[Bentami a Draneht Bey]
Cairo Mercoledì sera 8 1/2 1875
Eccellenza Gentilissimo
Vi scrivo per dirvi che sono così *rauca* e attaccata dal raffreddore, che non è possibile che potrò cantare domani.
Ho provato adesso la voce ma non posso fare una sola nota, pare che non abbia più voce talmente forte sono presa alla gola.
Vi prevengo adesso per non farvi cambiare cartello domani.
Sono assai dispiacente pare proprio che Iddio mi castiga dei miei peccati, in questo paese non ho una settimana di salute, ma "contre la force il n'y a pas de resistence".
Vi saluto di cuore.
    Tutta vostra
      Cecilia Bentami
[Questa lettera si trova in copia dattiloscritta presso le Nuove Edizioni di Milano e proviene dall'Archivio del Teatro dell'Opera del Cairo]

159.

[Bentami a Draneht Bey]
Janvier 1875
Monsieur,
En reponse de votre lettre du 4 Janvier j'ai l'honneur de vous informer que je n'ai *jamais refusée* hier d'assister à la répetition de Faust, je tiens dans ma possession l'ordre *par écrit* pour la répetition de Fra Diavolo, et je n'ai jamais été prevenue ni *verbalement*, ni *autrement*, qu'il y avait répetition de Faust, donc c'est à votre service de théatre qu'il faut vous adresser même aujourd'hui en parlant à Monsieur Polli Lenzi il m'a repondu que la répetition d'hier était *seulement pour Mme Waldmann*, donc V.E. comprends que je ne puis aucunement accepter pour moi votre lettre de reproches.
J'ai l'honneur d'être
    Votre toute dévouée
      Cécile Bentami
[Questa lettera esiste in copia dattiloscritta presso le Nuove Edizioni di Milano e proviene dall'Archivio dell'Opera del Cairo]

160.

Cairo, 10 Gennaio 1875
Eccellenza,
Abboccatomi col Signor Stagno devo partecipare a V.E. che detto Signore

insiste a conservare la parte di Raul degli Ugonotti come gli venne destinata in principio della stagione.
Colgo l'occasione per dirmi di V.E.
Dev.mo Servitore
G. Bottesini
[Questa lettera è conservata in copia dattiloscritta presso le Nuove Edizioni di Milano e proviene dall'Archivio del Teatro del Cairo]

161.

Cairo, 22 Gennajo 1875.
Carissimo Giulio,
Due preghiere. Hai stampato le mie due insignificantissime cosette dedicate al Fanfulla? Nel caso affermativo avrei piacere di averne una copia. Sappiami dire per una questione che ho avuto col Regisseur di questo Teatro se alla fine del 3° atto del Faust hanno fatto calare la tela alla Scala prima che la musica sia finita.
In attesa di una risposta credimi
Aff.mo amico
G. Bottesini

[Lettera di proprietà dell'Editore Ricordi di Milano, N. 27]

162.

[Gianoli a Draneht Bey]
Firenze li 6 Marzo 1875
Piazza dell'Indipendenza 18
Eccellenza,
Prima di tutto chiedo scusa all'E.V. se colla presente vengo ad importunarla, in momento di grandi sue occupazioni ma trattandosi di un genio Musicale che sorge, non ho voluto ommetterlo dal farlo.
La vera arte musicale italiana ha trovato un Maestro, che fra poco tempo sarà grande, questi è il giovane Auteri Manzocchi, che ha scritto un'opera col titolo Dolores vestendola delle più sublimi e delle più soavi melodie. Il mio meschinissimo talento, né la mia penna sono capaci di potere all'E.V. spiegare quanto le bellezze di quest'Opera, a supplire ciò mi prendo la libertà d'inviare all'E.V. diversi giornali politici accreditatissimi di qui, che parlano diffusamente della musica ed esecuzione come anche il mando il libretto. Isabella per la quale è scritta quest'Opera ha interpretato la sua lunghissima parte straordinariamente bene. La medesima sta benone, e m'incombe presentare all'E.V. i suoi ossequi, non che riverire la gentile sua Signora, mentre altrettanto facendo io con stima distinta mi dico
Dell'Eccellenza Vostra
Devt.mo Obbli.mo servo
G. Gianoli
[Questa lettera esiste in copia dattiloscritta presso le Nuove Edizioni di Milano e proviene dall'Archivio del Teatro del Cairo]

163.

Il Cairo, 26 novembre 1875
Carissimo Boito,
I complimenti sono inutili. Godo del tuo successo come se fosse mio. Io ho tutto istrumentato *Ero e Leandro*. Desidero che mi prepari un argomento per le Danze Sacre. Ho fatto la musica; mi sono imaginato un'infinità di cerimonie, che tu mi manderai in chiaro.
Tienti sulla qualità del Walpurgis di Gounod. Io credo d'aver scritto passabilmente bene: oh! se potessimo una volta far ricredere la gente!!!!
G. Bottesini.
[Piero Nardi, *Vita di Arrigo Boito*, Verona 1942, pag. 406]

164.

Cairo, 31 marzo 1876   [ad Alberto Mazzucato]
Pregiatissimo Signor Maestro,
Le presento con questa mia il Sig.r Angelo Venanzi che dopo un lavoro di cinque anni ha ultimato un metodo d'armonia. Io l'ho esaminato e l'ho trovato interessantissimo e degno ch'Ella Signor Maestro voglia farne altrettanto.

Non dubito punto dell'accoglienza che avrà il mio amico e collega; la di lei gentilezza e l'amicizia che mi ha sempre dimostrato non mi verrà meno in questa circostanza. Io resto in Egitto perché in Italia non ho più nulla d'attraente. Vorrei sentire la *Luce* di Gobbati ma preferisco le tenebre di questo paese. Non creda però che faccia il poltrone. Scarabocchio, ho scarabocchiato un poco all'antica, un poco all'avvenire, un poco al presente, ma sempre con un poco di coscienza e secondo i buoni principii di quei famosi tempi ch'Ella veniva a farci sentire i salmi di Marcello.
Mi voglia bene come io ne voglio a Lei e mi creda sempre fra i primi de' suoi ammiratori ed amici
G. Bottesini
[Museo Teatrale alla Scala di Milano, C.A. 6904]

165.

Cairo, 15 maggio 1876.
Carissimo Giulio,
Ho ricevuto la bellissima carta di musica che mi hai spedito. Te ne ringrazio e procurerò di sporcarla meno male possibile. Io ho regalato a Boito l'intera partitura dell'*Ero e Leandro*. Perché non perdere una mezz'ora a guardarla? Il libretto è bello e la musica discreta.
L'avvenire del Teatro di S.A. il Kedive è in pericolo, e le attuali proposizioni di S.E. Draneht Bey sono cattive.
Io pure sono obbligato a bassare la testa ed accettare sforzosamente un ribasso forte. Pazienza. Ma siccome non voglio morire in Egitto e penso ritornare a Milano avrei piacere che tu mi dessi l'incarico di scrivere un'opera. Ciò non ti comprometterebbe in niente ma almeno tornerei a galla. Ecco di cui ti prego a volermi scrivere due righe in proposito. Se pel 30 Marzo 1877 mi puoi trovar occupazioni sarò felice di lasciare per sempre e Cairo e quel delizioso Teatro.
Credimi sempre
Tuo aff.mo amico
Gio. Bottesini.
[Lettera di proprietà dell'Editore Ricordi di Milano, N. 28]

166.

Cairo, 20 Giugno 1876.
Carissimo Giulio,
T'aveva scritto pregandoti a volermi concedere il favore d'un comando d'un opera senza nessun compromesso. Era solamente per non farmi dimenticare del tutto dalla famiglia musicale. Non avrai avuto tempo e spero ancora.
Ho composto un Album di 12 Romanze per Canto e Pianoforte.
Vorrei farle stampare ma nell'istesso tempo non posso regalarle. Se tu conservi ancora qualche simpatia per me dovresti farmi una proposizione.
Eccoti i titoli delle Romanze:
1. *Torna mio bello*. Romanzetta. Mi son servito delle parole di Eva Cattermole Mancini dall'Album di Tosti. Non so se sarò obbligato di chiedere il permesso ai Signori Autori?
2. *Sognai*. Melodia. Parole di Raffaele Sallustri pure dall'Album Tosti.
3. Il *Dolore*. Melodia per Baritono, parole d'un incognito.
4. *Tutto per me' sei tu*. Parole di Madonnina Malaspina. Album Tosti.
5. *Il primo affetto*. Canzoncina. Marcello.
6. La Zingarella. Canzonetta. Marcello.
7. *O Notte*. Elegia. Prati
8. *Desiderii. Valse*. Marcello
9. Ad Ischia. *Rimembranza*. Marcello.
10. *La Fidanzata del Demonio*. Leggenda tedesca. Marcello.
11. *Seduzione*. Marcello.
12. *Lucifero. Canto Infernale*. Marcello.
13. *L'Accattone*. Leggenda. Marcello.
14. Il Passato. Duettino. Marcello.
15. Tout n'est pas rose. Duo Buffe pour M Soprano e Basso o Baritono. Paroles françaises de Tagliafico.
Eccoti un poco di mio lavoro. Ho scritto pure due Ouvertures. Una Messa da vivo di cui incominciai le prove al Teatro del Cairo, ma che per imprevisite e solite circostanze non si è eseguita.
Ho regalato a Boito come ti dissi l'intera partitura dell'Ero e Leandro. So quanto sia dura cosa il potersi fare eseguire - io poi trovandomi sempre così lontano vengo dimenticato - Spero l'anno venturo di poter dare un addio al Cairo - Frattanto mi faresti un vero favore e mi daresti una prova dell'antica amicizia volendo far caso delle mie offerte.
La Messa è tutta all'ordine colle rispettive parti copiate da me e da mio fratello. Per ora preferirei che tu mi prendessi l'Album.

T'assicuro che ci sono delle cose che non faranno disonore ne a me ne al tuo Stabilimento ne all'Italia musicale - Fammi un'offerta -
Te le manderei tutte e potresti giudicare - Il teatro del Cairo finirà in consunzione come gli affari commerciali - Era tempo - Paese ignorante e di nessuna risorsa.
Scusami la lunga tiritera e rispondimi due righe.
Credimi sempre il tuo aff.mo
    Gio. Bottesini.
[Lettera di proprietà dell'Editore Ricordi di Milano, N. 29]

167.

Catania, 29 Maggio 1877
Carissimo Florimo,
Dal Cairo ho creduto passare per Malta, Siracusa e per la patria di Bellini. Vorrei dare un Concerto più fortunato e per questo mi occorrerebbero qualche raccomandatizie.
Tu che sei tutto in codesto paese e che spero ti ricorderai ancora di me non vorrai negarmi il favore di cui ti prego. Presto verrò in persona a ringraziarti. Se vorrai scrivermi due righe fermo in posta te ne sarò riconoscente. I miei rispettosi saluti all'illustre Maestro Rossi.
Ricordami agli amici e credimi sempre
    Tuo Aff.mo amico
    G. Bottesini
[Autografo al Conservatorio di Napoli, Fondo Florimo]

168.

Catania, 3 giugno 1877
Carissimo Florimo,
Ti ringrazio infinitamente delle lettere raccomandatizie che mi hai mandato. Le ho portate io stesso in persona, ma non ho avuto il piacere d'essere ricevuto. Ho lasciato lettere col mio biglietto da visita.
Devi sapere adesso che jeri sera giorno 2 doveva aver luogo il mio Concerto al Teatro Comunale, ma avendo veduto dalla pianta che, (costume barbaro) si fa girare per le case, non era arrivato che ad avere 5 palchi e nessun *stalles*; ho creduto ringraziare per non perdere altre spese tali come il Gaz, inservienti etc. etc. Vedendomi così poco apprezzato faccio fagotto per Messina e Napoli dove avrò il piacere di stringerti la mano e ringraziarti a voce delle lettere che malgrado tutto devono far arrossire questi Signori *Duchi Principi* e *Baroni*.
Credimi sempre
    Il tuo aff.mo amico
    Gio. Bottesini.
[Autografo presso il Conservatorio di Napoli, Fondo Florimo]

169.

Napoli, 6 luglio 1877
Salita Trinità degli Spagnoli, 13
Carissimo Pedrotti, ricevo in questo momento la caris.ma tua del 4. Ti garantisco Gastelli come un eccellentissimo professore e bravissimo giovane. Dal Trovatore non ho ricevuto nulla. Allorché non si tratta di bottega Ricordi desso trascura qualunque amico. Io sono in mezzo alle disgrazie; in sette giorni ho perduto la mia cara sorella Angelina all'età di 39 anni. L'inverno scorso perdei al Cairo mio fratello Luigi; ora ho saputo che un mio nipote stabilito a Torino è diventato pazzo. Questi sono gli agrementj della vita.
M'offrono è vero a Napoli mari e monti, ma la *camorra* porca d'un tal paese mi stancherà al solito e prenderò un volo lungo.
Procurerò di mandarti qualche cosa del mio quantunque non partecipi della *nuova* scuola italiana che crede di avvicinarsi al buono di Wagner mentre non sa copiare che i difetti non possedendo il talento reale di quel matto per progetto.
Salutami gli amici e credimi Tuo aff.mo amico
    G. Bottesini
[Lettera pubblicata per la prima volta da Paolo Rigoli in "Dieci lettere di illustri musicisti a Carlo Pedrotti", su "Civiltà Veronese" N. 1, Anno 1, febbraio 1985. Gli altri "illustri" sono Arrigo Boito, Charles Gounod, Amilcare Ponchielli e Francesco Tamagno]

170.

[Carlo Pedrotti ad Anonimo]
Torino, 7 agosto 1877
Caro Amico,
Ti sono molto riconoscente pel professore di oboe che mi proponi, ma da sei giorni è scritturato quello che era al Cairo, certo Gastelli, sul conto del quale il Bottesini mi assicura che è *eccellentissimo*, da potersi veramente fidare, come artista e come uomo. Però non volendo suonare nel Ballo, feci anche scritturare il Pompei che farà le sue veci.
Ora sono a posto anche coll'Orchestra, che è compiuta, avendo fatto anche scritturare un eccellente corno e due buoni violini di Venezia. Attendo sabato Moreschi da Bologna (il nuovo maestro dei Cori) che d'accordo con Depanis completeranno la massa corale. Mercoledì della prossima settimana verrò a salutarti, essendo diretto a Verona, e quindi a Venezia dove mi troverò con Mazzucato e Bazzini per esaminare i 69 concorrenti al Liceo Marcello.
Se Boito sarà a Milano andrò a dargli un bacio. Mille cordiali saluti alle famiglie vostre, e sono sempre il vostro aff.mo amico
    Carlo Pedrotti.
[Museo Teatrale alla Scala di Milano, CA. 5162]

171.

[Bottesini a Boito]
Parigi, 14 novembre 1878
Bottesini scrive a Boito: *Ricevo in questo momento dall'amico Pedrotti la fausta notizia che il Signor Depanis ha deciso di montare il nostro Ero e Leandro al Regio di Torino per seconda opera della stagione di carnovale. Disgraziatamente io sono scritturato in Inghilterra fino al 12 febbraio e non posso aiutare nessuno. Dice di fidarsi pienamente dell'intelligenza e amicizia di Pedrotti, il direttore d'orchestra. Ma per la mise en scène vorrei che tu te ne incaricassi un poco. Ancora: Depanis (l'impresario) e Pedrotti gli avevano dichiarato di trovare il finale dell'opera un po' freddo: Ero che se ne moriva, presente il solo Ariofarne, non richiedendo fracasso né effetti scenici, li lasciava perplessi. Poi bisognava pensare a quei' famosi ballabili, e farli durare almeno trenta o quaranta minuti. L'opera è corta, ed in certo modo le ballerina diventano tante prime donne... Bisognerebbe pure che tu dessi un soggetto a questi ballabili... Fammi il piacere di metterti in relazione con Pedrotti. Se sei libero, aiutami con la tua presenza... Io non ho seguito il nuovo cammino, ma spero nella bellezza e novità del libretto ed un poco nella chiarezza della mia musica*.
[Questo brano con lettera di Bottesini è tratto dal libro di Piero Nardi sulla vita di Arrigo Boito, pag. 454]

172.

[Arrigo Boito a Giovanni Bottesini che si trova a Torino]
Milano, 18 novembre 1878
Caro Bottesini,
ho ricevuto ieri la buona novella del Regio di Torino, ho pensato alla osservazione del Pedrotti il quale trova che l'opera finisce freddamente, perché l'azione drammatica dell'ultima pagina è anzi violentissima e oltremodo tragica, bensì quella fine può forse mancare di effetto teatrale. Insomma, sia freddezza o mancanza di "teatralità" il fatto è che "Pedrotti ha ragione" e che io ti propongo la seguente variante.
Dopo le ultime parole del libretto, che mi pare siano quelle di Ariofarne: "Vendicato non son! È salva! È morta!" invece di calare il sipario scoppia un fulmine sulla terra e crolla diroccandosi il muro del fondo.
Allora attraverso a quel largo crepaccio fatto dal fulmine si vede un poetico lembo di mare tutto scintillante di luna, e in mezzo ai pallidi bagliori di un'iride e contornati da ninfe marine, da stelle, etc. ... si vedono i due amanti abbracciati e diventati immersi in una magica calma mentre sul davanti della scena giace la salma d'Ero e il coro s'inginocchia adorando ed Ariofarne freme gelosamente.
Per terminare l'opera così non occorre neanche un verso mio e neanche toccarne mezzo dei precedenti. Occorre bensì che tu aggiunga dopo le parole: "È salva! è morta!" uno scoppio formidabilissimo di orchestra per indicare il fulmine che tuona e che atterra il muro della torre; poi devi anche aggiungere un mezzo minuto (cioè sedici o venti, o ventiquattro battute) di deliziosa musica, serena, incantata, argentina, calma, soavissima, sulla quale far vedere il quadro descritto qui sopra e far calare lentamente la tela. Così si compie la promessa che io faccio nelle due ottave di prefazione quando dico che l'amore di Leandro ed Ero "vinse i mari, i fulmini e la morte". Questa poetica apoteosi colla quale ti propongo di terminare l'opera, farà un bel contrasto per la sua ideale serenità con le convulsioni e con le detonazioni dell'uragano che la precede. Si potrà combinare il quadro in modo che sorprenda piacevolmente anche l'occhio degli spettatori.
Ora passiamo alla questione delle danze. Tu vuoi dare dunque molta importanza a questa parte dell'opera. Sta bene ma prima di tutto converrà che tu ti informi se il Depanis sia disposto a spendere largamente e ad affidare ad un valentissimo coreografo la messa in scena dell'opera.
Quando tu sarai sicuro che il Depanis voglia far ciò, cosa assai probabile,

potrai dare importanza alle danze.
Intanto eccoti il programma che avrei ideato:
Incomincerei con una danza di carattere religioso: Ballerine vestite di bianco e di argento che si aggrupperanno armoniosamente intorno alla statua di Venere, tenendo in mano dei rami di mirto o delle rose, o degli archi d'oro con delle frecce. Dopo quella specie di introduzione coreografica capiterebbe una vera azione danzante che intitolerei: "La danza dei colori", o meglio "Iride", perché con questo nome ci sarebbe un legame, un nesso tra questa coreografia e il quadro che ti ho descritto prima.
L'azzurro; il giallo; il verde; il viola; il rosso.
Con questo ordine si succederebbero i colori della nostra danza, a voler completare l'iride si potrebbe aggiungere infine il cilestre e l'amaranto. Mi spiego: L'azzurro che viene per primo viene rappresentato da "otto ninfe, uranie" tutte vestite con veli di quel colore, sparsi di stelle. Queste ninfe notturne possono essere capitanate da Orfeo che è il Dio del sonno e da Fantasio che è il genio dei sogni. Il ballo di queste Uranie sarebbe lento, patetico.
Per secondo viene il giallo. Qui il ballo sarebbe vivacissimo. Otto ballerine vestite di giallo e con moltissimo oro, saranno guidate dall'"Aurora e dall'Abbondanza", e qui grande sfoggio di cornucopie, di raggi, di spighe d'oro, etc. Il verde sarebbe per terzo e sarebbe rappresentato da ninfe marine, da "Nereidi" adorne di conchiglie d'argento ed alghe.
Le condurrà la "Speranza" alata, accompagnata da piccoli amori portanti un ramo di biancospino ed un'ancora d'oro.
Dopo questa "Speranza" verde verrebbe il "Dolore" accompagnato da meste figure vestite di "Viola" e la "Speranza" a quella vista fuggirebbe e seguirebbe una coreografia di pose tragiche con pugnali, con catene, etc.
Per ultimo Amore con Eufrosine (che è la personificazione della gioia) verrebbe a rendere gaio e focoso il finale del ballo; dietro ad essi molte allegre figure vestite di "rosso" menerebbero danze vivacissime portando fiaccole rosse e nappi.
Allora tutti i colori ballerebbero insieme e qui si potrebbe aggiungere (senza fare per essi una entrata figurata e speciale) "l'amaranto" e il "celeste".
Ogni schiera di ballerine rappresentante il loro colore avrebbe una lunga sciarpa della stessa tinta, e per finire la danza, con un quadro vario per gli occhi, si potrebbero vedere queste sette lunghissime bende unirsi in un semicircolo e rendere l'esatta immagine dell'"Iride".
Ma perché questo ballo dei colori avesse un saporito gusto d'arte, converrebbe che tu componessi "cinque pensieri musicali" assai caratteristici, uno per ognuno dei principali cinque colori.
Questi pensieri dovrebbero avere anche la loro speciale istrumentazione. Per esempio:
Il bleu sarebbe rappresentato dagli strumenti a corda.
Il giallo dagli "ottoni" acuti.
Il verde dagli oboi, dai fagotti nel creare un ambiente pastorale.
Il viola dai flauti, dai clarini, dai claroni.
Il rosso dagli ottoni bassi.
Pensaci e rispondimi, e che questa lettera iridescente sia un buon augurio per l'opera.
I miei cordiali saluti alla tua Signora.
Ama il tuo
  Arrigo Boito
P.S. - Non dovresti far altro che comporre i cinque pensieri dei cinque colori e poi spedirli direttamente strumentati a Pedrotti; egli penserebbe a metterli a posto in mezzo all'altra musica delle danze che esiste già.
[Lettera pubblicata in *Lettere di Arrigo Boito* a cura di Raffaello De Rensis che commenta "Questo splendido progetto boitiano - che prelude di alcuni lustri le future ardenti discussioni sui rapporti tra musica e colori - non ebbe realizzazione. Il Pedrotti, tuttavia, diede all'opera il necessario epilogo coreografico. Narra P. Nardi in *Scapigliatura*, Bologna, 1924: Giacomo Orefice, recatosi una mattina a far visita a Boito, lo trovò tutto intento a osservare, in un grande caleidoscopio, le mobili e simmetriche combinazioni di frammenti multicolori. Perché? Perché quello strumento, asseriva lui, tra il serio e il faceto, gli era fonte preziosa e inesauribile di emozioni musicali"]

173.

[Bottesini a Boito]
Iorquay, 24 novembre 1878
Bottesini scrive a Boito, sempre al riguardo dell'*Ero e Leandro*: *non abbandonarmi. Il tutto dipende dalla riuscita di questo lavoro.*
Così Boito si decide a mandare l'argomento per le Danze sacre richiestogli fin dal novembre '75, e suggerisce un nuovo finale.
[Questo brano, con lo stralcio di una lettera di Bottesini a Boito, appartiene al volume di Piero Nardi sulla vita di Arrigo Boito, pag. 454]

174.

[Bottesini a Boito]
2 dicembre 1878
Bottesini scrive a Boito chiedendogli otto versi per un coro interno conclusivo. Boito, sempre condiscendente, compone gli otto versi, rimasti poi anche nell'edizione del libretto per Mancinelli, dalla quale sono scomparse invece la didascalia per le Danze sacre e quella del finale per Bottesini.
[Brano tratto dal volume di Piero Nardi sulla vita di Arrigo Boito, pag. 455]

175.

Caro Bottesini,
Ho rubato un'ora di sonno per contentarti.
Son qui, a Genova, che lavoro come un bue all'aratro per fare un solco di più nella mia carriera.
È annunciata al Politeama di costì la *tua* opera e il pubblico genovese già l'attende ansiosamente. Eccoti dunque rimesso pomposamente sulle rotaie del teatro, su quelle rotaie così ambite e così ardue. Sono lieto per te. Sono anche lieto che tu abbia conchiuso col Ricordi un eccellente contratto. Ero e Leandro correranno presto abbracciati attraverso tutti i teatri d'Italia. Tieni per certo l'augurio e continua a volermi bene.
  tuo Arrigo Boito[1]
1. Nella pagina di contro al suddetto originale sta scritto di pugno del Boito una poesia di mediocre valore per un coro da introdursi nel secondo atto dell'*Ero e Leandro*, ed è preceduto da queste parole: *Di questa poesia potrai fare come ti piace, musicarla tutta, oppure la prima stanza e dividerla fra uomini e donne come ti aggrada. A.B.*
Dalla premessa - *Ho rubato un'ora al sonno per contentarti* - e dalle fatte osservazioni appare che fu il Bottesini a richiederlo di una poesia per un coro, ma la poesia non venne musicata né introdotta nell'opera.
[Lettera pubblicata da A. Carniti a pag. 59 del volumetto *In memoria di G.B.*, Crema 1921]

176.

[Arrigo Boito a Giovanni Depanis, gennaio 1879]
  Fiat voluntas tua
Caro Depanis,
dirai a Bottesini che arriverò a Torino giovedì a mezzogiorno. Scelgo il treno che parte da Milano alle 6,35 del mattino, per non perdere il tempo discenderò a Porta Susa, prenderò un fiacre e correrò diritto al Regio.
Se la prova generale è di giorno assisterò alla prova generale, se è di sera dedicheremo la giornata ad una prova di scena cogli artisti, senza i cori.
Un bel a rivederci a te a Bottesini a Pedrotti, martedì mattina.
[Questa lettera è pubblicata in *Lettere di Arrigo Boito* raccolte e annotate da Raffaello De Rensis che commenta: "Boito intervenne realmente alle ultime prove ed assistette alle prime rappresentazioni di *Ero e Leandro*, che ebbero successo anche per le simpatie che egli suscitava presso il pubblico torinese, ammiratore del *Mefistofele*]

177.

Torino, 24 Gennaio 1879
Carissimo Giulio,
Ti ringrazio del tuo gentile telegramma. Spero che troverai alla fine un Opera mia che ti sarà facile farla eseguire.
Invece delle Danze (per i teatri piccoli) si potrebbe fare un gran Coro con marcia e forse con un Solo di più per il Basso. Se a Boito convenisse quest'idea sono pronto a metterla in esecuzione.
Non ti farebbe dispiacere che mi ritenessi il diritto di far produrre l'Ero e Leandro a Buenos Aires dove sono scritturato per la prossima stagione? In caso di riproduzione prossima in Italia, ti raccomanderei la presenza di Fassò che mi ha servito a meraviglia. A causa della scrittura fatta per Buenos Aires parto questa sera per Roma Napoli onde sentire dei cani.
Sarò a Milano fra una quindicina di giorni. Avrei piacere di mandare una somma alla mia famiglia in Cairo.
Dimmi a *peu près* quando posso contare sul convenuto. Puoi scrivermi a Roma presso la tua casa. Jeri sera furore l'Ero ed il viorone. Salutami Tornaghi ed ajutami mentre il ferro è caldo.
Tuo aff.mo amico
  Gio. Bottesini.
[Lettera di proprietà dell'Editore Ricordi di Milano, N. 30]

178.

Roma, 27 Gennajo 1879
Carissimo Tornaghi,
Ti ringrazio della tua lettera. Farò in modo di essere a Milano fra una diecina di giorni. Approffitto delle gentili tue offerte per pregarti di fare una cambiale di 4 mila in oro a Claudina Bottesini - Cairo.
Puoi spedirlo in questa settimana, e se vuoi darmene avviso a Napoli, sarò all'Hotel di Ginevra. In tutti i modi io scrivo al Cairo che da casa Ricordi riceveranno detta somma. Resterò un poco in bolletta, ma Dio m'ajuterà. Tal invio è necessarissimo.
Ho assistito al trionfo dell'Aida. Buoni cantanti e pubblico soddisfattissimo. Al mio arrivo combineremo i poccoli cambiamenti da farsi.
L'impresario di Buenos Aires qui presente ti ringrazia per il permesso di poter montare Ero e Leandro.
Starò all'erta per la copiatura e te la riporterò sana e salva.
In attesa di tue notizie a Napoli, salutami Tito e Giulio e credimi sempre
    L'aff.mo tuo amico
        G. Bottesii
[Lettera di proprietà dell'Editore Ricordi di Milano, N. 31]

179.

Napoli, 1 Febbrajo 1879
Carissimo Tornaghi,
Ti ringrazio per l'operazione fatta dei 4 mila al Cairo.
Ringrazio pure il caro Giulio. Nella settimana prossima sarò a Milano. Riceverai pure forse domande da Napoli onde mettere in scena l'Ero e Leandro. Tutto il paese lo desidera e per l'impresa sarebbe un buon affare. Malgrado l'obbligo di mettere in scena l'*Amleto* e *Carmen*, credo che si potrebbe arrivare ad un accomodamento. La compagnia sarebbe la *Miller Sanctis* ed un Basso che non conosco. Io lascio fare agli altri. In quanto a condizioni musicali si diriggeranno naturalmente al proprietario.
Ho notizie da Torino, e l'Opera continua trionfalmente. Mentre il ferro è caldo sarebbe veramente una bella occasione. Jacovacci e Mancinelli la vogliono montare a Roma. Sicuro ormai della protezione tua e di Giulio, voglio sperare un avvenire felice alle mie povere semicrome che senza essere vagneriste sono però di qualche interesse.
Ama il tuo aff.mo amico
        Gio. Bottesini.
[Lettera di proprietà dell'Editore Ricordi di Milano, N. 32]

180.

Napoli, 2 Febbrajo 1879, Hotel de Genève
Carissimo Florimo,
Ricevo una circolare dall'Egregio Direttore del Collegio di musica Sig.r Paolo Serrao domandandomi un pezzo vocale per l'Album Bellini - Lo farò di tutto cuore. Solamente in questo momento non ho *parole adatte*. - Di passaggio ho lasciato tutto a Torino - Mandami una diecina di versi, ma, interessanti - Partecipa pure la mia adesione a chi spetta e perdonami se non tratto l'affare d'Ufficio -
Ama Il tuo aff.mo amico
        G. Bottesini.
[Autografo al Conservatorio di Napoli, Fondo Florimo]

181.

[Claudina Bottesini a Tornaghi]
Cairo, 7 Febbrajo 1879
Pregiatissimo Signore, il Signore E. Tornaghi.
Vengo, con queste righe, ad accusarle recezione dei F. 4.000 (quattromila) che mi furono mandati dalla banca Crédit Lyonnais, alla presentazione del chèques.
Aggradisca i complimenti ed i sensi di stima coi quali mi dico Devot.ma
        Claudina Bottesini
[Lettera di proprietà dell'Editore Ricordi di Milano, N. 78]

182.

Roma, 11 Febbrajo 1879
Carissimo Tornaghi,
Questi benedetti impresarii di Buenos Aires non mi vogliono lasciare, sarò a Milano però al più tardi Venerdì prossimo.
Ho fatto indirizzare le mie lettere al tuo Stabilimento e ti prego di conservarmele. L'Ero e Leandro si darà a Napoli qualora ti convenga come spero.
Rosani mi ha incaricato di accomodare ogni cosa; ciò non toglie che si avrà già messo in relazione col proprietario. Bisognerà far copiare immediatamente una partitura. Onde io possa assistere alle prove e prime recite bisognerebbe che l'opera andasse in scena alla metà del prossimo Marzo. In 17 giorni l'ho imbarcata a Torino. La compagnia sarebbe Vanda Miller che piace al S. Carlo assai, del tenore De Sanctis e del Basso Cherubino. Dell'orchestra sono il padrone. Sarà necessario soignèr un poco il Coro. Il balletto è composto di belle ragazze; ho la simpatia generale e credo che un pronto suggello non farà che del bene. Jacovacci che viddi jeri sera è pure dell'opinione di non perder tempo.
Ecco quanto sono in dovere di dirti. A voce combineremo il tutto.
Salutami Giulio.
Godo dell'esito del *Roi di Lahore* e che possa anch'io dir altrettanto.
Ama Il tuo aff.mo amico
        G. Bottesini
[Lettera di proprietà dell'Editore Ricordi di Milano, N. 33]

183.

Torino, 21 Febbrajo 1879
Carissimo Tornaghi,
Ti ringrazio del tuo telegramma. Posso adesso disporre di molte cose. Al mio passaggio da Milano batterò adunque la cassa gentile di casa Ricordi. Grazie.
Sarai in possesso della partitura e delle tre parti cantanti non che dei figurini. Riguardo ai bozzetti delle scene nasce una difficoltà. Ferri non fece nulla ed a quanto mi dice Depanis non sarebbe disposto a mandartele. Del resto le scene sono semplicissime e potranno essere anche migliori. Vuoi che scriva a Moja al Dolo? Sto terminando la marcia e la porterò in persona.
Salutami Giulio e credimi
    Tuo aff.mo amico
        G. Bottesini.
Quali sono le notizie da Napoli? Io non ho più saputo nulla, ma credo che tutto sia in ordine. Dimmi qualche cosa in proposito. Vorrei partire domani sera.
[Lettera di proprietà dell'Editore Ricordi di Milano, N. 34]

184.

Napoli, 26 Febbrajo 1879. 11. Via Alabardieri.
Carissimo Tornaghi,
T'accludo la risposta di Hutchings da Londra. Egli domanda *10* sterline per la marcia orientale. Io sono pronto a scriverne un altra piuttosto che pagargli tal somma.
Se Giulio tenesse a quella musica sono io che pagherei e non la vostra casa. Fino ad ora gli affari del S. Carlo sono imbrogliati causa mancanza di fondi. Vedremo. Ho sentito alle prove del Profeta (maltrattato) il basso Cherubini che non mi piace. Ho ricevuto le lettere e grazie.
Mille saluti a Giulio ed una stretta di mano a te
    Tuo aff.mo
        G. Bottesini
[Lettera di proprietà dell'Editore Ricordi di Milano, N. 35]

185.

Napoli, 26 Marzo 1879. 11. Vico Alabardieri.
Carissimo Tornaghi,
Dopo infinite discussioni con la Commissione del Teatro riguardo al pagamento del nolo dell'Ero, ho creduto accettare le seguenti proposizioni: L'impresa pagherà oggi a Clausetti la somma di lire mille ed io farò la prima prova d'orchestra. Si ritireranno tutte le parti d'orchestra, e per la prova generale che spero sarà presto verrà sborsata l'intera somma; diversamente avranno perduto i mille franchi e l'opera non si darà.
Il Municipio non garantisce officialmente, ma so positivamente che farà in modo onde tutto cammini in bene. L'Impresa ha bisogno dell'opera mia ed ajutata dalla Commissione vedrai che non ci saranno guai. La compagnia canta l'Ero bastantemente bene.
La Vanda è intelligente. De Sanctis sta meglio. Cherubino non va male. L'Opera la dirigerò io stesso. Mi sono combinato con Dell'Orefice, e mediante una parola che scriverò sui giornali adducendo le ragioni che m'obbligano a non servirmi di loro credo che tutto finirà in bene.
Clausetti non ha voluto prendersi alcuna responsabilità e lascia tutto sulla mia coscienza. Io ho creduto accettarla perché alla fin dei conti le mille lire compenseranno le spese di viaggio del pacco di musica nel caso non pagassero

l'intera somma; cosa impossibile, ed oramai troppo d'interesse alla Commissione ed al Municipio.
Spero quindi poterti scrivere qualche cosa di meglio.
Ciao, vogliami bene; saluta Giulio e credimi Tuo aff.mo
                                                  Gio. Bottesini.
[Lettera di proprietà dell'Editore Ricordi di Milano, N. 36]

186.

[Gaetano Bottesini a Ricordi]
Intendente di Campobasso. Campobasso, 27 marzo 1879.
Egregio Signore,
Mio cugino Giovanni *Bottesini*, mi mandò da Torino il libretto della sua opera ultima *Ero e Leandro*, e mi disse che era in trattative con cotesta Ditta per la cessione della proprietà dello spartito.
Se come credo il contratto avrà avuto effetto e se cotesto stabilimento ha riprodotto con riduzione per canto e piano l'intero spartito, o ne avesse mai riprodotti pezzi staccati per soprano e tenore con accompagnamento di piano, la pregherei farmi tenere l'analoga indicazione dei pezzi o dello spartito intero che si può acquistare, e per quest'ultimo il relativo prezzo.
Colle mie scuse pel disturbo la prego credermi suo devotissimo servitore.
            Bottesini Gaetano.
[Lettera di proprietà dell'Editore Ricordi di Milano, N. 79]

187.

[Verdi a Ferdinand Hiller]
Genova, 14 aprile 1879
...Le cose musicali non vanno meglio delle politiche, un vero caos! Hanno confuso tutto senza badare all'indole e natura nostra!
Alcuni teatri si sono sostenuti bene come Milano, Torino etc., ma non si produce, vale a dire si produce male. L'opera di Gomez alla Scala *Maria Tudor* è caduta! Altre opere in altri teatri *idem*, meno l'*Ero e Leandro* di Bottesini... ma sarà poi buona?!!!
[F. Abbiati, *Giuseppe Verdi*, Ricordi, Milano 1959, vol. IV, pag. 75; anche in *Carteggi Verdiani* II, a cura di A. Luzio, Roma, Reale Accademia d'Italia, 1935, pagg. 329-330]

188.

Buenos Aires. 19 Maggio 1879.
Carissimo Tornaghi,
Arrivato felicemente abbiamo debutato al teatro dell'opera jeri sera colla Traviata. In complesso fu un successo. Al Colon l'Aida andò bene. Non così la dolce voluttava... Desidererei sapere se cammina la riduzione dell'Ero e Leandro e quando potrei averla. Invece dell'allegro del 3° Atto del Duetto fra Ero e Leandro in 3/4 *Andrem* amerei fosse stampato il cambiamento che feci a Napoli e che ho lasciato a Clausetti. Giulio ci guarderà e credo sarà più contento.
Scrivimi due righe. Sono così lontano che incomincio ad aver paura.
Salutami tanto Giulio e famiglia e credimi sempre
        L'aff.mo amico
            G. Bottesini.
[Lettera di proprietà dell'Editore Ricordi di Milano, N. 37]

189.

Buenos Aires, 2 luglio 1879.
Caro Giulio,
Perchè ritardi la pubblicazione del povero Ero? Leggo che si vuol darlo a Venezia. A Roma pure si dovrà perchè Stagno ne è incantato. Ricordati che devi dedicarlo ad *Enrico Barbacini*. Te l'avevo detto, ma forse l'hai dimenticato.
L'Ero andrà in scena verso il 20 corrente e spero assai.
La mia salute è buona; il paese antipatico.
Le due compagnie si amano poco fra loro, ma fino ad ora siamo pagati.
Due righe tue farebbero piacere.
Tuo aff.mo
        Gio. Bottesini.
[Lettera di proprietà dell'Editore Ricordi di Milano, N. 38]

190.

[Bottesini a Verdi]
Buenos Ayres, 23 luglio 1879
Carissimo Verdi,
Non so se ti sarà arrivata all'orecchio l'idea di nominarmi al posto di
Direttore al Conservatorio di musica di Napoli...
La lettera prosegue con la richiesta a Verdi di una lettera da recapitare al Duca di Bagnara che fa parte della Commissione che deve proporre la nomina al Ministro Coppino, «il quale non attende che questa dimanda».
Lascia però libero Verdi di agire come meglio crede, e gli professa la sua imperitura stima ed amicizia.
[Riassunto della lettera di proprietà degli Eredi di Verdi a Sant'Agata]

191.

Buenos Aires, 19 Agosto 1879.
Carissimo Giulio,
Ho ricevuto le due copie dell'Ero e Leandro magnificamente stampate. Faccio i miei complimenti e ringraziamenti al bravo Saladino per la bella riduzione. Grazie a tutti.
Se darai l'opera alla Scala, e che per sfortuna non potessi assistere ti raccomando tre artisti di primissimo ordine.
Bisognerà far eseguire e stampare il nuovo pezzo dell'ultimo Duetto (*Andrem dove nasce l'aurora*). Costà piace immensamente ed io lo preferisco.
Facendo la marcia Inno che va benissimo, si ometterà il Numero 1° delle Danze.
Siamo alla sesta rappresemtazione con teatro pieno ed entusiasta.
Falla sentire adunque e presto a quei cari *busecconi* che mi hanno sempre considerato un *Viorone*.
Salutami tanto la tua famiglia e Tornaghi e credimi sempre
    Tuo aff.mo amico
        G. Bottesini.
[Lettera di proprietà dell'Editore Ricordi di Milano, N. 39]

192.

[Giuseppina Confalonieri ad Edoardo Perelli il 2-9-79]
Egregio Perellino,
La carissima sua lettera ricevuta stamattina, ci mise in qualche imbarazzo, pensando alla difficoltà di poterle dare tutti quegli schiarimenti che varebbero a soddisfarla, stantechè Bottesini appena sortito dal Conservatorio andò all'Estero e si fermò per molti anni al Cairo, non venendo in Italia che rare volte e molto più rare ancora a Milano non fermandosi che il tempo strettamente necessario per darvi qualche concerto. Di corrispondenza poi cogli amici ne tenne pochissima con tutti. Ma giunto il Corbellini e fattagli leggere la sua lettera, mi ajutò a compilare questa breve biografia, se così si può chiamare.
Bottesini nacque in Crema nel 1823 al dì 24 Dicembre. Fin dall'infanzia mostrò una prepotente attitudine alla musica, come tutti quelli della sua famiglia.
Figlio di un distinto clarinettista, fratello ad un celebre concertista di tromba, morto al Cairo, il quale era anche capomusica nell'esercito italiano. Giovinetto ancora Bottesini era adetto alla Capella del Duomo di Crema ove assumeva sempre le parti di primo *soprano* sotto la direzione del celebre maestro Pavesi. Volendo poscia il Bottesini entrare quale allievo in Conservatorio, e non essendovi vacante altro posto che quello di Contrabasso, *quindici* giorni gli bastarono per prepararsi a subire un esame, che riuscì splendido, d'un istrumento che non aveva mai toccato prima d'allora. Entrato in Conservatorio nel 1835 sortì premiato e già distintissimo nel 1839. In Conservatorio suonava tutti gli istrumenti, di arco, piano, organo, e tutti perfettamente. Essendosi dagli allievi del Conservatorio, dati nel carnevale del 1836 L'Italiana in Algeri, egli, il Bottesini, sostenne la parte della protagonista con luminosissimo successo, e tutto questo senza aver mai studiato seriamente, perché la sua maggior occupazione era quella di copiare della musica per guadagnarsi dei soldi, e quando i suoi compagni sentirono il contrabasso di Bottesini dicevano ad una voce: *Cristo el veur fioccà inque*. Nell'autunno del 1860 diede alla Scala l'Assedio di Firenze con splendidissimo successo, ma poco piacquero gli esecutori. Il resto della vita artistica del Bottesini cadde già nel dominio pubblico ed è molto più facile che Lei, uomo pubblico per eccellenza ne sia più al fatto di chiunque altro. Se abbia o no soddisfatto il suo desiderio non lo so, ma io non so più niente in proposito, ed ora le domandiamo quali lettere del Ponchielli desidera, e quali del Cesare, e come c'entrino a far onore a Bottesini. Le lettere che Ponchielli scrisse al Cesare le ha il Sig. Gandolfi direttore della gazzetta del Villaggio, però se propriamente le abbisognassero andrebbe tosto a prenderle. Se lei vorrà dirci qualche cosa di più preciso e di più definito, faremo di tutto per accontentarlo.
Intanto la preghiamo a ricordarci al Primetto e al Sig. Albertino, al quale dirà, che tutto il sesso femminino aspetta una riparazione a tanti oltraggi,

parlando almeno un po' male anche dell'altra metà del genere umano. Il Cesare la saluta come suole egli salutare gli amici, che più che nella mente li tiene nel cuore; ed io lo imito e per soprapiù mi sottoscrivo e mi dichiaro della signoria sua aff.ma Giuseppina Confalonieri.
[Museo Teatrale alla Scala di Milano, CA. 4872/1-2]

193.

Buenos Aires, 5 Settembre 1879.
Carissimo Tornaghi,
L'amico Marescalchi dopo qualche titubanza mi disse aver telegrafato a Pessina accettando il contratto della Scala. È un giovane intelligente e nella scarsezza attuale e debuttando nel Faust o Rigoletto credo che anche alla Scala come artista di seconda compagnia potrà riescire. Ha una bella voce, sta bene in scena ed è una bella figura simpatica. Se mai si dasse l'Ero alla Scala guardiamoci bene dal basso Miller che mi sta massacrando la parte d'Ariofarne più ancora di tutte le altre. Questo resti entre nous.
Ti ringrazio delle due partiturine della mia Opera. Perché non ne mandi una 50a agli editori di costà? Sarebbero vendute tutte.
Salutami Giulio ed a rivederci presto. Salutami pure Pessina.
Tuo aff.mo
  G. Bottesini.
[Lettera di proprietà dell'Editore Ricordi di Milano, N. 40]

194.

Buenos Aires, 15 Settembre 1879.
Carissimo Giulio,
Il corrispondente degli affari del nostro teatro dev'essere una grande canaglia. Non ne faccio meraviglia perché la virtuosa famiglia è conosciuta sotto tal sostantivo. Scrive bugie ed infamie sul conto della prima donna Emilia Cinti che merita ogni riguardo, e merita soprattutto che di lei si dica la pura verità. Dessa cantò e canta continuamente con successo Traviata, Trovatore, Fausto, Ernani, Lucrezia, Poliuto, *Ero*, Ugonotti. Desidererei tu ne dicessi una parola sulla Gazzetta.
Ciò per la giustizia e santa verità.
A bientôt
Tuo aff.mo
  G. Bottesini.
[Lettera di proprietà dell'Editore Ricordi di Milano, N. 41]

195.

Buenos Aires, 4 Ottobre 1879
Carissimo Giulio,
Essendo andata in fumo la scrittura di Miller per la Scala spero non esser compromesso su quanto ti scrissi rapporto all'Ero. Si trattava del nostro comune interesse e scrivo all'amico.
Ne ho abbastanza dei dispiaceri. Io parto il giorno 8 per Montevideo e Rio Janeiro. Sarò a Milano alla fine di Novembre.
Vogliami bene e credimi
Tuo aff.mo amico
  G. Bottesini.
[Lettera di proprietà dell'Editore Ricordi di Milano, N. 42]

196.

[Roberto Stagno a Vincenzo Iacovacci]
Napoli, 28 Novembre 1879
Sig.r Vincenzo Iacovacci, Roma
Caro Amico,
In risposta al tuo telegramma posso assicurarti che a Buenos-Ayres il Bottesini mi esternò il desiderio di poter dare il suo Ero e Leandro a Roma. A tal uopo, se ben ti rammenti, ti scrissi dall'America in proposito, esortandoti a far sentire all'intelligente pubblico romano un sì bel lavoro.
Ripeto che Bottesini sarebbe felicissimo, e se al suo ritorno in Europa, sarà libero d'impegni, egli stesso verrebbe in Roma, a mettere in scena il suo Ero e Leandro.
Se non fossi sicuro, di quanto ti espongo, non mi prenderei la pena di trascrivertelo. Per oggi accetta una stretta di mano, e... a rivederci presto, tuo amico
  Roberto Stagno.
[Museo Teatrale alla Scala di Milano, CA. 6038]

197.

Napoli, 5 Gennajo 1880. Presso Clausetti.
Caro Giulio,
Dò segno di vita. In primo luogo ti prego ad imprestarmi per scopo di beneficenza l'Ouverture del *Freischütz* con tutte le parti; pure l'Ouverture dell'Eleonora di Beethoven, e se hai l'Alleluja di Handell mandami tutto. Ben inteso, le spese di trasporto a carico mio. Qui mi si fanno vive istanze per l'Ero. Io non so che dire. L'unica combinazione possibile sarebbe la *Scalisi Aldighieri* rendendogli possibile la parte, e Capponi... perché qui piace. Proporrei la *Miller* perché la Scalisi deve cantare altre opere. La Vitzioli somministrò fondi ai Signori Impresarii; per lei è impossibile la parte di Ero. Notizie di Roma mi mettono sull'avviso per camorra Marchetti, e mi consigliano pregarti venire a Roma onde scongiurare la burrasca.
Conto sulla tua amicizia perché tu voglia accettare questa preghiera. Ho terminato l'opera nuova *La fata del Nabul*. Depanis mi promette darla nel prossimo inverno; gli è spiaciuto che glielò datto troppo tardi e così s'ubbriacheranno del Marchetti tanto in *voga*. A proposito di lui fanno dire al Verdi che questi sarebbe l'unico direttore a questo Conservatorio; è tanto *grossa* che con tutta l'antipatia di cui mi onora l'illustre Maestro pure sono io quà che lo difendo non potendo egli dire una cosa che gli farebbe tanto torto.
Aspetto i tuoi ordini per Roma; avvisami a peu près quando dovrò essere colà. Ti prego istantemente mandarmi la musica che ti dimando dovendo qui dare un gran Festival in favore dei poveri; ecco perché ti chiedo la *musica gratis* per non far spese.
I miei saluti a tutti e credimi
Tuo aff.mo
  Gio. Bottesini.
[Lettera di proprietà dell'Editore Ricordi di Milano, N. 43]

198.

Napoli, 7 Gennajo 1880. Presso Clausetti.
Caro Giulio,
Dimmi se sei disposto a dare la Messa dell'*illustre* Verdi e quale sarebbe il prezzo anticipato che me ne dimanderesti. Sugli artisti sai quali sono i disponibili sulla nostra piazza; si tratterebbe di darla in sala con grandi masse, non in Teatro; ti domando il segreto su quest'affare trattandosi d'una società di gentiluomini che vorrebbero far udire la Messa e nessuno dei Signori dell'Impresa S. Carlo lo sanno ne debbono saperlo. Jeri sera riudii la Witziola nell'Ebrea e debbo rettificare quanto t'ho scritto.
Come artista non si può dir cattiva, ma il pubblico è talmente severo verso di lei ed è ad esso talmente antipatica che varrebbe lo stesso come se fosse un *rosto*. Sicché per me non intendo si dia l'Ero. Non parliamo degli altri perché è inutile.
Aspetto notizie da Stagno. Pare che la Turolla non abbia incontrato molto. Non si capisce più nulla.
Aspetto tue nuove con impazienza
Tuo aff.mo
  Gio. Bottesini.
[Lettera di proprietà dell'Editore Ricordi di Milano, N. 44]

199.

Napoli, 2 Febbrajo 1880
Carissimo Tornaghi,
Da Jacovacci sono chiamato per assistere alle prove dell'Ero; partirò dunque Sabato e ti saprò dire come vanno le cose; l'esito felice dei Puritani avrà calmato il mal umore del Pubblico e sarà meglio per me.
Riguardo all'affare Boito ti ricorderò quanto ti ho detto a Milano e ciò per schiarire equivoci. Se non pagai il libretto dell'Ero fu perché dopo mia viva istanza onde soddisfare Boito, egli fece meco l'offeso non volendo in nessun modo esser soddisfatto, tantoché io gli mandati l'opera scritta in ricambio del libretto ed egli gentilmente me la rimandò mostrandosi di nuovo dispiaciuto ed offeso ch'io non volessi da lui accettare il suo libretto. Ora poi essendo la mia musica a voi venduta in tutti i casi mi pare che i pagamenti delle due mila lire si dovrebbe fare in proporzione dalla casa Ricordi e da me. Ma se poi dopo tutto io debba pagare le due mila lire divise in cinque parti sui cinque noli dell'Ero t'autorizzo a farlo senza nessuna dispiacenza fra noi.
Ho spedito i due pezzi da trasportare per la Turolla onde facilitare le prove e non far sapere all'Orchestra che si trasporta.
Spero che Giulio mi farà il piacere di non mancare all'andata in scena dell'opera mentre tengo moltissimo ch'egli venga.
Le faccende del Collegio sono al punto d'uno scioglimento, ma la camorra di questi asini è schifosa vergognosa ed indecorosa per l'arte nostra.
Salutami Giulio e credimi
Tuo aff.mo
  Gio. Bottesini
[Lettera di proprietà dell'Editore Ricordi di Milano, N. 45]

200.

Giovedì, 12 Febbrajo 1880
Caro Giulio,
Le prove dell'Ero camminano bene. Mancinelli è tutto per me e gli sono riconoscentissimo. La Turolla camminerà benissimo. Stagno e Nannetti divinamente. I Cori buoni. Jacovacci dispostissimo a tutto. L'esito non può mancare, ma tu devi completare il successo colla tua presenza.
Andremo in scena Sabato 21.
Tutti ti pregano di venire.
Sto accomodando parti che sono piuttosto sbagliate.
Ciao.
    Bottesini.
Caro Giulio,
Anche il *tuo bel Gigi Mancinelli* ti prega vivamente di venire.
Ciao
    Tuo Gigi Mancinelli.
[Lettera di proprietà dell'Editore Ricordi di Milano, N. 46]

201.

Roma, 24 Febbrajo 1880
Caro Giulio, L'opera ha piaciuto melgrado la camorra Marchetti. Avrai già letto quella cara Appendice dell'Arcais. Per essere un tuo stipendiato poteva essere meno insolente. Del resto non me ne importa poco. Se tu avessi potuto venire sarebbe stato assai meglio.
Ti ho telegrafato questa mattina per mettere sul mio conto 200 franchi per i coristi.
Parto domani sera per Napoli stanco ed [...] della Capitale d'Italia. Conservati sano e vogliami bene.
    Tuo aff.mo amico
    Gio. Bottesini.
[Lettera di proprietà dell'Editore Ricordi di Milano, N. 47]

202.

Napoli, 17 Aprile 1880.
[Lettera di Bottesini di proprietà dell'Editore Ricordi di Milano, N. 48. Manca il permesso di pubblicazione]

203.

Napoli, 7 Giugno 1880. 111. S. Giovanni a Carbonara.
Caro Tornaghi,
Credeva da Torino poter venire a Milano ma mia nipote mi ha chiamato qui per telegramma per un affare, e avendo io tanto da dover scrivere per la mia nuova opera non avrei tempo recarmi costì.
Ti si presenterà una mia carta coll'autorizzazione di pagare 100 franchi a saldo d'un debito di mio fratello Luigi e ti prego far onore alla mia firma conteggiando meco questo lire 100.
Riguardo ai conti che dobbiamo fare insieme essendo il mese di Giugno ti sarei grato se possiamo direttamente conteggiare e non per mezzo di Clausetti perché io trovandomi in una campagna vicino a Napoli tengo a rimaner ignoto a tutta Napoli altrimenti mi seccano con Concerti e te... ed io ho bisogno di tutta la mia pace per finire quanto ho tra le mani. Rispondimi all'indirizzo di sopra che è quello di mia nipote a Napoli ed ogni giorno suo marito venendo a Napoli mi porta le lettere in campagna. Fammi il piacere di farmi sapere se Pessina è a Milano avendogli scritto varie volte senza risposta. Avrei bisogno di saperlo.
Salutami Giulio e sono Tuo aff.mo
    G. Bottesini
[Lettera di proprietà dell'Editore Ricordi di Milano, N. 49]

204.

Napoli, 14 Giugno 1880. 111. S. Giovanni a Carbonara.
Caro Tornaghi,
Ho ricevuto il conto del mio avere. Sta bene e puoi senza fretta far un mandato sulla Banca Nazionale di qui. Quando lo manderai dammene avviso.
Dimmi se ti devo mandare la ricevuta sul conto che m'hai mandato o come tu vorrai.
Salutami Giulio e vogliami bene.
Tuo aff.mo
    Gio. Bottesini
[Lettera di proprietà dell'Editore Ricordi di Milano, N. 50]

205.

Napoli, 21 Giugno 1880. 111. S. Giovanni a Carbonara.
Caro Migliara,
Ho finito due atti dell'opera e te li spedisco al tuo indirizzo. - Troverai due primi atti partitura. - Spartitino, parti cantanti, con riduzione per pianoforte, come vedrai fatta da me; più tutta la parte della prima donna da me pure trascritta. - Troverai nello spartitino molte accomodature che ho dovuto tutte fare da me, mentre il copista raccomandatomi è un vero somaro. - A forza di pazienza e perdita di tempo, spero troverai tutto chiaro e corretto. - Per gli altri due atti ho incaricato un altro che spero non mi assassinerà tanto. -
Non so ancora che cosa pretenderanno questi cani e quel cane di riduttore che è sempre
    il tuo aff.mo G. Bottesini.
[Lettera pubblicata da A. Carniti a pag. 72 del volumetto *In memoria di G.B.*, Crema 1921]

206.

Napoli, 13 Luglio 1880. 111. S. Giovanni a Carbonara.
Carissimo Tornaghi,
Non è che oggi che ho ricevuto la lettera del 10 perché trovandomi in campagna ho dovuto venire in Napoli per prendere l'assicurata. Mi dispiace sommamente il dispaccio che ti feci jeri dopo aver ricevuto la lettera di Dal Torso di cui t'accludo copia, ma capirai leggendo ch'io aveva tutte le ragioni. Ora il mio nome essendo impegnato trattasi d'una quistione d'amor proprio e di riputazione. Io non ho pregato Dal Torso di scritturarmi né sapeva del Teatro di Treviso, anzi riuscivami incomodissimo impegnarmi per una quarantina di giorni. Dal Torso mi fece tali premure indicandomi la necessità d'avermi trattandosi d'uno spartito di importanza come il Mefistofele, ed io mi decisi ad aderire in riguardo di Boito e di voi altri. Ora, che impressione vuoi che abbia fatto sull'animo mio sapere che voi altri rifiutate il Mefistofile se io ne sono il Direttore? Se tu francamente appena il Dal Torso ti ha parlato di me, in amicizia mi avesti confidato il tuo compromesso con Gialdini con piacere avrei impedito questi scandali, ma ora, cosa vuoi che io faccia? Il mio amor proprio intendo salvarlo a qualunque costo. Io mi trovo colla scrittura firmata ed il mio nome pubblicato; come posso far supporre che casa Ricordi rifiuti il Mefistofile quando io amico personale di Boito ed in buone relazioni con voi altri ne ho accettato l'incarico?
Né posso rifiutarmi a causa della musica per Torino mentre questa è di già spedita e si sta copiando. Domando a te stesso di sciogliere quest'imbroglio e come ti regoleresti tu nei miei panni.
Capirai ch'io non posso permettere che tu neghi musica e Mefistofile dal momento che vieni in cognizione ch'io ne sono alla Direzione. Se fai ciò ti obblighi a darmene conto. La sola soluzione possibile per tutti sarebbe che da Casa vostra io fossi mandato a diriggere in altro sito, allora il Gialdini potrebbe andare a Treviso perché in questo solo caso scioglierei Dal Torso dalla sua scrittura, ben inteso che ve la intendereste con Dal Torso il quale fu verso di me gentilissimo ed io non posso malamente corrispondere. Spero che tu non vorrai far finire le cosa in modo dispiacevole fra te e me. Leggi bene questa copia e vedrai che l'è troppo forte ed io non lo potrò mai tollerare. Rispondimi subito.
    Tuo aff.mo
    G. Bottesini.
[Lettera di proprietà dell'Editore Ricordi di Milano, N. 51]

207.

Copia della lettera Dal Torso
In data 10 Luglio.
Nel mentre ero sommamente lieto di avere la di lei accettazione per Treviso con la scrittura ritornatami, il Signor Ricordi mi telegrafava e scriveva che non avrebbe dato il Mefistofile sotto la di lei Direzione posponendola ad un Gialdini che m'imponeva di scritturare. Questo enorme insulto fatto alle di lei eminenti qualità, tacitamente qualificandolo come insufficiente a diriggere il Mefistofile mi ha siffattamente sbalordito che nella mia disperazione proggettai perfino di rinunziare all'Impresa, proggetto che comunicai al Signor Ricordi e ch'egli accolse subitamente preferendo di non dare il Mefistofile a Treviso anziché rinunziare all'idea di avere alla Direzione il Gialdini.
Non valsero le mie preghiere e il constatare che avrei lasciato la vita a Treviso se avessi di nuovo a Direttore un Gialdini il quale mi fe' a Udine soffrire le più crude amarezze colle sue maniere poco educate colle sue spinte esigenze e capricci; non valse asserire che la di lei scrittura era stata accolta

a Treviso a Venezia e dapertutto con entusiasmo. Si protestò chiaramente che non vi si darebbe mai il Mefistofile che con Gialdini. Ma la mia esaltazione è così grande che temo ne sia conseguenza una malattia tanto mi sembra enorme il rifiuto per la di lei persona tanto l'insulto le si fa pubblicamente scartandola come una assoluta mediocrità per dare la preferenza al Gialdini, tanto la tema d'angheria da parte di costui da pormi alla disperazione.

In me non v'ha più speranza di ricondurre Ricordi a più convenienti risoluzioni. Il cambiamento di lei in quello di Gialdini io deggio farlo noto e ove Ella illustre Maestro non riconduca alla ragione il Ricordi dovrò rinunziare con sommo mio dispiacere ad averla a Treviso.

Fino a che Ella non avrà sciolto questo affare me ne tacerò, pregandola a non risparmiarmi, per raggiungere l'effetto desiderato.

  Dal Torso.

Mio telegramma in risposta.
Rimani libero prendere altro Direttore però userò miei diritti secondo scrittura.

Risposta del Dal Torso telegramma.
17 Luglio
Io fermo sempre per vostra scrittura pubblicata universalmente. Ricordi ostinato rifiutandovi sebbene pregato da molte persone negami recisamente Partitura preferendo io rinunzi impresa non accettando Gialdini impostomi sapendovi scritturato.
Pubblicherò infine scandalo inaudito.

  Dal Torso.

[Lettera di proprietà dell'Editore Ricordi di Milano, N. 51 bis]

208.

Napoli, 20 Luglio 1880. 111. S. Giovanni a Carbonara.
Carissimo Tornaghi,
In riscontro alla tua del 16 ti replicherò quanto t'ho detto in altra mia, cioè che la questione di Treviso è questione di dignità e non altro mentre se fosse stata questione d'interesse avrei accettato impegni che mi davano 10 mila franchi e non due. Se tu tieni alla tua parola con Gialdini capirai bene che debba tenere io alla mia dignità, cosa alla quale Bottesini antepone a qualunque altra cosa. Io credo perfettamente a quanto tu mi dici vi sia passato fra te e Dal Torso, ma crederai parimenti me quando io t'assicuro che l'ignorava e che credeva di rendermi gradito alla casa che ora invece mi ricambia poco gentilmente.

Avrei sperato che ancorché il Dal Torso avesse fatto una sorpresa col mio nome voi altri l'avreste accettato. Qualunque cosa tu faccia col Dal Torso non mi riguarda ma rifiutando il Mefistofile non usi a me una gentilezza. Riguardo alle mei convenienze col Dal Torso ho la mia scrittura firmata e la farò valere mentre anch'io al pari del Gialdini senz'impegni verso di nessuno ho rifiutato altre dimande fra le quali puoi domandare all'Impresa del Vittorio Emanuele che mi chiedeva per l'autunno un'Opera nuova e la Direzione dell'Orchestra.

Scrivo nell'istesso senso al Dal Torso col quale ti regolerai come meglio credi.
Ho ricevuto a saldo del primo semestre da Casa Ricordi la somma di 2766.85.
  Gio. Bottesini.
[Lettera di proprietà dell'Editore Ricordi di Milano, N. 52]

209.

Napoli, 27 Luglio 1880.
[Lettera di Bottesini di proprietà dell'Editore Ricordi di Milano, N. 53. Manca il permesso di pubblicazione]

210.

Napoli, 24 Agosto 1880. 111. S. Giovanni a Carbonara.
Caro Franceschini,
Ho ritardato a rispondere alla carissima tua perché in campagna. Ti devo dire francamente che sono in freddissime, anzi cattivissime relazioni con casa Ricordi per motivi troppo lunghi a raccontarti. Ti accludo pel momento una riga per Faccio impegnandolo a far eseguire una tua composizione a me tanto gentilmente dedicata.
Riguardo a Ricordi aspetta che si calmi la bufera e sono prontissimo a far quanto è possibile per riuscire.
Dovevo passare per Torino diretto a Parigi, ma tutto andò al diavolo.
I miei saluti alla tua Signora e credimi
  tuo aff.mo G. Bottesini.
[Lettera pubblicata da A. Carniti a pag. 60 del volumetto *In memoria di G.B.*, Crema 1921]

211.

Napoli, 25 Agosto 1880. 111. S. Giovanni a Carbonara.
Caro Tornaghi,
T'accludo (niente del Dal Torso) ma di un Editore di Hamburg. Dimmi cosa devo scrivere in proposito.
Cosa vuol dire un telegramma della Vanda Miller a me diretto, dove mi si diceva che per suo debut alla Scala si voleva dare l'Ero e che casa Ricordi consentiva s'io pure lo faceva? Io risposi di rivolgersi alla casa Ricordi. Non ho più saputo niente. Quindi saranno stati desiderii e null'altro. Avrei piacere avere l'Album mio Egiziano stampato da Canti e che credo dalla vostra casa acquistato.
Tutto tuo
  Gio. Bottesini
[Lettera di proprietà dell'Editore Ricordi di Milano, N. 54]

212.

Napoli, 3 Gennaio 1881
Caro Gastelli,
Ho ricevuto a Genova due telegrammi da Depanis che mi annunziavano l'esito buono della quarta e quinta recita della mia opera. Desidererei però avere più chiare spiegazioni e ti prego a volermi scrivere a Genova Hotel Robecchino ove io sarò fra pochi giorni. Metto in scena a quel teatro Politeama il mio Ero e Leandro. Spero soffrir meno di quello che ingiustamente m'hanno fatto soffrire i Sig.ri Torinesi. Non scrivo a nessuno fuori che a te.
Vogliami bene e speriamo di poter andar fuori e molto lontano
  tuo aff.mo amico
  G. Bottesini
P.S. Se alle volte vorresti scrivermi a Napoli ricordati di indirizzarmi le lettere così: Manfredi 11, Salita Petrajo.
[Bologna, Conservatorio «G.B. Martini»].

213.

Genova, 11 Gennajo 1881.
Caro Giulio,
Ieri non ebbi il piacere di vederti perchè ti trovavi incomodato ma spero ti rimetterai presto del tutto bene. Cosa diresti se volessi fare della parte di Ariofarne un Baritono?
Sarebbe più facile trovare un esecutore ad hoc. Qui a Genova potrebbe essere magnifico Villani. La Bulli e Giraud benissimo.
Il Basso cala ed è freddo come un ghiaccio. Mi permetti di provare a far la trasformazione?
Scrivi o fa scrivere in proposito a Taddei. Io parto domani per Lisbona e sarò di ritorno ai primi di Febbrajo.
Vogliami bene e credimi Tuo aff*mo*
  G. Bottesini.
[Lettera di proprietà dell'Editore Ricordi di Milano, N. 55].

214.

Napoli, 24 febbraio 1881.
[Lettera di Bottesini di proprietà dell'Editore Ricordi di Milano, N. 56. Manca il permesso di pubblicazione].

215.

[Napoli, senza data]
Caro Tornaghi,
Volendo presentare qualche cosa di mio *alla prossima* esposizione scritta appositamente, intendo da eseguirsi, dimmi tu stesso cosa preferiresti, se musica istrumentale, o vocale; in quest'ultimo caso sarei contento d'unirmi con Boito al quale ho scritto, ma dopo mi è venuta la idea di far qualche cosa per l'Esposizione, per cui non gliene ho parlato. Fallo tu - Soltanto presto dovendo andar a Barcellona ai primi aprile - Cosa succede a Genova - Dillo a Manfredi che sa il mio indirizzo come a lui puoi consegnare qualunque cosa per me - Saluta Giulio che spero ristabilito affatto. Tuo
  Bottesini.
[Lettera di proprietà dell'Editore Ricordi di Milano, N. 76].

216.

Marzo 81 [Napoli]
Caro Tornaghi,
Se arrivassero notizie da Genova, da Taddei, manda a chiamare il Signor

Manfredi 26 Via Tre Alberghi. A lui puoi dire il tutto ed incaricarlo d'ogni cosa per me. Io parto per la Spagna.
Raccomando a Giulio di dare un'occhiata all'opera che ti ho consegnato.
Vogliami bene Tuo aff*mo*
       Bottesini.
[Questo biglietto da visita è di proprietà dell'Editore Ricordi di Milano, N. 57].

217.

Barcellona, 22 Aprile 1881.
Caro Giulio,
Non ti ho mai parlato della mia «Regina del Nepal» che si die' a Torino e che malgrado l'esito freddo della prima sera, parve che arrivò a piacere, giacchè ebbe 15 rappresentazioni.
Siccome i miei affari li ho sempre fatti con te vorrei sapere quel che ne pensi e se hai qualche buona disposizione per me, facendomi pena veder della buona musica (scusa la modestia) dormire negli scaffali di Depanis.
Credo che potremo facilmente venire ad un accordo e spero mi dirai presto qualche cosa in proposito.
Ti raccomando le due romanze che ti ho dato: cerca di stamparle il più presto possibile.
L'opera nuova «Cedar» è presso Manfredi 26 Via Tre Alberghi.
Se vuoi perdere un poco di tempo a darle un'occhiata, oggi scrivo a questi di metterla a tua disposizione.
Sii benevolo colla mia Messa se la devi esaminare.
In attesa di tue care notizie affettuosament ti saluto
    Tuo
        Gio. Bottesini.
[Lettera di proprietà dell'Editore Ricordi di Milano, N. 58].

218.

Barcellona, 20 Maggio 1881.
Caro Tornaghi,
Ricevei la grata tua e ti ringrazio di quanto in essa mi dici.
Oggi devo venire a seccarti non per me per un amico, il Sig. Mengoli Professore di Contrabbasso al Liceo di Torino, il quale ha scritto degli studi per questo istrumento e si è rivolto a me per vedere di farli stampare.
Questi studi sono per chi già sa suonare molto bene, forse un po' difficili, ma per i riguardi dovuti a questo villano istrumento, sarebbero d'alcuna utilità.
Infine se è cosa che voi altri foste disposti a fare, ti prego di scrivermelo a scarico per me di conoscenza.
L'Aida ha fatto furore per Masini e *nada mas*.
In attesa affettuosamente ti saluto
    Tuo
        G. Bottesini.
[Lettera di proprietà dell'Editore Ricordi di Milano, N. 59].

219.

Napoli, 10 Agosto 1881. Vico Baglivo-Uries.
Caro Tornaghi,
Avendo veduto le ultime prove di quelle due mie romanze da te stampate, sono certo che a quest'ora saranno pubblicate.
Ti pregherei di mandare a me o a Clausetti qualche copia.
Si vocifera in Napoli ch'io sia scritturato pel Carnevale al S. Carlo come Direttore, ma io non ne so proprio nulla.
Salutami Giulio e credimi
    Tuo aff*mo*
        G. Bottesini.
[Lettera di proprietà dell'Editore Ricordi di Milano, N. 60].

220.

Napoli, 10 Ottobre 1881.
Carissimo Giulio,
Ti presento il Signor Giovanni Barbieri distintissimo musicista allievo del Conservatorio di Napoli. Egli si reca a Milano per farsi conoscere e son sicuro verrà apprezzato come ben merita.
Lo raccomando alla tua gentilezza, alla benevolenza della tua casa, sicuro che il mio raccomandato sarà accolto come merita.
Ringraziandoti anticipatamente credimi
    Tuo aff*mo* amico
        Gio. Bottesini.
[Lettera di proprietà dell'Editore Ricordi di Milano, N. 61].

221.

Napoli, 17 novembre 1881.
[Lettera di Bottesini di proprietà dell'Editore Ricordi di Milano, n. 62. Manca il permesso di pubblicazione].

222.

Napoli, 7 dicembre 1881. 5 Vico Teatro Fiorentini.
Caro Depanis,
Sarebbe tempo parlar della mia Regina del Nepal che trovasi presso te. Desidereri riaverla e con tutta la guerra che le han voluto fare è stata pure l'Opera che ha sostenuto il tuo Teatro. Staremo a vedere i miracoli della nuova impresa e del Tribut de Zamore. Auguro ai Vagneristi Torinesi... un'occupazione degna del loro immenso talentone.
Mi piacerebbe pure avere la parte della messa la quale pure non ha fatto disonore al tuo Teatro, malgrado... la meschinità delle fughette, che il signor critico non era neanche capace di capire. Salutami tuo figlio e vogliami sempre bene. In qualunque maniera ho un'Opera seria ed una buffa pronta. Se si trattasse di te, con te avrò sempre piacere di mettermi d'accordo. Che compagnia c'è al Vittorio? Impresario è sempre lo stesso? Crederesti tu opportuno una specie di rivincita in Torino?
Scrivimi e credimi Tuo affezionatissimo
        G. Bottesini
[Lettera pubblicata da A. Carniti a pagg. 57-58 del volumetto *In memoria di G.B.*, Crema 1921].

223.

Napoli, 2 Gennajo 1882
5, Vico Teatro Fiorentini
Pregiatissimo Signor Blanchi,
Oltremodo desolato di quanto succede riguardo ai manoscritti della mia musica ho scritto ancora a Barcellona. Io avevo incaricato un mio secretario certo Oreste Mati di spedire il pacco a lei tal quale me l'aveva inviato. Spero arrivarne a qualche schiarimento. Mi succede una cosa stranissima anche colla partitura della mia Messa da Requiem mandata all'Esposizione di Milano.
Dessa fu premiata ma ritirata da chi non si sa e contro i regolamenti del Comitato che non doveva rimettere gli oggetti che alla persona in possesso della ricevuta di consegna. Questa ricevuta la conserva il Conte Sforza Benvenuti di Crema e sta ora facendo le pratiche per ritrovare Messa, medaglia usurpata da incogniti, o farmela pagare. Vede che belle cose succedono a me! Può dire al Cav. Depanis di consegnare a lei partitura e parti della mia *Regina del Nepal*. Riguardo al Politeama di Genova sono un poco contrario dopo la rottura fatta questa primavera al medesimo teatro coll'*Ero*. È un Teatro disgraziato. Mi indichi le modificazioni che crede oportune tanto pel libretto come della musica e sarò ben felice se ella vorrà incaricarsi della stampa.
Ho un'operetta buffa pronta ma con molti personaggi.
Mi scriva e mi creda
    Dev.mo amico
        Gio. Bottesini.
I miei saluti ai Signori del Comitato.
[Parigi, Bibliothèque Nationale, fondo Charles Malherbe].

224.

Napoli, 28 Febbarjo 1882. Vico Teatro Fiorentini.
Caro Giulio
Giacchè ti offri gentilmente a far ricerca presso il Comitato della mia Messa ti dirò che già da due mesi il Conte Borromeo è dietro a fare delle pratiche finora infruttuose per averne notizia. Questa benedetta Messa è stata anche premiata e non ritrovarla mi secca tanto più che dall'8° articolo del Regolamento si rileva non avere il Comitato nesuna responsabilità sugli smarrimenti o sottrazioni degli oggetti esposti.
In questo stato di cose consigliami tu cosa potrei fare per riescire ad un risultato tanto più che tu appartenevi alla Vice Presidenza con Ponchielli che ha inteso la mia Messa a Torino.
Forse saprai che quello che si è perduto è la partitura originale.
Esistono soltanto le parti d'*Orchestra Cori* e *Soli* presso Blanchi di Torino.
So bene che con questi elementi si può rifare una partitura ma non vorrei che altri si vestisse delle mie penne servendosi di quella smarrita. Attendo in proposito il tuo parere e ti saluto.
    Tuo aff*mo*
        Gio. Bottesini.
Ti spedirò i due pezzi che m'hai mandato.
[Lettera di proprietà dell'Editore Ricordi di Milano, n. 63].

225.

Napoli, 3 Aprile 1882. 5. Vico Teatro Fiorentini.
Caro Giulio,
Sotto fascia ti rimando le mie due partiture che m'avevi imprestato ringraziandoti.
Devo proprio subire la perdita della mia povera Messa? È ben crudele.
Ti prego di parlarne ancora con Borromeo.
Io parto per Roma Sabato prossimo.
Sai che sono al Costanzi. Ho insegnato a Stagno la parte del Duca d'Alba. Chi ne capisce più nulla!
Vogliami bene e credimi sempre
  Tuo aff*mo* amico
    Gio. Bottesini.
[Lettera di proprietà dell'Editore Ricordi di Milano, N. 64]

226.

Napoli, Sabato 8 aprile 82
Caro Fraschini,
Ordine imperativo m'obbliga a partir domani mattina giorno di Pasqua col primo treno che festeggerò in viaggio!!! Ti prego scusarmi, fa i miei auguri a tutti e a rivederci.
  Tuo aff.mo
   G. Bottesini.
[Museo Teatrale alla Scala di Milano, COLL. CASATI 1620, biglietto da visita al tenore Gaetano Fraschini].

227.

Roma, 29 Aprile 82. Teatro Costanzi.
Mio caro Gastelli,
Ti sono grato della lettera che mi scrivesti e della memoria che conservi di me.
Ti ringrazio delle notizie che mi dai; sapeva la nomina di Pedrotti e quella di Fassò. Sono due eccellenti persone che meritavano un giusto compenso.
Io l'avrò quando sarò morto. Vivo, devo lottare contro una cattiva stella.
Felice notte Sior Vicere?
Mi saluterai Moja e coloro che si ricordano di me. T'auguro una buona stagione ad Aix, ma non avvicinarti al tapis vert.
Ogni qualvolta vorrai dammi tue notizie, mi farai un grande piacere.
  tuo aff.o Bottesini.
[Bologna, Biblioteca del Conservatorio «G.B. Martini»].

228.

Napoli, 22 luglio 1882. 5. Vico Teatro Fiorentini
Carissimo Biava,
Ho avuto mille volte l'intenzione di scriverti per essere schiarito sullo stato niente affatto edificante delle donne che vollero a tutto costo rovinarmi a Schubra. Scandali fra madre e vera figlia, processi, invio di tutto quanto guadagnai non bastarono a nulla. Notizie avute di tanto in tanto mi facevan comprendere che la solita leggerezza di amministrazione regnava colà, e che tutto si spendeva e si spende per un serraglio di bestie. Oramai sono quattro anni che dal lato morale mi trovo assai più felice. Ho continuato a mandare mensilmente quanto mi si diceva essere sufficiente alla loro esistenza colla ferma persuasione di far cosa grata alle loro inclinazioni arabe e in conseguenza al mio quieto vivere.
Alle prime notizie dei guai Egiziani scriveva loro le mie inquietudini e mi si rispondeva di non aver nessun timore perchè erano sicure sotto la protezione degli Arabi di casa. Mi si parlava di bestie, di nascite di tori ed altro che in simili circostanze non erano proprio del tutto al caso. L'ultima lettera ricevuta da Scubra è in data del 29 Giugno scorso dove pure mi si continua ad assicurare della loro piena confidenza in tutto. Spedii solita somma ma non ebbi fino ad ora risposta.
Telegrafai con risposta pagata il Console Gloria ma passò una settimana senza alcuna notizia. Ecco quello che mi capita dopo aver passato una vita d'inferno. Tu mi domandi notizie di loro ed io non ne ho a darti che delle incerte per non dire di peggio.
Ho veduto fra la gente che arrivava Filippi dal quale non ho potuto sapere altro che le *mie donne* stavano tranquille. Ora ho sulle spalle Lotti il quale fu testimonio ed attore negli schifosi pasticci che pur troppo sono avvenuti.
A parte questo mi assicura che le *Signore* non abbandoneranno Schubra a causa delle bestie che hanno in casa. L'incertezza in cui mi trovo non è affatto gradevole. Non vorrei succedessero disgrazie, ma nello stesso tempo non vorrei ricominciare la vita penosa, arrabbiata e senza nessun profitto con persone che mai hanno pensato al mio avvenire e che mi hanno seccato materialmente e moralmente.
Succedesse anche il loro ritorno, sono deciso a vivere da me solo. Pagherei in Europa quello che ho sempre pagato in Egitto, ma vita comune non più.
Tu mi dici che avresti bisogno di vedermi per dirmi anche cose che forse mi farebbero piacere.
Figurati se non sarei felice di riabbracciarti, ma pel momento non posso abbandonare una quantità di lavori che sto ultimando. Scrivimi adunque tutto che sarò felicissimo di leggere notizie di un amico come sempre sei stato per me. Non ti voglio seccare con informazioni artistiche e soprattutto musicali. Siamo in arte alle stesse condizioni politiche del giorno. Non se ne capisce più niente, e ciò si chiama progresso.
Io preferisco la mia vita a Napoli perchè ho *persone* che mi vogliono bene davvero e che mi compensano del passato. Eccoti detto tutto pel momento.
Salutami tanto tua moglie, tua figlia e la Lisa.
Ogni volta mi darai tue notizie farai un vero piacere al tuo aff.mo amico
  Gio. Bottesini.
[Museo Teatrale alla Scala di Milano, COLL. CASATI 1623].

229.

Napoli, 2 Gennajo 1883. 5. Vico Teatro Fiorentini.
Carissimo Tornaghi,
La Commissione della Società Filarmonica avrebbe intenzione di far seguire sotto la mia Direzione la Messa di Rossini. Sono incaricato adunque di scriverti se saresti disposto a noleggiarla, ben inteso a grande Orchestra, e preghiera di voler essere moderato nel prezzo.
Gli artisti sarebbero quelli del S. Carlo se Scalisi lo permetterà; diversamente con degli amateurs che forse sarebbe per il meglio. Cori ed orchestra del S. Carlo. Dimmene subito qualche cosa. Tanti saluti alla famiglia Giulio Ricordi e credimi sempre
  Tuo amico
   Gio. Bottesini.
[Lettera di proprietà dell'Editore Ricordi di Milano, N. 65].

230.

Napoli, 8 Gennajo 83. 5. Vico Teatro Fiorentini.
Caro Tornaghi,
L'esecuzione della Messa di Rossini dovrebbe aver luogo nella Società Filarmonica di Napoli che è privata, per conseguenza senza pubblici manifesti e sono ammessi a sentirla i soli soci senza alcuna contribuzione locchè porta una spesa per la Società e nessun introito. Se fosse nella facoltà della casa di offrire le maggiori economie possibili, essi tutti ti sarebbero gratissimi trattandosi d'una Società che versa in economie ristrettissime. Concedendo la Messa essa si eseguerebbe una o due volte al più e dovresti mandare parti d'Orchestra e Canto e partitura. Rispondimi subito essendovi fretta per la esecuzione. Grazie per gli augurii che contraccambio a tutti. Ciao.
  Aff*mo* amico
   Gio. Bottesini.
[Lettera di proprietà dell'Editore Ricordi di Milano, N. 66].

231.

Genova, 4 Marzo 1883
Sono stato per diversi giorni in campagna occupatissimo; e per questo non potei rispondere subito alla tua del 24 Feb.
Hanno molto torto quelli che si permettono di servirsi del mio nome per farmi dire sul conto tuo quello che non ho mai detto, nè potevo dire. Tu sai, e tutti sanno quanta stima io abbia del tuo talento e come compositore e come concertista. Questa verità a tutti nota, avrebbe dovuto mettere un freno alle lingue troppo pronte a mentire.
In quanto a scrivere al ministro Baccelli, io non potrei appagare il tuo desiderio soprattutto in questo momento. Io ho ripetutamente rifiutato di far parte di una commissione musicale da Lui proposta, e credo che una mia lettera arriverebbe in mal punto.
T'auguro tutto il bene che meriti, e salutandoti anche a nome di mia moglie mi dico con stima ed amicizia
  Tuo
   G. Verdi
[Teodoro Costantini, *Sei lettere inedite di Giuseppe Verdi a Giovanni Bottesini*, per le feste centenarie del Regio Conservatorio «Giuseppe Verdi», Milano 1908. Edizioni C. Schmidl & Co., Trieste. Autografo al Civico Museo Teatrale di Trieste].

232.

Napoli, 14 luglio 1883. 5. Vico Teatro Fiorentini.
Carissimo Tornaghi,
Il Signor Santino Costa impresario di Aix les Bains mi scrive che lasci a me di stabilire il prezzo pel nolo dell'Ero e Leandro. Davvero che mi metti in imbarazzo. Più che ti farai dare sarà meglio per tutti e specialmente per il poeta. Io credo però che 1500 franchi li potresti domandare.
Carozzi mi fa premura per la Ricci ma preferirei sempre anche la Smerosky colà scritturata ed imposta. È vero che la Ricci canterà l'Aida a Nizza? Se ciò fosse mi sarebbe più difficile trovare il mezzo di cavarmela senza offendere le suscettibilità artistiche. Dammi un parere conciliabile. Mi farai piacere avvisare la copisteria di togliere i ballabili e sostituirli colla Marcia Coro al principio del 2° atto. Desidererei pure si trovassero nelle parti e partitura la prima cabaletta del 3° atto in Si maggiore del Duetto fra Ero e leandro *Andrem sopra i flutti profondi*, nel caso volessi rimpiazzarla all'adagio. Scrivimi presto qualche cosa e credimi Tuo aff*mo*
    Gio. Bottesini.
[Lettera di proprietà dell'Editore Ricordi di Milano, N. 67].

233.

[Bottesini a Verdi]
Napoli, 17 agosto 1883. 5 Vico Teatro Fiorentini.
Carissimo Verdi,
La principessa d'Ottajano alla testa di un comitato... chiede degli autografi sopra pergamena per aiutare i superstiti del disastro di Casamicciola. Poichè l'autografo di Verdi è di primaria importanza, lo prega di rispondergli se è suo desiderio firmare, in tal caso gli sarà inviata la pergamena in questione.
[Riassunto della lettera di proprietà degli Eredi di Verdi a Sant'Agata].

234.

Cercle D'Aix-Les-Bains (Savoie)
28 Agosto 1883
Coro Tornaghi,
Mi sono compromesso colla amministrazione del Cercle di farci avere l'Ero e Leandro per la somma di mille franchi.
Ti prego di non far difficoltà e spedire contro assegno al Signor Costa tutto quello che occorre, cioè 4 primi, 3 secondi, 2 viole, 3 violoncelli e Bassi.
Procura mi si mandino le parti servite al Manzoni.
Quello che preme di più sarebbero le parti del Coro. Manda pure una mezza dozzina di libretti.
Il Signor Costa mi prega dirti d'aggiungere all'assegno il residuo di suo conto di cui tu gli facesti parola. Rispondimi subito e salutami Giulio.
    Tuo aff*mo*
    Gio. Bottesini.
Manda spartitino
Capo Coro e parti subito.
Manda pure gli schizzi delle scene.
[Lettera di proprietà dell'Editore Ricordi di Milano, N. 68].

235.

Aix les Bains. 8 Settembre 83
Caro Tornaghi,
Ho ricevuto il Prologo da Torino e lo conserverò. Ti ringrazio pure della Banda del Rigoletto che jeri sera ebbe un bel successo. La Traviata pure andò bene. Ora ti do un'altra seccatura. Mandami 12 libretti dell'Ero e 4 partiture Piano e Canto. Mettile a mio conto che io mi farò rimborsare da Costa. Colonna vorrebbe suonare qualche cosa del mio. Pregoti quindi mandarmi Partitura e parti della Promenade des Ombres suonata alla Scala. Sto provando l'Ero, e quantunque non abbia ancora la compagnia che ci vorrebbe, pure sarà zucchero in confronto del Manzoni. Salutami Giulio e vogliami bene. È vero che si vuol dare al Vittorio Emanuele l'Ero?
Tuo aff*mo*
    G. Bottesini.
[Lettera di proprietà dell'Editore Ricordi di Milano, N. 69].

236.

Pago Vejano, Provincia di Benevento.
Caro Giulio,
Il Signor C.A. Raymond Redacteur du Lyon Republicain (4 Rue des Archers) era presente al sincero successo dell'Ero ad Aix les Bains, e mi disse volerlo far rappresentare in francese al teatro di Lyon, e che t'avrebbe scritto in proposito per intendersi su tutto. Avrebbe desiderato una partizione a Canto e Pianoforte ma io non ne avevo. Se tu credi mandargliela e nell'istesso tempo avvertirlo che aspetti sue decisioni in riguardo all'Opera credo che sarà cosa utile.
Io resto qui in campagna sino a tutto Novembre. Vogliami bene e credimi
    Tuo aff*mo*
    Gio. Bottesini.
[Lettera di proprietà dell'Editore Ricordi di Milano, N. 70].

237.

Napoli, 15 Gennajo 84. 5. Vico Teatro Fiorentini.
Caro Tornaghi,
Nessun impresario mi ha scritto voler dare l'Ero e Leandro a S'Jago, non seppi questa notizia che jeri l'altro da una lettera *confidenziale* dell'amico Manfredi; ora, per me, resti libero perfettamente di fare quanto più vi pare e vi piaccia sul vendere o non vendere l'Opera. Quello che posso assicurarti è ch'io non andrò a S. Jago a metterlo in scena.
Godo dei successi della Pantaleoni; se l'avessimo avuta al Manzoni, Giulio non sarebbe rimasto scontento come lo fu degli altri. Intanto ci ho Carozzi nemico per completare il numero dei miei amici. Egli voleva imponessi per l'Ero la Ricci ad Aix e tu sai d'avermi risposto in proposito.
Salutami tanto Giulio ed ama
    Il tuo
    Bottesini.
[Lettera di proprietà dell'Editore Ricordi di Milano, N. 71].

238.

Fallola et Cie. Grand Hôtel de Paris. Madrid.
Madrid, 30 Marzo 1884.
Carissimo Giulio,
Ti ringrazio per la spedizione fattami dei 4 Ero e Leandro.
Sto lavorando per riescire a farla sentire a questo Teatro Real e spero che ne saresti tu pure contento.
Vogliami bene e credimi sempre Tuo aff*mo* amico
    Gio. Bottesini.
[Lettera di proprietà dell'Editore Ricordi di Milano, N. 72].

239.

Cercle d'Aix les Bains. 28 Agosto 1884.
Carissimo Tornaghi,
Da parte dell'Amministrazione, del Direttore Santino Costa e mia pure ti scrivo pregando la Casa Ricordi a volerci favorire come l'anno scorso delle parti della Banda ridotta per orchestra delle Opera Rigoletto e Ballo in maschera. Costa ha noleggiato naturalmente il resto dal corrispondente della casa in Parigi.
Manda il tutto diretto a me, o al Signor Costa coll'importo delle spese che crederai.
Salutami Giulio e malgrado le delizie del Cholera speriamo rivederci presto.
Tuo aff*mo* amico
    Gio. Bottesini.
Domenica andiamo in scena con Lucrezia. Cinti - Rambelli.
Marconi e Vaselli. -: Spero benissimo.
[Lettera di proprietà dell'Editore Ricordi di Milano, N. 73].

240.

Aix les Bains. 16 Ottobre 1884.
Carissimo Tornaghi,
Da Buzzi il basso riceverai le parti della Banda che gentilmente ha imprestato. Se vi fosse da pagare qualche cosa fammelo sapere.
Intanto io ti ringrazio a nome della Amministrazione e Direzione.
Troverai nel pacco pure la mia Promenade des Ombres che Giulio mi domandò di ritorno.
Io parto per l'Inghilterra e spero vederti ai primi di Dicembre.
Salutami Giulio e credimi
    Tuo aff*mo* amico
    Gio. Bottesini.
[Lettera di proprietà dell'Editore Ricordi di Milano, N. 74].

241.

Napoli, 30 Aprile 1885 (mio nuovo indirizzo che incomincia il 4 maggio)
83 via Speranzella.
Mio carissimo Gustavo,
Ti sono grato per quanto mi hai scritto e puoi contare sulla mia affezione.
Non merito l'adorazione che mi professi ma accetto con tutta l'anima la
tua amicizia. Vivi felice e continua ad essere un uomo onesto, sincero e lavoratore. Io ho scritto all'amico Marescalchi ad alla Signora Elisa e ti prego vederli di tanto in tanto perchè sono delle persone che non potranno altro che darti dei buoni consigli. Ho molto da fare per il cambiamento di
casa, quindi scusami se ti lascio così presto. Salutami tanto tua madre e tua
mogliera; non aver tanta premura d'aver figli. Sei troppo giovane e ne potrai avere una dozzina.
Quindi, un poco di giudizio.
Ama il tuo aff.mo
  Gio. Bottesini.
[Bologna, Biblioteca del Conservatorio «G.B. Martini»].

242.

Napoli, 15 giugno 1885. 83 Strada Speranzella.
Caro Gustavo,
Sono molti giorni che t'ho scritto pregandoti di far rinnovare una cartella
del Monte di Pietà, del valore di 50 lire.
Questa mia lettera l'ho consegnata alla persona che doveva spedirtela includendovi detta cartella.
Non avendo avuto un cenno di risposta da te, suppongo qualche imbroglio
che mi si è voluto tramare.
Dimmi subito cosa c'è di nuovo.
Tuo aff.mo
  G. Bottesini.
[Bologna, Biblioteca del Conservatorio «G.B. Martini»].

243.

Napoli, 3 Ottobre 1885. 83 Strada Speranzella.
Carissimo Gustavo,
T'accludo una polizza del Monte che tu già conosci. Unitamente troverai
Lire 55, quali, 50 per ritirare gli oggetti dal Monte e le 5 per le spese.
Troverai altre 5 per l'operazione passata non rammentandomi se te l'ho rimessa o no.
Ti prego dopo aver riscosso gli oggetti di metterli dentro una cassettina ben
condizionata e rimetterla per pacco postale al Signor Augusto Barbavara
Fermo in Posta Napoli. Se fosti obbligato a spendere di più delle 5 lire fallo
sapere che ti saranno immediatamente rimborsate. Io parto Lunedì per l'Inghilterra. Sarà bene che il pacco postale tu l'assicuri. Vogliami bene e grazie
  tuo aff.mo G. Bottesini.
[Bologna, Biblioteca del Conservatorio «G.B. Martini»].

244.

Monsieur Gand, 20 Rue Covin des Petits Champs
Paris, 10 Fevrier 1887
Mon cher Monsieur Gand,
La Contrebasse que vous venez de me reparer sonne convenablement et je
pense que je serai tout à fait satisfait quand je l'aurai travaillé.
Agréez Monsieur l'assurance des mes sentiments distingués
  Bottesini.
[Paris, Bibliothéque Nationale].

245.

Londra, 15 febbrajo 1887. Previtali's Hotel, Arundell St. Haymarket.
Caro Manfredi,
Ho scritto a Rayneri che è impossibile comprare le maglie di seta al prezzo
di una lira sterlina ognuna come le ho avute io per combinazione.
Trovo che dovendole pagare due sterline ognuna è troppo caro.
Quindi son pronto a rimandare le sei sterline oppure comprarne solamente 3.
- Non ho ricevuto risposta - Dimmene tu qualche cosa - Ti porterò temperino con forbice - Lavoro come un facchino per pochi quattrini ma è sempre
meglio che la miseria italiana con tutte le sue prospettive illusorie.
E l'Otello? sarà un altro Rigoletto? Je n'en doute. Miei saluti a tutti
  tuo aff.mo
   G. Bottesini.
[Lettera inedita alla Biblioteca Labronica di Livorno, Autografoteca Bastogi, Cassetta 16 Inserto 2089].

246.

Londra, 4 aprile 1887.
Mon cher Hutchings,
Donnez, s'il vous plaît, l'adresse de Mattei au porteur de ce billet
  G. Bottesini
[Foto con dedica al Conservatorio di Musica di Venezia, inviata da Bottesini stesso]
All'amico e collega Luigi Guarnieri, ricordo di G. Bottesini.

247

Giuseppe Verdi a Giulio Ricordi
Gen.: 2 Mag. 1887
C. Giulio
Spedisco oggi stretta Finale secondo. -
Ben inteso, ora diventerà migliore il primo.
Procurate che venga eseguito a Venezia; e dite a Faccio che non dica niente
a nissuno, ché nissuno forse se ne accorgerà. Senza di ciò *si griderà* che ho
rifatto *Otello!!*
Non so l'indirizzo di Bottesini a Londra. Là il vostro corrispondente lo saprà: pregatelo a fargliela recapitare subito.
Ad Ad
  G. Verdi
Questa lettera testimonia una rielaborazione (finora osservata soltanto da
Budden, vol. 3, p. 370, che si basa su una parziale citazione di questa lettera in *Abbiati*, vol. IV, p. 336) della sezione finale del II atto, la conclusione
del giuramento di Otello e Jago; Verdi compì la rielaborazione tra il 29 aprile
ed il 2 maggio (cfr. la lettera del 29 aprile 1887). Dopo la prima milanese,
Otello era stato eseguito solo a Roma; alla Fenice di Venezia, l'opera venne
diretta ancora da Franco Faccio.
Giovanni Bottesini (1821 - 1889), virtuoso di contrabbasso e direttore d'orchestra, aveva diretto la prima di *Aida* al Cairo. Perchè Verdi si rivolgesse
a lui lo si ricava dalla lettera del 22 maggio 1887.
[*Giuseppe Verdi - Giulio Ricordi*, corrispondenza e immagini 1881/1890,
a cura di Franca Cella e Pierluigi Petrobelli, Teatro alla Scala, Istituto di
Studi Verdiani, G. Ricordi & C., Museo Teatrale alla Scala 1981, pag. 60,
n. della lettera 4.22]

248.

Giuseppe Verdi a Giulio Ricordi
St. Agata 22 Maggio 1887
C. Giulio
Ancora d'Otello!! Non la finiremo dumque mai con questo maledetto Moro!
Sapendo che tutti, e dapertutto i Contrabbassi stuonano, mando le posizioni (che sono di Botesini!!) mettetele dumque nella partitura e mettete nell'originale la cartolina qui inclusa, che io la scriverò nell'originale la prima
volta verrò a Milano. Và bene il termometro ora: ma chi mi compensa della
prima. -
Di fretta Ad A
  G. Verdi
Verdi aveva spedito a Giulio Ricordi, con la lettera del 2 maggio 1887, una
missiva indirizzata a Bottesini, nella quale gli richiedeva la diteggiatura per
il passo dei contrabbassi assolo, nel IV atto di Otello (dall'ingresso del protagonista al bacio che risveglia Desdemona). La diteggiatura non venne riportata nell'autografo, ma si ritrova nella «Partitura in luogo di manoscritto»
incisa da Ricordi nel 1887.
[*Giuseppe Verdi - Giulio Ricordi*, corrispondenza e immagini 1881/1890,
a cura di Franca Cella e Pierluigi Petrobelli, Teatro alla Scala, Istituto di
Studi Verdiani , G. Ricordi & C., Museo Teatrale alla Scala 1981, pag. 60
e 61, n. della lettera 4.23]

249.

Ad Alfred Piatti
15 Worwick Terrace, London
2 luglio 1888, Previtali's Hotel, Piccadilly Circus.
Caro Alfredo,
Ho ricevuto la carissima tua e ti ringrazio delle tue buone disposizioni. Se
devi partire pazienza. Verrò a pranzo da te Mercoledì prossimo alle 7 se non
hai difficoltà.
Ho bisogno da *sfogà el magù.*
Tuo aff.mo G. Bottesini.
[Parma, Biblioteca del Conservatorio di Musica, R. Biblioteca Palatina. Nel
retro della lettera vi sono diversi timbri con la data da Londra 4 luglio 1888
e con la scritta: «Non conosciuto al n. 15 di Worwick Terrace», per cui la
lettera è tornata al mittente].

250.

[Bottesini a Verdi]
Londra, 19 ottobre 1888
Caro Verdi,
Ti ringrazio d'aver pensato a me...
Bottesini ringrazia Verdi d'averlo raccomandato presso il Signor Mariotti quale direttore del Conservatorio di Musica di Parma. Lo informa che non avrebbe mai accettato senza il suo intervento, e spera che Verdi vorrà dare il suo nome a quel Conservatorio per facilitargli ancor più il successo di quanto ha in mente di fare.
[Riassunto della lettera di proprietà degli Eredi di Verdi a Sant'Agata].

251.

[Bottesini a Verdi]
Londra, 5 novembre 1888. Previtali's Hotel. Piccadilly Circus.
Caro Verdi,
Il Signor Mariotti da te presentatomi...
Bottesini ritorna sulla sua nomina a Direttore del Conservatorio di Parma informando Verdi che il Signor Mariotti ha lasciato Londra con la sicurezza d'aver parlato col nuovo Direttore del suo Conservatorio. Dovendo però Bottesini recarsi a Bucarest e non avendo saputo più nulla di questa faccenda, prega Verdi di dargli qualche notizia su tale nomina, per essere pronto a raggiungere Parma il 1° gennaio del 1889.
[Riassunto della lettera di proprietà degli Eredi di Verdi a Sant'Agata].

252.

Parma, 26 Dicembre 1888. 81. Strada Farini.
Carissimo Tornaghi,
Il Lohengrin andato in scena jeri a sera ha avuto successo. Un poco più d'orchestra e Cori non avrebbe fatto male ma tutto è andato bene. Gli artisti hanno piaciuto e tanto meglio. Ti ringrazio d'avermi mandato il mio Ero. Senza che vi sieno probabilità di darlo perchè io m'oppongo non volendo aver l'aria d'impormi per la prima volta che sono in Parma ufficialmente nominato, pure avrei piacere tu mi mandassi quella tale *cabaletta* che fu stampata nel *terzo atto* tale quale fu cantata a Torino da Barbacini e la Chiatti. Le parole sono *Andrem sovra i flutti profondi*. È una cabalettaccia che malgrado i progressi piacerebbe sempre di più di quello che ho fatto dopo. Scusami la seccatura, salutami Giulio e vogliami bene. Tuo aff*mo* amico
G. Bottesini.
[Lettera di proprietà dell'Editore Ricordi di Milano, N. 75 e ultima di Bottesini a Ricordi].

253.

[Sanvitale a Bottesini]
Parma, 12-3-1889
Egr. Sig. Maestro,
Le ritorno ringraziandola infinitamente la partitura del bellissimo suo quintetto, tanto gustato ed applaudito ieri sera dal ristretto ma scelto uditorio riunito in casa mia.
Sotto l'impressione tuttora di una grande ammirazione e con sensi di profonda stima, e mi permetta di dirle, di affetto, mi confermo devotissimo a lei.
Conte Stefano Sanvitale
[Il biglietto del Conte Sanvitale si riferisce all'esecuzione del *Quintetto* in Fa, autografo, esistente alla Biblioteca del Conservatorio di Parma, ma non scritto nel 1883 come afferma E. Fazio a pag. 619 del suo saggio sulla nRMI del 1985, ma terminato a Napoli il 23 febbraio 1888. Insieme al *Quintetto* di Bottesini vengono eseguite musiche di Mendelssohn (due Quartetti), Beethoven (un tempo dell'op. 130), Raff, Bazzini; al pianoforte musiche di Chopin, Händel e Mendelssohn (cfr. *Gazzetta Musicale di Milano* del 30-6-1889)].

254.

Parma, 6 Aprile 1889
Pregiatissimo Signor Neri,
Le domando scusa se non ho risposto subito alla gentile sua del 2 Marzo. Sono felicissimo di poterle assicurare che suo figlio Alvaro si comporta benissimo e che studia con passione e buoni risultati.
Mi scusi la fretta e mi creda
Devot*mo*
G. Bottesini.
[Autografo al Conservatorio di Musica di Venezia].

255.

Parma, 5 Maggio 1889. 126 Via Farini.
Carissimo Gustavo,
Ti domando scusa per aver ritardato a risponderti ma sono stato occupatissimo. Riguardo all'allievo di Contrabbasso del Signor Pinetti che desidererebbe farsi sentire da me trattandosi di Concorso al posto di Professore in codesto Conservatorio non posso farmi vedere propenso più per l'uno che per l'altro e sarei compromesso.
Ci sarà certo una Commissione e se io ne farò parte non mancherò di avere in considerazione l'amico tuo.
Credimi sempre tuo aff.mo
G. Bottesini.
[Bologna, Conservatorio di Musica «G.B. Martini»].

256.

Parma, 8 maggio 1889.
Regio Conservatorio di Musica, Direzion Tecnica.
Pregiatissimo Signor Amilcare Galli,
Ho messo all'ordine per orchestra due piccoli pezzi, una Réverie ed un Capriccio.
Se ci fosse tempo bastante desidererei farne copiare le parti e sentirne l'effetto prima d'arrischiare il giudizio francese tanto ostile a tutto quanto è italiano.
Mi dica la sua schietta opinione e mi creda
Dev.o Amico
Gio. Bottesini.
[Lettera del Carteggio di Amintore Galli alla Biblioteca «Gambalunga» di Rimini, pubblicata da Luigi Inzaghi nel volume *Amintore Galli musicista e musicologo*, Nuove Edizioni, Milano 1988, pag. 77].

257.

[Gustavo Gastelli ad Achille Abbati]
Bologna, 18-7-1898
Carissimo amico,
Era destino che io non dovessi venire a Rimini, tutto à congiurato per impedirmi di venire costì; e sì che non venne meno a me la buona volontà, e sarebbe stato anche necessario che venissi per far respirare aria marina al mio maschiotto, la cui salute non è certamente ferrea; ma ripeto era scritto che non si avesse a realizzare il mio desiderio che era pur quello di godermi la tua cara ed affettuosa compagnia. Amico carissimo! ti giuro sulla vita de' miei figli, che non dimenticherò mai le prove di vera amicizia che mi hai date in questa circostanza, colla tua gentile ed affettuosa insistenza perchè io venga a Rimini; la tua corrispondenza la conserverò sempre come prova di sincera amicizia, e..., voglio essere sincero, la conservo anche a titolo d'onore, perchè la tua firma ha in arte un valore indiscutibile. Grazie mille volte della tua bontà, ma sta certo di questo, che la tua amicizia è da me pienamente e sinceramente corrisposta. Disgraziatamente un dubbio mi tormenta, ed è che tu abbia ad esser meco in collera e che la tua vecchia amicizia abbia subita una non lieve scossa: se questo fosse non me ne saprei mai consolare, ma confido nella tua bontà, tanto più che se le cose sono andate così, questo fu indipendente dalla mia volontà, e che se in altra circostanza, che mi auguro prestissima, avrai bisogno d'un modesto pifferaio, non avrai bisogno di spendere molte parole, che io sarò pronto a venire con te, magari colla paga del suonatore di Triangolo. Ti saluto affettuosamente nella speranza che mi sia conservata la tua preziosa amicizia
tuo aff. amico
Gustavo Gastelli
[Questa lettera è di proprietà del Sig. Pietro Pezzi di Pietracuta in provincia di Pesaro].

258.

Il secondo grande maestro di contrabasso, Bottesini, aveva durante quasi mezzo secolo un successo come virtuoso simile a quello che aveva il suo illustre compatriota, Paganini sul violino. Egli era il solo dei grandi suonatori di contrabasso che viaggiava e suonava per tutta la sua vita, conducendo la carriera di un virtuoso. Egli era noto per la sua valente e virtuosa tecnica e il suono pieno d'anima come pure per il fuoco e slancio. In egli suonava esclusivamente le sue proprie composizioni. Vecchi programmi suoi mostrano che il più gradito dal pubblico fra i suoi molti lavori erano il suo «grande duo concertant» per violino e contrabbasso, la sua fantasia su temi dell'opera di Bellini I Puritani, la sua Tarantella ed il Carnevale di Venezia, queste erano la composizioni nelle quali le sue potenti qualità esecutive furono brillantemente dimostrate. Violinisti com Viotam, Bazzini, Sivori, Vernardu, Soret vanno fieri di essere suoi compagni per questi celebri duo. È da sperare che Cucevishi, se egli dà una seconda audizione, procurerà a New Jorc un'occasione di sentire queste così famose composizioni. Invero, non è che un pezzo di molta apparenza, avendo però reale valore musicale, ma essa è melodiosa, brillante e d'effetto, sviluppa molti tratti puramente istrumentali del violino e del contrabasso in una musica caratteristica. Nova Jorch sinteresserebbe certamente a sentire il pezzo che era rinomato per tutta la lunghezza e larghezza del continente 60 anni fa. Io non l'ho mai sentito in pubblico, ma lo sentii a suonare da Cucevishi in casa sua a Berlino in comune con Jachues Thibaud, il quale lesse la difficile parte di violino e prima vista, e con Craisler a piano.

Bottesini compose anche molte opere che erano rappresentate [...] principalmente in Italia con successo. Egli stesso di frequente dirigeva opere non solo in patria ma anche in Parigi, Messico, Avana, Rio de Janeiro e Bones Aires. L'opera sua che ebbe più successo era Ero e Leandro, per la quale il suo amico Arrigo Boito scrisse il libretto. Tutti questi lavori però, sono da molto tempo dimenticati. Il suo interesse principale era sempre per il contrabasso. Il suo amato istrumento, Carlo Giuseppe Testore, aveva rimarchevole qualità di voce. Come Dragonetti, egli suonava su grosse corde e con ponticello molto alto. Inoltre egli teneva ben ben unte le corde prima del concerto per assicurarsi fossero ben scorrevoli. Egli passò gli ultimi anni della sua vita a Parma, dove egli morrà nel 1889 a sessantotto anni di età. La sua tomba a sua richiesta fu scavata vicino a quella di Paganini, il quale anche passò gli anni di sua vita sulla sua bella proprietà a Parma. Così i due illustri istrumentisti Italiani giacciono accanto nel loro sole natio.

Per venire più vicino al tempo presente, io mi ricordo distintamente il furore che creò Cucevishi in Berlino 27 anni fà, nell'occasione del suo debutto alla venerabile accademia di canto, come virtuoso di contrabasso. Perfino in Berlino infestata da concerti, allora il centro musicale del mondo, una serata sul contrabasso era un avvenimento tale che non si avverava che all'epoca gloriosa di Bottesini. Ma il poverello russo, di apparenza aristocratica sorpassò il suo grande predecessore Italiano in un rispetto, perchè egli suonava su un regolare contrabasso d'orchestra a quattro corde accordato per quarta, come d'uso in orchestra, mentre Bottesini suonava un contrabasso a tre corde accordato per quinta e sopra un tono più alto per assicurare maggior brillantezza di voce. Originariamente Cucevishi, cosa abbastanza curiosa, non scelse il contrabasso come volontà ma bensì per necessità, e come egli più tardi s'innamorò dell'istrumento è una storia interessante. Nato a Visij-Volocek, sul Volga il 26 giugno 1874, egli venne a Mosca nel 1880, all'età di 16 anni, col'intenzione di entrare nel conservatorio imperiale del quale Nicola Rubinstein il fratello di Antonio di fama mondiale era allora direttore, come studente di teoria e composizione. Ma Cucevishi era troppo povero per pagare le quote assai moderate d'insegnamento, così la sola possibilità per lui di entrare nell'istituzione era mediante una borsa di studio. Accade che la sola borsa di studio disponibile era quella di contrabasso, perciò, per essere accettato come studente fu costretto studiare il contrabasso. Il suo maestro Giuseppe Rambusik che era un musicista rimarchevole, riconobbe il genio del suo nuovo allievo, ed egli riuscì presto a svegliare in lui il più grande interesse per questo gigante della famiglia delle viole, col risultato che l'allievo finalmente sorpassò il maestro. Egli divenne così innamorato del contrabasso che egli prima divenne il suo schiavo e poi il suo padrone.

Non fu che nel 1906 che Cucevishi si mise a dirigere per aver sempre avuto una forte inclinazione. Mi ricordo bene i suoi primi tentativi con un'orchestra reclutata fra gli allievi della scuola superiore Reale di Berlino. Egli progredì brillantemente e fu presto in grado di fare il suo debutto pubblico. Poi per parecchie stagioni egli dava una serie di concerti con programmi essenzialmente Russi coll'orchestra filarmonica di Berlino, introducendo in Germania molti lavori allora sconosciuti che sono poi diventati famosi. Nel 1909 egli ritorna a Mosca, dove egli fonda la sua propria orchestra privata di 73 musicisti scelti del miglior talento disponibile in Russia e in altri Paesi. Così egli era libero di fare prove quando volesse e di guadagnare l'esperienza che doveva più tardi essergli di tanto vantaggio.

Arthur M. Abel

[Questa lettera è di proprietà del contrabbassista Luigi Salvi di Milano che ringrazio per il permesso di pubblicazione. Il documento apparteneva ad un contrabbassista di Pavia, probabilmente il M° Fabris deceduto più che ottantenne negli anni '60. Potrebbe dunque trattarsi di una lettera scritta verso il 1930 da un contrabbassista probabilmente tedesco, dotato di cultura musicale che letteraria. La notizia più importante che dà all'amico è l'affermazione che Bottesini suonasse uno strumento accordato per quinta, il che è vero, ma non sempre. Bottesini, come tutti i contrabbassisti di oggi, accordava normalmente il suo contrabasso per quarte e solamente in casi eccezionali per quinte, quando doveva aggredire tessiture particolarmente elevate, nel cui caso usava anch il *chanterelle* di seta per ottenere suoni più brillanti].

80. Lettera autografa di Nicola de Giosa a Draneth Bey.

81. *Vincenzo Petrali, organista e compositore, cugino di Bottesini. Ricorre quest'anno il centenario della sua morte (1889).*

82. *Nicolò Paganini.*

83. *Elisa Bottesini, moglie di Cesare fratello del compositore. (Ritratto a olio di proprietà di Maria Bottesini, Crema).*

84. *Alessandro Rolla.*

85. Giovanni Bottesini e Luigi Arditi (New York 1847).
86. Alberto Mazzuccato.
87. Giuseppe Martucci.
88. Antonio Bazzini.

89. *Angelo Mariani.*
90. *Luigi Mancinelli.*
91. *Il violinista Camillo Sivori.*
92. *Il violoncellista Alfredo Piatti.*

93. *Fernando Gianoli Galletti.*
94. *Amintore Galli.*
95. *Romilda Pantaleoni.*
96. *Arrigo Boito.*

CATALOGO DELLE MUSICHE

di *Luigi Inzaghi*

Il presente catalogo enumera le opere di
Giovanni Bottesini secondo quest'ordine:

Opere vocali con Orchestra	1 - 18
Musica sacra	19 - 21
Per Orchestra	22 - 71
Da Camera	72 - 159
Per canto e pianoforte	160 - 231
Miscellanea	232 - 257

Sigle delle Biblioteche

CH:	Confederazione Elvetica
CH-Eins:	Einsiedeln, Kloster Musikbibliotek
A:	Austria
A-Wgm:	Gesellschaft der Musikfreunde in Wien
CU:	Cuba
CU-NJM:	L'Avana, Biblioteca Nacional Josè Marti
E:	Spagna
E-Mp:	Madrid, Biblioteca de Palacio
F:	Francia
F-AIXc:	Aix-en-Provence, Bibliothèque de Conservatoire «Darius Milhaud»
F-Dc:	Dijon, Bibliothèque du Conservatoire
F-Pn:	Parigi, Nazionale
F-Po:	Paris, Bibliothèque de l'Opéra
F-TLc:	Toulouse, Bibliothèque du Conservatoire
I:	Italia
I-BA:	Bari, Biblioteca Nazionale e Consorziale
I-BAC:	Barletta, Comunale
I-Bc:	Bologna, Civico Museo Bibliografico Musicale
I-Bgc:	Bergamo, Civica «Angelo Mai»
I-BGi:	Bergamo, Istituto Musicale «G. Donizetti»
I-BOV:	Borgo Val di Taro, Biblioteca Comunale
I-BRc:	Brescia, Conservatorio
I-CC:	Crema, Comunale
I-CDO:	Codogno, Biblioteca Popolare «L. Ricca»
I-COCc:	Como, Biblioteca Comunale
I-COR:	Correggio, Comunale
I-CRE:	Crema, Comunale (Museo)
I-Fc:	Firenze, Conservatorio
I-Fn:	Firenze, Nazionale
I-Gallini:	Milano, Collezione privata Gallini
I-Gl:	Genova, Conservatorio
I-LI:	Livrono, Biblioteca Comunale
I-Ls:	Lucca, Biblioteca del Seminario Arcivescovile presso la Curia
I-LUS:	Milano, Archivio privato del contrabbassista Luigi Salvi
I-MAC:	Macerata, Biblioteca Comunale «Mozzi-Borgetti»
I-MAR:	Milano, Archivio Ricordi
I-Mc:	Milano, Conservatorio di Musica «G. Verdi»
I-MIS:	Mantova, Istituto Musicale
I-MOl:	Modena, Liceo Musicale
I-Ms:	Milano, Sormani
I-MTS:	Milano, Museo Teatrale alla Scala
I-Nc:	Napoli, Conservatorio S. Pietro a Maiella
I-Nn:	Napoli, Biblioteca Nazionale
I-NOVd:	Novara, Duomo
I-OS:	Ostiglia, Biblioteca Comunale «Greggiati»
I-PAc:	Parma, Conservatorio
I-Pc:	Palermo, Conservatorio
I-PCcon:	Piacenza, Conservatorio «G. Nicolini»
I-PESc:	Pesaro, Conservatorio «G. Rossini»
I-PIV:	Pavia, Istituto Musicale «F. Vittadini»
I-PTM:	Palermo, Teatro Massimo
I-Rac:	Roma, Archivio Capitolino
I-RAIM:	Milano, Archivio RAI del Conservatorio
I-RAIR:	Roma, Archivio RAI
I-Rc:	Roma, Conservatorio
I-RCG:	Rimini, Civica Gambalunga
I-Ria:	Roma, Biblioteca dell'Istituto di Archeologia e Storia dell'Arte
I-ROS:	Roma, Storia Moderna e Contemporanea
I-VEc:	Verona, Biblioteca Civica
I-VIb:	Vicenza, Biblioteca Civica Bertoliana
Lbl:	Londra, British Library
S:	Svezia
S-Skma:	Stoccolma, Musikaliska Akademiens Bibliotek
US:	Stati Uniti d'America
US-Bp:	Boston, Public Library Music Department
Us-NYpl:	New York, Public Library
US-Stu:	Stanford University
US-REAS:	University of Rochester, Eastman School of Music

Opere vocali con orchestra

BOT. 1

Alì-Babà

Opera comica in quattro atti su parole di Emilio Taddei, rappresentata per la prima volta al Teatro Italiano di Londra il 17 gennaio 1871. La messa in scena è dovuta ai fondi del Signor Hutchings, editore e direttore della compagnia.

Fonti
I-MAR: partitura manoscritta autografa. I-Mc: Spartiti 165, riduzione per canto e pianoforte; Ricordi, Milano, n. d'edizione 43098 di pag. 381 in 4°. I-BGi: Recitativo e terzetto per soprano, baritono e basso con pianoforte; Milano, Ricordi n. 43108. I-BGi: Recitativo e romanza per tenore (Nadir) con pianoforte; Milano, Ricordi n. 43114. I-BGi: Recitativo, coro e duettino per soprano e basso con pianoforte; Milano, Ricordi n. 43098. I-BGi: Recitativo ed Aria per basso buffo con pianoforte; Milano, Ricordi n. 43111. Lbl: H. 486, *Alì Babà*, opera buffa in four acts. Italian libretto by E. Taddei, English translation by C.L. Kenney. Vocal score. London, 1873. Lbl: H. 2488 (9), *Alì Babà*, opera buffa in four acts. 16 detached pieces. London, 1871. Lbl: E. 935. a, *Alì Babà*, Cantata for treble voices, arranged from the opera. London, 1877. Lbl: h. 549. d. (3), Favorite airs... arranged for the Pianoforte by W.H. Callcott. Solos. 2 Books. London, 1871. Lbl: h. 549. d. (4), Favorite airs... arranged for the Pianoforte by W.H. Callcott. Duets. 2 Books. London, 1871. Lbl: H. 2488. (8), Ah! dal giorno beato. When met first our glances. Duetto. London, 1871. Lbl: H. 2488. (6), Che bel piacere. Away all fear. Aria. The English words by Mrs. W. Clarke. London, 1871. Lbl: H. 2488. (5), È l'ebbrezza selvaggio piacer. 'Twixt the cup and the lip... Valse. London. 1871. Lbl: H. 2488. (4), Io straniero alle speranze. Childhood's Love. Ballata. London, 1871. Lbl: h. 3186. a. (7), Io straniero... for the Pianoforte. 1871. See J. de Sivrai. Lbl: H. 2488. (3), Non è poter né l'oro. No power nor countless treasure. Romanza. London, 1871. Lbl: H. 2488. (2), O Nadir, compagno fido. Darling mine... Romanza. London, 1871. Lbl: Se un bicchier. Little Bertha... Valse. London, 1871. Lbl: H. 2488. (7), Serena la fronte. Come, smooth that fair forehead. Aria. English words by C. Kenney. London, 1871. Lbl: h. 922. (7), See M. Kiko, Alì Babà polka, London, 1871. Lbl: h. 3132. (11), See T. Mattei, Alì Babà waltz, London, 1871. Lbl: h. 3178. (4), See F. Rosenfeld, Fantasia on airs from Bottesini's opera, London, 1871. I-PAc: trascrizione per canto e pianoforte, 1 volume. I-MTS: MUS. B. XLVIII. 4, *Alì Babà*, opera comica in quattro atti, parole di Emilio Taddei. Milano-Napoli-Roma, R. Stabilimento Ricordi, s.d., copyr. 1865, pagg. 39 in 16°. Libretto. US-NYpl: *Alì Babà*, opera buffa, in four acts. Italian libretto by Emilio Taddei, English translation by C.I. Kenney... London, Hutchings & Romer, 294 pagine. Julian Edwards Collection. US-Bp: opera completa ridotta per canto e pianoforte. Milano, Ricordi 1871. US-Bp: Brown library, *Alì Babà*. Cantata for treble voices. Arranged from the opera composed by G. Bottesini. Accomp. for pianoforte. London, Hutching & Co. 76 pagine. I-Nc: Opera completa per canto e pianoforte pubblicata nel 1871. I-Rc: idem, Milano, Ricordi.

BOT. 2

Çedar

Opera completata a Napoli il 2 ottobre 1880.

Fonti
I-PAc: manoscritto autografo.

BOT. 3

Che cosa è Dio?

Romanza per canto e orchestra.

Fonti
I-PAc: partitura e parti.

BOT. 4

Che cosa è satana?

Romanza per canto e orchestra.

Fonti
I-PAc: 31 fascicoli di parti.

BOT. 5

Cristoforo Colombo (Colón en Cuba)

Dramma lirico in un atto rappresentato al Teatro Tacon dell'Avana il 31 gennaio 1848, su parole spagnole dei poeti cubani Ramón de la Palma (1812-1860) e Rafael María de Mendive (1821-1886). Interpreti la Signora Luigia Caranti-Vita (Ixalagua, india figlia di Lincayum, soprano), e i Signori Luigi Vita (Cristóbal Colón, baritono) e Pietro Novelli (Lincayum, behique, basso).

Fonti
Perdute.
Alla Biblioteca Nacional Josè Marti dell'Habana in Cuba si trova un foglietto che reca la seguente descrizione: *Una escena del descubrimiento del Nuevo Mundo. Oda Sinfonica. Letra de Don Ramón de la Palma. Musica del Sr. Mtro. Botessini Habana. Imprenta del Faro Industrial calle de Mercaderes núm. 90. 1848. 12 p. 15 cm.*
Nella medesima Biblioteca esiste anche il libretto dell'opera.

BOT. 6

Ero e Leandro

Tragedia lirica su parole di Gorrio Tobia (Arrigo Boito) rappresentata per la prima volta al Teatro Regio di Torino l'11-1-1879 e poi al S. Carlo di Napoli l'8-4-1880. A Torino viene eseguita per 23 sere consecutive con la Bruschi Chiatti, il Roveri e il Barbaccini diretti da Pedrotti.

Fonti
I-Bc: MM. 308, opera completa per canto e pianoforte, riduzione di Michele Saladino dedicata a Enrico Barbaccini. Precede il libretto di pagg. 18. Milano, Ricordi n. 46254, pagg. 216, del 1879. I-COc: idem. I-Ls: idem. I-Mc: idem. I-Nn (Lucchesi Palli): idem. I-PCcon: idem. I-PESc: idem. I-BAC: idem. I-Mc: Pezzi Teatrali 10.33.36, riduzione per canto e pianoforte di M. Saladino. Pezzi staccati. Milano, Ricordi n. 46338-41, 1879, pagg. 25. I-COc: opera completa per pianoforte. Milano, Ricordi. I-VIb: romanza per pianoforte. Milano, Ricordi. I-Mc: Op. Pf. 42, Milano, Ricordi, T. 46350. T, opera completa per pianoforte solo. I-Mc: Piano I/A/83/42, Milano, Ricordi, T. 46857. T. del 1880, Atto III, Romanza per pianoforte ridotta da M. Saladino. 4 pagine. Lbl: F. 449. a., Tragedia lirica di T. Gorrio. Opera completa per canto e pianoforte, riduzione di Saladino, Milano 1879. S-Skma: T. klav. AH, Milano, Edizione Ricordi n. 46254. Opera completa per canto e pianoforte, riduzione di M. Saladino. Acquisizione del 1964/326. A-Wgm: *Ero e Leandro*, Klavierauszug, Ricordi 46254. I-PAc: trascrizione per pianoforte e canto, 1 fascicolo. I-PAc: *Andrem sovra i flutti*, S, T e pianoforte, 1 fascicolo. I-MTS: TI. R. 493, Tragedia lirica in 3 atti per Luigi Mancinelli, musicata la prima volta da Giovanni Bottesini. Libretto. I-MTS: MUS. B. XLVIII. 6, Tragedia lirica in 3 atti di Tobia Gorrio, musica di G. Bottesini. Roma, Teatro Apollo, quaresima 1880. Milano-Napoli-Roma, Tito di G. Ricordi, in 8°, pagg. 39. Libretto. I-Nc: Opera completa per canto e pianoforte, Milano, Ricordi. US-NYpl: Milano, Ricordi 1879, riduzione di M. Saladino. US-NYpl: *Hero and Leander*, Monthly Musical Record, London, 1880, pagg. 62-63. F-Po: CS 3216, *Ero et Leandre* pour chant et piano; Paris, Leon Escudier, 1879. F-Dc: A. 195, idem, 216 pagine, riduzione di Michele Saladino. F-Pn: Vm. 4. 175, idem. US-Bp: Opera completa per canto e pianoforte. Milano, Ricordi, 216 pagine del 1879. I-Nc: opera completa per canto e pianoforte. Libretto. I-Rc: Ricordi, per canto e pianoforte.

BOT. 7

Graziella

Opera scritta prima del giugno 1882.

Fonti
I-PAc: Ouverture per orchestra, 70 parti. I-Mc: B. VII. d. 123, A. Carniti, *In memoria di G.B.*, Crema 1921, pag. 46: «La Sinfonia dal titolo *Graziella* già stata eseguita con successo al Trocadero di Parigi...». I-Mc: *Il Teatro Illustrato*, giugno 1882, n. 18, pag. 8, Rodolfo Paravicini parla di *Graziella* come di un'opera lirica.

BOT. 8

Il Contrabbandiere

Canzone per canto e orchestra.

Fonti
I-PAc: partitura, 1 fascicolo.

BOT. 9

Il Diavolo della notte

Melodramma semiserio su parole di Luigi Scalchi rappresentato al Teatro S. Radegonda di Milano il 18 dicembre 1858 e interpretato dal Bottero.

Fonti
I-MAR: partitura manoscritta in 3 volumi. I-CRE: Milano, Tito di G. Ricordi, n. 30891-917 del 1859, pagg. 391. Riduzione dell'autore per canto e pianoforte. I-Fc: idem. I-Nn (Lucchesi Palli): idem. I-Mc: Spartiti obl. 42, idem, manca la Sinfonia. I-COc: opera composta e dedicata all'egregio dilettante Giulio Ricordi. Milano, Tito di G. Ricordi, n. 30891, 922-42, pagg. 107. I-Mc: Piano I/A/83/41, idem, non completa. I-Mc: Sinfonia, riduzione per pianoforte di Giulio Ricordi. Milano, Tito di G. Ricordi, n. 30891, pagg. 12. I-Ria: idem. I-Mc: A. 20. 20. 8, Sinfonia ridotta per pianoforte a quattro mani da Giulio Ricordi. Milano, Tito di G. Ricordi, 1859, pagg. 15. I-Mc: R. 15. 32. 1, Truzzi Luigi, Brindisi *Beviam, gustiam e Rondò finale*, due pezzi eleganti per pianoforte, op. 317 e op. 318. Milano 1859. I-Mc: A. 27. 33. 3, Fantasia per violino con accomp. di pianoforte sopra l'opera *Il Diavolo della notte* del M° Gio. Bottesini composta da Cesare Trombini. Parti, Milano, 1859. Lbl: E. 935, Melodramma semiserio in quattro atti di L. Scalchi... riduzione per canto con accompagnamento di pianoforte. Milano 1858. A-Wgm: *Il Diavolo della notte*, Klavierauszug, Ricordi 30954. I-PAc: trascrizione per canto e pianoforte; anche *Sinfonia* per pianoforte a quattro mani. I-MTS: MUS. B. XLVIII. 2, commedia lirica in tre atti di Luigi Scalchi, da rappresentarsi al Teatro S. Radegonda l'autunno 1858. Milano, coi tipi di L. Brambilla, pagg. 36 in 16°. Libretto. F-Pn: Vm. 4. 174, pezzi staccati (27 fascicoli) pubblicati da Ricordi a Firenze nel 1860, per canto e pianoforte. 1) Sinfonia per pianoforte solo di 12 pagine; 2) Atto I, Introduzione, *Non fate stupìto* di 16 pagine; 3) Recitativo e Cavatina *O dolci amiche* di 21 pagine; 4) Recitativo e Ballata *Ritiriamoci un poco* di 13 pagine; 5) Recitativo e Coro *Ah dolce amico* di 6 pagine; 6) Recitativo e Duetto *Un favore da te voglio* di 15 pagine; 7) Romanza *Egli è contenuto appieno* di 5 pagine; 8) Pezzo Concertato, Finale Primo *Viva il Duca* di 53 pagine; 9) Atto Secondo, Recitativo e Aria *Qui potete fermarvi* di 17 pagine; 10) Recitativo e Duetto del Finale II *Siete voi che bramate* di 24 pagine; 11) Atto terzo, recitativo ed ariette *Duca infernal* di 7 pagine; 12) Atto III, Scena e Coro *Ma s'appressa qualcun* di 7 pagine; 13) Recitativo e Duetto *Scellerato* di 18 pagine; 14) Coro e stretta dell'Introduzione del III Atto, *Che fate?* di 29 pagine; 15) Recitativo e Duettino Atto III, *Il gioco è finito* di 13 pagine; 16) Recitativo e Terzetto *La padroncina*, di 13 pagine; 17) Recitativo e Duettino, *Sempre tu dormi*, di 5 pagine; 18) Recitativo e Duetto, *A' tuoi piedi è il tuo*, di 9 pagine; 19) Adagio del Quartetto, *Del nome d'una giovane*, di 9 pagine; 20) Stretta del Quartetto Finale III, *Con me fai la Penelope*, di 14 pagine; 21) Atto IV Scena con Cori e Romanza, *Viva amor*, di 10 pagine; 22) Atto IV Scena Ia, *La mortale fortunata*, di 14 pagine; 23) Recitativo ed aria, *E germano non torna*, di 14 pagine; 24) Scena *Chi dà come chi trova?*, di 6 pagine; 25) Terzetto *Non poss'io rattener*, di 19 pagine; 26) Atto IV Scena V, *Diletta zia vi presento*, di 6 pagine; 27) Rondò Finale, *Per te sol io son felice*, di 12 pagine. US-Bp: opera completa con accompagnamento di pianoforte. Milano, Ricordi, pagg. 391 del 1859. I-Nc: Sinfonia per pianoforte solo. Anche opera completa per canto e pianoforte pubblicata da Ricordi nel 1859. I-Rc: riduzione per canto e pianoforte. Edizione Ricordi.

BOT. 10

Inaugurazione del monumento a Cavour

Inno su parole di Desiderato Chiaves, per coro e orchestra, eseguito per la prima volta a Torino il 9 novembre 1873.

Fonti
Perdute quelle per coro e orchestra. Rimane la partitura per canto e pianoforte a Firenze (Nazionale) e a Roma (Storia Moderna e Contemporanea).

BOT. 11

La Figlia dell'Angelo o Azaële

Fonti
I-PAc: manoscritto autografo; anche bozze di vari pezzi per canto e pianoforte. I-Mc: B. VIII. d. 123, A. Carniti, *In memoria di G.B.*, Crema 1921, pag. 50: «*La Figlia dell'Angelo* non ancora rappresentata...».

BOT. 12

La Regina di Nepal

Opera lirica su parole di B. Tommasi rappresentata al Teatro Regio di Torino il 26 dicembre 1880 e interpretata da Emma Turolla (Mirza), Palmira Rambelli (Nekir), Antonio Patierno (Elbis), Mattia Battistini (Simar) e Francesco Navarrini (Giamstrid).

Fonti
I-PAc: Ouverture per orchestra, 1 volume autografo, Napoli 28 giugno 1880, con visto della Prefettura di Torino in data 24 dicembre 1880 per gli effetti di legge sui diritti d'autore. I-MTS: MUS. B. XLVIII. 7, *La Regina di Nepal*, versi di B. Tommasi da Sciacca, da rappresentarsi per la prima volta nel Teatro Regio di Torino nella stagione di Carnovale-Quaresima 1880-81. Torino, Roux e Favale, 1880, pagg. 76 in 16°. Libretto.

BOT. 13

L'Assedio di Firenze

Dramma lirico in tre atti di F. Manetta e C. Corchi, rappresentato al Teatro Italiano di Parigi il 21 febbraio 1856 e alla Scala di Milano il 5-9-1860. Gli interpreti parigini furono Penco, Mario e Graziani.

Fonti
I-MAR: partitura manoscritta autografa. I-Mc: Pezzi teatrali 10-32, Milano, F. Lucca-Chiasso, Euterpe Ticinese-Firenze, f.lli Ducci, n. 12822-29. Riduzione con accompagnamento di pianoforte. Edizione non completa in fascicoli separati: Duetto *A te di pura vergine* (soprano, tenore); Romanza *Vidi tua bella immagine* (tenore); Romanza *Io credea da te lontana* (baritono e tenore); Duetto *Volge ormai la quarta luna* (soprano, baritono); Cavatina *Ah, così potessi anch'io* (soprano); Duetto *Scellerato! e mover guerra* (tenore, soprano). I-Bertola & Locatelli Musica (Cuneo): Catalogo n. 25 del 23 giugno 1987, pag. 37, libretto de *L'Assedio di Firenze* rappresentato alla Scala di Milano nel 1860. I-Bc: CC. III. 6, *Volge ormai la quarta luna*, Duetto per soprano e baritono con accompagnamento di pianoforte nell'*Assedio di Firenz*, Milano, F. Lucca 12829. Partitura di pagg. 14. I-PAc: *Vidi tua bella imagine*, romanza per tenore con accompagnamento di pianoforte, nell'*Assedio di Firenze*, Milano, F. Lucca, pagg. 6. Partitura. I-PAc: CC. III. 6, *Scellerato! e mover guerra*, scena e duetto per tenore e basso con accompagnamento di pianoforte, Milano, F. Lucca 12822. 1 fascicolo di pagg. 13. Partitura. I-PAc: *Io credea da te lontana*, romanza per canto e pianoforte. I-PAc: *Volge omai la quarta luna*, duetto per canto e pianoforte. I-PAc: *Ah! così potessi*, cavatina. Partitura per canto e pianoforte. I-PAc: *A te di pura vergine*, duetto. Partitura per canto e pianoforte. I-MTS: MUS. B. XLVIII. 1, dramma lirico in tre atti da rappresentarsi nel Regio Teatro alla Scala l'autunno 1860. Milano, R. Stab. Tito di G. Ricordi, pagg. 52 in 16°. Libretto. I-MTS: MUS. B. XLVIII. 5, dramma lirico in tre atti da rappresentarsi nel R. Teatro Pagliano la Primavera del 1861. Firenze, tip. G. Mariani, 1861, pagg. 32 in 16°. Libretto.

BOT. 14

La torre di Babele

Opera buffa scritta prima del 1882.

Fonti
I-PAc: manoscritto autografo. I-Mc: *Il Teatro Illustrato*, giugno 1882, pag. 8, Rodolfo Paravicini accenna all'opera buffa *Babele*.

BOT. 15

Madre, adorata immagine

per canto e orchestra.

Fonti
I-PAc: partitura e 31 parti.

BOT. 16

Marion Délorme

Melodramma su parole di Antonio Ghislanzoni rappresentato al Teatro «Bellini» di Palermo il 10 gennaio 1862.

Fonti
E-Mp: *Maria Delorme*, dramma in quattro atti, manoscritto autografo. I-PAc: partitura per soli, coro e orchestra; 2 fascicoli manoscritti. I-Mc: B. VII. d. 123, A. Carniti, *In memoria di G.B.*, Crema 1921, pag. 49: «*Marion Delorme*, su libretto di Ghislanzoni, Barcellona 1862».

BOT. 17

Un amour en Bavière

Opéra comique.

Fonti
I-PAc: trascrizione per canto e pianoforte; 1 volume.

BOT. 18

Vinciguerra il bandito

Opera in un atto su parole di E. Hugot e P. Renard rappresentata al Teatro del Casino di Monte Carlo il 22 febbraio 1870 e a Parigi nello stesso anno.

Fonti
Lbl: F. 449, *Vinciguerra*, opéra bouffe en un acte. Paroles de MM. E. Hugot et P. Renard... Partition en Chant. Paris 1870. I-Mc: I. A. 343. 11, *Valzer*, riduzione per pianoforte di Leone Dufils, Milano, Edoardo Sonzogno, n. 59, pagg. 9. «La

Danza», anno 1°, dispensa 6, raccolta mensile delle migliori composizioni da ballo. Lbl: H. 1777. a. (10), *Dubbio d'amor*, Valse. Paris 1872. Lbl: f. 417. c. (17), See Dufils L., *Vinciguerra valse*, etc. 1877. I-MTS: MUS. B. XLVIII. 3, Operetta buffa in un atto dei Signori Eugenio Hugot e Paolo Renard. Musica del M° Bottesini. Milano, E. Sonzogno, 1875, pagg. 31 in 16°. Libretto. F-Po: CS 3217, *Vinciguerra*, pour chant et piano, E. Heu, Paris, 1870. US-NUpl: *Vinciguerra*, vocal score, E. Heu, Paris 1870, 62 pagine. I-Mc: B. VII. d. 123, A. Carniti, *In memoria di G.B.*, Crema 1921, pag. 49: «*Vinciguerra*, Parigi, Teatro del palais Royal, aprile 1870». F-Pc: Vm. 5. 925, Paris, E. Heu, 1870. Opera completa per canto e pianoforte. F-Pn: Vmg. 12. 3948, *Valzer* su motivi dell'opera, arrangiato per il pianoforte da Leone Dufils, Paris, E. Heu, 1870. F-Pn: Vm. 7. 35172, *Valse*, Paroles de Hugot et P. Renard, E. Heu 1048. F-Pn: Vm. 7. 35170, *Dubbio d'amor*, Valse chantée, paroles italiennes de G. Zaffira. 7 pagine. Paris, E. Heu 1050 del 1871. US-Bp: Heu, 1870, 62 pagine per canto e pianoforte.

Musica Sacra

BOT. 19

Getsemani o L'Orto degli Ulivi

Oratorio su parole di J. Bennett eseguito il 12 ottobre 1887 al Norwich Festival.

Fonti
Lbl: *The Garden of Olivet*, a devotional oratorio, written and adapted by J. Bennett. Hutching & Co., London 1887. US-REAS: idem. Lbl: F. 1171. j. (3), Choruses from Bottesini's... Oratorio. etc. Nos. 2 and 5. Hutchings & Co., London 1888. No more published. Lbl: e. 174. u. (4), Six movements from the Garden of Olivet... for the Organ by W.J. Westbrook. 6 Nos. Hutchings & Co., London 1887. Lbl: H. 879. c. (37), Deliver me, O my God. Air, etc. Hutchings & Romer, London 1887. Lbl: H. 879. c. (38), Fear thou not, for I am with thee. Duettino, etc. Hucthings & Co., London 1887. Lbl: H. 879. c. (39), Have Pity upon me, O my Friends. Aria, etc. Hutchings & Co., London 1887. Lbl: H. 879. c. (40), I, the Lord, have called thee... Duet, etc. Hutchings & Co., London 1887. Lbl: H. 879. c. (41), The Lord is my Light. Aria, etc. Hutchings & Co., London 1887. Lbl: H. 879. c. (42), Rejoice, Beloved. Aria, etc. Hutchings & Co., London 1887. I-PAc: SL (b) (665), Thrugt the Lord, preludio e coro con accomp. di pianoforte; 1 fascicolo di pagg. 14; partitura autografa senza frontespizio. I-PAc: SL (b) 663. 41200, partitura per canto e pianoforte. US-NYpl: London, Hutchings & Co., 151 pagine. I-Mc: B. VII. d. 123, A. Carniti, *In memoria di G.B.*, Crema 1921, pag. 48: «L'Oratorio *Getsemani* è un pezzo colossale per scienza, potenza descrittiva ed elevatezza di pensiero. Esso solo basterebbe a qualificare Bottesini un grande compositore. E perchè le mie parole non sembrino esagerate, riporto il giudizio dato dal distinto critico musicale Maestro e Prof. Soffredini nella *Gazzetta Musicale* di Milano del 26 febbraio 1888. «L'ultimo lavoro del forte compositore Giovanni Bottesini, nome caro all'arte italiana, è stato l'Oratorio l'*Orto degli Ulivi*, eseguito recentemente con grande successo a Londra. Il voluminoso spartito comprende 20 parti con un complesso di ben 37 pezzi. Notare la perfezione del lavoro è addirittura inutile; il Bottesini è un contrappuntista ed un armonista di prim'ordine; la sua orchestrazione ha pregi salienti, universalmente riconosciuti. Dal lato ideale, dirò piuttosto che nel suo Oratorio ben spesso aleggia una spiccata individualità melodica, italiana per ritmo e per forma, simpatica per carattere. Un *duettino* per soprano e tenore è qualche cosa di sublime, con fare semplice, ad uso Haydn; il concertato finale è grandioso, magniloquente, come un finale di Händel. Una analisi maggiore meriterebbe l'opera insigne, e solo mi auguro di udire questo *Oratorio* eseguito da qualche Società corale, qui in Milano, dove simile musica italiana non se ne eseguisce mai, mentre all'estero le si rende un omaggio che altamente ci onora». F-Dc: V. 2. 540, Hutchings & Co., London, Partition Piano et Chant. F-Pn: Cons. D. 1419, idem, 151 pagine. US-Bp: idem, 151 pagine del 1887.

BOT. 20

Messa da Requiem

A quattro voci reali con cori e grande orchestra. Torino, Teatro Regio, Carnevale-Quaresima del 1879-80, con Teresina Brambilla, la Prandi, il Barbacini e il De Retzkè.

Fonti
I-Mc: Coro 102/1.3, Milano Suvini Zerboni, Copyr. 1979, n. 7330, revisione di Franco Gallini, 91 pagine. I-PAc: SL. (b) 662.1312, partitura per soli, coro e orchestra. Altra partitura in Ψ II.22 US-NYpl: *Messa Funebra*, Monthly Musical Record, London 1880. I-Mc: B. VII. d. 123, A. Carniti, *In memoria di G.B.*, Crema 1921, pag. 48-49: «Bottesini ebbe sempre una grande deferenza per la sua *Messa da Requiem* conseederandola una delle migliori sue composizioni. Questa *Messa*, a quattro voci reali con cori e grande orchestra, venne prescelta, per il suo grande valore artistico, fra i pezzi di autori cremaschi stati presentati all'Esposizione Nazionale di Musica che ebbe luogo a Milano nel 1881; e diede luogo ad uno spiacevole incidente. Ritornata la cassa contenente le musiche del Fezia, del Novodini, del Cazzaniga, del Pavesi e del Benzi, vi mancava la Messa del Bottesini. Numerose furono le pratiche sempre infruttuose, esperite dal Conte Sforza Benvenuti, Presidente del Comitato Cremasco, per rintracciare e riavere il prezioso originale. Bottesini ne fu addoloratissimo, tanto che scrisse una vibrata protesta nel «Teatro Illustrato» (maggio 1882 N. 17). Dopo parecchi mesi l'originale venne ritornato al Comitato di Crema, che tosto lo restituì con grande soddisfazione al suo autore. Questa *Messa* chiuse la stagione di carnevale-quaresima 1879-1880 al Regio di Torino, ritornando così alle vecchie tradizioni di quel Teatro, eseguendo nella settimana santa un concerto sacro. Ma nè la novità, nè il nome di un compositore caro al pubblico, nè la collaborazione di valenti artisti, quali la Brambilla-Ponchielli, la Prandi, il Barbacini ed il De Retzkè, valsero a richiamare in Teatro molto pubblico. Gli applausi furono fragorosi, ma l'incasso meschino. In questa Messa, che per i suoi pregi venne onorata dalla medaglia d'oro alla Esposizione Musicale di Milano del 1881, si alternano le suppliche dei giudicabili per essere collocati in *parte destera*, alla descrizione del terribile giudizio universale. Essa però non può garbare a quei tonsurati o quasi che dopo il *Motu Proprio* 22 novembre 1903 di Pio X, sono diventati ad un tratto idrofobi non solo contro quella musica leggera e teatrale che aveva invaso il tempio - su di che tutti sono d'accordo - ma per eliminare altresì le più elevate, le più ispirate, le più mistiche manifestazioni del genio, solo perchè non scritte in stile polifonico, rimpicciolendo così il grave dibattito sulla musica religiosa e ridurlo ad una questione di forma e di servile imitazione». F-Pn: Vma. 3747, Gallini, canto e piano, Milano 1979, Suvini Zerboni, 182 pagine. I-Rc: Suvini Zerboni.

BOT. 21

Najadi ed Angeli

Oratorio a tre voci e orchestra.

Fonti
I-PAc: CB. 2. 47644-45, partitura e parti per coro ed orchestra.

Per Orchestra

BOT. 22

Air de Bach

per contrabbasso e orchestra d'archi.

Fonti
I-PAc: Partitura e parti n. 16.

BOT. 23

Andante Sostenuto in Si minore

per soli archi, dedicato all'amico Giulio Ricordi il 13 aprile 1886 da Napoli.

Fonti
I-Mc: A. 61. 6. 4, manoscritto. Partitura autografa di 6 cartelle scritte a Napoli il 13 aprile 1886. Parti: 46 fascicoli di violino I e II, viola, violoncello I e II, contrabbasso. I-Mc: B. VII. d. 123, A. Carniti, *In memoria di G.B.*, Crema 1921, pag. 46: «Nella Biblioteca del Conservatorio di Milano si conserva un grandioso *Andante* per soli archi, datato da Napoli 13 aprile 1881, dedicato all'amico Giulio Ricordi, la cui esecuzione richiederebbe, come sta scritto sulla copertina, 12 violini primi, 10 violini secondi, 7 viole, 8 violoncelli e 9 contrabbassi».

BOT. 24

Bolero in La minore

per contrabbasso e orchestra.

Fonti
I-PAc: 37 parti d'orchestra.

BOT. 25

Bombardon polka

per banda di fiati di legno, esclusi gli ottoni.

Fonti
Lbl: f. 412. a. (18), Bombardon polka, arranged by J. Rivière. Reed band parts. London 1877.

BOT. 26

Capriccio per orchestra

del 1889.

Fonti
I-RCG: Carteggio di Amintore Galli, lettera di Giovanni Bottesini, da Parma 8 maggio 1889:

«Ho messo all'ordine per Orchestra due piccoli pezzi, una Rêverie ed un Capriccio. Se ci fosse tempo bastante desidererei farne copiare le parti e sentirne l'effetto prima d'arrischiare il giudizio francese tanto ostile a tutto quanto è italiano». Questa lettera è pubblicata sul volume: *Amintore Galli musicista e musicologo* a cura di Luigi Inzaghi, Sergio Martinotti e Guido Zangheri, Nuove Edizioni, Milano 1988, pag. 77.

BOT. 27

Concertino in Do minore

per contrabbasso e quartetto d'archi.

Fonti
I-PAc: 47596, partitura autografa e parti di quartetto. Corrispondente al *Concerto n. 2 in La minore* della Lbl g. 867. 1 (4.) e anche a quello in *Si minore*.

BOT. 28

Concerto in Sol minore

per contrabbasso e orchestra.

Fonti
I-PAc: partitura e 21 parti.

BOT. 29

Concertino in Si minore

per contrabbasso e orchestra, 1° tempo.

Fonti
I-PAc: partitura manoscritta autografa.

BOT. 30

Contrabass Polka

polka per contrabbasso e orchestra, Londra 1887.

Fonti
Lbl: f. 400. ii. (15), Contra-Bass Polka. Orchestral and P.F. Parts. J.R. Lafleur & Son, London 1887. Part of the «Alliance Musicale».

BOT. 31

Divertimento per corno da caccia e orchestra

Allegro con brio - Andante con espressione - Tema Moderato con tre variazioni.

Fonti
I-Mc (Noseda): Ms. C. 68. 5, partitura manoscritta del secolo XIX di pagg. 32. Strumenti d'orchestra: corno obbligato in mi bemolle, violini, viole, flauti, oboè, clarinetti in si bemolle, corni in mi bemolle, corni in sol, trombe in mi bemolle, fagotti, tromboni, timpani in mi bemolle, gran cassa, viloncello, basso. Dedicato ad Alfonso Noseda nel 1864.

BOT. 32

Divertimento - Fantasia sull'opera «Straniera» di Bellini

per contrabbasso e orchestra.

Fonti
I-Mc: A. 30. 19. 1, partitura manoscritta da R. Malarić, *contrabbassista*, Wien, 11-9-1938. Parte di contrabbasso obbligato manoscritta da Thomas Martin, Londra 1984. 32 parti manoscritte del secolo XIX; quattro violini I, cinque violini II, due viole, due violoncelli, due contrabbassi, due flauti, due oboi, due clarinetti, un fagotto, quattro corni, due trombe, due tromboni, un timpano, una cassa. La partitura e la parte di contrabbasso sono in fotocopia.

BOT. 33

Duetto in Si bemolle per clarinetto e cornetta con accompagnamento d'orchestra

Allegro - Tema con variazioni: moderato assai.

Fonti
I-Mc: Da Camera Ms. 4. 9, ventotto parti manoscritte del secolo XIX. Violino principale, sei violini primi, quattro violini secondi, due viole, violoncello, violoncello + contrabbasso, due contrabbassi, ottoni, flauto I e II, oboe I e II, clarinetto I e II, fagotto I e II, corno I e II, tromba I e II, trombone I, II e III + cimbasso, timpani.

BOT. 34

Duetto per violoncello e contrabbasso con orchestra

di Piatti e Bottesini, London 12 novembre 1851.

Fonti
US-STu: Memorial Library of Music, n. 324 *A Census of Autograph Music manuscripts of European Composers in American Libraries* by Otto E. Albrecht, Philadelphia, University of Pennsylvania Press, 1953. Partitura completa per violoncello, contrabbasso e orchestra. Former owner: Natale Gallini (Catalogue, no. 53). The Gallini and Van Patten catalogues agres in giving the date 1831, which is manifestly incorrect since the performers were 9 and 10 years old respectively, and Bottesini did not appear in London until 1849.

BOT. 35

Duo Concertant sur les thèmes des puritaines de Bellini pour violoncelle, contrabasse et orchestre

del 1851.

Fonti
F-Pn: Vmg. 21083 (10), Paris, Billaudot, 1980, partitura e parti di violoncello, contrabbasso e pianoforte.

BOT. 36

Elegia in Re maggiore

per contrabbasso e orchestra.

Fonti
I-PAc: 47 parti d'orchestra.

BOT. 37

Elegia N. 1 in Mi bemolle

per contrabbasso e orchestra.

Fonti
I-PAc: 24 parti d'orchestra.

BOT. 38

Elegia N. 2 in Mi minore

per contrabbasso e orchestra.

Fonti
Partitura e 31 parti d'orchestra.

BOT. 39

Fantasia per contrabbasso e strumenti sull'opera «La Sonnambula» di Bellini

Allegro - Andante - Tema Allegro moderato con due variazioni - Allegretto.

Fonti
I-PAc: CB. II. 7. 61357, 41 parti d'orchestra. I-Mc/A. 30. 18. 9, 14 parti manoscritte. Manca la partitura. 1 violino I, 1 violino II, 1 viola, 1 flauto, 1 ottavino, 1 clarinetto in La, 2 violoncelli, oboe, fagotti, corni in Mi, corni in La, timpani, trombe in Mi, timpani in Mi e La, 1 contrabbasso, trombone I, II e III, cimbasso. Manca la parte obbligata.

BOT. 40

Fantasia per contrabbasso e orchestra sui «Puritani»

Fonti
I-PAc: 44 parti d'orchestra.

BOT. 41

Fantasia per contrabbasso e orchestra sulla «Lucia di Lammermoor»

Fonti
I-PAc: 38 parti d'orchestra. I-Pc: *Gran Fantasia tratta dall'Opera Lucia del M.ro Donizetti per contrabbasso*. Partitura manoscritta per 2 fl., 2 ob., 2 cl., 2 fg., 2 cor., archi. Parte staccata del contrabbasso principale. Appartiene al Fondo del contrabbassista e compositore trapanese Antonio Scontrino, datata «Palermo il 24-4-1964».

BOT. 42

Gran Concerto in Fa diesis minore per contrabbasso e orchestra

Fonti
I-PAc: partitura e 26 parti d'orchestra.

BOT. 43

Gran Duo Concertante

per violino, contrabbasso e orchestra. Parigi 1860.

Fonti
I-Bc: PP. 436. 12, Gran Duo Concertant pour violon et contrabasse avec accompagnement d'orchestre ou de piano. Manoscritto senza data, pagg. 169-197. Lbl: *Catalogue of Additional* Manuscripts 468443, Giovanni Bottesini, the doublebass virtuoso: Duetto per violino e Contra Basso, in A minor, with accompaniment for full orchestra, including a serpent; mid 19th cent. Full score. The work was frequently performed by Bottesini before 1860 (see F.J. Fétis, *Biographis Universelle des Musiciens*, ii, 1883, p. 36) in Paris with the violinist, Vincent Sighicelli, and in London with Camillo Sivori, to whom it has been jointly attributed (see *The Violin Times*, i, 1894, p. 69).

Published as the work of Bottesini, with accompaniment arranged for the piano, by Richault, Paris [*circ.* 1880]; see also the edition (with piano accompaniment) by Gosudarstvennoe Musikalnoe Izdatelstvo, Moscow, 1962. The present copy was evidently used for performance in England in the 19th century (see the list of orchestral parts on f. 1 and the cuts marked between ff. 16 and 22). Paper; ff. 31.. Folio. Mid XIX cent. Presented (f. 1) by J.W. Horton to E. Howell [? the violoncellist, Edward Howell]. *Presented by Henry Samuel Sterling, Esq., Hon. R.A.M.* I-PAc: d. III. 8. 61349, partitura. Altra copia con 36 parti d'orchestra. I-PSc: Edizione Richault.
DISCO ARION ANR 621, Jarry vl, Rollez cb, Orchestra da Camera di Radio France diretta da Girard.
DISCO CBS 72995, Ricci vl, Petracchi cb, Royal Philharmonic Orchestra diretta da Piero Bellugi.

BOT. 44

Gran duo per il clarinetto in La e contrabbasso, con orchestra

Fonti
US-REAS: M 324 B 751 G 74 1960, arrangiamento di R. Malarić, Wien, Doblinger 196(?). Anche con pianoforte.

BOT. 45

Il Deserto o *Nel Deserto*

pezzo caratteristico per grande orchestra, N. 2 delle *Notti Arabe,* in Sol minore, eseguito dalla Società Orchestrale di Milano nel 1880.

Fonti
I-PAc: I. 14. 6127, partitura autografa per orchestra. I-Mc: B. VII. d. 123, A. Carniti, *In memoria di G.B.*, Crema 1921, pag. 47: «La descrizione del turbinoso *simum* è magistrale, il canto alternato dei Camellieri ch riprendono il loro cammino è affidato ai quattro strumenti di legno, mentre gli archi segnano un accompagnamento cadenzato che ricorda l'andatura dei cammelli. Questo pezzo figura sempre nei migliori concerti popolari e fu spesso ripetuto per volontà del pubblico».

BOT. 46

Introduzione e Variazioni sul Carnevale di Venezia

per contrabbasso e orchestra.

Fonti
I-PAc: 35 parti d'orchestra.

BOT. 47

L'Alba sul Bosforo

Preludio per orchestra, Sostenuto in La minore.

Fonti
I-Mc: Manoscritti Autografi 25/2. Partitura, Napoli 18 marzo 1881, pagg. 20 in 4°. Flauto, oboe, clarinetto in La, fagotto, corno in Mi, corno in Re, pistoni in La, tromboni, arpa, timpani La Mi, archi (3 violini I, 2 violini II, 1 viola, 1 cello, 2 bassi).

BOT. 48

Malinconia campestre

lavoro sinfonico di genere descrittivo.

Fonti
Perdute
I-Mc: B. VII. d. 123, A. Carniti, *In memoria di G.B.*, Crema 1921, pag. 90 si afferma che la *Malinconia campestre* viene eseguita lunedì 24 maggio 1886 dalla Società Orchestrale del Teatro alla Scala di Milano diretta da Giovanni Bolzoni.

BOT. 49

Marcia funebre per orchestra

del 1878.

Fonti
Perdute.
I-Mc: B. VII. d. 123, A. Carniti, *In memoria di G.B.*, Crema 1921, pag. 47: «...una triste *Marcia funebre* eseguita nei Concerti Popolari a Torino al Teatro Nazionale il 19 maggio 1878».

BOT. 50

Marche Orientale

Fonti
Lbl: h. 3132. (8), Marche Orientale... trascribed, etc. 1969. See Mattei T.

BOT. 51

Margherita

Ouverture per orchestra.

Fonti
I-PAc: ψ I. 14. 6128, partitura.

BOT. 52

Nel cor più non mi sento

Variazioni in Mi da un'aria di Paisiello, per contrabbasso e orchestra.

Fonti
I-PAc: CB. II. 3. 47540. 582, partitura autografa di pagg. 26; 43 parti d'orchestra e riduzione per pianoforte.

BOT. 53

Nilo

pezzo caratteristico per grande orchestra, N. 1 delle *Notti Arabe*.

Fonti
I-PAc: ψ I. 14. 6126, partitura per orchestra.

BOT. 54

Notti Arabe

lavoro sinfonico di genere descrittivo che comprende due pezzi caratteristici per grande orchestra, *Nilo* e *Il Deserto*.

Fonti
I-PAc: manoscritto autografo.

BOT. 55

Ouverture

dedicata al celebre compositore Zaverio Marcadante, Napoli 20 giugno 1863.

Fonti
I-Nc: manoscritto autografo di pag. 32. N. 102 del *Catalogo delle Musiche dei musicisti cremonesi* curato da Raffaello Monterosso negli «Annali della Biblioteca governativa» vol. 2°, Cremona 1951. Partitura per flauto, ottavino, oboe, clarinetti in Si bemolle, fagotto, corni in fa, corni in do, tromba in fa, tromboni, serponi, timpani in fa, violino I e II, viole, violoncello e basso.

BOT. 56

Passione amorosa

Concerto per due contrabbassi e orchestra.

Fonti
S-Skma: 80k. 319. P. 3. E. B: p, *Passione amorosa*, Konzert für 2 Kontrabässe oder Violine und Kontrabass mit Orchester-oder Klavierbegleitung. Ausg. für 2 Kontrabässe (Violine und Kontrabass) und Klavier. Wien, Doblinger n. Edizione D. 15. 689. cop. 1979. 4 stmr. Kontrabassreihe Rudolf Malarić; 6. Acquisizione del 1980/951. I-RAIR: idem. F-Pn: Vmg. 23211 (6), Doblinger 1979.

BOT. 57

Passione amorosa

Concerto per violino, contrabbasso e orchestra.

Fonti
S-Skma: 80k. 319. P. 3. E. B.: p, Wien, Doblinger, D. 15. 969, cop. 1979. I-RAIR: idem. F-Pn: Vmg. 23211 (6), idem.

BOT. 58

Piccola Preghiera o *Una Preghiera*

per orchestra d'archi. Buenos Aires 1874.

Fonti
I-PAc: CB. II. 4. 47640, partitura autografa. Altra copia in AO. V. 7. 53038-50 bis, partitura e parti. Altra copia in AO. V. 7. 60100 bis-108 bis, parti.

BOT. 59

Promenade des Ombres o *Ombre notturne* o *Ombre vaganti*

Melodia Fantastica per Orchestra. Alla Società Orchestrale della Scala offre G. Bottesini, Grattatore di Viorone!!! Napoli 10 marzo 1881. Eseguita alla Scala di Milano il 6 maggio 1883 con la direzione di Franco Faccio.

Fonti
I-Mc: A. 61. 47. 2, partitura manoscritta autografa di 24 cartelle; 70 fascicoli di parti: violino I e II, viola, violoncello, contrabbasso, flauto, ottavino, oboe, clarinetto, fagotto, corno, tromba, trombone, timpani.

BOT. 60

Rêverie per orchestra in Si minore

All'amico G. Ricordi dedica G. Bottesini. Napoli 12 aprile 1886. Allegretto moderato.

Fonti
I-Mc: A. 61. 47. 1, partitura autografa di 12 cartelle. In fine: *Napoli 12 aprile. G. Bottesini*. 58 fascicoli di parti: violino I e II, viola, violoncello, contrabbasso, flauto, oboe, clarinetto, fagotto, corno I e II, timpani. I-Rac: trascrizione per banda di Alessandro Vessella. Partitura e parti manoscritte. I-Mc: B. VII. d. 123, A. Carniti, *In memoria di G.B.*, Crema 1921, pag. 90, si afferma che la *Rêverie* viene eseguita domenica 22 maggio 1886 dalla Società Orchestrale del Teatro alla Scala di Milano diretta da Giovanni Bolzoni.

BOT. 61

Rêverie per orchestra

del 1889.

Fonti
I-RCG: nel carteggio di Aminotre Galli si trova una lettera di Giovanni Bottesini datata *Parma 8 maggio 1889*, nella quale il nostro contrabbassista informa l'amico di Milano d'aver «messo all'ordine per orchestra una Rêverie ed un Capriccio. Se ci fosse tempo bastante desidererei farne copiare le parti e sentirne l'effetto prima d'arrischiare il giudizio francese tanto ostile a tutto quanto è italiano...». Bottesini muore il 7 luglio 1889, due mesi dopo aver scritto questa lettera pubblicata da Luigi Inzaghi nel volume *Aminotre Galli musicista e musicologo*, Nuove Edizioni, Milano 1988, pag. 77.

BOT. 62

Serenata al castello medievale

lavoro sinfonico di genere descrittivo.

Fonti
Perdute.
I-Mc: B. VII. d. 123, A. Carniti, *In memoria di G.B.*, Crema 1921, pag. 90, si afferma che la *Serenata al castello medioevale* è stata eseguita lunedì 24 maggio 1886 dalla Società Orchestrale del Teatro alla Scala di Milano, 4° Concerto diretto da Giovanni Bolzoni.

BOT. 63

Sinfonia caratteristica

Fonti
I-PAc: trascrizione per pianoforte a quattro mani; partitura. I-Mc: B. VII. d. 123, A. Carniti, *In memoria di G.B.*, Crema 1921, pag. 46: «...e la Sinfonia Caratteristica più volte eseguita in Italia, ai Concerti Orchestrali di Milano e Torino».

BOT. 64

Sinfonia in Re

per orchestra.

Fonti
Perdute.
I-Mc: B. VII. d. 123, A. Carniti, *In memoria di G.B.*, Crema 1921, pag. 47: «...lavoro giovanile, dal quale traspare l'influenza dell'amico di casa e maestro Stefano Pavesi».

BOT. 65

Sinfonia del M° Giovanni Bottesini

Andante assai sostenuto - Allegro Vivace.

Fonti
I-CRE: solo parte manoscritta di basso di accompagnamento di 8 pagine musicali.

BOT. 66

Sinfonia per orchestra in Si minore

Andante sostenuto - Allegretto - Più mosso - Un poco meno - Più mosso - Mosso assai.

Fonti
I-Mc: Mss. 39, partitura manoscritta autografa di 24 cartelle. 31 fascicoli di parti manoscritte.

BOT. 67

Sinfonia sbagliata

Andante sostenuto - Allegro vivo.

Fonti
I-CRE: 23 parti strumentali manoscritte: violino principale, 2 violino I, 3 violino II, viola, viola (in mancanza del violoncello), 2 bassi, flauto, oboe I, clarinetto I e II, fagotto I e II, corno I e II, tromba I e II, trombone I e II, timpani.

BOT. 68

Sinfonia

Dedicata ad un notabile napoletano nel 1863.

Fonti
Ne parla E. Fazio nel suo saggio: «Bottesini, i salotti privati e le società cameristiche e orchestrali italane nel secondo '800»; n RMI, 1985, n. 4, pag. 616.

BOT. 69

Souvenir de «La Beatrice di Tenda»

per orchestra d'archi.

Fonti
I-PAc: CB. II. 3. 47661-66, parti.

BOT. 70

Tarantella N. 1 in La minore

per contrabbasso e orchestra.

Fonti
I-PAc: 47 parti d'orchestra.

BOT. 71

Tarantella N. 1 in Si bemolle minore

per contrabbasso e orchestra.

Fonti
I-PAc: 24 parti d'orchestra.

Da Camera

BOT. 72

Allegretto capriccio in Sol minore

per contrabbasso e pianoforte.

Fonti
I-PAc: CB. II. 3. 476588, partitura. Lbl: Yorke Complete Bottesini, Londra 1974, vol. II, N. 1. Scrive Rodney Statfor: «*Allegretto Capriccio* is published here for the first time. It appears in three different autograph scores, two in F diesis minor and one in G minor which forms the basis of the present version (Parma 47589, 61356, 47588)». S-Skma: idem.

BOT. 73

Allegretto capriccio in Fa diesis minore

per contrabbasso e pianoforte.

Fonti
I-PAc: CB. II. 3. 47589, partitura. Lbl: Yorke Complete Bottesini Edited by Rodney Statford, Londra 1974, vol. II, N. 1. S-Skma: idem.

BOT. 74

Allegretto capriccio in Fa diesis minore

trascrizione per contrabbasso e quartetto d'archi.

Fonti
I-PAc: CB. II. 7. 61356, parti di quartetto e contrabbasso.

BOT. 75

Allegro di Concerto «Alla Mendelssohn»

per contrabbasso e pianoforte.

Fonti
S-Skma: 86. 942 Xedi B: p. Acquisizione del 1986/1365 b. Klaus Trumpf, Leipzig, cop. 1984. N. ediz. 32093. I-PAc: CB. II. 3. 47534, partitura.

BOT. 76

Allegro di Concerto «Alla Mendelsshon»

trascrizione per contrabbasso e quartetto d'archi.

Fonti
I-PAc: CB. II. 7. 47657-660, parti di quartetto.

BOT. 77

Andante e variazioni per flauto e clarinetto con accompagnamento di pianoforte

Fonti
Perdute.
The New Grove Dictionary: Miscellaneous.

BOT. 78

Auld Robin Gray

per contrabbasso e pianoforte.

Fonti
I-PAc: CB. II. 3. 47595, partitura.

BOT. 79

Bolero in La minore

per contrabbasso e pianoforte.

Fonti
I-PAc: partitura. Altre tonalità del *Bolero in Si bemolle minore*. Lbl: Yorke Complete Bottesini, Edited by Rodney Statford, London 1974, vol. 1°, N. 1: *Bolero in Sol minore*. Bolero is published here for the first time. Bottesini's autograph piano and full scores are in A minor (Parma 47535, 47602) and B♭ minor (47534). The orchestration is for flute, oboes, clarinets, bassoons, horns, trumpets, timpani and strings. Phrasings, slurs

and staccatos differ slightly in the two versions. This edition has been edited to conform with both wherever possible. Bottesini gives two alternatives for bars 205-208 in his piano score (the full score again is different).

BOT. 80

Bolero in Si bemolle minore

per contrabbasso e pianoforte.

Fonti
I-PAc: partitura. Lbl: Yorke Complete Bottesini, Edited by Rodney Slatford, London 1974, vol. 1°, N. 1: *Bolero in Sol minore*. È simile al *Bolero in La minore*.

BOT. 81

Capriccio a due contrabbassi con pianoforte

Allegro moderato.

Fonti
I-Mc: A. 30. 18. 6, manoscritto di 32 pagine.

BOT. 82

Capriccio di bravura

per contrabbasso e pianoforte.

Fonti
I-PAc: CB. II. 3. 47532, partitura. Lbl: h. 1845. b. (1), Capriccio bravura mit pianoforte. Orchesterarrangement: Jos. Kolb. Double bass and P.F. Score and part. 2 pt. Musikverlag Ludwig Doblinger, Wien, 1950. I-Rc: idem.

BOT. 83

Capriccio

per violoncello e pianoforte datato 25-8-63.

Fonti
I-Gallini: manoscritto autografo.

BOT. 84

Concerto di bravura in La maggiore

per contrabbasso e pianoforte, Andante mosso 6/8 - A Piacere C - Recitativo C - Allegro moderato 3/4 - Andante C - Allegrettoi 2/4.

Fonti
I-PAc: partitura. Lbl: h. 1845. b. (2), Ars Viva Verlag, Wien, 1951. Score and Part. 2 pt. US-NYpl: Box 22 Call no. JOB 79-10 Frederick Zimmermann Collection, *Concerto di Bravura*, Published by Ars Viva V Hermann Scherchen, Vienna. For double bass and piano accompaniment. Piano score and double bass part. I-PTM: 5-C-3/12, Ars Viva Verlag Hermann Scherchen, Copyright 1951, A 996 V. I-Nc: manoscritto.

BOT. 85

Concerto in Do minore

per contrabbasso e pianoforte.

Fonti
I-PAc: partitura.

BOT. 86

Concerto in Fa minore

per contrabbasso e pianoforte, pubblicato a Londra nel 1892 da Lafleur & Son.

Fonti
Lbl: h. 1845. (7), Concerto in F minor, or rather, F diesis minor, for the Double Bass with P.F. accompaniment. Lafleur & Son, London 1892. I-PAc: partitura per contrabbasso e pianoforte, in Fa diesis minore. US-NYpl: Box 22, call no. JOB 79-10, Frederick Zimmermann Collection, Published by Lafleur & Son, London; for double bass and piano accompaniment. Piano score and double bass part. 2 copies. US-NYpl: Frederick Zimmermann Collection, Edited by Edouard Nanny. Newly edited by Stuart Sankey, Published by International Music Co., New York, 1963. For double bass and piano accompaniment. Piano score and double bass part. US-NYpl: Frederick Zimmermann Collection, manoscritto. Folder contains multiple arrangements.

BOT. 87

Concerto in Sol minore

per contrabbasso e pianoforte.

Fonti
I-PAc: partitura.

BOT. 88

Concerto in Si minore

per contrabbasso e pianoforte. Allegro moderato - Andantino - Allegro con fuoco.

Fonti
I-Mc: A. 30. 38. 23, Paris, Alphonse Leduc, 1925, revisioni di Edouard Nanny, 1925, parte di contrabasso e pianoforte. 8 pagine di pianoforte e 3 di contrabbasso. Solamente il primo movimento. I-Mc: Contrabbasso 3/18, Studienkonzert, Ausgabe für Kontrabass und Klavier, Hrsg. von Heinz Herrmann. Partitura e parte complete. Leipzig, VEB Friedrich Hofmeister Musikverlag, Copyr. 1956. Partitura di pagg. 32 e parte di pagg. 11, n. edizione 7290. S-Skma: 81k. 455. VePA, Studienkonzert, fiss-moll, Ausgabe für Kontrabass und Klavier, hrsg. von Heinz Herrmann. Leipzig, Hofmeister, 1978, n. ediz. 7290. 1 Klav. (32 s.) - 1 stma. Acquisizione del 1981/1602. I-PAc: partitura. F-TLc: manoscritto del primo movimento *Allegro moderato*, dall'Edizione A. Leduc del 1925. Parte di contrabbasso. F-AIXc: idem, edizione Leduc. US-NYpl: Studienkonzert fis-moll, Leipzig, F. Hofmeister c. 1959. US-REAS: idem, segnatura m 1018 B 751. US-REAS: m 238 B 751 N, Paris, Leduc, 1925. US-REAS: m 1118 B 751 NS, idem, nuova edizione, International 1963. F-Dc: H. 9. 61, idem, 1° tempo arrangiato da E. Nanny. Leduc, Paris, International Music Company New York. F-Pn: Fol. Vm. 9. c. 32, idem. I-Rc: Leduc, I movimento. I-Rc: F. Hofmeister.

BOT. 89

Concerto a due Contrabassi con accompagnamento di pianoforte di Arpesani e Bottesini

Fonti
I-Mc: A. 30. 18. 8, partitura manoscritta di pagg. 26. Primo tempo non segnato - Andante - Allegro - Moderato brillante. S-Skma: 83. 632. 2 VePA, Concerto per due contrabassi e piano; ed. and arr. by Homer Mensch. New York: IMC, 1982. 1 part (20 s) + 2 stmr. Ednr 2117. Acquisizione del 1983/1166.

BOT. 90

Concerto N. 2 per contrabasso e pianoforte

Allegro moderato - Andante - Finale Allegro.

Fonti
Lbl: h. 1845. b. (3), Concert N. 2 in h-moll für Contrabass. Herausgegeben von Rudolf Malarić. Partitur. pp. 27. Ars Viva Verlag, Wien, 1950. S-Skma: VePA Stmr, Concert no. 2 in h-moll. Für Contrabass und Pianoforte. Hrsg von Rudolf Malarić. Klavierauszug. Wien, cop. 1951. AV. Konzerte für Soloinstrumente mit Orchester begleitung. Acquisizione del 1977/832. I-RAIM: N. 64, Concerto n. 2 in h-moll per contrabasso e pianoforte. Verlag Doblinger. R. Malarić. Partitura. Lbl: g. 867. 1. (4), (Concertos, double bass, orchestra, no. 2, B minor; arr.) Concerto no. 2 in A minor for double bass and piano, Edited by Rodney Slatford; piano reduction by Clive Pollard, London, Yorke Edition 1982.

BOT. 91

Concerto per Contrabasso con accompagnamento di pianoforte nell'opera «Beatrice di Tenda»

Fonti
I-PAc: CB. II. 47532, partitura. *Souvenir de «La Beatrice di Tenda»*.

BOT. 92

Contrabass Polka

polka per contrabasso e pianoforte, Londra 1887.

Fonti
Lbl: f. 400. ii. (15), Contra-Bass Polka. Parts. J.R. Lafleur & Son, London 1887. Part of the «Alliance Musicale». Anche con orchestra.

BOT. 93

Delirio

melodia per violoncello e pianoforte.

Fonti
I-Nc: manoscritto; 3 Melodie. I-Mc: B. VII. d. 123, A. Carniti, *In memoria di G.B.*, Crema 1921, pag. 54. Edizione Ricordi.

BOT. 94

Duetto per clarinetto e contrabasso con accompagnamento di pianoforte

Fonti
I-PAc: partitura. S-Skma: 80. 153. P. 3. E. B: p. Gran Duo op. posth. A-Dur, für Klarinette in A, Kontrabass und Klavier. Bearb. Rudolf Malarić. Wien, Doblinger, n. ediz. D. 15. 966, cop. 1979. 3 stmr. Kontrabass-Reiche Rudolf Malarić; 3. Acquisizione del 1980/277. US-REAS: M 324 B 751 G 1960, idem. F-Pn: Vmg. 23211 (3), Gran Duo A-Dur pour clarinette en La, contrabasse et Klavier, op. posth., partition et parts. Doblinger 1979.

BOT. 95

Duo Concertant sur les thèmes des Puritaines de Bellini pour Violoncelle, Contrabasse et Piano

del 1851.

Fonti
F-Pn: Vmg. 21083 (10), Paris, Billaudot, 1980, partitura e parti.

BOT. 96

Elegia in Re maggiore N. 1

per contrabbasso e pianoforte.

Fonti
I-PAc: partitura. Altra copia in Mi bemolle, partitura. I-Mc: A. 30. 38. 6, Milano, G. Ricordi & C. 1926, n. d'edizione E.R. 636. Edizione riveduta da Italo Caimmi. 2 pagine di Contrabbasso e 3 di Pianoforte. I-Mc: Conbtrabbasso 2/4, Milano, Ricordi, E.R. 636, ristampa del 1948. I-BGi: XIX. H. 433. 5434, manoscritto. Elegia seconda in Re minore per Contrabbasso con accompagnamento di pianoforte. Partitura. Tempo di 9/8. S-Skma: 86. 942. Xedi B: p. Acquisizione del 1986/1365 b. Klaus Trumpf, Leipzig, cop. 1984. N. Ediz. 32093. I-RAIM: N. 63, Elegia in Re per contrabbasso e pianoforte. I-Rc: Ricordi - Caimmi. I-Mc: B. VII. d. 123, A. Carniti, *In memoria di G.B.*, Crema 1921, pag. 91, si afferma che nel Concerto del 23 maggio 1880 alla Società Orchestrale dei Concerti Popolari di Torino diretti da Pedrotti, Bottesini si è esibito nella fantasia sull'opera *Lucia di Lammermoor*, nell'*Elegia e Tarantella* per piano e contrabasso. S-Skma: Yorke Complete Bottesini for double bass and piano, volume 3, Yorke Edition, *Elegia e Tarantella* is well known as two separate pieces which were clearly intended to be performed as one. There are at least four different autograph versions; an incomplete score for strings in D major titled *Elegia No. 1*, two incomplete piano scores in D major titled *Elegia No. 1* and *Elegia No. 4*, a complete piano score in Eb major which forms the basis of this edition titled *Elegia No. 1*, and a most interesting set of parts for full orchestra in D major variously titled *Elegia No. 1*, *No. 2* and *No. 4* (Parma 47530, 47583, 47593, 61364). The work was clearly a favourite of Bottesini's and the orchestral parts have been signed over the years by players: 1878, Torino 1880, Barcelona 1881, Barcelona 25 april 1884, Madrid 1884, Bologna 1885 and Buenos Aires. The second horn part bears a small pencil sketch of Bottesini. I-Nc: Elegia in Re per contrabbasso e pianoforte, manoscritto.

BOT. 97

Elegia in Re maggiore N. 1

trascrizione per contrabbasso e quintetto d'archi.

Fonti
I-PAc: partitura.

BOT. 98

Elegia in Mi minore N. 2

per contrabbasso e pianoforte.

Fonti
I-PAc: partitura. I-Bc: XX. L. III. 155, revisione di I. Caimmi; Ricordi E.R. 635, Milano. S-Skma: 86. 942 Xedi B: p. Acquisizione del 1986/1365 b. Klaus Trumpf, Leipzig, cop. 1984. N. Ediz. 32093. US-NYpl: Frederick Zimmermann Collection Box 22 call no. JOB 79-10, Caimmi-Ricordi, Milano. For double bass and piano accompaniment. Piano score and double bass part. I-Nc: Nuova Elegia per contrabbasso e pianoforte, manoscritto. I-Rc: Ricordi-Caimmi.

BOT. 99

Elegia in Mi minore N. 3

per contrabbasso e pianoforte.

Fonti
S-Skma: 86. 942. Xedi B: p. Acquisizione del 1986/1365 b. Klaus Trumpf, Leipzig, cop. 1984 N. Ediz. 32093. Corrispondente alla *Mélodie pour la Contrebasse en Mi mineur* e alla *Romanza patetica in Mi minore*.

BOT. 100

Elegia N. 3 in Fa

per contrabbasso e pianoforte.

Fonti
I-PAc: CB. II. 3. 47531, partitura.

BOT. 101

Elegie par Ernst

per contrabbasso e pianoforte.

Fonti
I-PAc: CB. II. 3. 47532, partitura.

BOT. 102

Fantasia Cerrito

per contrabbasso e pianoforte.

Fonti
I-PAc: CB. II. 3. 47532, partitura autografa. S-Skma: Yorke Complete Bottesini for double bass and piano, volume 3, Yorke Edition, Fantasia «*Cerrito*» is published here for the first time. The autograph piano score in E minor (Parma 47532) is very inaccurate and was at one time used as a conducting score. A cut can be made from bar 41 to bar 83 (Rodney Slatford).

BOT. 103

Fantasia su «I Puritani»

per contrabbasso e pianoforte.

Fonti
I-PAc: partitura. Lbl: Yorke Complete Bottesini, Edited by R. Slatford, 1974, vol. II, n. 3. Scrive Rodney Slatford: «*Fantasia I Puritani*, based on popular melodies from Bellini's opera is published here for the first time. Bottesini's autograph piano score is in A major (Parma 25690). Rehearsal markings scribbled on the score indicate a fairly slow tempo at bar 81: the words *più mosso* appear at 171 and *più* at 186». S-Skma: idem.

BOT. 104

Fantasia sulla Norma di Bellini

per contrabbasso e pianoforte.

Fonti
US-REAS: M 238 B 751 F 216, revisione di Mario Ricciuti, Bongiovanni, Bologna 1984.

BOT. 105

Fantasia sulla «Sonnambula» di Bellini

per contrabbasso e pianoforte.
Allegro vivo - Andante cantabile - Allegro - Tema allegro con 2 variazioni - Moderato allegretto.

Fonti
S-Skma: VeP hhkj, Fantasie Sonnambula. Pour la contrebasse. Nouvelle éd. arr. pour l'usage pratique par M. Flechsig. Paris. Ljuskopia. Costallat e Cie, 15182 R. I Lärarens handbibl. Kontrabas. Acquisizione del 1951/1332. S-Skma: 86. 942 Xedi B: p. Acquisizione del 1986/1365 b. Klaus Trumpf, Leipzig, cop. 1984. N. Ediz. 32093. I-PAc: partitura. F-TLc: Paris, S. Richault, R. 15182; partitura e parte per contrabasso. US-NYpl: Frederick Zimmermann Collection Box 22 call no. JOB 79-10, idem, Richault, Paris. Altra Edizione arrangiata da M. Flechsig, Published by Costallat et Cie., for double bass and piano accompaniment. Piano score and double bass part. F-Dc: H. 9. 2, Richault, Paris.

BOT. 106

Fantasia su motivi della «Lucia di Lammermoor» di Donizetti

per contrabbasso e pianoforte

Fonti
I-Bc: PP. 436. 20, manoscritto percontrabbasso e pianoforte, senza data; pagg. 274-291. I-PAc: partitura. Lbl: Yorke Complete Bottesini, Edited by R. Slatford, London 1974, vol. II. n. 4. I-Mc: B. VII. d. 123, A. Carniti, *In memoria di G.B.*, Crema 1921, pag. 44. A pag. 91 si afferma che la *Fantasia* è stata eseguita a Torino il 23 maggio 1880 dallo stesso Bottesini alla Società Orchestrale dei Concerti Popolari diretti da Pedrotti. Scrive Rodney Slatford in *Yorke Complete Bottesini*: «*Fantasia Lucia di Lammermoor*, based on Donizetti's themes appears in three autograph versions (Parma 47532, 47585), and in published here for the first time. Phrasings differ considerably between the manuscripts: one, claerly intended to be used as a conducting score, has a much longer piano introduction».

BOT. 107

Fantasia su motivi della «Lucrezia Borgia» di Donizetti

per contrabbasso e pianoforte.

Fonti
Perdute.
I-Mc: B. VII. d. 123, A. Carniti, *In memoria di G.B.*, Crema 1921, pag. 44.

BOT. 108

Fantasia per due contrabassi e piano dalle Canzonette di Rossini

Vi sono citazioni tratte dalle *Soirées Musicales* e in chiusura il duetto *I Marinai*.

Fonti
I-Mc: A. 30. 18. 7, 2 parti manoscritte; pianoforte di pagg. 24, contrabassi di pagg. 10. Lbl: Yorke Complete Bottesini for two double bass and piano, Edited by R. Slatford, London 1974, vol. I, n. 2.

BOT. 109

Gavotta in La maggiore

per contrabbasso e pianoforte.

Fonti
I-PAc: CB. II. 3. 47590, partitura. Lbl: Yorke Complete Bottesini, Edited by Rodney Slatford, London 1974, vol. 1°, n. 3: *Gavotta in Sol maggiore*. Scrive Rodney Slatford: «*Gavotta* appears in three different autograph piano score, two in A major and one in Bb major (Parma 47590, 47591, 47592). This edition is based on the shorter and better A major version (the other one being substantially longer in the middle section). The Bb major autograph *introduzione e gavotta* begins with a 23 bar *sostenuto* introductions, differs slightly from the present edition in the *gavotta* and concludes with a 31 bar *coda*».

BOT. 110

Gavotta in Si bemolle

per contrabbasso e pianoforte.

Fonti
I-PAc: CB. II. 3. 47592, partitura.

BOT. 111

Grand Duo Concertant

per violino e contrabbasso con accompagnamento di pianoforte. Parigi 1880.

Fonti
I-Fc: Paris, Richault, 15176, violino e contrabbasso di pagg. 19, pianoforte di pagg. 24. Lbl: h. 3213. r. (4), Grand duo concertant pour Violon et Violoncello... transcrit par R.E. Bockmühl. Paris 1880. Imperfect; wanting the Violin part. Lbl: g. 1590. cc. (7), Mosca, 1962, the parts for violin and double bass are printed in score. I-Bc: PP. 436. 12, Grand Duo Concertant pour Violon et Contrebasse avec accompagnement d'Orchestre ou de Piano. Manoscritto senz data, pagg. 169-197. S-Skma: 86. 491, Gran duo concertant, violin, kontrabas, orkester; arr. violin, kontrabas, piano. M. Flechsig, violon, contrebasse et piano. Paris, Billaudot, 1985, n. Ediz. 15176 R. Partitura e parti. Acquisizione del 1986/746. I-RAIR: manoscritto. i-PAc: partitura e parti. I-PESc: Edizione Richault, Paris. US-NYpl: Frederick Zimmermann Collection Box 22 call no. JOB 79-10, Nuvelle Edition Costallat, Paris. For violin, double bass, and piano accompaniment. Piano score, violin and double bass part. F-Dc: H. 9. 139, Costallat Paris; Billaudot Paris. F-Dc: D. 1. 797, Edition arrangée par Flechsig, Billaudot Paris. F-Pn: Vm. 16. 163, Bockmühl-Richault, Paris 1880. F-Pn: Vmg. 21083 (10), Flechsig-Billaudot, Paris 1983. Corrisponde all'Edizione Richault 15176 R.

BOT. 112

Gran Duetto in La

trascrizione per violino e contrabbasso con accompagnamento di quartetto d'archi.

Fonti
I-PAc: 5 parti. Altra copia con 4 parti di quartetto d'archi.

BOT. 113

Grand Duo Concertant pour Violon et Violoncelle avec accomp. de piano

Paris, 1880.

Fonti
Lbl: h. 3213. r. (4), trascrizione di R.E. Bockmühl. Parigi 1880. Imperfect, wanting the violin part.

BOT. 114

Grande allegro di Concerto in Mi

per contrabbasso e pianoforte.

Fonti
I-PAc: CB. II. 3. 47532, partitura.

BOT. 115

Grande Duetto per Conrabbasso, N. 1 in Sol maggiore

Allegro - Andante - Polacca.

Fonti
I-Mc: A. 30. 38. 3, Milano, Ricordi e C., 1926, edizione riveduta da Italo Caimmi. I-Mc: cb. A. 30. 29. 2, Tre Gran Duetti per 2 contrabbassi, n. 1, di G.B. alunno dell'I.R. Conservatorio di Musica e dal medesimo dedicati al suo Professore Luigi Rossi. Manoscritto della seconda metà del secolo XIX di pagg. 45-85. Lbl: g. 867. d. (1), Gran Duetto 1. For double basses. Edited by Rodney Slatford. Score. pp. 32. Yorke Edition, London 1972. I-Fc: D. XIII. 1920, partitura manoscritta del secolo XIX, in «Tre Grandiosi Duetti per 2 Contrabbassi» di pagg. 133. US-NYpl: Frederick Zimmermann Collection Box 23, Caimmi-Ricordi, Milano. US-REAS: m 287 B 751 T 871, Yorke Edition, London 1972. I-Rc: riveduto e reso per contrabbasso a 4 corde da Isaia Billi; parti manoscritte. I-Rc: edizione Ricordi-Caimmi.

BOT. 116

Grande Duetto per Contrabbasso, N. 2 in Mi maggiore

Allegro agitato - Andante - Rondò allegretto.

Fonti
I-Mc: A. 30. 38. 4, Milano, Ricordi e C., 1926, edizione riveduta da Italo Caimmi. I-Mc: cb. A. 30. 29. 2, Tre Gran Duetti per 2 contrabbassi, n. 2, di G.B. alunno dell'I.R. Conservatorio di Musica e dal medesimo dedicati al suo Professore Luigi Rossi. Manoscritto della seconda metà del secolo XIX di pagg. 45-85. Lbl: g. 867. h. (1), Gran Duetto 2. For double basses. Edited by Rodney Slatford. Score. pp. 31. Yorke Edition, London 1978. I-Fc: D. XIII. 1920, partitura manoscritta del secolo XIX, in «Tre Grandiosi Duetti per 2 Contrabbassi» di pagg. 133. US-NYpl: Frederick Zimmermann Collection Box 23, Caimmi-Ricordi, Milano. US-REAS: M 287 B 751 G 7, Yorke Edition, Londra 1972. I-Rc: riveduto e reso per contrabbasso a 4 corde da Isaia Billi; parti manoscritte. I-Rc: edizione Ricordi-Caimmi.

BOT. 117

Grande Duetto per Contrabbasso, N. 3 in Re maggiore

Andantino - Presto.

Fonti
I-Mc: A. 30. 38. 5, Milano, Ricordi e C., 1926, edizione riveduta da Italo Caimmi. I-Mc: cb. A. 30. 29. 2, Tre Gran Duetti per 2 contrabbassi, n. 3 di G.B. alunno dell'I.R. Conservatorio di Musica e dal medesimo dedicati al suo Professore Luigi Rossi. Manoscritto della seconda metà del secolo XIX di pagg. 45-85. Lbl: g. 867. 1. (3), Gran Duetto 3, for double basses, edited by Rodney Slatford. London, Yorke Edition, c 1982. I-Fc: D. XIII. 1920, partitura manoscritta del secolo XIX, in «Tre Grandiosi Duetti per 2 Contrabbassi», di pagg. 133. US-NYpl: Frederick Zimmermann Collection Box 23, Caimmi-Ricordi, Milano. I-Rc: riveduto e reso per contrabbasso a 4 corde da Isaia Billi; parti manoscritte. I-Rc: edizione Ricordi-Caimmi.

BOT. 118

Il Deserto

riduzione per pianoforte a 4 mani.

Fonti
I-Rc: Torino, Blanchi.

BOT. 119

Introduzione e Gavotta in Si bemolle

per contrabbasso e pianoforte.

Fonti
I-PAc: CB. II. 3. 47531, partitura. S-Skma: 86. 942 Xedi B: p. Acquisizione del 1986/1365 b. Klaus Trumpf, Leipzig, cop. 1984. N. Ediz. 32093.

BOT. 120

Introduzione e Gavotta in La

per contrabbasso e pianoforte.

Fonti
I-PAc: CB. II. 3. 47591, partitura. Cfr. *Gavotta in La maggiore* in I-PAc 47590.

BOT. 121

Introduzione e Gavotta in La

trascrizione per contrabbasso e quartetto d'archi.

Fonti
I-PAc: CB. II. 7. 61353, parti di quartetto.

BOT. 122

Introduzione e Variazioni sul Carnevale di Venezia

per contrabbasso e pianoforte.

Fonti
I-PAc: partitura, 2 copie. US-NYpl: Frederick Zimmermann Collection Box 22 call JOB 79-10, Published by S. Richault, Paris. Piano score and double bass part. I-CC: Introduction et Variations sur le Carneval de Venise de Bottesini pour Contrebasse et Piano. Edition arrangée par Flechsig, Costallat Paris, Editions Billaudot Succ. r. F-Pn: Vmg. 21083 (4) - Cons. G. 19475 (4), idem, Billaudot 1981 e Richault 1879, n. d'Edizione 15177 R.

BOT. 123

Meditazione Bach

per contrabbasso e pianoforte.

Fonti
I-Pac: partitura autografa in duplice copia, 25691 e 47531. S-Skma: VeP Ex. A., Yorke Complete

Bottesini for double bass and piano, volume 3, Yorke Edition, *Meditazione (Aria di Bach)* is Bottesini's transcription of Bach's popular *Air* from *Suite No. 3* in D major. His autograph piano scores are in G major and Ab major (Parma 25691, 47531).

BOT. 124

*Melodia per violoncello
con accompagnamento di pianoforte*

Andante C di 81 misure.

Fonti
I-MOl: Milano, Ricordi, n. 38724, solo parte di violoncello.

BOT. 125

Moderato appassionatamente

per violoncello e pianoforte del 29 giugno 1881.

Fonti
Enrico Fazio, *La vita di un virtuoso attraverso le cronache dell'800*, dissertazione fatta all'Università di Torino nel 1980-81.

BOT. 126

*Mélodie pour La Contrebasse
avec accompagnement de Piano*

en Mi mineur, Andantino 3/8.

Fonti
I-Bc: PP. 436. 8, partitura. Paris, Richault, senza data, n. 15180 R. S-Skma: VeP Stmr., L. de Lacour, 15180 R. Musique de contrebasse, Editions Costallat. Acquisizione del 1951/1331. I-PAc: AM. III. 7. 11399-400, partitura e parte di contrabbasso. Anche in CB. II. 5. 61366, partitura. US-NYpl: Frederick Zimmermann Collection Box 22 call. no. JOB 79-10, *Mélodie* arrangée par M. Flechsig. Published by Editions M.R. Braun, Paris, for double bass and piano accompaniment. Piano score and double bass part. US-NYpl: Frederick Zimmermann Collection, idem, arranged by H. Reinshagen, manoscritto. F-Pn: Vmg. 21083 (9), Flechsig, Billaudot 1982, Richault 1879, n. d'edizione 15180 R. I-Pc: manoscritto datato «Firenze il 18-3-1871» ed appartenente al Fondo del contrabbassista e compositore trapanese Antonio Scontrino.

BOT. 127

Nel cor più non mi sento op. 23

Tema a 3 variazioni per contrabbasso e pianoforte su un'arietta di G. Paisiello. A son ami Antoine Gautier.

Fonti
I-Mc: Contrabasso 5/5, Milano, G. Ricordi e C. Editori-Stampatori, 1979. Revisione di I. Caimmi. Parti. I-Mc: A. 30. 38. 8, Milano, G. Ricordi e C. 1926, edizione E.R. 634. 4 pagine di contrabbasso, 3 pagine di pianoforte. I-Bc: PP. 436. 19, manoscritto senza data, pagg. 264-273. S-Skma: 86. 942 Xedi B: p. Acquisizione del 1986/1365 b. Klaus Trumpf, Leipzig, cop. 1984. N. Ediz. 32093. I-PAc: partitura e parti di contrabbasso. Lbl: Yorke Complete Bottesini, Edited by R. Slatford, London 1974, vol. 1°, n. 4. US-NYpl: Frederick Zimmermann Collection Box 22, Caimmi-Ricordi, piano score and double bass part. 3 copie. Scrive Rodney Slatford: «*Nel cor più non mi sento (Tema con Variazioni) Op. 23* based on Paisiello's popular air, was first edited by Caimmi and published by Ricordi (1926). The Yorke version is based on three Bottesini autographs: the full score in E major and two piano scores, one in E major and the other in F major. (Parma 47540, 25687, 47531). Another version (Parma 25685) bears the dedication "A Son Ami Antoine Gautier... Op. 23". There are minor differences between the autographs, mainly concerning slurs and phrasings but the recapitulation of the *tema* in the *coda* (Caimmi) is not original and has been omitted here».

BOT. 128

Notti arabe

riduzione per pianoforte.

Fonti
I-Rc: riduzione di Creonti.

BOT. 129

Passione amorosa

Concerto per 2 contrabbassi e pianoforte.

Fonti
Lbl: Yorke Complete Bottesini, Edited by R. Slatford, London 1974, vol. 1° for two double basses and piano, n. 1. S-Skma: 80k. 319. P. 3. E. B: p., *Passione amorosa*, Konzert für 2 Kontrabässe oder Violine und Kontrabass mit Orchesteroder Klavierbegleitung/Giovanni Bottesini. Ausg. für 2 Kontrabasse (Violine und Kontrabass) und Klavier/ (Rudolf Malarić). Wien, Doblinger, n. Ediz. D. 15. 969, cop. 1979. 4 stmr. Kontrabassreihe Rudolf Malarić; 6. Acquisizione del 1980/951. I-RAIR: idem. F-Pn: Vmg. 23211 (6), Doblinger 1979.

BOT. 130

Passione amorosa

Concerto per violino, contrabbasso e pianoforte.

Fonti
S-Skma: 80k. 319. P. 3. E. B: p., Wien, Doblinger. D. 15. 969, cop. 1979. I-RAIR: idem. F-Pn: Vmg. 23211 (6), Doblinger 1979.

BOT. 131

Pensiero elegiaco

melodia per violoncello e pianoforte dedicata «Al mio amico Federico Raffaele».

Fonti
I-Nc: manoscritto, 3 Melodie.

BOT. 132

Arlecchino

polka per flauto solo.

Fonti
F-Pn: manoscritto autografo 4417, parte di flauto, 1 pagina. *Arlecchino-polka* n. 8. I-Rc: *Il Carnevale di Torino* Anno II, Album con ballabili, n. 8 *Arlecchino Polka*. Torino, Giudici e Strada, per flauto solo.

BOT. 133

Polka N. 1 Arlecchino

per pianoforte

Fonti
I-BOV: Torino, Giudici e Strada, n. 8399, riduzione di C. Berra. Da «Tre Polke ridotte per pianoforte». Poichè la Biblioteca «D. Manara» di Borgo Val di Taro è in corso di restauri, il Dott. Salvatore Oppo, presidente della stessa, mi informa che è impossibile ritrovare negli scatoloni la polka di Bottesini. I-Ms: Giudici e Strada. I-Bg (Mayr): Torino, Giudici e Strada, n. 8399, 8401, pagg. 3 in 4°. Riduzione di C. Berra.

BOT. 134

Polka N. 2 Brighella

per pianoforte.

Fonti
I-BOV: Torino, Giudici e Strada. Da «Tre polke ridotte per pianoforte». Poichè la Biblioteca «D. Manara» di Borgo Val di Taro è in corso di restauri, il Dott. Salvatore Oppo, presidente della stesa, mi informa che è impossibile ritrovare negli scatoloni la polka di Bottesini. I-Ms: Giudici e Strada.

BOT. 135

Polka N. 3 Tremblante

per pianoforte.

Fonti
I-BOV: Torino, Giudici e Strada. Da «Tre polke ridotte per pianoforte». Poichè la Biblioteca «D. Manara» di Borgo Val di Taro è in corso di restauri, il Dott. Salvatore Oppo mi informa che è impossibile ritrovare negli scatoloni la polka di Bottesini. I-Ms: Giudici e Strada.

BOT. 136

Pot-Porri

sobre motivos de contradanzas criollas para violin y contrabajo compuesto y ejecutado por los Sres. Arditi y Bottesini.

Fonti
Perdute.
È la composizione della terza parte del concerto tenuto il 4 febbraio 1848 nel Teatro Tacon dell'Avana da Bottesini, da Arditi, dal Sig. Bianchi (fagottista), dal Sig. Vita, dalla Signora Rainieri e dal Sig. Lorini, unitamente all'esecuzione del dramma lirico *Gulnara* (in due atti, poesia del Sig. don Rafael María Mendive) di Luigi Arditi. Il *Pot-Porri* era già stato eseguito la notte del 31 gennaio 1848 appena prima del *Cristóbal Colón* di Bottesini.

BOT. 137

*Quartetto in Re maggiore
per archi n. 3*

per il Concorso Basevi, 1862. Andante - Allegro giusto - Allegro vivo - Adagio - Finale Allegro. Dedicato a Paolo Rotondo.

Fonti
A-Wgm: Edizione Ricordi, n. 51491. I-Fc: D. IX. 290-294, partitura e 4 parti manoscritte del secolo XIX. I-Mc: Da Camera Ms. 4. 8, 4 parti manoscritte del secolo XIX. I-BGi: Milano, G. Ricordi, n. 51491, partitura. I-Fc: idem. I-Mc: (Noseda): Firenze, G.G. Guidi, n. 2321, ottobre 1862, partitura, pagg. 48 in 16°. Società del Quartetto di Firenze. Opere scelte per gli associati del 2° anno sociale 1862-63. I-Ria: idem. I-Bc: MM60, idem. I-Fc: idem. I-Is: idem. I-Mc: B. 25. h. 214/8, Gran Quartetto in Re composto da Bottesini Giovanni, n. 3, parti 4 di 8 + 8 + 8 + 7 cartelle, manoscritto di proprietà di E. Cavallini. Lbl: a. 300. m. (4), Quartetto in Re. Two violins,

viola and violoncello. Score, pp. 48. G.G. Guidi, Firenze 1862. Part of «Società del quartetto di Firenze. Opere scelte per gli associati del secondo anno sociale 1862-63. Seconda serie». I-BGi: Piatti-Lochis 8532, 4 parti manoscritte. Quartetto n. 3. I-RAIR: Sinfonia 1782, Quartetto in Re per archi. I-PAc: Guidi B. 74. 4232. Partitura. Edizione Ricordi. I-Ria: Misc. Vassella, 7/8, Società del Quartetto, Firenze per G. Guidi, Londra J.J. Ewer e Co., partitura. I-PAc: Guidi B. 18-19. 61848-9, partitura. Ottobre 1862. Società del Quartetto di Firenze. 2° Anno Sociale 1862-63. Ruolo dei Soci protettori e loro dimora, Bottesini di Crema al n. 7. US-Bp: in Brown Library, Firenze, Guidi 1862. Partitura di 43 pagine. I-Rc: Firenze, Guidi.

BOT. 138

Quartetto per archi in Mi minore

Allegro moderato - Allegretto - Andante - Allegro con brio.

Fonti
I-PAc: Ψ I. 3. 25758, partitura manoscritta autografa. Parigi, 30 marzo 1869. Alla fine del primo *Allegro* si legge: «Tour d'Auvergne 44 Mr. Cohen».

Nota
Per Tour d'Auvergne si intenda la *Principessa De La Tour D'Auvergne* di Firenze che nel 1862 compare tra i soci protettori della Società del Quartetto.

BOT. 139

Quartetto in Mi bemolle

per due violini, viola e violoncello. Andante - Allegro spiritoso - Andante sostenuto - Allegro - Finale Presto.

Fonti
I-PAc: Ψ I. 3. 25714-18, partitura e parti. La partitura è autografa e dedicata «A mon ami Paul Rotondo, Barcellona 28 août 1864».

BOT. 140

Quartetto in La maggiore op. 3 n. 2

per 2 violini, viola e violoncello. Allegro moderato - Allegro brillante - Scherzo - Andantino - Finale Allegro Spiritoso.

Fonti
I-Ria: Misc. Vessella A3/16, Napoli, F. Girard e Cie, n. 858, partitura. I-PAc: CB. II. 6. 29883, idem partitura. Anche CB. II. 5. 61369, idem partitura. Anche CB. II. 6. 29888-91, parti.

BOT. 141

Quartetto in Si minore

per 2 violini, viola e violoncello, dedicato al Sig. Gaetano Vela. Allegro moderato - Scherzo - Andante - Allegro spiritoso.

Fonti
I-Bc: MM. 59, le quattro parti senza partitura; Milano, presso Gio. Canti, n. 1092. I-PAc: AS. I. 3. 28867-70, parti, Gio. Canti, n. 1092. I-MAR: partitura manoscritta autografa e parti manoscritte. 1° Quartetto.

BOT. 142

Quartetto op. 2 n. 1 in Si bemolle maggiore

per 2 violini, viola e violoncello. Allegro Maestoso - Minuetto - Trio - Adagio - Finale.

Fonti
I-PAc: CB. II. 5. 61368, partitura. Altra copia in CB. II. 6. 29883, Napoli, F. Girard, n. 843, partitura. Altra copia in CB. II. 6. 29884-87, parti. US-NYpl: microfilm dell'autografo manoscritto, partitura di 30 pagine.

BOT. 143

Quartetto in Si bemolle maggiore

per 2 violini, viola e violoncello.
Allegro giusto - Andante sostenuto - Allegro ma non tanto.

Fonti
I-PAc: CB. II. 7. 61359, parti manoscritte.

BOT. 144

Queen Marie

Gavotte per pianoforte.

Fonti
Lbl: h. 1489. f. (57), Queen Marie, Gavotte... transcribed for the pianoforte by T. Mattei. Patey & Willis, London 1890.

BOT. 145

Gran Quintetto in Do minore

per 2 violini, viola, violoncello e contrabbasso: «Un mio ricordo al cavaliere Saverio Mercadante Direttore del R. Conservatorio di Musica di Napoli». Milano, 1850.
Allegro moderato - Scherzo, Allegro ma non troppo, Trio - Adagio - Finale, Allegro con brio.

Fonti
I-Ria: Ms. 189, partitura manoscritta da Alessandro Vessella, di 28 cartelle. Data alla fine di ogni tempoi: Alife, 27 VI 1876; 29 VIII 1876; 28 IX 1876. I-PIV: parti manoscritte del secolo XIX di violino I e II, viola e contrabbasso. I-RAIR: Sinfonia 1986, GRan Quintetto per 2 violini, viola, cello e basso. Suvini Zerboni. I-PAc: 38794. 38798 B. I. 3. Sanvitale; Milano, Ricordi n. 38683. Parti. I-Rac: busta n. 412, *Finale* trascritto per banda da Alessandro Vessella. Partitura e parti manoscritte «per istrumenti a fiato e contrabbasso - Roma 1896». Due oboi, 2 flauti, 2 corni in fa, 2 corni in mi bemolle, trombone basso, clarinetto in la bemolle, clarinetto in mi bemolle, clarinetti in si bemolle primi, clarinetti in si bemolle saecondi, clarinetto alto in mi bemolle, clarinetto basso in si bemolle, saxofono barit., contrabbasso e timpani sol-do. I-Nc: manoscritto e a stampa (Ricordi) con dedica autografa: «Al mio caro amico Casella. Bottesini». I-Rc: Napoli, Clausetti & C.

BOT. 146

2° Quintetto in Mi minore

per 2 violini, viola e due violoncelli.
Moderato - Trio - Andante sostenuto - Allegro vivo.

Fonti
I-PAc: BC. IV. 58. 40494, Milano, Tito di G. Ricordi, n. 39103. Un fascicolo in 8° di pagg. 41. Partitura. I-PAc: Sanvitale 38795. 38803. Parti.

I-PAc: BB. I. 5. Sanvitale; Tito di G. Ricordi, n. 39103. Partitura. I-Mc: B. VII. d. 123, A. Carniti, *In memoria di G.B.*, Crema 1921, pag. 45: «...ed altro quartetto (sic) per 2 violini, viola e due violoncelli (Ricordi N. 39103)». I-Nc: manoscritto. I-Fc: Fondo Basevi B. 530, Napoli, Ricordi-Clausetti; pagg. 41, con dedica autografa dell'autore.

BOT. 147

3° Quintetto in La

per 2 violini, 2 viole e violoncello.
Allegro moderato - Allegretto moderato - Andante - Finale Allegro vivace.

Fonti
I-PAc: Ψ II. 7. 160. 6539, partitura manoscritta autografa. Un volume in 4° oblungo. Altra copia in B. I. 3. 38804. 38808, 5 fascicoli di parti manoscritte in 4°. Altra copia in Sanvitale BB. I. 5. 40052.

BOT. 148

Quintetto in Fa

per 2 violini, 2 viole e violoncello. Napoli, 23 febbraio 1888.
Moderato - Adagio - Scherzo (piuttosto vivace) - Allegro non tanto (Finale).

Fonti
I-PAc: CB. II. 6. 25751. 25756, partitura autografa e parti. Si tratta del Quintetto di cui si riferisce sulla «Gazzetta Musicale di Milano» del 17 marzo 1889, N. 11, pag. 177: «Ci scrivono da Parma: In una riunione privata di cultori intelligenti dell'arte de' suoni, mi fu dato udire un *Quintetto* per due violini, due viole e violoncello, dell'illustre maestro Bottesini, direttore del nostro Regio Conservatorio musicale. Il Bottesini ha dato in questo componimento novella prova di possedere una fervida e robusta fantasia ed una scienza profonda e severa. Le idee melodiche del lavoro, italianamente appassionate, sono rivestite di armonie peregrine e condotte magistralmente secondo le leggi dei sommi quartettisti tedeschi, onde una fusione felicissima dei due stili. Al primo *tempo* del *Quintetto*, di colore grave, fa seguito uno *scherzo* brioso e un *adagio* elaborato. Ma dove l'auotre si eleva ad altissimo ideale, è nell'ultimo *tempo*. In questo il motivo principale, dopo un sapiente sviluppo, dà luogo ad un corale, intorno a cui s'aggirano altre parti unendosi alla fine in un'esplosione di sonorità meravigliosa. Il *Quintetto* di Bottesini è destinato ad ottenere il plauso di tutti gli amanti della buona musica; plauso tanto più apprezzabile in quanto che rare volte accade di poterlo tributare a compositori italiani in questo genere speciale di musica. Noi, che primi in Italia abbiam potuto apprezzare questo interessante lavoro, ne dobbiamo essere grati all'autore e a chi gli porse occasione di farlo eseguire, come possiamo andar superbi di aver a capo del nostro Conservatorio un artista che ad una virtuosità eccezionale accoppia la preziosa qualità di compositore eminente».

BOT. 149

Rêverie

per violoncello o violino con accompagnamento di pianoforte.

Fonti
I-BGi: 22. 209, Nice, Decourcelle, n. 52-264, 2 fascicoli. *Rêverie pour Violoncelle ou Violon avec accompagnement de Piano*. Anche partitura. I-PAc: CB. II. 7. 61346, partitura e parti. US-NYpl: Frederick Zimmermann Collection Box 22, Rê-

verie arranged by L. Buschmann, Published by Carl Fischer, New York, 1900. Piano score and double bass part. Altre 2 copie manoscritte da H. Reinshagen. Altra copia ms. da anonimo. US-NYpl: Frederick Zimmermann Collection Box 22, *Rêverie*, Edited by F. Zimmermann, Blue print. Piano score and double bass part. US-REAS: m 238 B 751 R, Rêverie for string bass + piano, transcribed by H. Renshagen, N.Y. 1957. F-Pn: Vm. 16. 196, Nice, Paul Decourcelle, 1888, I-Nc: manoscritto.

BOT. 150

Rêverie

per violoncello o violino con accompagnamento di quintetto.

Fonti
I-BGi: 22. 208, Nice, P. Decourcelle, n. 76. Partitura e 7 parti. Solo, Violino I e II, Viola, Violoncello e Basso. *A mon ami A. Oudshoorn*. US-NYpl: idem, 3 parti, violoncello solo, violino I e II, viola, violoncello and double bass. 7 parts including alternate violin solo.

BOT. 151

Riminiscenze dell'opera «Marion Delorme»

per violoncello e pianoforte.

Fonti
I-Nc: manoscritto, 3 Melodie. I-Mc: B. VII. d. 123, A. Carniti, *In memoria di G.B.*, Crema 1921, pag. 45. Edizione Ricordi.

BOT. 152

Rêverie

per viola e pianoforte del 12 luglio 1881.

Fonti
E. Fazio, *La vita di un virtuoso attraverso le cronache dell'800*, tesi di laurea del 1980-81, Università di Torino.

BOT. 153

Romanza drammatica op. 20 in Mi minore

per contrabbasso e pianoforte, dedicata «Al suo buon Amico Guido Papini».

Fonti
I-PAc: CB. II. 3. 47536, pianoforte guida autografo; 1 fascicolo manoscritto di 7 cartelle, pagg. 12 non numerate. Lbl: Yorke Complete Bottesini, Edited by R. Slatford, vol. II, n. 2, 1974. Corrisponde all'*Elegia in Mi minore N. 2*. Scrive Rodney Slatford: «*Romanza Drammatica* Op. 20 was first published in a French edition as *Elegie*, in E minor, and is probably later than *Romanza Patetica (Yorke Complete Bottesini Volume 1)*. Bottesini's autograph piano score is dated 1 January 1885 and bears the dedication "Al Suo Amico Guido Papini... Op. 20" (Parma 47536)». S-Skma: idem.

BOT. 154

Romanza patetica in Mi minore

per contrabbasso e pianoforte.

Fonti
I-PAc: CB. II. 3. 47538, partitura. Pianoforte guida autografo. 1 fascicolo manoscritto di pagg. 10. Altra copia in CB. II. 6. 25687, partitura. Lbl: Yorke Complete Bottesini, Four double bass and piano, Edited by R. Slatford, 1974, vol. I, n. 2. Corrisponde all'*Elegia in Mi minore N. 3* e alla *Mélodie pour la Contrebasse en Mi mineur*. Scrive Rodney Slatford: «*Romanza Patetica* was first published by Richault in Paris (c. 1880) in E minor titled *Mélodie*. Bottesini's eight bar introduction, omitted in the first edition, was restored in a more recent reprint edited by Flechsig. The Flechsig version, however, although it transcribes the solo part down an octave, changes very little from the first edition. The Yorke version bears Bottesini's own title and is based on his autograph piano score (Parma 47538).

BOT. 155

Tarantella in Si bemolle, N. 1

per contrabbasso e pianoforte.

Fonti
I-PAc: Tarantella in Si bemolle n. 1, partitura. F-Pn: W. 24. 94, manoscritto autografo, Paris 24 avril 1856. I-Nc: manoscritto.

BOT. 156

Tarantella in La minore, N. 2

per contabbasso con accompagnamento di pianoforte. Andante mosso - Allegretto.

Fonti
I-Mc: A. 30. 19. 5, Paris, S. Richault, n. 15181. Pianoforte di pagg. 9; Contrabbasso di pagg. 5. S-Skma: 86. 942 Xedi B: p. Acquisizione del 1986/1365 b. Klaus Trumpf, Leipzig, cop. 1984. N. Ediz. 32093. S-Skma: VeP, Paris, L. de Lacour, 1518 R., musique de contrebasse, Edition Costallat. Stmr. Acquisizione del 1951/1330. I-PAc: Tarantella n. 2 in La minore. Partitura. US-NYpl: Frederick Zimmermann Collection Box 23, Costallat, Paris. Altra edizione arrangé par M. Fleichsig, Costallat, Paris. Altra copia ms. Altra copia pubblicata da Richault a Parigi. Altra copia pubblicata da Fred Zimmermann, International Music Co., New York, 1956. Piano score and double bass part. US-REAS: M 238 B 751 T, idem. US-Bp: M238 - B68T3, idem. I-Nc: manoscritto. I-Rc: Fred Zimmermann.

BOT. 157

Tarantella per violino e pianoforte

trascrizione dal contrabbasso di Cesare Trombini e dedicata al nobile cavaliere Giuseppe de Contin. Sostenuto - Allegretto.

Fonti
I-Mc: A. 24. 34. 17, Milano, Tito di G. Ricordi - Firenze, Ricordi e Jouhaud-Mendrisio, Bustelli-Rossi, n. 31162. Pianoforte di pagg. 11; violino di pagg. 7. Anno 1859. I-Mc: A. 27. 33. 6, idem.

BOT. 158

Tema e Variazioni per contrabbasso e pianoforte sull'opera Nina pazza per amore di G. Paisiello

Fonti
I-Nc: manoscritto.

BOT. 159

The Emma Gavotte

per pianoforte.

Fonti
Lbl: h. 1489. f. (56), The Emma Gavotte... transcribed for the pianoforte by T. Mattei. Hutchings & Romer, London 1889.

Per Canto e Pianoforte

BOT. 160

Ad Ischia

rimembranze per canto e pianoforte, parole di Marcello. *Bella fra l'isole del Mar Tirreno, di Capri e Procida suora gentil.*

Fonti
I-MAR: manoscritto autografo. I-Mc: A. 55. 23. 37, Milano, Gio. Canti, 9901, «Notti d'Oriente» album vocale con accompagnamento di pianoforte, rimembranza n. 1 per mezzosoprano.

BOT. 161

A lei

stornello per canto e pianoforte.

Fonti
I-BA: *Ricordanze di Napoli*, n. 2 dell'Album n. 1. Napoli, Tito di Gio. Ricordi e F.lli Clausetti, n. 4677. I-PAc: AB. III. 2, idem.

BOT. 162

Canta Roberto

melodia per canto e pianoforte.

Fonti
I-PAc

BOT. 163

Che cosa è Dio?

romanza per soprano e pianoforte su versi di Aleardo Aleardi, del 1876.

Fonti
I-MAR: manoscritto autografo. I-CC: manoscritto per alto e pianoforte di 4 cartelle. I-MAC: Mss. Mus. Miscellanea II, partitura manoscritta del secolo XIX di 3 cartelle. I-NOVd: manoscritto di 9 pagine. I-BGc: Milano, G. Ricordi e C., n. 103176, pagg. 7 in 4°, su «Il bel canto» album per canto e pianoforte, n. 7 del 1900. I-Mc: A. 55. 14. 11, idem. I-Mc: A. 55. 23. 35, Milano, Ricordi, n. 44463-64 del 1876, pagg. 6 di canto e pianoforte. I-VEc: idem. I-BRc (Premoli): idem. Lbl: H. 1782. (9), Milano 1878. I-Rc: *Il bel canto*, n. 7.

BOT. 164

Che cosa è Satana?

romanza per soprano e pianoforte su versi di Aleardo Aleardi, del 1876.

Fonti
I-MAR: manoscritto autografo. I-CC: manoscritto per alto e pianoforte di 4 cartelle. I-MAC:

Mss. Mus. Miscellanea II, partitura manoscritta del secolo XIX di 3 cartelle. I-NOVd: manoscritto di 9 pagine. I-BGi: Milano, G. Ricordi e C., n. 103176, pagg. 7 in 4°, su «Il bel canto» album per canto e pianoforte, n. 7 del 1900. I-Mc: A. 55. 14. 11, idem. I-Mc: A. 55. 23. 35, Milano, Ricordi, n. 44463 del 1876, pagg. 6 di canto e pianoforte. I-VEc: idem. I-BRc (Premoli): idem. Lbl: H. 1782. (9), Milano 1878. I-Rc: *Il bel canto*, n. 7.

BOT. 165

Chopin terzetto

S o T, contrabbasso e pianoforte.

Fonti
I-PAc: CB. II. 547583, partitura. Dovrebbe trattarsi della melodia *Tutto il mondo serra* pubblicata a Vienna e a Monaco presso Doblinger nel 1973.

BOT. 166

Ci divide l'Ocean!

romanza in chiave di Sol per soprano e pianoforte, parole di G. Savon.
Cfr. BOT. 229.

Fonti
I-Mc: A. 55. 14. 11, Milano, F. Lucca, n. 37080 del 1883, pagg. 4 in 4°. In Sol bemolle. I-Mc: A. 55. 14. 3, Milano, ne «Il bel canto», 1900, dedicata a Roberto Stagno. I-Mc: A. 55. 23. 44, Milano, F. Lucca, 37079, 4 pagine. I-Rc: F. Lucca e *Il bel canto*.

BOT. 167

Dov'è questa Napoli?

melodia per canto e pianoforte.

Fonti
I-PAc.

BOT. 168

È il pianto del mio cor

melodia per canto e pianoforte.

Fonti
I-PAc: CC. III. 6. 43059, Album vocale per voce e pianoforte, melodia n. 6. I-Rc: idem, Torino, Blanchi.

BOT. 169

Guardami ancor

melodia per canto e pianoforte.

Fonti
I-PAc.

BOT. 170

Honneur à toi, Venise

Hymne pour voix de baryton avec choeur et Piano. Poésie de Placide Couly.

Fonti
I-LI: Paris, Richault, pagg. 9 in 4°.

BOT. 171

Il bacio di un angiolo

melodia per canto e pianoforte.

Fonti
I-PAc: CC. III. 6. 43056, Album vocale con 6 melodie per voce e pianoforte. Partitura. Melodia n. 3. I-Rc: idem, Torino, Blanchi.

BOT. 172

Il bacio più dolce

melodia per canto e pianoforte.

Fonti
I-PAc: CC. III. 6. 43058, Album vocale con 6 melodie per voce e pianoforte. Partitura. Melodia n. 5. F-Pn: manoscritto autografo 4414, parole di Achille Torelli, 2 pagine di canto e pianoforte. «Napoli, 26 marzo 1882». I-Rc: Album vocale con 6 melodie, Torino, Blanchi.

BOT. 173

Il Contrabbandiere

canzone per baritono e pianoforte, parole di Monari Rocca.
Su pei gioghi o per la valle, quando più s'abbuia il ciel, me ne vo per torto calle fischi il vento o duri il gel.

Fonti
I-MAR: manoscritto autografo. Lbl: H. 1785. (53), Il Contrabbandiere. The Smuggler. Canzone. Parole di M. Rocca. English words by C. Searle. London 1879. I-Mc: A. 55. 23. 43, Milano, Ricordi, n. 46186 del 1879, pagg. 7 in 4°. I-Rc: idem.

BOT. 174

Il Fantasma

Scena drammatica su parole di Parzanese. *Corri, corri.*

Fonti
Lbl: H. 1781. a. (35), Il Fantasma, Scène drammatique, paroles de Parzanese. Paris 1879. F-Pn: Vm. 7. 35168, idem. I-Rc: Napoli, Girard.

BOT. 175

Il marinaio

arietta per soprano o tenore in chiave di violino con accompagnamento di pianoforte, dedicata a Giuseppe Sormani-Andreani. Allegretto 6/8 in La minore.
Voga voga voga il vento tace, pura è l'onda il ciel sereno, solo un alito di pace par che allegri e cielo e mar.

Fonti
I-Mc: A. 55. 23. 36, Milano, Gio. Ricordi-Firenze, Gio. Ricordi e C. - n. 11422. *Tre ariette per soprano o tenore*, n. 3. A-Wgm: Edizione Ricordi.

BOT. 176

Il Passato

Duettino per canto e pianoforte, parole di Marcello. *Dimmi, ricordi tu com'io ricordo ognor i bei di gioventù giorni d'amor?...*

Fonti
I-MAR: manoscritto autografo. I-Mc: A. 55. 23. 37, Milano, Gio. Canti, n. 9906, «Notti d'Oriente» n. 6, per mezzosoprano e tenore.

BOT. 177

Inaugurazione del monumento a Cavour

Inno su parole di Desiderato Chiaves, eseguito per la prima volta a Torino il 9 novembre 1873. *Allegro moderato*: «Il sacro voto a sciogliere...»; *Un poco più sostenuto*: «Dica quel marmo ai secoli...». Premiato al Concorso della Società dei Concerti Popolari di Torino.

Fonti
I-Fn: Mus. 580. 19, riduzione per pianoforte di G. Tanara. Torino, Giudici e Strada 11552 del 1874, pagg. 9. I-ROS: idem. I-Mc: B. VII. d. 123, A. Carniti, *In memoria di G.B.*, Crema 1921, pag. 47: «Nel 1873 inaugurandosi a Torino il monumento a Camillo Cavour, venne indetto un concorso nazionale per un inno su parole di Desiderato Chiaves, che fu vinto da Giovanni Bottesni. Nella serata di gala del 9 novembre venne grandiosamente eseguito. La *Gazzetta Piemontese* lo giudicò di grande effetto; la *Gazzetta del Popolo* lo disse di fattura stupenda e di sapore classico; le persone intelligenti ne parlarono con ammirazione. In realtà però, come avviene di simili lavori, riportò un gran successo di circostanza, ma l'inno non venne più ripetuto». I-Rc: Torino, Giudici e Strada.

Poesia

Allegro moderato

Il sacro voto a sciogliere,
D'un lagrimato giorno
Itala gente accogliti,
A questo grande intorno.

Stirpe di Micca un cantico,
Dai petti tuoi si levi
Quale intuonar solevi
Delle vittorie ai dì.

Di plauso inconsapevole
Non è clamor fugace
A vera gloria un popolo,
Tributa onor verace,

Or da te i lauri agli Itali
Questi una patria ha resa
Questi che all'alta impresa
Divo campione uscì.

Qui dove nacque e al fascino
Dell'Immortal concetto
Aperse i fati a compiere
L'altissimo intelletto

Dove nel dì funereo
Popolo e Re sovr'esso
Pianser d'un pianto istesso
Che nulla consolò.

Un poco più sostenuto

Dica quel marmo ai secoli
In qual conflitto ei vinse
Come d'Ausonia il fascio
Mercè di lui si strinse
Che per lui fu se all'alito
Di libertà divina
Or l'aquila latina
Sul Tebro il vol posò.

BOT. 178

Il camposanto o *La nostra canzone*

romanza per soprano con accompagnamento di pianoforte su parole di Lorenzo Stecchetti. *Quando cadran le foglie e tu verrai a cercar la mia croce in camposanto, in un cantuccio la ritroverai e molti fiori le saran nati accanto.*
Cfr. BOT. 213.

Fonti
I-MAR: manoscritto autografo, *La nostra canzone*. I-Mc: A. 55. 23. 30, Milano, Ricordi, n. 46327 del 1879 di pagg. 3, per mezzosoprano con pianoforte. *La nostra canzone*. I-VIb: idem. I-Mc: B. VII. d. 123, A. Carniti, *In memoria di G.B.*, Crema 1921, pag. 45: *In camposanto*, Editore Pizzi, Bologna 1921.

BOT. 179

Io vi raggiungo alfin

melodia per canto e pianoforte.

Fonti
I-PAc.

BOT. 180

Je ne suis pas q'une pauvre enfant

melodia per canto e pianoforte.

Fonti
I-PAc.

BOT. 181

Je t'aime

per canto e pianoforte.

Fonti
I-MAR: manoscritto autografo. I-BRc (Premoli): *Mélodie pour soprano ou mezzo-soprano ou ténor*, con pianoforte. Milano, Ricordi, n. 46113, pagg. 4. I-Rc: Cfr. *Trovatore*, anno XXV.

BOT. 182

L'abbandonata

per canto e pianoforte.

Fonti
I-BA: *Ricordanze di Napoli*, n. 5 dell'Album n. 1. Napoli, Tito Ricordi e F.lli Clausetti, n. 4677. I-PAc: AB. III. 2, idem.

BOT. 183

L'addio d'una viggianese

per canto e pianoforte.

Fonti
I-BA: *Ricordanze di Napoli*, n. 1 dall'Album n. 2. Napoli, Tito di Gi. Ricordi e F.lli Clausetti, n. 4688. I-PAc: AB. III. 2, idem.

BOT. 184

La campana del mio villaggio

melodia per canto e pianoforte, parole di P.P. Parzanese. *Suona o campana*.

Fonti
I-LI: Paris, Hartmann, pagg. 2 in 4°. Anche in Edizione francese *La cloche du village*, parole di J.P. Boubée, Paris, Hartmann, pagg. 5 in 4°. Lbl: H. 2827. (8), *La campana del mio villaggio*. Song, begins: *Suona o campana*. See CANTORI. I Cantori Italiani. No. 20, 1869. Lbl: H. 1774. a. (9), *La Cloche du Village*. Mélodie. Parole di J.P. Boubée. Paris 1869. F-Pn: Vm. 7. 35164, idem. Manoscritto autografo 4419. a. b. c., 2 pagine. Altri 2 fogli intitolati *La cloche de mon village*, parole francesi di P.H. Boubée.

BOT. 185

La canzone festiva del pastore

arietta per soprano o tenore in chiave di violino con accompagnamento di pianoforte, dedicata a Giuseppe Sormani-Andreani. Andantino 3/4. *Questo è il giorno del Signore*.

Fonti
I-Mc: A. 55. 23. 36, Milano, Gio. Ricordi-Firenze, Gio. Ricordi e C. - n. 11422. *Tre ariette per soprano o tenore*, n. 1. A-Wgm: Edizione Ricordi.

BOT. 186

La fidanzata del demonio

leggenda tedesca per canto e due voci con pianoforte, su parole di Marcello. *Io lo vidi, avea lo sguardo come lampo corruscante, la sua voce acuto dardo mi feriva il cor tremante*.

Fonti
I-MAR: manoscritto autografo per canto e pianoforte. I-Mc: A. 55. 23. 37, Milano, Gio. Canti, «Notti d'Oriente», rimembranza n. 4.

BOT. 187

L'alba che sorge

melodia per canto e pianoforte.

Fonti
I-PAc: partitura.

BOT. 188

La Martyre chrétienne

scène pour le chant avec Piano, poésie de G. Zàffira. *Era nell'ora, che l'estremo raggio, Langue de' vespri. E sull'interminato Arco de' cieli orrida notte il fitto suo vel tendea*.

Fonti
I-LI: Coll. 78. 08 Busta 12 n. 56-Inv. 54063, Paris, Hartmann, pagg. 11 in 4°. F-Pn: manoscritto autografo 4416, *La Martire Cristiana* per canto e pianoforte.

BOT. 189

L'amour

melodia per canto e pianoforte.

Fonti
I-PAc: CC. III. 6. 43054, Album vocale con 6 melodie, Partitura. Melodia n. 1. I-Rc: idem, Torino, Blanchi.

BOT. 190

La ninna nanna

per canto e pianoforte.

Fonti
I-BA: *Ricordanze di Napoli*, n. 1 dell'Album n. 1. Napoli, Tito di Gio. Ricordi e F.lli Clausetti, n. 4677. I-PAc: AB. III. 2, idem.

BOT. 191

La Pesca

arietta per soprano o tenore in chiave di violino con accompagnamento di pianoforte, dedicata a Giuseppe Sormani-Andrani. Andantino 6/8 in La maggiore. *Già la notte s'avvicina vieni o Nice amato ben della placida marina le fresch'aure spirar vien*.

Fonti
I-Mc: A. 55. 23. 36, Milano, Gio. Ricordi-Firenze, Gio. Ricordi e C. - n. 11422. *Tre ariette per soprano o tenore*, n. 2 A-Wgm: Edizione Ricordi.

BOT. 192

La piccola mendica

per canto e pianoforte.

Fonti
I-BA: *Ricordanze di Napoli*, n. 3 dell'Album n. 2. Napoli, Tito di Gio. Ricordi e F.lli Clausetti, n. 4688. I-PAc: AB. III. 2, idem.

BOT. 193

La plus fidèle

Duo pour ténor et soprano, paroles de Mr. Placide Couly.

Fonti
F-Pn: Vm. 7. 35169, Paris, Richault, n. 15320, 21 pagine, anno 1868.

BOT. 194

La Rimembranza

Fonti
I-BA: *Ricordanze di Napoli*, n. 2 dell'Album n. 2. Napoli, Tito di Gio. Ricordi e F.lli Clausetti, n. 4688. I-PAc: AB. III. 2, idem.

BOT. 195

La Spagnoletta

per canto e pianoforte.

Fonti
I-BA: *Ricordanze di Napoli*, n. 6 dell'Album n. 1. Napoli, Tito di Gio. Ricordi e F.lli Clausetti, n. 4677. I-PAc: AB. III. 2, idem.

BOT. 196

La venditrice di fiori

per canto e pianoforte.

Fonti
I-BA: *Ricordanze di Napoli*, n. 3 dell'Album n. 1. Napoli, Tito di Gio. Ricordi e F.lli Clausetti, n. 4677. I-PAc: AB. III. 2, idem.

BOT. 197

La villanella

stornello per canto e pianoforte, parole di G. de Vio.

Fonti
I-BA: *Ricordanze di Napoli*, n. 4 dell'Album n. 1. Napoli, Tito di Gio. Ricordi e F.lli Clausetti, n. 4677. I-BGc: Milano, Tito Ricordi, 1869, pagg. 3. I-PAc: AB. III. 2, idem.

BOT. 198

La vo cercando

per canto e pianoforte.

Fonti
I-BA: *Ricordanze di Napoli*, n. 4 dell'Album n. 2. Napoli, Tito di Gio. Ricordi e F.lli Clausetti, n. 4688. I-PAc. I-PAc: AB. III. 2, idem.

BOT. 199

Le Desespoir

Scène lyrique, paroles de Placide Couly.

Fonti
F-Pn: Vm. 7. 35167, Paris, Richault n. 15320, 8 pagine del 1868.

BOT. 200

Le Chagrin de Jeanne o
Il lamento della Ghisa

canzonetta per canto e piano, parole francesi di D. Tagliafico. Dedicata à Madame Monbelli.
E perchè mi diceva sposarti bramo, e giurava il traditore.

Fonti
I-LI: Coll. 78. 08 Busta 12 n. 55-Inv. 54062, Paris, Heugel et C., pagg. 4 in 4°. Lbl: H. 1774. a. (10), Il Lamento della Ghisa. Le Chagrin de Jeanne. Canzonetta, begins: Et pourquoi disait-il. Traduction française de D. Tagliafico. Paris 1870. F-Pn: Vm. 7. 35165, idem.

BOT. 201

Le Vallon

meditazione poetica di Lamartine in chiave di Sol, per canto e pianoforte.

Fonti
I-PAc: CC. III. 6. 43057, Album vocale con 6 melodie per voce e pianoforte. Partitura. Melodia n. 4. I-PAc: CB. II. 1, partitura autografa.

BOT. 202

Love's armour

per canto e pianoforte.

Fonti
I-PAc: altra versione di *The Knight am I*.

BOT. 203

Lucifero

canto infernale per baritono e pianoforte, parole di Marcello.
Fatto dal Dio superno d'un infinitamente, tentai dal trono eterno sbalzar l'Onnipossente.

Fonti
I-MAR: Manoscritto autografo. I-Mc: A. 55. 23. 37, Milano, Gio. Canti n. 9907, «Notti d'Oriente», rimembranza n. 7.

BOT. 204

Magari

per canto e pianoforte.

Fonti
I-BA: *Ricordanze di Napoli*, n. 5 dell'Album n. 2. Napoli, Tito di Gio. Ricordi e F.lli Clausetti, n. 4688. I-PAc: AB. III. 2, idem.

BOT. 205

Melodia per canto e pianoforte

dedicata «Alla Signora Tizzoni. Ricordo d'un suonatore di contrabbasso».
Giovinetto innamorato Che ti pasci di sospir Dal tuo bene abbandonato Mondo e gloria vuoi fuggir.

Fonti
I-LI: Coll. 78. 08 Busta 23 n. 76-Inv. 56608, manoscritto autografo del 1° marzo 1844, pagg. 12.

BOT. 206

Mezzanotte

per canto e pianoforte, poesia di L. Carrer.
Poco l'ora ormai lontana, palpitando il cor l'aspetta, già rimbomba la campana e tu dormi o mia diletta.

Fonti
I-MAR: manoscritto autografo. I-Mc: A. 55. 23. 38, Milano, Gio. Canti, n. 7252. Album Musicale del «Trovatore» contenente 12 pezzi per canto e pianoforte di reputati e celebri autori, n. 2. I-PAc. I-Rc: edizione Canti.

BOT. 207

Ne quittons pas notre forêt

melodia per canto e pianoforte.
Je chéris ce séjour tranquille, J'y goûte les plus doux plaisirs.

Fonti
I-MAR: manoscritto autografo. I-Mc: A. 55. 3. 5, «Il Trovatore» album musicale, Milano, 1871, per mezzosoprano e pianoforte; tenore e pianoforte; baritono e pianoforte. I-PAc: idem. I-Rc: idem.

BOT. 208

O Lida

per canto e pianoforte.

Fonti
I-MAR: manoscritto autografo. Potrebbe trattarsi della romanza *Sempre nell'estasi* pubblicata a Milano da Francesco Lucca col numero d'edizione 4969.

BOT. 209

Only the stars?

melodia per canto e pianoforte.

Fonti
I-PAc.

BOT. 210

O vergin mia tenero fior

melodia per voce e pianoforte.

Fonti
I-PAc.

BOT. 211

Povera mamma!

melodia per canto e pianoforte.
Un giorno mi destai tremante E la mia mamma stava in agonia M'hanno vestito su tacitamente E m'han portato dalla mamma mia.

Fonti
I-MAR: manoscritto autografo. I-Mc: A. 55. 23. 41, Milano, Ricordi n. 47473 del 1881, pagg. 8 in 4°. Melodia per mezzosoprano o baritono con pianoforte. I-BGi: idem. I-PAc: idem. I-Rc: idem.

BOT. 212

Prezzo del fratello e dell'amante

per due soprani e pianoforte. Firenze 10 maggio 1861.

Fonti
The New Grove Dictionary: Miscellaneous.

BOT. 213

Quando cadran le foglie

romanza per canto e pianoforte. Corrisponde a *La nostra canzone* BOT. 178.

Fonti
I-PAc: 41204, partitura autografa di 3 pagine.

BOT. 214

Salve Maria

preghiera in chiave di Sol per voce e pianoforte.

Fonti
I-PAc: SL. (b) 664, schizzo per canto e pianoforte, 1 fascicolo di pagg. 4. Partitura autografa.

BOT. 215

Sempre nell'estasi

romanza per voce e pianoforte dedicata «Ad Elisa Sonta».
Sempre nell'estasi d'amor gradita Chiamarmi o Lida suoli mia vita Come un sospir la vita vola Cangia fanciulla la tua parola.

Fonti
I-Mc: A. 55. 23. 39, Milano, F. Lucca, n. 4969. Partitura di 5 pagine.

BOT. 216

Serenata

per canto e pianoforte.

Fonti
I-BA: *Ricordanze di Napoli*, n. 6 dell'Album n. 2. Napoli, Tito di Gio. Ricordi e F.lli Clausetti, n. 4688. I-PAc: AB. III. 2, idem.

BOT. 217

Si j'étais roi

romanza su parole di V. Hugo.

Fonti
Lbl: H. 1797. d. (21), Si j'étais roi, Romance, paroles de V. Hugo. C. Ducci & Co., London 1891. I-PAc: AB. III. 2, autografo per canto e pianoforte, 1 foglio.

BOT. 218

Sognai

melodia per canto e pianoforte, parole di Marcello.
Tu vuoi saper perchè son mesta tanto, perchè negli occhi miei leggi il dolor.

Fonti
I-MAR: manoscritto autografo. I-Mc: A. 55. 23. 37, Milano, Gio. Canti, n. 9902, «Notti d'Oriente» album vocale con accompagnamento di pianoforte, rimembranza n. 2 per mezzosoprano. Nella lettera a Ricordi del 20 giugno 1876 Bottesini afferma che la poesia è di Raffaele Sallustri.

BOT. 219

Something tells me so

Song, words by C. Bingham, 1888.

Fonti
Lbl: H. 1788. d. (3), Chappell & Co., London 1888. I-PAc: idem, partitura, numero d'edizione 18592.

BOT. 220

Splendon invan per me

schizzo di recitativo e romanza per tenore con accompagnamento di pianoforte.

Fonti
I-PAc: partitura autografa di 2 pagine.

BOT. 221

The Knight am I

melodia per canto in chiave di Sol con accompagnamento di pianoforte.

Fonti
I-PAc: manoscritto autografo senza frontespizio, di pagg. 2.

BOT. 222

Torna mio bello

romanzetta per canto e pianoforte, parole di Eva Cattermole Mancini.
La campana d'un vecchio monasterio fè nel silenzio risuonare un botto.

Fonti
I-MAR: manoscritto autografo. I-Mc: A. 55. 23. 37, Milano, Gio. Canti, n. 9903, «Notti d'Oriente» album vocale con accompagnamento di pianoforte, rimembranza n. 5 per mezzosoprano.

BOT. 223

Tutto il mondo serra

melodia per soprano, contrabbasso e pianoforte.

Fonti
Lbl: G. 383. II. (5), Aria, *Tutto il mondo serra*, per canto e contrabbasso obligato e pianoforte by G. Bottesini. In fact an arrangement of Chopin's Etude op. 25. No. 7. Arr. R. Malarić. Manuskript-Vervielfältigung. Score and parts, 3 pt. Verlag Doblinger, Wien, München, 1973. S-Skma: SPE, n. ediz. D. 11. 993, idem. Acquisizione del 1976/656. US-REAS: M 1621. 3 B 751 T 96, idem.

BOT. 224

Tutto per me sei tu

romanza per canto e pianoforte, parole di Madonnina Malaspina.
Chiesi ai pianeti un raggio, ad una bella il cor.

Fonti
I-MAR: manoscritto autografo. I-Mc: A. 55. 23. 37, Milano, Gio. Canti n. 9903, «Notti d'Oriente» album vocale con accompagnamento di pianoforte, rimembranza n. 3 per tenore.

BOT. 225

Una foglia

per canto e pianoforte.

Fonti
I-Rc.

BOT. 226

Una preghiera

melodia per canto e pianoforte.

Fonti
I-PAc: CC. III. 6. 43055, album vocale con 6 melodie per voce e pianoforte. Partitura. I-Rc: idem, Torino, Blanchi.

BOT. 227

Un bacio

melodia per baritono con pianoforte dedicata alla Signora Emilia Gloag.
Salutava il bell'astro d'occidente La stirpe infelicissima d'Adamo Cantava un augellin...

Fonti
I-MAR: manoscritto autografo. I-BGi: Milano, Ricordi, n. 47473 del 1881, pagg. 6 in 4°. I-Mc: A. 55. 23. 42, idem. I-PAc: Edizione Ricordi. I-Rc: idem.

BOT. 228

Un bacio solo

melodia in chiave di Sol con accompagnamento di pianoforte.

Fonti
I-PAC: partitura autografa di 3 pagine.

BOT. 229

Vien la sera

melodia in chiave di Sol con accompagnamento di pianoforte. Corrisponde a *Ci divide l'Ocean* BOT. 166.

Fonti
I-PAc: CB.88.I, partitura autografa di 4 pagine.

Metodi

BOT. 230

Metodo per Contrabbasso

Fonti
I-MAR: manoscritto autografo. I-BGi: Metodo di Contrabbasso diviso in due parti, Iª e IIª. Milano, Tito di G. Ricordi, n. 41708-09, pagg. 140. I-Mc: idem, in A. 30. 18. 5; in B. 25. h. 175/15. 16; in A. 30. 19. 4; in A. 30. 18. 5. I-Fc: idem. I-MIS: idem. I-Mc: revisione e adattamento per strumento a 4 corde di Italo Caimmi. Milano, 1958, Ricordi, n. E.R. 2479. Vol. in 4° di pagg. 113. Lbl: Arias. See infra: Grande méthode complète de contrebasse. Part. II. Etudes melodiques. No. 2-4. Lbl: h. 1129, Grande méthode complète de contrebasse, Leon Escudier, Paris, 1869. Lbl: h. 1129. b, Tito di G. Ricordi, Milano 1875. Lbl: h. 1129. a, Complete Method for Contre-basse, Double-Basse... The English adaption... by F. Clayton. Henry Lemoine et C., Paris, 1880. Lbl: h. 1845. a. (9), Part. I. Del Contrabasso in orchestra. 24 Exercises for the Double Bass... Arranged and edited by H. Samuel Sterling. pp. 12. Augener, London 1953. Lbl: g. 934. u. Arias. For double bass and piano. Score and part. 2 pt. Yorke Edition, London 1972. Lbl: g. 867. 1 (2), Metodo completo per contrabbasso. Selections. Edited by Rodney Slatford. Part two. London, Yorke Edition, c 1982. Lbl: g. 867. 1. (1), Metodo completo per contrabbasso. Selections. Edited by Rodney Slatford. Part one. London, Yorke Edition, c 1981. US-NYpl: London, Rievrière et Hawkes, 128 pagine. F-Pn: Vmf. 8. 1, Leon Escudier 1869, 2 parti di 128 pagine. I-Rc: Ricordi. Anche revisione per contrabbasso a 4 corde di Caimmi-Ricordi.

BOT. 231

Trantasei Studi per Contrabbasso estratti dalla Prima Parte del Metodo

resi e diteggiati modernamente per contrabbasso a 4 corde da Isaia Billé.

Fonti
I-Fc: Milano, Ricordi, 1932, pagg. 17 in 4°, n. ediz. E.R. 1404. I-Rc: idem.

Miscellanea

BOT. 232

Addio a Bologna

per contrabbasso.

Fonti
Se ne parla in *Teatri Arti e Letteratura* n. 1848, Bologna 4 febbraio 1861, pag. 111.

BOT. 233

Album n. 2

pour les violonistes.

Fonti
F-Pn: Vm. 9. 2278, Paul Decourcelle editeur, 1929.

BOT. 234

Album pour Piano

Fonti
F-Pn: Vm. 12. 6572 (1), Montecarlo e la Riviera, 1919.

BOT. 235

Andantino

frammento per contrabbasso, di due righi musicali. Londra, 9 luglio 1849.

Fonti
I-BGi: Piatti Lochis 9684, autografo firmato.

BOT. 236

Concerto in La minore

per contrabbasso e grand'orchestra.

Fonti
I-LUS: partitura e parti manoscritte. Revisione di Luigi Salvi.

BOT. 237

Desideri

Valse su parole di Marcello.

Fonti
Cfr. lettera di Bottesini a Ricordi del 20 giugno 1876 del Cairo.

BOT. 238

Di Nizza la vecchia bandiera

Marcia per Coro, tromba obbligata e pianoforte.

Fonti
I-Pac: Ψ-1-13/40776, manoscritto autografo.

BOT. 239

Farewell, ye verdant Hills...

Choruses for Treble Voices.

Fonti
Lbl: F. 1534, Words by Mrs. A. Roberts. See Hutchings and Romer. Hutchings & Romer's... Choruses for Treble Voices, etc. No. 189 del 1893.

BOT. 240

Festa delli Zingari (The Bohemian Feast)

per contrabbasso e violino, opera composta unitamente a Luigi Arditi ed eseguita a New York nel 1847 e nel 1848.

Fonti
Ne parla Vera Brodsky Lawrence in *Strong on Music*, Oxford University Press 1988, pagg. 442 e 540.

BOT. 241

Gran Duo dedicated to the American People

composto unitamente a Luigi Arditi ed eseguito a New York nel 1848.

Fonti
Ne parla Vera Brodsky Lawrence, in *Strong on Music*, Oxford University Press 1988, pag. 540.

BOT. 242

Hymne National

paroles de C. Fanucchi.

Fonti
F-Pn: Vm. 7. 39171 - Cons. A. 3184, Paris, Bauve, 7 apgine, 1857.

BOT. 243

Il Dolore

melodia per baritono.

Fonti
Cfr. lettera di Bottesini a Ricordi del 20 giugno 1876 del Cairo.

BOT. 244

Il primo affetto

Canzoncina su parole di Marcello.

Fonti
Cfr. Lettera di Bottesini a Ricordi del 20 giugno 1876.

BOT. 245

Inno patriottico spagnolo

parole di Don Josè Villarino, musica di Bottesini e Arditi, eseguito a New York il 17 giugno 1847.

Fonti
Ne parla l'*Herald* del 19 giugno 1847.

BOT. 246

L'Accattone

Leggenda per voce e pianoforte su parole di Marcello.

Fonti
Cfr. lettera di Bottesini a Ricordi del 20 giugno 1876 dal Cairo.

BOT. 247

Les Classiques de la Contrebasse

«Collection d'oeuvres originales et de transcriptiones».

Fonti
I-Rc.

BOT. 248

Messa da vivo

composta al Cairo nel 1876.

Fonti
Cfr. lettera del 26 giugno 1876 dal Cairo a Giulio Ricordi: «Una Messa da vivo di cui incominciai le prove al Teatro del Cairo, ma che per impreviste e solite circostanze non si è eseguita...la Messa è tutta all'ordine colle rispettive parti copiate da me e da mio fratello».

BOT. 249

O Notte

elegia su paroile di Prati.

Fonti
Cfr. lettera di Bottesini a Ricordi del 20 giugno 1876 dal Cairo.

BOT. 250

Repertoire des concerts de Monte-Carlo

Fonti
F-Pn: Vm. 12. 11203, anno 1901.

BOT. 251

Rêverie

trascrizione per pianoforte.

Fonti
F-Pn: Vm. 12. 3857, Nice, Paul Decourcelle 166, anno 1891.

BOT. 252

Rêverie

trascrizione per pianoforte.

Fonti
F-Pn: Vm. 12. 11203, trascrizione di Gandolfo, Nice 1901.

BOT. 253

Rondò nella Favorita

«Oh mio Fernando» per Soprano con accompagnamento di pianoforte.

Fonti
US-Bp: in Special Libraries Floor, Boston Reed & Co., 10 pagine del 1855.

BOT. 254

Seduzione

Romanza su parole di Marcello.

Fonti
Cfr. Lettera di Bottesini a Ricordi del 20 giugno 1876 dal Cairo.

BOT. 255

Serenata ed allegro op. 43 di Mendelssohn

adattamento con accompagnamento d'archi di G. Bottesini, Parma 1889.

Fonti
Ne parla E. Fazio a pag. 619 del suo saggio intitolato «Bottesini i salotti privati e le società cameristiche e orchestrali italiane nel secondo '800», nRMI 1985 n. 4

BOT. 256

Sinfonia cameristica

per pianoforte a 4 mani.

Fonti
I-Rc: riduzione di G. Fasfò, Torino, Blanchi.

BOT. 257

Tout n'est pas rose

Duo buffe pour Mezzosoprano e Basso o Baritono. Parole francesi di Tagliafico.

Fonti
Cfr. lettera di Bottesini a Ricordi del 20 giugno 1876 dal Cairo.

Per la stesura del presente Catalogo devo ringraziare la dott.ssa Mariangela Donà dell'Ufficio Ricerca Fondi Musicali di Milano; la dott.ssa Agostina Zecca Laterza e il M° Renato Meucci del Conservatorio di Musica di Milano; il M° Giampiero Tintori, Anna Corbella e Lorenzo Siliotto del Museo Teatrale alla Scala di Milano; il M° Valeriano Sacchiero di Bergamo; Pater Lukas Helg del Kloster di Einsiedeln; il M° Giorgio Piombini del Civico Museo Bibliografico Musicale di Bologna; il prof. François Lesure Conservateur en Chef du Département de la Musique de la Bibliothèque National de Paris; il M° Paolo Marenzi Bibliotecario dell'Istituto Musicale Pareggiato «Orazio Vecchi» di Modena; il M° Denis Verroust musicologo di Vincennes (Paris); Luisa Longhi delle Serate Musicali di Milano; Luciana Pestalozza, Carlo Clausetti e il M° Fausto Broussard di Casa Ricordi; il dott. Duccio Filippi direttore della Biblioteca Labronica «F.D. Guerrazzi» di Livorno; il dott. Salvatore Oppo presidente della Biblioteca «D. Manara» di Borgo Val di Taro; il musicologo inglese Cav. John Stewart Allitt di Kenilworth Warwickshire; la dott.ssa Anna Lenzuni direttore della Biblioteca Nazionale Centrale di Firenze; il dott. Ernesto Milano direttore della Biblioteca Estense di Modena; Claudie Cabon della Biblioteca Nazionale di Parigi; la dott.ssa Emanuela Accornero direttore della Biblioteca Civica di Cividale del Friuli; la dott.ssa Anna Lena Holm della Musikaliska Akademiens Bibliotek di Stoccolma; Nicholas Chadwick Assistant Music Librarian della The British Library di Londra; il Direttore della Biblioteca «Angelo Maj» di Bergamo; il M° Ulrich Drüner di Stoccarda; Vinicio Gai del Conservatorio Statale di Musica «L. Cherubini» di Firenze; il Sacerdote Don Antonio Piloni parroco della Cattedrale di Crema; Consolación Morales Directora de la Biblioteca de Palacio de Madrid; M° Tealdo della RAI di Roma; il dott. Roberto Martinelli responsabile del Museo Civico di Crema; il dott. Scot McKendrick Research Assistant della The British Library di Londra; il prof. Gustavo Marchesi di Parma; Mr. Ian Caddy di Londra; C. Wallbaum della Casa d'Antiquariato H. Baron di Londra; il dott. Otto Biba Archivdirektor Gesellschaft der Musikfreunde in Wien; il M° Marcello Pavarani direttore della Biblioteca del Conservatorio di Musica di Parma; Marie-France Maury Bibliothécaire du Conservatoire National de Region de la Ville de Toulouse; Melle Evelyne Pellegrino Bibliothécaire du Conservatoire «Darius Milhaud» d'Aix-en-Provence; J.R. Meunier Directeur du Conservatoire National De Région de la Ville de Rouen; Mrs. Nazlin Bhimani Deputy Librarian della Royal Academy of Music di Londra; Martine Kahane Conservateur de la Bibliothèque et Musée de l'Opéra de Paris; il Direttore della Music Division della Public Library di New York; il dott. Goffredo Dotti direttore e la dott.ssa Emilia Bricchi Piccioni il sostituto della Biblioteca Statale di Cremona; il dott. Wolfgang Reich Abteilungsdirektor e Marina Lang Fachreferentin della Sächsische Landesbibliothek di Dresda; Miquelina Marques della Biblioteca da Ajuda di Lisbona; A. Ziurli della Bibliothek des Konservatoriums für Musik in Bern; il Direttore della Biblioteca del Conservatorio Nazionale de Région de Musique de danse et d'Art Dramatique de Nancy; il dott. Umberto D'Arpa della Biblioteca del Conservatorio di Musica «Vincenzo Bellini» di Palermo; il prof. Alfred Mann e la dott.ssa Mary Frandsen dell'Eastman School of Music University of Rochester; il M° Stefano Cucci di Novafeltria; il M° Maurizio Preda e Rosalba Montrucchioo di Sesto San Giovanni; il prof. Pierluigi Petrobelli direttore dell'Istituto Studi Verdiani di Parma; il direttore dell'Archivio Notarile di Parma; il prof. Umberto Scarpetta dell'Università Cattolica di Milano; l'avvocato Franco Petrelli direttore generale del Corriere della Sera; Mons. Virgilio Noè Arcivescovo titolare di Voncaria e Mgr. Paolo De Nicolò Segretario della Biblioteca Apostolica Vaticana; la dott.ssa Arianna Scolari Jesurum direttore della Biblioteca dell'Istituto Nazionale di Archeologia e Storia dell'Arte di Roma; il Direttore della Biblioteca Comunale di Correggio; il Direttore della Biblioteca Popolare «L. Ricca» di Codogno; la prof.ssa Irma Ravinale direttore del Conservatorio di Musica di Napoli; il Prof. Ubaldo Mirabelli Soprintendente dell'Ente Autonomo del Teatro Massimo di Palermo; Madeleine Mallein bibliothecaire du Conservatoire Nationl de Region de la Ville de Dijon; Maria Bottesini figlia di Carlo figlio di Cesare fratello di Giovanni, abitante a Crema ed ultima discendente dei Bottesini; Don Luigi Cavalletti parroco della Parrocchia di S. Benedetto in Crema; i Dott.i Alberto e Gabriella Carrara Verdi di Busseto; Don Giacomo Carniti curato della Cattedrale di Crema; Charlotte A. Kolczynski Reference Librarian I Music Department della Boston Public Library nel Massachusetts; la Bibliotecaria del Conservatorio di Musica di Strasburgo; il Dott. Israel Echevarrìa della Seccìon de Fondos Raros della Biblioteca Nacional Josè Marti dell'Habana in Cuba; il Signor Pietro Pezzi di Pietracuta nelle Marche; il parroco della Parrocchia di S. Tommaso in Parma; Don Sergio Aldigeri parroco di S. Uldarico in Parma; il Direttore dell'Archivio Capitolino in Roma; la dott.ssa Maria Luisa Corsi direttore dell'Archivio di Stato di Cremona; Marzio Dall'Acqua direttore dell'Archivio di Stato di Parma; il prof. Guido Leone di Palermo; il prof. Gaspare Nello Vetro di Parma; il M° Luigi Salvi di Milano; il M° Cristiano Rossi di Firenze; il direttore dell'Archivio Storico Comunale di Parma; Don Giuseppe Facchi parroco della SS. Trinità di Crema; il direttore dell'Archivio Notarile di Parma; Santo Palermo; Lina Re dell'Istituto di Studi Verdiani di Parma; Catherine Massip del Département de la Musique della Bibliothèque Nationale de Paris; Anna Maria Trevisonno della Biblioteca del Conservatorio «Cherubini» di Firenze; il dott. Leonardo Selvaggi direttore della Biblioteca Nazionale Universitaria di Torino; il Dott. Giancarlo Giglioli di Novafeltria (PS).

97. *Il frontespizio di una composizione di G. Bottesini.*

Bibliografia

Atti dell'Accademia del R. Istituto Musicale di Firenze, 1863.

LÉON ESCUDIER, *Mes Souvenirs: Les virtuoses*, Paris, E. Dentu, 1868.

EDUARD HANSLICK, *Geschichte des Concertwesens in Wien*, Wien 1869-70; derselbe in: *Aus dem Concertsaal 1848-1868*, Frankfurt 1872.

ERNEST REYER, *Notes de Musiques: Voyage au Caire*, Paris, Charpentier et Cie, Libraires-Editeurs, 1875, pagg. 185-202.

F. D'ARCAIS, *La Musica italiana all'Esposizione di Parigi*, in "Nuova Antologia", 15 settembre 1878.

HECTOR BERLIOZ, *Oeuvres complètes: les Soirées de l'Orchestre*, pag. 311; *Correspondance*, tome 4, pagg. 127 n, 174, 323n, 324 et 5.

F. FLORIMO, *La Scuola Musicale di Napoli ed i suoi Conservatori*, 4 voll., Napoli 1881.

CESARE LISEI, *Giovanni Bottesini*, in "Gazzetta Musicale di Milano", 1886 N. 16 (biografia).

REV. H.R. HAWEIS, *My Musical Life*, London, W.H. Allen & CO., 1888.

Bottesini a Napoli, in "Miscellanea di cose cremasche", Crema, Biblioteca Civica.

SEARAFÍN RAMIREZ, *La Habana Artística*, 1891 (appunti storici).

LUIGI ARDITI, *My Reminiscences*, London 1896, XXV, 352 pagine.

ALFREDO COLOMBANI, *L'opera italiana nel secolo XIX*, Milano 1900.

MARIE SASS, *Souvenirs d'une artiste*, Parigi 1902.

T. COSTANTINI, *Sei lettere inedite di G. Verdi a G. Bottesini*, Trieste 1908.

F. WARNECKE, *Der Contrabass*, Amburgo 1910.

G. CESARI, A. LUZIO, *I Copialettere di G. Verdi*, Milano 1913.

GIUSEPPE DEPANIS, *I Concerti popolari ed il Teatro Regio di Torino*, Torino 1915.

F. VATIELLI, *50 anni di vita musicale a Bologna*, Bologna 1921.

ANTONIO CARNITI, *In memoria di G.B.*, Crema 1921.

A. DE ANGELIS, *Il Paganini del Contrabbasso*, Roma 1922.

BRUNO BARILLI, *Delirama*, Roma 1924. *Il sorcio nel violino*, Milano 1926. *Il Paese del Melodramma*, Vallecchi Editore, Firenze 1963.

ALESSANDRO SEVESO, *Bottesini a Como*, Como 1929.

RAFFAELLO DE RENSIS, *Lettere inedite di Arrigo Boito*, Roma 1934.

RAFFAELLO DE RENSIS, *Faccio e Verdi*, Milano 1934.

ALESSANDRO LUZIO, *Carteggi Verdiani*, Roma 1935; I, 45, 311; II, 273, 330; IV, 195.

M. LIMONCELLI, *Martucci*, Napoli 1939.

PIERO NARDI, *Vita di Arrigo Boito*, Milano 1942.

G. GUERRINI, *F. Busoni*, Firenze 1944.

G.E. SCHIAVO, *Italian-American History 1*, New York 1947.

ROMAN VLAD, *Giovanni Bottesini*, in "L'immagine", Roma 1947 n. 4.

ALDO OBERDORFER, *Autobiografia delle lettere di Giuseppe Verdi*, Rizzoli, Milano 1951.

RAFFAELLO MONTEROSSO, *G.B.* in "Mostra bibliografica dei musicisti cremonesi. Catalogo storico critico", Cremona 1951.

La storia di un flauto dolce, in "La Scala", Milano 1951 n. 22.

Enciclopedia dello Spettacolo, *G.B.* di C.S., 1954.

OTTAVIO TIBY, *Il Real Teatro Carolino e l'Ottocento musicale palermitano*, Firenze, Olschki, 1957.

CLAUDIO SARTORI, *Casa Ricordi 1808-1958*, Milano 1958.

FRANCO ABBIATI, *G. Verdi*, 4 voll., Milano 1959.

G. PANNAIN, *'800 Musicale italiano*, Milano 1952.

M. LIMONCELLI, *La Musica nei salotti napoletani tra l'800 ed il '900*, Napoli 1956.

G. BECHERINI, *La vita musicale fiorentina del XIX secolo e la Scuola Buonamici*, in AA.VV., *I grandi anniversari del '60 e la musica sinfonica e da camera nell'800 in Italia* a cura di A. Damerini e G. Roncaglia, Siena 1960.

PIERO SANTI, *Giovanni Bottesini*, in "Accademia Musicale Chigiana", Siena 1960.

F. DE FILIPPIS-R. ARNESE, *Cronache del Teatro S. Carlo*, Edizione Politica Popolare, Napoli 1961.

A. PIRONTI, *Giovanni Bottesini*, in "Dizionario Biografico degli italiani", 1971.

Genesi dell'Aida, Quaderno n. 4 dell'Istituto di Studi Verdiani, Parma 1971.

G. CARLI BALLOLA, *Civiltà strumentale dell'800 italiano*, in Chigiana, Firenze 1971, voll. XXVI-XXVII, nuova serie nn. 6-7.

RENATO DI BENEDETTO, *Beethoven a Napoli nell'800*, nRMI, 1971 n. 2.

SERGIO MARTINOTTI, *Ottocento Strumentale Italiano*, Forni Editore, Bologna 1972.

G. BARBLAN, *Beethoven in Lombardia nell'800*, nRMI 1972 n. 1.

V. Vitale, *Il Circolo Bonamici*, nRMI 1973 n. 1.

C. Casellato, *Giovanni Bottesini*, in MGG, 1973.

Rodney Slatford, *Works Complete Bottesini*. For double bass and piano. London 1974-1975-1978-1981-1982.

Claudio Casini, *L'800 II*, in "Storia della Musica", Edt, Torino 1976.

Alberto Basso, *Storia del Teatro Regio di Torino, II: Il Teatro della Città*, Torino 1976.

G. Carli Ballola, *Il Primo Ottocento*, "Storia dell'Opera", Utet, Torino, vol. I/1, 1977.

Claudio Sartori, *L'avventura del violino*, Eri 1978.

Giampiero Tintori, *200 anni di Teatro alla Scala, Cronologia, Opere, Balletti, Concerti, 1778-1977*, Gutenberg, Bergamo 1978.

Hans Busch, *Verdi's Aida*, Minneapolis, University of Minnesota Press, 1978.

Sergio Lini, *Giovanni Bottesini musicista cremasco*, Leva Arti Grafiche, Crema 1979, pagg. 48.

Rodney Slatford, *Giovanni Bottesini*, in "The New Grove", Londra 1980.

Giuseppe Verdi - Giulio Ricordi, corrispondenza e immagini 1881/1890, a cura di Franca Cella e Pierluigi Petrobelli, Teatro alla Scala di Milano 1981.

The Catalogue of Printed Music in the British Library to 1980, 7 Boch-Brahe, 1982 K.G. Saur, London, München, New York, Paris.

Enrico Fazio, *La vita di un virtuoso attraverso le cronache dell'Ottocento*, dissertazione inedita, Università di Torino, Facoltà di lettere e filosofia, 1980-81.

G. Long, *Testimonianze storiche sulla Scala*, in AA.VV., "La Scala, vita di un Teatro", Milano 1982.

Quaderno del Seminario Internazionale di contrabbasso, Isola di Mann, 16-26 agosto 1982, London 1982.

A. Planyavsky, *Geschichte des Kontrabasses*, 2. Edition. Tutzing 1984, pagg. 519-531.

Marcello Conati, *Giovanni Bottesini*, in "Dizionario Enciclopedico Universale della Musica e dei Musicisti", "Le Biografie", Utet, Torino, 1985.

Paolo Rigoli, *Dieci lettere di illustri musicisti a Carlo Pedrotti*, Civiltà Veronese, febbraio 1985, N. 1, Anno 1.

Jorge Antonio Gonzáles, *La Composicion Operística en Cuba*, Editorial Letras Cubanas, Habana 1986.

Julian Budden, *Le opere di Verdi*, vol. III, Edt Musica 1988.

Vera Brodsky Lawrence, *Strong on Music: the New York Scene in the days of George Templeton Strong, 1836-1875*, Oxford University Press 1988.

Luigi Inzaghi, *Il Carteggio*, in "Amintore Galli musicista e musicologo", Nuove Edizioni, Milano 1988.

Guido Leone, *L'Opera a Palermo dal 1653 al 1987*, Palermo, Publisicula 1988.

Salvatore Carlin, *Il Contrabbasso*, Edizioni Berben.

E. Fazio, *Bottesini, i salotti privati e le società cameristiche e orchestrali italiane nel secondo '800* nRMI 1985, N. 4.

Edwin T. Tolón y Jorge A. González, *Óperas Cubanas*, Cuba, sec. XX.

La Perseveranza, 22 giugno 1860 (Filippo Filippi riferisce sul Concerto tenuto alla Canobbiana da Bottesini e Sivori).

Blätter fur Musik, n. 24, Wien 21 marzo 1856.

Il Teatro Illustrato, maggio 1882; giugno 1882; 1883 n. 6; agosto 1889.

Revue et Gazette Musicale de Paris, 24 II, 27 VII, 3 VIII 1856. Nel 1856 vi sono 29 articoli che parlano di Bottesini.

La Fama, 21 VII 1853.

The Musical World, 4 VI 1853; 25 VI e 9 VII 1853; 2 VIII 1856.

The Times, London Thursday, October 13, 1887.

Sunday Times, London, Sunday October 16, 1887.

The Morning Advertiser, London, Thursday, October 1887.

The Musical Times, February 1, 1871, no. 336.

The Daily Telegraph, London, Thursday, October 13, 1887.

The Daily Chronicle, Norwich Musical Festival, October 1887.

The Morning Post, October 13, 1887.

Gazzetta Musicale di Napoli, 1862.

Il Trovatore, 15 ottobre 1862; 7 maggio 1863; 23 agosto 1863; 30 agosto 1863.

Gazzetta Musicale di Milano, 3, 10 agosto 1851; 28 marzo 1853; 25 luglio, 22 agosto, 21 novembre 1858; 19 e 26 dicembre 1858 (Il Diavolo della Notte); 1 gennaio 1860; 3 e 24 giugno 1860; 15 e 22 luglio 1860; 19 e 26 agosto 1860; 13 gennaio, 22 settembre, 20 ottobre 1861; 20 luglio, 21 settembre, 28 settembre, 12 ottobre 1862; 11 ottobre 1868; 4 aprile 1869; 28 aprile 1872; 23 settembre 1877; 14 giugno 1878; 6 aprile 1879; 16 maggio 1880; 6, 13 febbraio, 12 giugno 1881; 13 gennaio, 23 marzo 1884; 17 ottobre 1886; 2 gennaio 1887, anche n. 43 (Il Festival di Norwich) 1887; 29 aprile, 17 giugno 1888; 13 gennaio, 17 marzo 1889 (Quintetto per archi); 23 settembre 1847 (biografia); 5 e 12 giugno 1853 (Concertone a Londra presso Madame Puzzi); 3 luglio 1853 (Londra, Concerto al Teatro Drury Lane con Prudent e Bazzini); 7 agosto 1853 e 14 agosto 1853 (Londra, Concerto del 5 agosto a beneficio del defunto Teatro di Sua Maestà); 7 luglio 1878.

Illustrated London News, 29 novembre 1851 (biografia).

Allgemeine Musikalische Zeitung, 42.636 (Vienna 1840); 46.142 (Parma 1844); 49.850 (New York 1847).

Diario de la Marina, 29 de enero de 1848 (Colón en Cuba); 2 de febrero 1848; 4 febrero 1848.

La Prensa, 2 de febrero 1848 (Colón en Cuba).

El Faro Industrial de la Habana, 1848 (Colón en Cuba).

Gaceta de la Habana, 1848 (Colón en Cuba).

Diario de la Habana, 3, 19, 20, 21, 27 de enero 1848; 2 de febrero 1848.

Herald (New York), June 10, 17, 19, 1847; July 9, 1847.

Tribune (N.Y.), March 16, 1847; July 26, 1848.

Musical Times (N.Y.), June 17, 1848, pag. 41.

Albion (N.Y.), July 3, 1847, pag. 324; April 7, 1849, pag. 164.

Home Journal (N.Y.), April 19, 1847.

Mirror (N.Y.), April 5, 1849.

Teatri Arti e Letteratura, Bologna 1861, N. 1844, 1845, 1847, 1848.

Le Menestrel, dimanche 24 février 1856, pag. 2.

Indice dei nomi

Abbati, Achille: 161
Abel M.A.: 161
Aini, Cecilia: 34
Alard D.: 36
Alary, Jules Eugène: 24
Albani, Emma: 89
Alberto d'Inghilterra: 26
Albini F.M.: 36
Alboni, Marietta: 27, 28
Aleardi, Aleardo: 29, 108
Allievi: 44
Alvarez A.R.: 47
Amato, Pasquale: 47
Amis el Hage, Roberto: 87
Anastasi Pozzoni, Antonietta: 43, 44
Andreoli, Carlo: 26
Angeleri, Antonio: 22, 66
Angioletti: 47
Angri, Elena: 25
Anichini: 96, 97
Antinori, Nazareno: 87
Antognini: 124
Arcais F.: 28, 154
Arditi, Luigi: 22, 23, 30, 34, 61, 62, 97, 99, 103, 119, 120
Armandi G.I.: 79, 80
Arpesani: 22, 26, 35, 39
Artot, Desirée: 28, 110
Auteri Manzocchi, Salvatore: 148
Bacchetta, Angelo: 32
Bach, Johann Sebastian: 26, 89
Baci, Adolfo: 36
Badiali, Federico: 22, 23
Bagnara (duca di): 30
Balletti R.: 125
Bandini A.: 36
Baragli: 125
Barbieri Girolamo: 36
Baroli: 47
Barger, Manuela: 23
Barili, Antonio: 24
Barbacini, Enrico: 75, 76, 87
Barilli B.: 104
Baron H.: 36
Barrera: 47
Barrington, Foote: 89
Barrot, Bey: 45n, 133, 137, 140, 142
Basevi, Abramo: 36, 95, 96, 99
Basevi, Luigi: 123
Basili, Clotilde: 120
Bassano, Daniele: 32
Bassich: 47
Battaglini: 23, 121
Battistini, Mattia: 30, 82, 85
Battu: 28
Bazzanti, Luigi: 82
Bazzini, Antonio: 25, 26, 27, 28, 30, 36, 61, 93, 96, 97, 99, 101, 103, 108, 149
Beale, Willert: 122, 123
Beethoven, Ludwig (van): 26, 73, 76, 89, 95, 96, 99
Béguin: 46
Bellini Vincenzo: 23, 38, 61, 70, 93, 103, 104, 113
Benedetti M.: 47
Benedict, Julius: 89
Benincori, Angelo Maria: 95
Bennett, Joseph: 32, 89
Bentami, Cécile: 45, 46, 147
Benzi, Giuseppe: 26
Berconovich G.: 77
Beretta Viena, Caterina: 44
Berlioz, Hector: 24, 25, 98
Bettinelli B.: 70
Bettoni F.: 47
Bianchi (editore): 23, 31, 93, 104, 156
Biava: 29, 40, 46, 157
Bizet, Georges: 30
Blumenthal J.: 26
Boccabadati, Luigia: 26
Boccherini, Luigi: 30, 95
Boccolini, Cesare: 42

Bodda: 25
Boito, Arrigo: 28, 29, 30, 46, 61, 75, 76, 77, 79, 97, 148, 149, 150
Bolzoni, Giovanni: 31, 94, 97
Bonaparte, Luciano: 95
Bonafi, Lucas: 125
Borella: 73
Bottero, Alessandro: 26
Bottesini, Adele: 32
Bottesini, Angela: 21, 46, 61, 120,124
Bottesini, Angela Maria: 21
Bottesini, Carlotta: 21
Bottesini, Cesare: 21, 32
Bottesini, Gaetano: 152
Bottesini, Luigi (fratello di Pietro): 21
Bottesini, Luigi Maria: 21, 26
Bottesini, Pietro: 21, 25, 28, 29, 33, 46, 96, 120, 124
Bottesini, Pietro (jun.): 32
Bouché: 27, 124
Boulogne: 46
Bourgeois: 46
Bousquetti (Boschetti A.): 125
Bracale: 42, 47
Braga, Gaetano: 103
Brahmas, Johannes: 31
Brambilla Ponchielli, Teresina: 30, 87
Brockbank: 89
Broglio: 28
Broggi, Muttini: 47
Brosovich: 133
Bruni: 80
Bruschi - Chiatti: 75, 76, 79
Bulberini, Carlo: 42
Bürger: 80
Burmett: 89
Burzio, Eugenia: 47
Busi, Alessandro: 35, 119
Caddy, Jan: 36
Cagniart: 47
Cajkovskij, Piotr Ilijc: 92
Calleia, Icilio: 47
Calisto: 73, 75
Calvi, Angelo: 32
Calvi, Teresa: 32
Cambini, Giuseppe Maria: 95
Camera A.: 47
Canti (editore): 97, 104
Capponi: 30
Caranti, Vita Lavinia: 23, 44, 62
Carcano, Maria: 22
Carducci, Giosuè: 105
Carega, Francesco: 36
Careno: 28
Carli Ballola, Givanni: 87, 92, 99, 103, 104
Carniti, Antonio: 26, 32, 33, 71, 82, 92, 93, 98, 107
Carrera: 47
Casamorata L.F.: 36, 99, 123
Casati, Erminia: 46
Casella, Carlo: 27
Castagneri: 124
Castelbarco (conte): 97
Castrone: 24
Catalani, Alfredo: 30, 103
Catelani, Angelo: 26, 36
Cattaneo: 27
Cattermole Mancini, Eva (contessa Lara): 106
Cavallini, Eugenio: 26, 38, 99
Ceccato: 82
Cesi, Beniamino: 31
Chabrier, Alexis E.: 106
Chappel (editore): 104
Chavaroche: 46
Cherubini, Luigi: 99
Chopin, Fryderyk: 32, 73, 105, 110
Cilea, Francesco: 61
Cima, Giuseppe: 27
Cimarosa, Domenico: 30
Claudina (Bottesini): 32, 123, 125, 151
Clausetti, Eugenio: 99, 124

Clauss: 25
Clemente: 42
Cogliati, Carlo: 21, 38
Coiglio: 47
Colombi, Bernardo: 21
Colombi, Catterina: 21
Colonna, Cristobal: 62
Colonnese: 27, 124
Conati, Marcello: 92
Confalonieri, Giuseppina: 152
Consolo, Federico: 36, 98
Contin, Francesco: 26
Contin G.: 26
Contini: 47
Cooper: 24
Corbari: 25
Corchi C.: 25
Corgnati: 97
Cornacchia, Ferdinando Antonio Maria: 21
Coronaro: 30
Corsi, Achille: 45, 125
Cortes: 125
Cortese, Luigi: 92
Costa: 24, 28
Cotogni, Antonio: 27, 68
Crestani: 47
Cucchi (Couqui), Claudina: 32, 45, 125, 141
Degradi: 47
Dall'Occa: 35
Dall'Argine, Costantino: 45, 141
Dall'Ongaro, Francesco: 105
Dal Torso: 114, 116, 154, 155
Damerini, Adelmo: 92
Danielli, Francesco: 36
D'Annunzio, Gabriele: 103, 107
Dangés: 47
Danton: 28
Darnaud: 46
David, Felicien César: 93
De Aliata, Gregorio: 36
Debussy, Claude: 106
De Giosa, Nicola: 28, 42, 43, 44, 128, 129, 130, 131
De Giovanni: 34
D'Egville L.: 36
De Grazia: 47
Delaire: 42, 46
De La Tour D'Auvergne: 36
Del Bianco, Elvira: 36
De Leva, Giacomo: 106
Della: 121, 125
Della Costa: 27, 68
De Marchi D.: 42, 105, 127
De Marie: 25
Demedy: 47
De Negri, Giovanni Battista: 82, 106
Denza, Luigi: 103, 106
Depanis, Giovanni: 30, 75, 98, 149, 150, 155, 156
De Philippi: 44
De Renzis, Raffaello: 30
De Retzké, Edward: 87
De Ryck: 47
Destinn Löwe E.: 44
Desvernine: 23
De Tivoli: 122
Devasini: 45
De Vigne: 46
Diabelli, Anton: 73
Didur, Adam: 47
Donizetti, Gaetano: 25, 30, 31, 38, 46, 61, 93, 96, 99, 103, 104, 113
Dragonetti, Domenico: 22, 38, 98
Draneth, Bey: 28, 29, 42, 43, 44, 45, 46, 125, 127, 129, 130, 131, 133, 134, 135, 136, 137, 138, 139, 140, 141, 142, 143, 144, 146, 147
Drigo, Riccardo: 81
Dubois F.C.T.: 46
Ducci, Carlo: 36
Du Locle, Camille: 135
Dunn, Roberto: 36

Duros - Gras: 25
Dutry: 46
Dvorak, Anton: 92
Einstein, Alfred: 103
Elgar, Edward W.: 92
Elisabetta d'Austria: 28
Ella, John: 36
Elwart A.A.E.: 36
Erard: 27, 123
Ernst H.W.: 26
Escudier Léon (editore): 28, 29, 115, 119, 124, 125
Evers: 25
Fabbri G.: 76
Faccio, Franco: 30, 93, 94, 96, 97, 155
Falchi, Stanislao: 87
Fallar: 73
Fancelli, Giuseppe: 45
Fasanotti, Filippo: 22, 26
Fasanotti, Giuseppe: 22
Fassò, Carlo: 31, 157
Fauré Gabriel: 106
Fazio E.: 26, 108
Federico, Raffaele: 123
Ferrara: 26
Ferrari G.: 24, 32
Ferrari, Lucrezia: 32
Ferrarini G.C.: 36
Ferrau: 46
Ferri: 83
Ferrucci, Berta: 131
Fétis E.L.F.: 96
Fiando: 22
Fierens: 47
Filippi, Filippo: 26, 27, 36, 46, 67, 69, 72, 93, 134, 135
Fiorentini: 27, 68, 123, 124
Fiumi: 98
Florimo, Francesco: 28, 29, 30, 31, 121, 149, 151
Fodali, Paolo: 36
Fogazzaro, Antonio: 105
Fontana, Uranio: 83
Fonteix: 47
Foroni G.I.: 30
Foscolo, Ugo: 90
Franchi, Gaetano: 36
Fraschini, Gaetano: 31, 125, 155, 157
Frebelli: 45
Freschi, Antonio: 36
Fricci, Antonietta: 45
Galletti Gianoli, Isabella: 42, 43, 45, 47, 131, 135, 139, 140, 143
Galli, Amintore: 32, 80, 161
Gallini, Franco: 87, 88
Galmetzer, Luisa: 87
Gambini C.A.: 36, 96
Gand, Lupot: 31, 159
Garbagnati: 82
Gardoni, Severo: 25
Garibaldi, Giuseppe: 38
Gasc: 125
Gassier: 27, 123
Gastelli, Gustavo: 30, 31, 155, 157, 161
Gerli, Teodolinda: 23
Ghebart, Paolo Giuseppe: 96
Ghisi, Giuseppe: 45
Ghirardi: 46
Ghislanzoni, Alberto: 27
Gianoli G.: 133, 148
Giordano, Umberto: 61
Giorgetti, Ferdinando: 36, 96, 99
Giovacchini, Giovacchino: 36
Girard (editore): 95, 99
Giuliani, Mauro: 47
Glosz, Giovanna: 36
Glover, John William: 25
Gluck, Christoff Willibald: 81
Gobatti, Stefano: 29, 62
Gobbard, Arabella: 25, 27, 123
Godefroid, Jules: 28
Godowsky, Leopold: 110

Goldmark, Karoly: 31, 83
Golinelli, Stefano: 22, 34, 36
Gomes, Antonio Carlos: 44, 140
Gordigiani, Luigi: 25
Gounod, Charles F.: 29, 90, 91, 109
Graziani, Francesco: 25, 65, 66, 67, 122
Grisi, Giuditta: 25
Grossi, Eleonora: 42, 43, 44, 45, 123, 129, 140
Guénia, Nelly: 46
Guerrazzi, Domenico F.: 65
Guerrini: 47
Guglielmi: 25
Guidi, Giangualberto (editore): 27, 95, 96, 97, 99, 123
Guillemot: 46
Haendel, Georg Friedrich: 31
Hanslick, Eduard: 22, 38
Hartmann, Emil: 104, 105
Haussmann: 46
Hasuko, Hayashi: 87
Haydn, Franz Joseph: 26, 61, 95, 96
Hayes, Catterina: 24, 25
Hercolani Malvezzi, Maria (principessa): 27, 35, 123
Herz, Henri: 23
Heugel I.: 104
Hill, Edward B.: 24
Hiller, Ferdinand: 89, 152
Hobday: 32
Hofmeister (editore): 138, 141, 142
Hugo, Victor: 109
Hummel, Johann Nepomuk: 39
Hurt: 22
Ibrahim, Bey: 29, 139
Jacovacci, Vincenzo: 153
Jacquard: 25
Jullien M.B.: 24
Jurch, José: 36
Kairi, Pacha: 136
Karloni: 46
Kormann: 47
Krakamp, Emanuele: 27, 36
Kraus A.: 36
Labis A.: 46
Lablache, Luigi: 25
Labordes: 24
La Grua Emmy: 42, 125
Lamartine, Alphonse: 70
Lamb Kenney, Carlo: 74
Lampugnani, Giambattista: 45, 126, 128, 129, 130, 131, 132, 139, 144, 146
Lanzani, Alessandro: 27
Larose, Leopold: 42, 45, 139, 141
Lauzières (de), Achille: 105
Lavero, Gardoni: 25
Lavin, Carlos: 47
Le Fort: 25
Lehmann L.: 89
Lematte: 46
Leonard M.: 36
Leoncavalle S.: 29, 61, 103, 145
Leone, Guido: 36
Leopardi, Giacomo: 40
Lequierc: 47
Lichtenthal, Peter: 96
Lisei, Cesare: 24
Liszt, Franz: 89, 98, 105, 106
Little, Lena: 89
Liverani: 28, 125
Lloyd, Edward: 89
Lo Casto, Agostino: 27
Lorini: 23
Lortzing, Gustav A.: 99
Lucca, Francesco (editore): 27, 28, 31, 45, 96, 104, 120, 124, 125, 140, 142
Lucca, Giovannina (editore): 124, 125
Lumley, Benjamin: 26
Luzio A.: 28
Mabellini, Teodulo: 27, 123
Mac Gukin: 89
Maffei, Andrea: 85
Maglione, Teresa: 31
Magne: 47
Maguier: 134
Malagola: 27
Malaspina, Madonnina: 106
Malipiero, Gianfrancesco: 107
Mancinelli, Luigi: 61, 89, 154
Manetta F.: 25
Mannucci Benincasa, Carlo: 36
Mansour Pacha: 44
Manzoni, Alessandro: 39
Maraschi: 24
Marchetti, Filippo: 45, 154
Marescalchi: 153
Maria Luigia di Parma: 22
Mariani, Angelo: 27, 28, 36, 42, 43, 45, 129
Marie J.E.: 27, 124
Mariette, Bey: 43, 133
Marin M.M.M.: 82
Marini I.: 34, 43, 131

Mario: 25, 27, 65, 66, 124, 125
Mariotti, Olimpio: 27, 99, 123
Marriott, Annie: 89, 90
Martinotti, Sergio: 87, 92, 103, 104
Martucci, Giuseppe: 30, 31, 94, 99, 101
Marty, Francesco: 22, 23
Marzi G.: 122
Mascagni, Pietro: 61, 103
Massart L.I.: 46
Massenet, Jules: 83
Mattei, Stanislao: 61
Mattei, Tito: 24, 28
Maurel, Victor: 131
Mayr, Simone: 61, 96
Mayseder, Joseph: 22
Mazzuccato, Alberto: 27, 28, 29, 30, 36, 62, 95, 120, 123, 148, 149
Medini, Paolo: 43, 45, 144
Melchiorri: 46
Mendelsshon, Bartholdy Felix: 87, 90, 96, 97, 99
Mercadante, Saverio: 25, 26, 27, 28, 36, 87, 93, 95, 120, 123
Mercantini, Luigi: 35
Metastasio: 104
Meyerbeer, Giacomo: 28, 30, 31, 36, 70
Milesi, Paolo: 45
Michel, Corrado: 36
Micheli, Michele: 32
Migliara, Eldrado: 30, 154
Mila, Massimo: 92
Miller, Ladislao: 45
Mirabelli: 30
Miziac, Emma: 45
Molineri G.C.: 78
Monari, Rocca: 30
Mongini, Pietro: 43, 45
Montignani, Achille: 25
Monza, Battista: 25, 121, 125
Morenzi: 125
Morini, Mario: 27, 124
Morvand: 42, 46
Mozart, Amadeus Wolfgang: 30, 61, 95
Mozzi: 80, 81
Muller A.: 25
Muphatis Pacha: 26
Muzio, Emanuele: 28, 42, 44, 125, 127, 136, 137, 139
Nani E.: 47
Nannetti, Romano: 81, 82
Napoleone III: 26
Nardi Piero: 25
Naudin, Emile: 42, 125
Navarrini, Francesco: 30, 82, 85
Neri, Alberto: 160
Ney, Casimir: 121
Niccolai, Astolfo: 36, 77, 99
Nicolini Alamanni, Luigi: 36
Northall: 24
Noseda G.A.: 93
Novelli, Pietro: 23, 24, 62, 65, 121
Novello, Clara: 25
Ormeviulle (d'), Carlo: 43, 45, 143, 144
Ortori Bottesini, Angela: 21
Ottaviano: 31
Ottolenghi, Sabatino: 42, 126
Ottway (milady): 119
Pacini, Giovanni: 36, 95
Paganini, Nicolò: 21, 23, 24, 26, 30, 32, 33, 38, 39, 46, 61, 95, 98, 110, 113
Paisiello, Giovanni: 61
Palermi: 138
Pandolfini, Francesco: 45
Pappalardo, Salvatore: 96
Parepa, Rosa Eufrosina: 44, 45, 140
Parzanese, Pietro Paolo: 30
Patierno, Antonio: 82
Patierno, Filippo: 82, 85
Patti, Adelina: 110
Pavesi, Stefano: 26, 32
Pedrotti, Carll: 29, 30, 31, 46, 75, 76, 79, 93, 149, 157
Peloga: 46
Penco, Rosina: 25, 65, 66, 67, 125
Pepoli, Carlo: 125
Perelli, Edoardo: 23, 152
Persiani F.: 25
Petrali, Vincenzo: 28, 33, 125
Petrella, Enrico: 28
Piantanida, Gaetano: 61
Piantelli fratelli: 27
Piatti, Alfredo: 24, 25, 30, 31, 93, 99, 121, 160
Piccinini, Nicolò: 61
Piccioli G.A.: 73, 75
Pico, Rosina: 24
Piemontese, Giuseppe: 23
Pilotti Giuseppe: 25
Pinelli, Ettore: 27
Pinetti: 31
Pinto, Amelia: 31
Placci, Gennaro: 36

Planyavsky: 24
Platania, Pietro: 28, 87
Pleyel: 27, 39, 123
Pochini, Carolina: 43, 131
Poggi Ferroni: 119
Polledro G.B.: 95
Poli Henzi, Paolo: 45
Ponchielli, Amilcare: 30, 31, 103
Ponzano: 47
Pozzoli, Ettore: 125
Pozzoni Anastasi, Antonietta: 138
Pragues: 46
Prandi: 87
Prudent E.R.G.: 25
Puccini, Giacomo: 61, 103
Puzzi, Giovanni: 25
Pyne, Luise: 25
Quarenghi, Guglielmo: 26
Quilici, Massimiliano: 36
Racchetti: 22, 124
Radicati, Felice A.: 95
Rainieri, Teresa: 23
Ramacciotti: 96
Rambelli, Palmiro: 30, 82, 85
Rameau, Jean-Philippe: 31
Rapetti: 24
Ray, Pietro: 21, 46, 61
Rebous (Rebussina): 22, 125
Regli, Francesco: 124
Reichardt L.: 26
Reinecke: 31
Riaz, Pacha: 138
Ricci Luigi: 22, 80, 81
Richault (editori): 104
Ricordi (editori): 28, 30, 38, 40, 41, 73, 97, 104, 105, 108, 121
Ricordi, Giovanni: 115, 120
Ricordi, Giulio: 31, 44, 93, 94, 96, 97, 106, 114, 115, 122, 142, 144, 148, 150, 152, 153, 154, 155, 156, 157, 158, 159, 160
Ricordi, Tito: 99, 114, 121, 122, 124, 125, 127, 141
Rignano, Luigi: 36
Rizzoli: 27, 124
Rocca: 73
Rolla, Alessandro: 38, 39, 61, 95, 96
Romboli: 47
Rossi, Lauro: 28
Rossi, Giovanni Gaetano: 87
Rossi, Luigi: 21, 22, 38, 61, 97
Rossi Galli, Enrico: 42
Rossini, Gioacchino: 26, 27, 28, 30, 36, 38, 43, 61, 70, 87, 90, 93, 95, 96, 98, 103, 104, 113, 125
Rotondo, Paolo: 99, 100
Rovaglia: 30
Rovelli, Giuseppe: 21
Roveri, Gaetano: 75, 76, 79
Rubini G.B.: 30
Rubinstein, Anton: 28, 125
Rusconi: 47
Russ G.: 47
Sainton P.P.C.: 24, 27
Salabert (editori): 124
Samarani: 32
Sanchioli, Giulia: 26
San Clemente (duca di): 36
Sangalli, Fancesco: 97
San Giacinto (marchese di): 36
Santelli G.A.: 26
Santi, Piero: 44, 94
Santley, Charles: 89
Sanvitale, Stefano: 32, 94, 160
Sandrick, Elisa: 36
Sarolta: 125
Sass, Maria: 29, 43, 44, 131, 136, 137, 138
Sassernò, Alfredo: 36
Sbolci F.: 36, 99
Scalchi, Sofia: 45, 70
Scarpa, Giacoma: 21
Schiaffino: 122
Schlösser, Adolf: 25
Schubert, Franz: 27, 100
Schumann, Clara: 26
Scudo P.: 36
Scalisi: 30
Seregni, Ludovico: 22
Seregni, Pasquale: 22
Serrao, Paolo: 27, 28, 30, 151
Sessa, Luigi: 26
Séverac J.M.D. (de): 46
Severi J.B.: 23
Seveso, Alessandro: 26
Sforza Benvenuti: 31, 32
Sgambati, Giovanni: 97, 99
Silich: 81
Sims Reeves: 25
Sivori, Camillo: 23, 26, 28, 36, 124
Slatford, Rodney: 92

Smaraglia, Antonio: 30
Smeroski, Carolina: 44, 45
Soldati, Francesca: 21
Soldati, Giuseppe: 21
Solera, Temistocle: 105
Sontag, Henriette: 110
Sonzogno (editore): 61
Sormani (conte): 104
Soubeyran: 47
Spinelli in Bottesini, Maria Bernardina: 21, 33
Spohr, Louis: 26, 96
Staffa, Giuseppe: 28
Stagno, Roberto: 31, 32, 45, 46, 81, 107, 147, 153
Standigl: 25
Staubach, Emily: 25
Stecchetti, Lorenzo (Olindo Guerrini): 30, 106, 107
Steller, Francesco: 43, 45
Stolz, Teresa: 43, 44, 45, 129, 145, 146
Storti, Enrico: 122
Taccani Tasca: 25
Taddei, Emilio: 73, 74
Tagliafico: 28
Tamberlick, Enrico: 125
Tamburini, Antonio: 25
Tattini: 123
Tedesco, Fortunata: 23
Terni, Ferrante: 33
Tirindelli, Pier Adolfo: 106
Tisci Rubini: 47
Tizzoni: 33
Toffoli: 127
Tombesi: 125
Torelli: 73
Tornaghi, Eugenio: 114, 115, 120, 122, 124, 141, 142, 151, 152, 153, 154, 156, 157, 158, 159, 160
Torrefranca, Fausto: 92
Torres de Luna: 47
Torrigiani, Carlo: 36
Tosti, Francesco Paolo: 103, 106, 107
Tracey, Minie: 46
Trombini: 26
Turolla, Emma: 30, 81, 82, 83, 85
Ullman Lamare: 28, 42, 46
Ungher Sabatier, Carolina: 36
Unia, Giuseppe: 36
Urbini, Pierluigi: 87
Vaccai, Nicola: 61
Valcarenghi, Angela: 32
Valcarenghi, Angela Carolina: 32
Valentini-Cristiani: 27, 68
Valette: 47
Valetta, Ippolito: 83
Van Hal F.: 36
Vannuccini, Luigi: 36
Vananzi, Angelo: 29
Verdi, Giuseppe: 22, 23, 27, 28, 29, 30, 32, 43, 45, 61, 68, 79, 83, 84, 87, 97, 98, 99, 103, 104, 105, 114, 130, 131, 133, 134, 135, 136, 137, 138, 145, 146, 152, 158, 159, 160
Verdi Strepponi, Giuseppina: 44
Verga: 105
Verger (Agenzia teatrale): 125
Vergier, Napoleone: 45
Verhées: 46
Viardot, Garcia Paolina: 25
Vidal, Melchiorre: 45
Viel E.: 65
Vietti, Adelindo: 24
Vieuxtemps, Henri: 25, 28, 36
Villarino, José: 23
Viotti, Giovan Battista: 95, 96
Viscardi: 47
Vita, Luigi: 23, 64, 65
Vitale, Giuseppina: 42, 43
Vitali: 125
Vittoria d'Inghilterra: 26, 28
Wade J.A.: 89
Wagner, Richard: 83, 95, 99, 116
Waldam, Maria: 45, 46, 145, 147
Walter: 47
Watson: 24
Willis N.P.: 23
Wilmot: 36
Wilson, Hilda: 89, 90
Weber, Carl Maria (von): 27, 99
Wyns: 47
Young W.: 36
Yvon: 22
Zaffira: 104
Zampieri G.: 95
Zingarelli, Nicola A.: 61
Zinnoviev: 47
Zocchi, Angelo: 43, 45
Zuccarelli, Giovanni: 43
Zucchini, Giovanni: 123

ISBN: 978-1-8381287-1-5
Ripubblicato da Stephen Street, parte della serie Bottesini Urtext® ©2021
www.bottesiniurtext.com
www.stephenstreet.com

www.ingramcontent.com/pod-product-compliance
Lightning Source LLC
Chambersburg PA
CBHW080915230426
43667CB00015B/2687